Biblical Theology : Old and New Testaments

성경신학

KB192654

Biblical Theology : Old and New Testaments

성경신학

게할더스 보스 지음 | 원광연 옮김

CH북스
크리스천
다이제스트

✝ 차례

구약성경

신약성경

저자 서문

토마스 아퀴나스(Thomas Aquinas)의 말을 빌면, 신학은 "하나님에게서 가르침받고, 하나님을 가르치며, 하나님께로 인도하는 것"(*Deo docetur, Deum docet, ad Deum ducit*)이다. 현 시대의 반(反)지성적이며 반(反)교리적 정서로 인하여 이미 상당히 고통을 받은 뒤이므로, 금세기 초엽보다는 지금에 와서 신학이 다소 더 좋은 반응을 얻고 있는 것 같기도 하다. 이런 태도의 변화는 환영받아 마땅한 것이다. 그러나 동시에 고백해야 할 사실은, 심지어 보수적인 개신교 일각에서조차도 신학이 하나님을 아는 지식으로서 당연히 받아야 할 주목과 존경을 전혀 받지 못하고 있는 현실이라는 것이다.

본서의 제목은 『성경 신학 — 구약과 신학』(*Biblical Theology — Old and New Testament*)이다. "성경 신학"이라는 용어는 잘못 오해를 불러일으킬 소지가 많으므로, 사실 심히 만족스럽지 못하다. 진정한 기독교 신학이라면 모두가 **성경** 신학이어야 마땅하다. 일반 계시를 제외하고는 성경이 신학이라는 학문이 다루는 유일한 재료이기 때문이다. 굳이 이보다 더 적합한 제목을 들자면, "특별 계시의 역사"를 들 수 있을 것이다. 이것이 이 과목의 주요 문제를 정확하게 묘사해 주기 때문이다. 그러나 이름들이 오랫동안 사용되어 고정되어 버렸기 때문에, "성경 신학"이란 용어가 애매모호하기는 하지만 그래도 지금에 와서 그것을 버린다는 것은 어려운 일이다.

신학 백과 사전에는 성경 신학이 주경 신학과 조직 신학의 중간의 위치를 차지하고 있다. 그것은 조직 신학과는 차이가 있다. 그렇다고 해서 그것이 조직 신학보다 더 성경적이라거나, 성경의 진리들을 더 긴밀하게 고수한다는 뜻은 아니다. 다만 성경의 재료를 조직화시키는 원리가 논리적이기보다는 역사적이라는 점에서 차이가 있는 것이다. 조직 신학이 성경을 하나의 완성된 전체로 취하고 그 전체의 가르침을 질서정연하고 조직적인 형태로 드러내고자 노력하는데 반해서, 성경 신학은 그 재료를 역사적인 관점에서 다루면서, 태초에 에덴 동산에서 주어진 구속 이전의 특별 계시로부터 신약의 정경의 완성에까지 이어지는 특별 계시의 진리들의 유기적인 성장이나 발전을 드러내고자 노력하는 것이다.

본서에 제시된 자료는 이미 여러 신학 기관들에 등사판으로 나와 있던 것들이다. 어드만 출판사를 통하여 이 자료들이 영구한 형태로 인쇄되어 대중이 접할 수 있게 되었다는 것은 필자 자신에게는 정말 감사한 일이다. 본서의 출간을 위하여 자료를 편집하는 일은 필자의 아들인 요하네스 보스 목사가 담당했다. 그는 프린스턴 신학교의 학생 시절 이 재료로 공부한 것은 물론 본서의 신학적 관점에 대해서도 충심으로 동의하고 있다. 본서가 여러 목사들과 신학도들이 우리 하나님의 특별 계시의 경이로운 것들을 더욱 깊이 깨닫는 데에 도움이 되었으면 하는 것이 필자의 바람이다.

게할더스 보스
그랜드 래피즈, 미시간
1948년 9월 1일

구약 성경

제 1 부

모세 시대의 계시

제 1 장

서론: 성경 신학의 본질과 방법론

성경 신학의 본질과 또한 그것이 신학의 각 분야들 속에서 차지하는 위치를 잘 이해하기 위해서는 먼저 신학 전반에 대한 정의부터 하는 것이 가장 좋다. 그 어원에 따르면 신학이란 하나님에 관한 학문(the science concerning God)이다. 그 이외에 다른 정의들도 있으나 그것들은 오해의 여지가 많거나, 혹은 면밀히 조사해보면 오해하도록 만드는 결과를 초래할 뿐이다. 흔히 신학을 "종교학"(the science of religion)으로 정의하는 예가 많은데, 이것도 검토해 보아야 한다. 이 정의에서 "종교"를 주관적으로 이해하여 사람에게서 나타나는 종교적 현상과 경험들의 총체를 의미하는 것으로 취하면, 신학은 이미 사람의 정신적인 삶을 다루는 인류학 분야 속에 포함되어 있는 것이 될 것이다. 반면에, "종교"를 객관적으로 이해하여, 하나님이 제시하셨기 때문에 사람으로서 반드시 따라야 할 정상적인 의무를 뜻하는 것으로 이해하면, 그 다음 의문이 일어나게 된다. 곧, 하나님이 어째서 다른 종교가 아닌 바로 이 종교를 요구하시느냐 하는 것이 그것이다. 그리고 이 의문에 대한 대답은 오로지 하나님의 본성과 뜻에서만 찾을 수 있을 것이다. 그러므로 궁극적으로, 이렇게 종교를 다루는 가운데, 결국은 하나님을 다루게 되어 있는 것이다.

신학을 하나님에 관한 학문으로 정의해 놓고 보면, 신학이 계시(啓示: revelation)에 근거할 수밖에 없다는 필연성이 뒤따르게 된다. 비인격적인 대상들을 과학적으로 다루는 경우에는 우리들 자신의 편에서 그 일을 주도한다. 그 대상들은 수동적이고, 우리가 능동적이다. 우리가 그것들을 다루고,

조사하고, 그것들과 더불어 실험하는 것이다. 그러나 영적이며 인격적인 존재에 대해서는 문제가 달라진다. 그러한 존재가 자기 자신을 공개하기로 마음먹은 그 정도까지밖에는 우리가 알 수 없는 것이다. 모든 영적인 삶은 본질상 감추어진 것이요, 그 자체 속에 완전히 숨어 있는 삶이다. 그러니 그런 삶은 오로지 그 쪽에서 자신을 드러내야만 알 수 있는 것이다. 사람과 사람 사이에서도 그렇다면, 하물며 하나님과 사람 사이이겠는가!

사도 바울이 이러한 원리를 충격적으로 제시한 바 있다: "사람의 일을 사람의 속에 있는 영 외에 누가 알리요? 이와 같이 하나님의 일도 하나님의 영 외에는 아무도 알지 못하느니라"(고전 2:11). 하나님의 속에 감추어진 그의 뜻의 내용은 오로지 하나님 편에서 자의로 자신을 드러내 보이셔야만 비로소 사람의 소유가 될 수 있는 것이다. 우리가 하나님께 나아갈 수 있기 위해서는, 그가 먼저 우리에게로 오셔야 하는 것이다. 그러나 하나님은 그저 **일반적인** 인격적 영적 존재가 아니시다. 그는 우리의 최고의 사고보다도 무한히 높이 계신 존재이시다. 가령 한 사람의 정신이 다른 사람의 정신 속을 곧바로 꿰뚫는 것이 가능하다고 치자. 그렇다 해도, 사람의 정신이 하나님의 영 속을 꿰뚫는다는 것은 여전히 불가능한 일이다. 하나님께서 그의 본성의 신비를 우리에게 열어 보이셔야만 비로소 우리가 그에 관하여 무슨 지식을 얻을 수가 있다는 점이 이러한 사실에서 여실히 드러나는 것이다.

여기서 한 걸음 더 나아갈 수가 있다. 모든 과학적 연구에 있어서 우리는 우리가 조사하는 그 대상들과 함께 더불어 존재한다. 그러나 신학에서는 그 관계가 뒤집어져 있다. 본래는 하나님만이 홀로 존재하셨다. 그는 오로지 자기 자신에게만 알려지셨고, 따라서 남이 그를 아는 일이 가능해지기에 앞서서 먼저 어떤 피조물을 생기게 하셔야만 했던 것이다. 그러므로 창조야말로 하나님 이외의 존재가 하나님을 아는 일이 가능해지는 첫 걸음이었던 것이다.

하나님을 만족스럽게 알기 위해서 반드시 계시가 필요해지는 또 다른 이유는 사람이 죄로 말미암아 처하여 있는 비정상적인 처지 때문이다. 죄가 하나님과 사람 사이의 본연의 관계를 망가뜨려 놓은 것이다. 그 이전에는 완전한 교통이 있었는데, 죄로 인하여 분리가 생긴 것이다. 문제의 본질상, 이런

비정상적인 상태를 올바로 교정시키는 일은 모두가 하나님의 주권적인 주도
하심에서 나와야만 한다. 그러므로 계시의 필연성의 이러한 면은 죄의 사실
을 인식하느냐의 여부에 따라 서기도 하고 무너지기도 하는 것이다.

신학의 네 가지 분과

대개 신학을 네 가지 분과로 나눈다. 곧, 주경(註經) 신학(Exegetical
Theology), 역사 신학(Historical Theology), 조직 신학(Systematic Theology),
그리고 실천 신학(Practical Theology)이 그것이다. 우리가 현재 지닌 목적을
위해서 관심을 두어야 할 점은 주경 신학이 이 네 가지 중에 첫 번째 자리를
차지한다는 점이다. 이렇게 주경 신학이 첫 번째 자리를 차지하는 것은, 신
학을 연구하는 자의 편에서 수동적이며 수용적인 자세를 갖는다는 사실이
모든 신학의 시초에 자리잡고 있다는 본능적인 인식 때문이다. 진정 성경을
주해하는 모든 작업에는 그런 자세가 특징적으로 전제되어 있는 것이다. 그
작업은 무엇보다도 하나님이 말씀하시고 사람이 듣는 과정이다. 그러나 주
경 신학을 성경 주해(exegesis)만으로 한정시켜 생각해서는 안 된다. 성경 주
해가 주경 신학의 중요한 부분인 것은 틀림없으나, 어디까지나 그 일부에 지
나지 않기 때문이다. 좀 더 넓은 의미에서 주경 신학은 다음과 같은 과목들
을 포괄한다:

(1) 성경의 실질적인 내용에 대한 연구;

(2) 저자, 저작 연대와 배경, 가능한 전거(典據) 등, 성경 각 권들의 기원에
대한 연구. 이를 가리켜 **서론**(Introduction)이라 부르는데, 이를 주해의 과정
을 한 걸음 더 시행하는 것으로 볼 수도 있을 것이다;

(3) 성경 각 권들이 어떻게 하나의 성경으로 묶어지게 되었는지에 대한 연
구. 이 과정을 가리켜 전문적으로 **정경론**(正經論: Canonics)이라 칭한다;

(4) 시공간 속에서 하나님이 자신을 계시하시는 일 ― 성경의 문서가 최초
로 기록된 일 이면에도 이 일이 있으며, 또한 이 일은 계시된 자료를 기록하
는 일과 더불어 오랜 세월 동안 계속되었다 ― 을 연구함. 이를 가리켜 **성경
신학**(Biblical Theology) 연구라 부른다.

여기 제시한 네 가지 단계들의 순서는 물론 연구하는 사람의 편에서 관심을 갖는 순서다. 그러나 신적인 활동의 관점에서 보면 그 순서가 다음과 같이 바뀌어야 할 것이다:

(1) 하나님의 자기 계시;

(2) 계시의 산물을 기록하는 단계;

(3) 그 여러 기록들을 모아 하나의 책으로 묶어 놓는 단계;

(4) 성경 기록들의 내용을 연구하는 단계.

성경 신학의 정의

성경 신학은 주경 신학의 한 분과로서 성경에 저장되어 있는 하나님의 자기 계시 과정을 다루는 것이다.

위의 정의에서 "계시"라는 용어는 행동을 의미하는 명사로 취하여야 한다. 성경 신학은 계시를 신적 활동으로서 — 그 활동의 이미 완결된 산물(産物)로서가 아니라 — 다룬다. 그러므로 성경 신학의 본질과 방법론은 자연히 그 신적인 활동 그 자체의 특징들과 면밀히 교감하며, 또한 가능한 만큼 그것들을 재생하는 데 주력한다. 그 주요 특징들은 다음과 같다:

1. 계시 과정의 역사적 점진성(漸進性)

계시는 단 한 번의 행동으로 완결된 것이 아니라 오랜 동안 이어져 내려온 활동들 속에서 그 모습을 드러냈다. 추상적으로 보면 달리 생각할 수도 있겠으나, 사실상 그럴 수는 없다. 왜냐하면 계시는 홀로 서 있는 것이 아니라 (특별 계시에 관한 한) 하나님의 또 다른 활동, 즉 구속(救贖: redemption)이라 부르는 그것과 불가분리의 관계로 엮어져 있기 때문이다. 그런데 구속은 역사 속에서 계속 이어지는 것일 수밖에 없다. 왜냐하면 구속이란 역사의 과정 속에 나서 존재하게 되는 인류의 각 세대들에게 적용되는 것이기 때문이다. 계시란 구속의 해석이다. 따라서, 구속이 그렇듯이 계시도 조금씩 단계적으로 그 모습을 드러낼 수밖에 없다. 그러면서도 동시에 분명히 드러나는 것은 계시의 과정과 구속의 과정이 서로 전적으로 범위가 일치하는(co-extensive) 것은 아니라는 점이다. 왜냐하면 계시는 어느 시점에서 종결되는데, 구속은 그 이후에도 계속되기 때문이다. 이 점을 이해하기 위해서는, 계시 영역 그 자체 내에 한 가지 중요한 구분이 있다는 점을 고려해야 한다. 구속은 그 일부는 객관적이요 중심적이며, 일부는 주관적이요 개인적이다. 객관적이요 중심적인 부분이란 인간을 대신하여 인간의 외부에서 일어나는 하나님의 구속의 행위들을 지칭한다. 그리고 주관적이며 개인적인 부분이란 인간 속으로 들어와 역사하는 하나님의 행위들을 지칭한다.

객관적인 하나님의 행위들을 중심적이라 부르는 것은, 그것이 구속이라는 원(圓 : circle) 중심부에서 일어나는 것으로 전 범위에 똑같이 관여하며, 또한 반복이 필요없고 반복될 수도 없기 때문이다. 그리스도의 성육신, 속죄, 부활 등이 바로 그 객관적이요 중심적인 행위에 속한다. 주관적인 영역에 속한 행위들을 개인적이라 부르는 것은, 그것들이 각 개인마다 별도로 반복되기 때문이다. 중생, 칭의(justification), 회심, 성화(sanctification), 영화(glorification)가 바로 그 주관적이요 개인적인 행위에 속한다. 그런데 계시는 오로지 객관적이며 중심적인 구속 과정에만 수반되며, 그렇기 때문에 구속이 계시보다 더 나중까지 이어지는 것이다. 계시가 주관적이며 개인적인 구속을 수반한다고도 주장할 수 있겠으나, 그럴 경우에 그것은 구속의 세계의 공통적인 관심사를 총체적으로 다루는 것이 아니라, 개개인이 사사로이 관심을 갖는 문제들을 다루는 것이 되어 버릴 것이다.

그러나 그렇다고 해서 신자가 자신의 주관적인 경험을 통해서 계시의 출처인 성경으로부터 도무지 빛을 받을 수가 없다는 뜻은 아니다. 왜냐하면 객관적인 과정과 더불어 주관적인 적용의 역사가 계속되고 있고, 또한 그 역사의 상당 부분이 성경 속에 반영되어 있다는 점을 기억해야 하기 때문이다. 주관적이며 개인적인 구속이, 객관적이며 중심적인 구속이 끝난 이후에 비로소 처음 시작된 것은 아니다. 그것은 애초부터 후자와 더불어 존재해온 것이다.

미래에 객관적이며 중심적인 구속이 다시 재개될 것을 기대할 수 있을 시기는 오로지 하나밖에는 없으니, 곧 그리스도의 재림이 그것이다. 그때가 되면 세상과 하나님의 백성에게 총체적으로 관계되는 큰 구속의 행위들이 일어날 것이다. 이 일들이 지금 현재 우리가 소유하고 있는 진리에 첨가될 것이다.

2. 역사 속에서 계시가 실질적으로 구체화 됨

계시의 과정은 역사와 공존할 뿐 아니라, 그 자체가 역사 속에서 구체화 된다. 곧, 역사의 사실들 그 자체가 계시의 의의를 지닌다는 말이다. 그리스 도께서 십자가에 못 박히신 사건과 그의 부활이 그 실례다. 우리는 행위 계 시(act-revelation)를 말씀 계시(word-revelation)의 옆에 두어야 한다. 물론 이는 크게 두드러지는 구속의 행위들에 적용된다. 그 경우들에는 구속과 계 시가 동시에 일어나는(coincide) 것이다. 그러나 이와 관련하여 두 가지 점을 기억해야 할 것이다. 첫째로, 이 두 가지 면을 지닌 행위들이 계시를 주 목적 으로 일어난 것이 아니라는 점이다. 그 행위들의 계시적 성격은 부차적인 것 이다. 그 행위들의 주 목적은 계시를 초월하는 것이요, 결과적으로 하나님께 관계되는 면을 지니며, 오로지 그 면에 의존해서만 교육적인 목적으로 인간 에게 관계되는 것이다. 둘째로, 그런 행위 계시들은 절대로 자기 혼자 말하 도록 버려져 있지 않다는 점이다. 그 계시들에 앞서서 혹은 그 뒤에 반드시 말씀 계시가 있는 것이다. 보통 그 순서는 이렇다: 먼저 말씀이 주어지고, 그 다음에 사건이 일어나고, 그 다음에 그것을 해석하는 말씀이 주어진다. 구약 은 예언적인 예비적 말씀을 제시하며, 복음서는 구속적-계시적 사건을 기록 하고, 서신서들이 그 이후의 최종적 해석을 제공해 주는 것이다.

3. 계시 속에서 볼 수 있는 역사적 과정의 유기적 본질

하나씩 증가하는 것마다 점진적인 성격을 띤다. 그러나 점진적으로 증가 하는 것 모두가 유기적인 성격을 지니는 것은 아니다. 계시의 진전이 유기적 본질을 지닌다는 것은 몇 가지 점들을 해명해 준다. 어떤 이들은 계시가 점 진성을 취한다는 것은 곧 모든 단계마다 절대적인 완전성이 결핍되어 있음 을 시사한다고 주장하기도 했다. 만일 그 점진적인 과정이 유기적 성격을 띠 지 않는다면, 실제로 그럴 것이다. 유기적인 과정은 씨앗의 형태에서 시작하 여 충만한 성장을 이루는 데까지 지속된다. 그러나 우리는 질적(質的)인 면에 서 씨앗이 성숙한 나무보다 덜 완전하다고 말하지는 않는다. 더 나아가서 이런 특성은 처음 등장할 단계에서도 진리가 구원론적 충족성을 지닐 수 있다는 점을 설명해 준다. 씨앗의 형태에도 필수적인 지식이 최소량이나마 이미 존재하고 있었던 것이다. 또한 이런 특성은 앞을 향하여 나아가는 계시의 움직임이 어떻게 해서 그렇게도 긴밀하게, 앞을 향하여 나아가는 구속의 움직임(the onward movement of redemption)에 의해서 결정될 수 있었는지도 해명해 준다. 후자가 유기적인 성격을 띠고 점진적으로 발전해 나가므로, 전자 역시 그럴 수밖에 없었던 것이다. 구속이 천천히 나아가거나 정지(停止) 상태가 되면 계시도 그에 따라서 움직인다. 그러나 잘 알려져 있는 대로, 구속 과정의 유기적인 성격은 남다른 면이 있다. 그것은 획일적인 방식으로 전진하지 않고, 앞을 향해 나아가는 걸음걸이가 "시대에 따르는"(epochal) 양상을 띤다. 신기원을 이루는 그 위대한 구속 행위들이 모이는 곳에서는 계시의 움직임도 그에 따라서 빨라지고 그 규모도 증가되는 것을 볼 수 있다. 더 나아가 계시의 유기적 성격을 통해서, 우리는 계시가 점점 더 다양한 형태를 취하는 사실(increasing multiformity)도 설명할 수가 있다. 어디서든 계시가 점점 다양한 형태를 취한다는 것은 곧 유기적 생명이 발달하고 있다는 징후인 것이다. 구약에서보다는 신약에서, 모세 시대보다는 선지자들의 시대에서 이러한 다양성을 더 많이 볼 수 있다.

위에서 마지막으로 언급한 특질에 대해서 최근 오해가 있는데, 여기서 그 점에 대해서 몇 가지 지적할 필요가 있을 것이다. 성경에서 그렇게 심한 정도의 가변성(可變性: variableness)과 상이성(相異性: differentiation)을 들추어내는 일은 성경의 절대성과 무오성(無誤性)을 믿는 믿음에 치명적인 해가 될 것이라고들 주장한다. 만일 바울이 하나의 시각을 지녔고, 베드로가 다른 시각을 지녔다면, 그 두 사람은 각기 아무리 잘 보아도 그저 올바른 것에 가까이 가는 정도밖에는 되지 못할 것이다. 만일 진리 그 자체가 다양한 면들을 지니지 않는다면, 실제로 그렇게 될 것이다. 그러나 무오성이 무덤덤한 획일성(劃一性)과 반드시 같은 것은 아니다. 진리는 본래 풍성하고 복잡한 것이다. 하나님께서 친히 그러하시기 때문이다. 이에 대해 문제를 삼는 태도는 그 전체가 궁극적으로 하나님의 본성과 세상과 그와의 관계에 대한 그릇된 견해에 근거하는 것이요, 이신론적인(Deistic) 사고가 밑바닥에 깔려 있는 것

이다. 그런 태도는 하나님께서 그 자신이 창조하신 피조 세계의 바깥에 서
계시는 것으로 여기며, 따라서 그의 계시의 말씀(revealing speech)이 효과를
내도록 하기 위하여 그것이 제공하는 그 불완전한 형식들과 기관들을 그대
로 참고 계셔야 하는 것으로 여기는 것이다. 그렇게 되면, 바울의 교훈적이
며 변증적인 사고가 그 메시지를 이상적으로 전달하는 데에 장애물이 되어
버릴 것이고, 베드로의 단순하고도 실제적이며, 소박한 사고 역시 마찬가지
가 될 것이다.

그러나 유신론의 관점에서 보면, 문제 자체가 전혀 그 형태를 달리하게 된
다. 진리가 본래부터 여러 면들을 지니고 있고, 하나님께서도 그의 의도에
따라 계시의 모든 기관들을 사용하시고 통제하시므로, 그것들 하나하나를
그 정확한 목적에 맞추어 형성시키신 것이다. 복음이 정확한 교리적 구조를
지니고 있으므로, 교리적으로 은사를 받은 바울이 이를 표현하기에 적절한
기관이었다. 왜냐하면 하나님께서 그 점을 염두에 두시고서 미리 그에게 그
런 은사들을 베푸셨고 배양시키셨기 때문이다.

4. 성경 신학의 연구를 결정지어주는 계시의 네 번째 면은 그 실질적인 적응
　성(adaptability)에 있음

하나님의 자기 계시(self-revelation)가 우리에게 주어진 주된 목적은 지성
적인 데 있는 것이 아니다. 물론 진정 경건한 사람이라면 하나님의 완전한
속성들을 지성적으로 깊이 생각함으로써 하나님을 영화롭게 할 수도 있다는
것을 간과해서는 안 될 것이다. 이것도 하나님을 섬기는 일에 지극히 강력하
게 의지를 쏟아붓는 일만큼이나 진실로 신앙적인 행위일 것이다. 그러나 이
것은 계시 전체가 목표로 삼는 모든 면에서 충실한 신앙은 아닐 것이다. 복
음이 하나님을 아는 것이 영생임을 가르치는 것은 분명 사실이다. 그러나 거
기 나타나는 "아는 것"이라는 개념은 헬라적 의미로 이해해서는 안 되고, 히
브리적인 의미로 이해해야 한다. 헬라적 의미로 보면, "안다"는 것은 사람의
의식 속에 어떤 사물의 실체를 투사시키는 것을 의미한다. 그러나 히브리적
이며 성경적인 개념은 사물의 실체를 실제로 내적인 삶의 경험과 뒤섞는 것
을 뜻한다. 그러므로 "알다"는 "사랑하다", "사랑으로 선택하다"를 뜻하는

성경적인 숙어로 사용되기도 한다. 하나님께서는 이런 식으로 스스로 알려지기를 바라시므로, 한 백성의 역사적 삶의 현장 속에서 그에 대한 계시가 일어나도록 하신 것이다. 계시의 궤도는 하나의 유파(類派:a school)가 아니라 하나의 "언약"(a covenant)이다. 계시를 인간에 대한 하나의 "교육"으로 논하는 것은 이성주의적인 것으로서 아주 비성경적인 논법이다. 하나님께서 자신에 대해서 드러내신 모든 것은 그의 백성의 실제적인 신앙적 필요들에 — 그것들이 역사의 과정 속에서 제기됨에 따라서 — 부응하여 주어진 것이다.

성경 신학이라는 명칭으로 계속 지칭되어온 갖가지 것들

처음에는 이 명칭이 조직 신학 연구에 동원된 증거 본문들을 모아놓은 것을 지칭하는 뜻으로 사용되었다. 그 다음에는 경건주의자들(the Pietists)이 교의학(敎義學)의 극단적 스콜라주의적 방법론(hyperscholastic method)에 대응하여 자기들의 목소리를 내면서 이 용어를 사용하였다. 물론 이 두 가지 용례에서 새로운 특징적인 신학적 분야가 생겨난 것은 아니었다. 그런 일은 기존의 분야와는 구별되는 하나의 새로운 접근 원리가 도입되고 난 다음에야 비로소 일어났다. 이 일이 처음 이루어진 것은 요한 가블러(Johann P. Gabler)의 『성경 신학과 교의 신학 사이의 정당한 구별』(De justo discrimine theologiae biblicae et dogmaticae)이라는 논문에서였다. 가블러는 성경 신학의 구체적인 차이점이 성경 본문을 역사적으로 다루는 원리에 있는 것으로 올바로 인식하였다. 그러나 불행스럽게도 그의 그런 인식을 추구해 나가는 과정과, 또한 그런 인식을 적용시키는 태도가 모두 그가 속해 있던 학파의 이성주의에 영향을 받았다. 이 학파의 주요 특징은 역사와 전통을 불신하고 이성(理性)을 종교적 지식의 유일하고도 충족한 전거(典據)로 숭배하는 것이었다. 그는 성경에 역사의 문제로 기록되어 있는 과거의 믿음과 용례들과, 또한 이성을 통하여 증명 가능한 것으로 입증된 것들을 서로 구별하였다. 전자는 선험적인 것(a priori)으로서 권위가 없는 것으로 배격했고, 후자는 진리로서 받아들였다. 그러나 그것을 받아들인 것은 그것들이 성경에 나타나기 때문이 아니라 이성의 진술들과 일치하기 때문이었다. 그렇다면 과연 그것이 성경에 제시되어 있다는 것이 대체 무슨 유익이 있는가 라는 질문이 제기되면, 초기의 발달 단계에서는 사람들이 아직 이성을 충족히 몰랐기 때문에 그들의 종교적 확신과 행위들을 이성에 근거하여 세울 수가 없었고, 따라서 결국 하나님께서 스스로 낮추셔서 외형적 권위라는 기초 위에 믿음을 세우는 고대의 방법론을 취하셨으나, 그런 방법은 이제는 폐기되었다는 식의 답변이 제시되었다.

여기서 중요한 것은, 이러한 소위 속된 이성주의(*Rationalismus Vulgaris*)가 순수한 철학적인 혹은 인식론적인 원리가 아니었고 특수한 종교적 색깔을 지닌 것이었다는 점을 간파하는 것이다. 이성주의(합리주의)가 그렇게 오랫동안 그렇게 격렬하게 종교를 공격해왔으므로, 이제 입장을 바꾸어서 종교의 관점에서 이성주의를 잠시 비판한다고 해서 사리에 어긋나는 일은 없을 것 같다. 중요하게 보아야 할 점은 그것이 진리와 믿음의 영역에서 하나님을 대항하여 부당하게 자기 주장을 내세운다는 사실이다. 이것은 종교적 재질을 오용하는 것이다. 하나님의 권위에 근거하여 진리를 받아들이는 것이야말로 현저한 종교적 행위다. 성경의 영감(靈感)을 믿는 믿음은 어떠한 처지에서든 하나의 예배 행위로 칭송받을 수 있다. 이러한 사실은 이성주의가 어째서 순수 철학 분야보다도 오히려 종교 분야를 더 선호하여 그 분야에서 더 자기 주장을 내세워왔는지 그 이유를 잘 해명해 준다. 그 이유는 종교 분야야말로 사람의 죄악된 마음이 독자적이며 초월적인 권위의 주장들과 가장 직접적으로 대면하게 되는 분야이기 때문이다. 면밀히 살펴보면, 전통에 대해 항거하는 이성주의의 자세는 바로 그 전통의 출처인 하나님에 대해 항거하는 것이요, 따라서 성경 신학을 다루는 양식 전체가 전통의 형식으로서의 역사를 존중하는 것이 아니라 역사와 전통의 신빙성을 깎아내리는 것을 목표로 삼고 있는 것이다. 더 나아가서 윤리적인 면을 보더라도 이성주의는 결함이 있다. 그것은 그 과거는 물론 미래도 무시하고 그 현재를(즉, 맨 밑바닥에서는 **자기 자신을**) 추켜세우는 방향으로 기우는 경향을 보이기 때문이다. 현재에 이미 발전의 최정상에 도달해 있다는 강한 인식을 드러내 보이는 것이다. 이성주의는 대개 자신을 도저히 능가할 수 없는 최고의 상태에 있는 것으로 보며, 그렇기 때문에 미래에 있어서도 하나님에게서 크게 기대하지

를 낳는다. 과거에 대한 태도에서보다도 오히려 바로 이러한 태도에서, 이성
주의의 자기 만족의 종교적 과오가 더욱 선명하게 드러나는 것이다.

진리를 역사적으로 추적해 들어가는 일의 중요성을 강조하는 것이 과거에
는 하나의 장점으로 여겨졌었다. 그러나 근본적인 경건이 결핍된 상태로 그
런 일이 행해지자, 그 자체를 신학이라 부를 권리조차 스스로 상실하고 말았
다. 이성주의적인 성경 신학은 역사성을 강조하면서도 동시에 그 산물이 종
교적으로 무가치한 것임을 스스로 선언하는 셈이다.

우리들 자신과 이런 타입의 논의를 구별하는 문제를 분명하게 정의하기
위해서는, 이것이 종교적 진리와 관련하여 이성의 기능을 인정하는지의 여
부의 문제가 아니라는 점을 기억해야 할 것이다. 사람의 정신 구조 자체가
이성이라는 문을 통과하지 않고서는 그 어떠한 것도 그의 지식 속에 들어갈
수가 없게 되어 있다. 이것은 과연 분명한 사실이어서, 특별 계시의 내용에
대해서는 물론 다른 어떠한 출처로부터 오는 진리에 대해서도 똑같이 적용
되는 것이다. 또한 그것은 사람의 사고에 자연 계시의 내용을 공급하는 데에
과연 이성이 정당한 기능을 발휘하느냐의 문제도 아니다. 더 나아가서, 이성
은 특별 계시의 내용을 통하여 생각하고 그 내용을 조직화하는 데에도 나름
대로 적절한 역할을 한다. 그러나 이 모든 사실을 인정하는 것은 우리가 전
문 용어로 이성주의라 부르는 그것과 같은 것이 아니요, 또한 이성주의의 특
징이 이 모든 사실을 인정하는 데 있는 것도 아니다. 후자의 사실은 이성주
의가 나타나는 곳마다 항상 무종교(無宗敎)와 하나님을 실제로 무시하는 분
위기가 뒤따른다는 점에서 잘 드러난다. 경건한 사람이 보기에 이런 유의 사
람들에게서 나타나는 주요 과오는, 가장 중요한 의미에서 종교의 감각 중추
(sensorium of Religion)를 상실하고 있기 때문에 하나님과 그의 세계를 향한
그들의 안목 전체가 부적절해 보인다는 것이다.

이러한 이성주의적 환경 속에서 처음 나온 이후부터 성경 신학은, 철학적
조류들이 신학 전반에 영향을 미쳐온 그런 방식뿐 아니라 특히 그 이성주의
본질이 드러나는 특별한 방식을 통해서도 강력하게 영향을 받아왔다. 이 점
은 오늘날 성경 신학이 진화론(進化論) 철학에 의해서 얼마나 영향을 받고 있
는지를 보면 잘 드러난다. 이 영향은 두 가지 방향에서 드러난다.

첫째로, 진화의 가설이 세계의 전개 과정에서 찾는 질적인 진보(qualitative advancement)가 종교적 진리의 출현에까지 확대된다는 점이다. 그것은 낮은 것으로부터 높은 것으로 나아가는 진보일 뿐 아니라, 야만적인 상태로부터 세련되고 교양 있는 상태로, 그릇된 것으로부터 참된 것으로, 악한 것으로부터 선한 것으로 나아가는 진보이기도 하다. 진화론의 주장에 따르면, 종교는 물활론(物活論: animism)에서 시작하여, 그 다음에는 다신론(多神論)이 오고, 그 다음에는 일신숭배(一神崇拜: monolatry)가 오고, 그 다음에 유일신론(唯一神論)이 온다고 한다. 그런 견해가 모든 정당한 의미에서의 계시를 배제시키는 것은 물론이다. 모든 것들을 상대적인 것으로 만들어 버리고, 절대적인 신적인 요인의 여지를 조금도 남겨두지 않는 것이다.

둘째로, 진화론 철학은 실증 철학과 한 가족이다. 실증 철학은 현상 이외에는 아무것도 알 수 있는 것이 없다고 가르친다. 오로지 세계 중 인상으로 감지되는 쪽만 알 수 있고, 내부의 객관적 실체와 소위 "물(物) 자체"(thing in themselves)는 알 수 없다는 것이다. 그러므로, 하나님, 영혼, 불멸성, 미래의 삶 등은 인간의 지식에 들어올 수가 없으며, 그런 것들에 대한 지식은 오랜 엄밀한 의미에서는 사실상 지식이 아니라고 한다. 결국 이 모든 객관적인 실체들은 신학의 영역 너머에 있는 것으로 간주되게 된다. 그러나 그런데도 여전히 신학이라는 명칭을 고수한다면, 그것은 종교적 현상들의 분류와 논의를 지칭하는 명칭으로서는 잘못된 것이라 할 것이다. 오늘날 그들의 문제는 다만 과거에 무엇을 믿었고 무슨 일을 행했느냐 하는 것에 대한 것일 뿐, 진리가 과연 무엇인가 하는 것은 전혀 안중에도 없는 것이다. 신학이라는 명칭을 붙여서 종교학을 위장시키는 이런 전반적인 풍조와 더불어, 성경 신학을 완전히 뒤집어버리는 일이 자행되고 있다. 그리하여 성경 신학이 성경 문헌에 기록된 종교적 현상들을 탐구하는 종교 현상학(phenomenology of religion)이 되는 것이다.

주도적인 원리들

이러한 그릇된 영향력들에 대항하여, 이 문제를 다루는 데 있어서 우리가 지도를 받아야 할 원리들을 분명하게 세우는 일이 매우 중요하다. 그 원리들은 다음과 같다.

(1) 계시의 무오한 성격을 이 용어를 정당하게 신학적으로 사용할 때에 필수적인 것으로 인정하는 것이다. 이것은 유신론의 본질에 속하는 원리다. 하나님이 인격적이시며 의식적이시라면, 그가 자기를 드러내실 모든 양상이 그의 본성과 목적을 오류 없이 표현하는 것이라는 추론이 불가피해진다. 하나님은 자신의 생각에다 신성(神性)의 인(印)을 찍어서 세상에게 전달하실 것이다. 만일 그렇지 않다면, 하나님이 세상의 한계점들과 상대적인 요소들에 얽매여 계시든가, 표현의 수단이 그와 세상과의 교류를 방해하는 데에서 그 이유를 찾아야 할 것이다. 그러나 그런 견해의 배경은 유신론이 아니라 범신론(汎神論)인 것이 분명하다.

(2) 또한 성경 신학은 계시라는 기반의 객관성을 인식해야 한다. 이는 곧 진정한 의사 소통이 하나님에게서 사람에게로 외부로부터(*ab extra*) 온다는 것을 뜻한다. "받아쓰기"(dictation)의 견해를 모욕적으로 언급함으로써 이것을 그냥 무시해 버리는 처사는 정당하지 못하다. 받아쓰기 자체에는 품위를 손상시키는 것이 하나도 없고, 더욱이 하나님과 사람 사이의 의사 전달에서 나타나는 "받아쓰기"라면 분명 그렇다. 뿐만 아니라 그런 처사는 비과학적이다. 왜냐하면 계시를 받은 자들의 진술들에서 그런 과정이 나타나는 경우가 적지 않기 때문이다.

그러나 그렇다고 해서 모든 계시가 이러한 객관적인 방식으로 온다는 뜻은 아니다. "주관적인 계시"라고 부르는 것이 적절한 그런 요소도 있는 것이다. "주관적인 계시"란 곧 성령께서 인간의 잠재 의식의 깊은 곳에서 내적으로 활동하심으로써 거기서부터 하나님께서 의도하신 특정한 생각들이 나오도록 하시는 것을 뜻한다. 시편에서 이런 종류의 계시의 실례들을 볼 수 있고, 또한 선지자의 글들 이곳저곳에 나오는 시적인 부분들에서도 나타난다. 물론 그것이 주관적인 통로를 통해서 주어졌으나, 그럼에도 불구하고 우리는 그것에 절대적인 신적 권위가 있음을 주장해야 한다. 그렇지 않으면 그것을 계시라고 부르는 것도 합당치 않을 것이다. 계시와 영감이 이런 주관적인 형식으로 합쳐지는 것이다. 그러나 우리는 성경에 나타나는 모든 계시를 이런 내부로부터(*ab intra*) 오는 것들의 범주에 집어넣는 현대의 경향에 대해 경계를 게을리 해서는 안 된다. 이런 경향이 흔히 취하는 형태는, 계시를 하나님의 자기를 드러내시는 행위들 그 자체에만 해당되는 것으로 제한시킨 다음 성경에 나타나는 사상적 내용 전체를 이런 행위들에 대한 인간의 생각(reflection)에서 비롯된 것으로 보는 것이다. 대개의 경우 그런 이론은, 성경의 가르침 전체를 순전히 인간적인 생각의 상대성과 결부시키며, 그 가르침의 신적인 기원을 더 이상 확증할 수 없는 것으로 보는 ─ 확증하도록 남겨질 객관적인 것이 하나도 없으므로 ─ 것에 대한 하나의 핑곗거리로서 그런 이론이 제시되고 있는 것이다.

이렇듯 객관적 계시와 주관적 계시가 함께 나타난다는 믿음은 편협하거나 낡아빠진 입장이 아니다. 사실 오직 그것이야말로 편견이 없는 견해다. 그것이야말로 모든 사실들을 다 기꺼이 고려하기 때문이다. "받아쓰기"에 대해 거부감을 갖는 태도는 대개 하나님을 과소평가하고 사람을 과대평가하는 데에서 나온다. 하나님께서 내려오셔서 우리에게 계시를 주신다면, 그 계시가 어떤 형태를 취할 것인지를 결정하는 것은 본래 하나님이시지 우리가 아니다. 하나님의 위엄 덕분에, 우리가 그의 말씀을 충만한 신적 가치를 지닌 상태 그대로 받아들이게 되는 것이다.

(3) 성경 신학은 영감의 문제에 대해 깊이 관여한다. 여기서는 우리가 어떤 것을 우리의 학문이 다루는 대상으로 단정하느냐에 모든 것이 달려 있다. 만일 그 대상이 과거의 사람들의 믿음과 행위들에 있다면, 그 주제를 과거 어느 시대를 풍미했던 일들에 대한 신빙성 있는 기록이라는 것 ─ 그것이 본래 진리냐 아니냐 하는 것과는 전혀 관계 없이 ─ 이상 그보다 높은 어떤 다른 의미에서 진리로 여기느냐 아니냐 하는 것은 전혀 중요하지 않게 될 것이 자명하다. 그렇게 생각하면 성경 신학이 주경 신학이 아니라 역사 신학으로 분류되어야 마땅할 것이다. 그것이 성경 시대의 교리의 역사(a History of Doctrine for Biblical times)로 그 모습을 드러낼 것이기 때문이다. 아우구스티누스를 다루듯이 그렇게 이사야를 다루며, 따라서 그것이 진리였느냐 아니냐 하는 것은 문제가 안 되고, 오로지 그가 무엇을 믿었느냐 하는 것이 유일한 문젯거리가 되는 것이다. 그러나 성경 신학에 대한 우리의 생각은 그 주제를 하나님께로부터 오는 계시의 관점에서 고찰하는 것이다. 그러므로,

연구의 대상들을 하나님의 권위에 의해서 우리에게 보장되는 바 "진리"로 보게 되는 한 가지 요인으로서 영감의 사실이 반드시 고려되어야 하는 것이다.

뿐만 아니라 이런 식으로 하여 우리가 하나님께서 계시의 행위로 개입하시는 그런 특별한 경우들에 한해서만 성경의 영감성을 인정할 수 있고, 결국 최소한 "완전 영감"(plenary inspiration)에 대해서는 우리가 성경 신학자들로서는 무관심하는 모습을 보일 수 있다는 식으로 반론을 제기해서도 안 된다. 부분 영감론은 현대의 허구(虛構)요, 성경이 그 자체의 구성에 대해 가르치는 내용으로부터 전혀 뒷받침을 받지 못하는 것이다. 신약은 구약의 영감에 대해 말씀할 때마다 언제나 가장 절대적이고 포괄적인 표현들을 써서 말씀한다. 이 문제에 대한 성경 그 자체의 가르침을 살펴보면, "완전 영감"이거나 아니면 전혀 아무 영감도 아니거나 둘 중의 하나뿐이라는 것을 깨닫게 된다. 더 나아가서, 우리는 계시가 절대로 말로써 드러내는 것들에만 한정되는 것이 아니라 사건들(facts)도 포용한다는 것을 알고 있다. 더욱이 이 사건들은 종속적인 성격을 띠지 않는다. 그것들 자체가 구속 계시 전체의 중심이 되는 관절과 인대(靭帶)를 이루고 있으며, 그것들로부터 계시 전체가 그 의의와 색깔을 부여받는 것이다. 그러므로, 이 사건들의 역사성이 — 그것도, 그저 역사적 연구로 얻을 수 있는 것보다 더 신빙성 있는 의미로 — 보장되지 않는 이상, 그 사건들과 더불어 그 가르치는 내용까지도 불확실한 것으로 간주되어 결국 전체의 계시로서의 가치가 의심스러운 것이 되어버리고 말 것이다. 계시들의 신빙성은 그 계시들이 나타나는 역사적 정황의 신빙성 여부에 전적으로 달려 있는 것이다.

또 한 가지 기억해야 할 것은, 어떤 경우에는 성경이 우리에게 그 자신의 유기체(organism)의 철학을 제시한다는 점이다. 예를 들어서, 바울은 구약의 계시 구조에 대해 자신의 견해들을 갖고 있다. 여기서 과연 영감을 바울의 역사적 가르침에까지도 충만하게 확대시킬 수 있는가 하는 문제가 결정적으로 중요해진다. 바울이 이런 문제들에서도 영감을 받았다는 것을 믿게 되면, 구약의 계시적 구조를 제시하는 우리의 과제가 크게 촉진될 것이고, 아울러 우리 자신의 견해를 별도로 구성하는 일이 쓸데 없는 수고가 될 것이다. 우

리 자신의 견해를 별도로 세우는 일을 시도하게 되면 — 특정한 구약 비평학
파가 그렇게 하고 있지만 — 그 방법이 영감이라는 요인을 무시하는 문제에
대한 순전한 견해에 근거하는 것이 아니라, 정면으로 영감을 부인하는 것에
근거하게 되어 버릴 것이다.

"성경 신학"이라는 명칭에 대한 반론들

이제는 "성경 신학"(Biblical Theology. 문자 그대로 번역하자면 "성경적
신학"이다 — 역자주)이라는 명칭에 대해 제기된 반론들을 살펴보기로 하자.

(1) 이 명칭은 너무 폭이 넓다. 일반 계시를 제외하고는 신학은 모두가 성
경에 근거를 두는 것이 당연하기 때문이다. 이 "성경적"이라는 술어를 단일
분야에만 적용시킨다는 것은 우스꽝스러울 정도로 주제넘는 처사인 것 같
다.

(2) "성경적"이라는 말을 그것 혼자만이 성경적 전거를 지니고 있다는 뜻
으로 이해할 필요는 없고 다만 특수한 방법론을 지칭하는 말로 — 즉, 형식
을 달리 바꾸지 않고 본래의 성경의 형식 그대로 진리를 재생시키는 방법을
뜻하는 말로 — 이해하면 된다고 답변할 수도 있을 것이다. 그러나 만일 그
렇게 답한다면, 우리로서는 한편으로는 이것은 필연적으로 다른 신학 분야
들이 마치 진리를 조작하는 죄를 짓고 있는 것 같은 인상을 심어 주게 되고,
또 다른 한편으로는 성경 신학이 성경의 재료를 변형시켜 다루는 데에서 자
유하다는 점을 너무 지나치게 주장하고 있다고 답해야 할 것이다. 사실은 성
경 신학도 주어진 재료를 변형시킨다는 면에서는 조직 신학과 전혀 다를 바
없는 것이다. 다만 그런 변형이 시행되는 원리가 조직 신학과 다를 뿐이다.
성경 신학의 경우에는 그 원리가 역사적 성격을 띠며, 조직 신학의 경우는
논리적 성격을 띠는 것이다. 이 두 가지 모두 필요하며, 따라서 그 중 어느 것
이 다른 것보다 우월하다는 식의 느낌을 가질 이유가 없는 것이다.

(3) 그 명칭은 나머지 신학에 대한 명명법(命名法)과 조화를 이루지 못하기
때문에 적절치 못하다. 먼저 신약의 네 가지 분과들을 구별하여 그 하나하나
를 "신학"이라는 명칭을 붙이고 그 앞에 형용사를 붙여서 그 성격을 표현한
다음, 이 네 가지에 종속되는 분야들을 동일한 원칙에 따라 명칭을 붙이는

것이 사실이라면, 이 문제의 분야를 "성경적 신학"이라 부른다는 것은 혼란을 불러일으킬 것이다. 왜냐하면 이는 네 가지 분과가 아니라 다섯 가지 분과를 상정하는 것이 되고, 실제로는 그보다 큰 다른 분과에 종속되는 것인데도 이것을 그 큰 분과와 병행되는 것같은 느낌을 주기 때문이다.

이런 모든 이유들로 볼 때에, "특별 계시의 역사"(History of Special Revelation)라는 명칭이 훨씬 더 적절할 것이다. 이 분야가 목표로 삼고 있는 바를 정확하고도 전혀 거부감이 없는 방식으로 표현해 주기 때문이다. 그러나, 오랫동안 사용되어 이미 고정화된 명칭을 다른 것으로 바꾼다는 것은 어려운 일이다.

성경 신학과 신학의 다른 분야들의 관계

이제는 성경 신학이 신학이라는 가족에 속한 다른 분야들과 어떤 관계에 있는지를 살펴보아야 할 차례가 되었다.

(1) 성사(聖史: 성경 역사)와의 관계. 이것과는 매우 밀접한 관계를 지닌다. 이 두 분야 모두 서로 공통을 지니고 있는 재료를 고찰하기 때문에 그럴 수밖에 없다. 성사에서는 구속이 두드러진 위치를 차지하며, 따라서 계시를 끌어들이지 않고 구속을 다루기는 어렵다. 왜냐하면 위에서 언급한 바와 같이, 어떤 특정한 행위들은 구속적인 동시에 계시적이기 때문이다. 그리고 그 역(易)도 그대로 성립한다. 계시가 구속과 완전히 뒤엉켜 있어서, 구속을 생각하지 않게 되면, 계시가 공중에 뜰 수밖에 없게 된다. 그러므로 이 둘이 서로 상대방에게 끼어들게 되는 것이다. 우리는 논리적으로 — 물론 실제적인 것은 아니지만 — 다음과 같이 선을 그어서 이 둘(즉, 계시와 구속)을 구별할 수 있을 것이다. 세상을 그 죄의 상태로부터 다시 찾기 위하여 하나님께서는 죄의 파괴적인 영향이 미치는 두 영역에 상응하여 두 가지 과정을 따라 행하셨다. 이 두 영역은 존재의 영역(the sphere of being)과 지식의 영역(the sphere of knowing)이다. 존재의 영역에서 세상을 올바른 상태로 돌리는 데에는 구속의 과정이 채용되며, 지식의 영역에서 세상을 올바른 상태로 돌리는 데에는 계시의 과정이 사용된다. 여기서 전자는 성경 역사를, 후자는 성경 신학을 산출하는 것이다.

(2) **성경 서론(Biblical Introduction)과의 관계.** 대개 일반적으로 서론이 먼저 앞선다. 특정한 경우들에서는 성경 문서의 연대와 그 저술의 상황들이, 계시의 체계 속에서 그 문서를 통해서 전해지는 진리의 위치를 결정하는 데에 상당히 큰 영향을 미친다. 그런 경우들에 서론이 확정지어 놓은 연대기가 성경 신학의 연대기의 규범이 되는 것이다. 그러나 그렇다고 해서 진리가 점진적으로 드러나는 과정을 추적하는 일이 문서의 연대 문제 이상으로는 나아갈 수 없다는 뜻은 아니다. 모세오경은 태초로부터 펼쳐져온 계시를 거꾸로 거슬러 올라가며 기록하고 있을 뿐 아니라 당대의 모세에게 ─ 혹은 모세를 통하여 ─ 주어진 계시에 속하는 내용도 상당히 많이 포함하고 있다. 이 두 가지 요소들을 서로 분명히 구별해야 한다. 성경 신학이 그보다 먼저 행해지는 서론의 역할에 의존하는 면에 대해서는 이 정도로 줄인다. 그러나 때때로 이 둘의 순서가 뒤바뀌기도 한다. 문서의 연대를 확인할 외적인 증거가 충분히 존재하지 않을 경우, 성경 신학이 그 문서의 계시적 내용이 계시의 진전 과정에서 과연 어느 시기에 가장 잘 들어맞는지를 지적해 줌으로써 오히려 서론에게 도움을 줄 수도 있는 것이다.

(3) **조직 신학과의 관계.** 성경에 밀접하게 근거하는 면에 있어서는 둘 사이에 전혀 차이가 없다. 둘이 전적으로 똑같다. 또한 하나가 성경의 재료를 변형시키는 데 반해서 다른 하나는 수정하지 않고 그대로 둔다는 점에서 차이가 있는 것도 아니다. 둘 다 똑같이 성경에 저장되어 있는 진리를 변형시키는 것이다. 둘 사이의 차이는 변형을 이루는 원리들이 다르다는 것 뿐이다. 성경 신학의 경우, 그 원리는 역사적인 성격을 띠며, 조직 신학의 경우는 논리적 구성의 모습을 취하는 것이다. 이를테면, 성경 신학이 발전을 하나의 직선(直線)으로 그린다면, 조직 신학은 둥그런 원(圓)을 그린다 할 것이다. 그러나 여기서 반드시 기억해야 할 것은, 역사적 발전의 선 위의 몇몇 지점들에서 이미 진리의 요소들 사이의 상호 관계가 시작되는데 그 지점들에서 조직화 과정의 시초들을 볼 수가 있다는 점이다.

성경 신학의 방법

성경 신학의 방법은 주로 역사적 발전의 원리에 의해서 결정된다. 그러므로 계시의 과정을 특정한 시기들로 구분하게 된다. 아무리 현대에 들어서서 역사학으로부터 주기성(週期性: periodicity)의 원리를 제거하는 경향이 나타나고 있다 해도, 하나님께서 계시를 펼쳐가시면서 정상적으로 이 원리를 채용해 오셨다는 것은 분명한 사실로 남아있다. 그러므로 그 시기들을 임의적으로, 혹은 주관적인 선호에 따라서 결정해서는 안 되고, 계시 그 자체에서 드러나는 간격의 선들과 철저하게 일치하도록 결정해야 하는 것이다. 이를테면, 성경은 자기 자신의 조직체(유기체)에 대해 의식하고 있다. 우리는 항상 그렇게 의식하지 못하지만, 성경은 자기 자신의 해부를 느끼고 있는 것이다. 여기서 계속해서 **베리트**(언약)들을 맺는 원리가 새로운 시기의 시발을 표시해 주는 것으로서 큰 역할을 담당하므로, 그것들을 면밀히 살펴야 한다.

또한 이런 주기성의 원리와 더불어, 각 시기들의 한계 내에서 진리의 여러 요소들이 함께 묶여지고 또 서로 관계를 맺는다는 점도 주목해야 할 것이다. 여기서도 임의적으로 주관적인 생각대로 움직이지 말아야 하는 것은 물론이다. 계시의 완성된 산물에 기초를 두어 교의학적으로 진리를 구성하는 일을, 본래 계시를 받은 자들의 생각 속에다 억지로 집어넣어서는 안 된다. 그들의 시각 속으로 들어가서 진리의 요소들을 그들에게 제시된 그대로 바라보는 안목을 얻고자 하는 노력이 있어야 한다. 진리의 역사적 발전과 진리를 동심원으로 묶는 것은 한 가지 점에서 서로 밀접하게 관련된다. 진리의 어떤 요소에 의해서 발전이 이루어져서 과거에는 그 요소가 주변에 머물러 있었으나 이제는 그 중심에 자리를 잡는 경우도 적지 않다. 여기서 큰 문제는 계시를 받은 그 사람들의 개별적인 특성들을 어떻게 정당하게 대하느냐 하는 것일 것이다. 이런 개별적인 특성들이 역사적 계획을 보조하기 때문이다. 어떤 이들은 우리가 각 책마다 별도로 논의해야 한다고 제안하기도 한다. 그러나 그렇게 되면 불필요한 반복이 생기게 된다. 왜냐하면 모두가 공통적으로 지니고 있는 것들이 너무나 많기 때문이다. 그보다 더 나은 방법은 계시의 초기 단계들에서는 — 이 단계들에서는 진리가 그렇게 심하게 세분화되지 않는다 — 전체적으로 다루는 방법을 적용시키고, 그 다음 다양성이 더 심화되는 후기의 시기들에 대해서는 개별적으로 다루는 방법을 쓰는 것이다.

성경 신학 연구의 실제적 용도

이제 성경 신학 연구의 실제적인 용도에 대해 논하는 일이 남았다. 그 용도는 다음과 같이 열거할 수 있을 것이다:

(1) 성경 신학은 특별 계시의 진리들의 유기적 성장을 밝히 드러낸다. 성경 신학을 연구함으로써 우리는 가르침과 설교의 여러 면들 가운데 강조점을 적절히 분배할 수 있게 된다. 나뭇잎은 가는 가지만큼 중요하지 않으며, 가는 가지는 큰 가지만큼 중요하지 않고, 큰 가지는 나무의 몸통만큼 중요하지 않은 것이다. 더 나아가서 성경 신학은 계시의 유기적 구조를 드러냄으로써, 초자연주의의 현실성을 입증해 주는 특별한 논지를 제공해 준다.

(2) 성경 신학은 이성주의적 비평의 가르침들을 대항하는 데 유용한 방어 수단을 제공해 준다. 이는 다음과 같은 방식으로 이루어진다. 곧, 성경이 그 자체의 유기체의 모습을 드러내는 것이다. 성경 자체 속에 본래부터 배어 있는 이러한 유기체가 비평적인 가설을 무너뜨리는 것이다. 비단 우리만 그렇게 보는 것이 아니라, 비평자들 자신들도 기꺼이 이 점을 인정한다. 왜냐하면 비평적 가설은 후대에 성경에다 억지로 집어넣은 하나의 인위적인 조직체일 뿐이며, 그보다 더 나은 조직체가 새로이 발견되면 그것으로 다시 대체되어야 하는 것이기 때문이다. 그러므로, 성경 신학을 연구하는 가운데 성경의 계시 구조에 대한 성경 자체의 의식을 철저하게 섭렵하게 되면, 이성주의의 비평들이 이것을 얼마나 철저하게 파괴시키는지를 인지할 수 있게 되고, 또한 특정한 책들의 연대와 저작의 문제를 훨씬 뛰어넘어서, 성경과 또한 신앙에 관한 전혀 이질적인 — 아니, 서로 적대하는 — 두 가지 사고들 가운데 어느 하나를 택해야 할 입장이 되는 것이다. 비평의 진정한 목적을 올바로 진단하고 나면, 그것에 대한 최고의 예방법을 소유하게 되는 것이다.

(3) 성경 신학은 진리를 그 본래의 역사적 정황 속에서 보여줌으로써 진리에 새로운 생명과 신선함을 부여한다. 성경은 하나의 교의학 교과서가 아니라, 극적인 요소가 가득 차 있는 하나의 역사책이다. 그러므로, 계시의 역사와 친숙해지면 이러한 극적인 요소들 모두를 활용할 수 있게 되는 것이다.

(4) 오늘날의 반 교리적 경향(anti-doctrinal tendency)에 대해 성경 신학이 잘 대응할 수 있다. 종교의 자발적이고 감정적인 면들에 대한 강조가 너무

지나치게 두드러지고 있는 현실에서, 성경 신학은 우리의 종교적 구조에 교리적 기초가 필수불가결하다는 것을 증언해 준다. 하나님께서 그 백성들에게 새로운 사상의 세계를 열어주는 일에 얼마나 큰 주의를 기울이셨는가를 잘 증언해 주는 것이다. 이 점을 고려할 때에, 신앙의 중요성을 그저 부차적인 것으로 치부하는 태도는 불경스러운 것이 되는 것이다.

(5) 성경 신학은, 심지어 믿음의 근본적인 교리들조차도 혼자 고립되어 있는 몇 가지 증거 본문들의 증언에 주로 의존하는 것으로 보이는 불행한 상황을 어느 정도 해소시켜 준다. 서로 모순이 되는 종교적 견해들이 각기 그 성경적 타당성 여부를 스스로 가늠할 수 있는 더 높은 근거가 반드시 존재한다. 그러므로 결국, 계시의 주된 줄기에서 유기적으로 자라나온 것으로, 또한 성경의 신앙이라는 직물 그 자체와 섞어 짜여진 것으로, 입증되는 체계가 타당성을 확보하게 될 것이다.

(6) 성경 신학 연구의 가장 높은 실제적인 유용성은 성경 신학 학도에게 유익이 되는 것과는 전혀 별개로 성경 신학 그 자체에 속하는 유용성이다. 모든 신학이 다 그러하지만, 성경 신학의 최고의 목표는 하나님의 영광이다. 성경 신학은 하나님을, 사람에게 역사적으로 접근하시고 그와 교류하시는 가운데서 그의 본성의 특정한 면을 드러내시는 분으로 새롭게 바라보게 함으로써 그 목표를 이루는 것이다. 토마스 아퀴나스의 멋진 진술이 여기서 다시 돋보인다: "[신학은] 하나님에게서 가르침받고, 하나님을 가르치며, 하나님께로 인도하는 것이다"(*Theologia a Deo docetur, Deum docet, ad Deum ducit.*)

제 2 장

계시의 장(場)을 상술함

계시의 장을 상술하면서, 우선 크게 일반 계시와 특별 계시를 서로 구별해야 할 것이다. 일반 계시는 또한 자연 계시로도 불리며, 특별 계시는 초자연 계시로도 불려진다. 이 명칭들의 의미는 자명하다. 일반 계시는 그것이 자연을 통해서 오기 때문에 모든 사람들에게 미친다. 특별 계시는 하나님께서 초자연적인 영역에서 특수하게 자기를 드러내시는 데에서 비롯되기 때문에 제한된 무리들에게만 미친다. 이 둘 사이의 관계는 다음과 같이 구별하여 정리하는 것이 가장 좋을 듯하다. 곧, 첫째로 죄가 있기 이전에 죄와 상관 없이 존재했던 관계와, 둘째로 죄의 권세 아래에서 수정된 형식으로 존재하는 관계가 그것이다.

그러면 첫째로, 죄와는 상관 없는 관계를 살펴보기로 하자. 자연 계시가 나오는 자연은 두 가지 근원으로 되어 있으니, 내부의 자연(nature within)과 외부의 자연(nature without)이 그것이다.

하나님께서는 종교적 의식과 도덕적 양심을 통해서 사람의 내적 지각에 자기 자신을 계시하신다. 그는 또한 외부의 자연 세계에서도 자기 자신을 계시하신다. 여기서 분명한 것은 후자가 전자에 근거할 수밖에 없다는 점이다. 본래부터 타고난 신지식(神知識)이 먼저 있지 않으면, 아무리 자연을 관찰한다 해도 적절한 신 개념에 이르지 못할 것이기 때문이다. 모든 신지식의 전제는 바로 사람이 하나님의 형상으로 창조되었다는 사실에 있다. 그런가 하면, 내적 본성으로부터 나오는 지식은 자연에서 하나님을 발견함으로써 충만히 채워지지 않으면 그 자체로서는 완전하지 못하다. 자연에서 하나님을 발견함으로써 비로소 그 지식이 풍성함과 완전함을 얻는 것이다. 성경도 이런 사실들을 인식하고 있다. 성경은 절대로, 심지어 이교도들에 대해서조차도, 사람이 하나님이나 어떤 신(神)의 존재를 가르침 받아야만 한다고 보지 않는 것이다. 성경이 하나님을 알라고 권면하지만, 그것은 단순히 그가 누구신가를 앎으로써 그와 친분을 맺으라는 뜻인 것이다.

그런데 두 가지 자연의 전거(典據)로부터 오는 이 선행하는 지식에 초자연적인 하나님의 자기 계시가 덧붙여질 수 있다. 이것은 우리가 보통 구속과 연관지어 생각하는 것이지만, 반드시 그런 것만은 아니다. 지금 우리는 구속을 필요로 하는 사람의 처지와는 별개로 계시를 생각하고 있는 것이다. 여기서 주목해야 할 중요한 사실은, 그 초자연적인 계시가 자연이 가져다 줄 수 없는 지식의 어떤 내용을 첨가시킨다는 점이다. 그것을 가리켜 초자연적이라 부르는 이유가 바로 거기에 있는 것이다.

그 다음에는 앞에서 묘사한 그 관계들이 죄가 들어옴으로써 어떤 식으로 영향을 받고 수정되는지를 살펴보자. 타락의 유일한 결과가 바로 초자연 계시의 도입이었다는 생각은 잘못된 것이다. 이제 살펴보게 되겠지만, 계시의 초자연성은, 물론 죄로 말미암아 그 필요성이 더 커진 것은 사실이지만, 죄의 사실에서 처음 비롯된 것은 아니다. 그러나 죄가 들어오면서 자연 계시의 구조 자체가 방해를 받게 되고, 그리하여 교정의 필요가 대두되었다. 죄악된 인간에게서는 내부의 자연이 더 이상 정상적으로 기능을 발휘하지 못한다. 하나님에 대한 그의 종교적·도덕적 감각이 무디어졌고 몽매(蒙昧)한 상태가 되었다. 그리고 외부의 자연에서 하나님을 발견하는 것도 오류와 왜곡으로 뒤틀려졌다. 죄가 들어옴으로써, 하나님을 사람의 내적 존재에 더 가까이 계시는 분으로 지각하는 본래적인 감각이, 자연에 나타나 있는 하나님의 기록을 바라보는 외적인 관찰보다 더 심각하게 영향을 받았다. 그리하여 성경은 이방인들에게, 하나님이 창조하신 세상의 만물들을 주목함으로써 하나님의 본성에 대해 그들이 갖고 있던 기존의 어리석은 관념들을 교정시키라고 교훈하고 있는 것이다(예컨대, 사 40:25, 26; 시 94:5-11). 그러나 자연을 통한 신지식의 주된 교정은 자연 그 자체 내에서 올 수가 없다. 초자연적인 구속이 교정시켜 주어야만 한다. 구속은 초자연적인 방식으로, 타락한 인간을 위하여 자연의 영역에서 하나님을 인지하는 일을 정상으로 만들어 주고 그 효능을 회복시켜 주는 것이다. 이것이 얼마나 참인가 하는 것은, 최고의 유신론 체계인 자연 신학(Natural Theology)이 이교의 영역에서 나온 것이 아니라 — 이교도들이 그들의 철학을 찬란하게 배양시켜 왔다는 것이 사실이라 해도 — 기독교적 근원에서 나왔다는 사실에서 잘 볼 수 있을 것이다. 우리가 자연에 근거한 신지식의 체계를 산출한다면, 그리고 그 과정에서 오로지 이성(理性)이라는 전거에만 의지한다면, 이것은 겉으로는 올바르게 보일 것이다. 그러나 우리의 사고가 그 본성적인 기능을 발휘하면서 잘못을 교정시켜 주는 구속의 은혜의 영향력 아래 서 있지 않는다면, 우리가 그렇게 해서 세워놓은 그 체계가 과연 탁월성을 지닌 체계가 되었을까 하는 의문이 계속 남아 있게 될 것이다.

그러나 죄의 권세 아래에서의 특별 계시의 가장 중요한 기능은 자연의 진리들에 대한 인지 기능을 교정시키고 새롭게 하는 데에 있는 것이 아니라, 인간의 구속에 관한 전혀 새로운 진리의 세계를 소개하는 데 있다. 타락 이전의 의로운 상태에서의 초자연 계시와 비교할 때에, 여기서의 특별 계시는 형식과 내용 모두가 새로운 것이며, 더 나아가서 사람을 향한 하나님의 초자연적인 접근을 받아들이는 태도에 영향을 주는 것이기도 하다. 또한 직접적인 교류의 형식이 구체화된다. 예전에는 가장 직접적인 영적 교제가 있었다. 계시의 시냇물이 끊임없이 흘러내렸으므로, 나중에 퍼내어 쓰도록 하기 위해서 구태여 그 물을 탱크에 저장해 놓을 필요가 없었다. 그런데 구속의 지배 아래에서는 하나님과 사람의 교류를 고정시키는 하나의 외형적인 구체적 표현(an external embodiment)이 만들어졌다. 사건들과 제도들 속에 있는 객관적인 구속의 산물들이 이처럼 하나님의 접근 방식에 변화가 왔다는 점을 상기시켜 주는 것이다.

과거에 주어진 신적인 현현(顯現)들이 영속화되는 사실에서도 동일한 변화를 감지할 수 있다. 계시의 시냇물이 항상 흘러넘쳐서 언제나 그것을 접할 수 있던 시절에는, 과거의 하나님과의 교제를 미래에 기억하도록 하기 위해서 무슨 장치를 마련할 필요가 없었다. 그러나 현재 구속을 누리는 상태에서는, 그 교제가 더 느슨해졌고, 더 쉽게 방해를 받으며, 그저 원리상으로밖에는 회복된 것이 아니므로, 미래의 기억을 위한 장치를 마련할 필요가 생긴 것이다. 그리하여 그 새로운 구속 계시의 본질적인 내용이 영구한 형태를 갖게 되었다. 처음에는 전승을 통해서, 그 다음에는 영감된 성경으로 기록되는 일을 통해서 그 일이 이루어진 것이다. 그리고 마지막 종말에 있을 완성의 상태에서는, 그 계시의 내용의 이러한 객관성도, 이러한 안정된 형태도, 더 이상 필요치 않게 될 것이다. 그 계시의 내용이 새로워진 사실에 대해서 말하자면, 그것은 바로 죄라는 새로운 요인에 대하여 하나님께서 취하신 새로운 대응의 직접적인 결과다. 신적 본성의 다른 면이 인간을 향해서 발휘된 것이다. 여기에 많은 새로운 것들이 속해 있지만, 정의(justice)와 은혜(grace)라는 두 범주로 그 모든 것들을 포괄할 수 있을 것이다. 그 두 범주가 양극(兩極)을 이루어 하나님의 구속적인 자기 계시가 그 주위에 맴돌게 되는 것이다. 구속받은 사람이 취하는 모든 새로운 과정들과 경험들이 다시금 이 양극 가운데 어느 하나에게 속해질 수 있는 것이다.

그러나 여기서 강조해야 할 것은, 이 구속의 세계에서는 만물의 실체(substance)가 절대적으로 새로운 것이라는 점이다. 그 실체는 자연인으로서는 접할 수 없는 것이다. 분명히 단언하건대, 하나님께서는 기존의 자연 세계를 전혀 고려하지 않고 구속의 세계를 창조하시는 것도 아니고, 그의 구속 계시도 그 이전에 아무것도 없었던 것처럼 전혀 새롭게(de nove) 시작하시는 것도 아니다. 물론 부패되긴 했으나, 자연으로부터 얻는 지식을 전제하시는 것이다. 단, 자연의 상태로부터 구속의 상태로 자연적으로 전이되는 일은 없다는 사실이다. 자연으로는 구속이라는 문을 열 수가 없는 것이다.

마지막으로, 죄는 사람이 하나님의 초자연적인 접근을 받아들이는 마음 가짐(mood)을 근본적으로 변화시켰다. 타락 이전의 의로운 상태에서는 두려운 마음이 아니라 신뢰가 있는 우애의 마음 가짐이 있었다. 그러나 죄의 상태에서는 초자연자(超自然者: the supernatural)의 접근이 끔찍한 두려움을 일으키는데, 이는 사람이 하나님을 만날 때마다 언제나 마땅히 지녀야 하는 정당한 숭배(reverence)의 자세 — 이는 종교 행위에 필수적인 요소다 — 와는 분명히 구별되는 것이다.

구속 이전의 특별 계시와 구속적 특별 계시

앞의 내용에서는, 구분을 위하여 타락 이전에 자연에 근거한 신지식을 초월하는 특별 계시의 한 형태가 존재했다는 것을 전제하였다. 그러므로 이제는 그 계시의 가능성과 그 필연성, 그리고 그 구체적인 목적을 설명해야 할 차례가 되었고, 그 주제에 대해서는 차후에 논의하게 될 것이다. 그 가능성과 필연성은 종교의 본질 그 자체에서 비롯된다. 종교란 하나님과 사람 사이의 인격적인 교류(intercourse)를 의미한다. 그러므로, 하나님께서는 간접적인 접촉에 근거한 친분으로는 만족하지 않으실 것이고, 또한 사람도 그것을 만족하도록 허용하지 않으실 것이며, 마치 친구가 친구와 직접 만나서 우애를 나누듯이 직접 대면하는 교제를 세우셔서 종교의 과정을 높이실 것이라는 식의 선험적인(a priori) 기대를 가질 수도 있을 것이다.

하나님께서 이 초자연 계시의 최초의 형태에 대해서 가지셨던 구체적인 목적에서도 동일한 결론을 도출할 수 있을 것이다. 이것은 사람이 창조된 그 상태와 관련된 것이며, 사람은 그 상태로부터 더 높은 상태로 진보하게 될 것이었다. 사람은 도덕적인 의미에서 완전히 선하게 창조되었었다. 그러나 어떤 의미에서 그는 그보다 더 높은 완전의 수준에로 높여질 수 있었다. 겉으로 보면 이런 논리는 모순인 것처럼 보인다. 그러나 그러한 진보가 어떤 면을 지니는지를 면밀히 주시해 보면, 그런 의심은 사라질 것이다. 그 진보는 확증되지 않은 선과 복락으로부터 확증된 선과 복락으로 나아가는 진보였다. 선과 복락이라는 소유물들이 더 이상 상실될 수 없다는 것이 확증된 상태에로 나아가는 것이었고, 사람이 더 이상 죄를 지을 수 없고 그리하여 더 이상 죄의 결과들에 종속될 수 없는 그런 상태로 나아가는 진보였던 것이다. 인간의 원시 상태는 불명확한 시험의 상태(a state of indefinite probation)였다. 그가 죄를 범하지 않는 이상 그 자신이 지닌 것들을 그대로 소유하는 상태였다. 그러나 그 상태는 그의 종교적·도덕적 지위를 계속 유지하는 것을 보장받을 수 있는 그런 상태는 아니었다. 그것이 보장되려면, 그는 강력하고도 집중적인 시험을 받아야 했다. 그 시험에서 본 상태를 그대로 유지하면, 그 시험을 당할 당시의 지위가 영원히 뒤로 남겨질 것이었다. 사람에게 이러한 새롭고 더 높은 상태에 대한 기대(prospect)를 베푸신 일은 하나님께서 자신을 낮추시고 사람을 높이 아끼셔서 행하신 일이었다. 하나님께서는 그것을 사람에게 베푸셔야만 하는 어떤 정의의 원리에 매여 계신 것이 아니었다. 이는 일반적인 의미에서 하나님께서 사람에게 아무런 빚도 지고 계시지 않다는 뜻만이 아니라, 지극히 구체적인 의미에서 사람으로 하여금 하나님께로부터 그런 호의를 받을 자격을 얻도록 해 주는 것이 사람이나 피조물의 본성 속에 하나도 없었다는 의미이기도 하다. 원시 상태에 있는 사람에게 그런 자격이 있었다면, 아마도 그것에 대한 지식이 사람의 원시적 재능의 일부로 형성되어 있었을 것이다. 그러나 그런 것이 형성되어 있지 않았으므로, 그 가능성에 대한 타고난 지식은 기대할 수가 없는 것이었다. 그러나 강력하고도 집중적인 시험의 본질을 볼 때에, 사람은 반드시 그 시험의 사실과 그 조건들에 대해서 잘 알게 되었던 것이 분명하며, 따라서 그런 제식을 제공해 주는 특별 계시가 필연적으로 있었던 것이다.

구속적 특별 계시의 구분

(1) 베리트

이것은 교리적인 용어로 "은혜 언약"(the Covenant of Grace)이라 부르는 그것이고, 반면에 구속 이전의 특별 계시는 흔히 "행위 언약"(the Covenant of Works)이라는 명칭으로 불린다. 이 후자를 "구약"(舊約: the Old Testament)과 동일한 것으로 보지 않도록 조심해야 한다. 구약은 타락 이후에 속하는 것으로, 은혜 언약의 두 가지 구분 가운데 첫 번째를 이루는 것이다. 구약은 메시야의 강림보다 앞서는 은혜 언약의 시기이며, 신약(新約: the New Testament)은 메시야의 강림 이후의 은혜 언약의 기간으로서 우리가 아직도 그 아래에서 살고 있는 것이다. "구약"과 "옛 언약"(Old Covenant), "신약"과 "새 언약"(New Covenant)이라는 용어들은 흔히 서로 동일한 뜻으로 혼용되고 있다. 위의 명사들로 번역되는 히브리어 단어는 **베리트**이며, 헬라어 단어는 **디아테케**다. 베리트에 대해 말하자면, 이것은 성경에서 절대로 "유언"(遺言: testament)의 의미로 쓰이는 적이 없다. 사실 "유언"이라는 관념은 고대의 히브리인들에게는 전혀 알려져 있지 않았다. 그들은 "마지막 유언"(last will)에 대해서는 전혀 아는 바가 없었다. 그러나 그렇다고 해서 베리트가 나타날 때마다 언제나 그것을 "언약"으로 번역하는 것이 옳은 것은 아니다. 사실상 합의(agreement)를 뜻하는 의미의 언약 — 이것은 "유언"보다는 더한 의미를 지닌다 — 을 지칭하는 곳에서 베리트가 사용될 수도 있을 것이다. 그러나 그런 곳에서 그 단어가 나타나는 이유가 그것이 어떤 합의와 관계되기 때문인 것은 절대로 아니다. 그 단어가 어떤 합의와 관계되는 것은 순전히 우연이다. 그 진짜 이유는 그 합의가 무언가 특별한 종교적 확인을 통해서 결론지어진다는 사실에 있는 것이다. 그것을 베리트로 만들어 주는 것은, 그것이 합의라는 것이 아니라 바로 종교적 확인을 통해서 결론지어진다는 사실인 것이다. 다른 연관들의 경우도 이와 비슷하다. 순전히 일방적인 약속이나 규정, 혹은 법이 베리트가 되기도 하는데, 이는 그것이 본래의 개념적인 혹은 어원적인 의미이기 때문이 아니라, 그것에 종교적인 확인이 덧붙여지기 때문이다. 이로 볼 때에, 베리트의 두드러진 특징이 자의성(自意性: voluntary nature)이나 가변성(可變性: changeable nature)이 아니라, 그 불변성(不變性: unalterableness)이요 확실성(certainty)이요 영원한 당위성(eternal validity)이라는 사실을 충분히 이해할 수 있을 것이다. 그러한 베리트는 "신실한 베리트"요, 폐기될 수 없는 것이다. 사람은 그것을 깨뜨릴 수 있고 또한 그렇게 깨뜨릴 경우 그것은 지극히 심각한 죄가 된다. 그러나 그것이 죄가 되는 것은 그것이 하나의 일반적인 합의를 깨뜨렸다는 것 때문이 아니다. 그 합의를 확인하여 효력을 발생하도록 해준 그 신성한 의식을 침해한 것 때문에 그것이 심각한 죄가 되는 것이다.

(2) 디아테케

그러나 헬라어 단어 디아테케의 경우는 문제가 약간 다르다. 베리트를 이 단어로 번역한 것은 일종의 타협이었다. 헬라어 칠십인역과 신약 성경이 생겨난 당시 디아테케는 "유언"이라는 의미를 지닐 수 있었던 것은 물론, 그것이 그 단어의 주로 통용되는 의미였다. 분명히 말하자면, 그것이 그 단어의 본래의 의미는 아니었다. 그 본래의 의미는 상당히 포괄적인 것으로, "누군가가 자기를 위하여 행한 처분"(디아티테미라는 동사의 중간태로서)이었다.

그러나 유언을 통한 처분(testamentary disposition)을 지칭하는 법적인 용법이 그 단어를 독점했었다. 그리하여 헬라어 성경 번역자들로서는 큰 어려움을 당하게 되었다. 베리트에 대한 적합한 번역어로 그들은 디아테케를 택하였다. 그러나 그 단어가 지닌 "마지막 유언"이라는 의미는 히브리어 성경의 **베리트**와 전혀 일치하지 않는 것이었다. 그 뿐 아니라, 그 단어는 히브리어 **베리트**가 의미하는 바와 정반대되는 뜻을 함의하고 있었던 것으로 보인다. **베리트**가 불변성을 표현하는 것이었던 반면에, "유언"은 최소한 유언자가 죽기 이전까지는 얼마든지 가변성을 지니는 것이었다. 더 나아가서, "유언"이라는 용어 자체가 그것을 행하는 자의 죽음을 상정하는 것이니, 이것은 하나님께서 행하시는 어떤 행위를 지칭하는 것으로는 적절치 못한 것으로 보였을 것이 틀림없다. 이런 모든 난점들에도 불구하고 그들이 디아테케를 택했을 때에는 분명 상당히 비중 있는 이유들이 거기에 있었을 것이다.

　가장 큰 이유는 **디아테케**가 아니면 **쉰테케**라는 단어를 택할 수 있었을 것인데, 그 단어는 오히려 그보다 훨씬 더 근본적인 반대 요인을 지니고 있다는 데 있었던 것 같다. **쉰테케**는 합의에 임하는 두 당사자들이 서로 동등한 파트너십을 지닌다는 것을 강하게 시사한다. 이런 점을 강조하는 것은 헬라 사람들의 종교적 사고와 상당히 일치하는 것이다. 번역자들은 이 점이 하나님의 지극히 높으심과 단독 행위(monergism)를 강조하는 구약 성경의 경향과 어긋난다고 느꼈다. 그리하여 오해를 피하기 위해서 그들은 하는 수 없이 다른 불편한 점들을 그대로 감수하고 **디아테케**를 택하게 된 것이다. 그러나 면밀히 살펴보면, 이는 극복하지 못할 만한 것은 아니었다. **디아테케**가 주로 "마지막 유언"을 뜻하기는 했으나, 본래의 포괄적인 의미인 "자기 스스로 하는 처분"이라는 의미가 그 당시에도 완전히 잊혀질 수 있는 것은 아니었다. 그러기에는 그 단어의 어원이 너무나도 선명했던 것이다. 그리하여 그들은 **디아테케**가 주권자의 처분(a sovereign disposition)을 상정하며 또한 반드시 마지막 유언이라는 뜻을 드러내는 것은 아니라고 느끼고서 이 고대의 의미를 회복시켰다. 그리하여 그들은 장애물을 극복한 것은 물론, 구약 시대의 종교적 의식에 가장 중요한 한 가지 요소를 재생시킬 수 있는 적극적인 유익을 얻게 된 것이다.

하나님께서 죽음에 종속되지 않으신다는 사실에서 비롯되는 난제는 오로지 로마의 법의 관점에서 볼 때에만 난제가 된다. 로마법에서는 죽음이 발생한 경우가 아니면 유언이 실제로 효력을 발생하지 못한다(참조. 히 9:16). 그러나 그 당시에 그것과는 다른 종류의 유언이 존재하고 있었다. 곧, 그리스-시리아의 법(Graeco-Syrian law)에 속한 유언이 그것이다. 이 종류의 유언에서는 유언자의 사망여부는 별로 문제가 되지 않았다. 유언자는 생존 시에 유언을 행하고 엄숙하게 확인할 수가 있었고, 그럴 경우 그 특정한 조건들이 즉시 효력을 발생하게 되어 있었던 것이다. 또한 로마법에 속한 유언의 가변성(可變性)에서 비롯되는 문제점도 이 다른 법에서는 사라진다. 그 법에서는 유언의 내용이 변경될 수 없을 뿐만 아니라 오히려 결코 변경이 불가능하다는 점이 강력하게 강조되었던 것이다(참조. 갈 3:15).

디아테케라는 단어는 칠십인역으로부터 신약 성경에게로 전수되었다. 신약 성경에서 그 헬라어 단어를 "언약"으로 번역해야 하는가, 아니면 "유언"으로 번역해야 하는지에 대해서 오랜 동안 논란이 있어왔다. 영어 흠정역본(Authorized Version)은 14 군데에서 디아테케를 "testament"(유언)로 번역하고 있고, 그 나머지 경우들에는 "covenant"(언약)로 번역하고 있다. 영어 개정역본(Revised Version)은 이 전통을 크게 수정하여, "testament"의 의미를 회피할 수 없는 히브리서 9:16만 제외하고는 영어 흠정역본의 "testament"를 모두 "covenant"로 번역하고 있다. 아마도 십중팔구 갈라디아서 3:15의 경우도 예외로 취급하여 "testament"로 번역했어야 옳았을 것이다. 그 본문에서는 바울의 분명한 진술은 그렇지 않다 할지라도, 주위의 문맥이 "유언"을 생각하지 않을 수 없도록 이끌기 때문이다. 영어 개정역본의 번역자들은 분명 구약 성경의 진술 방식을 신약 성경에서도 가능한 만큼 유지하고자 하는 바람을 가졌던 것으로 보인다. 이것 자체는 칭찬할 만한 것이지만, 특정한 몇몇 경우들에서는 오히려 그 때문에 본문의 주해상 필수적인 요건들을 정당하게 고려하지 못하게 되어 버린 것 같다. 영어 개정역본이 나온 이후부터, 학자들은 "covenant"보다는 "testament"를 선호하는 쪽으로 기우는 경향을 보여왔다. 그러나 여전히 논쟁 중인 본문들도 있다. 예를 들면, 주의 성찬 제정을 기록한 본문들의 경우 "testament" 쪽으로 돌아서는 것이 바람직

할 것 같다.

 "옛 베리트"와 "새 베리트", 혹은 "옛 디아테케"와 "새 디아테케"를 구별하는 것이 다음의 본문들에서 나타난다. 예레미야 31:31과 성찬 제정을 기록한 본문들, 그리고 히브리서에서 여러 번 문구를 바꾸어가며 나타난다. 그러나 이 중 어느 본문에서도, 정경(正經: canon)의 두 부분을 서로 구분하는 전통적인 구분법과 일치하는 방식으로 그렇게 문헌을 구분하는 예는 전혀 나타나지 않는다. 그럴 수가 없다. 왜냐하면 이 본문들이 기록될 당시에는 아직 정경의 두 번째 부분이 존재하지 않았기 때문이다.

 때로는 정경을 구분하는 신약의 실례로서 고린도후서 3:14이 인용되기도 한다. 바울이 옛 디아테케를 "읽는" 것에 대해 말씀하고 있기 때문이다. 옛 디아테케를 읽는 것을 말씀하고 있으니, 이는 거기에 새 디아테케를 읽는 것이 존재한다는 것을 전제하는 것이라는 것이다. 그렇다면, 이는 장차 이루어질 두 번째의 새로운 정경의 형성을 바울의 편에서 예언적으로 미리 알고 있었다는 것이 될 것이다. 이것이 불가능하지는 않으나, 그럴 개연성이 없어 보인다. 15절은 바울이 어째서 옛 디아테케를 "읽는" 것에 대해 말하는지를 보여준다. 그것은 모세를 읽는 것이다. 즉, 율법을 읽는 것을 뜻한다. 율법을 가리켜 베리트로, 혹은 디아테케로 부르는 경우가 흔하므로, 바울은 그것을 읽는 것을 가리켜 옛 디아테케를 읽는 것으로 부를 수 있었던 것이다. 그러므로 이를 반드시 두 번째 정경이 형성될 것을 시사하는 것으로 볼 필요는 없는 것이다. 옛 베리트가 있었는데, 그것이 기록된 형태로 존재하였고, 이와 비슷하게 새 베리트가 있었다. 그러나 이 새 베리트가 기록된 형태를 취할 것이라는 것은 아직 표명되지 않는 것이다.

 이 본문에서는 두 개의 똑같이 완성된 것들을 서로 대조시키는 것이지, 하나는 완성되었고 또 하나는 아직 완성을 기다리고 있는 것을 서로 대조시키는 것이 아니다. 본문에서 구분하는 것은 두 경륜(經綸: dispensations)이요, 두 약정(約定: arrangements)이며, 그 하나가 다른 하나보다 훨씬 더 높고 우월하다는 것이다. 이 본문이 두 가지 정경을 지칭한다고 보는 것은 부정확한 해석에 근거한 것이다. 처음에는 — 그것도 바울보다 훨씬 후대의 일이지만 — 성경의 두 부분을 구별하는 뜻으로 다른 용어들이 사용되었던 것으로 보인다. 테르툴리아누스(Tertullian)는 옛 "기구"(器具: Instrument)와 새 "기구"라는 용어를 사용하고 있다.

마지막으로 주목해야 할 것은, 성경이 두 가지 **베리트**, 혹은 두 가지 **디아테케**에 대해 말씀할 때에, "옛" 언약이란 인간의 타락에서부터 그리스도까지의 시기 전체를 뜻하는 것이 아니라 모세에서부터 그리스도까지의 시기를 뜻한다는 사실이다. 그러나 그럼에도 불구하고 창세기에서 묘사하는 모세 시대 이전의 시대도 "옛 언약" 아래에 정당하게 속할 수가 있다. 모세 오경에서는 이것이 모세의 제도들을 다루는 기사의 서문으로 제시되는데, 그 서문은 그 책의 표지 속에 속하는 것이다. 이와 비슷하게 "신약"도 그 구원론적이며 주기적인 의미로는 그리스도의 생애와 사도 시대를 넘어서까지 적용된다. 우리가 거기에 포함되는 것은 물론이고, 우리 이후로도 계속 확대되어 종말의 영원한 상태에까지 포괄하는 것이다.

제 3 장

구속 이전의 특별 계시의 내용

이미 설명했듯이 이로써 우리는, 인간이 기존의 종교와 선의 상태보다도 더 높은 — 그 상태의 불변함이 보장된다는 점에서 — 상태로 높이 올라가기 위해 거치는 시험 과정의 원리들에 관한 계시를 이해하게 된다. 이 계시와 관련된 모든 내용은 지극히 원시적이다. 그것들은 주로 상징적이다. 즉, 직설적인 말씀보다는 증표들(tokens)로써 표현된다는 뜻이다. 그리고 이 증표들은 성경의 상징법의 일반적인 특성을 지닌다. 곧, 그것들은 교훈의 수단이 됨과 아울러, 또한 모형적인 — 즉, 성례적인 — 예표들(像表: prefigurations)로서 그 상징하는 것들이 장차 실현될 것에 대한 확신을 전달해 주는 역할을 하는 것이다. 그러나 그런 상징성은 하나의 문학 양식으로서의 기사(記事)에 있는 것이 아니다. 만일 그렇다면 그 내용들의 역사적 실재성이 부인되어 버릴 것이다. 그것은 실존하는 것들 속에 구체화되어 있는 진정한 상징법인 것이다. 이 점에서 볼 때에 현대의 신화적 해석이 다음과 같은 점에서 우리에게 도움을 줄 수가 있다. 곧, 신화를 만들어내는 자들이 실제로 발생한 일들을 신화(神話: myth)를 통해서 보도하고자 하는 의도를 지녔다는 것을 확증해 주는 것이 그것이다.

네 가지 원리들

이 원시의 계시에는 네 가지 큰 원리들이 포함되어 있는데, 각각 자기에게 해당되는 상징을 통해서 표현된다. 그 원리들은 다음과 같다.

(1) 생명의 원리(principle of life): 이는 그 최고의 가능성(potency)이 생명

나무를 통해서 성례적으로(sacramentally) 상징되었다.

(2) 시험의 원리(principle of probation): 이는 선악을 알게 하는 나무를 통해서 동일한 방식으로 상징되었다.

(3) 유혹과 죄의 원리(principle of temptation and sin): 이는 뱀을 통해서 상징되었다.

(4) 죽음의 원리(principle of death): 이는 몸의 분해(分解: dissolution)에 반영되어 있다.

(1) 생명의 원리와 생명 나무의 의미

생명 나무가 동산 중앙에 서 있다. 그 동산은 "하나님의 동산"이다. 그 동산은 본래 사람의 거주를 위한 것이 아니고, 특별히 사람을 하나님 자신의 거소(居所)에서 하나님과의 교제 속으로 영접하는 장소다. 종교의 하나님 중심의 성격이 이러한 배려에서 처음으로 — 그러나 이미 그것은 근본적인 것이었다 — 표현되고 있다(창 2:8; 겔 28:13, 16). 이러한 해석이 정확하다는 사실은 이 상징물이 역사의 마지막에서도 종말적인 형태로 다시 나타나고 있는 사실에서 확증되는데, 거기서 낙원이 하나님께서 사람을 자기와 함께 있게 하기 위하여 거하시는 하나님의 거처(居處: habitation)라는 원리에 대해서는 의심의 여지가 없다. 그러나 하나님 중심의 의미를 담고 있는 이 낙원이라는 상징은 선지서와 시편에서는 또 다른 형태로 나타난다. 곧, 하나님의 동산에 속하는 것으로 창세기에 의미심장하게 언급된 그 강들과 관련되어 나타나며, 또한 부분적으로는 그것이 종말을 지칭하기도 하는 것이다. 선지자들은 미래에 여호와의 거룩한 산으로부터 강물이 흘러내릴 것을 예언하고 있다. 그리고 나무가 생명 나무로 묘사되는 것과 똑같이, 이 강물이 생명수의 강으로 묘사된다. 그리고 동산 중앙에 생명 나무가 서 있었던 것처럼, 강물이 여호와의 거처(그의 산) 가까이에서 흘러나오는 것으로 묘사된다. 또한 요한계시록에서는 생명수의 강이 새 예루살렘의 하나님의 보좌로부터 흘러나오며 그 좌우에 생명 나무가 있는 것을 보게 된다(계 22:1-2). 여기서 생명 나무와 생명수의 강이라는 두 개의 상징들이 한데 합쳐지는 것을 보게 된다. 시편에 대해서는 시편 65:9과 46:4, 5을 참조하라. 생명이 하나님께로부터 온다는 진리와, 사람에게는 그 생명이 하나님과 가까이 하는 것에 있다는 진리와, 또한 하나님께서 사람과 교제하시는 그 중심적인 의도가 바로 생명을 베푸는 일에 있다는 진리가 이렇게 해서 분명히 제시되고 있는 것이다. 그리고 그 이후에는 동일한 원리가 죄악된 사람을 낙원에서 쫓아내는 일을 통해서 부정적인 형태로 나타난다.

일반적인 나무의 의미로부터 그 특수한 용도를 구별해 낼 수 있을 것이다. 타락 이전에 사람이 그 실과를 먹지 않았었다는 것은 창세기 3:22에 나타나지만, 그러나 그 금지 명령에는 미래에 그 나무를 따로 사용하도록 하기 위해서 — 이는 후에 그 나무에 붙여지게 되는 종말론적인 의미와 아주 일치한다 — 그것을 먹지 못하도록 금지했다고 이해할 수 있을 만한 내용은 전혀 나타나지 않는다. 그 나무는 그의 시험 기간 내내 순종하면 얻게 될 더 높고 불변하며 영원한 생명과 결부되는 것이었다. 현재 그 열매를 먹음으로써 그런 결과를 얻을 것을 예상했다면, 그런 생각은 그 나무의 성례적 성격과 전혀 어긋나는 것이었을 것이다. 사람이 그 최고의 생명을 얻은 것이 확실해진 이후에야 비로소 그 나무가 그 최고의 생명을 전해 주는 적절한 성례적 수단이 되었을 것이기 때문이다. 타락 이후 하나님께서는 사람에게 그러한 신적인 목적을 거슬러서 그 열매를 먹고자 하는 성향이 있는 것으로 간주하셨다. 그러나 바로 이러한 욕심은 시험 기간이 지난 후에 그 나무가 특수한 생명의 성례(life-sacrament)가 될 것이었음을 시사해 준다. 요한계시록 2:7에 의하면, 하나님께서는 "이기는 그"에게 그의 낙원에 있는 생명나무의 열매를 주어 먹게 하시겠다고 약속하신다. 타락 이후 그 열매를 취하려고 노력했다면 그 열매를 먹을 자격이 이미 상실된 상태에서 그것을 훔치려고 절박하게 시도했다는 것을 의미하는 것이다(참조. 창 3:22).

(2) 두 번째 원리: 시험과 선악을 알게 하는 나무라는 상징물의 의미

선악을 알게 하는 나무도 동산 중앙에 서 있었다(창 2:9; 3:3). 이 나무에 대해서는 생명나무보다도 신비한 것이 더 많고, 그렇기 때문에 그것에 대한 견해의 차이도 더 심하다.

(a) 첫째로, 신화적(神話的) 해석이 있는데, 이는 그 나무를 이교도의 신화

의 단편이 성경 기록 속에 들어온 것으로 보는 것이다. 이 해석은 철저하게 이교적인 것으로, 신들만이 지니는 사사로운 신적 특권을 사람이 취할까 하여 신들이 갖는 질투에 대한 것이라고 보는 것이다. 본래부터 그 열매를 먹으면 바로 그런 결과가 나오도록 되어 있었고, 따라서 그 나무의 열매를 먹지 못하도록 금한 것은 바로 사람으로 하여금 "선악을 아는 지식"을 갖지 못하게 하는 데 있었다는 것이다. 그 신화가 이 선악을 아는 지식을 과연 무엇으로 보았는가에 대해서는 해석이 분분하다. 어떤 견해에 따르면, 신화는 그것을 사람이 완전히 동물적인 존재 상태로부터 이성을 지닌 인간의 존재에로 높아지는 것을 의미하는 것으로 보았다고 한다. 신들은 사람이 그냥 동물로 남아 있기를 원했고, 그리하여 이성을 부여하는 그 열매를 먹지 못하도록 금했다는 것이다.

또 다른 견해에 따르면, 신화는 사람의 원시 상태를 그보다 높게 보고 있다고 한다. 사람에게는 처음부터 이성이 부여되어 있었다. 다만, 교양이 없는 야만적인 상태에서 존재하고 있었을 뿐이다. 신들은 교양과 문화를 자기들만의 특권으로 여겨서, 사람이 그런 문화의 상태에로 오르지 못하도록 했다는 것이다. 그러므로 이런 형태의 신화적 해석들에 따르면, 신화를 만들어 낸 자들이 신들의 것으로 갖다 붙인 동기는 동일했고, 다만 "선악을 아는 지식"이 무엇이었느냐 하는 데에서만 해석의 차이가 나타나는 것이다.

그러나 성경 기사에 근거하여 볼 때에, 이 신화적 해석의 두 가지 형태의 공통적인 특징, 즉 신들의 질투에 대하여 한 가지 반론이 제기될 수 있을 것이다. 곧, 하나님께서 스스로 동산에 그 나무를 심으신 것으로 나타나는데, 오히려 그가 질투의 동기로 막으려고 했던 그 결과를 오히려 그 나무를 심어 놓음으로써 조장하게 된 셈이라는 것이다. 더 나아가서, 그 나무를 먹음으로써 나타난 실질적인 결과가 이 이교적인 해석에서 기대하는 상황과는 전적으로 어긋난다. 사람이 그 나무의 열매를 먹은 후에, 하나님께서는 마치 사람의 그 침해 행위에 대하여 무언가 우려하는 것이 있는 것처럼 행동하시지를 않는 것이다. 그는 여전히 절대적인 우월하심을 그대로 유지하고 계시다. 그리고 사람은 불쌍하고 무기력한 죄인으로 하나님 앞에 서 있는 것이다.

그 나무를 먹지 못하게 금한 것이 "문화"의 상태에 올라가지 못하도록 하는

데 있었다는 두 번째의 신화적 해석에 대해서도 몇 가지 반론이 제기된다. 무엇보다 먼저, 이 견해는 "선악을 알게 하는"이라는 문구를 윤리 이하의 (sub-ethical) 육체적 의미로 보는 견해에 근거한다. 이 견해에 의하면 그 문구는 육체적인 영역에서 유익한 것과 해로운 것을 안다는 의미일 수밖에 없다. 그렇지 않다면 선악을 아는 지식을 얻는 것이 문화에 있어서의 진보를 의미할 수가 없을 것이기 때문이다. 우리의 반론은 이 문제의 문구가 육체적인 의미를 지닐 수 없다거나 절대로 지니지 않는다는 것이 아니다. 우리는 심지어 그 문구가 윤리적 영역에 적용되기 전 옛날에 육체적인 영역에 적용되었던 것 같다는 것도 인정한다. 선악을 알지 못한다는 표현으로 어린아이들의 미숙함과 또한 노년에 사람들이 어린아이 같아진다는 노망(老妄)의 상태를 묘사하기도 하는 것이다(참조. 신 1:39; 사 7:15, 16). 그러나 우리의 주장은, 그 문구는 윤리적인 영역에서의 성숙을 의미하기도 하며(참조. 삼하 14:17, 20) 더 나아가서 지금 이 창세기 기사의 문맥상 그런 의미로 보아야 한다는 것이다. 그 이후에 선악을 아는 지식을 얻은 구체적인 징후가 벌거벗은 상태를 지각하는 것으로 나타나는데, 여기서 벌거벗은 상태가 해롭고 불편한 상태로서가 아니라, 윤리적인 의미를 지니는 관능(sensations)을 부추기는 상태로서 지각되는 것이다.

신화적 해석의 두 번째 형태에 대한 또 한 가지 반론은 이 일에서 여자가 두드러진 역할을 담당했다는 사실에서 이끌어낼 수 있을 것이다. 동방에서 누군가가 이 신화를 만들어냈다면, 동방에서 보통 열등한 존재로 여겨지던 여자에게 이런 역할을 담당시켰겠는가? 인간의 문화를 진보시키는 데에 남자보다 여자가 더 유능한 역할을 담당한 것으로 간주할 수가 있었겠는가? 또한 문화의 진보에 있어서 가장 강력한 요인 가운데 하나인 농업이 이 기사에서는 사람의 시각에서 무언가 욕심을 품을 만한 것으로나, 신들이 자기들의 특권으로 여겨 사람의 접근을 가로막고자 한 어떤 것으로 제시되지 않고, 오히려 하나의 형벌로 제시되고 있다. 이런 논지의 강력한 힘을 부인할 수가 없으므로, 어떤 이들은 이런 난제들이 피하기 위하여 이 기사를 두 부분으로 잘라서, 전반부에서는 사람이 문화적으로 진보할까 두려워하여 신들이 질투를 부린 것으로 보고, 후반부에서는 전통적인 해석이 제시하는 대로 사람이 타락하여 죄에 빠지는 것으로 보고자 한다. 그러나 이것으로 제기되는 결정적인 문제점에 대해서는 여기서는 다룰 수가 없다.

그러므로 이 신화적 해석은 버려두고, 이제 다음의 해석으로 넘어가기로 하자.

(b) 이 나무와, 또한 이 나무와 결부되어 있는 "선악을 아는 지식"에 대한 두 번째 해석은 "알다"라는 히브리어 단어가 "선택하다"라는 뜻을 지닐 수 있다는 언어학적인 관찰과 연관되어 있다. 그렇게 되면 그 나무의 이름은 사실상 "선악을 선택하는 나무"가 될 것이다. 어떤 이들은 이를 일반적인 의미로 취하여 그 나무를 "사람이 선이나 악을 선택하는 데 사용하는 수단이 되는 나무"를 뜻하는 것으로 본다. 이는 "시험용 나무"(the probation—tree)와 같은 뜻이라 할 것이다. 또 어떤 이들은 "알다"라는 단어에 구체적인 사악한 의미를 부여하여, 그 나무가 "사람에게 무엇이 선하고 무엇이 악한가에 대한 하나님의 지시를 대적하여 사람이 독자적이며 자율적으로 선택하는 것"을 뜻한다고 본다. 그러면 결국, 그 나무의 이름이 후에 있을 처참한 결과를 미리 보여주는 하나의 악한 징조가 되어 버릴 것이다. 그 자체만 보면 이것이 전혀 불가능한 것은 아니지만, 사실 이것을 가능성 있는 견해로 보기는 어렵다. 게다가 이에 대해서 한 가지 반론을 제기할 수 있다. 곧, "알다"라는 동사가 중립적인 의미를 지닌 일반적인 "선택"을 뜻하는 것이어야 옳은데, 이 견해는 이를 "주제넘게 선택하다"라는 식의 악한 뜻으로 보아서 임의적으로 그 의미를 왜곡시키고 있다는 것이 그것이다. 이 견해 전체의 가장 심각한 장애물은, 이 견해가 그 "지식"을 하나의 상태를 ─ 선악을 인지하는 상태를 ─ 묘사하는 것으로 보지 않고, 하나의 행위를 묘사하는 것으로 ─ 선악을 "선택하는" 행위로 ─ 본다는 점이다. 그런데 "선악을 아는 지식"의 상징이 타락 이후에는 벌거벗은 것을 의식하는 것으로 나타나는데, 벌거벗음이라는 것은 행위가 아니라 하나의 상태를 의미하는 것이다.

자, 이렇게 해서 이제는 과거부터 가장 흔하게 주장되어온 견해를 살펴볼 차례가 되었다:

(c) 이 견해는, 그 나무를 가리켜 "선악을 알게 하는" 나무라 부르는 것은 바로 그 나무가 시험(probation)을 통해서 인간을 최고의 복락이 보장되는 종

교적 · 도덕적 성숙의 상태에로 이끄시기 위해 하나님이 지정하신 도구이기 때문이라고 보는 것이다. 곧, 이 문구를 육체적인 의미로 보지 않고 영적인 의미로 보는 것이다. 이 견해로 보면 그 나무의 이름이 그 결과를 미리 속단하는 것이 아니다. 선악을 아는 지식에 이르는 일이 반드시 바람직하지 않거나 악한 것이 아니라는 것이다. 사람이 시험을 통과하게 되면 선한 방식으로 그런 일이 일어날 수 있고, 그에 못지않게 사람이 타락하게 되면 악한 방식으로 그런 일이 일어날 수 있는 것이다. 그 나무의 이름 자체는 중립적인 의미를 지닌다. 그런데 이 점을 간과하는 경우가 그렇게 자주 나타나는 것은, 그 시험이 금지의 형식을 띠고 있기 때문이다. 사람이 선악을 아는 지식이 연관되어 있는 그 나무를 먹지 못하도록 금지되었기 때문에, 선악을 아는 지식도 사람에게 금지된 것으로 속단하는 것이다. 분명 바로 여기에 사고의 혼동이 있는 것이다. 그러나 계속 살펴보겠지만, 그 시험이 금지의 형식을 띠게 된 원인은 전혀 다른 데 있다.

여기서 "선악을 아는 지식"으로 지칭되는 그 성숙의 상태에 ― 바람직한 의미에서나 혹은 바람직하지 못한 의미에서나 ― 어떻게 이르게 되어 있었는지를 알기 위해서는, 무엇보다 먼저 그 문구의 히브리어 원어상의 정확한 형태를 잘 살펴보아야 할 것이다. 그 문구는 "선한 것과 악한 것에 대한 지식"(knowledge of the good and the evil)이 아니다. 문자 그대로 번역하면, "선악의 지식"(knowledge of good-and-evil)이다. 즉, 선과 악이 하나로 묶여져 있고, 동일한 조건 하에 있는 개념으로 나타나는 것이다. 사람은 전에 이르지 못했던 그 어떤 것에 이르게 되어 있었다. 그는 악한 것에 대해 분명하게 대적하는 선한 것과, 또한 선한 것에 분명하게 대적하는 악한 것을 배우게 되어 있었다. 그러므로 이 시험 과제인 선택에서 어느 쪽을 택하느냐에 따라서 그 상태에 어떻게 이르느냐 하는 것이 분명하게 결정될 것이었다. 시험에서 통과하면, 선과 악 사이의 대비가 그에게 생생하게 제시될 것이었다. 곧, 선과 악이 서로 충돌한 그 유혹의 위기를 통해서 그가 받게 되었을 그 새로운 조명하심에 근거해서 선과 악을 알게 되었을 것이었다는 말이다. 그러나 반대로, 그가 타락하게 되면, 선과 악의 대비가 훨씬 더 선명하게 그에게 각인되었을 것이다. 왜냐하면 악을 택한 경험과 또한 그 이후에 계속 악을 행하는 경험에 대한 기억이 남아서 선한 것에 대한 기억과 대조를 이루어, 그 둘이 서로 얼마나 다른가 하는 것이 지극히 예리하게 드러날 것이었기 때문이었다. 성숙한 상태는 그 둘의 차이를 지각하는 데 있었는데, 그 상태는 한 가지 중요한 점과 관련되어 있었다. 곧, 사람이 하나님을 위하여, 오직 그만을 위하여 선택을 하느냐 하는 것이 바로 그것이었다.

물론, 어떤 일이 어째서 선하며 악한가 하는 가장 밑바닥의 이유를 찾고자, 하나님의 **단순한** **명령** 그 이면(裏面)으로 들어가보는 일은 가능하다. 이 밑바닥의 이유는 그 명령을 규정하시는 하나님의 **본성** 속에 있다. 그러나 여기서 나타나는 문제는 선과 악에 대한 궁극적인 신학 혹은 형이상학의 문제가 아니었다. 이 최초의 근본적인 교훈의 실제적인 목적을 위해서는, 하나님의 절대적인 뜻에 모든 것을 걸기만 하면 되었다. 그리고 어째서 그 명령을 시행해야 하는지에 대한 이유가 한 가지 더 있었다. 만일 선과 악의 고유한 본질이 시험의 범위 내에 들어 있었다면, 의도적인 성격을 띤 선택은 없고 오로지 본능에 근거한 선택만이 있었을 것이다. 그러나 인간을 한순간에 그 자신의 윤리적 성향에게서 영향을 받는 상태로부터 오로지 하나님을 인격적으로 사모하여 선택하는 상태에까지 높이 올리는 것이 바로 그 시험의 목적이었던 것이다.

설명되지 않고 동기가 없는 하나님의 요구는 무가치한 것으로 제거해 버리고, 순전히 윤리의 자율적(自律的)인 움직임에 대해서만 지나치게 관심을 기울이는 경우가 많다. 선과 악의 본질들을 이성으로 통찰하여 선을 행하고 악을 거부하는 일은 고귀한 일이다. 그러나 하나님의 본성을 존중하고자 하는 동기로 그렇게 한다면 그것은 더 고귀한 일일 것이다. 그러나 가장 고귀한 일은 어떤 행동을 요구할 때에 한순간도 그 이해되지 않는 이유들에 대해 궁구(窮究)하지 않고 하나님에 대한 인격적인 사모함에 근거하여 행동하는 윤리적 힘인 것이다. 선택 자체가 지니는 윤리적 가치에다 하나님의 명령을 순종하는 순전한 기쁨이 덧붙여지는 것이다. 여기서는 그것이 결정을 가능하는 유일한 요인이 되었다. 그리고 이를 위하여 하나의 임의적인 금지 명령이 주어졌고, 또한 그것이 임의적이기 때문에 거기에 본능의 힘이 전혀 개입하지 못했던 것이다.

우리는 여기서 그 나무의 진정한 목적과, 창세기 3:5에서 시험하는 자가 그 나무에다 붙인 해석을 서로 구별해야 할 것이다. 다음 두 가지가 이 문제와 연루되어 제기된다. 첫째로, 그 나무 자체가 마술적으로 선악을 아는 지식을 부여하는 능력을 지닌 것으로 볼 수도 있다. 그러나 이렇게 보면 그 모든 일을 종교적 · 도덕적 영역에서 이교적 마술의 영역으로 전락시키는 것이 된다. 그리고 둘째로, 사탄이 그 금지 명령을 시기(envy)의 동기를 갖고 설명한다는 것이다. 이미 살펴본 대로 이것 역시 이교도의 신화적 해석의 일부다. 그런데 아이러니컬하게도, 창세기 3:22의 하나님의 진술이 시험하는 자의 이 간교한 설명을 넌지시 암시하고 있는 것이다.

(3) 뱀으로 상징되는 유혹과 죄의 원리

시험(probation)과 유혹(temptation)은 서로 다른 것이지만, 여기서는 그 둘이 동일한 사실의 두 가지 측면으로 나타나고 있다. 이 둘이 서로 긴밀하게 뒤엉켜있다는 사실은 히브리어와 헬라어에서 시험과 유혹을 모두 동일한 단어들을 사용하여 표현한다는 점에서부터 드러난다. 하나님의 시각에서는 하나의 시험인 것을 악한 세력이 거기에 유혹의 요소를 주입하여 사용하였다고 말할 수도 있을 것이다. 선한 의도를 지닌 것이 시험이요 악한 의도를 지닌 것은 유혹이라는 차이가 있으나, 둘 다 동일한 재료에 작용한다. 물론 하나님께서는 그 누구에게도 악한 의도로 유혹하시는 일은 없으므로(참조. 약 1:13) 이 점을 명심하는 것이 필수적인 일이다. 그러나 시험을 인간에 대한 하나님의 계획의 필수적인 일부분으로 주장하는 것도 매우 중요한 일이다. 심지어 유혹하는 자가 없었거나, 혹은 그가 그 위기의 상황에 개입하지 않았더라도, 사람을 시험의 상태에 두는 모종의 방법이 — 물론 그것이 어떤 형식이었는지는 우리로서는 추측이 불가능하지만 — 제시되었을 것이다.

여기서 한 가지 문제가 제기된다. 곧, 뱀이 타락에서 행한 역할에 대해서, 또한 그 뱀이 악령과 전통적으로 어떤 관계가 있는지에 대해서, 우리가 어떻게 생각해야 하는가 하는 것이다. 성경의 실재성 전반에 대한 현대의 반감과 잘 어우러져서, 오늘날 많은 사람들이 이 기사 전체를 하나의 알레고리로 이해하는 경향을 보인다. 곧, 저자의 의도가 단 한 차례 일어난 사건을 묘사하려는 것이 아니었고, 인간의 마음속에 들어가려고 애쓰는 죄의 계속적인 노력을 묘사하려는 것이었다고 이해하는 것이다. 그러나 이 견해는 성경 기사의 명백한 의도와는 반대되는 것이다. 창세기 3:1에서는 뱀이 하나님이 지으신 다른 들짐승들과 대조되고 있다. 그 다른 들짐승들이 실존하는 존재였다면, 뱀도 마찬가지였을 것이다. 그리고 14절에서는 실존하는 뱀에게만 주어질 수 있는 형벌이 표현되고 있는 것이다.

어떤 이들은 이와는 정반대의 극단에 치우쳐서 오로지 뱀 이외에 다른 것은 없었다고 본다. 바로 위에서 인용한 그 구절에 나타나는 표현은 분명 알레고리식의 견해보다는 이 견해와 더 잘 어울린다. 그러나 그저 뱀 이외에 아무것도 아닌 존재가 말을 한다는 것은 짐승의 세계에 대한 성경의 전반적인 가르침과 어긋난다. 성경은 범신론으로 기우는 모든 경향에 대항하여, 언제나 사람을 말하는 존재로, 짐승들을 말하지 못하는 존재로 서로 구별한다. 단, 발람의 나귀의 경우는 성경에 기록되어 있는 유일한 예외라 할 것이다.

그러므로 과거의 전통적인 견해를 취하는 것이 필요해진다. 곧, 그때에 진짜 뱀이 있었고 또한 뱀을 이용하여 자기의 계획을 이행한 마귀적인 세력이 함께 있었다는 것이다. 이런 해석에 불가능한 점이 있기는커녕, 오히려 복음서에 나타나는 귀신들린 자들의 경우에 귀신들이 그 사람들의 입을 통해서 말을 하는 것이 이 경우와 아주 흡사하다. 최근의 고고학적 연구가 이 점에서 과거의 전통적인 주해의 정확성을 입증하였다. 바빌로니아의 유적들에서 뱀의 모양 뒤에 귀신의 모양이 자주 나타나는 것이 발견된 것이다. 게다가, 유혹이 있을 때에 악령이 거기에 개입한다는 성경의 증거가 충분히 있는 것이다.

구약 성경이 그 주체에 대해 전혀 빛을 밝혀주지 않는 것은 사실이다. 그 이유는 두 가지다. 첫째로, 타락이 거의 언급되지 않는 것이고(타락에 대해서는 욥 31:33; 호 6:7; 겔 28:1-19을 보라), 둘째로, 악령과 "사탄", "참소하는 자"라는 주제 전체가 오랜 동안 어둠 속에 숨어 있다는 것이다("사탄"에 대해서는 욥기와 대하 21:1을 보라. "악령"은 삼상 16장과 왕상 22장 등에 나타난다). 그러나 이 구절들 중 어느 곳에서도 악이 처음 인간 세계에 들어온 사실을 사탄과 연관짓지 않는다. 우리가 아는 한, 그 일은 외경 "지혜서"

에서 처음 나타난다. 지혜서 2:24은 다음과 같이 진술하고 있다: "죽음이 이 세상에 들어온 것은 사탄의 시기 때문이니." 후기의 유대교 저작들에서는 또한 사마엘(죽음의 사자)을 "옛 뱀"이라 부르고 있다. 신약에서는 예수께서 유대인들에게 말씀하시는 중에 마귀를 가리켜 "처음부터 살인한 자요 … 거짓말쟁이요 거짓의 아비"라 부르신다(요 8:44). "거짓의 아비"란 곧 최초의 거짓말쟁이라는 뜻이다. 더 나아가서, "너희 아비 마귀"라는 표현은 뱀에게 말씀하신 "네 후손"(문자적으로는 "네 씨")이라는 문구를 암시한다(창 3:15). 마태복음 13:38의 "악한 자의 아들들" 역시 마찬가지다. 바울은 로마서 16:20에서 "하나님께서 속히 사탄을 너희 발 아래에서 상하게 하시리라"라고 말씀하는데, 이는 뱀에게 주어진 저주의 형벌이 사탄에게 이루어지는 것으로 이해하는 것이다. 요한일서 3:8은 마귀가 처음부터 범죄하였음을 말씀하고 있고, 요한계시록 12:9에서는 사탄을 가리켜 "큰 용", 즉, "옛 뱀"이라 부른다.

창세기 3:1은 뱀이 땅의 다른 어떤 짐승들보다 더 간교하다고 말씀한다. 이 구절은 뱀이 마귀의 도구로 사용되기에 적절한 이유가 바로 그 간교함에 있는 것으로 본다. 만일 사탄이 어리석게도 직접 모습을 드러냈더라면, 그 유혹에 빠질 소지가 훨씬 덜했을 것이다. 유혹하는 자가 친히 여자에게 말을 하는데, 이는 아마도 여자가 더 유혹에 약하고 죄를 범하기 쉽기 때문은 아닐 것이다. 구약 성경 다른 곳에서는 그런 사고가 나타나지 않기 때문이다. 그 진정한 이유는 아마도 아담과는 달리 여자는 하나님께로부터 직접 금지 명령을 받지 않았기 때문이었을 것이다(참조. 창 2:16, 17).

유혹의 과정은 두 단계로 구분된다. 두 단계 모두에서 유혹하는 자의 주된 목적은 여자의 마음에 의심을 주입시키는 것이다. 그러나 첫 단계에서 나타나는 의심은 순진무구한 종류의 의심이요, 사실 여부에 대한 의심인 것으로 보인다. 그러나 여기에 이미 하나님의 말씀을 불신하는 보다 훨씬 심각한 종류의 의심을 조장하도록 만드는 교묘한 위장이 뒤섞여 있는 것이다. 둘째 단계에서는 이 심각한 형태의 의심이 모든 위장을 벗어 던지고 노골적으로 드러난다. 처음에 교묘하게 기술적으로 심어놓은 그 생각이 그동안 사실상 그 여자에게 들어간 상태이기 때문이다. 첫 단계에서는 그저 사실 여부에 대한

의문으로 시작한다: "그래, 과연 하나님이 그렇게 말씀하셨을까? 금지 명령이 정말 내려진 것일까?" 이 단계에서도 "동산 모든 나무의 열매"라는 말 속에 더 심각한 문제에 대한 암시가 나타난다. 이렇게 말함으로써 뱀은, 그런 금지 명령이 정말로 내려졌다면 하나님께서는 사람에게 모든 나무의 열매를 먹지 못하게 하신 것이니 이는 너무 지나친 처사라는 의구심이 생기도록 은근히 부추기고 있는 것이다.

그런데 여자는 이에 대해 두 가지 분명한 방식으로 대응한다. 첫째로, 순전한 사실 여부에 관한 질문에 대해서는 금지 명령이 내려진 바 없다고 믿게 만드는 부추김을 배격한다: "하나님의 말씀에 … 하셨느니라"(창 3:3). 그리고 동시에 그녀는 마치 하나님이 그 금지 명령의 범위를 모든 나무들에게로 확대시킨 것처럼 생각하게 만드는 제안도 거부한다: "동산 나무의 열매를 우리가 먹을 수 있다"(창 3:2). 그러나 이처럼 분노의 빛을 보이며 부인하는 데에서 이미, 여자가 하나님께서 너무 심하게 금지하신 것이 아닌가 하는 의혹을 갖기 시작하였다는 기미가 나타나는 것이다. 그리고 한순간 동안이라도 이런 의혹을 가졌다는 사실에서 그녀는 이미 원칙상으로 하나님의 권리들과 그녀 자신의 권리들을 구별하기 시작한 셈이다. 이렇게 하는 가운데 그녀는 죄를 짓는 행위의 씨앗이 그 마음속에 들어오도록 허용한 것이다. 그리고 더 나아가서, 하나님의 말씀을 부정확하게 인용하는 것도 이 방향을 지향하는 것이다: "너희는 먹지도 말고 만지지도 말라"(창 3:3). 정당하지 못하게 이처럼 "만지는" 특권을 부인하는 데에서, 여자는 결국 하나님의 조치가 너무 가혹한 것이 아니냐 하는 자신의 느낌을 토로하고 있는 것이다.

사탄은 이렇게 해서 얻은 유리한 고지를 놓치지 않고 계속 이어간다. 이제 대담하게 둘째 단계의 유혹으로 들어가서, "너희가 죽지 아니하리라"라고 말함으로써 하나님의 말씀에 대한 노골적인 형태의 의심을 여자 속에서 일깨우려 하는 것이다(창 3:4). 사탄의 이 말을 히브리 원어로 보면 부정(否定)의 표현이 문장 초두에 나타나는데, 이를 주의 깊게 보아야 한다. 강조를 위하여 부정사와 정형(定型)의 동사가 함께 묶여져 있고, 거기에 부정의 표현이 덧붙여져 있다. 대개는 부정의 표현이 부정사와 정형 동사 사이에 오는 것이다. 이 점을 고려하면, 본문은 "너희가 결코 죽지 아니하리라"로 번역하는

것이 옳을 것이다(한글 개역 개정판은 이를 잘 살리고 있다 — 역자주). 이 말
만으로도 하나님의 경고의 성취에 대해 의심을 가지게 되었을 것이다. 그러
나 거기에 이례적인 구문이 뒤따라오므로, 이는 결국 다음과 같은 의미가 된
다: "하나님은 네가 반드시 죽으리라고 말씀하셨으나, 그렇지 않다." 이 말
은 하나님이 지극히 분명하게 하신 말씀을 거짓말로 만들고자 하는 의도가
다분히 담겨 있는 것이다. 그리고 하나님의 말씀을 거짓말로 여기려는 유혹
에다, 하나님께서 거짓말을 하셨음직한 그럴듯한 이유들이 덧붙여진다. 즉,
하나님은 그의 말씀을 신빙성 없는 것으로 만들 만한 이기적인 동기를 갖고
계시다는 것이다: "너희가 먹는 날에는 너희 눈이 밝아져 하나님과 같이 되
어 선악을 알 줄 하나님이 아심이니라"(창 3:5).

여기까지 왔으니, 그 열매가 맛있어 보이는 것만으로도 — 그것을 먹는 공
공연한 죄를 감행할 정도로 그 열매는 탐스럽고 아주 큰 유익을 주는 것처럼
보였다 — 여자는 유혹에 넘어가게 되어 있었다. 그러나 그녀가 그 열매를
먹기로 작정한 것은 비단 감각적인 맛 때문만은 아니었다. 그녀의 동기는 복
합적이었다: "여자가 그 나무를 본즉 먹음직도 하고 보암직도 하고 지혜롭게
할 만큼 탐스럽기도 한 나무인지라." 최소한 부분적으로는 그 행위의 중심
이 되는 동기는 바로 그 유혹에 힘을 실어준 중심적인 동기와 똑같은 것이었
다. 여기서 볼 수 있는 충격적인 사실은 여자는 이런 생각에 굴복함으로써
사실상 유혹하는 자를 하나님의 자리에 앉힌 셈이라는 것이다. 사람을 위하
여 자비로운 목적을 가지신 분은 하나님이셨고, 뱀은 사악한 의도를 갖고 있
었다. 그런데 여자는 거꾸로 하나님의 의도가 적의가 있고 오히려 사탄이 그
녀가 잘되기를 바라는 의도를 가졌다고 생각하여 처신한 것이다.

(4) 죽음의 원리: 몸의 분해로 상징됨

창세기 2:17은 이렇게 기록하고 있다: "선악을 알게 하는 나무의 열매는
먹지 말라. 네가 먹는 날에는 반드시 죽으리라"(참조. 3:3). 이 말씀에 근거하
여, 대대로 우리는 죽음이 죄의 형벌이요, 인류는 그 최초의 죄를 범함으로
써 처음 죽음 아래 종속되었다고 믿어왔다. 그러나 오늘날 많은 저술가들은
주로 과학적인 근거들에 의지하여 이를 인정하지 않는데, 이에 대해서는 여

기서 다룰 것이 없다. 그러나, 여러 경우들에서 성경의 문구들을 왜곡시켜 과학이 요구하는 바와 모순이 되지 않도록 만들려는 시도들이 끈질기게 나타나고 있고, 뿐만 아니라 어떤 이들은 심지어 성경의 진술들이 과학이 발견한 내용들을 수용하지 않을 수 없도록 만든다고까지 주장하는 것이다.

그러나 그런 식의 시도들은 본문 주해를 보잘것없는 억지의 주해로 만들 뿐이다. 성경은 그 자체 내에서 독자적으로 주해되어야 할 특권을 지니고 있다. 그리고 그렇게 해서 그 자연스런 의미가 확증되고 난 후에야 비로소 성경과 과학의 일치 혹은 불일치의 문제를 제기할 수 있는 것이다. 지금 이 문제의 경우, 성경이 타락의 기사에서 사람이 본래부터 죽음에 종속되도록 창조된 것으로 가르친다고 보는 "사후(死後)의" 주해적 논지들을 이런 타입의 주해의 본보기들로서 상세히 살펴볼 필요가 있을 것이다. 그것들은 다음과 같다:

첫째로, 생명나무가 사람이 열매를 아직 먹지 않은 나무로 제시되고 있다. 그러므로 사람이 아직 생명을 부여받은 것이 아니었고, 따라서 죽음에 종속되어 있었던 것이다.

둘째로, 창세기 3:19에서는 사람이 흙으로 돌아가는 일이 자연적인 것으로 분명하게 제시하고 있다: "네가 흙으로 돌아갈 때까지 얼굴에 땀을 흘려야 먹을 것을 먹으리니 네가 그것에서 취함을 입었음이라. 너는 흙이니 흙으로 돌아갈 것이니라."

셋째로, 창세기 2:17은 하나님의 경고의 의미가 죄가 아담을 죽게 할 것이라는 데 있는 것이 아니라, 단순히 죄가 아담을 즉각적인 때이른 죽음을 맞게 될 것이라는 데 있음을 입증해 준다: "네가 먹는 **날에는** 반드시 죽으리라."

그러나 이 세 가지 논지들은 모두가 부주의한 주해에 근거한 것들이다. 첫번째 논지는 사람이 창조로 인하여 갖게 된 생명과 시험을 통과함으로서 얻게 될 더 높고 잃어버리지 않는 생명을 구별하지를 못한다. 생명나무는 후자를 바라보는 성례였다. 그 나무를 아직 먹지 못했다는 것이 죽음의 필연성과 결부되는 그런 일반적인 생명의 부재를 의미할 수는 없다. 사람은 동산에서 하나님과의 교제를 누렸고, 우리 주님의 진술에 따르면 하나님은 죽은 자의 하나님이 아니라 산 자의 하나님이신 것이다(눅 20:38).

두 번째 논지를 입증하기 위해서는 본문을 문맥에서 끄집어 낼 수밖에 없다. "너는 흙이니 흙으로 돌아갈 것이니라"라는 말씀은 저주 속에 나타난다. 만일 그 말씀이 그저 사람이 본래부터 지닌 죽을 운명이 자연적으로 이루어질 것을 선언하는 것에 불과했다면, 거기에는 전혀 저주의 요소가 없었을 것이다. 또한 즉각적인 때이른 죽음이 저주의 요소였다고 말할 수도 없다. 그 앞에 나타나는 말씀이 이를 불가능하게 만든다. 왜냐하면 죽음에 이르기까지 기운이 다할 때까지 수고하는 더딘 과정이 있을 것을 말씀하기 때문이다. 여기에 나타나는 "때까지"라는 접속사는 그저 "죽음의 순간이 오기까지 네가 힘든 수고를 해야 할 것이라"는 식의 시간적인 의미만은 아니다. 그것은 점층적인 의미를 지닌다: "네 힘든 수고가 결국 너를 죽이게 될 것이라." 사람이 흙과 씨름하는 중에, 흙이 결국 그를 정복하게 될 것이다. 그러므로, 만일 후반부의 진술이 자연적인 죽음을 시사한다면, 그것은 흙으로 돌아가는 것이 저주로 제시되는 전반부의 진술과 모순이 될 것이다. 그러나 그렇다면 흙에서 취하여 창조된 것과 흙으로 돌아가는 것을 분명하게 연관짓는 마지막 말씀은 과연 무슨 의미인가? 이에 대해 간단히 설명하면, 그 말씀은 사람의 자연적인 죽음의 운명을 선언하는 것이 아니라, 그 앞에서 표현된 죽음의 저주의 구체적인 형식을 — 즉, 흙으로 돌아가는 형식을 — 설명하는 것이다. 그 마지막 말씀은 죽음이 반드시 온다는 것을 설명하는 것이 아니라, 죽음이 올 때에 어째서 그것이 흙으로 돌아가는 특수한 형식을 취하게 되는지를 설명하는 것이다. 다시 말해서, 죽음 그 자체가 아니라, 그 죽음의 양상을 여기서 창조와 연관짓고 있다는 것이다. 만일 사람이 달리 창조되었다면, 그리고 죄를 통하여 죽음이 왔다면, 그때에는 죽음이 다른 형식을 취할 수도 있었을 것이다. 죽음이 사람의 본성적인 물질적 본질의 형식에 맞추어 제시되지만, 이런 본성적인 물질적 본질에서 죽음이 하나의 필연으로 나오는 것은 아닌 것이다.

마지막으로 2:17의 "먹는 **날에는**"이라는 문구를 강조하는 것은 문맥상 전혀 필요가 없는 것이며, 뒤에 이어지는 기사와 연관지어 생각하면 오히려 불가능한 것이다. 그 말씀을 즉각적인 때이른 죽음을 뜻하는 것으로 보면, 그 말씀은 성취되지 않은 것이 되며 또한 하나님께서는 후에 그 저주를 수정하여 완화시키신 것이 되는데, 그런 사실들은 본문에 전혀 제시된 바가 없는 것이다. 히브리어 숙어에 대한 지식이 조금만 있어도 이 문제의 문구가 단순히 "네가 먹으면 반드시"라는 의미라는 것을 충분히 알 수 있을 것이다. 시간적으로 긴밀하게 연관짓는 표현은 반드시 이루어질 불가피한 귀결을 나타내는 비유적인 의미로도 얼마든지 사용되는 것이다. 영어의 관용어법에도 이런 표현법이 전혀 없는 것이 아니다(참조. 왕상 2:37).

필멸성과 불멸성

사람의 본성적 상태에 대한 사고의 혼동으로 인하여 많은 문제들이 생겨나므로, 그 상태가 과연 어떤 것인지에 대해 분명히 아는 것이 필요한데, 그러기 위해서는 사람을 가리켜 "필멸(必滅)하다"(mortal) 혹은 "불멸하다"(immortal)라고 부르는 여러 가지 의미들에 대해서 먼저 정의하는 것이 좋을 것이다. "불멸성"(不滅性: immortality)이란 철학의 언어로는 영혼의 지속성을 표현하는 것이라 하겠다. 곧, 육체가 분해된 이후에도 여전히 그 개별적 존재의 정체성을 그대로 보유하는 상태를 가리킨다는 것이다. 이런 의미로 보면 인간은 누구나가 어떤 상황 아래서든 "불멸하다." 우리의 첫 조상도 그렇게 창조되었고, 타락 이후에도 그런 상태였다. 그 다음으로, 신학적인 용어로는 "불멸성"이 사람이 자기 속에 죽음을 초래할 요인을 전혀 갖지 않은 상태를 지칭한다. 물론 우발적인 죽음이 갑자기 사람에게 드리울 수 있는 가능성이 얼마든지 있다. 즉, 어떤 원인에 의해서 어떤 식으로 죽음이 사람에게 밀려올 가능성이 존재한다는 말이다. 그러나 사람의 속에는 그 가능성이 하나도 존재하지 않는다는 것이다. 이는 마치 어떤 사람이 어떤 질병의 침입을 당할 가능성이 있다고 말하지만 그렇다고 해서 그 사람이 그 질병에 걸렸다고 선언할 수는 없는 것과 마찬가지다. 이런 의미에서 보면, 사람은 "불멸하게" 창조되었으나 타락 이후에는 그렇지 못하다고 말하는 것이 합당할 것이다. 죄의 행위를 통하여 죽음의 원리가 사람 속에 들어와서, 과거에는 특정한 어떤 상황들 아래서만 죽을 수 있었으나 이제는 필연적으로 죽어야만 하는 처지가 되었기 때문이다. 첫 번째 의미에서의 불멸성이 상실되어 버린 것이다. 또한, 종말론적인 언어로는 "불멸성"이 사람이 죄를 면하였기 때문에 죽음도 면한 그런 상태를 지칭할 수도 있다. 이런 최고의 의미에서 사람이 불멸한 것은 창조의 덕분이 아니라, 종말적인 역사가 수반되는 구속(救贖)의 결과인 것이다. 그런 "불멸성"은 누구보다도 우선, 본성적으로 그것을 지니고 계신 하나님의 소유이며(참조. 딤전 6:16. 한글 개역 개정판은 이를 "죽지 아니함"으로 번역함 — 역자주), 그 다음은 그리스도의 영광을 입으신 인성의 소유이며(그는 그의 부활로 인하여 그것을 소유하신다), 그 다음은 중생자들의 소유다. 그들은 이 땅에서도 원리적으로 이미 소유하고 있으며(요 11:26), 또한 후에 천상(天上)의 상태에서는 물론 그것을 소유하게 될 것이다.

이제 인간의 역사의 여러 단계 혹은 상태에 적용되는 이 "불멸성"의 여러 가지 의미들을 이렇게 정리하고 나면, 사람이 과연 어떤 의미에서 "필멸하는지"도 정리하기가 쉬워진다. 첫 번째 의미로 보면 사람은 절대로 필멸성이 없다. 두 번째 의미 혹은 단계로 보면 그는 사용하는 정의에 따라서 동시에 불멸하기도 하고 필멸하기도 하다. 죽음의 우연성을 초월하는 단계로까지 올려지지 않았으므로 필멸하지만, 죽음이라는 질병을 자기 속에 지고 있지 않으므로 필멸하지 않다고 할 것이다. 그러므로 이 경우에는 불멸성과 필멸성이 공존하였다 할 것이다. 세 번째 의미 혹은 단계로 보면 사람은 어떤 의미에서든(첫 번째의 철학적인 의미는 제외하고) 필멸하다. 반드시 죽게 되어 있고, 죽음이 그의 속에서 작용하고 있기 때문이다. 마지막으로 네 번째 의미 혹은 단계에서 보면, "필멸성"이란 단어가 중생한 사람에게는 조건부로만 적용된다. 즉, 지상의 상태에 있는 동안에는 죽음이 여전히 존재하고 그의 몸 속에서 작용하지만, 그의 새로워진 영의 중심에서는 원리적으로 이미 죽음이 배제되었고, 그 대신 불멸하는 생명으로 대치되어 결국에 가서는 죽음을 극복하고 밀어내게 되어 있는 것이다. 이 경우 필멸성과 불멸성의 공존은 사람의 양분화(兩分化) 된 본성에 근거한다.

그러면, 후에 바울의 가르침에서도 죽음이 죄에 대한 형벌임이 분명히 드러나며 그 의미를 누구도 부인하지 않지만(롬 5:12), 만일 창세기의 기사 자체를 보아서도 그것이 실제로 죄에 대한 형벌이라면, 그 죽음이 과연 어떤 종류 혹은 어떤 형태의 죽음인가? 하는 의문이 일어난다. 신학에서 죽음을 몇 가지 면들로 구별하여 다루어 왔으므로, 이에 대한 답변은 쉽게 제시할 수 없다 하더라도, 질문은 분명하게 하는 것이 도움이 될 것이다. 계시의 세 가지 다른 큰 원리들의 경우처럼 여기에도 상징이 있다면, 그리고 그 상징이 언제나 외형적이고 구체성을 띤 것이라면, 그 의문에 대한 대답은 바로 육체적인 죽음을 가리킨다는 것이 될 것이다.

그러나, 그렇다면 또 한 가지 의문이 생겨난다. 곧, 죽음이 세상에 있기 전인데 어떻게 육체적인 죽음을 뜻하는 상징이 있을 수 있었단 말인가? 라는 것이다. 어떤 이들은 사람의 타락 이전에도 짐승들이 죽는 일이 정상적으로 있었다는 점을 지적하였다. 그러나 이런 답변은 여기서 거론할 수가 없다. 성경의 기사에는 그런 사실을 시사하는 내용이 전혀 없기 때문이다. 성경 기사에 나타나는 언어로만 보면, 순간적인 육체적 죽음과 근사한 어떤 것을 상정해야 할 것 같기도 하다. 이에 해당하는 히브리어 문구는 "네가 죽을 수밖에 없는 처지가 될 것이라", 혹은 "네가 죽기 시작할 것이라" 등의 뜻으로 번역할 수가 없기 때문이다(참조. 창 2:17).

그러나 그럼에도 불구하고 그 문구는 그보다 더 깊은 죽음의 개념을 암시하고 있는 것 같다. 죽음이 하나님께로부터 분리되는 일을 수반한다는 것이 시사되는 것이다. 죄가 죽음을 초래함과 동시에 동산으로부터 내어쫓기는 일을 초래하기 때문이다. 생명이 하나님과의 교제에 있다면, 그 반대 원리로 볼 때에 죽음은 하나님께로부터 분리되는 것으로 해석할 수도 있었을 것이다. 이렇게 해서, 죽음의 관념을 더 내적인 의미로 이해하도록 준비를 갖출 수 있을 것이다. 죽음이 하나님께로부터의 분리와 연관되어 있다는 하나의 암시를 3:23에서 볼 수 있다: "여호와 하나님이 에덴 동산에서 그들을 내보내어 그의 근원이 된 땅을 갈게 하시니라." "그의 근원이 된 땅을 갈게 하시니라"는 19절을 분명하게 상기시키는 내용을 담고 있다. 다시 말하면, 동산에서(즉, 하나님의 임재로부터) 내어쫓김을 당했다는 것은 죽음에로 내어쫓김을 당했다는 것을 의미하는 것이다. 하나님께로부터 내어쫓겼다는 사실에 죽음의 뿌리가 있는 것이다.

제 4 장

구속에 관한 최초의 특별 계시의 내용

　여기서는 "구속"(救贖: redemption)이라는 용어를 미래의 것을 미리 예상하는 의미로 사용하고자 한다. 그 용어는 모세 시대에 가서야 비로소 나타나지만, 편의상 여기서 이 용어를 사용하고자 하는 것이다. 사람에게 다가오셔서 그들을 다루시는 하나님의 구원의 역사의 특징이 즉시 나타나고 있다. 타락한 인간을 향하여 정의와 은혜가 동시에 임하는 것이다. 정의는 하나님께서 선언하시는 세 가지 저주의 형벌적인 성격에서 드러나고, 인류를 향한 은혜는 유혹자에게 선언되는 저주 속에 함축적으로 들어 있다. 그러나 이는 타락 이후 사람을 찾아서 심문하시는 하나님의 모든 자세 전체 속에 분명히 제시되어 있다. 그 자세의 특질 하나하나에서 궁극적으로 은혜를 보이시기를 예비하신 그분의 마음이 드러나는 것이다. 여기서 우리는 특별 계시(Special Revelation)가 어떻게 일반 계시(General Revelation)와 결부되는지를 조금 더 살펴볼 수 있을 것이다. 타락한 사람에게서 일반 계시로 인하여 부끄러움과 두려움의 감정이 생겼다는 사실이다. 하나님께서는 사람과 대면하시는 가운데 — 이것은 특별 계시였다 — 친히 일반 계시와 결부시키시는 것이다.

　벌거벗음으로 인하여 부끄러움이 생겼다는 것은 무죄성(無罪性: innocence)을 상실한 사실이 성적(性的)인 형태로 드러난 가장 원시적인 양식이다. 이 점에 관하여 갖가지 신학적 설명들이 제시되어왔다. 어떤 이들에 의하면, 육체적인 벌거벗음은 신적인 형상을 빼앗긴 영혼의 내적인 벌거벗음을 설명하는 것이라고 한다. 또 어떤 이들은 죄가 인류의 문제라는 것을 드러내기 위해서 죄에 대한 부끄러움이 강조되고 있다고 한다. 또 어떤 이들에 의하면, 부끄러움이란 죄로 말미암아 영혼 속에 생겨난 부패의 원리가 육체에 반영된 것이라고 한다. 그렇게 본다면, 부끄러움이란 인간 본성의 격하 (格下)와 부패를 본능적으로 지각하는 것이라 할 것이다. 그러나 이런 견해들 가운데 그 어떠한 것도 성경의 기사 자체의 권위에 근거한다고 주장할 수가 없다. 그러나 여기서 주목해야 할 사실은, 부끄러움과 두려움이 하나님을 향하여 작용한다는 점이다. 아담과 하와는 서로서로에게서 숨은 것이 아니라, 하나님의 임재로부터 숨은 것이다. 그리고 하나님의 심문으로 부끄러움과 두려움의 감각이 그 궁극적인 뿌리인 죄에로 이어진다. 하나님께서는 사람이 육체적인 면이 그런 부끄러움과 두려움의 감각의 충족한 이유인 것처럼 다루기를 허락치 않으시고, 그 속에 윤리적인 면이 반영되어 있음을 인지하지 않을 수 없도록 하시는 것이다.

세 가지 저주

죄가 범해진 것과 동일한 순서로 세 가지 저주가 선언된다. 뱀에게 선언된 저주에는 뱀과 그 후손에 대한 승리의 약속이 들어 있다. 뱀의 후손이 정죄를 받아 배로 기어가게 됨으로써 여자의 후손이 그 머리를 상할 수 있게 되며, 한편 뱀은 여자의 후손의 발꿈치만을 상할 수 있을 뿐이다. 궁극적인 승리의 원리는 이 저주에 나타나는 주요 요소들 속에서 더 밝히 드러난다:

(1) 구원의 역사(役事)를 하나님이 주도하심. 여기서 일인칭 대명사가 강조된다. 하나님께서 "내가 너로 여자와 원수가 되게 하리라"고 말씀하시는 것이다(창 3:15). 이것은 근본적으로 사람에게 주시는 하나의 명령(뱀과 원수가 되라는 명령)이 아니라, 하나의 신적인 약속이다. 또한 하나님께서 그저 적의(敵意)를 촉발시키거나 촉진시키기만 하신다는 것이 아니라, 그가 친히 주권적으로 적의를 심으시겠다는 것이다.

(2) 구원의 골자는 뱀과 하나님을 향하여 사람이 가졌던 태도를 각기 역전시키는 데에 있음. 죄를 짓는 중에 사람은 뱀의 편에 섰고 그리하여 하나님을 대적하는 입장을 취하였다. 그런데 이제 뱀을 향한 사람의 태도가 적대적인 것이 된다. 이는 하나님을 향한 사람의 태도의 변화를 수반하는 것이다. 하나님이 사탄과 전쟁을 하는 당사자이시고, 사람이 거기에 가담하여 하나

님의 편이 되는 것이다.

(3) 구원의 역사(役事)의 연속성이 선포된다. 적의가 여자의 **후손**과 뱀의 **후손**에게로 확대되는 것이다. 하나님의 약속은 곧, 그가 인간의 후손 대대로 그 적의가 계속되게 하실 것이요 그것이 소멸되도록 허용하지 않으시리라는 것이다. "여자의 후손"(문자적으로는 "여자의 씨"임 — 역자주)이라는 문구는 인류라는 유기체 전체가 구속의 범주 내에 들어올 것임을 시사한다. 그러나 그렇다고 해서 모든 개개인이 뱀의 원수가 될 것이라는 뜻은 물론 아니다. 여기서 말하는 요지는 하나님께서는 그저 사람들 개개인만이 아닌 여자의 후손을 구원하신다는 것이다.

뱀의 후손에 대해서는 두 가지 견해가 있다. 한 가지 견해에 따르면, 이것이 인류 가운데 계속해서 뱀의 편에 서는 자들을 지칭한다고 한다. 그렇게 보면, 여기의 "후손"은 은유적인 의미로 쓰이는 것이 된다. 그러나 그렇게 보면 뱀의 후손이 동시에 여자의 후손의 일부이기도 한 것이 되는데, 이에 대해서는 두 후손이 서로 명확하게 구별되는 성경의 기사와 어긋나게 된다는 반론을 제기할 수 있다. 이런 반론에 대해서는, 그 이후로 오로지 하나님의 편에 서는 자들만이 참된 인간이며, 오직 그들만이 "여자의 후손"이라는 칭호를 받기에 합당하다는 답변이 제시되어왔다. 그러나 뱀의 후손을 인류 바깥에서 찾는 것이 더 설득력이 있는 것 같다. 악의 권세는 집합적인 권세로서 악의 왕국이며, 사탄이 그 머리이다. 여기에 부합되는 존재로서 악령들을 뱀의 후손이라 칭한다. 악령들은 육체적인 번식을 통해 사탄의 후손이 된 것은 아니나, 그에게서 그들의 본성을 물려받은 것이다.

(4) 그 적의가 겉으로 표출될 것이 예언됨. 영어 개정역(Revised Version)은 창세기 3:15의 본문을 "he shall *bruise* thy head, and thou shalt *bruise* his heel"(한글 개역 개정판은 "그가 네 머리를 **상하게** 할 것이요 너는 그의 발꿈치를 **상하게** 할 것이니라")으로 번역하고 있다. 그러나 난외주에는 다른 번역이 제시되고 있다: "he shall *lie in wait* for thy head, thou shalt *lie in wait* for his heel"("그가 네 머리를 **숨어서 노릴** 것이요, 너는 그의 발꿈치를 **숨어서 노릴** 것이니라"). 이는 히브리어 동사 **슈우프**를 번역한 것이요, 난외주의 번역은 이를 **샤아프**로 이해한 것이다. 이 동사는 본래 무언가를 "낚아채다"

라는 뜻이고, 결국 무언가를 "낚아채려 하다", 즉, 그것을 "숨어서 노리고 있다"는 뜻이 되는 것이다. **슈우프**라는 동사는 이 본문 외에 구약에 두 차례 나타난다(욥 9:17; 시 139:11). 시편의 본문의 경우는 "상하게 하다"나 "숨어서 노리다"나 모두 본문의 의미일 수가 없다. 그러나 욥기에서는 "상하게 하다"라는 의미가 합당한 것 같다. 이런 본문 번역에 대해서, 여자의 후손이 뱀에게 가하는 경우에는 적절하나, 뱀의 후손이 행하는 행위로는 자연스럽지 못한 동사라는 반론이 제기된다. 그러나 이런 반론은 심각한 것이 아니다. "상하게 하다"라는 것 대신 "숨어서 노리다"를 적용시킨다 해도 결과는 마찬가지다. 즉, 한 쪽에는 적절하나 나머지 한 쪽에는 적절하지 못하다는 것이다. 게다가, 이렇게 보면 그 싸움이 표출되는 방식에 대해서는 아무것도 말씀하지 않는 것이 될 것이다. 헬라어와 아람어에서는 "때리다"와 "치다"를 뜻하는 단어들이 물어뜯는 것과 찌르는 것에도 사용된다. 두 번째 뱀의 후손에 대한 내용에서도 첫 번째 여자의 후손에 대한 내용에 나타나는 것과 같은 동사를 반복하여 사용한 것은 어쩌면 표현을 일치시키기 위한 것일 것이다. 로마서 16:20에서 바울은 현재의 이 본문의 내용을 지칭하는 것이 명백한데, 거기서 그는 "상하게 하다"라는 동사를 사용하고 있는 것이다. "그것이 네 머리를 상하게 할 것이요"(한글 개역 개정판은 "여자의 후손은 네 머리를 상하게 할 것이요"로 번역함 — 역자주)에서 "그것"이라는 대명사를 사용하여 그 선행사인 "여자의 후손"을 지칭하는 것을 주목하라. 이는 라틴어 불가타역(the Vulgate)의 번역처럼 여자 자신을 지칭하는 것이 아니다. 몇몇 로마 교회의 주석가들은 이런 번역에 이끌려 이 본문에서 성모 마리아를 찾으려는 시도를 하기도 했던 것이다.

"후손"

"여자의 후손"에서든 "뱀의 후손"에서든, "후손"(seed)이라는 단어를 집합적인 의미에서 이탈하여 이해할 하등의 이유가 없다. 뱀의 후손은 반드시 집합적일 수밖에 없고, 따라서 여자의 후손 역시 집합적일 수밖에 없는 것이다. 이 약속은 바로 어찌해서든 인류에게서 뱀의 머리를 상하게 할 치명적인 공격이 임하리라는 것이다. 그러나 여전히, 이 치명적인 공격을 가하는 일에

여자의 후손이 한 인물에게 집중될 것이라는 가능성이 간접적으로 암시되고
있다. 왜냐하면 머리를 상하게 되는 것이 뱀의 후손이 아니라 뱀 자신이라는
점을 주목해야 하기 때문이다. 전반부의 저주에서는 두 후손이 서로 대조를
이루는데 반해서, 여기서는 여자의 후손과 뱀이 서로 대조를 이룬다. 이는
그 싸움이 절정에 이를 때에 뱀의 후손이 뱀으로 대표될 것이며, 이와 마찬
가지로 여자의 후손도 어떤 단일 인물로 대표될 수도 있음을 시사하는 것이
다.

   그러나 마치 "여자의 후손"이 오로지 메시야만을 의미하기라도 하는 것처
럼 여기서 오로지 메시야만을 개별적으로 지칭하는 것으로 이해하는 시도는
정당성이 없다. 구약 계시는 하나의 인격이신 메시야의 개념을 매우 서서히
접근해 간다. 타락한 인간으로서는 하나님께서 그의 신적인 권능과 은혜로
써 인류에게서 뱀에 대한 승리가 나오도록 하시리라는 것을 아는 것만으로
족했던 것이다. 믿음이 그러한 지식에 근거할 수 있었다. 그들의 믿음의 대
상은 인격적인 메시야를 이미 알고 있는 우리의 경우보다는 훨씬 덜 명확했
다. 그러나 그럼에도 불구하고, 주관적으로 생각할 때에 이 믿음의 골자는
죄로부터의 구원을 가져올 하나님의 은혜와 권능을 신뢰하는 것이라는 점에
서 우리와 동일한 것이었다.

인간의 고통

   마지막으로, 여자와 남자에게 선언된 저주들 속에 정의가 나타나는 점을
살펴보자. 여자는 여자로서의 본성에 해당하는 일에서 고통을 당하도록 정
죄를 받는다(히브리어 본문의 정확한 문법적 구조나 가능한 수정에 대해서
는 딜만[Dillmann]의 주석의 해당 부분을 참조하라). 그러나 죽음의 형벌을
받았음에도 불구하고 인류가 스스로 번식할 수 있게 될 것이라는 암시 속에
서, 이 형벌에 은혜의 요소가 뒤섞여 있음이 드러난다. 남자의 형벌은 죽기
까지 땀흘려 수고하는 것에 있다. 노동 그 자체가 형벌은 아니다. 동산에서
도 사람은 그것을 가꾸고 꾸미는 수고를 했기 때문이다. 여기서 형벌은 바로
그 노동이 죽음을 가져올 만큼 고통스러운 것이라는 데 있다. 이는 노동에
전반적으로 다 적용되지만, 그 저주가 취하고 있는 형태는 노동 가운데 가장

원시적인 것, 즉 땅을 경작하는 노동에서 비롯된 것이다. 동시에 여기서 그 이후부터 남자는 땀을 흘려 노동해야 가장 필수적인 양식을 얻을 수 있다는 사상이 나타난다. 남자의 노동은 과연 생존을 위한 싸움이 될 것이다. 얼굴에 땀을 흘려야 떡(bread)을 먹을 것이다. 여기서 "떡"(한글 개역 개정판은 "먹을 것"으로 번역한다 — 역자주)이란 일반적인 음식을 의미하는 것이 아니라, 특별히 땅에서 생산된 양식 — 이는 과거에 아주 손쉽게 영양을 공급받게 해 주었던 동산의 열매와 대조를 이룬다 — 을 지칭하는 것일 것이다.

남자에게서 일어나는 주관적인 쇠퇴, 즉 그의 노동을 무겁게 하여 결국 치명적으로 만드는 그런 쇠퇴에 대해서는 아무런 언급이 없다. 그를 힘들게 하는 원인은 객관적인 것이다. 곧, 자연의 생산성이 격감되는 것이 그 원인이다. 사람으로 인하여 땅이 저주를 받아 가시와 엉겅퀴를 산출하게 된다는 것이다. 여기에 저주와 더불어 은혜의 요소가 뒤섞여 나타나는데, 여하튼 떡은 그대로 떡으로 남아 있을 것이고 그것으로 생명을 유지하게 될 것이라는 사실이 그것이다. 여자가 세상에 새 생명을 낳을 수 있는 것처럼, 남자도 그의 수고로 생명을 유지할 수 있게 될 것이라는 것이다.

제 5 장

노아의 계시와 그 계시에 이르기까지의 발전 과정

이 시기의 계시에서는 두 가지 특질이 나타난다. 우선 첫째로, 그 계시의 의의가 구속의 영역에 있지 않고 인류의 자연적인 발전의 영역에 있다는 점이다. 그러나 인류의 발전 과정이 궁극적으로 그 후에 계속되는 구속의 진전에 중요한 의미를 지니게 되는 것은 물론이다. 둘째로, 여기서는 계시가 긍정적인 성격보다는 전체적으로 부정적인 성격을 띤다는 점이다. 곧, **최소한의 은혜**가 베풀어지는 것으로 만족한다는 것이다. 자연의 영역에서나 구속의 영역에서나 최소한의 은혜는 피할 수가 없다. 왜냐하면 자연의 영역에서는 최소한의 하나님의 개입이 없었다면 세계의 조직 자체가 붕괴해 버렸을 것이고, 특별 은혜가 전적으로 부여되지 않았다면 구속의 영역에서도 그 약속의 계속적인 성취 자체가 무산되어 버렸을 것이기 때문이다.

이 두 가지 특질들은 이 시대 전반이 지닌 목적에서 해명된다. 그 시대는, 가능한 만큼 죄가 마음대로 역사하도록 내버려두었을 경우 그 결과가 어떻게 될 것인지를 드러내 보이기 위해서 의도된 것이었다. 만일 하나님께서 은혜가 자유로이 흘러서 세상에 들어가서 짧은 기간 내에 큰 힘을 결집시키도록 허용하셨다면, 죄의 진정한 본질과 그 결과들이 아주 희미하게밖에는 드러나지 않았을 것이다. 사람들은 자신의 상대적인 선(善)이 사실상 하나님의 은혜의 산물인데도, 그것을 자기 자신의 덕으로 돌렸을 것이다. 그러므로, 구속의 역사가 더 진행되기 전에 인간을 부패시키는 죄의 성향을 분명히 실례로 제시함으로써, 후에 다시금 위로 회복시키시는 구속 과정에 담긴 하나님의 참된 대의(大義)를 이처럼 부패를 향하여 치닫는 과정에 비추어서 인식할 수 있게 하신 것이다. 이것이 이 시대가 구속에 대해 갖는 간접적인 의의라 할 수 있을 것이다.

성경의 역사는 세 가지 단계로 진행된다. 먼저 가인의 계보에서 죄가 급속히 발전하는 것을 묘사한다. 그리고 이와 관련하여, 자연의 영역에서 문화적인 발달을 가져오게 한 발명의 재능에서 나타나는 일반 은혜(general grace)의 역사(役事)를 묘사한다. 그리고 더 나아가서 가인 족속이 이 은혜의 재능들을 악용하여 세상에 악이 진보하는 데에 이용되도록 한 사실을 보여준다. 여기서 우리는 급속한 부패의 이야기를 접하게 된다. 패망으로 이끄는 죄의 성향과, 또한 아직 발전될 수 있는 선(善)까지도 모두 부패시키고 쇠락시키는 죄의 능력을 드러내 보이시기 위해서 하나님께서 그렇게 지도하신 것이다. 이 부류의 사람들에 관한 한, 위에서 제시한 이 시대에 대한 해석이 참이라는 것을 역사적 사건들이 드러내 준다. 성경의 상세한 묘사들은 그러한 결과를 강조하고자 하는 의도로 선택된 것들임이 분명하다.

가인이 아벨을 살해한 일은 제2 세대에 이르러 살인이 발생할 정도로 죄가 급속하게 발전하였음을 한 가지 실례로 보여준다. 그렇기 때문에 살인 행위 이전과 이후의 가인의 행동을 아주 조심스럽게 묘사하는 것이다. 가인은 사전에 경고를 받은 상태에서 미리 생각하여 살인을 저질렀다. 그리고 그 행동 후에는 자기의 죄를 부인하며, 반항하며, 사랑의 법에 대한 모든 의무를 거부한다. 심지어 하나님께서 그에게 선고를 내리신 후에도 그는 죄 자체에 대해서는 전혀 관심이 없고 오로지 그 죄로 인하여 자기에게 미칠 결과에 대해서만 걱정한다. 이것을 아담과 하와가 동산에서 저지른 행위와 비교해 보면, 인간의 마음의 부패가 급속하게 진전되었다는 것이 분명해진다.

죄가 하나님이 자연의 영역에서 주신 일반 은혜의 선물들을 악한 목적으로 바꾸어 사용하도록 만들기에 족할 만큼 강력하다는 것이 이로써 입증된다. 이 자연적인 발전의 첫 단계는 성(城)을 건설한 가인의 아들 에녹이고, 그 이후 가인의 8대 손에게서는 가축치는 기술, 음악의 기술, 금속 다루는 기술의 발명이 나타난다. 그 발명가들은 가인족에 속한 라멕의 아들들이었는데, 권력과 번영이 증가함으로써 이루어진 것은 그저 하나님께로부터 더 멀어진 것뿐이라는 사실이 라멕의 노래에서 나타난다. 그 노래(창 4:23, 24)는 검(劍)

의 노래다. 델리취(Delitzsch)는 이것이야말로 엄청난 오만방자함의 표현이라
고 잘 지적하고 있다. 그 오만방자함은 권력을 자기 신(神)으로 삼으며, 자기
의 신을, 즉 자기의 검을 손에 지니고 다닌다. 하나님께서 가인을 위하여 보
호 수단으로 지정하신 것을 조롱하며, 오로지 칼을 통한 복수에만 의존하는
것이다. 가인의 경우에는 그래도 하나님께 도움을 받아야 할 필요성을 느꼈
다. 그러나 라멕의 정신은 오로지 자기 자신에게만 의지한다. 죄에 대한 감
각이 흔적조차 남아 있지 않다. 또한 라멕이 남녀 간의 일부일처(一夫一妻)의
관계를 일부다처(一夫多妻)의 관계로 바꾸었다는 사실도 기록하고 있다.

가인 족속과 셋 족속

그 다음 이야기는 셋 족속에게서 전개되는 일들을 묘사하는 데로 나아간
다(창 4:25-5:32). 셋 족속과 관련해서는 자연적인 발명이나 세속적인 진보
에 대해서는 아무것도 언급되지 않는다. 여기서 강조되는 것은 구속이 계속
된다는 사실이다. 두 종류의 발전이 가인 족속과 셋 족속의 두 계열 위에 분
포되어 있는 것으로 나타난다. 하나님께서는 때때로 구속의 영역 바깥에 서
있는 가문과 민족들을 택하셔서 세속 문화에서 진전을 이루게 하신다. 예술
을 발전시킨 헬라인들이나, 법적 정치적 제도들을 발전시키는 재능을 부여
받은 로마인들에게서 그 실례를 볼 수 있다. 셋 족속 중에서 구속이 계속되
는 사실이 조심스럽게 나타나는 반면에, 그들에게조차도 특별 은혜가 새로
이 유입되는 일에 대해서는 아무런 언급도 없다는 점을 주목하라. 그 역사의
의미는 여전히 부정적인 상태 그대로 있다. 셋 족속이 하나님을 알고 섬기는
면에서 크게 진보했다는 것이 아니고, 그들이 상대적으로 가인 족속들의 부
패함에서 벗어나 있었다는 것이다.

바로 이것이 그 시대의 역사의 의의다. 셋 족속 중에서 두드러지는 특정
인물들과 이에 상응하는 가인 족속 중의 두드러진 인물들 사이에 대조점들
이 나타난다는 사실이 강조되고 있는 것이다. 가인과 아벨이 서로 대조를 이
루며 제시되고, 이와 비슷하게 가인의 아들 에녹과 셋의 아들 에노스가 서로
대조를 이룬다. 그러나 이런 대조의 절정은 제 7대 후손에게서 나타난다. 셋
족속에는 에녹이 있고, 또한 반대 편에는 가인 족속의 라멕이 있다. 라멕의

교만과 오만방자함과는 대조적으로 에녹은 "하나님과 동행"하였다고 기록되어 있다(창 5:24). 이 말은 그가 경건한 삶을 살았다는 뜻 이상의 것을 의미한다. 경건한 삶을 산다는 의미는 대개 "하나님 앞에서 행한다", "하나님을 따라 행한다" 등의 문구로 표현되기 때문이다. "하나님과 동행"한다는 것은 하나님과의 초자연적인 교류를 상징하는 것이다. 이 문구는 구약에서 이곳 이외에 두 곳에서 나타난다. 바로 후에 노아에 대해서와 말라기 2:6에서는 제사장들에 대해서 이 문구가 사용되는 것이다. 하나님과의 이런 독특한 정도의 친밀함과 에녹이 죽음을 보지 않은 사실 사이에 모종의 관련이 의도된 것이 분명하다. "하나님과 동행함"에 대한 그 견해가 옳다는 사실은, 에녹을 모든 신비한 것들을 일으킨 위대한 선지자로 보는 유대인들의 후대의 묵시적 전승(later Apocalyptic tradition of the Jews)으로부터 확증될 수 있을 것이다.

가인 족속의 경우 라멕에 대한 묘사로 끝을 맺고, 더 이상 계보를 추적하지 않는 사실을 볼 수 있다. 그러나 셋 족속의 경우는 노아에 이르기까지 계속된다. 이것과 일치하여, 셋 족속에게는 계보가 그대로 이어지고 있는데, 이는 계보야말로 성경에서 구속의 진보와 결부되는 하나의 기본 틀이기 때문이다. 셋 족속의 전통에서 유일하게 언급되는 한 가지 사실은 노아의 아버지 라멕이 그의 아들의 출생시에 한 말에 관한 것이다: "여호와께서 땅을 저주하시므로 수고롭게 일하는 우리를 이 아들이 안위하리라"(창 5:29). 이 말은 그 저주의 힘겨움에 대한 깊은 인식을 표현하며, 또한 그 저주의 원인인 죄의 힘겨움에 대해서도, 어쩌면 시기상조일 수도 있겠으나, 이런 힘겨운 상태에서 안위와 위로를 얻는 일이 곧 있을 것이라는 기대감도 토로하고 있다. 이 말은 다시 한 번 가인 족속의 이교도적인 정서와 생생하게 대조를 보인다. 가인 족속의 경우는 저주를 느끼지 못했고, 혹시 그것을 느꼈더라도 자기들 자신에게서, 자기들이 발명해낸 것들에게서 위로를 기대했던 것이다.

물론 구속의 은혜가 계속되는 사실이 이처럼 고립된 몇 가지 경우들에서만 나타나지만, 이 기사는 전제적으로 앞에서 제시한 그 신적인 목적을 드러내는 경향을 보인다. 심지어 선(善)이 왕성하게 유지되어도 악을 뒤로 물릴수가 없었다. 셋 족속에서 가인 족속에게 영향을 끼쳤다는 언급이 전혀 없다. 구속의 능력이 정체되어 있었던 반면에, 죄의 권세가 강력하게 역사했고, 그리하여 그나마 존재하고 있던 선까지 공격할 태세를 갖추고 있었던 것이다.

세 번째로, 이런 점에서 볼 때 이 시기의 성격은 가인 족속과 셋 족속이 상호 결혼을 통하여 서로 뒤섞이는 사실에서 가장 선명하게 표현된다는 것이다. 셋 족속이 스스로 가인 족속의 사악함에 동화되고 만 것이다. 하나님께서는 죄의 고유한 파괴적인 힘에 대한 교훈이 충만히 가르쳐지는 데에까지, 또한 노아와 그 가족만이 홀로 신실하게 남아 있어서 하나님의 역사의 계속성이 위기에 처한 것으로 나타나 더 이상 계속될 수 없을 때까지, 그리고 심판이 없이는 이 시기 전체의 목적이 좌절될 정도가 되어 결국 대 심판으로 교훈해야 할 시기가 이를 때까지, 이런 상태가 계속되도록 허용하셨다. 위의 진술은 "사람의 딸들"과 "하나님의 아들들"에 대한 좀 더 평상적인 해석을 따르는 것이다. 사람의 딸들이란 가인 족속의 여자들이고, 하나님의 아들들이란 셋 족속의 남자들을 의미한다는 것이다. 그러나 이 해석에 대해서 여러 주석가들이 이의를 제기한다. 그들은 여기에 나타나는 "하나님의 아들들"이 다른 곳에서도 가끔 나타나듯이, 초인간적인 존재들, 즉 천사들을 지칭한다고 주장한다. 이 두 견해에 대한 찬반의 근거로 사용될 수 있는 논지들에 대해서는 일일이 논의하지 않을 것이다.

그러나 앞에서 제시한 대로 오직 전자의 견해만이 이 시기 전체의 의의를 구성하는 데에 어울리는 것으로 보인다. 우리는 이 시기를 있는 그대로 바라볼 때에 이 시기가 죄의 필연적인 결과를 보여주는 목적을 지녔음을 보여준다고 가정하였다. 그런데 천사 이론을 받아들인다면, 이러한 사상이 다 흐려지고 말 것이다. 그렇게 되면 인간의 죄가 스스로 발전해 가는 사실은 볼 수가 없고, 대신 정말 희한하게도 초인간적인 외부적(*ab extra*) 요인의 영향 아래에서 이루어지는 발전을 보게 될 것이다. "사람의 딸들"과 "하나님의 아들들" 사이의 대조가 논리적으로 합당치 않다는 것도 — "하나님의 아들들"도 인류에 속하게 되므로 — 결정적인 논지는 아니다. 히브리어의 관용어법에서는 가끔 어떤 종류(a genus)가 그 종류의 일부와, 마치 그 둘이 서로를 완전히 배제하기라도 하는 것처럼 대비되기도 한다. 이에 대한 설명은 그 정황에서 찾을 수 있다. 곧, 그런 경우들에서는 종류 전체는 오로지 그 종류의 특성만을 지닌 것으로 여겨지는 반면에, 그 종류의 일부는 그 종류를 넘어서는 어떤 특성을 지니면서도 여전히 논리적으로 그 종류에 속하는 것으로 여겨지는 것이다. 그러므로 여기서도, 사람의 딸들, 즉 **사람이며 그 이상 아무 것도 아닌** 자들의 딸들이, 본성적으로 사람들이면서도 **그 외에 하나님의 아들들이기도 한** 특성을 지닌 자들과 서로 대조를 이루는 것이다. 시편 73:5과 예레미야 32:20이 이와 아주 흡사한 경우들이다. "하나님의 아들들"이라는 명칭을 영적인 의미로 본다면 그런 용법은 계시의 초기 단계에는 전혀 어긋나는 것이라는 주장이 있어왔으나, 그런 주장은 그 용법이 거꾸로 그 시대에 끼워맞추어 사용되는 것이 아니라 성경 저자의 시각에서 사용되고 있는 것이라는 사실을 간과하는 것이다.

천사 이론을 선호하는 한 가지 논지는 유다서 7절에 근거한 것이다. 6절에서 천사의 타락을 묘사한 다음, 유다서 저자는 계속해서 이렇게 말씀한다: "소돔과 고모라와 그 이웃 도시들도 그들과 같은 행동으로 음란하며 다른 육체를 따라 가다가 영원한 불의 형벌을 받음으로 거울이 되었느니라." 여기서 "그들과 같은 행동으로"라는 표현은 6절의 천사들과 이웃 도시들을 하나로 묶어서 연결시키는 것이고, 따라서 전자의 죄도 역시 성적(性的)인 종류로서 천사들과 인간들과의 성적 교류였을 것으로 보아야 한다고 주장하는 것이다. 그리고 이 해석에 대한 확증이 "다른 육체"(혹은 "이상한 육체", strange flesh)라는 용어 — 이는 인간을 따라간 천사들을 뜻한다고 한다 — 에서 나타난다고 한다. 유다서에 근거한 이러한 논지가 어느 정도의 힘을 지닌다는 것을 부인할 수는 없을 것이다.

그러나 자세히 살펴보면, 그것은 결론적이 아니고 몇 가지 반론에 봉착하게 된다. 어떤 해석자들은 "그들과 같은 행동으로"라는 문구가 6절의 천사들과 7절의 도시들을 하나로 묶어서 연결시키는 것이 아니라 "소돔과 고모라와 그 이웃 도시들"을 하나로 묶어서 연결시키는 것으로 본다. 그렇게 보면, 전혀 천사들의 음행을 지칭하지 않는 것이 되는 것이다. 창세기 6:2의 "자기들이 … 아내로 삼는지라"라는 문구에서 천사 이론에 대한 심각한 반론이 제기된다. 이 문구는 그저 닥치는 대로 행하는 음행이 아니라 천사들과 여자들 사이의 영구한 결혼을 의미하는데, 이는 상상하기가 참으로 어려운 것이다. 마지막으로, 유다서의 "다른 육체"라는 표현은 천사 이론에 어울리기가 어려운 것 같다. 왜냐하면 구약에 따르면 천사들은 "육체"가 아니기 때문이다. 반면에, 그 단어는 소돔과 고모라의 도시들의 그 망령된 짓, 즉 동성 연애(homosexuality)와 정확하게 맞아들어가는 것이다.

여기서 주지해야 할 것은 비평 학자들이 천사 이론과 연관지어서 창세기 6장의 기사가 죄의 기원을 보도하고자 하는 의도를 지닌 것으로 가정하고, 또한 그 부분의 저자가 그 앞의 장들에 나타나는 타락의 이야기에 대해서는 전혀 알지 못했다고 가정하는 경우가 많다. 다시 말하면 그 두 기사가 서로 다른 문서에 속한다는 것이다. 그렇기 때문에 본문 주해가 가장 중요해지는 것이다.

넷째로, 창세기 6:3, 5-7에서는 이 시기의 문제점에 대한 신적인 정리가 나타나며, 홍수 이전의 인류들에게 심판이 선언되고 있다. 3절에 대해서는 그 의미가 상당히 불확실하다. 이는 **아드혼**과 **베샤감**이라는 두 단어 때문이며, 그 중에서도 특히 전자 때문이다. **둔** 혹은 **딘**이라는 단어는 "싸우다"(to strive) 혹은 "다스리다"(to rule)로 번역할 수 있다. 영어 흠정역(Authorized Version)은 전자의 의미를 취하여 이렇게 번역한다: "My spirit shall not always strive with man"(나의 영이 항상 사람과 더불어 싸우지 않으리라). 영어 개정역(Revised Version)은 본문에서는 이를 취하나, 난외주에서 다른 번역을 제시한다; "shall not always abide in man"(언제나 사람 속에 거하지 아니하리라). **베샤감**은 복합적인 형태로서 두 가지 방식으로 해결이 가능하다. **베**라는 전치사와 **샤**(이는 **에셰르**의 축약형이다)라는 관계사와 "또한"이라는 뜻의 부사 **감**으로 이루어진 것으로 취할 수도 있다. 그렇게 되면 이것은 "거기에서도"라는 뜻이 된다. 아니면 이를 **베**라는 전치사와, "곁길로 가다"(to go astray)라는 뜻의 **샤각**이라는 동사의 부정사형과 또한 "그들의"라는 뜻의 후접사 **암**이 합쳐진 것으로 볼 수도 있는데, 그렇게 보면, "그들이 곁길로 가는 데에"라는 의미가 된다. 그리고 이 두 가지 의미 이해에 **둔** 혹은 **딘**의 번역어들이 합쳐지는데, 이 단어에 대해 제시된 의미 가운데 어느 것을 취하느냐 하는 것이 매우 중요하다. 왜냐하면 어느 것을 취하느냐에 따라서 그 진술이 속하는 영역 자체가 전연 달라지기 때문이다.

"싸우다"를 취하면, 그것은 윤리적 영역에 속하게 된다. 그렇게 되면 이 진술은 하나님께서 그의 영이 지금까지 죄에 대하여 발휘해오던 억제의 영향력을 항상 발휘하지는 않도록 할 것이라는 의미가 된다. 그리고 하나님께서 이 영향력을 물리시는 일을 자제하시는 기간이 120년으로 정해지고, 그 이후에 심판이 임하게 되는 것이다. 그리고 그 심판에 대한 이유도 사람이 "육체"라는 데 있거나, 즉 "도덕적으로 종교적으로 부패한 상태"라는 데 있거나, 아니면 그들이 곁길로 가는 데에서 그들이 육체라는 데 있거나, 즉 임하게 될 심판이 그들의 상태에 합당하기 때문이라거나, 둘 중의 하나가 된다.

그러나 둔 혹은 딘을 "다스리다"로 볼 경우에는 문제 전체가 육체적인 영역에 속하게 된다. 구약의 전반적인 가르침에 따르면 하나님의 영은 사람의 자연적인 생명의 근원이시다(참조. 시 104:29, 30). 그러므로 하나님께서 그의 영이 사람 속에 영구히 거하지는 않게 하실 것이라고 말씀하시는 것은 곧, 인류의 육체적 생존 기간을 120년으로 제한하고자 하시는 목적을 선언하시는 의미가 된다. 그 이유는 죄로 인하여 사람이 육체적 부패에 먹이로 전락하여 결국 육체가 되었기 때문이거나, 아니면 사람이 곁길로 빠지는 중에 육체적으로 부패에 종속되어 버려서 120년 후에는 그 부패의 상태가 실제로 그들을 넘어뜨릴 것이기 때문이거나, 둘 중의 하나가 될 것이다.

여기서 "다스리다" 혹은 "거하다"라는 번역을 취하는 것이 낫다 할 것이다. "육체"라는 단어가 윤리적 의미를 띠는 경우가 혹시 구약에 나타난다 하더라도, 이렇게 일찍부터 나타나리라고는 거의 기대할 수가 없기 때문이다. 앞에서 언급한 영, 육체, 인간의 수명의 단축 등 세 가지에 대한 다른 해석도 이와 동일한 선상에 있다. 어떤 이들은 120년의 기간이 그때부터 개개인의 사람의 생애에 할당되는 것으로 이해하기도 한다. 그러나 이는 그 다음에 나타나는 사실들과 일치하지 않는다. 이런 이해는 비평적인 견해에 근거해야만 비로소 수용이 가능하다. 그러나 비평적인 견해는 이 본문이 후대의 족장들의 기사와 전혀 관계가 없이 홀로 서 있는 것으로 보며, 또한 홍수에 대해서 아무것도 모르고 처음부터 인류가 중간에 끊어짐이 없이 부단히 발전해

온 것으로 생각하는 어떤 사람이 이 본문을 기록한 것으로 보는 것이다.

신적인 정리의 다른 부분을 이루는 5-7절은 전혀 어려울 것이 없다. 그 시기의 마지막에 극도로 사악한 상태에 이르렀다는 사실이 지극히 강한 어조로 묘사되고 있다. 여기서 나타나는 요점들은 다음과 같다: 첫째, 악의 강도와 범위("세상에 가득함") ; 둘째, 악이 내적인 성격을 띰("마음으로 생각하는 모든 계획") ; 셋째, 악이 완전히 지배하여 선한 것이 모두 사라졌음("악할 뿐임") ; 넷째, 악의 역사가 습관적이며 지속적임("항상"). 동일한 판단 혹은 치료가 불가능한 사악함이 다음의 말씀에서 더 한층 강조되고 있다: "땅위에 사람 지으셨음을 한탄하사 마음에 근심하시고"(6절). 이 말씀은 의인법적인 표현을 써서, 인류의 발전이 하나님께서 사람을 이 땅 위에 두신 목적을 완전히 좌절시켰다는 사상을 나타내는 것이다. 그리하여 하나님께서는 이렇게 말씀하신다: "내가 창조한 사람을 내가 지면에서 쓸어버리되 사람으로부터 가축과 기는 것과 공중의 새까지 그리하리니, 이는 내가 그것들을 지었음을 한탄함이니라"(7절). 여기에 하급의 생물들이 포함되어 있는 사실은 인간으로 인하여 자연이라는 조직체 전체가 악에 오염되었음을 보여준다. 그러나 의미심장하게도 곧바로 "그러나 노아는 여호와께 은혜를 입었더라"라는 말씀이 덧붙여지고 있다. 인류가 계속 이어질 것이 보장되고 있다. 하나님께서는 그가 창조하신 그 인류에 대해서 가지셨던 본래의 목적을 수행해 나가시기에 족할 만큼 그 비참한 심판에서 구원해 내시는 것이다.

홍수 이후의 계시

이제는 홍수 이후에 일어난 노아의 계시에 대해 살펴볼 차례가 되었다. 여기서는 신적인 목적을 계속 수행해 나가기 위하여 적극적이며 건설적인 수단이 강구되었다. 여기서 다시 한 번 상기해야 할 것은, 여기에 나타나는 원리들과 또한 여기서 취해지는 수단들은 구속의 시행과 직접적인 관련은 없었고 다만 간접적으로만 관련이 있었다는 점을 간과해서는 안 된다는 사실이다. 자연적인 삶의 발전이 대략적으로 다루어지고 있다는 사실은 다음의 내용에서 드러난다. 곧, 하나님께서 정하신 바와 그의 약속이 노아의 가족전체에게 동등하게 해당되었다는 점이다. 그러나 우리는 구속의 역사가 오로지 셈 족속에서만 시행되었다는 것을 알 수 있다. 언약이 맺어지지만, 이 것은 인류에게만 한정되는 것이 아니고, 모든 생물들과, 아니 땅 자체와 맺어 지는 것이다. 베리트가 자연과 맺는 베리트라는 사실은 베리트의 표증에서 나타난다. 무지개는 자연의 한 현상이요, 우주적으로 적용되는 것이다. 그러 나 구속과 연관되는 표증들은 모두가 성례적으로 쪼개어 피(血)를 내는 표증 들인 것이다.

적극적인 노아의 계시는 세 단계로 나아간다. 그 첫째는 세계의 새로운 질 서를 제정하기 위하여 하나님의 목적을 독백(monologue)의 형식으로 상술 하는 것이다. 둘째 단계는 이 질서에 내용과 안전성을 부여하기 위하여 취하 시는 수단들을 묘사한다. 셋째 단계는 그 새 질서가 베리트의 형식으로 확인 되는 과정을 보도한다.

첫째 단계는 창세기 8:20-22에 나타난다. 하나님께서는 이렇게 선언하신 다: "내가 다시는 사람으로 말미암아 땅을 저주하지 아니하리니 … 내가 전 에 행한 것 같이 모든 생물을 다시 멸하지 아니하리니 땅이 있을 동안에는 심음과 거둠과 추위와 더위와 여름과 겨울과 낮과 밤이 쉬지 아니하리라." 자연의 근본적인 과정들의 정상적인 질서가 이제부터 지속될 것이라는 것이 다. 그러나 여기에 "땅이 있을 동안에는"이라는 단서가 붙어 있다. 이는 그 홍수의 종말론적 배경과 관련되는 것이다(참조. 벧전 2:30, 21; 벧후 2:5). 21 절에서는 하나님의 선언에 대한 동기가 제시되고 있다: "이는 사람의 마음이 계획하는 바가 어려서부터 악함이라." 홍수 이전인 6:5에서도 하나님께서는 이와 거의 동일한 말씀을 하시면서 그것을 심판이 반드시 있어야 할 이유로 제시하신 바 있다. 그렇다면, 심판의 불가피성을 설명하는 진술이 어떻게 다 시 심판이 반복되지 않을 것임을 설명하는 것으로 제시될 수가 있단 말인가? 이 난제에 대한 해결점은 후반부에 "어려서부터"라는 문구가 첨가된 사실에 서 찾을 수 있다. 창세기 6:5에서 묘사하는 것은 부패로 치닫는 과정이 역사 적으로 절정에 이르렀다는 사실이었고, 그 때문에 심판이 불가피했던 것이 다. 그러나 여기서 묘사하는 것은 역사적으로 나타나는 문제와는 전혀 별개 로 인간의 마음이 본성적으로 악한 상태라는 사실이다. 악이 그처럼 깊이 자 리잡고 있기 때문에, 심판으로도 치료할 수 없다는 것이다. 그러므로 다른 수단들이 강구되어야 하는데, 만일 대 홍수와 같은 그런 심판이 다시 반복되어 역사가 정상적으로 전개되는 것을 방해하게 되면 이 다른 수단들의 시행이 불가능해질 것이다.

둘째 단계(창 9:1-7)에서는 이처럼 [심판을 내리지 않고] 참으시는 계획을 가능케 하고 안전하게 하기 위하여 제정되는 규례들이 제시된다. 이 규례들은 동물과 사람 모두에게 해당되는 생명의 번식과 생명의 보호, 그리고 생명의 유지에 관한 것이다. 생명의 유지에 관한 내용이 짐승의 생명 보호에 대한 약속에 삽입된 것은, 생명을 더 잘 유지하기 위하여 짐승을 음식으로 허용하신 사실이 자연스럽게 이 문제와 연결되기 때문이다. 이 수단들을 이해하기 위해서는 홍수로 인하여 인류가 열악한 환경 속에 있었다는 점을 분명하게 그리고 있어야 한다. 그렇기 때문에 본래의 창조의 규례들 가운데 몇 가지가 여기서 나타나는 것이다. 번식의 명령과 축복이 새로이 주어진다. 이것의 중요성은 그것이 1절에 나타나고 다시 7절에 또 나타난다는 점에서 추정할 수 있을 것이다. 사람의 생명을 짐승에게서 보호하는 문제에 대해서는 2절이 짐승이 사람에게 종속되는 사실을 제시하고 있다: "땅의 모든 짐승과 공중의 모든 새와 땅에 기는 모든 것과 바다의 모든 물고기가 너희를 두려워하며 너희를 무서워하리니 이것들은 너희의 손에 붙였음이니라." 그리고 이 진술에 5절에 덧붙여진다: "내가 반드시 너희의 피 곧 너희의 생명의 피를 찾으리니 짐승이면 그 짐승에게서 … 찾으리라."

본래 처음부터 사람이 가장 우월하다는 사실이 있었으나(창 1:26, 28), 그러나 이것은 창조시에 제정된 것으로 [짐승들의 편에서 사람에게] 자발적으로 굴복하는 성격을 띤 것이었다. 이 점은 선지자들이 마지막 종말에 낙원이 복귀된다는 원리에 근거하여 제시한 종말에 대한 묘사에서도 볼 수 있다(사 11:6-8). 그런데 죄의 상태에서는 동물들에게 두려움과 공포가 생겨남으로써 사람에게 굴복하게 된 것이다. 여기서 하나님께서는 짐승이 사람의 생명을 파괴시킬 경우 사람에 대해 복수하실 것을 약속하신다: "내가 반드시 너희의 피 곧 너희의 생명의 피를 찾으리라." 그러나 이 법이 구체적으로 어떻게 시행되는지에 대해서는 분명히 단정지을 수가 없다. 육식성의 동물의 종(種)들이 결국 모두 다 멸종되었다는 주장이 제시되기도 했다. 사람을 대적하는 짐승들에 대한 언급들 사이에 짐승을 음식으로 허용하신다는 진술이 삽입되어 있는데, 거기에 단서가 붙어 있다: "그러나 고기를 그 생명 되는 피째 먹지 말 것이니라"(4절). 이 진술은 짐승에 대한 복수의 약속과 쌍을 이루어 하나님의 시각을 드러내 준다. 짐승들이 사람을 잡아먹지 못하게 되어 있으니, 사람도 마치 야생 짐승들이 살아 있는 먹이를 삼키듯이 그렇게 짐승들을 먹어서는 안 되는 것이다. 생명을 신성한 것으로 여겨 정당하게 존중하는 자세를 보여야 한다는 것이다. 생명은 오직 하나님의 손에 달려 있으므로, 사람이 그것을 사용하려면 하나님의 허락하심에 의존할 수밖에 없는 것이다. 레위기의 율법이 이 금지 명령을 반복한다. 그러나 그런 금지의 또 다른 근거로서 피를 제단에 가져오는 사실을 덧붙이는데, 이것이 구약이 피를 먹지 말라는 금지 명령을 절대적인 것으로 삼고 있기 때문임은 물론이다. 단순한 동기와 복합적인 동기를 서로 구별하지 못함으로써, 이처럼 절대로 피를 먹지 않는 습관이 교회에서 여러 세기 동안 계속되었다. 소위 사도들의 교령(행 15:20)이 이방인 그리스도인들에게 피를 먹지 말 것을 의무로 지정하였으나, 그것은 그 일 자체가 잘못된 일이기 때문이 아니라 유대인 그리스도인 형제들에게 거부감을 주지 말아야 했기 때문이었던 것이다.

위의 마지막 요점은 사람의 생명을 사람의 공격에서 보호하는 일과도 관계가 있으므로, 하나님께서는 살인에 대한 형벌을 위한 법을 제정하신다: "내가 반드시 너희의 피 곧 너희의 생명의 피를 찾으리니 … 사람이나 사람의 형제면 그에게서 그의 생명을 찾으리라. 다른 사람의 피를 흘리면 그 사람의 피도 흘릴 것이니, 이는 하나님이 자기 형상대로 사람을 지으셨음이니라"(5-6절). 어떤 이들은 살인에 대해 사형이 제정된 사실을 회피하기 위하여 이 말씀이 그저 하나의 예상에 지나지 않는 것으로 이해하기도 한다. 즉, 살인 뒤에는 피의 복수가 이어지기 십상이라는 뜻으로 보는 것이다. 그러나 뒤에 "이는 하나님이 자기 형상대로 사람을 지으셨음이니라"라는 문구가 덧붙여져 있기 때문에, 이런 해석은 불가능해진다. 사람에게 하나님의 형상이 있으므로 결코 피의 복수를 시행할 가능성을 위하여 동기가 부여될 수 없는 것이다.

그러나 하나님의 형상이 사형을 부과하는 것과 무슨 관계가 있는가 하는 의문이 남는다. 이에 대해서는 두 가지 답변이 제시되어왔다. 한 가지 답변에 따르면, 어째서 다른 사람의 생명을 빼앗을 그 비범한 권세가 사람에게 부여될 수 있는지를 "이는 하나님이 자기 형상대로 사람을 지으셨음이니라"라는 문구가 설명해준다. 하나님의 형상의 일부를 이루는 하나님의 주권 덕분에 사람이 사형을 통해서 정의를 시행할 수 있게 되었다는 것이다. 다른 이들은 이 문구를, 사람의 생명을 해치는 것이 어째서 이런 극형을 받아야 하는가 하는 이유를 제시해 주는 것으로 이해한다. 죽임당한 생명 속에 하나님의 형상이 있기 때문이며, 따라서 하나님의 위엄이 손상을 입은 것이기 때문이라는 것이다. 이 가운데 후자의 해석을 취하는 것이 합당하다. 짐승에 대한 형벌의 경우에는 그 일을 누가 시행하느냐 하는 문제가 정확히 명시되지 않고 있는 반면에, 사람의 경우에는 누가 도구가 되어 그 신적인 규례를 시행하는가 하는 것이 분명히 제시되고 있다는 차이를 주목해야 한다: "**사람으로 인하여** 그 사람의 피도 흘릴 것이니"(한글 개역 성경에는 "사람으로 인하여"가 나타나지 않는다 — 역자주).

 더 나아가서, 사형을 제정하신 근거가 이중적인 것으로 나타난다. 그 규례가 나타나는 넓은 문맥이 그 규례가 사회의 보호를 위한 수단임을 입증해 주는 한편, 그와 동시에 그보다 더 깊은 무엇이 있다는 것이 하나님의 형상이 언급되는 사실에서 드러나는 것이다. 전자의 근거만으로, 그것도 하나님께로부터 명확한 지침도 주어지지 않은 상태에서, 과연 사람이 다른 사람에게 사형을 가한다는 것이 정당화될 수 있겠느냐 하는 의문을 갖게 된다. 그러므로 순전히 실용적이며 사회적인 근거만으로는 결코 충족하다 할 수가 없을 것이다. 그런 근거들은 하나님께서 정의의 시행을 확인하시는 보다 높은 근거가 제시되어 문제가 해결된 다음에야 비로소 제시되는 제이차적인 근거일 뿐이다. 이와 관련하여, 사형은 기존의 살인에 또 하나의 살인이 덧붙여지는 것일 뿐이라는 논지가 자주 제기되고 있으나, 그런 논지는 성경에 제시된 사실들에 대한 전적인 무지에서 비롯된 것이거나, 아니면 성경이 가르치는 내용이 의무적인 성격을 띤다는 것을 노골적으로 부인하는 데서 비롯된 것이거나 둘 중의 하나일 뿐이다. 하나님의 지극히 명확한 명령에 근거하여 시행하는 일을 어떻게 살인을 반복하는 것으로 볼 수 있단 말인가? 또한 사형을 반대하여 사람들이 제시할 수 있는 근거라고는 그저 감상적인 반론과 또한 징계 형식의 더 나은 효용성에 대한 입증되지 않은 이론 — 이는 그 본질 자체에서부터 사형을 제외시킨다 — 이외에는 아무것도 없는데, 어떻게 사형을 살인을 되풀이하는 것으로 본단 말인가?

마지막 세 번째 단계는 9:8-17에 나타난다. 하나님께서는 그의 약속에다 엄숙한 표증을 덧붙이심으로써 그 약속에 일종의 **베리트**의 형태를 부여하신다. 이는 하나님께서 제정하신 그 질서가 절대적으로 확실하다는 사실을 드러내는 의도를 이루는 것이다. 예레미야 33:25은 이런 의미에서 주야(晝夜)와 맺은, 즉 낮과 밤이 끊임없이 이어질 것을 보증하는, 하나님의 **베리트**를 말씀하고 있다. 그러나 어쩌면 여기에는 **베리트**라는 사상을 비교하여 도입시키는 것을 넘어서서, 노아의 홍수 사건을 실질적으로 지칭하는 의도가 담겨 있을지도 모른다. 이사야 54:9의 경우는 분명 그렇다. 거기서는 노아의 **베리트**가 무오성(無誤性)을 지닌 상태로 서 있어서, 구속에 대한 하나님의 맹세의 약속이 오히려 더 위대하게 영속될 것을 보여주는 하나의 모형의 역할을 하고 있는 것이다. 노아에게 주신 약속은 땅에 종말을 가져올 그 종말의 위기가 오기까지만 실현된다. 그리고 그 마지막의 대재난이 올 때에 산이 갈라지고 언덕이 사라지지만, 그때에도 하나님의 인자하심은 이스라엘에게서 떠나지 않을 것이요, 그의 평화의 **베리트**도 사라지지 않을 것이다(12절).

무지개의 표증에 관한 내용은 의인법적(擬人法的: anthropomorphic)이다. 그러나 바로 그런 점 때문에 혹시 그것이 달리 나타났을 경우보다 더 인상적인 것이다. 여기서 나타나는 사상은 대개 생각하는 것처럼 무지개로 인하여 사람이 하나님의 약속을 상기하게 되리라는 것이 아니고, 하나님 자신이 — 물론 그런 일은 있을 수 없으나, 혹시 그가 잊을 수 있다 할지라도 — 그 표증으로 인하여 친히 그의 언약을 기억하시리라는 것이다: "무지개가 구름 사이에 있으리니 내가 보고 나 하나님과 모든 육체를 가진 땅의 모든 생물 사이의 영원한 **베리트**를 기억하리라"(16절). 여기 나타나는 무지개는 후에 표증이 될 할례와 같은 경우에 속한다. 둘 다 기존에 있던 것인데, 어느 정해진 시점에 하나님께서 그의 **베리트**의 표증들로 거룩하게 구별하신 것이다. 여기의 표증은 성격상 그것이 보호할 것을 보증하는 바 자연의 불길한 힘과 연관된

다. 곧, 땅을 파괴시킨 바로 그 구름들을 배경으로 하여 생기는 것이다. 그러
나 동시에 무지개는 성경에서 하나님의 은혜의 상징으로 나타나는 태양으로
부터 나오는 광선에 의해서 생기는 것이다.

제 6 장

노아와 대 족장들 사이의 시대

여기서 논의할 문제들은 다음과 같다: (1) 후손들에 관한 노아의 예언적 진술; (2) 열방의 계보; (3) 언어의 갈라짐; (4) 셈 족속의 선택.

1. 노아의 예언적 진술(창 9:20-27)

이 예언들은 가나안(함)의 경우에는 저주요, 야벳과 셈의 경우에는 축복이다. 이 진술들은 전체를 예언의 말씀으로 보아야 한다. 이교도들의 경우에도 그런 말들이 거기에 관련된 사람들에게 진짜 영향을 미치는 것으로 본다. 물론 이교도들은 이 영향을 마술적인 것으로 보았으나, 성경에서는 그것이 영감된 예언의 수준에까지 올라가는 것이다. 이처럼 이른 시기에 나타나는 그런 예언들은 앞을 향해 전진하는 계시의 파고(波高)의 정점(頂點)을 보여주는 것이다.

여기서 저주와 축복을 서로 구별하는 기초가 윤리적 영역에 놓여 있다는 것을 보게 된다. 함의 추잡한 음탕함과, 또한 야벳과 셈의 정숙함은 일반적인 도덕성에서 나타나는 한 가지 차이에 불과했다. 그러나 그럼에도 불구하고 그러한 차이는 굉장한 파급 효과를 가져왔고 그 이후의 구속사의 과정 전체를 형성시켰다. 구속의 초자연적인 과정이 인류의 자연적인 발달과 여전히 접촉하고 있는 것이다. 이러한 영향력 있는 특성들은 모형적인 특성들로서 큰 인종적인 기질들의 근원이 되었다. 결정적인 전환기에는 어떠한 의미 있는 사건이라도 후 시대를 위하여 역사에 영향을 미치지 않을 수가 없는데, 바로 그런 결정적인 전환기에 그 사건이 일어난 것이다. 구약은 여기서 저주를 받는 것과 동일한 타입의 죄악이 가나안 족속 가운데서 주류를 이룬다는 사실을 인식하고 있다. 모세오경에 주어진 묘사들은 이 점에 대해서 전혀 의심의 여지를 남기지 않는다(참조. 레 18:22; 신 12:29–32). 심지어 이스라엘 바깥의 고대인들(야벳 족속) 가운데도 베니게인들(Phoenicians)과 카르타고인들(Carthaginians)의 문란한 성적 타락상이 이미 속담이 될 정도로 소문이 나 있었다.

그런데 어째서 그 죄를 저지른 함이 아니라 그의 아들 가나안이 저주를 받는가 하는 의문이 제기되어왔다. 어떤 이들은 함이 노아의 막내 아들이었고, 가나안이 함의 막내 아들이었던 것으로 가정한다. 그렇게 볼 때에 그 사건에 적용된 원리는, 함이 노아의 막내 아들이었으므로 그도 역시 막내 아들을 통해서 징벌을 받는다는 것이 될 것이다. 그렇게 되면 이 일로 인해서 그 죄가 아버지를 상대로 저지른 죄라는 사실이 드러나게 될 것이다. 이런 추측 그 자체에는 징벌에 관한 구약의 법을 거스르는 점이 전혀 없다. 왜냐하면 구약은 그런 문제에 있어서 우리처럼 그렇게 병적으로 개인주의적인 성향을 띠지 않기 때문이다. 특히 구약 계시의 초반부에서는 포괄적인 연대성(連帶性)의 원리(principle of generic solidarity)가 강조되고 있기도 하다(참조. 출 20:5, 6. 여기서는 부모의 선악에 따라 적용되는 법칙이 확증되고 있다). 후기의 계시, 특히 에스겔서에서는 이 법칙에 결부된 문제점이 보다 더 긴밀하게 정리된다.

그러나, 위에서 가정하는 부자 관계는 그 사실성 여부가 의심의 여지가 있다. 노아의 아들들의 이름은 보통 셈, 함, 야벳의 순서로 나타나는데, 이는 함이 중간의 위치를 차지한다는 것을 시사한다. 또한 가나안이 함의 막내 아들이었다는 증거도 전혀 없다. 영어개정역은 24절에서 "youngest son"(막내 아들)으로 번역하나, 이는 결정적인 것이 아니다. 왜냐하면 이에 해당하는 히브리어 단어는 최상급으로도 쓰이고 비교급으로도 쓰이는데, 비교급일 경우는 영어개정역 난외주의 번역처럼 "younger son"(작은 아들, 한글 개역 개정판이 이를 취한다 — 역자주)이 되어, 함이 세 아들 중 중간의 아들이 되기 때문이다. 상황이 이러하므로, 수정된 형태의 견해를 취하는 것이 가장 좋다. 곧, 함이 그의 아들 중 하나를 통해서 형벌을 받은 것은, 그가 그의 아버지를 거슬러 죄를 범했었기 때문이고, 그의 아들 가나안이 형벌을 받은 것은 함의 음탕한 성정을 가장 강하게 재생했기 때문이었다는 것이다. 여기서 함의 후손 모두가 저주를 받은 것이 아니라 오로지 가나안 족속만 저주를 받고, 나머지 사람들은 저주도, 축복도 받지 않는다는 점을 주목해야 할 것이다.

마지막으로, 이 문제에 대한 비평학자들의 해결에 대해서 잠시 언급해야 할 것이다. 비평학자들은 말하기를 이 이야기는 본래 노아의 아들들이 셈, 야벳, 가나안의 순으로 되어 있었는데, 후에 현재의 순서로 바뀌었다고 한다. 그렇게 되려면 22절의 " … 의 아버지 함"이라는 문구가 삭제되어야 하고, 또한 18절에서도 "함은 가나안의 아버지라"라는 문구가 삭제되어야 한다. 이 이론에 따르면, 이 문구들은 후에 노아의 가족 관계가 변경될 때에 삽입된 것이라고 한다. 가나안에게 내려진 저주는 그가 형제들에게 종노릇하는 치욕을 당한다는 데에 있다. 이 사실은 야벳과 셈에게 주어지는 축복의 후속적인 내용에서도 다시 반복된다.

두 번째의 예언은 셈에 관한 것이다. 여기서는 여호와라는 이름이 사용되는 점이 의미심장한 것 같다. 그 의미는 바로 하나님께서 여호와, 즉 구속의 하나님의 자격으로 자기 자신을 신앙적으로 소유하고 누리도록 그에게 주신다는 데 있다. 이것은 베리트에서 사용되는 언어로서, 셈 족속이 여호와를 예배하리라는 것보다 훨씬 더한 의미를 담고 있다. 하나님을 가리켜 인류 중 어떤 특정한 그룹의 하나님으로 부르는 것은 성경 중에서 이곳이 처음이다. 이것이 어찌나 놀라운 일이었던지, 족장 노아는 "셈의 하나님 여호와를 찬송하리로다"라는 영광송으로 찬양하기까지 하는 것이다. 이 찬양의 명확한 의미를 풀어서 읽으면 다음과 같을 것이다: "여호와께서 기꺼이 셈의 하나님이 되기를 바라시니, 그를 찬송하리로다."

세 번째의 예언은 그 해석이 좀 불확실하다. 본문은 "하나님이 야벳을 창대하게 하사 셈의 장막에 거하게 하시고"로 되어 있다(27절). 확실치 않은 것 중의 한 가지는 여기 나타나는 동사(야프트, 이는 야벳이라는 이름의 소리에 맞춘 것이다)의 의미가 무엇이냐 하는 것이다. 이것을 직설적인 의미로 보아야 할까, 아니면 은유적인 의미로 보아야 할까? 직설적인 의미로 보면, 영토의 확장을 가리키는 것이 되고, 은유적인 의미로 이해하면 번영을 가리키는 것이 된다. 두 번째 불확실한 점은 "거하게 하시고"의 주어가 누구냐 하는 것이다. 이 문구의 주어가 하나님인가, 아니면 야벳인가? 이 두 의문점들은 서로 연결되어 있다. "거하게 하시고"의 주어가 야벳이라면, 앞의 "창대하게 하사"라는 동사도 영토의 확장을 가리키는 것으로 이해하는 것이 자연스럽다. 어떤 부족 혹은 사람들의 장막에 거한다는 말은 한 부족이 다른 부족을 정복하는 것을 묘사하는 일상적인 표현법이다. 야벳이 셈의 장막에 거한다는 것은 셈의 영토를 야벳 족속이 정복할 것을 암시하는 것이다. 그러나 반면에, "거하게 하시고"의 주어가 하나님이시라면, 이를 다음과 같은 의미로 풀어서 이해하여야 할 것이다: "하나님이 야벳에게 큰 번영을 주시되, 셈에게는 그런 세속적인 모든 축복을 훨씬 뛰어넘는 복을 베푸시옵소서. 하나님이 셈의 장막에 거하시옵소서." 이것이 옳다면, 야벳에게 베풀어지는 물질적인 축복과 또한 셈 족속에게 베풀어지는 바 하나님과의 인격적인 교제가 서로 대조를 이루는 것이 된다.

　이 두 가지 해석 중, "창대하게 하사"를 영토의 확장으로 보고, 또한 "거하게 하시고"의 주어를 야벳으로 보는 해석을 취하는 것이 낫다. 엘로힘이라는 이름을 사용한 것이 이 해석과 어울린다. 왜냐하면 그 은혜로우신 거주하심의 주체는 엘로힘이 아니라 여호와이기 때문이다. 그러나, 이를 야벳 족속이 셈 족속의 땅을 정복하는 것으로 이해할 때에, 그 진술을 알레고리식으로 이해하여 마치 셈 족속과 야벳 족속이 서로 영적으로 함께 거주하는 것처럼 생각해서는 안 된다. 그것은 진짜 정치적인 정복을 의미하는 것이다. 그러나 궁극적으로는 그런 물리적인 정복이 야벳 족속에게 종교적인 축복이 임하게 되는 결과가 올 것이다. 곧, 셈의 장막을 점거하여 거기서 구속과 계시의 하나님이신 셈의 하나님을 발견하게 될 것이라는 것이다. 이 예언은 근접적인 정치적 의미에 있어서와 또한 그 궁극적인 영적 결과들과 관련해서, 헬라인들과 로마인들이 셈 족속의 영토를 침략하는 일을 통해서 성취되었다. 이 축복이야말로 이 땅에 참된 종교가 퍼져나가는 데 있어서 가장 유력한 요인 가운데 하나가 되었던 것이다. 델리취는 다음과 같이 충격적으로 논평하고 있다: "우리는 모두 셈의 장막에 거하는 야벳 족속들이다."

2. 열방의 계보

이 부분은 한편의 말씀 계시(word-revelation)로서 우리가 현재 다루고 있는 시기에 속하는 것은 아니다. 그 출처가 어디이든 간에, 이 부분은 모세의 기사 속에 집어넣어진 것이다. 그러나 그럼에도 불구하고, 이것은 홍수 이후 시대의 하나님의 역사하심에 거꾸로 빛을 비추어주기 때문에, 이를 후기의 사건들을 밝히는 데에 사용한다 해도 얼마든지 정당한 것이다. 이 계보는 족속들과 가문들과 언어들에 대해서 말씀한다는 점에서 11장에 가서 비로소 묘사될 구분의 기원을 미리 예상하는 측면이 있다. 족보상으로 기대할 수 있는 순서와는 달리 셈 족속의 계보가 맨 마지막에 오는데, 이 점은 이 계보가 세속적인 족보가 아니라는 사실을 입증해 준다. 이것은 구속의 계보에 속하는 하나의 장(章)인 것이다. 이 계보에서 구체화되는 사상은, 근접한 미래에는 셈 족속이 구속의 인류를 이룰 것이지만 그렇다고 해서 다른 족속들이 성사(聖史: Sacred History)의 장(場)에서 영원히 버려짐을 당하는 것이 절대로 아니라는 것이다. 그들의 이름들이 여기에 등록됨으로써, 때가 차게 되면 하나님께서 개입하셔서 그들을 다시 돌이키실 것이고, 그리하여 그들을 다시금 거룩한 부류 속에 두시게 될 것이라는 원리를 표현하는 것이다.

3. 언어의 갈라짐(11:1-9)

하나의 성(城) 혹은 탑의 건설은, 애초에 인류를 모두 하나로 묶어주는 통일의 중심을 얻고자 하는 욕구에서 촉발되었다. 그러나 이런 통일을 확보하는 것은 결코 그 궁극적인 목적이 아니었다. 통일은 하나님께로부터 독립하여 사람의 영광을 드높이는 하나의 거대한 제국을 건설할 수 있는 가능성을 확보해 줄 것이었다. 최근의 성경 비평은 여기에 두 개의 신화가 함께 뒤섞여 있는 것으로 본다. 그 하나는 통일을 보존하기 위하여 탑을 건설하는 것을 묘사하는 것이고, 다른 하나는 명성을 얻기 위하여 하나의 성을 건설하는 것과 관련된 것이라는 것이다. 그러나 이러한 논지는 바로 앞에서 제시한 설명과 비슷하면서도 두 프로젝트가 내적으로 서로 연관되어 있다는 사실을 놓치고 있는 것이다. 탑이 성을 위한 것이었으므로 그 둘을 서로 분리시킬 필요가 없다. 하나님께서 이 계획이 시행되는 중에 개입하시나, 그것은 그 자세가 불경스러운 자세를 반대하셔서가 아니고(혹은, 반대하셨기 때문만이 아니고) 주로 자신의 약속 — 인류의 죄악된 발전으로 인하여 다시금 대홍수와 같은 재난이 반복되는 일이 없도록 하시겠다는 약속 — 을 충실히 지키시기 위하여 그렇게 하시는 것이다. 그런 재난이 일어나지 않도록 하기 위해서는, 죄의 진전 과정을 점검하셔야만 했다. 인류 전체가 하나로 뭉쳐 있다면, 죄의 권세도 마찬가지로 결집된 상태로 있게 될 것이고, 곧바로 다시 엄청난 비율로 팽창하게 될 것이었다. 그러므로 인류의 통일성을 깨뜨릴 필요가 생긴 것이다. 델리취는 다음과 같이 간파한 바 있다: "한 민족에게서 나오는 부도덕하고 불경한 산물들은 하나로 뭉쳐져 있는 인류의 산물만한 파괴력이 없다." "여러 개의 거짓 종교가 있는 것이 하나만 있는 것보다 더 낫다. 왜냐하면 그 종교들이 서로서로를 마비시키기 때문이다."

이론적으로 보면, 인류가 여러 민족들로 나뉘어 있지 않고 하나로 통일되어 있는 것이 이상적이라 할 수 있을 것이다. 죄가 들어오지 않았다면 의심의 여지 없이 이런 상태가 현실이 되었을 것이다. 최후의 종말적인 경륜에서는 과연 그렇게 될 것이다(참조. 갈 3:28). 그러나 그 이전의 기간 동안에는, 하나님의 뜻이 그것이 아니다. 적절한 한계를 지닌 민족주의가 하나님의 인정을 받는 것이고, 한 민족의 이익을 위하여 모든 구분을 말살시키는 제국주의는 어디서나 하나님의 뜻에 어긋나는 것으로 정죄되는 것이다. 후대의 예언이 세계적인 권력을 얻고자 하는 시도를 대적하여 목소리를 높이는데, 이는 가끔 전제되듯이 그러한 시도가 이스라엘을 위협하기 때문만이 아니라 그보다 훨씬 더 중요하게 그런 사고 전체가 이교적이요 비도덕적이기 때문인 것이다.

하나님께서는 언어가 다른 사실에서 드러나는 바 민족적인 이질성들을 유지시키심으로써, 인간이 시도한 그 계획이 실현되지 못하도록 막으신다. 그러나 그 이외에도 이 사건에서 하나님의 적극적인 이중의 목적을 간파해 낼 수 있을 것이다. 우선 인류의 자연적인 삶과 관련하여 한 가지 적극적인 의도가 있었다. 하나님의 섭리 아래에서 각 종족 혹은 민족마다 그들이 추구하는 적극적인 목적을 지니고 있는데, 그 목적을 성취하려면 다른 종족 혹은 민족들로부터 상대적으로 격리되어 있어야 하는 것이다. 그리고 둘째로, 이 단계의 사건들은 구속의 계획의 시행과 밀접하게 뒤섞여 있었다. 그 사건들이 결국 한 종족과 한 민족을 선택하여 별도로 훈련시키는 일로 이어진 것이다. 선택의 본질 그 자체가 선택된 자들보다 더 큰 수(數)가 존재한다는 사실을 전제하는 것이다.

4. 셈 족속을 선택하여 구속과 계시의 사자(使者)들이 되게 하심

여기서 한 가지 의문이 생기게 된다. 과연 이 임무를 담당할 만한 고유한 타당성이 셈 족속에게 있었는가? 이에 대해서는 그렇다고 답할 수 있다. 여기서 두 가지 특성을 생각하게 되는데, 그 하나는 심리적 영역에 속하며, 다른 하나는 부여받은 종교적 자질의 영역에 속한 것이다. 전자와 관련해서는 다음의 사실을 주시할 수 있을 것이다. 곧, 셈 족속은 능동적이거나 생산적인 정신 자세보다는 주로 수동적이며 수용적인 정신 자세를 지녔다는 것이다. 처음에는 이러한 정서가 모든 인류의 보편적인 특성이었을 수도 있을 것이다. 그것이 원시적인 지식의 단계에 가장 적합한 것이다. 그러나 인류가 여러 가지 큰 갈래로 분리되고 민족적인 기질들이 다양화된 이 시점에 와서는 그런 특성이 특히 셈 족속 중에서 계승되고 배양되었던 것으로 보인다. 본래 진리가 당연한 것으로 여겼던 형식이 그렇게 해서 인류의 다른 그룹들의 정신 세계 속으로도 전이되어 갈 가능성을 확보하였던 것이다. 셈 족속이 아닌 우리들로서는 구약 성경을 이해하는 데에 상당한 어려움을 경험하는 것이 사실이다. 그러나 히브리적 사고를 지닌 사람들이 헬라적인 사고의 틀 속에 주어진 계시를 이해하는 데에는 그보다 훨씬 더 큰 어려움이 있었을 것이다. 동시에 셈 족속은 이러한 정신적인 성향을 어느 정도 소유했던 것이 분명하다. 아랍인들과 유대인들이 쉽게 인도-게르만 타입의 문명(the Indo-Germanic type of civilization)에 동화되었고 또한 그들이 과학적 철학적 사상의 발전에 크게 기여했다는 사실이, 그들이 진리를 그 구체적인 형태로 받아들이고 또한 그 받아들인 진리를 다른 추상적인 이해의 형식으로 전환시키는 하나의 이중적인 역량을 그들 속에 지니고 있다는 것을 입증해 주는 것이다.

본래부터 부여받은 그들의 종교적인 자질과 관련해서 다음과 같은 점들을

생각할 수 있을 것이다:

(1) 프랑스의 학자 르낭(Renan)은 한때 이 종교적인 자질을 심리적인 것으로 격하시키기 위해 노력했다. 세 가지 위대한 유일신 종교가 셈 족의 바탕에서 나온 사실에 착안하여, 그는 유일신론적인 본능이 이 인종적 그룹의 특징이라는 가설을 세웠다. 르낭은 이런 본능을 우월한 능력으로 보지 않고, 오히려 상상력이 결핍된 상태와 연관짓는 쪽으로 기울었다. 그러나 오늘날에 와서는 이 이론이 완전히 신빙성을 상실하였다. 오늘날 학계를 주도하고 있는 비평학파 내에 유일신론의 기원에 대해서 상당히 다른 설명이 유행되고 있기 때문이다. 그 견해에 의하면, 유일신 사상은 이스라엘의 역사에서 비교적 늦은 시점에, 즉 대략 기원전 800년에서 600년 사이의 선지자들의 시대에 생겨났다고 한다. 그것이 생겨난 배경은 다음과 같았다: 이 선지자들은 여호와가 그 성품에 있어서 최고로 윤리적이었음을 인식하기 시작했는데, 그러한 인식은 이스라엘의 민족적 · 종교적 실존이 보응적인 의(retributive righteousness)의 원리에 희생당할 지경에 이르렀다는 사고의 결과였다. 선지자들은 하나님의 개념에서 민족적인 편파성(은혜)의 요소를 제거하고 오로지 철저한 정의의 관념만을 그 내용으로 보존시킴으로써, 여호와의 신성의 핵심이 바로 이러한 자격 요건에 있으므로 이런 요건을 지니지 못한 이방인들의 신들은 참 신이 아니라고 인식하게 되었고, 물론 이런 씨앗과 같은 사고가 형체를 갖추고 무르익기까지는 상당한 세월이 소요되었지만, 그러한 인식으로 인하여 결국 실질적인 유일신론에 이르게 되었다는 것이다.

그러나 비평학파의 이런 전혀 다른 논지들을 구태여 논하지 않더라도, 셈 족속이 그들의 본능으로 말미암아 당연히 유일신론의 방향으로 어느 정도 접근했어야 옳았을 그런 때에도 그 족속에 속한 무수한 그룹들이 유일신론과는 거리가 먼 것으로 나타난다는 사실이 르낭의 가설을 완전히 무너뜨리는 것이다. 에돔 족속과 모압 족속은 히브리인들과 마찬가지로 순수한 셈 족이었으나, 구약에 노출되어 있는 기간 내내 그들은 전혀 유일신론자들이 되지 않았다. 이스라엘과 혈통적으로 근접한 족속들에서부터 그보다 먼 앗시리아인들에게로 넘어가면, 그들은 아주 풍성한 문명을 소유했으나, 그럼에도 불구하고 그들은 가장 사치스러운 타입의 다신론에 빠져 있었던 것을 보게 된다. 아랍인들의 경우 결국 광신적인 유일신론자들이 된 것이 분명하나, 그들의 그 유일신 사상은 유대인들과 그리스도인들에게서 빌려간 것이었다. 그 뿐만이 아니다. 이스라엘 자손들도 유일신 사상을 오랜 동안 충분히 알고 난 후에(비평학파의 견해에 의하면) 오랜 세월 동안 계속해서 다신론의 매력에 이끌려 거기에 완전히 젖어버렸던 것이다. 예레미야는 이스라엘이 이방 민족들보다 오히려 더 자기들의 하나님을 바꾸는 데에 열심이라고 탄식하고 있다(2:9-11). 이는 어렵지 않게 설명할 수 있다. 이방 민족들은 신관(神觀)을 바꿀 마음이 없었다. 왜냐하면 그들의 종교는 바로 그들이 지닌 기질의 자연적인 표현이었기 때문이다. 그러나 이스라엘은 여호와를 섬기는 멍에를 던져버리려고 끈질기게 씨름을 했다. 왜냐하면 이스라엘의 오래된 이교적 본성이 그를 섬기는 일을 하나의 힘겨운 멍에로 느꼈기 때문이다. 그러나 셈족에게 유일신론을 지향하는 본능이 있었다는 논지에 근거하면, 이 모든 사실들이 전혀 설명이 불가능해지는 것이다.

(2) 그러나 이 모든 사실들을 고려하고서도 한 가지 주목해야 할 사실이 있다. 그것은 곧 작은 그룹들 사이에 나타나는 종교의 모습이 천편일률적이라는 점이다. 아무리 신들의 숫자가 많든, 대체로 모든 신들(the deities)이 다 동일한 근본 개념을 수정한 것들이다. 이 점은 신들의 이름들의 뜻이 다 동일하다는 사실에서 곧바로 드러난다. 그리고 이 이름들은 셈 족에 속한 모든 부족들 가운데서 약간씩 바뀐 형태로 나타나는 것이다.

(3) 이와 관련하여, 한 가지 요소가 셈 족속의 종교적 의식 속에 최고로 자리잡고 있다는 점도 의미심장하다. 이것은 바로 복종(submission)의 요소다. "이슬람"이라는 단어가 바로 이것을 뜻한다. 이것은 물론 모든 종교에 필수적으로 있는 관념이다. 그러나 어디서나 똑같이 강력하게 발전되는 것은 아니다. 그것이 없으면 절대로 종교가 그 종교적 신복(臣僕)들의 삶에 최고의 요인이 될 수가 없고, 종교가 위대한 역사적 세력으로 작용하기 위해서는 그것이 반드시 있어야 한다. 셈 족속이 종교의 세계에서 선두 주자가 된 것은, 선을 위한 것이었든 악을 위한 것이었든 간에 종교가 그들의 삶에서 주도적인 요인으로 작용하였기 때문이다.

(4) 여기서 주목할 가치가 있는 또 하나의 특징은 바로 "부족적 특정주의"

(tribal particularism)라 불려온 그것이다. 이것은 특정한 어떤 부족이 부족 내의 관계에서 한 신을 섬기는 것을 의미한다. 다른 신들의 존재를 믿는 신앙이나 다른 그룹들이 다른 신들을 섬길 권리를 배제하지 않고, 심지어 동일한 그룹 내에서도 다른 관계에서는 얼마든지 다른 신들을 섬길 권리를 인정하는 것이다. 물론 이것은 유일신론이 아니다. 그러나 이것은 아주 분명한 형태의 부족적 일신숭배(一神崇拜: monolatry)인 것이다.

(5) 셈 족속의 종교의 이런 특성들은, 다른 곳에서 볼 수 있고 또한 표면적으로는 비슷해 보이기도 하는 범신론 쪽으로의 통합을 지향하는 모든 형태의 경향과 가장 먼 거리에 서 있다. 신과 그를 경배하는 자 사이의 관계의 인격적인 성격이 크게 강조된다. 셈 족속의 종교적 신복의 명칭은 **에베드**(종)인데, 그것은 지극히 실제적이며 인격적인 명칭이다. 신에 대한 인격적인 헌신이 이 경배의 주축을 이룬다. 소극적인 면에서는, 이 사실이 하나님과 자연을 서로 조심스럽게 구별짓는 데에서 잘 드러난다. 신을 자연보다 우위에 놓고 그를 높이는 것 — 종교적 용어로는 이를 신들의 "거룩성"(이는 윤리적 거룩성과는 구별하는 것이 좋다)이라 부른다 — 은 뛰어난 특성이다. 그렇게 해서 신의 초월적인 권능과 위엄을 느끼면, 신을 세계와 혼동하거나 그를 자연 혹은 물질의 세계로 끌어내리고자 하는 유혹도 매우 줄어들게 된다. 그러나 보통의 범신론적인 일신론은 이와 정확히 반대 방향으로 쉽게 빠져버릴 소지가 많다. 개별적인 신들을 서로 묶어주는 연합이 그저 인격이 없는 자연의 생명 이외에 아무것도 아닌 것이 되어 버리는 것이다. 여기서 일신론과 다신론은 서로 조화를 이룰 뿐 아니라, 서로를 부추기기까지 한다. 신을 자연의 과정 속에 끌어내림으로써 그 신적인 존재의 삶 속에 성(性)을 도입시키는 데로 이어진다. 그렇게 되면 결국 하나의 신탄생론(神誕生論: theogony)과 신들의 증식(增殖)이 생겨나게 된다. 그런데 이런 특질들이 셈 족속의 종교에 나타나는 경우에는 언제나 그것들을 고대의 셈 족속의 유산이 아니고, 외부로부터 받은 부패의 영향의 결과로 생겨난 것들로 보는 것이 합당할 것이다. 셈 족속에 속하는 부족들이 가장 격리된 상태로 살았던 아라비아에서는, 심지어 마호메트의 시대에 와서도 그런 특질들이 아주 희귀했던 것을 보게 된다. 그 시대의 기록들에서는 오로지 세 여신(女神)들에 대해서만 배울 수 있

는데, 이 여신들은 남신들과 성 관계를 가진 적이 전혀 없는 것이다. 우상숭
배의 천하고 음란한 요소들이 정당한 여호와 종교와는 물론 고대로부터 물
려받은 셈 족속의 유산과도 전혀 어긋나는 것이라는 의식이 이스라엘의 사
고 속에 항상 남아 있었던 것이다.

(6) 마지막으로, 셈 족속의 그런 종교적인 기질들은 진화(進化)를 통해서 스
스로 만들어진 것도 아니고, 진화의 원리에 따라 구약의 더 고상한 종교를
산출해 내는 데에 그 기질들이 충분했던 것도 아니라는 점을 인식해야 할 것
이다. 우리가 보아온 그 특질들이 위로 발전해 가는 움직임보다는 오히려 밑
으로 쇠락(衰落)하는 움직임과 궤를 같이 한다는 것은 분명한 사실이다. 이스
라엘 바깥에서는 역사 시대 이후 그 특질들이 증가하기보다는 감소하는 면
이 분명하게 드러난다. 그리고 이스라엘 내부에서는 이러한 본성적인 셈 족
속의 신앙이 쇠락하는 모습을 외부의 영향과의 싸움에서 뿐 아니라 점진적
인 내적인 부패에서도 추적할 수 있다. 그러나 그럼에도 불구하고, 하나님을
더 순결하게 아는 남은 자들이 남아 있었고 또한 계속해서 살아 있었다. 하
나님께서 친히 그들을 보호하사 완전히 멸절되지 않도록 하신 것이다.

구약의 고상한 종교가 단순히 처음 시작 단계의 조잡한 상태에서 그런 고
상한 상태로 진화된 것이 아니라는 사실에 대해서는, 이스라엘을 제외하고
는 셈 족속의 세계 어느 곳에서도 그와 유사한 고상한 타입의 종교가 나타난
적이 없다는 점을 지적하는 것으로 족할 것이다. 이 점과 관련하여 이스라엘
의 종교의 독특성에 대한 유일한 합리적인 설명은 또 하나의 요인, 즉 초자
연적인 계시라는 요인이 거기에 작용했다는 것이다.

이 고대의 셈 족속의 종교와 그 이후의 종교가 서로 연결된다는 사실은 가
장 오래되고 가장 흔히 나타나는 두 개의 신적인 이름들, 곧 엘과 엘로힘에서
드러난다. "이름"이라는 단어의 성경적인 용법은 다른 용법들과 상당히 다
르다. 성경에서 이름은 언제나 전통적인 증표(conventional sign) 이상의 의
미를 지닌다. 그것은 성격 혹은 역사를 나타내는 것이다. 그러므로 성격이나
역사가 바뀜에 따라서 이름이 바뀌는 일이 자주 있는 것이다. 이 사실은 하
나님의 이름들에도 그대로 적용된다. 특정한 계시의 단계들에서 특정한 하
나님의 이름들이 쓰이는 것이 바로 그 때문이다. 그 이름들이 그 시기의 의

의를 정리해 주는 역할을 하는 것이다. 그러므로 그 이름들은 사람이 하나님께 붙이는 것이 아니라, 하나님께서 친히 자기 자신에게 주시는 이름들인 것이다.

더 나아가서 성경에서 종교적인 맥락에서 나타나는 "이름"이라는 용어의 삼중적인 의의를 구별해야 한다. 첫째로, 이름은 한 가지 신적 특징을 표현하는 것일 수 있다. 우리가 속성(屬性: attribute)이라 부르는 그것을 구약은 하나님의 이름으로 부른다. 형용사로 표현되는 속성이 쉽사리 하나의 고유 명사로 옮아가는 것이다. 하나님은 거룩하시다. 그것이 그의 이름이다. 그러나 선지자가 그를 가리켜 "이스라엘의 거룩한 자"로 말씀할 때에 그 이름은 하나의 고유 명사(nomen proprium)가 된다. 둘째로, 하나님의 이름이 하나님께서 그 자신에 관하여 계시하신 모든 내용을 추상적으로 포괄적으로 의미할 수도 있다. 이것은 "하나님의 그 이름"이다. 이런 의미에서 하나님의 이름은 한 마디로 계시와 동등한 — 하나의 행위로서가 아니라 행위의 산물로서 — 것이다. 이러한 용법은 일반 계시와 특별 계시 모두에 다 적용된다. 하나님의 이름은 온 땅에 영화롭다. 경건한 자들은 하나님의 이름을 신뢰하며, 그 이름을 높은 망대로 삼는 것이다. 셋째로, 하나님의 이름이 현실적으로 하나님 자신을 뜻하게 된다. 하나님의 현현(顯現: Theophany)에서 그 이름이 하나님과 같은 것으로 나타나는 것이다. 이에 대해서는 후에 다루게 될 것이다.

엘이라는 이름은 아마도 "강하다"라는 뜻을 지닌 울이라는 어근(語根)에서 파생된 것일 것이다. 그리하여 엘은 처음에는 "강건함"을 뜻했고, 나중에는 "강한 자"를 뜻하게 되었다. 어원을 달리 보면, 엘이 "앞서다"라는 뜻의 알라에서 파생된 것으로 볼 수 있는데, 그렇게 되면 "지도자" 혹은 "대장"의 의미가 될 것이다. 또 다른 이들에 의하면, 엘은 전치사 엘과 동일한 어근에서 파생되었다고 한다. 그렇다면, 엘은 "사물들을 향하여 자신을 뻗치는 자"나 "다른 이들이 도움을 얻기 위해 나아가는 자"를 의미할 것이다. 그러나 이것은 너무 추상적인 감이 있다. 엘을 능력 혹은 힘(power)을 의미하는 것으로 설명할 때에, 그 능력 혹은 힘을 역동적인 의미로 취하는 데에서 조심해야 한다. 왜냐하면 또 다른 이름이 권세의 요소를 표현하는 것으로 나타나기 때문이다.

본래부터 엘이 아주 흔하게 사용된 것이 분명하다. 다음의 문구에서처럼 그 단어는 보통 명사로 쓰이기도 한다: "너를 해할 만한 엘(능력)이 내 손에 있으나"(창 31:29; 참조. 잠 3:27; 미 2:1). 그런데 엘이 점차 엘로힘으로 대체되었다. 구약의 후대의 몇몇 책들에서는 엘이 전혀 나타나지 않으나, 모세의 노래(출 15장)에서는 몇 번씩이나 사용되고 있다. 후기에는 그 단어가 주로 시(詩)에서 사용된다. 또한 하나님의 이름을 딴 이름들에서나 하나님을 지칭하는 시적인 호칭들에서도 계속 사용되고 있다. 엘은 구약에 200회 이상 나타나고 있다.

엘로힘은 어디에서 파생되었는지 그 어원이 확실치 않다. "두려워하다, 혼란스러워하다, 그리하여, 피난처를 찾다" 등의 기본 의미를 지닌 셈 족어의 어근에서 파생되었을 수도 있다. 여기서 한 단계만 나아가면 "무서워하다"라는 개념에 이르게 되고, 이를 객체화시키면 "무서워해야 할 자" 혹은 "두려움 혹은 무서움으로 나아갈 자"라는 의미가 될 것이다. 그 밖에 한 가지 다소 기발한 이론이 있는데, 이는 엘이 복수형이 없고, 엘로힘이 단수형이 없다는 사실에 근거하여 엘로힘을 엘의 정상적인 복수형으로 간주하는 것이다. 그러나 엘로힘의 단수형이 또 하나가 있는데, 엘로아가 그것이다. 이 단어는 시적인 글들에서만 나타나는 것이 분명하며, 따라서 엘로힘에게 없는 단수형의 역할을 하도록 인위적으로 만들어낸 형태일지도 모른다.

어떤 비평학자들은 이 복수형을 사람들이 한 분이신 하나님만이 아니라 여러 신들을 알았던 어느 시대로 거슬러 올라가는 하나의 다신론적인 용법의 잔재로 보기도 한다. 이에 대해서 우리는 엘로힘은 오로지 히브리인들에게서만 나타나며, 또한 단일 신을 복수형으로 지칭하는 예는 셈 족속의 다른 부족들에서는 찾아볼 수 없는 현상이라는 사실을 답변으로 제시할 수 있을 것이다. 셈 족속 중에 유일신 사상을 발전시킨 유일한 민족인 이스라엘이, 모든 민족들 중에서 유독 혼자서만 그런 다신론의 흔적을 그대로 보유했을 리가 없는 것이다. 엘로힘은 단순히 위엄, 위대함, 충만함, 풍요로움 등을 표현하는 복수형 이상 아무것도 아니다. 하나님이 엘로힘이라는 이름을 지니셨던 것은 아마도 그의 권능의 충만함이 온 방향으로 뻗어가기 때문이었을 것이다.

떼오테스(여성형)라는 헬라어 단어가 본래 헬라의 모든 신들이 여성이었다는 것을 입증하지 않는 것처럼, 엘로힘이라는 복수형도 반드시 다신론의 색채를 지니는 것으로 보아야 할 이유가 없는 것이다. 엘로힘은 하나님의 이름을 본따서 짓는 이름들에는 사용되지 않는다. 히브리인들은 때때로 — 예컨대, 이방의 신들을 거론할 때에 — 참으로 복수를 뜻하는 복수형으로 엘로힘을 사용하기도 한다. 그러나 그런 경우에는 언제나 복수형 동사가 함께 쓰이는데 반해서, 참되신 하나님을 지칭할 때에는 반드시 단수형 동사가 쓰이는 것이다. 엘로힘이라는 이름은 구약에 2,500회 이상 나타난다.

제 7 장
족장 시대의 계시

비평적 견해들

가장 먼저 제기되는 질문은, 아브라함과 이삭과 야곱 등 족장들이 과연 역사적 인물들인가 하는 것이다. 진화론적 사고를 지닌 역사가들은 한 사람의 후손이 대대로 내려가 가문이나 민족을 이룬다는 것은 다른 어느 곳의 역사의 장(場)에서도 순전히 허구라고 주장한다. 이 견해를 취하면 당장, 그러면 이 인물들은 어디서 생겨났는가? 라는 의문이 생긴다. 이 의문에는 두 가지 요소가 결부되어 있다. 하나는 성경 기사에 나타나는 사건들과 인물들이 어디에서 생겨났는가 하는 것이고, 또 하나는 그 이름들은 어디에서 왔는가 하는 것이다.

대부분의 비평학파의 설명들에 공통적으로 나타나는 견해는 성경 기사에 나오는 사건들과 인물 묘사들은 후대의 왕국 시대 동안의 이스라엘 백성의 자기 묘사(self-portrayal)와 자기 이상화(self-idealization)에서 비롯되었다는 것이다. 이스라엘 사람들은 다른 민족들과 대비하여 자기들 자신의 독특성을 강력하게 의식하고 있었고, 그리하여 그들이 이 이야기들 속에 자기들 자신을 투영시켰다는 것이다.

그 이름들의 기원에 대해서는 그런 일치된 견해가 없다. 어떤 이들은 그 이름들이 부족의 이름들이라고 보며, 또한 이 인물들이 종족 관계에 있다는 것은 그들 사이에 부족 간의 관계가 있었음을 반영한다고 본다. 족장들의 이동도 부족의 이동을 뜻한다고 한다. 이러한 시각에서는 역사성이라고 해야 기껏해서, 예를 들면, 아브라함이 그의 이름을 딴 어느 부족의 지도자였을 것이라는 정도밖에는 인정하지 않는다. 이것이 전통적인 의미에서는 족장들의 역사성을 완전히 파괴시키는 것이지만, 이것마저도 지나치게 보수적인 입장으로 보는 사람들이 많다. 왜냐하면 하나의 전설에 불과한 것에다 사실성의 기반을 제공해 주는 것이기 때문이라는 것이다. 딜만(Dillman)이 이런 입장을 취했는데, 그는 보수적인 학자로 인정받았다.

두 번째 견해는 이보다 훨씬 더 극단적인데, 주로 벨하우젠(Wellhausen) 계열의 비평학파들이 이를 주장하며, 특히 슈타데(Stade)가 이를 상세하게 전개시켰다. 그의 주장에 따르면, 아브라함, 이삭, 야곱 등의 이름들은 본래 히브리인의 계보상의 역사와는 전혀 관계가 없었고, 오히려 가나안 족의 인물들의 이름이라고 한다. 그들은 가나안 족의 소신들(小神: demigods)에게서 태어났고, 가나안 부족들이 자기들의 조상들로 간주하여 여러 곳에서 그렇게 경배하는 자들이었다. 그런데 이스라엘이 그 땅을 점령하고는 가나안 족들이 오랫동안 예배를 드려온 그곳에서 예배를 드리기 시작했고, 그때에 아브라함과 이삭과 야곱을 자기들의 신의 명단에 포함시켰다. 그리고 점점 가나안에서 안정을 취하게 되자, 그들은 곧 이 신성한 곳들이 자기들의 것이라고 느끼게 되었고, 따라서 거기서 예배하는 신들도 가나안의 신들이 아니라 히브리인의 신들이라고 여기게 되었다. 그리하여 이를 표현하고 또한 역사를 통해서 일종의 법적인 권위를 만들어 놓기 위하여, 그들이 아브라함과 이삭과 야곱을 자기들의 조상으로 만들어 놓았고, 그들이 예전부터 그 거룩한 땅에 있으면서 그곳들을 거룩하게 구별해 놓았다는 허구를 만들어 놓았다. 그리하여 창세기의 기사에서 아브라함을 헤브론에, 이삭을 브엘세바에, 야곱을 벧엘과 연관지은 것이라고 하는 것이다.

세 번째로, 이 이름들을 바빌로니아에서 나타나는 선례(先例)들에서 빌려온 것으로 설명하는 시도도 있었다. 사라는 하란의 여신이었고, 아브라함은 하란의 신이었으며, 라반은 월신(月神)이었고, 야곱의 네 아내는 달의 네 가지 상태를 지칭하며, 야곱의 열 두 아들은 1년의 12개월이며, 레아의 일곱 아들은 일주일의 7일이며, 아브라함이 죽인 318명의 침입자들은 음력으로 1년의 날수라는 식이다.

족장들의 역사성

이런 갖가지 견해들에 대해서 우리는 무엇보다 먼저 족장들의 역사성 문제가 우리에게는 결코 사소한 문제가 될 수 없다는 점을 강조해야 할 것이다. 구약의 종교가 사실에 근거한 종교이므로, 이 인물들의 역사성을 인정하지 않더라도 실제의 역사가 지니는 것과 똑같은 교훈을 그들의 이야기들에서 이끌어낼 수 있고, 그런 점에서 그들이 똑같이 유익하다는 식의 논지는 한 마디로 거짓된 것이다. 이는 종교가 과연 무엇을 위한 것인가 라는 근본적인 질문에 대한 답변을 미리 결정짓고 들어가는 것이다. 만일 펠라기우스주의의(Pelagian) 원리에 근거하여, 종교란 그저 모범을 통하여 종교적 · 도덕적 교훈을 주는 것 이외에 다른 목적이 없다고 본다면, 역사성 문제는 그리 중요하지 않을 수도 있을 것이다. 전설이나 신화의 인물들에게서도 얼마든지 그런 교훈을 얻을 수가 있기 때문이다. 그러나 만일 성경이 말씀하는 대로 그들이 구원의 드라마 속에서 진정으로 활동한 인물들이라면, 하나님의 백성들의 실질적인 시발점이라면, 객관적인 종교가 최초로 구체화된 존재들이라면, 만일 아브라함이 신자들의 조상이요 교회의 핵심이라면 — 만일 이 모든 것들이 사실이라면, 그들의 역사성을 부인하는 것은 곧 그들 자신을 전혀 소용이 없게 만드는 것이 된다.

우리가 죄인으로서의 사람의 필요를 어떻게 보느냐에 따라 문제 전체가 달라지는 것이다. 복음적인 원리에 근거하여 이를 바라보면, 여기에 주어진 이 인물들을 신화나 전설의 영역에다 집어넣는다는 것은 종교적 가치에 심각한 손실을 초래할 수밖에 없다. 만일 이 이야기들에서 종교적 · 도덕적 교훈을 얻는 것으로 만족한다면, 예수님의 역사적 존재 여부도 마찬가지로 얼마든지 무시할 수 있는 문제가 될 수밖에 없게 될 것이다. 문제점은 더 있다. 만일 족장들이 역사적 인물들이 아닌 것이 사실이라면, 그러나 그럼에도 불구하고 누구에게선가 역사적 실존성을 확보하는 것이 바람직하다고 여겨서 모세에게서부터 역사성을 인정한다면, 어째서 하필 모세를 역사성의 시발점으로 보아야 하는지 그 근거를 가늠하기가 어려워질 것이다. 모세 이전의 이야기들에 역사성이 없다면, 구속 과정이 그 시발점에서부터 선사(先史)의 안개 속에 상실되어 버리고 마는 것이다. 그러므로 논리적으로 합당한 유일한 입장은, **만일** 구속의 역사가 필수적이라면, 그 역사는 반드시 아담과 하와에게서 시작해야만 한다는 것이다.

자기 이상화(理想化: self-idealization)의 이론은 모든 사실들을 전혀 제대로 취급하는 것이 아니다. 물론 조상들과 후손들 사이에 어느 정도 닮은 점들이 있을 것이라는 것을 선험적으로(*a priori*) 기대할 수는 있을 것이다. 그러나 그런 근거로 추정해낸 유사성이 결코 전체에 대한 묘사의 모든 요소들을 다 포괄하는 것은 아니다. 이스라엘 자손들과 족장 사이의 유사성은 야곱의 경우에 가장 크게 나타난다. 다른 두 족장들의 경우는 유사성이 그만큼 크지 않다. 그렇다면 여러 가지 면에서 이스라엘과 족장들 사이에 차이가 있는 것이다. 족장 아브라함은 이스라엘 민족이 이르렀던 최고점보다 훨씬 높이까지 올라간다. 한편, 창세기의 이야기는 족장들의 몇 가지 약점들과 죄들에 대해서도 주의를 기울인다. 야곱에 대해서만이 아니라 아브라함에 대해서도 그렇게 하는 것이다. 벨하우젠은 J 문서와 E 문서에서는 족장들이 그 아내들의 과도한 통제 아래 있는 것으로 묘사된다고 한다. 이 여인들이 남편들보다 더 개성이 풍부한 것으로 나타난다는 것이다. 그러나 여기서 이런 의문이 생길 것이다. 곧, 왕국 시대 초기의 남성적이고 호전적인 이스라엘 사람들이 어떻게 그런 인물들에게서 자기들의 이상적인 모습을 발견했을 수가 있는가 하는 것이다. 뿐만 아니라 관습도 완전히 일치되지 않는다. 아브라함은 자기의 의붓 여동생과 결혼한 것으로 나타나는데, 후대의 이스라엘 사람들에게서는 그런 관습을 전혀 찾아볼 수가 없는 것이다.

또한 족장들의 이름을 부족들의 이름을 의인화시킨 것으로 보는 설명도 만족스럽지 못하다. 야곱의 경우는 그것이 민족의 이름으로 흔히 쓰이기도 하지만, 이삭의 경우는 그런 일이 거의 없고, 아브라함은 어디에서도 부족의 이름으로 나타나지 않는다. 벨하우젠도 이 점을 인정한다. 그러나 그는 아브라함이 시적(詩的)인 상상의 산물이므로 이상화와 화려한 장식을 위한 기존의 모든 자료들이 그에게 집중되어서 이삭과 야곱에게는 장식할 거리가 별로 남지 않았다는 식으로 그 점을 설명한다. 그러나 이런 논리는 자가당착이다. 왜냐하면 아브라함의 이야기가 가장 나중에 이루어진 창작물이라면, 그가 가장 빈약하고 가장 장식이 초라한 인물이었어야 — 이삭과 야곱의 이야기들에서 기존의 모든 자료가 이미 다 소비되었을 것이므로 ― 옳을 것이기 때문이다.

족장들의 이름이 바빌로니아의 신화들에서 비롯되었다는 이론은 아직 진지하게 역사적인 논의를 전개할 만큼 무르익지 않은 것이다. 구약이 바빌로니아의 영향을 받았다는 주장의 탁월한 대변자인 궁켈(Gunkel)도 이 점을 인정한다. 그는 지금까지 족장들의 이름을 바빌로니아의 신들에게서 비롯된 것으로 보고자 하는 시도들이 모두 실패했음이 입증되었다는 것을 인정한다. 구약의 어느 곳에서도 족장들에게 예배한 흔적이 전혀 나타나지 않고, 오히려 그 반대로 그들이 예배의 적절한 대상들이 아니었음을 강조하는 것이다. 이사야 43:27("네 시조[始祖]가 범죄하였고 너희 교사들이 나를 배반하였나니")과 또한 이사야 63:16("주는 우리 아버지시라. 아브라함은 우리를 모르고 이스라엘은 우리를 인정하지 아니할지라도, 여호와여 주는 우리의 아버지시라")을 보라.

신적인 현현들

족장 시대에 관하여는 계시의 형식과 내용을 서로 구별해야 한다. 계시의 형식에 대해서는, 과거와 비교할 때에 그것이 점진적으로 중요성을 띠게 된다는 것을 알 수 있다. 전에는 그저 하나님이 사람에게 말씀하신 사실만 진술하고, 어떤 형식을 통하여 말씀하셨는지에 대해서는 전혀 언급이 없었고, 또한 말씀하실 때에 눈에 보이는 모습으로 나타나기도 하셨는지에 대해서도 전혀 언급이 없었다. 그런데 여기서 처음으로 그 말씀이 전달된 형식에 관한 정황적인 묘사가 나타나고 있다. 전체적으로 볼 때에 계시의 빈도수는 증가되고, 동시에 그 전달 방식이 더 제한되고 억제된다고 말할 수 있을 것이다. 초자연적인 계시의 신성함과 은밀함이 그 자체에서 느껴지기 시작하는 것이다.

처음에는 아브라함에게도 그 이전의 불명확한 방식으로 계시가 주어졌다. 창세기 12:4에서는 여호와께서 그에게 "말씀"하시지만, 그 약속하신 땅에 들어간 후에야 비로소 표현의 변화가 나타난다. 창세기 12:7에서는 여호와께서 아브라함에게 "나타나"셨다(문자적으로는, 그가 "스스로 아브라함에 의

해서 보여지게 하셨다")고 되어 있다. 그저 말씀하는 것 외에 무언가 다른 점이 여기에 있는 것이다. 새로운 요소의 등장은 또한 단을 세우는 데에서도 볼 수 있다. 단은 하나님의 전당이요 집이기 때문이다. 창세기 15:13에서는 다시 여호와께서 "아브람에게 이르시되"라는 불명확한 진술이 나타나지만, 15:17에서는 하나의 시각적인 효과가, 하나의 신적 현현(顯現: theophany)이 일어난다. 연기나는 화로와 타는 횃불의 형태로 하나님께서 지나가시는 것이다. 여기서는 신적 현현이 무언가 무시무시한 성격을 띤다. 그리고 17:1에서 여호와께서 다시 아브라함에게 자신을 보이시는 사건이 일어나는데, 이것이 하나의 신적 현현이었다는 사실이 22절의 진술로 입증된다: "하나님이 아브라함과 말씀을 마치시고 그를 떠나 올라가셨더라."

창세기 26:2, 24에서 여호와께서 이삭에게 나타나신 사실이 기록되어 있으나, 이삭의 생애에서는 신적 현현이 거의 사라져 있었다. 야곱의 생애에서 신적 현현이 다시 일어나지만, 아브라함의 경우와 비교할 때에 그 빈도수가 줄어든다. 창세기 28:13에서는 여호와께서 사닥다리의 꼭대기에서 야곱에게 말씀하시지만, 이것은 꿈 속에서 이루어진 일이었다. 그러나 창세기 35:9은 "야곱이 밧단아람에서 돌아오매 하나님이 다시 야곱에게 나타나사 그에게 복을 주시고"고 보도한다(참조. 창 48:3). 이보다 더 두드러지는 것은 요셉의 생애에서는 신적 현현이 전혀 없다는 점이다.

위에서 진술했듯이, 신적 현현의 장소에 단을 세우는 경우가 자주 나타나는데, 이는 그 장소가 어떤 의미에서 하나님의 임재하심의 좌소(座所)가 된다는 의식이 그들에게 있었음을 시사해 준다. 족장들은 이 장소들로 돌아가서 거기서 하나님의 이름을 불렀던 것이다(창 13:4; 35:1-7).

그 다음으로 우리는 이 신적 현현들의 대부분이 확실한 장소들에 한정되었고, 그 장소들 모두가 약속의 땅의 경계 내에 있었다는 점을 주목하게 된다. 여호와의 구속적 임재(臨在)가 가나안 땅과 밀착되기 시작하는 것이 여기서 나타나는 것이다. 비평학자들은 그 사건들의 의의를 인정하면서도, 신적 현현의 이야기들이 고대의 예배 장소들에 신적인 권위를 부여하기 위해서 후대에 만들어진 것들이라고 설명한다. 그러나 이런 설명은 어떤 경우들에는 신적 현현이 있은 후에 그 장소에 단을 세우는 일이 언급되지 않기도 한다는 사실(창 17:1)과 일치하지 않는다. 그리고 신적 현현이 있었다는 언급이 없는 장소에 단을 세우는 경우도 나타나는 것이다(창 13:18; 33:20). 물론 이 장소들 중에 몇몇은 후대에 대중적인 예배 장소들이 되는 것이 사실이다. 그러나 이러한 사실은 이스라엘 백성들의 마음속에 고대에 일어났던 신적 현현들에 대한 기억이 여전히 남아 있었다는 사실로 얼마든지 설명이 되는 문제다. 족장의 역사가 지역적인 특성에서 비롯된 것이 아니라, 반대로 그 지역의 신성한 성격이 족장의 역사로부터 비롯된 것이다.

계시가 주어지는 때가 특별히 정해지는 현상도 눈에 띈다. 여호와께서 밤에 족장들에게 나타나셨다는 사실이다(창 15:5, 12; 21:12, 14; 22:1-3; 26:24). 밤에는 영혼이 낮 동안의 경험들과 정황들에서 벗어나 속으로 가라앉는다. 그리하여 그 특별한 역사(役事)의 사사로움과 은밀함이 보호되는 것이다.

계시가 환상(幻像: vision, 혹은 이상[異像])의 형태로 나타나는 경우에도 동일한 효과가 ― 그 정도는 더욱 강하지만 ― 나타난다. "환상"이라는 단어에는 구체적인 용법과 일반적인 용법이 있다. 그 본래의 의미는 듣는 것이 아니라 보는 것으로 계시를 받는 것인데, 그런 "환상"에 속으로 듣는 것도 포함되어 있는 것은 물론이다. 고대에는 이상으로 보는 것이 만연되어 있었으므로, 이상이 계시를 뜻하는 일반적인 용어가 되어 버렸고 그런 의미가 고착되어서, 심지어 나중에 계시가 형식상 그것과 달라진 후에도 여전히 그런 용법이 지속되었다(참조. 사 1:1). 때로는 몸이 비정상적으로 영향을 받거나 혹은 듣는 일이 일어나는 내적인 감각과 분리되는 일이 일어나기도 했다. 그런 경우에, 육체적인 눈의 도움이 없이 속으로 보는 일이 일어났는데, 육체적인 눈으로 보는 것이 아니지만, 그럼에도 불구하고 이때의 보는 것은 진정 객관적으로 보는 것이었다. 족장의 역사에서는 "환상"이라는 용어가 두 차례 나타난다(창 15:1; 46:2). 창세기 46:2의 경우에는 하나님께서 "밤의 이상 중에" 말씀하셨다고 기록하고 있다.

밤이 언급되고 있으므로, 우리는 여기서 특별히 밤에 나타난 것으로 부르는 환상에 대해서 생각하게 된다. 창세기 15장의 경우는 문제가 훨씬 더 복잡하다. 여기서도 그 시점이 밤중이었다는 언급이 거듭거듭 나타나고(5, 12,

17절), 12-17절은 진정 이상에 대한 경험을 묘사하는 것임이 분명하다. 1절에서는 "환상"이라는 단어가 나타난다: "이 후에 여호와의 말씀이 환상 중에 아브람에게 임하여 이르시되 … " 여기서 의문이 일어난다. 곧, 어디까지가 이 환상에 포함되는가 하는 것이다. 1-12절까지인가, 아니면 12-17절의 내용이 미리 예상하는 방식으로 이에 해당되는가? 후자는 가능성이 희박하다. 왜냐하면 "이르시되"라는 분사가 바로 그 다음에 이어지는 내용과 그 앞의 "환상 중에 아브람에게 임하여"라는 표현을 연결지어 주기 때문이다. 또한 만일 2-12절의 내용을 환상이 아닌 정상적인 말씀으로 이해하게 되면, 연대기적인 난제가 함께 발생하게 된다. 이 여러 가지 내용들이 일어난 시점들이 명시되는 것을 보면, 이것이 정상적으로 깨어 있는 경험이라고 보기가 어렵다. 5절에서는 그때가 밤이었음이 나타난다. 별들이 반짝이고 있었기 때문이다. 12절에서는 해가 막 지고 있는 시점이라는 것이 나타나고, 17절에서는 "해가 졌다"고 보도하고 있는 것이다.

환상 속에서는 사건의 일상적인 시간적 전후 관계가 소용이 없다. 결국 본문의 내용 전체를 환상 속에서 이루어진 것으로 보면, 연대기적 난제가 제거되고, 시점에 관한 상호 모순점을 극복하고 그 전체를 하나의 계속되는 이야기로 볼 수 있게 되는 것이다. 이 견해를 취하면, 환상은 12절에서 시작되지 않고, 5절의 하늘의 별들을 보는 것이 이미 환상에 속하게 된다. 그러나 12절의 "깊은 잠"과 "큰 흑암의 두려움"(한글 개역 개정판은, "큰 흑암과 두려움"으로 번역함 — 역자주)이라는 표현들은 의심의 여지 없이 환상의 현상이 일어나는 것을 묘사하는 것이므로, 우리는 환상 속에서 다시 환상을 보는 것으로 볼 수밖에 없게 될 것이다. 이는 마치 셰익스피어의 "햄릿"(Hamlet)이라는 극(劇) 속에 다시 극이 나오는 것과 비슷하다. 그러나 난제는 결정적인 것이 아니다. 어쩌면, 깊은 잠과 큰 흑암의 두려움은 비정상적인 환상의 상태 속에서 다시 그 비정상적인 정도가 고조된 모종의 심적 상태를 뜻할지도 모른다. 그러나 위의 견해가 지나치게 복잡하게 보인다면, 물론 파격적이긴 하지만 단순한 해결책이 있다. 곧, 1절의 "환상"을 계시의 뜻으로 이해하는 것이다. 그러나 그렇게 보면, 5절과 12절의 연대기적 난제가 제거되지 않는다. 왜냐하면 본문에 언급된 두 개의 시점 사이에 최소한 하루 이상의 간격이 필요해질 것이기 때문이다.

　밤에 계시가 나타날 경우에는 꿈이라는 형식이 자연스럽게 제시된다. 꿈이란 밤에 속하는 것이기 때문이다. 꿈을 꿀 때에는 꿈꾸는 자의 의식이 그의 인격으로부터 다소간 벗어나게 된다. 그리하여 영적인 상태가 하나님과의 접촉에 적절치 못할 경우 꿈이 계시의 통로로서 자주 사용되었다. 이렇게 함으로써 적절치 못한 인격이 어느 정도 중화되었고, 정신이 그 메시지의 저장소가 된 것이다. 이방 사람들이 꿈을 매개로 하여 계시를 받았고(창 20:3; 31:24; 40:5; 41:1), 택한 족속 내에서도, 당사자의 영적 상태가 미숙하거나 혹은 가라앉아 있을 때에 비슷하게 꿈이 활용되었다(창 28:12; 31:11; 37:5, 9). 그러나 꿈의 형태로 임할 경우라 하더라도 그 주어지는 계시의 신적 기원이나 신빙성에는 전혀 영향이 없다는 점을 유념해야 할 것이다. 계시의 다른 방식에 사용된 용어들이 여기서도 그대로 사용된다. 하나님께서 꿈에 오시고, 꿈에 말씀하신다(창 20:6; 28:13; 31:24). 환상의 경우도 마찬가지다(창 15:1; 46:2). 하나님께서는 꿈 속에 직접 들어가시기도 하고 또한 꿈 속에 들어오는 모든 것들을 완전히 통제하시는 것이다.

여호와의 사자(使者)

　족장 시대의 계시의 형식 가운데 가장 중요하고 가장 특징적인 것은 "여호와의 사자"(혹은, 천사) 혹은 "하나님의 사자"를 통하는 것이다(창 16:7; 22:11, 15; 24:7, 40; 31:11; 48:16; 또한 창 32:24 이하에 대해서는 호 12:4을 보라).

　이 모든 경우들에서 나타나는 특이점은, 그 사자가 자신을 여호와와 구별하여 그를 삼인칭으로 지칭하여 말씀하면서도, 동일한 말씀에서 일인칭을 써서 하나님에 대해 말씀한다는 점이다. 이러한 현상에 대해서 갖가지 설명들이 제시되었다. 두 가지 비평적인 견해들을 먼저 생각해 보자. 어떤 이들은 **말라크**라는 히브리어 단어를, 여호와께서 인격자가 개입되지 않는 (impersonal) 방식으로 친히 내어 보내시는 임무 혹은 사명을 뜻하는 추상 명사로 취급했다. 이들은 이에 대한 근거가, 여호와께서 오랜 동안 시내산에 거하셨으므로 이곳에서 인격적으로 벗어날 수가 없었으나, 그 백성이 가나안으로 향하여 가는 중에나 그 거룩한 땅에 거주하는 동안에 그들과 함께 있기를 원하셨고, 그리하여 모종의 영향력을 자기 자신에게서 내어 보내심으로써, 인격적인 임재를 통해서 할 수 없었던 일을 행할 수 있었다고 믿었던 고대의 믿음에 있다고 보았다. 이 견해에 따르면, 그런 사상은 매우 오래된 고대의 것으로 최소한 이스라엘이 거룩한 땅에 들어간 시대에까지 거슬러 올라가는 것이라고 한다.

두 번째 견해는, 사자라는 인물이 형성된 것이 하나님을 지극히 높이고자 한 후대의 유대인의 사고에서 비롯되었다고 보는 것이다. 그 소박한 옛 이야기들이 하나님에 대해 전하는 식으로 하나님께서 이 땅의 피조물과 그렇게 친밀하게 접촉하고 교통한다는 것은 하나님께는 결코 합당치 않다고 생각하였다는 것이다. 이 견해에서는 그 인물은 후대에 여호와에 대한 이러한 자연신론적(自然神論的: deistic) 사고 방식이 등장하게 된 시기에 생겨난 것이라고 본다.

이 두 가지 이론들에 대해 한 가지 통상적인 반론이 제기된다. 곧, 만일 그 의도가 시내산에서 옮겨갈 수가 없는 상태를 극복하기 위함이었거나 혹은 피조물과 접촉하는 부적절한 상황을 극복하기 위함이었다면, 그 기사의 저자 혹은 편집자들은 그런 거슬리는 현상이 교정되지 않고 그대로 나타나는 경우가 없도록 신중을 기했어야 옳을 것이라는 것이다. 그러나 사자를 통한 진기한 계시 방식과 더불어, 그 옛날에 나타난 것으로 전혀 인정되지 않는 그런 타입의 신적 현현들이 이야기 속에 계속해서 나타나며, 반면에 후 시대에 그 인물(사자)을 만들어낼 당시에 행해졌다는 교정(矯正)에 속하는 요소는 결코 나타나지 않는 것이다. 그 외에도 두 번째 이론에 근거하면, "여호와의 그 사자"(the Angel of Jehovah) 대신, "여호와의 한 사자"(an Angel of Jehovah)라는 문구를 기대해야 마땅할 것이다. 이에 대해서는 명사 앞에 다른 명사의 연계형(連繫型)이 나타나는 경우 그 앞의 명사는 반드시 한정적인 의미를 띤다는 — 다시 말하면 "여호와의 사자"를 불확정적인 의미로 만들려는 의도가 있었더라도 그렇게 될 수가 없었다는 — 반론이 제기되지만, 이것은 설득력이 없다. 히브리어에는 "여호와의 한 사자"라는 방식으로 말하는 예가 얼마든지 있기 때문이다. 그 경우는 전치사로 쓰이는 히브리어 알파벳 라메드를 사자와 여호와 사이에 삽입시키기만 하면 "여호와께 한 사자" (and Angel to Jehovah)가 되어 모든 문제가 해결되는 것이다. 만일 의도가 하나님과 피조물을 서로 분명하게 분리시켜 놓는 데 있었다면, 절대로 그 사자가 자신이 여호와인 것처럼 말을 하도록 허용하지 않았을 것이다. 그렇게 되면 그들이 의도했던 그 일 — 하나님과 피조물을 서로 분명하게 분리시켜 놓는 일 — 자체가 완전히 흐려질 것이었기 때문이다.

위의 두 견해 가운데 하나는 사자와 하나님 사이의 구별을 무시하며, 다른 하나는 그 둘 사이의 동일성을 무시한다. 문제는 그 두 가지 면을 어떻게 동시에 정당하게 대하느냐 하는 것이다. 오로지 한 가지 방법밖에는 없다. 곧, 그 이중적인 묘사 이면에 신의 내적인 생명 속에 진정한 다중성(多重性: manifoldness)이 있다고 보는 것이 그것이다. 만일 보내어진 그 사자 자신이 신격에 참여하는 존재라면, 그는 하나님을 자기를 보내신 분으로 지칭할 수도 있고, 동시에 스스로 하나님으로서 말씀할 수도 있고, 그 두 경우 모두 그 이면에 실체가 있게 될 수가 있을 것이다. 이것이 없이는, 우리가 삼위일체(Trinity)라 부르는 그 실체의 많은 부분이 실체가 없는 허깨비가 될 수밖에 없다. 어떤 한 가지 일이, 그것이 없이는 도저히 일어났을 수 없는 어떤 실체에 근거하면서도 또한 또 다른 사실 혹은 진리를 가르치는 역할을 할 수도 있는 법이다. 그러나, 사자를 통한 신적 현현이 삼위일체를 드러내는 역할을 하게 된 것은 후대에 와서 비로소 이루어진 일이요, 그것도 간접적인 방식으로 그 역할을 했을 뿐이다. 그 사건이 처음 일어났을 당시에는 그런 역할을 할 수가 없었다. 왜냐하면 그 당시의 가장 큰 관심사는 이스라엘의 마음에 하나님이 한 분이시라는 의식을 깊이 각인시키는 것이었기 때문이다. 삼위일체를 섣불리 일찍 드러내었다면, 십중팔구 그것이 오히려 다신론에 빠지는 유혹거리가 되었을 것이다. 그리하여 오랜 세월 동안 메시야의 신성(神性)과 성령의 인격성이 대체로 뒤에 가려진 상태에 있었던 것이다.

그러나 만일 삼위일체의 진리를 드러내는 것이 목적이 아니었다면, 대체 이런 새로운 양식의 계시가 주어진 목적은 무엇이었는가? 그 목적은 두 가지였다. 하나는 전혀 새로운 것이 아니었고, 또 하나는 하나의 새로운 도약이었다. 전자는 "성례적"(sacramental) 의도라 칭할 수 있을 것이고, 후자는

"영적 본성을 드러내는" 의도(spiritualizing intent)라 할 수 있을 것이다. "성 례적" 의도란 곧, 그의 백성에게 가까이 나아가셔서 자신이 그들에게 관심 을 갖고 계시며 또한 그들과 함께 임재하신다는 사실을 가장 명확한 방식으 로 확신시키고자 하시는 하나님의 열의라고 이해할 수 있을 것이다. 이러한 성례적인 의도는 처음부터 모든 신적 현현들 이면에 있었다. 이 의도는 여호 와의 사자의 출현을 통해서 처음 나타난 것이 아니었다. 다만, 이런 새로운 방식이 없이 옛날의 단순한 방식만으로도 그런 의도를 인식할 수는 있었을 것이지만, 그렇게 되면 하나님이 영적 본성(spiritual nature)을 지니셨다는 또 다른 원리가 위태롭게 되고 말 것이었다. 하나님께서 그 백성들과 함께 행하 시고 잡수시고 마시며, 또한 육체적인 방식으로 그들에게 말씀하시고 그들 의 말을 들으실 때에, 그들로서는 본능적으로 바로 이런 일들이 하나님의 본 성의 결과라는 결론에 이를 소지가 다분했다.

그러나 사실 그런 일들은 그의 본성과는 필연적인 연관이 없고, 다만 하나 님의 편에서 성례적으로 자신을 낮추셔서 행하신 일들이었던 것이다. 그런 점에서 그런 방식의 현현은 필수적인 것이었다. 그러나 이러한 성례적인 낮 추심이 필수적이었음과 동시에, 그와 똑같이 하나님의 영적 본성이 그 배경 으로서 보존되어야 할 필요성도 있었다. 그런데 이 일은 다음과 같은 인상을 전해 줌으로써 이루어졌다. 하나님으로서 말씀하며 또한 인간의 연약함과 한계점들을 만족시키는 하나님의 자기를 낮추심의 모든 것을 자신 속에서 구체화시킨 그 사자가 있고, 또한 동시에 그의 뒤에 그런 식으로는 볼 수도 없고 물질적으로 받을 수도 없는 하나님의 또 다른 면이 존재했는데, 그 사 자가 삼인칭을 써서 말씀한 바로 그 하나님이셨다는 것이다.

이렇게 하나님과 그의 사자 사이에 역할 분담이 이루어짐으로써 그 신적 현현의 필수적인 핵심이 보존되었다. 영적 본성을 드러내는 의도는 성례적 인 의도를 보조하는 것이었다. 그 사자는 진정 신적인 존재였다. 그렇지 않 았다면 그가 사람에게 하나님께서 함께 계심을 확신시켜 주는 성례적인 기 능을 수행할 수가 없었을 것이다. 그러나 이러한 필요를 가시적이며 육체적 인 형식으로 만족시키는 일은 하나님의 본성에서 비롯된 것이 아니다. 사람 의 본성이, 주로 그의 죄악된 본성이 그것을 요청하는 것이다.

이러한 근본적인 역사(役事)는 우리 주님의 성육신에서 가장 고상하게 표현된다. 성육신이란 하나님의 편에서 무슨 본래적인 필연성이 생겨서 나타난 결과가 아니다. 이것과 반대되는 견해가 널리 퍼져 있으나, 그것은 범신론 쪽으로 기우는 배경을 지니고 있다. 우리에게 성육신하신 하나님이 필요한 것은 구속의 이유들 때문이다. 성육신은 그것과 관련된 모든 사실들과 더불어 그 전체가 하나의 위대한 구속의 성례다. 그러나 여기서도 신자들에게, 그렇게 친히 우리의 본성을 취하신 그분이 절대적으로 영적 본성을 지니신 분이시라는 인상을 주기 위하여 특별한 주의가 기울여지는 것이다. 여기서 당면하는 원리는 요한복음 1:18에서 고전적으로 표현되고 있다: "본래 하나님을 본 사람이 없으되 아버지 품 속에 있는 독생하신 하나님이[1] 나타내셨느니라."

사자가 나타난 사실 전체가 처음부터 구속을 돕기 위한 것이었으므로, 구속의 중요한 움직임을 수행하는 일이 그에게 맡겨진다. 베리트를 제시하고 난 직후에 그가 그 현장에 나타나는 것이다(창 16:7). 델리취는 다음과 같이 잘 간파하고 있다: "이 나타난 일들의 목적과 목표는 그 시작에 근거하여 판단되어야 한다." 후에 모세 시대에 가면 하나님이 베리트를 이행하시는 일이 전체적으로 그의 사자에게 맡겨진다는 점을 가장 분명하게 보게 될 것이다. 그가 삶과 수고가 베리트와 가장 밀접하게 연관되어 있는 자들을 특별히 보호하시는 것이다. 야곱은 이렇게 말씀한다: "내 조부 아브라함과 아버지 이삭이 섬기던 하나님, 나의 출생으로부터 지금까지 나를 기르신 하나님, 나의 모든 환난에서 건지신 (여호와의) 사자께서 이 아이들에게 복을 주시오며"(창 48:15, 16). 또한 말라기 3:1의 "베리트의 사자"를 참조하라. 여호와의 사자는 그 본성에 있어서는 물론, 기능으로도 보통 천사들과 구별되는 것이다.

여호와의 사자가 나타난 형태는 그 순간을 위해서 취한 것이었고, 소기의

---

1) "독생하신 하나님"이라는 번역에 대해서는 G. Vos, *The Self-Disclosure of Jesus* [1953 ed., revised by J. G. Vos], pp. 212-226; L. Morris, *John* [New London Commentary](1972), p. 105 등을 보라.

목적이 이루어지면, 그는 즉시 그 형태를 다시 벗었다. 그리고 항상 그런 것은 아니나 대개 그 형태는 인간의 모양이었다. 어떤 이들은 그 사자가 구약의 경륜 동안 영구적으로 그런 형태를 소유했다고 생각하기도 했다. 그러나 이런 견해는 그런 현현이 발생한 형태가 가변적이었다는 것과 어긋난다. 이 여호와의 사자의 현현이 성육신을 미리 예상하는 것일 수도 있을 것이다. 그러나 성육신에서는 신격의 제2위이신 성자께서 사람의 모양을 영구히 그의 것으로 소유하신다는 새로운 특질이 드러나는 것은 물론이다(요 1:14). 한층 더 심각한 오류는, 영원 전부터 삼위 중의 제2위이신 이분께서 감각에 닿을 수 있는 범위 내에 계시기에 합당하도록 하나의 물질적인 형체를 소유하고 계셨다는 사고다. 이것은 하나님이 영적 본성을 지니신 사실과도 모순되며, 또한 만일 그렇게 본다면 사자를 통한 계시가 그것이 방지하고자 의도했던 바로 그 오해를 오히려 불러일으키는 결과가 되고 말 것이다.

마지막으로, 그 사자가 창조된 존재인가 아니면 창조되지 않은 존재인가 하는 의문이 뿌리 깊게 내려왔는데, 이에 대해서는 그분 자신(the Person)과 그가 나타난 형태를 서로 분명하게 구별하는 것만으로도 답변으로 족할 것이다. 위에서 언급한 바와 같이, 만일 사자라는 개념이 신격 안에 존재하는 내적인 구별을 거꾸로 지적하는 것이고, 따라서 그 사자가 성육신하신 그리스도의 하나의 예표(豫表: a prefiguration)가 된다면, 그 계시 속에 나타나는 그분은 분명 창조되지 않은 존재였을 것이다. 왜냐하면 그분은 하나님이시기 때문이다. 그러나 한편, 사자라는 단어가 만일 그분이 친히 취하신 현현의 형태를 지칭하는 것이라면, 그 사자는 창조된 존재라 할 것이다. 그리스도의 경우도 마찬가지다. 그리스도 안의 신적 위격(divine Person)은 창조되지 않은 존재다. 왜냐하면 신격과 창조된 상태는 서로 모순되기 때문이다. 그러나 그럼에도 불구하고 그의 인간적 본성에 대해서 보면, 예수님은 창조되셨다. 이 점에서 성육신하신 그리스도와 사자와의 유일한 차이점은, 구약 아래서는 창조된 형태가 잠시 있다가 사라졌으나, 성육신을 통하여 그것이 영원해졌다는 점일 것이다.

이제 우리는 세 분의 위대한 족장들의 생애에 들어 있는 계시의 요소들과 원리들을 차례로 다루고자 한다. 세 족장들에게 공통적인 내용은 아브라함

을 논의하면서 다룰 것이고, 이삭과 야곱을 논의할 때에는 각자와 연관되는
새로운 자료에 대해서만 다루게 될 것이다.

족장 아브라함

(1) 선택의 원리

족장들에 대한 신적인 역사에서 가장 먼저 두드러지는 원리는 바로 선택
의 원리다. 지금까지는 하나님께서 인류 전체를 하나로 묶어서 다루셨다. 혹
은 노아의 경우에서 보듯이, 멸망에 넘겨진 옛 인류 중에서 새로운 인류가
선택되기도 했다. 그런데 여기서는 기존의 셈 족속의 수많은 가문들 가운데
서 한 가문이 취해져서 그 가문과 함께 — 또한 그 가문 내에서 — 하나님의
구속적인 계시의 역사하심이 진행되는 것이다. 아브라함을 부르신 사건의
엄청난 의의가 바로 여기에 있다. 물론 이 부르심의 사건 이후 선택의 범위
바깥에 있는 자들에게도 계시가 간헐적으로 주어진 것은 사실이다. 그러나
그 이유는 그들이 택함받은 그 가문과 접촉하게 되었기 때문이었다. 그리하
여 하나님의 특별하신 역사의 과정 전체가 한 가문의 아주 좁은 통로 내에
제한되는 것이다.

이신론자들(Deists)과 온갖 합리주의자들(Rationalists)은 흔히 이 점을 들어
서 성경의 초자연주의가 신빙성이 없음을 주장하곤 한다. 만일 하나님이 여
러 가지 곤란함이 있는데도 불구하고 그런 초자연주의의 과정을 도입하셨다
면, 그는 그 과정이 보편성을 띠도록 하는 수고도 하셨을 것이 틀림없다는
것이다. 이를 면밀히 살펴보면, 이러한 논지는 그들의 시대에 널리 퍼져 있
던 세계주의(cosmopolitanism)의 일반적인 사고를 반영하는 것임이 입증된
다. 그러나 그것은 합리주의의 비역사적 개념들 가운데 하나일 뿐이다. 합리
주의의 하나님은 그 밑바탕에서는 그저 자연의 하나님일 뿐이었다. 그런데
자연이 보편적인 것이므로, 그 하나님의 자기 계시도 자연만큼이나 범위가
넓어야 하는 것이다. 그들은 죄의 상태에 속한 비정상적인 특질들에 대해서
나, 구속의 과정을 절박하게 필요로 하는 독특한 사정에 대해서나, 전혀 고
려하지를 않는다. 신적인 역사하심의 초기의 시작 단계와 후기의 성숙 단계

들이 서로 구별된다는 것도 전혀 느끼지 못한다. 그들이 보기에는, 계속 발전해 가는 따위의 일이 있을 수 없도록 처음부터 모든 일이 완결된 상태로 이루어졌어야 옳았던 것이다. 그리하여, 이처럼 그릇된 시각에서 — 아니 시각이 없는 상태에서 — 바라보니, 당장은 범위가 좁아져 있다가 후에 궁극적으로 보편성을 띠게 되는 그런 역사(役事)가 상호간에 조건적으로 관계를 갖는다는 사실을 유념할 수가 없는 것이다.

여기서 선택이 또한 영구한 의의를 지닌다는 점도 주목해야 할 것이다. 그 의의에 대해 논하기 전에, 먼저 선택의 일시적이며 수단적인 목적(temporal, instrumental purpose)을 논의해야 하는데, 이것이야말로 합리주의자들이 간파하지 못한 것이다. 아브라함의 선택은, 그리고 계속해서 발전해 가는 이스라엘의 선택은, 하나의 보편주의적인 목적(a universalistic end)을 지향하는 하나의 특정주의적인 수단(a particularistic means)으로 행해진 것이었다. 이것은 그저 후대의 신학자들이 이미 완결된 과정을 거꾸로 바라봄으로써 지어놓은 건축물 같은 것이 아니다. 이미 처음부터, 좁혀져 가는 단계들과 더불어, 선택을 시발점으로 하여 궁극적으로 보편주의의 대의(大義)를 위하여 지향한다는 것을 보여주는 암시들이 주어졌던 것이다. 가나안 땅이 그 신성한 가문의 거처(居處)로 택해지는 사건 그 자체가 바로 이런 종류의 암시였다. 메소포타미아와 비교할 때에 가나안은 격리된 곳이었고, 이것이 족장들을 그곳에 거하게 하신 하나의 동기로 제시되기도 했으나, 그러나 최근의 고고학적 연구 결과에 따르면 가나안 그 자체는 고대 세계의 상업적·국제적 관계에서 고립되어 있던 땅이 절대로 아니었다는 것이 입증되었다. 가나안 땅은 실제로 국제 교류가 교차하는 땅이었다. 그러므로 훗날 때가 차면, 복음이 온 땅에 널리 퍼져가는 데에 그 땅의 전략적인 입지가 최고로 중요하다는 것이 입증되게 되어 있었던 것이다.

궁극적으로 보편주의적인 의도가 있었다는 사실은 또한 아브라함과 멜기세덱이 만난 사건에서도 나타난다. 멜기세덱은 최근에 이루어진 선택의 그룹 바깥에 서 있었다. 그는 더 초기의, 아브라함 이전 시대의 하나님에 대한 지식을 대변하는 자였다. 그가 가진 신앙은, 물론 불완전하기는 했으나, 절대로 그 부족들에게서 일반적으로 나타나는 그런 이교와 동일한 것으로 볼 수 없는 것이었다. 아브라함은 멜기세덱이 섬기는 **엘 엘욘**을 자기 자신의 하나님과 동일한 분으로 인정했다(창 14:18, 19). 그는 그에게 십일조를 드리고, **엘 엘욘**의 이름으로 베풀어지는 축복을 그대로 받아들이는데, 이 두 가지 행동은 종교적인 의의를 지니는 것이었다.

이 원리는 그저 간접적으로나 모형적으로만 제시되는 것이 아니다. 하나님께서는 애초부터 아브라함에게 지극히 분명하게, "땅의 모든 족속이 너로 말미암아 복을 얻을 것이라"라고 말씀하셨다(창 12:3). "복을 얻을 것이라"로 번역된 히브리어 원어의 정확한 번역에 대해서는 다소 불확실한 점이 있다. 동일한 신적 약속이 다시 반복되는 몇몇 구절들(창 22:18, 26:4)에서는 힛파엘 형(the Hitpael) 동사가 사용되고 있다. 이것은 "땅의 모든 족속이 너에게서 그 스스로를 복 주리라"는 식의 재귀적(再歸的)인 뜻으로밖에는 번역할 수 없다. 그런데 다른 구절들에서는 니팔 형(the Niphal) 동사가 사용되고 있다(창 12:3; 18:18; 28:14). 니팔 형 동사는 수동의 의미로도, 재귀의 의미로도 볼 수 있는데, 통일을 기하기 위하여 위의 모든 구절에서 이 동사의 의미를 재귀의 의미로 취급하도록 하는 제의가 있어왔다. 그러나 영어 역본들은 힛파엘 형 동사가 나타나는 그 두 구절들을 억지로 수동의 의미로 번역했는데, 이것은 문법에 어긋나는 것이다. 베드로와 바울도 신약에서 이 약속을 인용하면서, "복을 받으리라"라고 수동적인 뜻으로 번역하고 있다(행 3:25; 갈 3:8). 신약 이전의 칠십인역 성경도, 히브리어 원문의 읽기를 분별하지 않고 동일한 의미로 번역하였다. 그러므로 사도들의 인용문들이 성립되려면, 니팔 형 동사가 사용되는 구절들에서 수동적인 의미가 그대로 보유되어야만 한다.

그러나 다른 구절들을 재귀의 의미로 보더라도 종교적인 의의가 완전히 사라져 버리는 것은 아니다. 재귀적인 의미로 번역하면, 그 진술은 땅의 족속들이 아브라함의 이름을 금언적으로 사용하여(proverbial use) 자기들 자신에게 행운을 빌게 될 것이라는 의미가 되는 것이다. 곧, "우리도 아브라함처럼 복을 받기를 원하나이다"와 같은 식이다. 델리취는 이런 의미로 보아도 영적인 의미가 충분히 유지된다는 것을 다음과 같은 근거로 강변한다. 즉, 땅의 족속들이 아브라함의 이름을 복을 비는 기원문으로 사용한다면, 그들은 그렇게 함으로써 아브라함의 운명에 참여하기를 바라는 소망을 스스로 표현하는 것이 되며, 또한 신적인 구원 계획 아래에서는 복을 받고자 하는 소원에 그 복을 기업으로 받는 것이 함께 합쳐지도록 되어 있다는 것이다. 다시 말하면, 족장의 이름을 이런 식으로 금언적으로 사용한다는 것이 믿음을 시행하는 것과 동등할 것이라는 것이다. 그러나 이런 논지가 유지될 수 있을지 의심스럽다. 왜냐하면 그런 소원을 비는 자들의 경우에는 그 소원이 물질적인 번영에만 관계될 것이기 때문이다. 게다가, 그 약속이 처음 나타나는 창세기 12:2, 3의 문맥을 보면, 그 약속의 저급한 면과 고상한 면이 서로 구별된다는 것이 암시되고 있는 것이다. 사실상 여기서 세 가지를 구별하게 된다. 첫째로, "너는 복이 될지라"라는 말씀이 있는데, 이는 실제로 금언적인 사용을 보여주는 것이다. 둘째로, "너를 축복하는 자에게는 내가 복을 내리고 너를 저주하는 자에게는 내가 저주하리니"라는 약속이 계속되는데, 이는 아브라함을 어떤 자세로 대하느냐에 따라서 외부인들의 운명이 결정될 것임을 묘사하는 것이다. 그리고 마지막 셋째로, "땅의 모든 족속이 너로 말미암아 복을 얻을 것이라"라는 약속이 주어진다. 이 마지막 세 번째 부분은 약속의 절정을 이루는 것이요 따라서 첫째와 둘째 부분의 범위 너머에까지 이르는 것임이 분명한 것이다.

  족장들의 역사는 모세 시대의 역사보다 더 보편주의적이다. 그 백성이 하나의 민족적 기초 위에 조직화되고 엄격하고 격리된 율법의 규정들로 말미암아 다른 민족들로부터 울타리가 쳐지는 시대에는, 보편주의적인 계획이 뒤로 숨어들어가는 면이 있게 된다. 더욱이, 애굽과 히브리인들 사이의 갈등으로 말미암아 외부 세계와의 실질적인 관계가 하나의 적대적인 성격을 띠게 되는 것이다. 그러나 족장 시대에는 이것과 반대의 양상을 보였다. 하나님의 백성의 삶을, 심지어 겉으로 드러나는 종교의 의미에서도, 주변의 다른 민족들의 모습과 다르게 만들고자 하는 무슨 특별한 조치가 거의 없었다. 구별성을 강조하기 위해서 대대적인 종교 의식의 체계가 세워지지도 않았다. 유일하게 제정된 의례(儀禮)라고는 할례가 전부였는데, 그것마저도 주변의 다른 부족들도 시행하는 것이었으므로 진정하게 그들을 구별지어 주는 것이 아니었다. 그리고 적극적인 면에서 보더라도, 하나님께서 족장들을 다루시는 원리들은 보편적으로 적용될 수 있는 지극히 영적인 성격을 띠는 것이었다. 바울은 족장 시대의 종교의 이러한 보편주의적인 취지에 대해 깊은 통찰을 갖고 있었다. 유대화주의자들(Judaizers)과 그의 주요 쟁점은 그들이 족장 시대를 모세 시대에 기초하여 해석할 것을 주장했다는 것이었다. 바울의 논지(갈 3:15 이하)의 골자는 이것이었다. 즉, 아브라함과 맺은 **디아테케**를 통해서 하나님과 이스라엘의 관계가 약속과 은혜의 기반 위에 세워졌는데, 이것은 나중에 바뀌어질 수가 없는 것이었다는 것이다. 왜냐하면 과거에 취해진 조치가 후대에 제정되는 것들을 통제하는 것인데(15절), 율법은 아브라함의 **베리트**보다 430년이나 후에 주어진 것이기 때문이라는 것이다. 이런 의미에서 구약에 계시된 종교는, 뿌리와 그 잔 가지는 멀리까지 뻗어 있으나 둥지는 제한된 범위 내에서 좁은 통로를 통해서 수액을 빨아올리는 나무와 비슷하다 하겠다. 족장 시대는 뿌리가 자라는 것에 해당되고, 자유로이 뻗어가는 나무의 끝부분은 신약의 계시가 자유로이 뻗어가는 나무의 끝 가지들에 해당되며, 모세 시대부터 그리스도까지 이르는 기간은 상대적으로 제한되어 있는 나무 둥지에 해당된다 할 것이다.

그러나 잊지 말아야 할 것은 하나님의 역사하심에서는 선택이 또한 영구적인 특징을 이루며, 따라서, 물론 적용은 다르지만, 현 시대에도 구약 시대 못지않게 효력을 발생한다는 점이다. **개개인**에 대해서는, 하나님의 구원하시는 은혜가 언제나 구별짓는 원리로 작용한다. 오늘날에나 족장들의 시대에나 진실로 하나님의 백성이, 택한 백성이, 선택된 사람들이 있는 것이다. 바울은 이 점에 대해서도 강하게 의식하고 있었다. 우리는 로마서에서 그가 얼핏 보면 모순인 것 같은 방식으로 논지를 전개하는 것을 보게 된다. 유대인과 이방인들 사이에서 그는 보편주의의 원리를 주장하며 그것은 족장의 역사로부터 입증한다(갈 4:22). 그런데 로마서에서는 유대인과 유대인 사이에 구별이 있음을 주장하면서, 아브라함의 혈통에 속한 자들 모두가 하나님의 자녀와 약속의 자녀는 아니라고 한다(롬 9:6 이하). 민족에 대해서는 선택의 원리가 폐기되었으나 개개인에 대해서는 여전히 그대로 지속된다는 것이다. 그리고 심지어 민족적인 특권에 대해서도, 그 목적이 이루어졌으므로 현재 일시적으로 폐기되어 있으나, 아직도 그 **민족적인** 선택의 약속의 어떤 특정한 성취가 미래를 위하여 보존되어 있는 것이다. 이스라엘이 그 **인종적인** 자격으로는 미래에 다시 하나님의 구원하시는 은혜를 받게 될 것이다(롬 11:2, 12, 25).

(2) 계시가 베푸는 은혜의 객관성

족장들에게 주신 하나님의 계시의 두 번째 특징은 그 계시가 베풀어 주는 은혜가 객관성(objectivity)을 띤다는 점이다. 여기서 사실적인 종교의 시작을 보게 된다. 곧, 사람을 위하여 하나님께서 객관적으로 개입하시는 역사와 밀접하게 연관되는 종교가 시작된다는 말이다. 그러나 그 계시에 내면적이며 주관적인 면이 없다는 뜻이 아니라, 다만 그 계시가 외형적인 지지에 긴밀하게 의존하여 발전된다는 뜻이다. 하나님께서는 마치 족장들이 개혁의 대상들이기라도 한 것처럼 그들의 내면적인 정신적 상태들을 고치는 역사부터 시작하시는 것이 아니다. 하나님의 역사하심이 그렇게 시작되는 것으로 본다면, 그것은 불행하게도 대부분의 현대의 종교의 특징이 되는 하나의 비성경적인 사고일 것이다. 하나님께서는 오히려 그들에게 약속을 주시는 것으로 역사를 시작하신다. 여기서 핵심이 되는 것은 아브라함이 하나님을 위해서 행하여야 하는 일이 아니라, 하나님께서 아브라함을 위하여 행하실 일인 것이다. 그리고 난 후에, 이것에 대해 반응을 하는 단계에서 내적이며 외적인 삶을 변화시키는 주관적인 정신 자세가 배양되는 것이다.

이러한 특징과 밀접하게 연관되는 또 하나의 특징은 그 계시 종교가 역사적 점진적 성격(historical-progressive character)을 띤다는 점이다. 거기서 가장 중요한 것은 하나님께서 과거에도 행하셨고, 현재도 행하고 계시며, 미래에도 행하실 것을 약속하신다는 것이다. 그 아래에서 사는 자들은 언제나 거꾸로 과거를 돌아본다. 즉, 그들의 경건이 과거의 전통이라는 견고한 기반을 지닌다는 것이다. 전진을 하고 싶을 때에도 그들은 과거와의 연속성이 없이는 진정한 건전한 전진의 가능성을 믿지 않는다. 그들은 지나간 과거를 사랑하고 높이며, 또한 감히 현재를 과거에 비추어서 — 물론 필요한 경우 이성에 비추기도 하지만 — 비평하는 것이다. 그들이 보여주는 만족은 미래에 대한 깊은 기대감에서 나오는 식의 피상적인 만족이 아니다. 동시에 그들은 미래의 전진을 위해서도 자기들이 이미 얻은 가능성이나 능력에 의지하지 않고, 과거에 근거하여 현재를 일구어 놓은 하나님의 초자연적인 개입과 활동에 의지한다. 성경적 종교는 철저하게 종말론적인 시각을 지닌 것이다.

이미 족장들이 그러했듯이, 성경적 종교는 무엇보다도 겸손의 종교 (religion of modesty)다. 종교에 있어서 겸손은 오로지 역사적 경배라는 나무에서만 자라나는 열매이기 때문이다. 이 점에 있어서 성경적 종교와 이교들, 특히 자연 종교들과의 특별한 차이를 쉽게 간파할 수 있다. 자연 종교는 모든 처지의 모든 사람들을 위하여 신이 과연 어떤 존재인가에 대한 사고 주위를 맴돈다. 그 종교를 믿는 자들의 숭배가 어제나 오늘이나 영원토록 동일한 모습을 띤다. 여기서는 신의 행위도, 역사도, 전진도 없는 것이다.

그러나 하나님의 역사하심은 객관적인 것으로서 족장들에게는 세 가지 위대한 약속들과 연관되어 있었다. 그 첫째는 택함받은 그 가문이 큰 민족을 이루리라는 것이었고, 둘째는 가나안 땅이 그들의 소유가 되리라는 것이었고, 셋째는 그들이 모든 민족에게 복이 되리라는 것이었다.

(3) 약속들이 초자연적으로 성취됨

이 세 가지 약속들의 객관성 다음으로, 우리는 그 계시의 세 번째 중요한 특질을 보게 된다. 그것은 바로 하나님의 절대적인 단독적 권능이 그 약속들을 이루신다는 점을 말씀으로나 행동으로나 지극히 강력하게 강조한다는 점이다. 달리 표현하자면, 약속들이 성취되는 과정에서 엄격한 초자연성이 강조된다는 사실이다. 그렇기 때문에 아브라함의 생애에 자연과 어긋나는 온갖 일들이 생겨나는 것이다. 물론 자연에 어긋난다는 것 그 자체가 무슨 적극적인 가치를 지녔다는 뜻은 아니다. 자연에 어긋나는 형식이 취해진 것은 단순히 거기 나타나는 역사가 자연을 초월하는 것임을 보여주기 위한 수단으로서 그런 형식이 실제로 가장 편리했기 때문이다. 자기 앞에 놓여진 약속을 실현시키기 위해서 자기 자신의 힘이나 수단을 사용하는 일은 아브라함에게는 허용되지 않았다. 세 번째 약속에 대해서는 그 약속의 본질상 그런 일이 불가능했다. 그러나 나머지 두 약속들에 대해서는, 아브라함이 그 약속들을 이루는 데에 무언가 기여했을 수도 있는 것처럼 보일 수도 있다. 사실상 그는 신인협력(神人協力: synergism)의 원리에 근거하여 하나님께 이스마엘을 약속의 후손으로 여기실 것을 제안하고자 시도하는 데에까지 나아가기도 했다. 그러나 그의 제안은 받아들여지지 않았다. 초자연적인 후손이 요구되는데, 이스마엘은 자연적인 후손이기 때문이라는 것이었다(창 17:18, 19; 갈 4:23). 아브라함은 "몸이 죽은 것 같은" 노년에 이르기까지 자식이 없었는데, 이는 이삭의 출생의 근원이 바로 하나님의 전능하심에 있다는 것이 분명히 드러나도록 하기 위함이었던 것이다(창 21:1-7; 롬 4:19-21; 히 11:11; 사 51:2). 마지막에 언급한 이사야 51:2은 자연주의적인 시각에서 보면 너무도 이상스런 사건일 수밖에 없는 이 사건에 담긴 신적인 의도를 설명해 준다: "너희의 조상 아브라함과 너희를 낳은 사라를 생각하여 보라. 아브라함이 혼자 있을 때에 내가 그를 부르고 그에게 복을 주어 창성하게 하였느니라." 두 번째 약속에 대해서도 동일한 점을 볼 수 있다. 아브라함은 약속의 땅에서 그 어떠한 소유도 벌어서 얻도록 허용되지 않았다. 그러나 그는 부유했고, 쉽게 그렇게 벌 수 있었을 것이다. 그러나 하나님께서는 이 약속 역시도 족장 아브라함의 협력이 없이 홀로 친히 이루고자 하셨다. 아브라함도 이러한 사실을 어느 정도 간파하고 있었던 것으로 보인다. 그는 소돔 왕이 전리품을 제공해 주는 것을 받기를 거부했는데, 그가 "내가 아브람으로 치부하게 하였다"라고 말할까 두려워하여 그렇게 했던 것이다(창 14:21-23).

하나님의 이름 "엘-샤다이"

족장들에 대한 하나님의 역사하심의 초자연성은 그 시대 특징적으로 사용된 하나님의 이름에서 표현된다. 바로 엘-샤다이가 그것이다. 이 이름은 완전한 형태로는 모세오경에 6회 나타나고(창 17:1; 28:3; 35:11; 43:14; 48:3; 출 6:3), 에스겔서에서 1회 나타난다(겔 10:5). 그러나 만일 창세기 49:25의 엣-샤다이를 엘-샤다이로 바꾸어 읽는다면, 그 이름이 모세오경에 7회가 나타나는 것이 될 것이다. 이보다 짧은 형태인 — 축약형일 수도 있다 — 샤다이는 구약의 다른 책들에서보다 모세오경에서 더 자주 나타난다. 욥기에서도 그 단어가 30회 이상 나타난다. 그러므로 그것을 욥기가 고대의 책이거나 아니면 옛 시대의 스타일로 씌어졌음을 보여주는 하나의 징후로 간주해왔다. 어떤 경우든 간에, 그러한 점은 그 이름이 가장 잘 쓰이던 시대의 의식을 드러내 보여준다. 더 나아가서, 그 짧은 형태의 이름은 시편에 2회(68:14; 91:1), 선지서에 3회(사 13:6; 욜 1:15; 겔 1:24), 그리고 룻기에 1회(1:21) 각각 나타난다.

여러 가지 어원들이 제시되었으나, 그 중에 어떤 것들은 이 이름이 나타나는 정황에 전혀 도움이 되지 않는다. 뇔데케(Nöldeke)는 맨 뒤의 **아이**를 소유를 뜻하는 접미어로 보는데, 그렇게 되면 "나의 주"라는 뜻이 된다. 그러나 이 이름은 하나님을 부를 때에는 절대로 사용되지 않고, 하나님이 자신을 지칭할 때에만 사용된다. 사람들이 사용할 때에도 하나님을 삼인칭으로 지칭해서 사용되는 것이다. 또 어떤 이들은 그 이름을 그와 다소 비슷한 "귀신들"을 뜻하는 단어 ─ 이 단어는 광야에서의 이스라엘의 우상숭배에 대해 말씀하는 신명기 32:17과 시편 106:37에서 나타난다 ─ 와 연관짓는다. 그러나 거기서는 그 단어의 소리가 다르다(셰딤). 또한 자연주의적인 해석에 따르면, 그 이름은 "우레를 발하는 자"(the thunderer)를 의미한다고 한다.

우리로서는 다음의 두 가지 어원 중에 한 가지를 택해야 할 것으로 보인다: (1) 관계를 나타내는 **샤**와 "충족한"을 뜻하는 형용사 **다이**로 이루어졌고, 따라서 그 의미는 자기 자신에게나 혹은 다른 이들에게 "충족한 자"라는 뜻이다. 이는 후대의 헬라어 역본들에서 나타나는데, 거기서는 이를 **히카노스**로 번역한다. (2) 혹은 그 이름은 "제압하다", "파괴하다"라는 뜻의 동사 **샤다드**에서 나온 것일 수도 있다. 이런 어원에 근거하면, 그 이름은 "제압하는 자", "파괴자", 혹은 "전능한 자"를 의미할 것이다. 칠십인역의 몇몇 번역자들이 이 견해를 취하였다. 칠십인역에서는 이 이름을 흔히 **호 판토크라토르**, 즉 "만유의 통치자"(the All-Ruler)로 번역하고 있다.

이 두 가지 중 두 번째를 취하는 것이 합당할 것이다. 이것이 족장의 역사에서 그 이름이 나오는 정황들을 가장 잘 해명해 준다. 거기서 하나님이 **엘-샤다이**라 불리는 것은, 그의 초자연적인 역사하심을 통해서, 말하자면, 그가 자연을 제압해서 그의 은혜를 수종들고 그의 계획들을 전진시키도록 하시기 때문이다. 그리하여 그 이름은 **엘**이나 **엘로힘**과, 또한 모세 시대의 이름인 **여호와**와도 연결된다. 만일 **엘**과 **엘로힘**이 하나님과 자연의 관계를 나타내

고, 또한 **여호와**가 그의 구속과 관계되는 이름이라면, **엘-샤다이**는 하나님께
서 어떻게 그의 초자연적인 역사하심을 위하여 자연을 사용하시는지를 표현
해 준다고 할 수 있을 것이다. 동사 **샤다드**와 **샤다이** 사이의 분명한 연관성이
이사야 13:6과 요엘 1:15에서 나타난다. 시편의 구절들과 룻기의 구절에서는
하나님의 전능하심과 주권이 분명하게 강조되고 있다. 또한 이러한 개념은
욥기와 에스겔서의 전체적인 경향에도 잘 들어맞는 것이다.

족장들의 종교에 나타나는 믿음

족장들의 종교의 주관적인 영역에 믿음이라는 개념이 갑자기 두드러지게
나타나지만, 이것은 객관적인 영역에서 나타나는 초자연성의 반영(反影)일
뿐이다. 이것은 족장 시대의 교리적 의의에 네 번째 중요한 면을 이룬다. 창
세기 15:6에서 처음 믿음에 대한 분명한 언급이 나타난다. 넓은 의미로 이야
기하면, 믿음은 성경의 가르침과 경험에서는 이중적인 의의를 지닌다. 첫째
로 믿음은 하나님의 초자연적인 능력과 은혜를 의지하는 것이요, 둘째로는
더 고상한 영적 세계 속으로 투사하는 상태나 행위(the state or act of
projection)다. 근자에 들어서는 후자의 의미를 선호하는 경향이 많고, 때로
는 믿음의 구원론적 중요성을 최소화하려는 분명한 의도가 거기에 개입되기
도 한다. 믿음의 심리(psychology of faith)를 신학적인 입장에서 연구하기도
하나, 성경적인 자료를 조심스럽게 분별하지 못하여 적절치 못한 경우도 많
다. 믿음의 심리에 대해 무언가를 아는 것이 도움이 될 수도 있겠으나, 그 믿
음이 구속에서 발휘하는 바 그 종교적 기능을 이해하는 것이 그보다 훨씬 더
중요하다. 그것을 보지 못하면, 그 심리학이 성경적인 관점에서 볼 때에 순
전히 어리석음에 불과한 것이 되고 말 소지가 많은 것이다.

성경 저자들에게 있어서 믿음은, 모든 종교적 정서와 대망(大望)을 어렴풋
한 방식으로 뭉뚱그릴 수 있는 어떤 공통 분모 같은 것이 아니다. 아브라함
의 생애에 있어서는 믿음이 조용한 종교적 행위요 또한 사고의 틀이었다. 그
의 생애 전체가 신적인 훈련을 통해서 이 은혜가 한 단계 한 단계 발전되도
록 이끌어 준 하나의 믿음의 학교였다. 심지어 첫 출발부터 족장 아브라함의
믿음에 무거운 요구가 주어졌다. 그의 고향과 친척과 아버지의 집을 떠나라

는 명령을 받았고, 또한 처음에는 하나님께서 그가 가야 할 목적지도 가르쳐 주지 않으셨고, 그저 "내가 네게 보여 줄 땅"이라고만 말씀하셨다. 히브리서 11:8의 말씀처럼, 아브라함은 "갈 바를 알지 못하고" 간 것이다. 창세기 12:7에서 하나님은 그 땅을 주시겠다고 말씀하셨는데, 이 말씀은 아브라함에게는 깜짝 놀랄 만한 것이었을 것이다. 창세기 15장에서 우리는 아브라함에게 비교적 성숙한 믿음이 있었고 동시에 자신의 부족한 믿음을 더 큰 확신으로 채우기를 바라는 강렬한 소망이 있었음을 배우게 된다. 하나님께서 그의 후손이 별처럼 많아지리라고 약속하시자, 그는 그것을 믿었고 그것이 그에게 의(義)로 인정되었다. 그러나 그 땅을 기업으로 주시리라는 약속에 대해서는 의심이 있었다.

여기서 미세한 심리적인 작용을 볼 수 있다. 믿음과 또한 더 큰 믿음을 갖고자 하는 소망이 함께 나아가는 경우가 자주 나타나는 것이다. 이는, 믿음을 통해서 우리가 하나님을 부여잡지만 동시에 그처럼 무한자(無限者)를 파악하고자 하는 행동 하나하나가 철저히 불완전한 것이라는 사실이 그분을 붙잡는 행동 그 자체에서 곧바로 드러나기 때문이다. 이것은 복음서에서도 마찬가지다: "내가 믿나이다. 나의 믿음 없는 것을 도와 주소서"(막 9:24). 아브라함의 믿음의 훈련은 하나님께서 그에게 그 아들 이삭을 제물로 드리라고 요구하시는 데에서 그 절정에 이르렀다. 여기서도 하나님께서 요구하시는 복종을 묘사하는 용어들에서 또 다시 그 요구가 엄청난 것이었음이 잘 드러난다: "네 아들 네 사랑하는 독자 이삭을 데리고 … 가서 … 드리라"(창 22:2). 또한 그러한 엄청난 요구에 걸맞게, 그에 상응하는 약속도, 신적인 확실한 언명을 나타내는 가장 강력한 언어로 제시되고 있다(창 22:16-18). 여기서 우리는 이삭이 그저 아버지의 지극한 애정의 대상으로서만이 아니라, 모든 약속들의 성취의 상징이요 도구요 보증으로서 하나님께 드려졌다는 점을 기억해야 한다. 곧, 이삭이 죽으면 그 모든 약속들도 헛것이 되고 말 상황이었던 것이다.

아브라함의 믿음은 일반적인 믿음의 구성 요소들을 분석할 수 있는 좋은 기회가 된다. 언뜻 보면 그의 믿음은 믿는 것(혹은, 신념: belief) — 즉, 어떤 진술이 참이라는 것에 동의하는 것 — 을 출발점으로 삼고, 그 다음 그 믿는 것을 기반으로 하여 두 번째로 요구되는 행동인 신뢰(trust)가 거기에 뒤따르는 것처럼 보인다. 그러나 사실상 이러한 순서는 심리적인 과정과 전혀 일치하지 않는다. 종교에 있어서는 — 그리고 아브라함의 경우에는 — 믿는 것을 통해서 동의하는 그 문제가 정신적으로 입증가능한 것도 아니고, 모든 것이 입증되기 전에는 자명한 것으로 받아들일 수도 없는 것이다. 거기에는 하나의 인격적인 요인이 개입된다. 즉, 그 약속들을 선언하신 바로 그 하나님의 신뢰성(trustworthiness)이 그것이다. 종교적인 신념(religious belief)은 결국 우리가 사실로 증명할 수 있는 어떤 것에 근거하여 존재하는 것이 아니고, 하나님이 그렇다고 선포하셨다는 사실에 근거하여 존재하는 것이다. 그러한 신념이나 동의 이면에, 그보다 선행하는 하나의 신뢰(an antecedent trust)가 있으며, 그것은 그 후에 생겨나는 신뢰(the subsequent trust)와는 구별되는 것이다. 이렇게 하나님의 말씀에 의지하는 것은 훌륭한 종교적 행위다. 그러므로, 신념이 그저 믿음의 전제 요건일 뿐 믿음 그 자체를 구성하는 요소는 아니라는 말은 부정확한 것이다.

분명한 것은, 이 선행하는 신뢰가 신념으로 발전되면 곧바로 그보다 훨씬 더 범위가 넓고 실제적으로도 의의가 더 깊은 신뢰가 거기에 이어진다는 사실이다. 그 하나님의 선언들은 그저 무관심해도 상관 없는 어떤 추상적인 문제들에 관한 것이 아니고, 인생의 본질적인 관심사들에 관한 약속들이기 때문이다. 그렇기 때문에 지성에게는 물론 그에 못지않게 의지와 감정에게도 그것들이 어떤 반응을 촉구하게 된다. 그리고 그 선언들이, 종교적 의식 전체가 안식하게 되고 또한 그 가장 깊고 가장 광범위한 실질적인 필요와 욕구들을 만족시켜주는 확신을 찾는 하나의 기반이 된다. 그러므로, 믿음은 신뢰로 시작하고 신뢰로 끝맺는 것이고, 그 신뢰는 바로 하나님 안에서 누리는 안식인 것이다.

창세기 15:6에서 이것이 아주 놀랍게 드러난다. 그런데 애석하게도 영어 성경의 "He believed in Jehovah"라는 번역은 이 점에서 매우 부적절하다(한글 개역 개정판은 "아브람이 여호와를 믿으니"로 번역함 — 역자주). 헤에민이라는 히브리어 단어가 전치사 베와 합쳐져서 문자적으로 "그가 여호와에 대해 확신을 갖게 되었다"(he developed assurance in Jehovah)라는 의미를

갖는다. 히필 형(the Hiphil)인 **아멘**은 여기서 능동적인 사역의 의미를 지니
며, 또한 전치사 **베**는 이 확신이 솟아나는 그 인격적인 면이 다름 아닌 바로
인격적인 여호와이심을 드러내며, 또한 그 안에서 확신이 솟아나는 그 신적
인 분이 바로 그로부터 안식이 오는 그분이시라는 점을 드러내는 것이다. 이
처럼 그의 믿음이 하나님과 인격적으로 연관되어 있었으므로 아브라함의 경
건은 강력한 하나님 중심의 성격을 갖게 되었다. 아브라함의 최고의 복이 하
나님 자신을 소유한 사실에 있다는 것이 그의 이야기에서 강조되고 있다:
"아브람아 두려워하지 말라 나는 네 방패요 너의 지극히 큰 상급이니라"(창
15:1). 이 보배를 위해서라면 그는 다른 모든 것들을 기꺼이 다 버릴 수 있었
던 것이다.

　그러나 이 믿음은 그저 일반적인 신을 붙잡는 것이 아니었다. 그 믿음은
하나님의 초자연적인 자기 계시와 행위를 신뢰하는 데에 따르는 긴장을 감
당할 수 있을 만큼 강한 것이었다. 그 믿음은 특별히 하나님의 전능하심과
구원의 은혜와 관련된 것이었다. 언제나 구원에는 우리를 위하여 발휘되는
하나님의 일반적인 섭리를 넘어서는 어떤 것이 필요한 법이다. 이는 곧 초자
연적인 역사를 시사한다. 그리고 그 초자연적인 역사는 그저 호기심을 만족
시키는 굉장한 하나님의 자기 과시가 아니라 참된 종교성의 핵심 그 자체를
이루는 것이다. 성경의 일반적인 다른 부분에서도 마찬가지지만, 창세기의
이 부분에 근거할 때에도, 자연을 통한 하나님과의 관계에 근거하여 갖는 신
념과 또한 그런 관계에 근거하는 삶만으로는 결코 성경적인 신앙을 산출하
지 못한다고 보는 것이 지극히 타당하다. 그런 신념이나 삶은 성경적 신앙의
일부가 아니다. 오히려 성경적 신앙과는 질적으로 **다른** 것이다.

　아브라함의 경우에는 그 믿음이, 소극적으로는, 하나님과 그 약속을 붙들
기 위해서 자기가 지닌 모든 인간적인 소유를 다 버리는 것을 의미했다. 자
기 자신에게서는 아무것도 기대하지 않은 것이다. 그리고 적극적으로는 하
나님의 초자연적인 역사하심에게서 모든 것을 기대하였다. 바울은 로마서
4:17-23에서 핵심을 찌르는 그의 탁월한 교리적 재능으로 아브라함의 믿음
의 이러한 초자연적인 성격을 — 그 소극적인 면과 아울러 적극적인 면까지
도 — 아주 충격적으로 묘사하였다(참조. 히 11:17-19). 두 본문 모두 아브라

함의 믿음을 하나님의 전능하심에 대한 신뢰의 최고봉에 이르는 것으로 묘사한다. 곧, 하나님께서 이삭을 제물로 바치라고 명령하신 후에 그는 하나님께서 이삭을 죽은 자 가운데서 살리실 것을 신뢰하였다는 것이다. 여기서 자기의 모든 것에 대한 부인과 하나님의 전능하심에 대한 긍정이라는 두 기둥이 믿음과 부활로써 묘사되는 것이다. 그렇기 때문에 사도는 이 시점에서 아브라함의 믿음을 예수 그리스도의 부활을 믿는 그리스도인의 믿음과 비교하는 것이다. 이런 믿음은 바로 하나님의 창조적인 개입을 믿는 믿음이요, "없는 것을 있는 것으로 부르시는" 하나님에 대한 신뢰인 것이다(롬 4:17). 그렇다고 해서 아브라함의 믿음의 객관적인 내용이 신약의 신자의 믿음과 교리적으로 정확히 동일하다는 뜻은 물론 아니다. 바울은 아브라함이 바로 그리스도의 부활을 믿은 것이라는 식으로 시대착오적인 발언을 하고 있는 것이 아니다. 바울이 말하고자 하는 바는 이삭의 부활을 믿는 믿음의 자세와 그리스도의 부활을 믿는 믿음의 자세가, 초자연적인 역사를 대면하고 구체화할 수 있다는 점에서 서로 동일하다는 것이다.

이처럼 믿음과 신뢰에 대한 강조를 통해서, 본래의 셈 족속의 종교적 의식이 상당히 수정되었다. 그때까지는 두려움과 경외가 그 의식의 주요 요소였다. 물론 두려움이 아브라함의 신앙에서 사라진 것은 아니다. 여러 곳에서 나타나는 하나님을 지칭하는 그의 언어 형식들이, 그 두려움이 여전히 그의 신앙(religion)에서 한 가지 유력한 요소로 존속하고 있음을 분명히 입증해 준다(참조. 창 18:27). 사실 "여호와를 두려워함"(혹은, 경외함)은 구약 전체를 통틀어서 신앙을 일컫는 일반적인 명칭으로 남아 있다. 그러나 아브라함 이후로는 그것이 공포의 요소보다는 경외의 요소가 더 많은 그런 두려움이다. 이런 의미에서 그 두려움은 하나님과의 친밀한 교제와 신뢰라는 협력적인 요소에 계속해서 독특한 색깔을 부여한다. 신뢰 있는 교류와 더불어 특이한 복종에서 오는 긴장과 또한 특별한 겸손이 섞여 있다(창 17:3; 18:3). 그러나 그럼에도 불구하고 주도적인 것은 하나님과의 친밀한 교제의 감정이다. 이 두려움은 또한 아브라함이 배양해온 정신 자세에 대한 하나의 진술만이 아니다. 그 두려움은, 이를테면, 하나님께서 친히 그의 기뻐하심과 만족하심으로 명확하게 언명하시는 것이다.

하나님 편에서 이를 표현하시는 고전적인 사례는 창세기 18:17-19에 나타난다. 여기서 하나님은 아브라함이 그와 너무 가까이 있으므로 자신의 계획들을 그에게 숨기고자 생각하시는 것이 용납되지 않는다는 것을 말씀하시는데, 그것은 하나님께서 그를 아셨기 때문이다. 곧, 그가 하나님의 사랑받는 존재이기 때문이다. 족장들에게 임한 신적인 현현들도 그 사실을 보여주는 증거들이다. 그 현현들은 아주 독특한 기록을 남긴다. 구약 시대를 통틀어서 — 어쩌면 모세의 생애는 제외해야겠지만 — 아브라함의 생애 기간만큼 하나님께서 그렇게 자신을 낮추셔서 나타나신 예가 없었다. 창세기 15장을 제외하면, 이런 신적 현현들에 두려움의 요소가 결핍되어 있는 것이 두드러지게 나타난다. 여기에는 무언가 그 옛날 에덴 동산에서나 혹은 에녹의 생애에서 하나님께서 사람들과 동행하시던 모습과 비슷하게 닮은 점이 있다. 이 모든 점들을 인식하여, 후 세대들은 그를 가리켜 "하나님의 벗"이라 부른 것이다(약 2:23). 그리고 심지어 창 15:12의 그 공포의 와중에도, 하나님께서 그렇게 자신을 낮추시어 나타나신다는 증거가 신적 현현 그 자체의 놀라운 배경 속에서 정말 감동적으로 나타난다. 아마 구약 어느 곳에도 의인화적(擬人化的)인 사실 묘사에서 이 본문을 능가하는 경우는 없을 것이다. 짐승들을 쪼개고 그 쪼개진 고기들 사이로 하나님께서 (홀로) 지나가시는 모습은, 문자 그대로 하나님께서 만일 아브라함과의 약속을 지키지 않으실 시에는 자신이 그렇게 쪼개지는 처지가 되시겠다는 의미를 지니는 것이다(참조. 렘 34:18-19).

족장들의 신앙 생활에서 믿음이 담당한 또 하나의 기능은, 약속들에 대한 그들의 태도를 영적인 것으로 만드는 것이었다. 이 일은 다음과 같은 방식으로 이루어졌다. 하나님께서는 그 약속들을 성취하는 일을 자신의 권한에 두셨을 뿐 아니라, 족장들의 생애 동안에는 그 약속들을 성취시키지 않으셨다. 그리하여 아브라함은 하나님의 약속들을 오로지 약속하시는 하나님 안에서만 소유하기를 배웠다. 그 약속들은 중심이 하나님께 있었고, 따라서 그러한 중심에서 벗어나서 물질적으로 실현될 가능성이 조금도 없었다. 오로지 하나님께로부터 흘러나오는 그의 마음의 일부로서만 누릴 수 있는 것이었다. 그 약속들은 마치 하늘의 의복과도 같아서, 그 의복으로 감싼 몸 — 그 약속들이 약속하는 내용물이 이에 해당된다 — 보다도 훨씬 더 고귀한 것이다. 만일 그 약속들이 곧바로 성취되었더라면, 하나님과는 상관없이 그 약속들 자체가 중요하고 가치 있는 것으로 대접받을 위험이 당장 생겨났을 것이다. 후대에 이르러 그 약속들 중 많은 것들이 실제로 성취되자, 이러한 위험이 처절한 현실로 드러나고 말았다. 수많은 사람들이 아브라함의 믿음의 영적 수준으로부터 떨어졌다. 그들에게는 이 땅에 속한 모형에 불과한 것이 영적인 것을 흐리게 만들었고, 이와 더불어 땅에 속한 그 보화들을 선물로 주신 하나님 자신에 대한 관심이 상실되는 치명적인 결과가 나고 말았던 것이다. 그러나 히브리서 11장에 나타나는 아브라함의 믿음에 대한 해석에서는, 이러한 영적인 면이 전면에 드러난다. 족장들이 장막에 거주하는 것으로 만족했고, 약속한 땅을 소유하지 못하는 것에 대해서 전혀 불만스러워하지 않았다는 것이 묘사되고 있으며, 또한 이러한 마음 자세를 가졌던 이유가 조심스럽게 덧붙여진다. 믿음으로 그들은 당시에 가능했던 것보다 가나안 땅을 더욱 견고하게 포괄적으로 소유하게 될 미래를 기대하며 바라본 것이 아니었다. 그들은 이 땅에 속한 것들 — 이미 소유했거나 아직 소유하지 못했거나 간에 — 을 통해서 위를 향하여 시선을 돌려서, 하나님 자신과 더욱 친밀하게 연결되게 해 주는 새로운 하나의 약속 소유 방식을 기대하기를 터득했던 것이다: 그들은 "하나님이 계획하시고 지으실 터가 있는 성을 바랐음이라" (즉, 그 성의 건축자가 하나님이시기 때문이라는 것이다)(히 11:10).

마지막으로, 아브라함의 믿음은 족장들의 종교의 실천적인 유일신론 (practical monotheism)을 위하여 중요한 의의를 가지는 것이었다. 그렇게 하나님을 의지함으로써 그 외에 다른 신이 존재하기라도 하는 것처럼 그 신들의 이름을 기리거나 관심을 가질 여지가 전혀 남아 있지 않았던 것이다. 족장들의 기사에서는 어느 곳에서도 유일신론이 이론적으로 전개되지 않는 것은 사실이다. 그러나 다른 모든 신들이 제외되어 버리기까지 하나님께서 아브라함을 완전히 독점하셨던 것이다. 그를 고향의 환경으로부터 불러내신 한 가지 동기는 그 땅에 다신론이 만연되어 있다는 사실이었다. 후대의 구약의 진술들에서 이 정도까지는 알 수 있다(참조. 수 24:2, 3). 아브라함의 가문 중 하란에 남아 있던 자들은 계속해서 다른 신들을 섬겼고, 최소한 여호와와 병

행해서 그 신들을 섬긴 것은 확실히 드러난다(창 31:19). 또한 창세기 35:2에
따르면, 가나안 땅에 도착한 야곱이 그의 가솔(家率)들에게 그들이 지니고 있
는 이방 신상들을 제거할 것을 명령했던 것이다.

윤리적 요소들

  믿음에 대한 논의는 이 정도로 그치기로 하고, 이제는 믿음과 더불어 —
또한 앞에서 논의한 족장 시대의 계시의 내용을 이루는 세 가지 주요 주제들
(선택, 객관성, 초자연성)과 더불어 — 그 시대의 계시에 나타나는 윤리적인
요소들을 살펴보기로 한다. 아브라함은 높은 윤리적 수준의 삶을 살았다. 현
대의 비평학파는 아브라함의 삶의 이런 면을 선지자적 정신에 물든 후대의
저자들이 고대의 이야기들을 윤리적인 것으로 다룬 데에서 비롯된 것으로
설명하지만, 그러면서도 이 점만은 인정하고 있다. 본래 아브라함의 기사는
그의 삶이 완전하지 않았다는 인상을 주려는 의도로 씌어진 것이 분명하다.
그렇다면 그 기사를 각색한 자들은 어째서 그를 이상적인 인물로 제시하려
하면서도 가치가 없는 요소들을 상당 부분 삭제하지 않고 그냥 내버려둔 것
일까? 성경의 기록은 아브라함의 결점들을 가리거나 묵인하지 않고, 오히려
그의 위대한 덕목들과 나란히 제시하여 서로를 대비시키고 있다.

  앞에서 믿음을 다룰 때에 이미 언급한 특별한 신앙적 특징들 이외에도, 친
절, 관대함, 자기 희생, 충성 등의 주요 덕목들이 강조되고 있다. 아브라함은
윤리적인 삶이 수반되지 않으면, 하나님께로부터 오는 사랑도 계속될 수가
없다는 것을 가르침받았던 것이다. 창세기 18:17-19에 의하면, 하나님께서
그를 택하신 목적은, 자녀들을 명하여 여호와의 도를 지켜 공의와 정의를 행
하게 하기 위함이었다. 그리고 그렇게 지키느냐의 여부에 따라서 그 약속의
성취가 달려 있었다: "이는 나 여호와가 아브라함에게 대하여 말한 일을 이
루려 함이니라." 아브라함은 소돔에 의인 한 사람이 남아 있지 않으면 그 도
성을 보존시켜 주시기를 위한 그의 기도가 아무런 소용이 없을 것을 인정하
고 있다. 또한 그는 이방인들과 그의 가족들이 서로 윤리가 차이가 있다는
것을 인정한다. 그는 아비멜렉에게, "이 곳에서는 하나님을 두려워함이 없"
다(창 20:11)고 말하고 있기 때문이다. 그러나 희한하게도, 그는 스스로 반쪽

짜리 거짓말을 하여 그런 열등한 윤리의 위험을 모면한 것이다.

그러나 윤리는 신앙(혹은, 종교: religion)과는 별개인 것으로나 혹은 신앙의 유일한 내용으로 제시되지 않는다. 윤리는 신앙의 산물인 것이다. 창세기 17:1에서 이에 대한 고전적인 표현을 볼 수 있다: "나는 전능한 하나님(엘-샤다이)이라 너는 내 앞에서 행하여 완전하라." 여호와 앞에서 행한다는 것은 여호와의 임재하심이 언제나 그의 뒤에서 행하시며 그를 감독하시는 모습을 묘사하는 것이다. 하나님께 인정받을 것을 생각하는 것이 순종의 동기가 된다. 또한 엘-샤다이의 능력도 주목을 받는다. 도덕적 군주이신 하나님에 대한 그저 일반적인 생각이 아니라, 그의 삶을 이적적인 은혜로 가득 채우시는 엘-샤다이에 대한 구체적인 생각이 그의 품행을 결정짓는 것이다. 이렇게 볼 때에, 도덕성은 구속(救贖)의 기초 위에 세워지는 것이요 또한 믿음의 원리로 말미암아 영감을 받는 것이다.

더 나아가, 구약의 종교의 윤리적 성격을 상징하는 것이 바로 할례다. 그러므로 여기서 할례에 대해 논의하는 것이 합당할 것이다. 과거의 신학자들은 다른 민족들이 할례를 시행한 사실을 그들이 이스라엘과 접촉한 사실을 통해서 설명하는 경향이 있었다. 그러나 이 견해는 더 이상 설득력이 없다. 할례는 에돔, 암몬, 모압 등, 이스라엘과 긴밀하게 접촉했던 여러 셈 족들만 행한 것이 아니라, 셈 족이 아닌 민족들 가운데도 광범위하게 이를 행하였다. 이집트인들 가운데도 할례가 존재했다. 아메리카의 부족들 중에서도, 남태평양의 섬들에서도 발견되었다. 할례는 아브라함의 시대 이전에 이미 존재한 것이 분명한 것이다. 그러므로, 우리는 할례가 그 전에는 전혀 모르던 상태에서 처음 아브라함에게 제시된 것이 아니라, 기존에 존재하고 있던 하나의 의식이 그의 가문에 제시되면서 새로운 의의를 지니게 되었다고 보아야 할 것이다. 그 의식은 어디서나 종교적인 의식이었다. 헤로도토스(Herodotos)는 이집트인들이 위생적인 수단으로 할례를 시행했다고 생각했는데, 그 견해가 후대에 와서 합리주의자들 가운데 지지를 받았다. 풍요한 생산을 위하고자 하는 것이 부차적인 동기로 작용했다고 보는 학자들이 아직 몇몇 있기는 하나, 헤로도토스의 견해는 현재 거의 지지를 받지 못하는 형편이다.

그 의식은 본래 부족의 증표였다. 그렇기 때문에 유아에게 행하지 않고, 자라서 청년이 되어 부족의 완전한 일원으로 받아들여질 때에 행해졌던 것이다. 그러나 부족이나 종족의 일원이 된다는 것은 종교와 밀접하게 관련되어 있었다. 어떤 이들은 할례를 하나의 제사로, 어쩌면 인간을 제물로 드렸던 행위의 잔재로 보기도 했다. 일부분을 잘라냄으로써 전체를 드리는 것을 표시했다는 것이다. 또 어떤 이들은 신에게 경의를 표하기 위하여 자기의 몸을 잘라내는 야만적인 풍습의 잔재로 보기도 한다. 그러나 이방인들의 할례와 관련해서도, 그런 풍습에 대한 증거가 전혀 없고, 이스라엘의 경우에는 절대로 그런 풍습이 없다. 구약은 인간의 몸을 해치는 어떠한 행위도 금하고 있고, 모든 제사에 대해서 절대적인 정결함을 요구한다. 그러나 할례란 단순히 부정한 것을 제거하는 것이었다. 이스라엘이나 이방인들의 할례 행위에는 부정함을 제거한다는 의식이 밑바탕에 깔려 있었던 것으로 보인다. 그 일은 의식의 영역(ritual sphere)에 속하는 일이었고, 이스라엘 바깥에서는 할례에 별다른 윤리적 영적 의미가 결부되지 않았던 것으로 보인다.

그러나 하나님의 의도는 그 할례 의식이 윤리적 영적 진리를 가르치는 일을 돕도록 하는 데 있었다. 그러나 명확히 진술하는 방식으로 돕는 것은 아니었다. 처음에는 할례가 스스로 교훈을 주도록 되어 있었다. 창세기 17장에서 하나님께서 아브라함에게 명령하신 내용은 모두가 외형적으로 행할 것들이었다. 그런데 출애굽기 6:12, 30에 의하면, 모세 시대에 와서는 그 의식이 은유적으로 사용되기 시작하였다. 곧, 말을 제대로 하지 못하는 결함을 제거하는 것을 의미하였던 것이다. 그러나 선지자를 통한 계시를 전망하고 있는 신명기에서는 할례의 개념이 완전히 영적인 영역에게로 전이된다. 레위기 26:41에서는 이스라엘 자손의 할례 받지 않은 마음이 낮아져야 할 것을 말씀하며, 신명기 10:16에서는 모세가 그 백성들에게 "마음에 할례를 행하라"고 말한다. 신명기 30:6에서는 그러한 사상이 약속의 형태를 취하여 나타난다: "네 하나님 여호와께서 네 마음과 네 자손의 마음에 할례를 베푸사 네게 마음을 다하며 뜻을 다하여 네 하나님 여호와를 사랑하게 하사 네게 생명을 얻게 하실 것이라."

이러한 사상은 선지서에서 더욱 발전된다. 예레미야는 이렇게 말씀한다:

"유다인과 예루살렘 주민들아, 너희는 스스로 할례를 행하여 너희 마음 가죽을 베고 나 여호와께 속하라"(4:4). 예레미야 역시 은유적으로 할례를 거론한다. 그러나 그는 "귀가 할례를 받지 못하였다"고 함으로써(6:10), 할례라는 단어를 하나님의 말씀을 듣지 않는다는 윤리적인 의미로 사용하기도 한다. 그는 이스라엘 백성에게 심판을 선언하는데, 그 이유는 그들이 애굽인들과 에돔 족속과 암몬 족속과 모압 족속처럼 "할례 받았으나 할례 받지 않은"(한글 개역 개정판은 "할례 받은 자와 할례 받지 못한 자를"로 번역함 — 역자주) 상태에 있기 때문이었다. 즉, 겉으로는 할례의 증표를 지니고 있으나, 마음의 할례가 없기 때문이라는 것이다(9:25, 26). 이러한 진술은, 이방인들에게는 할례가 순전히 외형적인 일이나 이스라엘에게는 그 이상의 의미를 지녀야 마땅하다는 것을 암시해 주는 것이다. 이와 비슷하게 에스겔도 여호와께서 이스라엘 자손이 마음과 몸에 할례 받지 아니한 이방인을 데려와서 성전을 더럽힌 사실을 책망하시는 것으로 묘사한다(44:7). 이러한 윤리적이며 영적인 해석이 율법과 선지자의 글들로부터 신약에게로 전수되었고, 우리는 바울에게서 그것을 다시 접하게 된다(롬 2:25-29; 4:11; 엡 2:11; 빌 3:3; 골 2:11-13).

할례에 대한 교리적 이해와 관련해서, 두 가지 사실이 의미심장하다. 첫째는 이삭의 출생 이전에 할례가 제정되었다는 것이고, 둘째는 할례에 수반되는 계시에서, 후손이 무수히 많을 것에 대한 두 번째의 약속만 언급된다는 것이다. 이 두 가지 사실은 할례가 번식의 과정과 관계가 있다는 것을 보여 준다. 번식의 행위 자체가 죄악되다는 뜻은 아니다. 구약 어디에도 그 행위 자체를 죄악된 것으로 보는 흔적은 전혀 없다. 번식의 행위가 아니라, 그 행위로 생겨나는 산물, 즉 **인간 본성**이 부정한 것이요, 따라서 인간 본성이 정결케 되고 자격을 갖추어야 하는 것이다. 할례를 이방인들처럼 장성한 청년에게 행하지 않고 출생한 지 8일 된 유아에게 행했던 것이 바로 그 때문이다. 인간 본성이 바로 그 근원에서부터 부정하고 무자격하다는 것이다. 결국 죄의 문제는 개개인에게만 해당되는 문제가 아니라 인류의 문제다. 그렇기 때문에, 자격을 갖추어야 한다는 사실을 구약이 특별히 강조할 수밖에 없었던 것이다. 구약 시대에는 하나님의 약속들이 주로 가까운 장래의 현세의 자연적인 일들을 지칭하였다. 그리하여 자연적인 혈통을 하나님의 은혜를 받는 자격으로 이해할 수 있는 위험이 생겼다. 그런데 육체적인 아브라함의 후손 이라는 사실이 참된 이스라엘 백성이 되는 충족한 요건이 아니라는 것을 할 례가 가르치는 것이다. 본성의 부정함과 무자격함이 제거되어야 한다는 것이다. 그러므로, 교리적으로 말해서 할례는 칭의(稱義)와 중생(重生), 그리고 성화(聖化)를 의미하는 것이라 하겠다(롬 4:9-12; 갈 2:11-13).

족장 이삭

이삭의 생애는 아브라함의 생애와는 날카로운 대조를 이룬다. 그런데 이 상스럽게 들리겠지만, 그러한 대조는 유사성에서 비롯된다. 아브라함의 역사는 독창적인 요소가 풍부하다. 그런데 이삭의 생애에서는 거의 매 장마다 이러한 독창적인 요소들이 반복되고 있는 것이다. 아내가 오랜 세월 자식을 낳지 못한 사실이나, 그랄에서 위험을 당한 것이나, 아비멜렉에게서 받은 대접이나, 두 아들들의 신분이 서로 달라지는 것이나, 이 모든 요소들이 우연으로 여기기에는 너무나 흡사하다. 비평학자들도 이 점을 놓치지 않았다. 그들 중 많은 사람들이 이삭은 에돔과 이스라엘 사이의 연합을 표현하는 역할을 해 주는 하나의 계보 상의 연결고리에 지나지 않는다고 생각한다. 설화(說話)를 이루는 독창적인 온갖 내용들이 아브라함에게 다 소비되었으므로, 이삭을 장식해 줄 무슨 새로운 내용이 남아 있지 않았다는 것이다. 그러나 만일 벨하우젠의 생각처럼 아브라함이 세 족장 가운데 마지막으로 생겨난 인물이라면, 이런 설명은 전혀 타당성이 없어진다. 딜만(Dillman)은 좀 더 다른 형태로 이 문제를 족보와 관련지어 해결하려 한다. 그의 논지에 따르면, 아브라함의 이주(移住)에는 다른 것들보다 본래의 풍속이 더 충실하게 보존된 요소들이 있는데, 그 설화가 그들 중의 대표자인 이삭을 아브라함의 생애의 특징이 되는 행위들과 경험들을 똑같이 다시 반복하는 것으로 묘사함으로써 그 사실을 상징화하였다는 것이다.

이런 논지에 대해서, 우리는 행위와 경험들이 비슷하다고 해서 그것이 생활 풍속과 양식들이 비슷하다는 것을 상징화하는 것은 아니라는 반론을 제기해야 할 것이다. 만일 그렇다면, 이삭이 아브라함이 거주했던 그곳에서 거주하는 것으로 묘사했더라면 그보다 훨씬 더 효과적이었을 것인데, 성경의 기사는 그렇게 묘사하지를 않는 것이다. 헹스텐베르크(Hengstenberg)는 이삭의 성품을 수동적이며 감수성이 강한 것으로 생각하여 다음과 같이 논평하고 있다: "아브라함의 강력한 개성이 그의 아들의 부드러운 성품에 얼마나 깊은 인상을 심어 놓았던지, 이삭은 심지어 아버지를 따라하는 것이 괘씸하게 여겨지는 문제에서까지도 아버지의 뒤를 따른다." 그러나 이는, 계시의 역사에서는 개인의 성품을 궁극적인 자료로 보아서는 안 된다는 원칙을 간과하는 것이다. 사람의 성품에서 계시가 나오는 것이 아니고, 오히려 성품이 계시의 필연적인 조건들에 의하여 미리 정해지는 것이다. 그러므로 만일 이삭의 이야기에 새로운 점이 없고 분명한 독창성이 결핍되어 있다면, 그 이유는, 그렇게 해서 계시의 어떤 중요한 원리를 표현할 필요가 있었기 때문인 것으로 보아야 할 것이다.

그 원리가 무엇이었는지는 델리취의 다음과 같은 진술에서 가장 잘 드러난다고 믿어진다: "이삭은 세 족장 중 가운데에 해당되는 인물이며, 따라서 중간의 인물로서 시종일관 능동적이기보다는 부차적이며 수동적인 면이 더 많다. 역사 과정에서는 대개 이러한 원리가 드러난다. 곧, 중간 부분의 역사가 그 시작보다 상대적으로 약하며, 역사가 리드미컬하게 움직여가는 부분에 속한 인물은 양쪽의 긴 것 가운데 끼여 있는 짧은 것에 해당한다." 그의 이러한 진술은 일반적인 역사에 관한 것인 것 같다. 우리로서는 구속사(救贖史)와 족장사(族長史)가 이를 전형적으로 보여주는 것으로 보고, 이 원리를 거기에 적용시키는 것으로 족할 것이다. 하나님의 구속 사역은 그 본질 자체가 세 가지 단계를 거친다. 그 시초에는 고도의 에너지와 생산성이 두드러지게 나타난다. 시초에는 모든 일들이 독창성을 띤다. 중간 단계는 고난과 자기 복종의 단계요, 따라서 수동적인 면을 보인다. 그리고 그 다음에 주관적인 변화의 에너지가 다시 분출하게 된다. 여기서 이삭이 이 가운데 중간 단계를 대변하는 것이다.

그러나 이 원리는 그저 이삭의 기사가 전반적으로 독창성이 결핍되어 있다는 점에서만 나타나는 것이 아니라, 이삭을 제물로 드리는 기사에서도 좀 더 적극적으로 나타난다. 아브라함의 믿음을 보여주는 한 가지 실례로서는 이에 대해서 이미 논의한 바 있으므로, 여기서는 그 기사의 객관적인 의의에 대해서만 관심을 갖기로 하자. 비평학자들 중에 창세기 22장의 기사를, 사람을 제물로 드리는 행위를 반대한 후대의 선지자적 자세를 — 그 당시에도 여전히 이스라엘 백성들 가운데 그런 행위가 간헐적으로 일어나고 있었다 — 뒷받침하기 위한 논쟁적인 목적을 지닌 것으로 해명하려고 시도한 사람들이 적지 않다. 그러나 그 기사에서는 논쟁적인 흔적을 전혀 찾아볼 수가 없다. 하나님께서 아브라함에게 이삭을 제물로 드리라고 명령하시는 기사는 인간을 제물로 드리는 제사가 원리적으로 정죄될 수 없다는 것을 명확히 암시하는 것이다. 그러므로 그런 비평적인 견해를 따르지 않도록 조심하는 것이 좋다. 왜냐하면 그런 비평적인 견해는 속죄를 뿌리째 뒤흔드는 것이기 때문이다. "피의 신학"(blood theology)을 지극히 야만적 타입의 원시 종교의 잔재로 여겨 거부하는 태도가 바로 그러한 기반 위에 서 있는 것이다.

또 다른 학자들은 여기에 하나의 저항이 있기는 하나, 인간을 제물로 드리는 것 그 자체에 대한 저항이 아니고, 자연을 숭배하는 동방의 종교 체계들에 만연되어 있던 그 구체적인 형식에 대한 저항이라고 보았다. 동방에서는 신들이 나고 죽는 것으로 믿었으며, 따라서 그 신들에게 헌신하는 자들은 그 신들과 교제하는 가운데 자기들 스스로를 죽여서 제물로 드릴 필요가 있었다는 것이다. 그러나 이 점도 성경의 기사에는 전혀 암시되어 있지 않다. 이삭을 제물로 드리라는 명령은 제사의 방식이 아니라, 오히려 제사의 근본적인 원리에 빛을 밝혀주고자 하는 의도를 지닌 것이다.

희생 제사는 구속의 사역에서 필수적인 위치를 차지한다. 이제까지는 구속의 사역이 거의 대부분 오로지 초자연적인 능력의 사역으로만 제시되었었다. 아브라함의 생애에서도 이 점이 가장 강력하게 강조되었었다. 그러므로 구속의 사역 전체를 표현하는 데에서 부족한 점이 생길 소지가 많았다. 하나님의 능력이 절대적으로 필수적이지만, 그것은 구속의 과정 중의 한 가지 면만을 담당하는 것이기 때문이다. 죄란 **도덕적인** 영역의 혼란이요, 이를 정상 상태로 돌리기 위해서는 하나님의 능력만이 아니라, 수동성, 고난, 속죄, 순종이 함께 요구되는 것이다. 성경의 모든 희생 제사는, 신앙의 회복을 위해서는 헌신(consecration)을 통해서든 대속(代贖: expiation)을 통해서든 생명을 하나님께 드리는 것이 필수적이라는 사상에 근거하는 것이다. 사람에게서 하나님께로 전해지는 것은 소유물로 간주되지 않는다. 혹시 상징적인 목적으로 이를 소유물로 간주하는 경우에도, 결국 그것은 언제나 **생명**을 드리는 것을 의미하는 것이다. 그리고 본래의 사상에서는, 헌신에 있어서도 대속에 있어서도 다른 생명을 드리는 것이 아니라 그 당사자 자신의 생명을 드리는 것이다. 이 사상의 밑바탕에 깔려 있는 두 번째 원리는, 사람이 비정상적인 관계에 있으므로 자기 스스로 자신의 생명을 취하여 드릴 자격이 없다는 것이다. 그리하여 대치(代置)의 원리가 여기서 개입하게 된다. 곧, 한 생명이 다른 생명을 대신하는 것이다.

이 두 원리를 간단히 진술하는 것은 여기서도 가능하지만, 그 성경적인 근거에 대한 증거는 모세 시대의 희생 제사의 체계를 논의할 때까지 기다려야 할 것이다. 여기서는 이 두 원리가 성경의 기사에 얼마나 분명하게 표현되는가를 관찰하는 것으로 족할 것이다. 하나님께서는 아브라함에게 생명을 드리라고 요구하신다. 그것도 그에게 가장 사랑스러운 그의 유일한 아들의 생명을 드리라고 하시는 것이다. 그러나 동시에, 여호와의 사자가 개입하여 수풀에 걸려 있는 숫양을 지적해 주는 일을 통해서, 한 생명으로 다른 생명을 대치시키는 것이 하나님께 용납된다는 것이 선언되는 것이다. 구약이 반대하는 것은 그런 식으로 인간의 생명을 제물로 드리는 것이 아니라, 죄악된 인간의 생명을 그대로 제물로 드리는 것이다. 모세의 율법은 전자에 속하는 일들을 아주 정교한 상징을 통해서 가르친다. 그러나 이 원시적인 처지에서는 그 일들이 더 한층 웅변적이고 현실적인 유의 상징법을 통해서 표현되고 있다. 그렇게 해서, 하나님의 창조적인 전능하심을 강조하면서도 그와 더불어 희생 제사의 필수성도 강조하는 것이다.

신약의 교리적인 가르침에서도 그 두 가지 요인들이 공존하며 또한 동시에 필수적이라는 흔적을 어렵지 않게 찾을 수 있다. 바울은 바로 이 이삭을 드리는 사건에서 빌려온 언어로 그리스도의 속죄를 거론한다(롬 8:32). 이 사건이 일어난 장소가 — 즉, 모리아 땅에 있는 어느 산(창 22:2) — 그 위치를 통해서 예루살렘 성전에서 행해진 제사 의례와 연결된다는 주장이 제시되어 왔다.

족장 야곱

야곱(혹은 이스라엘)의 역사 속에서 구체화되는 주요 원리는 삶의 주관적인 변화의 원리이며, 또한 거기에 신적인 요인의 생산적인 활동에 대한 새로운 강조가 나타난다. 야곱의 역사를 바로 읽기 위해서는 이 점을 반드시 염두에 두어야 한다. 세 족장 가운데 야곱이라는 인물이 가장 덜 이상적인 인물로 제시된다. 거부감이 가는 특징들이 다소 강하게 나타나는 것이다. 그러나 이런 현상은 바로 하나님의 은혜가 고귀한 덕성들에 대한 상급이 아니라, 오히려 그런 덕성들이 나타나게 하는 근원이라는 사실을 보여주기 위함이다. 인간의 죄를 극복하며 인간의 본성을 변화시키는 은혜가 이 계시의 기조(基調)를 이루는 것이다.

(1) 선택

이를 입증하기 위해서는 무엇보다도, 선택의 원리가 전면에 나타나며, 그것도 그 선택의 원리가 종족적이며 일시적인 면이 아니라, 개인적이며 영구한 의의를 갖는 면을 지닌다는 사실을 지적해야 할 것이다. 이 원리가 그 이전이 아니라 바로 이 시점에서 전면에 나타나야만 한다는 것을 미리부터(*a priori*) 기대할 수 있을 것이다. 선택이란 특별히 구속의 **적용**에 들어가는 원리다. 그러므로 세 족장 가운데 맨 마지막의 족장에게서 나타나야만 하는 것이다. 선택은 값없이 주어지는 은혜의 성격을 드러내는 의도를 지닌 것이다. 구속의 사역의 객관적인 부분에 관해서는 이 점을 강조할 필요가 거의 없다. 사람 자신이 속죄를 이루는 데에 아무런 기여도 하지 않았다는 사실이 자명하기 때문이다. 그러나 구속의 사역이 사람의 주관적인 영역에 들어가면 그 순간 명확한 면이 사라진다. 물론 그 원리가 거기에 작용한다는 사실은 조금도 감소되지 않지만 말이다. 그러므로, 은혜의 주관적인 혜택들을 받아들이고 그것이 작용하여 사람이 변화되어 가는 과정에서 그 개인이 어느 정도 결정적인 역할을 하는 것 같은 모습이 쉽게 나타난다. 그러나 아무리 조금이라도 이것을 인정하게 되면, 결국 하나님의 은혜의 단독적인 역사와 하나님의 영광을 그만큼 떨어뜨리게 되고 말 것이다. 그러므로 이 시점에서 명확한 선언을 통해서 그 선택의 원리를 영구히 안전하게 보존시키는 것이다. 그 원리는 아무리 세련된 심리학적 관찰로도 의심의 가능성이 전혀 없는 상태로는 절대로 간파해낼 수 없는 것이다.

이는 또한 족장사의 세 번째 부분의 시발점에서부터, 심지어 야곱과 에서가 출생하기 전부터, 그런 선언이 나오는 이유가 무엇인지도 해명해 준다. 그 이유는, 이 두 사람의 그 이후의 삶에서 — 물론 보통의 성도들의 삶에서도 어렵지 않게 입증되지만 — 분명하게 입증되듯이, 인간이 지닌 선(善)은 모두가 오로지 신적인 은혜의 열매이기 때문이다. 야곱은 에서와 비교할 때에 윤리적으로 비열한 점들을 드러내 보이지만, 그러나 하나님의 약속에 대한 영적인 깨달음에 있어서는 에서보다 월등하다는 사실이 확연히 드러난다. 이런 사실에서 생겨나는 모든 오해들을 불식시키기 위해서, 찬성이든 반대든 그 문제에 대한 논의 자체가 있을 수 없는 그런 시점에서 그 원리가 세워지는 것이다. 심지어 하나님의 주권적인 처사가 임의적이라는 비난을 받을 위험을 무릅쓰고서까지, 두 형제들의 출생 이전에 그 문제가 먼저 매듭지어지는 것이다.

사실 족장사 초기에도 이삭과 이스마엘의 출생과 관련하여 이와 동일한 교훈이 제시된 적이 있다고 생각할 수도 있을 것이다. 그때에도 선택이 결정적인 요인으로 작용했다는 것은 의심의 여지가 없는 사실이다. 그러나 그 당시는 약속의 후손을 생산해 내는 일에 초자연적인 역사가 개입되는 문제에 모든 것이 걸려 있는 처지였다. 자연적으로 자식을 생산할 수 있는 젊은 여자와, 또한 이미 죽은 것과 마찬가지인 늙은 여자의 대비가 중점이었다. 선택의 도덕적인 면을 드러내기 위하여, 사라가 자유로운 여자였고 하갈은 여종이었다는 사실을 부각시켰을 수도 있었으나, 하나님의 전능하신 역사라는 요인을 드러내기 위하여 자유한 여자와 여종 사이의 대조적인 면이 무시되었던 것이다.

반면에, 야곱과 에서의 경우에는 하나님의 절대적인 주권의 도덕성 문제를 희미하게 만드는 모든 요인들이 처음부터 제거되도록 모든 것이 조심스럽게 정리되고 있다. 두 아들 모두 같은 어머니에게서 출생하며, 더욱이 쌍둥이로 출생한다. 그리고 자연적인 우선권에 대한 생각을 배제시키기 위해서 형보다 동생이 선택되는 것이다. 이러한 선택의 정당성에 대해서는 하나

님의 주권적인 선택 이외에 다른 설명이 있을 수가 없다. 형이 동생을 섬길
것에 대한 진술은 일차적으로는 이스라엘 자손과 에돔 족속 사이의 종족적
인 관계를 지칭하는 것이다. 그러나 그것으로 그 진술의 의미가 다하는 것이
아니다. 구약 역사가 일반적으로 모형적인 의미를 지닌다는 것은 차치하고
라도, 신약에서 바울이 그 사건을 인용하여 개인의 선택의 원리를 세우는 것
이다(롬 9:11-13).

　여기서 주목할 사실은, 바울이 여기서 이 목적에 대한 계시가 하나님의 계
획에서 어떠한 목표를 이루었는지에 대하여 한 가지 설명을 덧붙인다는 것
이다. "택하심을 따라 되는 하나님의 뜻"이라는 문구가 그 다음의 "행위로
말미암지 않고 오직 부르시는 이로 말미암아"라는 말씀에서 해명된다. 이것
은 "행위로 말미암지 않고 은혜로 말미암아"와 같은 뜻이다. 곧, "부르심"이
라는 개념이 바울에게는 하나님의 단독 행위를 대변해 주는 것이다. 그러므
로 선택의 교리에 대한 계시가 은혜의 교리에 대한 계시의 역할을 한다 하겠
다. 하나님께서는 사람과 사람을 차별하시는 그의 주권적인 역사에 주목할
것을 촉구하시며, 오직 그의 은혜만이 사람에게서 나타나는 모든 영적 선의
근원이라는 진리를 정당하게 강조할 것을 요구하시는 것이다.

　성경에 의하면, 선택이란 결국 도저히 납득할 수 없는 하나의 맹목적인 운
명이 아니라, 시사되는 정도까지는 지적으로 인식할 수 있는 어떤 목적을 지
닌 것이다. 이런 점에서 선택은 이방인들이 말하는 운명과는 다르다. 운명은
공중에 매어달려 있는 하나의 비인격적인 신비요, 심지어 신들까지도 뛰어
넘는 것이다. 물론 여기서 관찰한 내용이 선택의 교리와 결부되는 모든 수수
께끼들을 다 해결할 수 있는 것은 아니다. 우리가 모르고 또한 알 수도 없는
선택의 다른 근거들이 얼마든지 있을 수 있다. 그러나 이 한 가지 이유는 우
리가 알고 있으며, 또한 그것을 앎으로써 우리는 동시에, 다른 어떠한 이유
들이 존재하든 간에 그것들은 하나님이 선택하시는 대상의 어떤 윤리적인
조건들이 그 선택에 공로로 작용하는 것과는 전혀 관계가 없다는 것을 아는
것이다.

　(2) 벧엘에서의 꿈-이상

그 다음으로 야곱의 생애에 중요한 계시의 요소가 나타나는 것은 그가 벧엘에서 경험한 꿈-이상이다(창 28:10-22). 야곱은 약속의 땅을 떠나는 여정 가운데 있었고, 더욱이 우상숭배와 세상적인 사상으로 오염되어 있는 한 가족을 향해 가는 중이었다. 그리고 그 가족의 죄악들을 모방하여 그 자신의 성품이 거기에 물들어버릴 소지가 많은 상황이었다. 그러므로 이런 시기야말로 하나님께로부터 임하는 개인적인 계시를 통해서 그가 주관적으로 하나님의 약속들의 영향 하에 있도록 할 필요성이 절실했던 것이다. 계시의 사건이 꿈의 형식으로 나타나는 것은, 앞에서 지적한 바와 같이 야곱의 영적인 상태가 아주 낮았음을 시사한다. 꿈에서 본 이상은 땅에 사닥다리가 세워져 있고, 그 끝이 하늘까지 닿았는데, 하나님의 사자들이 오르락내리락하며, 여호와께서 그 꼭대기에 서서 그에게 옛날의 약속들을 되풀이하여 말씀하시는 것이었다. 그 사자들은 야곱을 지탱시키고, 인도하며, 보호하는 일을 위하여 개입하시는 하나님의 역사하심을 수종드는 자들이다.

이것과 관련하여 **엘로힘**이라는 이름이 나타나는 것이 의미심장해 보인다. 더욱 친밀한 종교적 관계가 나타나는, 그 다음에 이어지는 진술에서는 **엘로힘** 대신 **여호와**가 나타나기 때문이다. 이를테면, 사자들이 야곱의 소원과 간청들을 들고 올라가며, 하나님의 은혜와 복을 가지고 그에게로 내려오는 것이라 하겠다. 딜만은 사자들이 내려오기 전에 올라가는 것이 먼저 언급된다는 점에 의미를 부여한다. 사자들은 야곱이 깨닫기 전부터 이미 야곱과 함께 있으면서 그를 위하여 일하고 있었다는 것이다. 이상(異像)에서 나타나는 이러한 분위기는, 족장 야곱에게서 이루어지는 주관적인 변화에서 갖가지 주관적인 경험들과 훈련의 사례들이 큰 역할을 담당한다는 사실과 일치한다. 그러나 이것은 그 이상의 의미의 일부분에 불과하다. 그 이상은 야곱의 미래의 삶을 재확신시키는 것이기도 하지만, 또한 여호와의 친밀하신 임재하심이 계속해서 그에게 있을 것을 보여주는 하나의 성례적인 의의를 지니는 것이기도 했다. 그는 이렇게 말했다: "이것은 다름 아닌 하나님의 집이요 이는 하늘의 문이로다"(창 28:17).

이 말씀들을, 마치 야곱이 하나님을 본성적으로 가나안 땅 내에만 계시는 것으로 생각하기라도 한 것처럼, 하나님께서 어디에나 계시고 또한 그 장소에서 활동하시는 것에 깜짝 놀랐다는 것을 암시하는 것으로 볼 필요는 없다. 거룩한 땅의 고유한 특성이 바로 구속적인 신적 현현들, 즉 하나님이 신적 현현을 통해서 나타나시는 일들에 있었다는 것은 앞에서 이미 살펴본 사실 이다. 야곱이 기이하게 여겼던 것은, 이런 신적 현현들이 비록 꿈 속이긴 했 지만 그럼에도 불구하고 하나님과 관계되는 내용이 나타났으며, 그의 유랑 길에도 그것이 따라왔다는 사실이었을 것이다. 그 옛날 이스마엘이 그랬던 것처럼 현재 아버지의 집에서 떠나 있었으나, 그러나 그는 이스마엘과는 달 리 약속들이 전수되게 될 신성한 기업을 물려받는 계보에서 벗어나 있는 것 이 아니었다. 그리고 그 약속의 핵심은 그가 어디로 가든지 여호와께서 항상 그와 함께 계신다는 사실에 있었다. 우리 주님께서도 친히 야곱의 이상에 대 해 이 두 번째의 더 깊은 해석을 제시하신 바 있다. 주님은 나다나엘에게 "하 늘이 열리고 하나님의 사자들이 인자 위에 오르락 내리락 하는 것을 보리라" 고 말씀하심으로써(요 1:51), 야곱의 이상을 통해서 표현된 하나님과의 교통 이 주님 자신의 삶과 사역 속에서 가장 고귀하게 성취되었음을 암시하신 것 이다.

이상이 끝난 후에 야곱은 한 가지 서원을 하는데, 그 서원이 그 이상 속에 포함된 두 가지 요소들을 하나로 합쳐주며, 그리하여 야곱은 결국 사자들의 사역을 통해서 여호와를 그 자신의 개인적인 소유와 섬김의 대상으로 받아 들이게 되었다. 영어 흠정역은 주절(主節)이 "then shall Jehovah be my God" (여호와께서 나의 하나님이 되실 것이요)라는 말로 시작하는 것으로 보며, 영어 개정역은 "then this stone" (이 돌이)으로 시작하는 것으로 보는데, 영어 흠정역을 따르는 것이 좋을 것이다(한글 개역 개정판도 영어 흠정역과 일치 한다 — 역자주). 이것이 족장사에서 서원을 행하는 것이 나타나는 유일한 사례다.

(3) 브니엘에서 행한 씨름

야곱의 역사와 관련되는 특수한 원리를 보여주는 세 번째 사건은 창세기 32장에 나타나는 것으로, 야곱이 약속의 땅으로 돌아가는 중에 낯선 사람과 씨름하는 사건이다. 그 사건은 굉장히 신비스럽다. 현대의 많은 해석자들은 그것을 신화의 성격을 띤 것으로 본다. 이 특정한 신화가 셈 족속의 부족들 가운데 다양한 형태로 나타나며, 또한 그 신화가 이 에피소드를 통하여 족장 야곱의 설화 속에 끼어드는 것이 분명하다는 식으로 주장하는 것이다. 야곱과 씨름한 그 낯선 인물은 과연 누구를 나타내는가 하는 질문에 대해서도 갖가지 답변들이 제시된다. 어떤 이들은, 그 인물은 그 땅의 수호신으로서 야곱이 그리로 들어가는 것을 문제 삼은 것이라고 한다. 또 어떤 이들은 그 이야기는 본래 야곱이라는 인물과는 전연 별개의 것으로, 태양이 겨울의 귀신 (the demon of Winter)과 더불어 겨루는 것을 묘사했던 것이라고 믿기도 한다. 또 어떤 이들은 그 이야기가 브니엘의 신당(神堂: shrine)의 신성함과 대중성을 설명해 주는 것이라고 생각한다. 다른 곳의 신당보다 그 신당을 더 많이 찾는 것은, 야곱이 거기서 신과 더불어 씨름하여 결국 신이 그에게 복을 내리셨기 때문이라는 것이다.

그 씨름에 대한 이러한 현대의 해석들은 모두가 그것을 순전히 육신적인 것으로 보는 것이다. 야곱이 그 낯선 인물보다 육체적으로 힘이 더 강했다는 것이다. 그런가 하면 지나치게 영적으로 이해하는 견해는 정반대의 극단에 빠져서, 이 사건을 순전히 영적이며 내면적이며 어쩌면 환상 속에서 일어났을지도 모를 사건으로 해석한다. 그러나 그 사건은 분명 육체적으로 경험된 사건이었음이 분명하다. 그 씨름으로 인하여 야곱에게 육체적인 흔적이 생겼기 때문이다. 그러나 반면에, 그 사건을 전적으로 육체적인 것만으로 볼 수도 없다. 육체적인 것만으로 보기에는 그 내용에 비현실적인 점들이 많으며, 또한 그 사건과 비교하기 위해 제시되는 이방인들의 신화들과는 너무도 다른 점이 많기 때문이다. 그 사건에 드리워져 있는 신비의 휘장은 그 사건에만 고유한 것이며 이방인들의 신화에서는 전혀 나타나지 않는다. 그 초기의 계시의 성격을 고려할 때에, 육체적인 면과 영적인 면이 나란히 나아갔던 것이 분명하다. 내적인 영혼의 싸움이 육체적인 씨름과 나란히 진행되었던 것이다. 그러나 이 두 면은 처음부터 마지막까지 계속해서 함께 나아갔다.

그런데, 외형적인 육체적 씨름과 내적인 싸움은 서로 반대되는 요소들로서, 먼저 육체적인 씨름이 있고 나서 내적인 싸움이 이어졌다는 그릇된 견해가 제시되어왔다. 그렇다면, 전반전은 야곱의 과거의 태도와 행실 전체를 상징하는 것이 되고, 야곱은 처음부터 행하여온 모든 행실들을 자기 앞에 놓고서 본성적인 부패의 상태 속에서 하나님과 씨름을 한 것이 되며, 또한 그가 그렇게도 끈질기게 그 씨름에 임하였으므로 하나님께서 모든 제재를 가하셨음에도 불구하고 그를 이기지 못하신 것이 되어 버리는 것이다. 그리고 이러한 하나님과의 잘못된 씨름은 야곱이 하나님의 약속들을 확보하기 위해 기울인 그 간교하고도 간사한 노력들을 상징하는 것이 된다. 그 사건은 그 약속들이 에서에게는 적대감을 불러일으켰고 또한 하나님께도 거슬림이 되었다는 것을 보여주었다고 한다. 이러한 의미를 지닌 그 씨름의 전반전은 새벽까지 계속되었고, 새벽에 이르러 하나님께서는 야곱의 허벅지 관절을 치셨는데, 그들은 이 일을 하나님께서 야곱으로 하여금 자신의 과거의 행동 방식을 바꾸도록 강제력을 발휘하신 것을 상징하는 것으로 본다. 야곱의 생애의 위기였던 에서와의 끔찍한 대면을 상징하는 것이었다. 이 일 후에는 육체적인 힘으로 하는, 즉 인간적인 노력으로 하는 씨름은 더 이상 없고, 그 대신 기도로 하는 씨름이 나타난다는 것이다: "당신이 내게 축복하지 아니하면 가게 하지 아니하겠나이다"(창 32:26). 이는 후반전을 이루는 것으로, 하나님의 은혜로 말미암아 순결해진 그 이후의 야곱의 삶을 의미하는 것이라고 하는 것이다.

이 해석은, 그 자체만 보면 상당히 매력이 있으나, 성경의 기사에 나타나는 분명한 의도와 전연 다른 방향으로 나아간다. 본문의 기사는 분명 허벅지 관절을 치신 것이 야곱으로 하여금 씨름을 포기하도록 부추기려는 것이 아니었고 오히려 더욱더 끈질기게 나아가도록 하기 위함이었던 것으로 이해하도록 이끌어간다. 그리고 야곱은 그러한 영웅적인 끈기 덕분으로 결국 그 낯선 인물에게서 복을 받는 것이다. 그러므로 초반전은 야곱의 책망할 만한 점들이 아니라 오히려 칭찬할 만한 점들을 상징하는 것이었다. 그 기사의 핵심은 도저히 어찌해 볼 수 없는 열악한 상황에서도 그가 끝까지 포기하지 않았다는 사실에 있다. 그리고 육체의 기력이 다 소진된 다음에 비로소 처음으로 기도에 의지했다는 말을 할 수가 없다. 이 견해에 대한 이와 같은 비판이 옳다는 것은 호세아 12:3, 5에 제시되어 있는 바 그 사건에 대한 영감된 해석에서 확증된다: "야곱은 … 천사와 겨루어 이기고 울며 그에게 간구하였으며

하나님은 벧엘에서 그를 만나셨고 거기에서 우리에게 말씀하셨나니, 여호와
는 만군의 하나님이시라." 여기서는 영적으로 서로 반대되는 의미를 지닌
두 단계의 씨름이 서로 대조를 이루는 것이 아니다. 전체의 씨름이 하나요
동일한 기조를 유지하고 있으며, 처음부터 끝까지 하나님 앞에서 행한 영웅
적인 처신의 영광스러운 모범으로서 칭찬받고 있는 것이다. 이 씨름은 하나
님의 은혜와 축복을 확보하기 위해서 야곱이 그의 본성의 더 나은 부분을 통
해서 행한 끈질긴 노력을 상징하는 것이었다.

이 기사를 믿음과 기도의 끈기를 보여주는 하나의 실례요, 이를테면 우리
주님이 수로보니게 여인과 대면하신 일의 구약적인 원형(prototype)으로 보
는 것은 지극히 합당한 일이다. 다만, 전체적인 면에서는 합당하나, 이렇게
바라보는 것은 구체적인 면이 부족하다. 야곱이 낯선 사람과 씨름했다고 말
씀하지 않고, 그보다 우선적으로 그 낯선 사람이 야곱과 씨름을 했다고 말씀
하는 것이다. 그러므로 우리는 야곱이 극복해야 했던 신적인 불쾌감의 요소
를 염두에 두어야 하며, 이 요소가 처음부터 마지막까지 그 사건 속에 개입
되었음을 기억해야 한다. 그리고 이러한 사실은 야곱이 기도할 때에 마음 자
세가 어떠했는지를 보여주며, 또한 그의 경험을 기도의 한 가지 모범으로 만
들어 준다. 그러나 일반적인 기도가 아니라 아주 특수한 종류의 기도의 모범
이 되는 것이다. 여기서 우리가 실례로 보는 기도는 죄 용서를 위한 기도요,
죄로 말미암아 야기된 하나님의 불쾌하심을 제거하기 위한 기도였다. 그리
고 이에 따라서, 그가 갈구하여 얻은 복도, 죄 용서의 복이요 또한 하나님과
의 정상적인 관계가 회복되는 복이었다. 그 사건을 통해서 야곱은 약속된 기
업이 오직 죄 용서와 또한 정결케 된 양심을 기반으로 해서만 얻어질 수 있
다는 것을 배운 것이다.

이 사건을 통해서 이루어진 변화는 그의 이름이 야곱에서 이스라엘로 바
뀌는 일에서 표현된다. 야곱은 "발꿈치를 취하는 자"라는 뜻이며, 이스라엘
은 "하나님과 씨름하는 자"라는 뜻이다. 그러나 이렇게 이름이 엄숙하게 바
뀌었음에도 불구하고 야곱과 이스라엘이라는 두 이름이 그 이후의 기사에서
계속 나란히 사용된다. 아브라함의 경우에는 그렇지 않았다. 그러나 아브라
함은 객관적인 영역에서 일어난 변화를, 하나님께서 부여하신 운명을 나타

내기 위해 주어진 새 이름이었고, 따라서 거기에는 퇴보나 불완전한 요소가 있을 수 없었다. 그러나, 주관적인 영역에서 일어나는 변화의 경우에는 옛 사람의 모습이 완전히 제거되는 일은 절대로 없다. 과거에 야곱에게 부패성과 나란히 영적인 요소가 있었던 것처럼, 그 사건 이후에도 여전히 옛 사람의 흔적이 남아 있었던 것이다. 그렇기 때문에 하나님께서는 심지어 노년에 이르기까지도 야곱이 계속해서 환난의 징계를 당하게 하신 것이다.

제 8 장

모세 시대의 계시

이 부분은 다음과 같이 분리하여 다루는 것이 가장 좋을 것이다.

1. 구약 계시에서 모세가 차지하는 위치
2. 모세 시대의 계시의 형식
3. 모세의 계시의 내용

1. 구약 계시에서 모세가 차지하는 위치

모세가 과연 구약의 종교의 발전에 두드러진 역할을 담당했다고 말할 수 있느냐 하는 것은 그 문제를 접근하는 철학적 · 문학적 · 비평적 관점 (philosophico-literary-critical standpoint)에 달려 있다. 벨하우젠 학파로서는 전통적으로 모세가 담당한 것으로 보아온 역할을 8세기의 위대한 선지자들의 것으로 보는 것을 전제로 삼고 있기 때문에, 종교적 발전의 한 주역으로서의 모세의 중요성을 폄하하지 않을 수가 없었다. 그리하여 그들은 모세가 아니라 8세기의 선지자들이 구약 종교의 독특하고 영구한 가치를 지니는 것, 즉 윤리적 유일신 사상을 창안해낸 것으로 보았다. 그리고 모세는 유일신론자도 아니었을 뿐 아니라 영적 존재로서의 하나님에 대해서도 개념조차 없었다고 하였다. 벨하우젠 학파는 모세오경의 율법적인 내용과 역사 기술 내용들은 물론 십계명 조차도 모세 시대보다는 훨씬 후대에 나온 것으로 간주했다. 모세가 여호와를 자기들의 동맹의 수호신으로 여겨 그에 대한 숭배를 중심으로 몇몇 히브리 부족들을 결속시켰다고 보지만, 이 신에 대하여 과거부터 가져오던 개념과 질적으로 다른 어떤 신 개념을 발전시킨 적이 없다고 주장하였다. 그 부족들이 새로이 받아들인 그 신과 그 부족들의 관계가 윤리적 원리들에 기반을 둔 것도 아니었고, 윤리적 목적들을 위하여 계발된 것도 아니었다는 것이다.

이러한 진술들을 보면, 그런 견해를 주장하는 자들이 모세가 이스라엘의 종교적 전통에서 그렇게 현저하게 두드러지는 사실을 합리적으로 해명하기가 얼마나 어려웠을지를 곧바로 알 수 있을 것이다. 사실 어떤 이들은 그런 해명이 불가능하다는 것을 인식하고서, 모세라는 인물과 관련된 모든 내용이 족장들에 못지않게 비역사적이라고 결론짓기도 한다. 모세라는 일파(一派)는 있었을 수도 있으나, 그 이름을 가진 사람은 존재한 적이 없다는 것이다. 애굽 — 곧, 미츠라임 — 으로부터 해방된 사실도, 모세 일파가 북 아라비아의 한 지역인 미츠림에서 이주한 것을 지칭하는 것으로 바꾸어 버린다. 체인(Cheyne)이 그렇게 주장하는데, 그의 주장에 대한 상세한 내용은『성경 백과 사전』(Encyclopaedia Biblica)에 실린 글을 참조하라.

물론 벨하우젠 학파의 대다수는 이런 극단적인 견해를 취하지 않는다. 그들은 전설의 시대가 끝나고 역사의 시대가 시작되는 경계선을 모세 시대로 잡는다. 그리하여 그들은, 모세가 어떻게 해서 전통적으로 그의 것으로 인정되어온 그 탁월한 종교적 지도자의 위치에 오르게 되었는가 하는 질문에 대해 어떤 식으로든 답변을 시도하지 않을 수가 없었다. 한 가지 흔하게 제시되는 답변은, 모세가 정치적 지도력을 발휘하여 훗날 더 고차원적인 영적 종교가 세워질 수 있는 토대를 세워놓았다는 것이다. 그러나 그렇게 본다면, 모세는 자기가 알고 있던 것보다 더 나은 것을 세운 것이 되고 만다. 종교적으로 새롭고 더 나은 어떤 것을 만들어낼 의도가 없었으니, 그의 일에서 비롯되는 그 결과들도 그의 덕택일 수가 없는 것이다. 그리고 후대의 더 고차원적인 조건들이 실제로 모세의 정치 활동의 결과들이었다는 논지 그 자체부터가 증명을 필요로 하는 문제다. 그 칭찬이 자자한 모세의 정치적 지도력이 시간이 경과하면서 정확히 어떤 식으로 삶의 도덕적인 수준을 높이게 되었고 또한 거기서부터 더 나은 신(神)이 나올 수 있게 되었는가 하는 것이 성

공적으로 밝혀진 사실이 전혀 없는 것이다.

　때로는, 모세가 여호와의 이름으로 시행한 그 위대한 구원의 역사들로 인하여, 백성들의 의식 속에 그의 종 모세를 통하여 그들을 위해서 이 모든 일을 행한 그 여호와 신에게 충성을 다해야 한다는 사고가 자리잡게 되었고, 이러한 충성심이 큰 지렛대의 역할을 하여 훗날의 정신적 지도자들이 이스라엘 종교를 도덕성을 지닌 것으로 만드는 데 성공을 거두게 되었다는 주장도 제기된다. 그러나 이런 주장은 말로만 문제를 해결하는 것일뿐, 실제로는 아무것도 해결하는 것이 없다. 다른 종족들도 이와 비슷한 구원의 경험들이 없이 살았을리도 없고, 거기에 합당한 충성심이 전혀 없었을리도 없다. 그런데도 그들의 경우에는 이처럼 윤리적 수준을 높이는 결과들이 전혀 나타나지 않는다. 물론 이스라엘 백성들의 경험들은 범상한 것이 아닌 정말 놀라운 것이었고, 따라서 그저 평균 정도의 행운들을 누린 다른 민족들의 경우보다 그 결과도 더 컸으리라는 것은 사실이다.

　그러나 이런 식으로 논지를 전개하는 것은 이스라엘의 경우 초자연적인 요인이 작용했다는 것을 인정하는 것과 흡사한 아주 위험한 결과를 초래하는 것인데, 그렇게 되면 그것은 바로 비평학자들이 온갖 주장들을 통해서 회피하고자 애쓰는 그것을 도로 인정해버리는 꼴이 되는 것이다. 결국 충성심이란, 윤리적인 면에서 생각해 보면 하나의 중립적인 개념이다. 구원을 얻은 사실에 대한 보답으로 어떤 신에게 충성한다고 해도, 그 신에게 윤리적인 성격을 부여하지 않는 이상 더 고차원적인 윤리적인 종교로 이어질 수가 없는 것이다. 사람들로 하여금 그 신의 명령들을 철저하게 준수하게 할 수는 있을지 모르나, 그 명령들의 본질을 비윤리적인 것에서 윤리적인 것으로 바꾸어 놓지는 못하는 것이다.

　동일한 문제점 ― 이는 비평학파의 견지에서는 근본적인 문제점이다 ― 의 해결을 위하여 제시되는 또 다른 답변에 대해서도 동일한 비판이 그대로 적용된다. 곧, 모세가 이스라엘 백성으로 하여금 스스로 선택하여 여호와를 그들의 신으로 취하도록 했는데 바로 그때에 모세는 이스라엘의 종교의 토양에 윤리적인 열매를 내는 씨앗을 심어 놓은 것이라는 답변이 그것이다. 여호와와 이스라엘은 본래부터 함께 속해 있지 않았다. 그러므로 모세가 세운 종교는 자연적으로 발생한 종교가 아니라 자유로운 선택에 의해 세워진 종교라는 것이다. 이런 답변에 대해서는, 윤리적 고려에서 생겨난 것이 아닌 그런 식의 자유로운 선택은 종교사학파의 시각에서는 별 가치가 없는 것이라는 점을 지적해야 할 것이다. 그런 선택을 하도록 만든 동기들이 무엇이냐 하는 것에 모든 것이 달려 있는 것이다. 자유로운 선택이란 의로운 신들과 의로운 사람들이 속에서 함께 태어나는 어떤 신성(神性) 같은 것이 아니다. 자유로운 선택 자체에는 영적인 의미가 없는 것이다. 이런 설명을 제시하는 학자들은 자유 선택을 칭송하는 펠라기우스주의적인 경향을 무의식적으로 취하여 그것으로 논지를 주도해 가는 것 같아 보인다.

더 나아가서, 이 학자들은 모세 시대에 그 백성들에게 요구한 자유로운 선택이 이스라엘에게 실질적으로 자유로운 종교를 만들어 놓았다는 것은 인정하기를 꺼린다. 그들 중 어떤 이들은 그 시대에 여호와와 이스라엘 사이에 자유로이 맺어진 베리트 같은 것이 과연 있었는지에 대해서도 의심한다. 그리고 실질적으로 그들 모두가, 종교적 관계 전체가 필연적인 관계였고, 여호와나 이스라엘이나 서로에게 똑같이 묶여 있었다고 주장하는 것이다. 마지막으로, 종교사(宗敎史)를 보아도, 다른 그룹들이 자유로운 선택과 흡사한 방식을 따라서 새로운 신들을 취하거나 공동으로 취한 경우들이 전혀 없는 것은 아니다. 종교적 혼합주의(syncretism)가 언제나 무의식적이거나 의무적인 과정이었던 것만은 결코 아니었는데도, 거기에서 윤리적인 결과들이 전혀 뒤따라 나온 적이 없는 것이다.

모세의 두드러진 위치

이제 우리는 처음부터 모세가 이스라엘의 종교적 의식 가운데서 가장 두드러진 위치를 차지했다는 점을 입증해야 할 것이다. 이 일은 모세오경의 저작권과 저작 시기에 대한 온갖 혼란스러운 논지들을 비롯한 모세오경 비평의 미로(迷路) 속에 들어가지 않고서도 얼마든지 수행할 수 있다. 모세는 논란의 여지 없이 가장 오래된 모세오경의 이야기들 속에 그 백성의 위대한 종교적 지도자로 서 있다. 그리고 비평학자들의 주장에 근거해도, 그 이야기들은 그 기록된 형태로도 8세기 선지자들보다는 더 오래된 것이다. 그러니 구전(口傳)으로 통용되던 형태로는 그보다 훨씬 더 오래되었을 것이 분명한 것이다. 가장 이른 시기의 기록 선지자들(writing prophets)인 아모스와 호세아의 글에서도 모세가 최고의 위치를 차지하고 있다. 호세아는 이렇게 말씀한다: "여호와께서는 한 선지자로 이스라엘을 애굽에서 인도하여 내셨고 이스라엘이 한 선지자로 보호받았거늘"(호 12:13). 아모스도, 물론 이름을 언급하지는 않지만, "애굽 땅에서 인도하여 올리신 모든 족속"이라는 말씀(암 3:1)에서 모세를 거론하고 있음이 분명하다. 그리고 이 구속의 행위가 윤리적 목적과 연관되었다는 것을 그 다음 말씀에서 보여준다: "내가 땅의 모든 족속 가운데 너희만을 알았나니, 그러므로 내가 너희 모든 죄악을 너희에게 보응하리라"(암 3:2; 참조. 사 63:11; 렘 15:1).

계속해서 펼쳐져가는 계시의 체제 속에 모세를 집어넣고 보면, 그의 진정한 내적인 의의가 여러 방향에서 분명히 드러난다. 우선 그는, 과거를 회고하는 관점에서(retrospectively) 바라보면, 족장들에게 주어진 위대한 약속들을 일차적으로 성취시키는 데에 — 최소한 외형적이며 임시적인 의미로 성취시키는 데에 — 도구로 쓰임을 받았다. 이스라엘이 사실상 큰 민족이 되었는데, 그것은 그들의 인구가 급속히 증가했기 때문만은 아니었다. 모세를 통하여 구성된 조직이 그들 모두를 민족적으로 결속시켰던 것이다. 또한 모세는 약속의 땅의 경계에 이르기까지 그들을 인도하였다. 세 번째 약속(족장 아브라함에게 주신 "땅의 모든 족속이 너로 말미암아 복을 얻으리라"는 약속 — 역자주)에 대해서는, 모세가 부정적인 방식으로만 그 성취에 기여했다는 점을 인정해야 할 것이다. 실제로 이스라엘로부터 모든 족속들에게로 복이 전해지기에 앞서서, 이스라엘과 다른 족속들 간의 근본적인 차이, 즉 참 종교와 이방 종교 간의 본질적인 차이가 분명히 드러나는 일이 무엇보다 절실히 필요했던 것이다. 그런데 이 일이 모세가 일으킨 이스라엘과 애굽 사이의 갈등을 통해서 이루어진 것이다. 후에 살펴보게 되겠지만, 이 갈등은 민족적이며 정치적인 영역에만 피상적으로 한정되었던 것이 아니라 그보다 더 깊은 종교적 원리들에서 흘러나온 것이었다. 그러므로, 물론 부정적인 방식을 따르긴 했으나, 모세가 그 세 번째 약속의 성취를 위하여 길을 예비하는 역할을 담당했다는 것은 부인할 수 없는 사실인 것이다.

미래를 전망하는 관점에서(prospectively) 생각할 때에도, 모세는 구약의 종교적 발전에 주도적인 위치를 차지한다. 그는 뒤이어 나오게 될 선지자들의 머리에 설 뿐 아니라, 미리부터 그들 위에 서는 인물이다. 그의 권위는 그 이후의 시대들에까지 미친다. 후대의 선지자들은 무언가 새로운 것을 창안해내는 것이 아니라, 그저 무언가 새로운 것을 예언할 뿐이다. 모세가 선지자들과 같은 부류에 속할 수 있다는 것은 사실이다(신 18:18, "너와 같은 선지자 하나"). 그러나 선지자들 스스로가 모세의 독특한 위치를 분명히 의식하고 있다. 그들은 모세의 사역을 자기들의 사역과 동일 선상에 있는 것으로 보지 않고, 오히려 말일에 여호와께서 그의 백성들을 위해 행하실 것으로 기대되는 그 엄청난 종말론적인 역사(役事)와 관련되는 것으로 보았다(참조. 사 10:26; 11:11; 63:11, 12; 렘 23:5-8; 미 7:15). 민수기 12:7에 따르면, 모세는 하나님의 온 집 위에 세워진 인물이었다. 모세라는 인물이 유례가 없을 정도의 모형적인 성격을 띠는 것은 그와 그의 사역이 갖는 이러한 전망과 전적으로 일치하는 것이다. 그를 가리켜 구약의 구속자라 불러도 무방할 것이다. 신약에서 구속을 묘사하기 위해 사용되는 거의 모든 용어들이 그의 시대에까지 거슬러 올라갈 수 있는 것들이다. 모세의 사역에 나타나는 바 계시의 말씀들과 구속의 행위들 사이의 긴밀한 연관성은 오로지 그리스도의 생애에서만 그 유례가 나타나는 것이다. 그리고 모세의 행위들은 고도로 초자연적이며 이적적인 행위들이었다. 모세가 그리스도에 대하여 이처럼 모형의 관계를 갖는다는 사실은 그리스도의 구원 사역과 관련하여 흔히 제시되는 세 가지 직분들(즉, 선지자직, 제사장직, 왕직 — 역자주) 하나하나에서 쉽게 추적해 낼 수 있다. 신명기 18:15의 "선지자"는 메시야에서 절정에 도달하는데, 그는 바로 모세와 "같은" 자다. 모세는 아론 가문의 제사장 제도가 제정되기 전 옛 베리트가 수립될 때에 제사장적 기능을 수행하였다(출 24:4-8). 우리 주님은 성찬을 제정하시고 새 디아테케를 수립하실 때에 이것을 하나의 모형적인 일로 언급하신다(눅 22:20). 그리고 이스라엘이 금송아지 사건으로 인하여 죄를 범하자, 모세는 이스라엘을 위하여 간구하면서, 죄 지은 자들이 받을 형벌을 대신 받고자 자기 자신을 드렸다(출 32:30-33). 모세가 그 당시에 왕적인 인물로 불릴 수 없었던 것은 물론이다. 여호와께서 홀로 이스라엘의 왕이시기 때문이다. 그러나 그럼에도 불구하고 모세는 율법을 제정하는 역할을 통해서 그리스도의 왕 직분을 예표(豫表)하였던 것이다.

이 모든 사실은 이스라엘 백성이 모세와 유지하게 된 그 독특한 관계 속에 잘 반영되어 있다. 심지어는 이 관계를 믿음과 신뢰의 관계로 묘사하기도 한다(출 14:31; 19:9). 바울은 이스라엘 백성들과 모세의 이런 관계가 그리스도인들과 그리스도의 관계와 유사하다는 점을 놓치지 않고, 이렇게 말씀하고 있다: "우리 조상들이 다 구름 아래에 있고 바다 가운데로 지나며 모세에게 속하여 다 구름과 바다에서 세례를 받고"(고전 10:1-3). 세례 시에 그리스도의 구주 되심(saviourship)에 근거하여 신자와 그리스도 사이에 친밀한 관계가 세워지는 것과 마찬가지로, 모세를 통하여 일어난 그 신적 구원의 권능의 역사들로 인하여 그와 이스라엘 사이에 믿음과 신뢰의 관계가 확립되었던 것이다. 또한, 예수님의 사역 중에도 믿음과 불신앙이 두 가지 결정적인 요인이었던 것처럼, 광야의 여정 중에도 믿음과 불신앙의 큰 드라마가 연출되어 백성들의 운명을 결정지었던 것이다(히 3, 4장).

2. 모세 시대의 계시 형식

여기서 우리는 모세에게 직접 전해졌고 그를 통하여 전해진 계시와, 그의 시대에 등장하였으나 그를 통해서 직접 전해진 것은 아닌 그런 계시의 형식들을 구별해야 한다.

모세가 담당했던 중요한 역할에 걸맞게, 그와 하나님 사이에 특별히 분명하고도 직접적인 교류가 있었음을 보게 된다. 모세만큼 여호와와 직접적이며 지속적인 교통을 갖는 특권을 누린 선지자는 없었다. 이런 점에서도 모세는 그리스도의 예표였다 할 것이다. 그리스도께서 성부 하나님을 가장 직접적으로 끊임없이 바라보심으로써 ― 그와의 간헐적인 교통을 통해서가 아니라 ― 아버지를 계시하시듯이, 모세도 ― 물론 그보다 낮은 수준이기는 하지만 ― 그 이후의 그 어떠한 선지자보다도 하나님께 가까이 서 있었고, 그의 말과 행동에서 하나님의 대변자 역할을 더 많이 담당한 것이다. 모세와 또한 아론과 미리암이 서로 구별되는 사실이 민수기 12장에 나타나고 있다. 여기서 모세는 "내 종 모세"라 불리는데, 이는 그저 허드렛일을 맡아 하는 노예라는 뜻이 아니라, 주인이 행하시는 모든 일을 다 맡아서 행하는 책임 있는 종이라는 고귀한 의미를 지니는 것이다. 그는 하나님의 온 집에서 충성을 다한 사람이다. "여호와의 종"이라는 이 명칭은 후에 이사야의 예언에서 메시야에게 주어지는 명칭이다. 모세는 이 이름에 암시되어 있는 그 독특한 특권을 인식하고 있었던 것이다(출 33:12).

　모세의 이러한 하나님과의 친밀한 관계와 또한 그 결과로 그가 누린 그 존귀는, 그가 산 위에서 40주야를 하나님과 함께 지낸 후 그의 얼굴에 하나님의 영광이 반사되어 나타난 사실에서 충격적으로 상징된다(출 34:29 이하). 바울은 고린도후서 3장에서 그 영광의 위대함을 인식하면서도, 새 **디아테케** 아래에 있는 그 자신의 직분의 영광과 비교하여 모세의 직분의 영광에 제한성이 있음을 지적하고 있다. 모세오경 자체도 이러한 제한성을 인식하고 있다. 출애굽기 33:17-23에 의하면, 모세는 하나님의 "얼굴"은 보지 못했고, 다만 의인화법으로 그의 "등"만을 보도록 허락받았다. 이것은 민수기 12장에서 모세가 **테무나**, 즉 여호와의 "형상"을 본 것으로 말씀하는 것(8절)과 모순이 아니다. "형상"은 "얼굴"과 같은 것이 아니기 때문이다. 하나님께서 모세와 "대면하여"(얼굴과 얼굴을 마주하여) 말씀하였다고 말씀하는 것도 사실이다(출 33:11). 그러나 "대면하여"란 "입에서 입으로"와 같은 의미를 지닌 부사구로서, 절대로 하나님의 얼굴을 보는 것과 동일한 것이 아니다(민 12:8). 또한 출애굽기 34:5의 "그와 함께 거기 서서 여호와의 이름을 선포하실새"라는 말씀과, 출애굽기 33:18, 19의 "원하건대 주의 영광을 내게 보이소서 … . 내가 내 모든 선한 것(이는 아마 "아름다움", "사랑스러움"이란 의미일 것이다)을 네 앞으로 지나가게 하고 여호와의 이름을 네 앞에 선포하리라"라는 말씀을 비교해 보라. 또한 출애굽기 24:10에서, **베리트**를 맺은 후에 이스라엘의 하나님을 "보기" 위하여 모세가 다른 이들을 데리고 산 위로 올라갔을 때에도, 그들이 실제로 본 것은 하나님의 얼굴이 아니고, 이를테면 하나님의 "발"이었다. 이것은 하나님의 "등"이라는 표현과 같은 것이다(출 33:23).

직접 모세를 통하여 전해진 것은 아니나 모세의 사역과 연관되어 주어진 계시의 형식들은, 구름 기둥과 불 기둥, 여호와의 사자, 여호와의 이름, 여호와의 얼굴 등, 모두 네 가지다. 이것들은 신적인 임재의 영구성을 표현하며, 따라서 나타났다가 곧바로 다시 사라지는 형식을 취했던 족장 시대의 신적 현현들과 이런 점에서 구별되는 공통점을 지니고 있다. 인류와 갖는 일반적인 신적 교통이라는 넓은 맥락 속에 집어넣기만 해도, 그것이 얼마나 의미심장했는지를 이해할 수 있을 것이다. 타락 이전에는 동산의 사람에게 하나님의 임재하심이 계속 함께했었다. 타락 이후에도 이것이 어느 정도 지속되기는 했으나, 옛날의 은혜로운 형식은 아니었다. 하나님의 동산 오른쪽에 보좌가 그룹들과 함께 여전히 서 있었다. 하나님께서는 에녹과도 함께 동행하셨다. 그런데 홍수와 더불어 모든 것이 바뀌었다. 이를테면, 하나님께서는 이 성례적인 계시의 임재(sacramental revelation-presence)를 하늘 속으로 물러가게 하신 것이다. 그러나 이것은 비정상적인 상태였다. 왜냐하면 하나님께서 사람과 나누시는 모든 교제의 궁극적인 의도는 바로 그 자신이 그의 백성들과 함께 거하시고자 하는 데 있었기 때문이다. 결국 그때부터 모든 계시는 이 의도를 실현시키는 데에로 나아가는 것이다. 족장 시대의 신적 현현들은 그 초기 단계의 실현으로 보아야 한다. 그러나 그 실현은 부분적인 실현에 불과했다. 그 임재하심은 이따금씩 간헐적으로 나타났고, 몇몇 택함 받은 사람들에게만 주어졌으며, 역사의 커다란 전환점들에 한정되어 주어졌으며, 또한 깊고깊은 신비 속에 가려져 있었던 것이다. 그런데 모세 시대에 와서는 모든 면에서 이것과는 반대되는 역사가 나타나는 것이다.

구름 기둥과 불 기둥

구름 기둥과 불 기둥에 대해서는 다음의 본문들에서 읽을 수 있다. 출애굽기 13:21, 22에서는 여호와께서 그 현상 속에 계셨고 또한 그것이 백성들 앞에서 떠나지 않았다는 사실이 명확하게 진술되고 있다. 그 후에는 그 기둥이 이스라엘 백성들 뒤로 위치를 바꾸어, 홍해를 건너기 전 그들을 추적하던 애굽의 군대들과 그 백성들 사이에 서 있게 된다(출 14:19, 20). 여호와께서는 그 기둥을 통해서 애굽 군대를 보시고 그들을 어지럽게 하시며(출 14:24), 백성들이 하나님의 임재하심에 대해 의심하여 투덜거릴 때에는 여호와의 영광이 구름 속에 나타나기도 하는 것이다(출 16:10). 그 다음 시내산에서 율법을 주실 때에 구름이 여호와를 드러내는 것을 보게 되는데, 그 구름을 가리켜 "불"이라 부른다. 물론 이 경우에는 기둥에 대해서는 아무런 언급이 없다(출 19:9, 16, 18). 출애굽기 24:16에서는 시내산 위에 있던 이 동일한 구름이 여호와의 영광을 담은 것으로 다시 언급되며, 그 모양을 가리켜 "맹렬한 불 같다"고 묘사되며(17절), 또한 모세가 그 구름 속으로 들어간다(18절). 이 일 뒤에 우리는 출애굽기 33:9에서 기둥을 다시 만나게 되는데, 거기서는 구름이 내려와(산 위로부터, 혹은 하늘로부터?) 모세가 임시로 쳐놓은 장막 문에 서며, 그동안 백성들 모두가 그의 장막 문 앞에서 예배한다(10절). 출애굽기 34:5에 의하면, 여호와께서 구름 가운데서 하늘로부터 시내산 위에 강림하신다. 소위 말하는 **셰키나**, 즉 성막과 성전의 지성소 안의 영광이 이 모든 일의 연속이었을 개연성이 아주 높다. 사실상 영구성이라는 특징이 그렇게도 강조된다는 사실이 이를 거의 요구하는 것이다. 그러나 이에 대해서는 후에 성막에 대해 다룰 때에 논하게 될 것이다.

여호와의 사자

여호와의 사자에 대해서는 출애굽기 2:3에서 처음 접하게 되는데, 거기서 그는 떨기나무 불꽃 가운데서 모세에게 나타났다. 그가 하나님과 동일하다는 사실은 하나님이 모세를 떨기나무 불꽃 가운데서 불러내셨다는 데에서 드러난다. 그 다음에는 출애굽기 14:19에서 그가 언급되는데, 여기서는 그가 이스라엘 진 앞에 있다가 구름 기둥과 함께 진 뒤로 옮겨간다. 출애굽기 23:20, 21에서는 그에 관하여 공식적인 한 가지 약속이 주어진다. 그가 이스라엘과 동행하리라는 것이다: "내가 사자를 네 앞서 보내어 길에서 너를 보호하여 너를 내가 예비한 곳에 이르게 하리니, 너희는 삼가 그의 목소리를 청종하고 그를 노엽게 하지 말라. 그가 너희의 허물을 용서하지 아니할 것은 내 이름이 그에게 있음이라." 여기서는 물론 "사자"라고만 언급되어 있으나, 이 본문의 전체적인 기조로 볼 때에 이를 그저 일반적인 천사를 가리키는 것으로 볼 수는 없다. 칠십인역이 이를 "내 사자"로 읽는 것을 보면, 이 형식(접미사를 붙인)이 본래 히브리어 본문에도 있었던 것으로 추정할 수도 있을 것이다. 본문의 진술에서 우리는 그 사자의 기능이 그 백성을 가나안으로 인도하는 포괄적인 것이었음을 알 수 있다. 더 나아가, 그를 대적하여 죄를 범하는 일에 대한 언급에서, 그가 하나님과 동일한 분이라는 것도 배우게 된다. 한편, 출애굽기 32:34에서는 "내 사자"를, 33:2에서는 "한 사자"(an angel)와 만나게 된다. 본문 전후의 정황으로는 그럴 수밖에 없다. 사자를 보내는 일은 여호와께서 친히 그 백성과 함께 가시겠다는 본래의 약속을 철회하는 것으로 나타나는 것이요(출 33:3–5) 또한 "여호와의 사자"를 보낸다는 것은 여호와 자신이 함께 가시는 것보다 못한 것일 수가 없었기 때문이다. 하나님께서는 모세가 계획을 변경시켜 주시기를 간곡히 간구한 후에야 비로소 본래의 약속을 지키시기로 하신 것이다: "내가 친히 가리라 내가 너를 쉬게 하리라"(출 33:14).

여호와의 사자는 민수기 22장의 발람의 기사에서도 나타난다. 거기서는 그가 이스라엘을 저주하려는 발락의 흉계를 좌절시킨다. 이 본문은 하나님의 일반적인 임무가 그의 백성을 인도하시고 보호하시는 데 있음을 보여 주는 구체적인 경우라 할 것이다(참조. 민 20:16).

여호와의 이름과 얼굴

앞에서 논의한 사자가 나타나는 두 문맥에서 우리는 이미 나머지 두 가지의 계시 형식들, 즉, 여호와의 "이름"과 "얼굴"을 만난 바 있다. 출애굽기 23:21에서는 "그 이름"이 그 사자에게 있다는 사실이 확인된다. 이는 그 사자를 여호와와 동일시하는 것이다. 왜냐하면 여호와께서 그 이름을 지니는 사자에게 저지르는 범죄를 용서하지 않으시는 근거로 "그 이름"이 그 사자에게 있다는 사실을 진술하기 때문이다. 출애굽기 33:14에는 다른 형식인 "임재"(presence)가 나타난다: "나의 임재가 함께 가리라"(한글 개역 개정판은 이를, "내가 친히 가리라"로 번역함 — 역자주). 이것은 여호와 자신이 가시는 것과 동일한 것이다(참조. 17절). "임재"란 히브리어 파님(문자적으로는, "얼굴들")을 번역한 것인데, 이 역시 그것이 여호와 자신과 동일하다는 사실을 입증해 준다. 파님은 또한 그 사자와도 동일한 것으로 나타난다. 이사야는 광야의 여정을 언급하면서, 하나님의 사자의 **파냄**이 그 백성을 구원하셨음을 말씀하는 것이다(사 63:9. 한글 개역 개정판은 "자기 앞의 사자로 하여금 그들을 구원하시며"로 번역한다 — 역자주).

동일함을 나타내는 표현이 신명기에 한 가지 더 나타난다. 곧, "이름"과 성소(聖所)의 영광이 서로 동일한 것으로 나타나는 것이다. 여호와께서 성소에 그의 "이름"을 두신 것으로 그려진다. 그의 "이름"이 있는 그곳이 그의 거처라 불려진다. 여호와께서 그의 "이름"을 거기에 거하게 하시기 때문이다(신 12:5, 11, 21; 14:23, 24; 16:2, 6, 11; 26:2). 특히 후자의 화법에 따르면, 그 문구는 분명 현실적인 의미로 이해하여야 마땅할 것이다. 그런 표현은, 성소가 하나님의 소유라거나 하나님의 위엄 있는 이름이 제사 의식을 시행하는 중에 선포되거나 불려진다는 뜻을 나타내는 비유적인 표현법이 아니다. 하나님 자신이 언제나 성소에 "거하신다"는 표현의 주체이신 것이다.

지금까지 논의한 내용에서 주목해야 할 사실은, 이미 종교적인 의미에서 하나님의 이름이 의도하는 세 가지 의미를 찾았으나, 여기에 네 번째 의미를 첨가해야 한다는 점이다. 이 네 번째 의미에서는, 그 이름은 사람의 머릿속에서 파악되는 어떤 것이 아니다. 그것은 객관적인 것으로 여호와 자신과 동등한 것이다. 그러나 그러면서도 여호와와 그의 "이름" 사이에는 언제나 시각의 차이가 존재한다. "이름"은 계시로 알려지시는 하나님인 것이다. 또한 **셰키나**와 "사자", 그리고 "임재"를 사용하는 데에도 이와 동일한 구분이 적용되는 것이다.

3. 모세 시대의 계시의 내용

이제는 모세 시대의 계시의 내용을 논의할 차례다. 이 부분은 매우 복잡하며, 따라서 먼저 그 주요 내용 구분을 제시하는 것이 필요할 것이다. 그 내용 구분은 다음과 같다:

(1) 애굽으로부터의 구속 시에 모세를 통하여 확립된 민족적 조직의 사실적인 근거

(2) 그 민족적 조직을 생겨나게 한 이스라엘과의 **베리트**의 체결

(3) 그 민족적 체제의 일반적 성격 — 신정정치

(4) 십계명

(5) 의식법 — 그 상징적 예표적 성격, 하나님의 내주하심, 희생 제사, 정결례 등, 그 법을 구성하는 세 가지 요소들.

(1) 애굽으로부터의 구속 시에 모세를 통하여 확립된 민족적 조직의 사실적인 근거

출애굽 사건은 구약의 구속이다. 이것은 시대착오적이거나 알레고리식의 어법이 아니다. 오히려 구약과 신약의 종교 그 자체의 내적인 통일성에 근거한 어법이다. 표현 형식들이 아무리 다르다 할지라도, 그 둘은 원리적으로 하나다. 동일한 하나님의 목적과 방법이 그 둘 모두를 관통하여 흐르는 것이다. 오늘날 흔하게 제기되는 주장들처럼, 만일 구약을 거부하고 이상적인 종교에는 전혀 가치가 없는 것으로 경멸한다면, 이런 태도는 성경적 종교의 구원론적인 흐름 전체를 폐기해 버리는 데에서 오는 것임을 확신할 수 있을 것이다. 그런 것이 구약을 공격하는 몇 가지 의견들에서 나타나는 한 가지 합당치 않은 특징일 수도 있겠으나, 그 적대적인 태도의 근원은 그보다 더 깊은 곳에 있고, 또한 면밀히 조사해 보면, 구약과 신약이 공통적으로 지니고 있는 **구속의 실재성**(the realism of redemption)과 관계되는 것임을 알게 될 것이다. 구약에서 드러나는 그 골자가 진흙 같은 것이었을 수도 있을 것이다. 그러나 그 골자를 일정한 형체로 찍어낸 틀은 영원한 법과 진리의 윤곽을 지녔던 것이다. 여기서 우리는 다시 계시가 말씀을 통해서 사건들과 불가분리의 관계를 가지는가를 볼 수 있다. 아니, 사건들과 말씀을 서로 구분짓는 경계선이 아예 사라져버린 것 같이 보이기까지 하는 것이다.

이 사건들이라는 토양으로부터 솟아나고 자양분을 섭취한다는 것을 분명하게든 희미하게든 언제나 인식하고 있는 종교적 의식이 있고, 또한 그 사실들의 실재성(實在性)을 믿는 믿음에서 완전히 해방되어 버린 의식이 있는데, 이 둘 사이에는 결코 조화시킬 수 없는 차이가 있다. 그것은 그저 신념만의

차이가 아니라, 분위기와 자기 자신에 대한 느낌의 차이이기도 하다. 물론 온갖 제한점들을 지니기는 했지만, 그래도 구약의 신자가 현대의 소위 기독교 신앙을 관념화하는 자들이나 영해하는 자들보다는 이런 점에서 우리와 더 가까이 있는 것이다. 이제 우리가 도달한 바로 이 시점에서도 사건들과 신앙적 삶의 실천이 서로 긴밀하게 연결되고 있음을 관찰할 수가 있다. 십계명은 그 첫머리에서 애굽으로부터 그 백성을 구원하신 하나님의 구원 과정을 지극히 심오하게 언급하고 있다(출 20:2). 처음 베리트를 제시할 때에도 그보다 앞서서, 하나님의 그 따뜻한 사랑 속에 흠뻑 젖은 것 같은 그런 진술이 한층 더 정교하게 나온다(19:4). 신명기에 나타나는 그 긴 서론적인 강화도 — 이는 그 정신 자세가 선지자와 흡사하다(semi-prophetic) — 그 어조나 성격이 이와 동일한 것을 보게 된다. 후대의 이사야서에서도 백성들에게 그들의 종교적 기원의 궁극적인 뿌리가 바로 먼 옛날 여호와께서 그들을 위해 행하신 일들에 있음을 상기할 것을 촉구하고 있는 것이다(사 51:2).

그렇다면, 출애굽의 구원 사건에서 과연 어떤 원리들이 현저하게 드러나기에, 그것들이 미래의 모든 구원 사건들을 규정하며 또한 과거의 일들과 장차 올 일들을 완전하게 하나로 묶어 주는가?

이방의 압제로부터의 구원

무엇보다도, 구속이 여기서 죄와 악의 객관적인 영역으로부터 구원해 내는 사건으로 묘사되고 있다. 흔히들 죄를 개인적이며 내면적인 문제로 보지만, 여기서는 그런 것이 전혀 지지받지 못한다. 하나님과 그들 자신을 그 근원에서부터 대적하는 그런 세계로부터 단절되어 나오지 않고서는 하나님의 백성이 생겨날 수가 없는 것이다. 이런 점에서 애굽인들의 권세는 그 구원을 이루신 하나님의 권세와 마찬가지로 진정 모형의 성격을 갖는다. 그 태도와 활동이 이 점을 염두에 두고서 형성된 것이다. 히브리인들이 처한 상황은 비단 정치적인 의존의 상태만이 아니라, 혹독한 종살이요 노예의 상태였다. 애굽 사람들은 이스라엘의 복지는 전혀 개의치 않고 오로지 그들의 이기적인 목적을 위해서 그들을 착취하였다. 그 이후부터, 이방의 권세에 종 노릇하는 일이 상징적으로 구속과 결부되었다. 요한복음 8:33-36이나 로마서 8:20-21

등에서도 먼 옛날의 그 기원에까지 거슬러 올라가는 것이다.

더 나아가서, 이 노예로 삼는 권세는 고도의 악의(惡意)를 지니고 있어서, 세상에 있는 죄의 모습을 적절히 모형으로 보여주기도 한다. 바로(파라오)의 마음이 완악해진 사실도 최소한 부분적으로는 동일한 근거로 설명할 수가 있다. 그는 어떤 실체를 드러내는 모형적인 인물이었고, 따라서 그의 완악함은 바로 그 실체의 진정한 내적 본성을 드러내고자 하는 의도를 지닌 것이었다. 물론 이렇게 그가 완악해진 일은 결코 하나님의 임의적인 역사하심은 아니었다. 그것은 하나의 법적인 과정이었다. 바로 자신이 먼저 스스로 완악해졌고, 이에 대한 형벌로 하나님께서 그를 더욱 완악하게 하신 것이다. 그것은 결코 돌이킬 수 없도록 죄에게 완전히 내어버림으로써 죄를 벌하는 것은 익히 잘 알려진 성경의 법으로서 절대로 구약에 한정되는 것이 아니고 신약에서도 나타나는 것이다. 그러나 그 일의 윤리성 문제는 여기서 다룰 것이 아니다. 바로를 우두머리로 한 이 악의 왕국은 무엇보다 이교 신앙의 인간적인 요소들을 포괄하는 것이다. 그러나 이 기사는 이것으로 한정되지 않는다. 어떠한 점에서 보더라도 죄에게는, 그것이 그 희생자들에게 가하는 순전히 인간적인 영향력을 다 합쳐 놓은 것 이상의 그 무엇이 있는 것이다. 무대에서 활동하는 인간들의 이면에 종교적이며 마귀적인 배경이 드리워져 있는 것이다. 애굽 사람들만이 아니라 그들의 신들도 그 싸움에 개입된다는 말이다. 여기서 재앙들을 주목하게 된다. 그것들은 애굽 사람들의 우상숭배와 도저히 풀 수 없을 정도로 뒤섞여 있다. 그들의 우상숭배는 자연을 숭배하는 것으로서 자연의 선하고 유익한 면은 물론 악하고 해로운 면들까지도 다 포용하는 것이었다. 여호와께서는 그 우상들의 해로운 면들을 우상들을 숭배하는 그들 자신에게 돌리심으로써 이 악의 영역 전체보다도 그 자신이 월등히 높으심을 보여주시는 것이다. 이러한 사실이 많은 말씀들 속에 나타난다: "애굽의 모든 신을 내가 심판하리라. 나는 여호와라"(출 12:12). 훗날 그리스도께서 이루시는 그 원형적(原型的: antitypical)인 구속을 대적하여 맹렬하게 반대 활동을 전개하게 되는 그 동일한 마귀적인 권세들이 애굽으로부터의 구속 사건에서도 이처럼 반대의 역사를 도모한 것이다.

죄로부터의 구원

객관적인 면에 대해서는 이 정도로 그치기로 하고, 이제는 주관적인 면을 살펴보기로 하자. 히브리인들은 외부의 이방 사람들의 압제로부터 구원받았을 뿐 아니라, 동시에 내면적인 영적 부패와 죄로부터도 구원받았다. 이 당시 이스라엘 백성들의 종교적 상태에 대해서 두 가지 견해가 제시되었다. 그 한 견해에 따르면, 실질적으로 그들은 참되신 하나님에 대한 모든 지식을 다 상실해 버렸고 애굽 사람들의 우상숭배의 행위들에 깊이 젖어서 그들과 하나가 되어 있었다고 한다. 17세기 영국의 신학자인 존 스펜서가 그의 저작인 『히브리인들의 의식법에 관하여』(De Legibus Hebraeorum Ritualibus)에서 이 견해를 제시한 바 있다.

이 이론과 관련하여, 모세 시대에 이스라엘 백성들에게 제시된 의식법들의 기원에 관하여 한 가지 특이한 견해가 있었다. 곧, 이 법들의 목적은 히브리인들로 하여금 우상숭배에 젖어 있는 애굽인들의 관습들을 점차 버려가도록 여지를 남겨두기 위함이었다는 것이다. 그런 관습들을 너무 갑자기 금하면 다시 이교로 빠져들까 염려하셔서, 하나님께서는 스스로 낮추셔서 얼마 동안 그런 관행들을 용납하셨다고 한다. 또 다른 견해는 이와 정반대의 극단에 빠진다. 곧, 이스라엘 사람들은 전반적으로 애굽의 우상숭배에 오염되지 않도록 절개를 잘 지켜왔다는 것이다. 이러한 극단적인 두 견해 모두 배격해야 한다. 참된 신앙이 이스라엘 중에서 완전히 사라진 것은 아니었다. 여호와께서 그들의 조상들의 하나님이심을 인식할 정도로는 잘 알고 있었다. 모세가 족장들의 하나님의 이름으로 그들에게 보내심을 받았기 때문이다. 엘이 들어있는 복합형의 이름들이 기록에 나타난다. 그들은 자기들의 종교적 전통이 구체적으로 셈 족의 전통이라는 것을 어느 정도는 느끼고 있었던 것이 분명했다.

그러나 반면에 이스라엘 백성들 전반에 대해 이처럼 상대적으로 호의적인 판단을 내리는 것도 정당한 일이 아니다. 여호수아 24:14과 에스겔 23:8, 19, 21에서 우리는 이스라엘이 애굽에서 우상을 섬겼던 사실을 알게 된다. 이스라엘이 신앙적으로 부패한 상태에서 애굽에서 나왔다는 것을 인정하지 않으면, 광야 여정의 역사에서 금송아지를 섬기는 등 계속해서 배도(背道)가 반복되는 사실을 납득할 수가 없다. 레위기 17:7과 연관되는 송아지 형상을 숭배하는 행위와 귀신 숭배의 행위는 어쩌면 그 기원이 애굽에 있는 것으로 해석할 수도 있을 것이다. 그러나 후에 보게 되겠지만, 의식법이 그저 그 백성의 부패한 성향들에 맞춘 것에 불과하다는 논지에 대해서는 아무런 증거도 나타나지 않는다. 그러나 그들 중에 어느 정도 신앙적 쇠퇴와 부패가 있었던 것이 분명하다. 그렇기 때문에 그들에게는 애굽에서 구원받은 사실이 그저 외형적인 민족적 유익을 넘어서서 더 깊은 영적 의의를 지니게 된 것이었다.

여기서 기억해야 할 사실은 하나님의 백성의 역사에서 외형적인 압제가 흔히 여호와를 향한 영적인 불성실에 따르는 부산물이라는 점이다. 물론 이스라엘이 압제를 받은 제2차적인 원인이 정치적이며 인종적인 반감에 있다는 점을 부인할 필요는 없다. 다만, 정치적인 상황 변화가 성경의 역사에서 일어나는 일을 충분히 해명해 주는 것이 절대로 아니라는 것이다. 애굽 사람들은 하나님의 계획들을 시행해 나가는 도구들에 지나지 않았다. 하나님께서 이미 오래 전에 어떤 특별한 목적을 가지시고 그 압제를 계획하셨었다는 사실이, 아브라함과 **베리트**를 맺으실 때에 그에게 그 일을 미리 예언하신 사실에서 잘 드러나는 것이다(창 15:13).

하나님의 전능하심을 드러냄

그 다음, 구원을 이루는 방법에 대해서 하나님의 전능하심이 그 일을 이루신다는 사실이 시종일관 계속해서 강조되는 것을 보게 된다. 그 기사에서 다른 무엇보다도 여호와의 권능이 높임을 받는 것이다. 출애굽기 15장의 노래의 기조가 바로 그것이다. 그 노래야말로 이러한 시각에서 출애굽 사건을 바라보는 하나의 심오한 시적인 해석인 것이다(6, 7, 11절). 위에서 지적한 것처럼, 이 부분의 역사에는 독특하게도 갖가지 이적들이 계속해서 일어난다. 재앙이 열 가지인데, 이는 성경에서 완전을 의미하는 숫자다. 홍해가 갈라지는 역사는 그 위대한 구속의 드라마를 절정에 이르게 하는 역사다. 후대의 성경의 시(詩)들에서도 이 출애굽 때의 하나님의 역사하심을 찬양하기를 즐기며, 또한 그것에 근거하여 미래에도 그와 비슷한 구원의 역사가 있을 것을 확신하는 것을 볼 수 있다. 이때 이후로 이스라엘의 전통에 여호와의 전능하심과 출애굽이 서로 연관되는 상태로 남아 있는 것이다.

이처럼 권능의 요소를 강조하고 있으므로, 출애굽 역사에 속한 모든 사실들이 그 권능을 부각시키도록 조심스럽게 배열되고 있는 것도 놀랄 일이 아니다. 모세가 자기의 힘으로 이스라엘 백성을 구원하려 했을 때에는 실패하고 말았다. 그러나 그로부터 사십 년이 흐른 후 여호와께로부터 그 구속의 역사를 인도하고 이루는 임무를 부여받자, 그는 과거와는 정반대로 하나님께 절대적으로 의지하는 자세로, 자신의 무자격함을 철저하게 인식하며 그 임무를 수행하는데, 이때에 하나님께서는 그가 친히 모든 이적들로 애굽을 치실 것임을 약속하신다(출 3:20). 하나님께서 모세의 손에 이적들을 주시며 (4:21), 편 팔과 큰 심판들로 이스라엘을 구속하시는 것이다(6:6). 바로의 마음이 완악해지는 일은 한편으로는 그를 노골적인 악의 대변자로 만들고자 하는 의도를 지닌 것이기도 했지만, 또한 구원의 과정을 지연시키셔서 하나님의 이적적인 권세가 충만히 드러나도록 여지를 남겨두기 위함이었던 것이다. 이러한 사실이 여러 말씀들에서 나타나고 있다: "내가 바로의 마음을 완악하게 하고 내 표징과 내 이적을 애굽 땅에서 많이 행할 것이라"(7:3).

하나님의 전능하심이 그 일을 이루신다는 사실이 더욱 확연히 드러나기 위해서, 그 일이 그렇게 더 어렵게 꼬인 것이다. 아니, 바로의 존재와 인격과 그의 행실 전체가 바로 이를 염두에 두고서 형성되었던 것 같다. 출애굽기 9:16에서는 여호와께서 이렇게 선언하신다: "내가 너를 세웠음은 나의 능력을 네게 보이고 내 이름이 온 천하에 전파되게 하려 하였음이니라." "너를 세웠다"는 말이 "보통의 상황이었다면 네가 벌써 무너졌을 것이나, 내가 너를 역사의 무대에 더 오래 서 있도록 지켰다"는 의미라 할지라도, 이 말씀은 지금 논의하고 있는 그러한 관점을 그대로 드러내 준다 할 것이다. 그런데 만일 그보다 더 강한 번역을 취하여, "내가 너를 그 현장에 서도록 만들었다" — 즉, 그를 존재하게 하셨다 — 는 의미로 보면, 그런 관점이 더욱 확연히 부각된다(참조. 롬 9:17). 마지막으로, 모세가 행한 일들과 애굽의 마술사들이 일으킨 표적들이 서로 갈등을 일으키는 사실에서도 권세의 영역에서 모종의 역사(役事)가 이루어졌음을 보게 되는 것이다.

주권적 은혜의 과시

뿐만 아니라, 애굽에서 구원받은 사건은 하나님의 주권적인 은혜를 현저하게 드러내 주는 사건이었다. 애굽 사람들은 우상숭배로 인하여 심판을 받은 것이요, 이스라엘 백성들은 압제자들의 우상숭배 행위에 가담했음에도 불구하고 구원받아 살아남았다. 이런 사실들은 하나님의 주권적인 은혜의 원리가 아니고서는 도저히 해명할 수가 없다. 성경은 그 주권적인 은혜를 가리켜 "애굽 사람과 이스라엘 사이를 구별하는 것"이라 부른다(출 8:23; 11:7). 또한 모세오경에서 거듭거듭 이런 사실이 진술되고 있다. 곧, 이스라엘이 누리는 특권이 그들 자신에게 무슨 선한 자질들이 있기 때문이 아니라, 오로지 하나님의 자유로이 베푸시는 은혜로 말미암는 것이라는 사실이 그것이다(신 7:7; 9:4-6). 모세 시대의 이스라엘에게 베푸신 하나님의 사랑을, 족장들에게 베푸신 그의 사랑으로까지 추적해 가는 것은 사실이다. 그러나 이는 자유로운 하나님의 선택의 관계를 한 단계 거슬러 올라가서 추적하는 것이요, 그 은혜의 선택의 본질을 바꾸어 놓는 것은 아니다. 왜냐하면 족장들 역시 하나님께서 그의 주권적인 사랑으로 선택하신 것이기 때문이다.

여기서 처음 등장하는 아들이라는 관념 역시(참조. 창 6:2) 동일한 사상의 흐름에 속한다(출 4:22; 신 32:6). 아들이라는 것(sonship)은 본질상 공로와는 상관 없는 것이다. 또한 전에 아브라함에게서도 보았으나, 여기서 "알다"라는 동사를 특별히 애정어린 의미로 사용되는 것을 다시 보게 된다(출 2:23, 25). 또한 신명기에서는 "택하다"라는 동사도 사용된다(7:6, 7; 14:2). 마지막으로, "구속"(혹은, 속량)이라는 용어가 여기서 종교적인 의미로 나타난다. 그 구체적인 의미(이는 "구원하다", "구해내다" 등의 일반적인 용어들과는 다르다)는 전에 소유했던 어떤 것을 사랑으로 다시 소유하는 것을 묘사하는 데 있다. 구약에서는 아직 그 개념과 너무도 흔하게 결부되어 있는 한 가지 요소 — 즉, 구속을 위하여 값을 지불하는 것 — 는 반영되지 않는다. 다만 은유법을 통해서 이 사상이 간헐적으로 이따금씩 나타날 뿐이다(참조. 사 43:3). 모세오경에서 사용되는 의미는 단순히 옛날의 소유권을 갱신하는 데에서 나타나는 애착의 의미뿐이다. 그렇기 때문에 포로의 상태에서 구원해내는 역사가 배경이 되는 이사야서의 후반부에서 그 용어가 아주 흔하게 나타나는 것이다. 모세오경에서 그 용어가 나타나는 본문은 출애굽기 6:6; 15:13; 신명기 7:8; 9:26; 13:5; 21:8 등이다.

"여호와"라는 이름

구속에서 나타나는 하나님의 주권의 이러한 특질은 특별히 모세 시대의 하나님의 이름인 여호와와 관련되어 있다. 이 "여호와"라는 발음은 그 이름의 자음들에다 아도나이의 모음들을 붙여서 얻어진 것이다. 모음을 그렇게 붙인 것은 유대인들이 이 지극히 신성한 이름을 발설하는 것을 극도로 삼간 데에서 비롯되었다. 그 단어가 나타나는 곳마다 언제나 아도나이로 대체시켜서 읽었기 때문에, 모음을 첨가할 때에 편의상 아도나이의 모음들을 그 단어에다 붙인 것이다. 물론 그 당시에는 본문에 있는 자음들이 그처럼 전혀 엉뚱한 모음들과 합쳐져서 발음되어야 한다는 것은 전혀 상상할 수도 없었고, 그랬다면 그것은 극도로 불경한 일이었을 것이다. 그런 일은 기독교인들이 성경을 읽으면서 비로소 처음 그런 일이 생겼다. 그때에는 유대인들의 그 까다로운 행위가 더 이상 느껴지지 않았고, 그리하여 여호와라는 혼성어(混成語)가 생겨난 것이다. 그 단어는 16세기 이후부터 사용되어왔다. 그런데 불행스럽게도, 성경을 갖가지 언어로 번역하는 과정에서 아도나이로 읽는 유대인의 관습이 그대로 지속되었고, 그리하여 다른 언어들에서는 여호와 대신 "주"(Lord), 혹은 그와 동등한 용어를 사용한 것이다.

현대의 학자들은 유대인들이 미신으로 발음을 금지했던 그 당시에 통용되던 그 이름의 본래의 발음을 찾았다고 생각하며, 그리하여 현재 비평학자들의 책들에서는 "야훼"(Jahveh)라는 형식이 흔히 나타난다. 그러나 과연 그 단어를 그렇게 발음했었는가 하는 것은 확실치 않다. 만일 이 문제에 대해 확실한 것이 밝혀질 수 있다 할지라도, "야훼"라는 이름을 성경 읽기에 도입시키는 것은 권장할 만한 것이 못 된다. 특히 예배 의식에서 사용할 때에는 더더욱 그렇다. 미국 개정역본(American Revision)이 여호와(Jehovah)로 복구한 것은 옳은 방향으로 한 걸음 나아간 것이라 할 것이다. "야훼"라는 이름에 배어 있는 비평적인 의혹의 분위기가 다소 없어지고, 또한 "야훼"가 옳다는 더 강력한 새로운 증거가 나타나게 되면, 어쩌면 그때에 가서는 "야훼"

가 사용될 권리를 다시 얻게 될 수도 있을 것이다. 그러나 그때가 오기 전에는, "여호와"라는 신성한 이름의 사용을 전면 금지하는 행위를 계속할 명분이 전혀 없는 것이다. 그런데 이제 미국 개정역본을 통해서 "여호와"가 우리의 성경에 다시 등장하게 된 것이다.

출애굽기 6:3에서 우리는 이 이름의 계시가 모세 시대에 속하며 또한 그시대의 특징이라는 것을 알 수 있다. 이 본문의 저자가 그 계시를 과거 시대에 알려진 것으로 간주했을 수가 없다는 추론을 전개하면서, 성경 본문을 갈라놓는 비평주의에서는 이 본문을 엘로힘 문서와 야훼 문서를 구분하는 기초로 삼았다. 그러나 이런 식의 문학적 해석에 대해서는 강력한 반론들이 있다. 모세가 자기 동족들에게 보냄을 받아서, 조상들의 하나님을 잊고 있는 그들에게 전에는 알지 못했던 전혀 새로운 이름을 입으로 발설하여 그 하나님을 다시 기억하게 했다는 식의 주장은 애초부터 가능성이 없는 것이다. 게다가 모세의 어머니가 여호와의 단축형인 요가 포함된 요게벳이라는 이름을 지녔다는 사실도 나타난다. 그리고 이 이름은 출애굽기 6:3이 속하여 있는 바로 그 문서에서 나타나므로, 이 문서에 나타나는 요게벳이라는 이름도 후대에 삽입해 놓은 것이라는 가설을 거기에다 추가시켜야 하는 문제가 발생한다.

면밀히 살펴보면, 출애굽기 6:3을 반드시 여호와라는 단어가 그 이전에는 전혀 모르던 것이었다는 의미로 이해할 필요가 없다. 그 진술은 다만, 족장들이 그 이름이 나타내는 그런 하나님의 성품에 대한 실질적인 지식과 경험을 아직 소유하지 못했다는 의미일 뿐인 것이다. 히브리어의 개념에서 "알다"는 오늘날 우리가 그런 말로 사용하는 일상적인 의미와 전혀 다른 것이다. 심지어 출애굽기 6:3의 문맥에서도, 그 "알다"가 실질적이며 경험적인 지식을 뜻한다는 것이 잘 드러난다. 6, 7절은 이렇게 진술하고 있다; "내가 … 너희를 건지며 편 팔과 여러 큰 심판들로써 너희를 속량하여 너희를 내 백성으로 삼고 나는 너희의 하나님이 되리니 나는 애굽 사람의 무거운 짐 밑에서 너희를 빼낸 너희의 하나님 여호와인 줄 너희가 알지라." 구속을 통하여 그들이 그저 여호와라는 분이 계시다는 것을 배우는 것이 아니고, 여호와가 과연 그들에게 어떤 분이신지를, 여호와께서 그들의 하나님이시라는 것을, 혹은 그들의 하나님이 곧 여호와시라는 것을 배우게 될 것이라는 말씀인 것이다.

물론 그 이름이 모세 시대 이전에 존재했다고 전제한다고 해서 그것이 창세기의 내레이터(narrator)만큼이나 이른 시기에 존재했다는 것을 ─ 그 내레이터가 자기 자신을 위하여 말하면서 그 이름을 소개하였다는 것을 ─ 암시하는 것은 아니다. 그 이름이 출애굽 사건보다 얼마나 오래된 것인지는 우리로서는 알 수 없다. 초기에는 그 이름이 다른 것들과 연관되었을 수도 있다는 가설을 무턱대고 배제할 수는 없다. 그 이름이 작은 그룹들 가운데서 통용되었을 수도 있고, 또한 출애굽기 3장에 나타나는 것과는 다른 어원이 그 이름과 결부되었을 가능성도 있고, 심지어 히브리 이외의 근원에서 비롯되었을 수도 있다. 그러나 이 마지막의 방향을 따라 제시된 견해들은 모두가 지극히 문제가 많고, 또한 개중에는 전혀 불가능한 것들도 있다. 볼테르(Voltaire), 실러(Schiller), 콩트(Comte) 등은 기원이 애굽에 있다고 주장했다. 그러나 이것은 어불성설이다. 왜냐하면 애굽으로부터 구원받은 역사에는 여호와와, 애굽인들의 신들의 갈등이 개입되어 있는 것으로 나타나기 때문이다.

콜렌조(Colenso), 란트(Land) 등에 따르면, 그 이름의 기원이 북방 셈 족에 있다고 하며, 거기서는 그 이름이 하늘의 신이요, 다산과 풍요의 신을 지칭하였고, 수리아의 난잡한 숭배가 이 신을 높여서 행해졌다고 한다. 거기에 고대의 신탁(神託)이라 주장되는 것이 있는데, 거기서는 이아오가 디오니소스(Dionysos)와 동일한 존재로 나타나므로 여호와는 결국 가나안 족의 디오니소스라고도 한다. 처음에는 이 문서의 연대가 비교적 오랜 것으로 여겨져서, 수리아의 이아오가 본래의 이름이고 거기서 히브리인들이 여호와라는 이름을 빌려왔다는 설명이 가능했다. 그러나 그 문서의 연대가 훨씬 후대의 것이라는 것이 지지를 얻으면서 이런 설명은 불가능해져버렸다. 왜냐하면 그처럼 늦은 시기에는 이스라엘이 이미 오랜 동안 여호와라는 이름을 소유해오고 있었기 때문이다. 오히려 이아오를 숭배한 수리아 사람들이 이스라엘의 하나님의 그 유명한 이름에서 자기들의 신의 이름을 빌려갔다고 보는 것이 더 그럴듯해 보일 것이다.

좀 더 최근에는, 바이티야(Baitiyah), 바비야(Babiyah) 등, 초기의 애굽의 목록에 수록되어 있는 가나안의 지명들에서 그 이름이 나타나는 것으로 보는 주장도 있었다. 또한 앗수르의 비문(碑文)에 야우비디(Yaubidi)로 읽혀지는 하맛(Hamat)의 한 왕의 이름에서도 여호와의 이름이 나타나는 것으로 보기도 했다. 벨하우젠 학파 가운데 상당히 유행되는 가설은, 여호와는 모세의 장인이 속해 있던 시내산 지역의 한 부족인 겐 족의 신이었고, 여호와가 그 산과 특별히 연루되는 것은 바로 그 때문이라는 것이다. 뿐만 아니라 여호와가 앗수르-바벨론의 이름들 가운데 나타나는 야후(Yahu) 또는 야(Yah)와 동일한 것인데, 히브리인의 제사장들이 이를 "존재하다", "있다"(to be)를 뜻하는 **하야**의 변형임을 나타내도록 하기 위해 **야훼**로 바꾸었을 것이라는 가설도 제기되고 있는 형편이다.

여호와라는 이름의 출처에 관한 이런 이론들 대부분이 헛된 것들이다. 그리고 게다가 단어 그 자체의 본래의 의미를 설명하기 위해서 몇 가지 어원(語原)들이 제시되는데, 그것들 역시 주로 자연주의적(naturalistic)인 것들로서 똑같이 헛된 것들이다. 여호와를 "떨어지다"라는 뜻의 **하와**와 연관지어서, "떨어져 깨어지는 자", 즉 폭풍의 신(a storm-god)을 뜻하는 것으로 보거나, 혹은 그보다 더 원시적으로, 하늘로부터 떨어지는 운석으로 보기도 한다. 혹은 **하와**를 아랍어의 의미와 연관지어서 "불어오다"(to blow)로 이해하기도 했다. 벨하우젠은 "그 단어의 어원은 매우 분명하다. 그가 대기를 가르고 달려온다. 그가 불어오는 것이다"라고 말한다. 또한 이런 방식으로 "떨어지다"의 의미와 연결시키기도 한다. **야훼**는 재귀(再歸)의 의미를 띠는 히필형이어서 "떨어지게 하는 자", 즉 비(雨)의 신 혹은 폭풍의 신이 된다는 것이다. 로버트슨 스미스(Robertson Smith), 슈타데(Stade) 등이 이를 주장한다. 이보다 훨씬 자연주의적 냄새가 덜 나는 것은 쿠에넨(Kuenen)이 제시하는 것으로, 똑같이 히필형으로 보면서도 그 의미를 "존재하게 하는 자", 즉 창조자, 혹은 좀 더 역사적인 의미를 집어넣어서 "약속들이 이루어지게 하는 자", 즉 약속을 성취하는 자로 보는 것이다.

단어의 파생에 대한 이러한 모든 설명들은 순전히 추측에 불과하다. 분명한 사실은, 구약의 용법 이면에 자리잡고 있는 그 단어의 본래의 의미가 무

엇이었든 간에 출애굽기 3장의 계시를 통하여 이스라엘의 신앙을 위하여 권
위 있는 의미가 확정되었으므로, 여기서 우리가 다루어야 할 것은 그것뿐이
라는 것이다. 하나님께서는 모세에게 이렇게 말씀하셨다: "에흐예 아쉐르 에
흐예." 그 다음에 이것이 에흐예로 단축되고, 그리고는 결국 일인칭이 삼인
칭으로 바뀌어 예흐웨가 되었다. 그러므로 파생의 비밀에 대한 해답은 단축
형이 아니고 더 충실한 형식에 있을 것이 틀림없다.

그렇다면 그 문장은 무슨 뜻으로 이해할 수 있을까? 이는 원 저자의 의도
를 찾는 것인데, 이에 대해서도 해석자들의 견해들이 상당히 다르다. 우선
문장 구성부터 문제가 된다. 그 문장을 처음부터 곧장 읽어내려 갈 수도 있
는데, 그렇게 되면 "내가 있는 것이 나로다"(I am what I am)이라는 뜻이 되
는데, 이에 대해 어떻게 해석하든지 간에 이것과 직접 결부시켜서 해석해야
할 것이다. 혹은, 히브리의 구문상 이를 중간부터 읽는 것도 똑같이 가능한
데, 그렇게 읽으면 첫 단어를 맨 나중에 두어 읽게 되고, 그렇게 되면 "존재
하는 나는 진실로 존재하느니라"(I, who am, truly am)라는 뜻이 될 것이다.
이 문장의 번역 문제와 관련해서 출애굽기 33:19의 비슷한 구문과의 유사성
이 제기된다. 그 본문도 여호와라는 이름과 연결되어 있는 것이므로 출애굽
기 3장의 문장을 이해하는 데에 최소한 구문상으로는 필수적인 역할을 하는
것으로 보아야 한다. 출애굽기 33:19을 "내가 은혜 베풀 자에게 내가 은혜를
베풀리라"로 읽는다면, 여기 3장에서도 "내가 있는 것이 나로다"라고 읽어
야 한다. 반대로, 33:19을 "내가 은혜 베풀 자에게 내가 (진실로) 은혜를 베풀
리라"라고 읽으면, 여기 3:14을 "존재하는 나는 (진실로) 존재하느니라"로
읽을 수밖에 별달리 방법이 없을 것이다.

이러한 점을 염두에 두고서, 학자들이 제시한 몇 가지 해결책들을 간단히
살펴보기로 하자. 그 한 가지는 그 문장이 하나님의 불가해성(不可解性)을 표
현하는 것으로 보는 것이다: "내가 있는 것이 나로다. 즉, 내가 어떤 자냐 하
는 것은 호기심을 갖고 궁금해할 것이 아니다. 나의 존재는 그 어떤 이름으
로도 표현할 수가 없다." 그러나 하나님의 다른 이름들은 모두가 무언가를
표현하는 것들이라는 사실이 이런 해석의 걸림돌이 된다. 이름이 무명성(無
名性)을, 즉 알 수 없는 존재임을 표현한다는 것은 상황과 전혀 맞지 않는다.

이 시점에서는 하나님께서 무언가 충격적인 방식으로 자신을 계시하셔서, 그 백성이 알 필요가 있는 자신의 성품의 어떤 면들을 강조하시고 규정하시는 일이 가장 중요한 상황이기 때문이다. 이것이 첫 단어부터 곧장 읽어내려가는 구문 이해를 취하는 것은 물론이다.

또 하나의 해결책은, 하나님께서 여기서 자신의 존재의 실재성(實在性)을 언명하신다는 것이다. 이것은 중간의 단어부터 읽는 구문 이해를 취하여, "존재하는 나는 진실로 존재하느니라"로 번역하는 것이다. 그 중 철학적인 성격이 강한 형태에 대해서는 존재론적 견해(ontological view)라 부를 수 있을 것이다. 이 견해는 스콜라 신학자들이 교리에서 하나님이 순결한 존재이심을 표현하려고 했던 그것과 가깝다. 그러나 여기서 받아들이기에는 너무나 추상적이다. 이 시점에서의 이스라엘 백성의 필요와 직접적인 관련이 전혀 없는 것이다. 어떤 이들은 이 점을 느끼고서, 그 관념을 그대로 유지하면서 동시에 거기에다 좀 더 실제적인 의미를 부여하려고 애쓰기도 했다. 말하자면, 이는 여호와를 탁월하신(par excellence) 존재자로 부르는 것이며 이는 그가 행동으로 자신의 존재를 입증하시기 때문이라는 것이다. 오늘날 현대의 어법에서는 그렇게 연상하는 것이 전혀 친숙하지 않은 것은 아니다. 우리는 어떤 사물이 "진짜로 있다"(real)는 뜻으로 "실질적이다"(actual)라는 말을 쓰는데, 사실상 "actual"이라는 말을 어원적으로 따지면 "행동하는 것"(that which acts)이라는 뜻을 담고 있는 것이다. 그러나, 히브리인들의 어법에서도 이런 것이 친숙하게 나타나는지는 입증하기가 어렵다. 그것은 상당히 추상적인 관념이며, 히브리어의 관용법에서는 그 비슷한 흔적조차 찾기가 어려운 것이다.

세 번째로 로버트슨 스미스의 견해가 있다. 그는 출애굽기 3:12에서 하나님께서 모세에게 "내가 반드시 있으리라"고 말씀하는 대목에 주목하면서, "내가 있으리라"라는 문구가 "내가 너희와 함께 있으리라"가 단축된 것이라고 본다(한글 개역 개정판은 "너와 함께"를 붙여서 번역함 — 역자주). 이러한 이해는 문장의 중간부터 읽는 구문법을 취하는 것이다: "너희와 함께 있을 내가 반드시 너희와 함께 있으리라." 이에 대해서는 두 가지 반론이 제기된다. 우선, 이 견해는 모세를 지칭하는 단수형의 "너"를 이스라엘 백성을 지칭하는 복수형의 "너희"로 바꾸는 것이다. 그 외에도, 이 견해는 본문의 진술에서 정말 중요한 의미를 지니는 부분이 실제로는 빠져 있어서 가져다 붙여야 한다는 것이다. "너희와 함께"라는 것이 실제로 그 약속 전체의 핵심인데, 이것이 표현되지 않고 숨어 있는 것이 되어 버리는 것이다.

지금까지 제시한 모든 해결책들보다도 반론의 공격을 덜 받는 것은 옛부터 내려온 견해인데, 이것은 본문을 첫 단어부터 곧바로 읽어 내려가며, 하나님의 자결성(自決性: self-determination), 혹은 자존성(自存性: independence)을, 즉 특히 구원론과 연계되어 우리가 하나님의 **주권**(主權: sovereignty)이라 부르는 바로 그것을 표현하는 것으로 보는 것이다. 이 견해는 출애굽기 33:19의 그 비슷한 문장에서 상당한 뒷받침을 받는다. 그 주변의 문맥상, 그 본문은 하나님께서 은혜를 베푸시겠다고 약속하시니 과연 그가 진실로 은혜를 베푸시리라는 식의 확신을 표현하는 것이라기보다는, 오히려 자기 자신의 영광을 보여주는 호의를 베푸시는 것이 하나님의 주권에 속한 일이라는 것을 단언하는 것으로 보아야 할 것 같다. 이렇게 보면, 여호와라는 이름이 담고 있는 주된 의미는, 바로 하나님께서는 그의 백성을 위해서 행하시는 모든 일에서 자기 스스로 결정하시며(from-within-determined), 외부로부터 그 어떠한 영향도 받지 않으시는 분이시라는 것이다.

그러나 이 견해로부터 그것과 분리할 수 없는 또 하나의 생각이 곧바로 이어지게 된다. 곧, 하나님은 스스로 결정하시는 분이시며 그 자신 속에서도 전혀 변화가 없으신 분이시므로, 전혀 변하지 않으시며, 특히 그의 백성들과의 관계에 있어서도 절대로 변하지 않으시는 분이시라는 것이 바로 그것이다. 이렇게 이해하면, 여호와라는 이름은 그것이 드러내는 그 상황과 정말로 놀랍게 들어맞는다. 전혀 거침이 없이 자유로이 행하시는 절대적인 하나님이신 여호와께서, 바로 그들 스스로 보아도 전연 무가치한 존재들이요 또한 애굽인들에 비해서도 완전히 무기력한 존재들인 그 백성들을 도우시는 하나님이시라는 것이다. 하나님께서 그의 주권에 의하여 이스라엘에게 자기 자신을 주신다는 사실이 여러 말씀들에서 진술되고 있다: "너희를 내 백성으로 삼고 나는 너희의 하나님이 되리니 나는 … 너희의 하나님 여호와인 줄 너희가 알지라"(출 6:7).

또한 성실하심(faithfulness)의 요소도 이와 마찬가지로 처음부터 많이 강조되어왔다: "너희 조상의 하나님 여호와 곧 아브라함의 하나님, 이삭의 하나님, 야곱의 하나님께서 나를 너희에게 보내셨다 하라. 이는 나의 영원한 이름이요 대대로 기억할 나의 칭호니라"(출 3:15), "내가 … 나의 언약을 기억하노라. 그러므로 이스라엘 자손에게 말하기를, 나는 여호와라"(출 6:5, 6, 8). 하나님께서 모세에게 자신의 주권을 드러내 보이시는 출애굽기 33:19에서도, 주권의 요소가 여호와라는 이름과 연결되어 나타나고 있다. 그리고 후대의 성경에서는 두 번째 요소인 성실하심이 특별히 이 이름과 결부되고 있다(신 7:9; 사 26:4; 호 2:20; 말 3:6).

유월절

출애굽기의 구속에서 두드러지게 나타나는 마지막 특징은 곧 속죄(expiatory strand)의 사상이 전체를 관통한다는 점이다. 이 특징은 유월절(the Passover)에서 확연히 드러난다. 은혜가 하나님의 주권에 속하지만, 그럼에도 불구하고 속죄가 수반되지 않으면 은혜가 베풀어질 수 없는 것이었다. 이 유월절 의식 덕분에, 죽이는 자가 이스라엘 백성의 집들은 그냥 넘어가게 되었다. 사실 **파사크**라는 명칭이 이 사실에서 파생된 것이다. 그 동사는 처음에는 "뛰어오르다"(to leap)를, 그 다음에는 "건너 뛰다"(to jump over)를, 그리고 그 다음에는 "살려두다"(to spare)를 뜻했다. 출애굽기 12:13, 27이 그 동사의 어원을 이런 식으로 설명하고 있다(또한 참조. 사 31:5). 그런데, 여호와의 이름의 경우와 마찬가지로, 이에 대해서도 다른 자연주의적인 설명들이 제시되어왔다. 이 단어가 태양이 춘분점(春分點)을 통과하여 찬란하게 어린양 좌(the sign of Ram)로 들어가는 것에서 파생되었다는 견해가 제시되기도 했다. 그렇게 되면, 유월절은 본래 춘분의 축제였던 것이 된다. 또한 그 명칭을 봄의 축제 시에 행한 의식적인 춤과 연관지어 설명하기도 했다.

성경의 기사에 따르면 집들마다 피를 발랐는데, 이것은 히브리인들이 거주하는 것을 식별하도록 하기 위한 표시만은 아니었다. 물론 그런 표시였을 수도 있겠지만, 그 진짜 효능은 그 희생 제사의 성격에서 비롯되었다. 이는 출애굽기 12:27에서 명확히 드러난다: "이는 여호와의 유월절 제사라. 여호와께서 … 애굽에 있는 이스라엘 자손의 집을 넘으사 우리의 집을 구원하셨느니라"(참조. 출 34:25; 민 9:7-10; 고전 5:7). 이처럼 성경의 명확한 진술들이 있음에도 불구하고, 과거의 개신교 신학자들은 대부분 유월절의 제사의 성격을 부인하였다. 이는 로마 교회의 미사 교리에 대한 반작용에서 비롯된 것이다. 미사의 교리를 뒷받침하기 위해서 로마 교회에서는 그것에 상응하는 구약의 예표적인 제사로서 유월절을 지목하였던 것이다. 바로 이러한 논지를 무력화시키기 위하여 개신교 신학자들은 유월절이 제사였다는 사실마저도 부인하는 데에까지 나아간 것이다.

자, 만일 유월절이 희생 제사였다면, 그 다음에 제기되는 의문은 바로 그것이 어떤 종류의 제사에 속하는가 하는 것이다. 유월절 제사에만 있는 독특한 특징들이 몇 가지 있기는 하나, 전체적으로 볼 때에 그 제사를 화목제에 속하는 것으로 분류해야 할 것이다. 물론 속죄의 요소가 강조되고는 있으나, 그렇다고 해서 그것을 속죄제로 분류할 수는 없다. 왜냐하면 속죄제물은 먹을 수가 없게 되어 있었으나, 유월절의 경우는 반드시 제물을 먹어야 했기 때문이다. 모든 화목제에서 두드러지는 사상은, 바로 **베리트**에 근거한 하나님과의 교제의 사상이었다. 화목제물은 바로 그러한 교제에서 비롯되는 평화와 복락의 상태를 나타내는 것이었다. 그런데 제물을 먹는 일이 제사에 뒤이어 이루어졌기 때문에, 그러한 특권을 누리는 상태가 그 이전에 이루어진 속죄(expiation)에 의존하는 것이라는 사실을 반드시 상기해야 하는 것이었다. 속죄제의 경우에만 속죄가 베풀어졌다는 생각은 잘못된 것이다. 짐승을 죽이고 그 피를 바르는 일에는 항상 속죄가 있는 것이고, 유월절에는 그 두 가지 모두가 있었던 것이다. 정결케 하는 요소가 속죄의 요소와 밀접하게 연결되는데, 그 피를 우슬초로 찍어서 문에다 바르는 것으로 그 정결케 하는 요소를 별도로 상징하였다. 우슬초가 어디서나 정결케 하는 도구를 나타내는 것이었기 때문이다.

유월절 제사는 훗날 율법으로 제정되는 보통의 화목제와 다음과 같은 차이점이 있었다. 곧, 그 제사에는 역사적 배경이 있고 또한 그 제사를 통해서 그 배경을 지켜가는 것이었다는 점이다. 유월절 제물과 함께 쓴 나물을 먹음으로써 애굽의 종 살이의 쓰라린 아픔이 이스라엘의 기억 속에 계속 살아 있도록 한 것이다. 또한 보통의 화목제는 사사로운 성격을 띤 것이었으나, 유월절 제사는 민족적인 축제의 성격을 지녔다. 그러므로 개인이 사사로이 행한 것이 아니라, 가족 단위로 행했던 것이다. 그 제물의 고기를 절대로 집 바깥으로 가지고 나갈 수가 없었다. 한 가족이 그 고기를 다 먹을 수 없을 경우에는 두 가족이 함께 먹어야 했다. 또한 어린양의 뼈를 하나도 꺾어서는 안 되었으므로, 고기를 물에다 삶지 않고 통째로 불에다 구웠던 것이다. 이처럼 이스라엘의 민족 전체의 삶과 밀접한 연관을 지녔기 때문에, 이스라엘이 하나의 민족으로 조직될 때가 임박해서야 비로소 유월절 절기가 제정되었던 것이다. 할례는 아브라함 시대에 제정되었고, 유월절은 모세 시대에 제정된 것이다.

현대의 비평학파는 대체로 유월절의 역사적 기원과 그 기념적 성격을 부인한다. 유월절이 출애굽과 연결된 것은 후대의 일이라는 것이다. 다른 절기들과 마찬가지로, 그것도 처음에는 유목민들의 혹은 농경 사회의 자연적인 축제로 존재했었다고 한다. 비평학자들 대부분이 유월절이 본래 초태생(初胎生)을 드리는 제사의 축제였다고 추정한다. 벨하우젠, 로버트슨 스미스 등이 이를 주장한다. 이들은 대부분 이 초태생 제사를 신에게 공물(貢物)을 드리는 원리로 이해하였다. 그러나 로버트슨 스미스는 이스라엘의 원시 종교에서 이런 공물을 바치는 관념 전체를 제외시키고, 초태생을 드리는 행위를 모든 초태생이 금기(禁忌)의 성격을 지녔던 것과 연결하여 설명한다. 비평학자들 중에는 초태생을 신에게 드리는 의식과 관련짓는 것을 전혀 선호하지 않는 자들도 있다. 벤징거(Benzinger)는 유월절이 고대에 역병이나 기타 위험이 닥치는 시기에 그 파괴자(the Destroyer)에게 보호를 청하는 의미로 지켰던 하나의 피의 의식(blood-rite)이었다고 본다. 『성경 백과 사전』(*Encyclopaedia Biblica*)의 그의 글을 보라. 이것은 최소한 그 전반적인 사고에 있어서는 출애굽기의 기사와 한층 더 가깝다.

이 갖가지 이론들에 대해 지나치게 논쟁을 벌일 필요는 없다. 그런 이론들이 아무리 제기되어도 성경의 기사는 절대로 무효화되지 않기 때문이다. 할례에 대해 우리가 아는 바와 비슷하게, 유월절 제사도 기존에 있던 어떤 기반 위에다 새로운 의미를 부여하여 이스라엘 백성에게 제시되었을 수도 있다. 출애굽 이전부터 히브리인들이 봄철에 종교적 절기를 준수하는 관습이 있었다는 것이, 바로에게 요구한 내용에서 드러난다(출 8:1, 27). 이것이 초태생을 드리는 제사의 절기였을지도 모른다. 유월절을 고대의 피의 의식으로 보는 이론에 대해서도, 하나님께서는 기존에 있던 그 피의 의식을 역사적으로 제정된 절기로 바꾸셨을 수도 있는 것이다.

(2) 여호와와 이스라엘 사이에 "베리트"가 맺어짐

모세 시대의 계시의 내용에 관하여 다음으로 논의할 주제는 여호와와 이스라엘 사이에 베리트를 맺은 사실이다. 이 기념비적인 사건은 출애굽기 24장에 묘사되어 있는데, 십계명 반포를 위한 예비적 성격을 띠는 출애굽기 19장은 반드시 이 장과 함께 읽어야 한다. 여기서 주목할 사실은 여기서 비로소 처음으로 베리트가 쌍방 간의 합의로 나타난다는 점이다. 물론 이 점 때문에 그 합의를 베리트로 부르는 것은 절대로 아니다. 그 이유는 전적으로 인준의 의식(ceremony of ratification)에 있다. 그 합의 자체만 보면, 그 백성들이 베리트를 자의적으로 수용한다는 것이 크게 강조되어 있다. 그러나 그 조건을 계획하는 주도권은 철저하게 여호와께 주어진다. 하나님과 사람이 베리트의 본질과 내용을 결정하는 데에 서로 협상하거나 협력한다는 것은 성경 기사의 입장에서는 결코 상상조차 할 수 없는 일이다. 그 점에 있어서 그것은 오직 여호와의 언약이다. 그러나 그럼에도 불구하고 그 베리트는 백성들 앞에 제시되는 것이요, 또한 그들의 동의를 요구하는 것이다(출 19:5, 8; 24:3).

비평학자들은 그 언약 사건의 역사성을 부인하는 쪽으로 기우는데, 그 이유는 바로 이처럼 그 언약 관계에서 자발성(自發性: voluntariness)이 강조된다는 점에 있다. 그들은 위대한 선지자들의 시대 이전에는 이스라엘 종교에 그런 자발적인 성격이 없었다고 본다. 그러므로 그들은, 만일 여기서 그런 성격이 나타난다면, 그것은 이 부분의 문서가 역사를 반영하는 것이 아니라 오로지 선지자들의 사상의 영향 하에 서 있는 것이 된다고 주장하는 것이다.

여호와와 이스라엘이 자유로운 윤리적 관계 속에서 하나로 묶여지는 것은 선지자들에게서 처음 발전된 사상이었다는 것이다. 그러나 가장 초기의 선지자들에게서도 베리트가 이스라엘 종교의 기반으로 존재했다는 식의 사상은 아직 나타나지 않는다. 7세기 후반에 씌어진(비평학파의 주장에 의하면) 신명기적인 율법서(Deuteonomic law-book)에서 비로소 이런 문구가 나타난다는 것이다.

그것이 그 시점에서 갑자기 나타나는 것은, 열왕기하 22장에서 이미 일어난 것으로 보도하는 그 사건 ― 백성들의 편에서 이 신명기적 규정들을 준수하기로 엄숙하게 맹약한 사건 ― 때문이라고 한다. 그런데 그 사건을 더욱 감동적인 것으로 제시하여 효과를 더 높이게 하기 위해서는 이 새로이 씌어졌거나 혹은 새로이 발견된 율법책을 모세 시대로부터 온 것으로 제시하는 것이 가장 좋다고 생각되었고, 또한 그 책의 의도가 베리트로 그 백성을 묶는 데 있었기 때문에, 그 사건을 모세의 시대에 행한 하나의 절차로 나타내어야만 일관성이 유지될 수 있었다. 그리하여 이제 그 백성들에게 요구되는 모든 일들이 모세 시대에 행해진 베리트를 재확인하는 것인 것처럼 제시되게 되었다는 것이다. 이들에 따르면, 이런 식으로 해서 베리트의 개념이 구약의 종교에 대한 역사 기술에 들어오게 되었고, 계속해서 베리트가 행해진 적이 없는 그 옛날의 모든 문서들에도 그 개념을 집어넣게 되었다는 것이다.

이러한 비평학자들의 재구성은 두 가지 점에서 매우 취약하다. 구약의 종교의 근본적인 성격을 규정하는 데에 베리트라는 용어의 사용의 유무나 빈도수를 너무 지나치게 중요하게 본다는 것이다. 그 용어 자체는 그것이 쌍방적인지 일방적인지, 자발적인지 강제적인지를 전혀 나타내지 않으며, 따라서 이스라엘 종교 자체의 내적인 본질을 암시해 주는 것으로 보기에는 합당치 않은 것이다. 종교가 베리트와 연관될 수도 있겠지만, 그렇다고 해서 그것이 반드시 쌍방 간의 자유로운 선택에 의거한 것이라고 할 근거가 거의 없는 것이다. 그런데 비평학자들은 이 점에 대해서 여전히 베리트가 쌍방 간의 "협약" 혹은 "합의"와 동의어라는 식의 독단적인 선입관에 사로잡혀 있는 것이다. 뿐만 아니라, 열왕기하 22장의 기사도 비평학자들이 주장하는 대로 베리트라는 종교적 개념의 기원 문제를 말끔하게 정리해 주는 것이 결코 아니다. 이 장에서 묘사하는 것은 여호와와 그 백성 간의 **베리트**가 아니라, 여호와의 임재 아래에서 왕과 백성 간에 이루어진 **베리트**인 것이다.

출애굽기 24장에 묘사되어 있는 절차들에 대해서는, 유월절 규례에 개입되었던 것과 똑같은 두 가지 요소가 그 절차들에도 나타난다는 것을 주목해야 한다. 사실상, 유월절을 가리켜 시내산에서의 **베리트** 체결의 예고편이라 불러도 무방할 것이다. 유월절 규례에서는 먼저 희생 제사를 통한 속죄 혹은 정결례가 있었고, 그 다음 거기에 제물을 음식으로 먹는 일이 뒤따랐다. 이 두 가지 요소들이 여기서도 비슷하게 함께 나타나는 것을 보게 된다. 산 위에서 음식을 먹은 일이 베리트의 목표요 완성을 나타낸다는 것은 그 기사의 초두에 그 언약에 대한 명령이 제시된다는 사실에서 — 그 명령은 중간의 모든 일들이 다 이루어진 후에야 수행할 수 있는 것이었는데도 — 추정할 수 있을 것이다.

명령과 그 명령의 수행이 이렇게 일곱 절을 사이에 두고 서로 분리되어 있는 정황에 근거하여, **베리트** 체결에 대한 두 개의 서로 다른 기사들이 여기에 함께 뒤섞여 있다는 주장이 제기되었다. 그 하나는 여호와와 함께 산 위에서 음식을 먹는 의식을 통해서 **베리트**가 체결되는 것으로 묘사하는 것이고(1, 2, 9-11절), 또 하나는 희생 제사를 통해서 그것이 체결되는 것으로 묘사하는 것(3-8절)이라는 것이다. 그러나 그 기사를 이렇게 두 갈래로 쪼개는 일은 불필요할 뿐 아니라 불가능한 일이다. 그 제사의 일부는 화목제인데, 화목제는 음식을 먹는 일이 없이는 완결되지 않는 것이다. 한편, 9-11절에 묘사되는 식사가 희생 제물을 먹는 것이라는 것이 너무도 분명하므로, 거기에 앞서서 희생 제사의 일이 없이는 도저히 이해할 수가 없는 것이다. 그 제사에는 속죄의 요소가 포함된다. 그것이 **베리트** 체결에 수반되는 필수적인 요건이기 때문이다. 이런 식의 연합에 들어가는 자는 누구든지 희생 제사를 통해서나 혹은 다른 방식으로라도 먼저 자기 자신을 정결하게 해야만 했다. 십계명을 주시기 전에 백성들은, 특히 제사장들은 자신들을 성결하게 하고 의복을 깨끗이 빨라는 명령을 먼저 받았던 것이다(출 19:10, 22).

그런데, 최근의 학자들은 이렇게 자연스러운 사실을 거부하고, 희생 제물의 피의 의의에 관한 현대의 이론을 선호하여왔다. 그들에 따르면, 피의 기

능이 속죄에 있는 것이 아니라(최소한 비교적 후대에 이르기까지는), 성례적
인 연합을 이루어 피에 참여하는 당사자들을 공동의 생명에 함께 참여하게
만드는 데에 있다고 한다. 이런 해석 자체는 본문의 의미에 아주 적절하게
잘 들어맞는다. 베리트도 여호와와 이스라엘 사이의 생명의 연합을 이루는
것으로도 얼마든지 생각할 수 있을 것이기 때문이다. 이러한 추리가 매력적
이긴 하나 구약에서는 그런 식의 베리트 개념과의 접촉점을 거의 찾아볼 수
가 없다. 베리트는 신비한 생명의 영역에 있는 것이 아니라, 의식적으로 확신
할 수 있는 영역에 속하는 것이다. 게다가, 피를 두 부분으로 나누어 그것들
을 따로따로 사용하는 사실도 이 이론 자체와는 잘 부합되지 않는다. 이 사
실에 기초할 때에, 오히려 피를 제단에 드려 여호와께 뿌리고(6절), 또한 그
것을 사람들에게 뿌려서(8절) 그 양쪽을 하나로 연합시키는 것으로 보는 것
이 오히려 더 적절할 것이기 때문이다. 이 문제에 대한 자연주의적인 견해는
피가 백성의 유익을 위해 작용하기에 앞서서 먼저 여호와께 대하여도 작용
을 해야만 했다는 것인데, 이는 결국 베리트의 선결 요건인 속죄를 행하는 것
이외에 다른 것일 수가 없는 것이다.

베리트가 행해진 사실을 보도하는 이 모세의 책(출애굽기를 지칭함 — 역
자주)은 여호와의 모든 말씀을, 혹은 24:3의 표현대로 "말씀과 율례"를 담고
있다. 어떤 이들은 여기서 "말씀"이란 십계명을 뜻하며, "율례"란 십계명에
뒤이어 23장 마지막 부분까지 이어지는 모든 내용을 뜻한다고 본다. 십계명
은 여호와 자신의 입으로 백성들에게 전해진 것이었다는 반론이 제기될 수
도 있으나, 이것도 한 가지 가능한 해석이다. 그리고 20:22-26의 "말씀"을
십계명을 지칭하는 것으로 보지 않으면 그것을 도무지 이해하기가 어렵다는
점이 이 해석을 지지하는 한 가지 근거다.

베리트가 하나의 민족으로서의 이스라엘 전체를 대상으로 한 것은 물론이
다. 이 점은 그 백성의 대표들에게 산으로 올라가라고 명령하신 사실과(1절)
또한 이스라엘 열두 지파대로 열두 기둥을 세운 사실(4절)에서 암시되고 있
다.

마지막으로, 그 의식의 끝부분에서 여호와를 만나는 사실(10절)은 베리트
를 통하여 세워진 그와 그 백성 사이의 관계의 밀접한 연관 속에서 이해해야

만 한다. 여기서 "이스라엘의 하나님"이라는 표현이 매우 의미심장하다. **베리트**를 맺음으로써 여호와께서 이처럼 새롭고도 심오한 의미에서 "이스라엘의 하나님"이 되셨다는 것이다. 여기서 여호와를 보았다는 것은 그저 지식을 얻는다는 의미로 여호와를 바라본다고 말하는 것과는 다른 것이다. 그것은 여호와께 성례적으로 나아가고 그와 이례적으로 연합한다는 사실의 성취인 것이다. 그것이 그저 보통 하나님을 바라보는 것과 얼마나 다른가 하는 것이 다음의 말씀에서 시사되고 있다; "하나님이 이스라엘 자손들의 존귀한 자들에게 손을 대지 아니하셨고"(11절). 대개는 하나님을 본다는 것은 위험한 일이요 심지어 치명적인 일이다. 그런데 **베리트**를 통해서 이제 사정이 바뀐 것이다. 이런 상황을 미리 예고하는 사건을 우리는 야곱의 역사에서 만난바 있다(창 32:30). 여기서 하나님을 그렇게 보는 일에 한계가 있었다는 점이 10절 후반부에서 암시되고 있다(참조. "그의 발 아래"라는 표현. 즉, 그들은 하나님의 "발"밖에 보지 못했다 — 역자주).

(3) 이스라엘의 체제 정비: 신정정치

그 다음 우리는 이 **베리트**에 근거하여 이루어진 이스라엘의 전반적인 체제 정비를 살펴보아야 할 것이다. 이것을 보통 "신정정치"(神政治: theocracy)라 칭한다. 이 용어 자체는 성경에 나타나지 않으나, 이스라엘의 구성에 대한 성경의 기록을 아주 잘 묘사해 준다 하겠다. 이 용어는 아마 요세푸스(Josephus)가 만들어내었을 것이다. 그는 여러 나라들의 통치 형태를 관찰하였는데, 어떤 나라들은 전제정치(monarchy)요, 어떤 나라들은 과두정치(oligarchy)요, 또 어떤 나라들은 민주정치(democracy)이니, 하나님께서 이스라엘 가운데 세우신 것은 신정정치라 한 것이다. 요세푸스는 이런 현상에서 무언가 특별하고도 독특한 점을 발견한 것이다. 물론 요세푸스 당시의 문명의 위대한 체계들에 관해서는 이것이 옳다. 그러나, 이스라엘을 셈 족에 속한 다른 부족들과 비교해 보면, 이는 전혀 옳지 않다. 신정정치의 원리 — 즉, 신(神)이 국가의 삶에서 지고한 권위와 권세라는 원리 — 가 다른 여러 셈 족속들에서도 흔히 있었던 것으로 보이기 때문이다. "왕"을 뜻하는 히브리어

멜렉이 셈 족의 신의 이름으로 자주 나타나는 사실에서도 이 점을 추정할 수 있다.

그러나 다른 일반 족속들의 경우에는 신정정치가 하나의 신념에 지나지 않았으나, 이스라엘 중에서는 이것이 의심의 여지가 없는 현실이었다. 이스라엘이 지키며 살았던 율법은 그저 일반적인 의미에서, 즉 모든 법과 질서가 궁극적으로 양심을 수단으로 하여 일반 계시를 통해서 하나님께로부터 비롯된 것이라는 의미에서, 신적인 재가를 받은 것이 아니다. 여호와께서 친히 그 율법을 계시하신 것이었다. 다시 말해서, 대개 인간 왕이 담당하는 그 임무를 여호와께서 직접 수행하셨다는 것이다. 그리고 그 이후에도 여호와께서는 필요할 때마다 초자연적으로 개입하셔서 이스라엘의 왕의 역할을 계속해서 수행하신 것이다. 이러한 사실이 이스라엘의 지도자들의 의식 속에 깊이깊이 새겨져 있어서, 기드온과 사무엘의 시대에 이르러서까지도 순전히 인간적인 왕국을 세우는 일을 금해야 할 것으로 느꼈던 것이다. 이처럼 종교적인 주권(lordship)과 국가적인 왕권(kingship)이 한 분 여호와에게서 연합되어 있었으므로, 이스라엘 중에서는 시민 생활과 종교 생활이 완전히 한데 뒤섞여 있었다. 만일 하나님이 아닌 다른 어떤 사람이 그런 연합된 권세를 지녔더라면, 그 두 영역이 서로 나뉠 수 있는 여지가 얼마든지 있었을 것이다. 그런데 하나님과의 결속 관계가 하나요 절대로 나뉘어질 수가 없으므로, 그 두 영역이 서로 분리된다는 것은 생각조차 할 수 없는 일이다. 그러므로 후대의 선지자들은 정치를 — 비단 사악한 정치만이 아니라 정치 그 자체를 — 여호와의 왕적인 대권을 침해하는 것으로 정죄한 것이다.

더 나아가서, 이 두 가지 영역 가운데서 종교적인 영역이 우위를 차지하는 것이었다는 점을 주목해야 한다. 시민 생활의 영역이 바로 종교적인 영역을 위하여 존재하는 것이다. 오늘날 우리의 정치 체제로 보면, 그런 식의 상호 관계는 도저히 용납할 수 없는 심각한 결점으로 여겨질 것이다. 이스라엘이 창조함을 받은 가장 주된 목적은 온 세상에게 정치적인 운영에 대한 교훈을 주기 위함이 아니라, 이교의 세상의 한가운데에서 참된 종교를 가르치기 위함이었고, 그리하여 심지어 세속적인 주장들과 유리점들을 상당히 희생시키기까지 하는 것이다.

그러나 그렇다고 해서 그저 현 세상을 위한 종교를 가르치고자 한 것도 아니었다. 구약의 상태에서는 신정정치가 하나의 선교를 위한 제도로 의도된 적이 결코 없다. 이스라엘의 그 독특한 체제가 어떤 의의를 지니는가 하는 것은 그 신정정치가 완전한 하나님 나라, 즉 하늘의 완성된 상태를 예표하는 것이었다는 점을 기억해야만 올바로 가늠할 수 있는 것이다. 그 이상적인 완성의 상태에는 교회와 국가 사이의 구별이 없을 것이다. 교회가 국가를 완전히 흡수해버린 상태가 될 것이기 때문이다. 이러한 원리는 요세푸스도 이미 어렴풋하게나마 간파하였다. "신정정치"를 소개하면서 그는 모세가 이스라엘 사람들에게 그런 체제를 부여함으로써 종교를 도덕의 일부로 만든 것이 아니라 모든 다른 덕목들을 종교의 일부로 만들었음을 언급하고 있는 것이다. 세속적인 영역과 종교적인 영역의 이러한 연합은 이스라엘이 "제사장 나라가 되며 거룩한 백성이 되리라"고 하신 하나님의 약속에서 놀랍게 표현되고 있다(19:6). 그들이 제사장들로서 그 나라에 있고, 그들이 그 나라를 이루는 것이다.

율법의 기능

신정정치의 본질에 대해서 이렇게 정리했으니, 이제는 그 신정정치를 잠정적으로 구체화시킨 율법의 기능이 어떤 것이었는지를 배울 수 있을 것이다. 여기서는 율법이 그 당시의 이스라엘을 향하여 가졌던 목적과, 또한 그 이후의 역사의 과정 속에서 그것이 실제로 이루게 되는 여러 가지 목적들을 서로 조심스럽게 구분하는 일이 가장 중요하다. 이런 후자의 목적들도 애초부터 하나님의 염두에 있었음은 물론이다. 유신론적 관점에서 볼 때에, 하나님의 심오한 목적의 전개에 속하지 않는 일은 결코 역사 속에 일어날 수가 없는 것이다. 이런 의미에서 바울이야말로 구속의 경륜 속에서 율법의 철학을 가르친 위대한 교사였다 할 것이다. 율법에 대한 바울의 논의들은 대부분 부정적인 성격을 띤다. 율법은 주로 인간의 특정한 방법들과 노력들의 실패를 드러내고 보여주는 역할을 담당하였다. 율법은 그리스도께로 이르는 초등교사의 역할을 담당하며, 사람들을 죄 아래 가두어 두며, 생명에 이르게 하지 못하며, 육체의 연약함으로 인하여 오히려 정죄를 이루며, 저주 아래 있게 하며, 힘없는 법조문의 직분이라는 것이다. 바울의 이러한 진술들은 율법의 목적에 관한 전혀 다른 철학을 — 그는 이 철학이 구속과 은혜의 원리와 완전히 모순된 것이라고 느꼈다 — 염두에 둔 것이었다.

그것은 곧 바리새인의 철학이었는데, 이는 공로의 원리를 따르는 것으로 율법이 이스라엘로 하여금 장차 올 세상의 복락을 벌어들일 수 있도록 해 주기 위하여 의도된 것이라고 보는 것이었다. 그 철학은 종말론적이요, 따라서 가장 포괄적인 해석이었다. 그러나 그 해석 자체가 잘못된 것이라면, 그것이 포괄하는 모든 내용도 다 잘못된 것이 아닐 수 없는 것이다. 그런데 바울의 철학은 물론 부분적인 것으로서 과거를 거꾸로 돌아보는 관점에서 제시된 것이긴 하나, 그가 제시한 그 제한된 영역 내에서는 옳은 것이라는 이점을 지니고 있었다. 모세오경과 구약의 특정한 진술들은 전반적으로 겉으로 보기에는 유대화주의자들(Judaizers)의 입장을 선호하는 것처럼 보이는 것이 사실이다. 그렇게 많은 말씀 가운데서도 율법이 지킬 수 없는 것이라는 내용은 그 어디에도 나타나지 않는다. 뿐만 아니라, 율법을 지키면 상급이 있으리라는 내용이 거듭거듭 진술되고 있다. 이스라엘이 **베리트**의 특권들을 확보하는 일이 순종 여부에 달려 있는 것으로 나타나며, 율법의 명령들을 행하는 자는 그로 말미암아 생명을 얻으리라고도 약속하는 것이다. 그러니 결국 역사적 관점에서 바울이 아니라 유대화주의자들의 논지에 동의하는 학자들이 계속해서 있어온 것이다.

그러나, 조금만 생각해 보면, 그런 주장이 유지될 수 없다는 것과, 또한 넓은 역사적 관점에서 볼 때에 오히려 바울이 그의 반대자들보다 율법의 의도를 훨씬 더 정확하게 파악한 것이라는 점이 곧바로 입증된다. 율법은 애굽으로부터의 구속이 이루어진 이후에 이스라엘 백성들이 이미 **베리트**의 많은 축복들을 누리고 있는 상태에서 주어진 것이다. 특히, 먼저 율법을 잘 준수하여야만 비로소 약속의 땅을 소유할 수 있게 되어 있었던 것도 아니었다. 왜냐하면 율법의 계명들 중에는 광야의 여정 기간 동안에는 지킬 수 없는 것들이 많았기 때문이다. 그러므로 그 당시로서는 율법을 지키는 일이 하나의 공로가 되어 그것을 근거로 생명을 기업으로 소유하게 되는 것이 아니었다는 것이 분명한 것이다. 생명을 기업으로 받는 것은 오직 은혜에 근거한 것이다. 바울 자신이 구원이 오직 은혜에 근거하는 것을 강조하는 것에 못지않게, 이 점이 여기서 강조되고 있다.

그러나 이것을 인정하면서도, 다음과 같은 반론을 제기할 수도 있다. 곧, 율법을 지키는 일이 기업을 받는 근거는 아니지만, 이미 받은 특권들을 계속 보유하는 근거는 된다는 것이다. 물론, 그런 관계가 있다는 것을 부인할 수는 없을 것이다. 그러나 유대화주의자들은 그 관계를 **공로에 근거하는** (meritorious) 관계로 보았다는 점에서 그릇된 것이었다. 그들은, 이스라엘이 여호와의 율법을 준수하여 그가 기업으로 주시는 선물들을 받게 된다면 그것이 공로에 근거하는 것일 수밖에 없다고 보았다. 공정한 의미에서 볼 때에 이스라엘이 그 선물들을 **벌어들인** 것이기 때문이라는 것이다. 그러나 그 관계는 그런 것과는 전혀 다른 것이었다. 그 관계는 공로를 따지는 법적인 영역에 속하는 것이 아니라, **표현의 적절성**이라는 상징적-예표적 영역에 속하는 것이다.

위에서 진술한 대로, 이스라엘의 가나안 거주는 하나님의 백성의 천상적인 완전한 상태를 예표하는 것이다. 그러므로 이런 사정에서는 하나님의 거룩한 율법에 절대적으로 복종하는 그 이상이 높이 제시되어야 했다. 그들로서는 바울이 말씀한 영적인 의미로는 이 율법을 지킬 수 없었지만, 아니 외형적으로나 의식적으로나 그 율법을 지킬 능력이 없었지만, 그렇다고 해서 그 요구 사항들이 낮추어질 수는 없었다. 그들 중에서 전면적인 배도(背道)가 발생하면, 그들은 그 약속의 땅에 남아 있을 수가 없게 되어 있었다. 그들 스스로 거룩의 상태를 예표하는 자격을 상실하면, 사실상 그 복락의 상태를 예표하는 자격도 상실하게 되고, 따라서 포로로 잡혀갈 수밖에 없게 되어 있었던 것이다. 그러나 이스라엘 사람 하나하나가 생활의 사소한 모든 문제에서까지 완전해야 하고, 그럴 때에야 비로소 하나님의 은혜가 지속될 것이라는 의미는 아니었다.

여호와께서는 주로 민족을 다루시며, 또한 민족을 통해서 개개인을 다루셨다. 이는 오늘날 은혜 언약 아래서 하나님께서 신자들과 그들의 자녀들을 세대들의 연속성 속에서 다루시는 것과 같은 이치이다. 하나님의 백성들의 구성원들 가운데는 연대성(連帶性: solidarity)이 있는 것이다. 그러나 이 원리

는 동시에 민족 전체가 신실한 상태에 있는 한 개개인들이 범한 죄들이 중화
되는 효과를 이루기도 한다. 민족과 그 대표자들의 태도가 결정적인 요인이
었다. 이스라엘이 다양한 처지에서 율법이 요구하는 사항들을 불완전하게밖
에는 준수하지 못했지만, 그럼에도 불구하고 오랜 세월 동안 이스라엘은 하
나님의 은혜를 누렸다. 그리고 그 백성 전체가 배도하여 포로로 잡혀갔을 때
에도, 여호와께서는 그 때문에 **베리트**를 파기하시지 않으시고, 정당한 징계
와 회개가 있은 후에, 이스라엘을 다시금 은혜 속으로 취하여 들이시는 것이
다.

　이것이 바로 율법을 지키는 일이 축복을 받는 공로의 근거가 아니라는 것
을 입증해 주는 가장 타당성 있는 증거다. 징계와 회개가 있은 후에, 하나님
께서는 처음에 행하셨던 일을, 즉 값없는 은혜의 원리에 따라서 이스라엘을
받아들이시는 일을 되풀이하시는 것이다. 이러한 사실과 일치하여, 구약에
서는 율법이 짐과 멍에로서가 아니라 — 훗날 유대인들의 종교적 경험에서
는 짐과 멍에로 여겨지지만 — 여호와께서 그 백성들에게 수여하신 가장 큰
축복이요 특권으로 제시되고 있는 것이다(신 4:7, 8; 시 147:19, 20; 참조. 롬
9:4, 5의 바울의 묘사). 그리고 거룩을 기업을 받는 필수적인 요건으로 — 물
론 그것이 공로가 되는 것은 아니지만 — 제시하는 이러한 구약의 교의에 상
응하는 내용이 바울의 가르침에서도 확연하게 드러나는 것이다.

　이러한 점에서 볼 때에, 구약을 부정적인 의미의 율법과 동일한 것으로 보
고, 신약을 복음과 동일한 것으로 보는 것이 얼마나 그릇된 것이요 왜곡된
것인가 하는 것을 잘 볼 수 있다. 그렇게 본다면, 구약의 경륜 아래서는 복음
이 전혀 없었던 것이 되어 버리고 말 것이기 때문이다. 바울의 진술들을 잘
못 이해하여 이런 오류에 빠지기가 쉽다. 그러나 바울의 그런 진술들은 이처
럼 절대적이고 상호배타적인 의미로 제시된 것들이 아니다. 바울은 믿음과
두 경륜(즉, 구약의 경륜과 신약의 경륜 — 역자주)의 관계에 대해서 말씀하
는데 거기서 이와 관련하여 한 가지 좋은 실례를 볼 수 있다. 갈라디아서
3:23, 25에서 그는 믿음이 "오는 것"을 언급하는데, 이것에 근거하면 마치
그 이전에는 믿음이 전혀 없었던 것처럼 되어 버린다. 그러나 바울은 또한
로마서 4:16 이하에서 믿음이 아브라함의 생애에서 담당한 역할에 대해서 길

게 논하고, 사실상 믿음이 구약의 체제 전체를 지배했음을 말씀하고 있는 것이다.

구약 경륜의 내용을 두 가지 분명한 안목으로 바라볼 수 있는 것이 분명하다. 최종적으로 전개되고 재구성된 신약의 구조와 비교하여 바라볼 때는 구약 경륜의 내용에 대해 부정적인 판단이 나오게 된다. 그러나 구약 그 자체를 전체로 취하고, 구약 속에 잠정적으로 주어진 내용을, 이를테면 구약 그 자체의 눈으로 바라보면, 거기서 긍정적인 요소들을 찾는 일이 필수적이라는 것을 깨닫게 된다. 그런 긍정적인 요소들이 신약을 미리 보여주며 예표하는 역할을 하는 것이다. 이렇게 보면, 구약의 신정정치 아래에도 진정한 복음이 있었다는 것을 알게 되는 것이다. 그 당시의 하나님의 백성들은 시행도 불가능하고 구속의 효과도 없으며 하나님과의 영적인 교류를 누리게 해 줄 수 없는 그런 종교 체제 아래에서 살고 죽은 것이 아니었다. 복음의 요소가 율법에 선행하고, 율법에 수반되며, 율법 이후에 뒤따라오는 계시에만 포함되었던 것이 아니고, **율법 그 자체 속에** 있었던 것이다. 우리가 "율법 체계"(legal system)라 부르는 그것 자체 속에 복음과 은혜와 믿음이 섞여 있는 것이다. 특히 의식법에는 그것이 풍부히 들어 있다. 희생 제사와 정결 예식 하나 하나마다 은혜의 원리를 선포하는 것이었다. 그렇지 않았다면, 긍정적이며 본질적인 연속성의 관념은 완전히 폐기되고, 그 대신 모순과 갈등이 그 자리를 차지하게 될 것이다. 그러나 그런 것은 구약 자체의 견해도, 바울의 견해도, 교회의 신학의 견해도 아니요, 영지주의적 입장(Gnostic position)일 뿐이다.

그러나, 모세의 제도들 속에 이렇듯 복음이 드러나고 선포되고 있지만, 그 형식과 법적인 성격에 있어서는 여전히 오늘날에 드러나는 형식과는 다르다는 점을 잊어서는 안 된다. 이처럼 복음을 지닌 제도들조차도 백성들이 반드시 지켜야 할 것으로 제시된 규례들의 큰 체계의 일부였기 때문이다. 그러므로 복음을 제시하고 거기에 참여하는 데에서조차도 자유가 없었다. 율법의 억제 하에서 복음이 선포되었고 또한 똑같은 처지에서 받아들여졌다. 복음이 그것이 놓인 율법이라는 환경보다 높이 올라가는 것이 허용되지 않았다. 오직 신약에 와서야 비로소 이런 점에서 완전한 자유가 주어진 것이다.

(4) 십계명

십계명은 신정정치 전체의 구속적인 구조를 놀랍게도 잘 보여준다. 십계명은 여호와께서 종 노릇하던 집에서 그들을 구원하시기 위해 무슨 일을 행하셨는지를 정리하는 것으로 시작된다. 십계명이 반포된 시기를 생각할 때에, 처음의 도입 부분은 후에 그 체계 전체가 상세한 법들로써 규정되기에 앞서서 먼저 제시하는 하나의 간단한 개요라 부를 수도 있을 것이다. 그러나 그렇게 부른다면, 그것은 결국, 율법의 다른 부분에서는 분명하게 드러나는 한 가지 구성 요소가 — 즉, 의식에 관한 명령들이 — 십계명에는 빠져 있다는 사실을 간과하는 것이 되어 버릴 것이다. 그러므로 어떤 의미에서 십계명은 율법 체계 전체를 미리 예시하는 것이 아니라, 압축시키는 것이요, 또한 압축시키되 삭제하고 이상화하는 것이라 할 수 있다. 십계명은 신정정치의 시작과 끝, 하나님의 구속의 역사(役事), 그리고 신정정치가 의도하는 결과인 거룩한 상태와 또한 하나님의 본성과 뜻에 복종하는 상태를 모두 하나로 묶어 주는 것이다. 또한 동시에 이 여러 가지 요소들에게 그 백성의 실질적인 필요와 제한점들에 알맞게 맞추어진 하나의 형식을 부여하는 것이다. 신정정치가 일반적으로 그렇듯이, 십계명은 절대로 실현할 수 없고, 그 당시의 단계에서도 실현할 수 없는 하나의 이상으로 그 백성의 삶 위에 떠있는 것이요, 그러면서도 동시에 자신을 낮추어 이스라엘의 비정상적인 사정들에게 맞추는 것이기도 하다.

진화론적 사고를 가진 비평학자들이 십계명의 이러한 이상적이며 이상화하는 성격을 놓칠 리가 없었다. 그리하여 그들은 십계명이, 그들의 전제에 근거할 때에 종교적 발전의 아주 낮은 단계에 속하는 모세 시대의 산물일 가능성이 없다는 견해를 제기하기에 이르렀다. 최근 역사비평학이 십계명을 다루는 것을 보면, 지극히 흥미롭고 또한 교훈적이다. 과거 어느 땐가는 아무리 진보적인 비평학자라도 모세오경의 율법이 모세 시대의 것임을 전면적으로 부인하는 중에서도 십계명만은 예외로 취급했었다. 물론 거기에 특정한 단서들이 붙었던 것은 사실이다. 곧, 형상을 만들고 섬기지 말도록 금하는 제이 계명은 모세 시대의 것일 수가 없다고 본 것이다. 형상 숭배는 모세 시대 이후 오랜 세월이 흐른 후에도 여전히 무해한 것으로 여겨졌기 때문이라는 것이다. 그리고 다른 계명들의 경우도 현재 모세에게서 온 것으로 받아들여지는 그런 확대된 형태가 아니라, 명령의 골자만을 포함한 좀 더 단순한 형태가 모세 시대로부터 왔다고 보는 것이었다.

그런데 벨하우젠 학파는 이러한 온건한 보수주의적 잔재를 말끔히 제거해 버렸다. 과거의 비평학자들의 견해를 이렇게 수정한 주요 근거는 바로 십계명이 윤리적 성격을 띤다는 점이었다. 윤리적 관념들은 선지자들의 시대에 와서야 비로소 이스라엘 종교에서 중심이 되었다고 한다. 선지자들의 시대 (기원전 8세기 중엽) 이전의 대중 종교는 제의(祭儀: cult)가 중심이었는데, 십계명에는 이것이 전혀 포함되어 있지 않다는 것이다. 그러므로 현재의 비평학파의 견해는 십계명은 선지자들의 윤리 운동에서 비롯된 것으로서, 기원전 7세기의 므낫세 왕의 통치 이전에는 작성되지 않았을 것이라는 것이다.

이에 대하여 우리는 선지자들의 윤리적인 설교의 주요 내용은 십계명보다는 그 당시의 현안 문제들과 더 밀접한 연관이 있다는 점을 강력히 제시해야 할 것이다. 선지자들의 메시지는 부자들이 가난한 자들을 억압하는 문제, 정의를 시행해야 할 관리들의 부패 등의 현안 문제에 집중되어 있는데, 이런 문제들은 십계명에서는 암시조차 되지 않은 것들이다. 그러므로 선지자들의 메시지의 정황은 십계명에서 제시하는 것보다 훨씬 더 구체적이고 복합적인 것이다. 그리고 선지자 이전 시대의 이스라엘 사람들이 윤리적인 문제를 그들의 신앙의 중심으로 바라보지 않았다손 치더라도, 그렇다고 해서 계시가 그보다 훨씬 오래 전부터 윤리적인 문제를 최고로 중요한 것으로, 또한 직접적으로 관심을 가져야 할 것으로, 제시했다는 논지가 불가능해지는 것이 결코 아닌 것이다. 십계명은, 최소한 우리가 보기로는, 백성들의 종교의 산물이 아니라 하나님의 계시의 산물이었던 것이다.

다른 수많은 문제들에 있어서도 그렇지만, 이 문제와 관련해서도 비평학자들의 주장들은 오로지 진화론 철학이 암암리에 논지의 전제가 되어야만 비로소 성립되는 것이다. 좀 더 최근 들어서 비평학자들은 십계명에 선지자들의 설교와는 좀 다르고 그보다 더 원시적인 정신이 숨쉬고 있다는 것을 다시 보기 시작하였다. 그리하여 좀 수정된 형태로나마 모세 시대의 기원을 인정하는 쪽으로 선회해 가고 있다. 곧, 모세가 십계명 중 일곱 계명을 기록하였다고 주장하고, 제일 계명과, 제이 계명, 그리고 제사 계명에 대해서는 모세의 저작을 부인하는 것이다. 다만, 나머지 일곱 계명에서 금지하는 것들에 대해서도, 그것들을 절대로 금지하는 것이 율법제정자의 의도가 아니었다고 한다. 이스라엘이라는 한계 내에서만 그것들을 금지시키려 한 것이며, 이스라엘 바깥에서는 그 금지된 것들이 허용되었다는 것이다. 이런 논지에 대해서는, 십계명의 말씀들이 일차적으로는 같은 이스라엘에게 주신 말씀이었으나, 그것은 전적으로 그러한 역사적 상황 때문에 그렇게 된 것이며, 따라서 그것은 결코 율법제정자의 기준이 이중적이어서 이스라엘 사람에게 행할 때에는 죄가 되고 비이스라엘인에게 행할 때에는 용납될 수 있도록 되었다는 것을 입증할 수 있는 것이 아니라는 점을 제시할 수 있을 것이다.

전세계적으로 적용됨

십계명이 이스라엘에게 가장 근본적으로 적용된다고 해서, 십계명이 모든 윤리적인 관계에 있어서 전세계적으로 적용되지 못하는 것이 결코 아니다. 대명사들과 대명사격인 접미어들이 여성 단수형으로 되어 있는데, 이는 그 계명들이 이스라엘 민족에게 주어지는 것들이기 때문이다. 언뜻 보면, 몇 가지 특징들은 이스라엘에게만 적용될 수 있는 것처럼 보일 것이다. 예를 들어서 애굽의 종 노릇에서 구원받은 사실에 대한 언급이 그것이다. 그러나 그런 특징들은 아주 희귀하고, 특히 출애굽기의 본문에서는 더욱 그렇다. 신명기에는 그것들이 더 많이 나타난다. 제사 계명의 동기를 비교해 보라. 신명기에서 십계명이 되풀이되고 있는데, 이는 당시의 이스라엘의 일시적인 상황과 더욱 밀접하게 관련하여 제시하고자 하는 하나의 권고의 목적으로 그렇게 한 것이었다.

뿐만 아니라, 우리는 하나님께서 이스라엘 역사를 그렇게 형성시키신 것은 그 이후의 모든 시대의 하나님의 백성들이 접하게 될 모든 중요한 상황들을 위하여 거울로 삼도록 하기 위한 것이었음을 기억해야 한다. 여호와께서 애굽으로부터 구속받은 사실을 순종의 동기로서 제시하시지만, 여기서 그는 모든 신자들의 삶 속에서 그러한 구속과 영적인 유비 관계(spiritual analogy)

를 갖는 그 무엇을 순종의 동기로 제시하시는 것이다. 역사적으로 이스라엘에게 적용시킨다고 해서, 보편적인 적용에서 벗어나는 것이 아니라, 오히려 그런 적용을 돕는 역할을 하는 것이다.

성격상 종교적임

십계명의 가장 충격적인 특징은 그것이 확연하게 종교적인 성격을 띤다는 점이다. 십계명은, 이를테면, 그 자체가 순전히 하나님의 명령에만 근거하는 하나의 윤리적인 강령은 아니다. 그 서문에서는 여호와께서 그 백성의 구속을 위하여 행하신 일에 비추어 그만큼 그를 사랑할 것을 제시한다. 그의 역사하심에 대한 응답으로 나오는 사랑을 행실로 나타내라고 하는 것이다. 만일 우리가 거꾸로 소급해 올라가 십계명을 "기독교적인 계명"이라 불러도 무방하다면, 우리는 그 내용이 일반적인 윤리가 아니라 기독교적인 윤리라고 말해야 옳을 것이다. 윤리가 구속의 산물로, 곧 그 이면에 있는 무언가 다른 것으로 자리잡고 있는 것이다. 뿐만 아니라 종교가 윤리를 지배하고 있다는 것이, 처음 네 계명을 훨씬 많은 분량을 할애하여 특별히 종교적인 면을 자세하게 다룬다는 사실에서 드러난다. 우리 주님도 이 점을 인정하여, 율법을 첫째와 둘째가는 큰 계명으로 구분하셨다. 또한 이러한 구속적인 의도에 비추어볼 때에 대부분의 계명들이 소극적인 형태를 취한다는 점도 이를 뒷받침하는 의미를 갖는다. 물론 이런 소극적인 형태는 구속과는 상관 없이 그 자체가 죄에 대하여 저항하는 의미를 갖는다. 그러나 하나님께서 그런 저항의 명령을 제시하신다는 사실 자체가, 하나님께서 죄를 조금도 용납하지 않으신다는 추론을 가능하게 만드는 것이다.

그러나 모든 계명이 전부 " … 을 하지 말지니라"라는 부정적인 형식을 취하는 것은 아니라는 점을 주의해야 한다. 안식일과 관계되는 제사 계명은 적극적인 의미를 지닌다. 그리고 제이 계명에 첨가되어 있는 그 장엄한 부록 같은 말씀은 하나님을 미워하여 율법에 불순종하는 자들을 향한 그의 질투를 언급하며, 아울러 그의 백성들에 대한 하나님의 그 사랑의 깊이를 잘 묘사하고 있다. 그러므로 십계명이 순전히 소극적인 문서로서, 선한 것에 대한 적극적인 관심은 전혀 없고 오로지 악한 것에 대한 반대만 나타난다는 주장은 전혀 근거가 없는 것이다. 우리 주님은 율법이 하나님과 사람을 향한 사랑을 요구한다는 것을 암시하셨는데, 사랑이야말로 무엇보다도 가장 적극적인 힘인 것이다. 종교적인 면과 윤리적인 면에서의 십계명의 실질적인 본질이 구체적인 외부적 죄를 언급하는 방식에서 나타난다. 그러나 그렇다고 해서 죄가 그 뿌리에서 유기적으로 통일되어 있다는 사실을 부인하고자 하는 것은 아니다. 오히려 그 반대로, 그런 범죄를 하나님에 대한 미움에까지 거꾸로 추적해 들어가는 데에서 이러한 통일성이 분명하게 인식되고 있다. 또한 십계명의 마지막 말씀에서도 이것이 암시되고 있다. 곧, 살인, 도둑질, 간음, 거짓 증거 등 겉으로 분명히 드러나는 죄들이, 마음속에 자리잡고 있는 탐심 혹은 악한 정욕이라는 한 가지 근원에서 비롯되는 것임이 암시되고 있는 것이다.

열 가지 말씀

십계명의 본문이 열 가지 말씀으로 분포되어 있다는 점에 대해서 갖가지 의견이 개진되고 있다. 열 가지 계명이 있음을 본문에서 알 수 있으나, 그것 하나하나에 숫자를 부여하지는 않는다. 구약의 본문을 장절(章節)로 구분하는 체제는 원문과 관계가 없기 때문이다. 그리스 정교회와 개혁 교회들은 십계명의 서문은 열 가지 계명의 바깥에 서 있는 것으로 본다. 그리고 서문 다음에 제일 계명이 다른 신들을 예배하는 행위를 금지하며, 제이 계명이 형상들을 금지하는 식으로 우리에게 친숙한 방식으로 끝까지 이어진다는 것이다. 이런 구분법은 필로(Philo)와 요세푸스의 시대에서도 볼 수 있다. 로마 교회와 루터 교회는 우리가 제일 계명과 제이 계명으로 간주하는 것을 한 계명으로 계산한다. 그런데 열(10)이라는 숫자를 지키기 위해서 제십 계명을 둘로 나누어 앞의 것을 제 구 계명으로("네 이웃의 집을 탐내지 말라"), 뒤의 것을 제십 계명으로("네 이웃의 아내나 그의 남종이나 … 네 이웃의 소유를 탐내지 말라") 간주하는 것이다. 제십 계명을 이렇게 둘로 나눈 것은 제사 계명 외에는 이런 식으로 나눌 수 있는 계명이 없고, 또한 로마 교회나 루터 교회나 십계명의 서문을 숫자에 포함시키는 것은 원치 않았기 때문이었다. 여기에 제삼의 구분법이 있는데, 이는 현재 유대인들 가운데 성행하는 것으로

서문을 제일 계명으로 보는 것이다. 이렇게 하면 모두 열한 계명이 되는데, 그들은 이것을 피하기 위하여 제일 계명과 제이 계명을 하나로 묶는다. 몇몇 비평학자들은 서문을 제일 계명으로 보고, 그 대신 제이 계명을 후대에 삽입된 것으로 보아서 모두 십 계명으로 만드는 견해를 주장하기도 했다. 이 세 가지 가운데 첫 번째 것을 취하는 것이 합당할 것이다.

십계명의 서문은 엄밀하게 말해서 계명이라 부를 수가 없다. 그러나, 율법이 제시하는 것들은 계명이 아니라 말씀들(영어의 "Decalogue"는 "열 가지 말씀"을 뜻한다)이라는 점을 주목하면, 이런 난점이 다소 줄어들 수도 있을 것이다. 그러나, "말씀"이 "계명"이라는 의미로 사용되는 경우가 허다하며, 여기서도 그런 의미로 사용되는 것이다. 그러므로 서문을 계명이라 부를 수 없다는 논지가 여전히 남아 있게 된다. 그리고 서문을 십 계명 가운데 하나로 보게 되면 다른 모든 말씀들과의 본질적인 관계가 깨어져 버린다는 사실도 이러한 논지를 더 강화시켜 준다 할 것이다. 제일 계명과 제이 계명을 서로 밀접하게 연관짓는 문제에 대해서는 무언가 말을 할 수 있겠지만, 제 십 계명을 둘로 구분하는 것은 전혀 합당한 근거가 없는 것이다. 집과 아내를 구별해야 한다는 반론을 제기할 수도 있겠으나, 이는 겉으로는 그럴 듯하지만 실제로는 전혀 근거가 빈약한 것이다. 여기서 집은 그저 건물만을 뜻하는 것이 아니라, 아내까지도 다 포함하여 가족의 모든 것을 다 포함하는 의미이기 때문이다. 아우구스티누스는 이 점을 간파하지 못하고 신명기의 본문을 선호하였는데, 이는 다소 지나치게 호사스런 태도였다 할 것이다. 그러나 "집"(house)이 "가족"(household)을 뜻한다면, 그 일반적인 용어 자체에 대한 내용이 별도의 계명으로 언급되고 그 다음 계명에서 그것을 구성하는 여러 가지 요소들을 다시 열거해야 할 하등의 이유가 없는 것이다. 제사 계명의 본문과 비교해보면 드러나겠지만, 십계명의 구조는 그런 것이 아니다. 그리고 아우구스티누스는 이 문제를 감상적으로 다루었다 할 것이다. 왜냐하면 아내가 가정에서 차지하는 존귀한 위치를 정당하게 고려할 때에, 이미 제칠 계명에서 아내의 위치가 정리된 마당에서 아내에 대한 문제를 별도의 계명으로 다룬다는 것이 구약의 정서와 별로 어울리지 않을 것이기 때문이다.

제일 계명

계명들을 나누어 논의할 때에, 처음 네 가지 계명들을 먼저 살펴보게 된다. 다음의 여섯 계명들은 사람과 사람 사이의 관계에 관한 것으로 윤리의 분야에 속하는 것이다. 여기의 처음 네 가지 계명들은 특별히 하나님과의 관계를 다루는 것이다. 처음 세 계명은 한 그룹을 이루는 것으로 다신숭배(polylatry), 우상숭배, 마술 등, 이교도들의 세 가지 전형적이며 근본적인 죄들을 정죄하는 것이다.

더 나아가서, 제일 계명이 여호와 이외에 다른 신들의 존재에 대한 하나의 이론적인 부인이 아니라는 점도 보게 된다. 그렇다고 해서 직설적으로든 암시적으로든 다른 신적 존재들의 존재에 대해 긍정하는 것도 아님은 물론이다. 그 문제는 아예 한 쪽으로 밀어놓고, 이스라엘에게는 예배의 대상이 오직 한 분만 있어야 한다는 명령에만 한정시켜 다루는 것이다: "너는 내 앞에 다른 신들을 네게 두지 말라." 그런데 만일 이론적이고 입법적인 견지에서 볼 때에 이것이 유일신론의 원리를 간명하게 천명하는 것에는 훨씬 못 미치고 논리적으로 말해서 그저 일신숭배(monolatry) 정도까지만 나타내는 것이라 할지라도, 마치 이것이 율법제정자가 다신론(polytheism)은 전혀 건드리지 않고 그냥 남겨두려는 의도를 가졌다는 증거이기라도 한 것처럼, 법률가가 법 조항을 다루듯이 그렇게 본문을 대하는 것은 현학적인 자세에 지나지 않을 것이다. 그런데 비평학자들이 바로 그런 식으로 본문을 다루어왔다. 이런 순전한 표현 형식에 근거하여 모세는 아직 유일신론의 단계에까지 이르지 못했었다는 식의 견해를 세운 것이다.

그러나 후에 십계명의 연대를 모세 시대보다 훨씬 후대로 잡게 되자, 이 본문의 그러한 해석이 그들에게 다소 심각한 난제를 가져오게 되었다. 그렇게 진보한 시점에서, 십계명을 산출한 선지자들의 정신이 아직도 유일신론의 단계에 이르지 못했을 것이라고 생각하기가 어려웠기 때문이었다. 비평학자들은 이러한 막다른 골목에서 벗어나고자, 아모스와 호세아의 시대 이후로 유일신론이 발전되어가는 단계에 있었으나 그것이 선명하게 확립된 것은 위작(僞作)의 신명기와 예레미야 시대에 가서야 비로소 된 일이라고 주장하였다. 그런데 이런 가설에 근거하면, 모세에 대해서도 그가 과연 그의 시

대에 일신숭배 사상의 단계에까지라도 도달했었느냐 하는 것이 의심스러워
진다. 왜냐하면 십계명의 증거가 그런 점에서 무너져버렸기 때문이다.

그러나 이러한 모든 문제점들은, 십계명이 율법이기는 하나 현대인들이
사용하는 그런 전문적인 의미에서의 법은 아니라는 간단한 사실만을 상기해
도 곧바로 교정된다. 십계명은 오해나 회피의 여지가 있는 모든 허점들을 차
단하기 위해서 여러 가지로 단서 조항들을 붙이는 그런 일을 전혀 하지 않는
다. 모세는 서기관이 아니라 율법제정자였다. 이 계명이 관념적인 유일신론
의 문제를 거론하지 않은 것이 그 문제를 거론한 것보다도 오히려 이를 더
높은 수준에 올려 놓는 것이다. "다른 신은 존재하지 않으니, 너희는 무조건
나만을 섬기라"라는 식으로 말씀했다면, 십계명에 기록된 그대로 "나는 너
를 애굽 땅, 종 되었던 집에서 인도하여 낸 네 하나님 여호와니라. 너는 내 앞
에 다른 신들을 네게 두지 말라"라고 말씀한 것보다도 오히려 이스라엘에게
여호와께 충성하도록 동기를 부여하는 면에서 훨씬 더 가치가 없었을 것이
다. 게다가 이스라엘이 받은 바 구원에 대한 감사의 마음에 호소하는 데에서
도, 다른 대상들을 예배할 경우 여호와의 존귀하심에 상처를 드리게 된다는
하나의 암시가 나타난다. "내 앞에" 혹은 "나 외에"라는 말이 바로 그런 범
죄가 여호와께 주관적으로 입히게 될 치욕을 표현하고 있는 것이다.

제이 계명

제이 계명의 문장 구조에 대해서는 다소 불투명한 점이 있다. 영어 흠정역
과 영어 개정역에서는 "likeness"(형상)를 "thou shalt not make"(너는 만들
지 말라)에 종속되며 또한 그 앞의 목적어인 "graven image"(새긴 우상)와
연결되는 것으로 번역하고 있다. 그렇게 되면, 형상이 사람이 만들 수 있고
생산해 낼 수 있는 물건이 되어 버린다. 그러나 학자들은 "형상"이라고 번역
된 그 히브리어 단어는 "모양"(혹은, 모습: shape)으로도 번역될 수 있다는
사실에 주목해왔다. 곧, 제조된 것이 아닌 천연의 모양, 자연이 제공해 주는
그런 형상 혹은 모양을 뜻할 수도 있다는 것이다. 이 번역을 취하게 되면 —
또한 "모양"을 "위로 하늘에 있는 것", "아래로 땅에 있는 것", "땅 아래 물
속에 있는 것" 등의 세 그룹으로 구분하고 있는 점도 이 번역을 지지하는 것

같다 — 그 모양들은 "너는 만들지 말라"라는 동사의 목적어일 수가 없게 된다. 그것들은 인간이 만들어낸 생산품이 아니기 때문이다.

그러므로 이 견해에 근거하면 문장의 구문을 달리 보아서 본문을 다음과 같이 읽어야 할 것이다: "너를 위하여 새긴 우상을 만들지 말라. 그리고 위로 하늘에 있는 것이나 … 물 속에 있는 것(목적의 의미를 지니는 접두사가 붙어 있음)에 대해서는 그것들에게 절하지 말며 그것들을 섬기지 말라." 이렇게 읽으면, 여기서 두 가지를 금하는 것이 된다. 곧, 새긴(이는 "금속으로 만든"이라는 뜻임) 우상을 예배하는 것과 자연의 형상을 예배하는 것이 그것이다.

이 새로운 문장 구문 이해를 취하면 본문이 별로 부드럽게 읽혀지지 않는다는 점은 인정해야 한다. 그러나 한편, 일상적인 본문 이해 쪽에서는 어째서 "새긴" 우상이 여타 다른 제조된 "모양"보다 더 망령된 것으로 나타나느냐 하는 문제에 대해 만족할 만한 해명을 제시해야 하는 난제를 안고 있다. 더욱이, 새긴 우상이 우상숭배를 반대하는 자들에게 특별한 반감을 불러일으켰다는 것이 구약의 다른 곳에서 입증되는 사실인 것으로 보인다. 벨하우젠은 신명기의 본문을 본래의 계명으로 취하면 그런 난제가 제거된다고 본다. 신명기의 본문은 "너는 자기를 위하여 어떤 형상의 새긴 우상도 만들지 말고 … "로 되어 있다. 그러나 칠십인역과 사마리아본은 신명기 본문에서도 "형상" 앞에 "또한"(and)이라는 접속사를 붙이고 있고, 그리하여 "새긴 우상과 어떤 형상을"으로 되어 있는 것이다(한글 개역 개정판도 이를 따라 출애굽기의 본문과 동일하게 번역하고 있다 — 역자주).

그러나 이보다 더 흥미롭고 더 중요한 것은 여기서 우상숭배를 금지하는 근거가 무엇이냐 하는 문제다. 제이 계명의 전통적인 해석은 그 이유를 하나님의 영적인(형체가 없으신) 본성에서 찾곤 한다. 하나님의 본성이 그러하시므로 형체로 그를 나타내는 것은 그를 오도하는 것이요 하나님을 하찮게 만드는 것이 된다. 존재의 경중(輕重)을 놓고 볼 때에 형체가 없는 존재가 형체가 있는 존재, 소위 "육체"를 훨씬 초월하기 때문이라는 것이다. 이런 사고 자체가 진리라는 점은 인정하지만, 이것이 제이 계명에 대한 만족할 만한 해석이라고 볼 수는 없다. 우상숭배를 금지하는 동기를 그렇게 보게 되면 뒤에 붙어 있는 말씀이 "나 네 하나님 여호와는 육체가 없은즉"이 되어야 마땅한데, 본문은 그 대신 "질투"를 이유로 언급하고 있는 것이다. 다른 곳에서는 때때로 "질투"가 "격한 열정"이라는 일반적인 의미를 지니기도 하지만, 여기서는 그럴 수가 없다. 만일 그랬더라면, 십계명의 다른 계명들에서가 아니고 유독 이 계명에서 그 관념을 소개하는 것이 별 의미가 없어지고 말았을 것이기 때문이다. 우상을 만들고 섬기는 일이 여호와의 질투를 불러일으킬 만한 무슨 특별한 이유가 반드시 있을 것이다. 여기의 "질투"라는 단어는 특별히 부부 사이의 열정과 결혼 관계에서의 질투를 뜻한다. 이 점은 곧, 여호와와 이스라엘 사이의 일부일처적(一夫一妻的) 관계에 우상이 개입하게 되면 그 관계가 깨어지고, 다른 종교적 주(主)들과도 음란하게 관계하는 하나의 일처다부적(一妻多夫的) 관계로 대체되어 버린다는 것을 암시하는 것이다.

그러므로 우리 앞에 놓인 문제는, 우상을 만드는 행위가 어째서 또한 어떤 의미에서 하나님을 향한 이스라엘의 순전한 헌신을 흐트러뜨리고 하나님 외에 다른 신적인 경배의 대상을 가져다 놓는 것이 되는가 하는 것이다. 우상이 신을 나타내는 하나의 상징물이며 따라서 우상을 통해서 그 신을 섬기게 되는 것이기 때문이라는 설명은 만족할 만한 것이 못 된다. 현대적인 사고를 갖고 있는 우리의 경우, 사람의 사진을 높이 우러르고 심지어 그것에 경배한다 할지라도 별로 질투가 생겨나지 않고, 오히려 이기적인 만족감이 생겨나기가 더 쉬운 것이다. 우리는 그 문제에 대한 현대적인 사고 방식 전체를 옆으로 제쳐놓고, 고대의 우상숭배자들이 자기들의 신을 나타내는 우상에 대해서 어떤 느낌들을 가졌을지를 우리 스스로 재생하도록 애써야 할 것이다. 이 문제는 실체와 상징이라는 도식으로 표현할 수 있는 것보다 훨씬 더 복합적인 문제다.

그 진정한 내적 본질(inwardness)은 쉽게 묘사할 수 없으나, 어쩌면 이를 마술(魔術)의 범주에 포섭시켜서 정의할 수도 있을 것이다. 마술이란 종교의 과정을 역전시키는 이교도적인 행위로서, 사람이 스스로 신에 의하여 신적인 목적을 위하여 사용받도록 하는 것이 아니라 오히려 자기의 신을 하나의 도구의 수준으로까지 끌어내려서 자기 자신의 이기적인 목적을 위하여 그 신을 이용하는 것이다. 마술은 미신으로 가득 차 있고, 또한 초자연적인 요소로 가득 차 있는 것처럼 보이지만, 실상 거기에는 참된 종교가 텅 비어 있는 것이다. 거기에는 위로부터 임하는 신의 객관적인 계시의 요소가 결핍되어 있기 때문에, 신으로 하여금 사람의 요구에 응하도록 만드는 어떤 물질적인 강제 수단을 만들어 놓을 필요가 생긴다. 그리고 사안의 본질상, 이런 마술적인 강제 수단들은 무한정 늘어날 수 있다. 이런 마술적인 수단들을 실질적으로 사용하는 가운데, 사람은 그 수단들을 통해서 계속해서 작용하는 힘들이 신들에게서 추출되어 그 마술의 형태들 속에 저장된다고 느끼기 시작하게 된다. 그리하여 마술을 통해서 조작된 우상이 제이의 신이 되어 본래의 신 옆에 나란히 있게 되고, 심지어 그 능력 면에서 본래의 신을 능가하게까지 되는 것이다. 우상은 상징물이 아니다. 본래의 신의 경쟁자요 그 신을 대체하는 존재로 행동하는 것이다. 그러므로, 여호와를 감각적으로 표현해 놓는 행위는 곧바로 마술과 뒤섞이게 되고, 그리하여 곧바로 다신론으로 빠지게 되는 것이다.

그리하여 로마교도들과 루터파는 제일 계명과 제이 계명이 서로 밀접하게 연관되어 있다는 점을 바르게 지각하였다. 우상이 도입되는 그 순간부터 이스라엘의 완전한 경배를 받으실 여호와의 독점적인 권리가 위험에 빠지게 되었던 것이다. "새긴 우상"이 구체적으로 여호와의 주상(柱像)을 지칭하며 또한 "형상" 혹은 "모양"은 이방의 신들의 주상을 지칭할 가능성도 없지는 않다. 여기서 전자도 후자에 못지않게 하나님의 질투를 촉발시키며, 따라서 "새긴 우상"을 여호와의 주상으로 보는 제안이 옳든 그르든 간에, 이 계명에서 이 두 가지를 모두 지칭하고 있는 것이다. 제일 계명은 오직 한 분 하나님만을 섬길 것을 명령하며, 제이 계명은 이를 준행하는 데에 위험이 될 주요 근원을 치는 것이다. "우상숭배"라는 단어의 이중적인 의미에도 이 두 가지의 상호 관련성이 드러난다. 그것은 다른 신들을 섬기는 것을 뜻하기도 하지만, 형상들을 섬기는 것을 뜻하기도 하는 것이다. 이는 확실한 사실이다.

제삼 계명

제이 계명에서 제삼 계명으로 넘어가는 것은 아주 자연스럽다. 여기서도 여전히 마술의 영역을 다루기 때문이다. 그런데 이번에는 말로 하는 마술

(word-magic)을 금지하고 있다. 맹세와 신성모독의 말을 오늘날 사용되는 의미 정도로 보아서는 안 된다. 말은 이교도의 미신의 가장 강력한 힘을 지닌 것 중 하나이며, 말로 하는 마술의 가장 강력한 형태는 이름 마술(name-magic)이다. 무언가 초자연적인 존재의 이름을 발설하면 이것이 그 이름 부르는 사람의 요구에 억지로라도 응하게 되어 있다고 믿었던 것이다. 이 계명은 구체적으로 "여호와"의 이름을 두고 그런 행위를 하지 못하도록 막고 있는 것이다. "헛되이"(한글개역 개정판은 "망령되게"로 번역함 — 역자주)란 문자적으로는 "헛 것을 위하여"라는 뜻이다. "헛 것"이란 상당히 복합적인 용어로서, 진짜가 아닌 것, 간교한 것, 실망스러운 것, 죄악된 것 등의 여러 관념들이 그 속에 뒤섞여 있다. 이 단어는 이교도 신앙의 광범위한 영역을 지칭하는 것이다. 이스라엘의 과거에도 그것이 한 자리를 차지했었고, 참된 신앙을 계속해서 침해하여 위협을 가해온 것이었다. 여호와의 이름을 그런 목적으로 사용하는 일은 특히나 위험스런 일이었다. 왜냐하면 그 이름이 그런 행위의 합법성을 보호해 주는 것처럼 보이기 때문이었다.

물론 고대의 행위와 현대의 행위가 이 점에 있어서는 서로 굉장히 거리가 멀 수도 있겠으나, 우리가 맹세와 신성모독이라 부르는 그 행위는 고대의 이 이름 마술과 본질적으로 다르지 않고, 따라서 제삼 계명의 정죄 아래 있는 것이다. 우리는 맹세의 습관이 본래 지금보다도 훨씬 더 현실적인 목적을 위한 것이었다는 점을 기억해야 한다. 그것이 하나의 관습이 되어버려서 아무도 그것을 죄악으로 여기지 않게 되었다면, 그것은 주로 현대인이 그만큼 종교성이 적어서 맹세의 밑바닥에 종교적인 근원이 있다는 것을 느끼지 못하기 때문인 것이다. 그러나 그리 멀지 않은 과거 시대만 해도 저주와 탄핵의 목적으로 초자연적인 존재들의 이름을 부르는 행위가 지극히 현실적인 의도를 지녔었다. 원수를 해치는 일이나, 어떤 진술의 진실성을 기적적으로 입증하는 일을 위해 초자연적인 능력을 불러내는 데에 그런 이름들을 사용했던 것이다. 오늘날 남아 있는 모든 맹세들의 잔재가 바로 그런 행위들에서부터 비롯된 것이다. 맹세하는 자가 자기의 맹세에 아무런 의미를 붙이지 않는다고 이야기하는 경우라도, 그런 식의 생각없는 경솔한 맹세 행위에도 지극히 하찮은 일에 신의 이름을 끌어들여도 — 어쩌면 신을 믿지 않을지도 모르지만 — 별 문제가 없다는 식의 사고가 작용하기 마련인 것이다. 이것이 이름 마술의 희미한 그림자에 지나지 않을 수도 있다. 그러나 원리적으로 현실적 인 맹세와 전혀 다를 바 없는 것이다. 그 죄의 핵심은 그런 맹세의 효능을 믿 는다는 것만이 아니다. 그것이 하나님에 대한 불경(不敬)을 암시한다는 데에 도 있는 것이다. 모든 마술이 다 그렇듯이, 그것은 참 신앙과 정반대되는 것 이다. 그러므로 다음과 같이 강력한 정죄가 이어지는 것이다: "여호와는 그 의 이름을 망령되게(헛 것을 위하여) 부르는 자를 죄 없다 하지 아니하리라."

제사 계명

제사 계명은 매주 일곱째 날을 거룩히 기리는 일에 관한 것이다. 출애굽기 에서는 이 의무의 근거를 이스라엘에게 행해진 특별한 역사가 아니라, 세상 의 창조 시에 행해진 일에서 찾는다(참조. 신명기의 해당 부분). 이 문제는 매 우 중요하다. 왜냐하면 이 계명이 모든 인류에게 전반적으로 해당되는가 하 는 것이 바로 이 문제에 달려 있기 때문이다. 모세오경에서는 그 이전에 안 식일을 지킨 흔적이 나타나지 않는다(그러나 참조. 출 16:23). 칠일 단위의 주(週)는 모세 시대 이전에도 알려져 있었던 것이 분명하다(참조. 창 29:27). 이런 식의 시간 계산 방식의 배경은 현재 잊혀져 있으나, 아마도 본래 안식 일을 제정한 일이 그 배경이었을 것으로 보인다.

특별 계시의 영역 바깥에서는 안식일의 기원에 대하여 두 가지 견해가 제 시되어왔다. 어떤 이들은 그것을 별을 믿는 종교(astral religion)에서 행성(行 星)들이 담당했던 역할과 관련짓는다. 토성(Saturn)이 주 행성이었으므로 마 지막 큰 날이 토성에게 바쳐진 날이었을 것이라는 식이다. 또 어떤 이들은 칠일 단위의 주(週)는 달의 네 가지 형태에서 유래한 것이고, 이십팔 일이 넷 으로 나뉘어 칠일이 되었다는 것이다. 이 두 견해 모두 결국 창조주께서 받 으셔야 할 예배를 피조물에게로 바꾸어 놓는 것이다. 앗수르인들은 매월 7 일, 14일, 21일, 28일을 휴식의 날로 지켰다. 그러나 이것은 구약의 안식일 준 수와 두 가지 점에서 차이가 있다. 곧, 앗수르인들의 휴일은 달의 변화에 의 존한 것이었고, 또한 그 날 일을 하지 않은 것은 그 날이 불길한 날로 여겨졌 기 때문이었다는 것이다.

구약의 두 구절에서 — 즉, 에스겔 20:12과 느헤미야 9:14 — 안식일이 모세 시대에 기원된 것으로 나타나 있다는 주장이 제기되어왔다. 그러나 이 구절들은 다만 구약에 나타나는 형식으로 안식일 준수가 제정된 것이 모세의 시대에 있었던 일이라는 것을 말하는 것뿐이다. 여기서 기억해야 할 것은, 안식일이 물론 오랜 동안 세계적으로 지켜온 것이지만, 구속의 과정의 여러 단계들을 거치면서, 본질은 동일하게 존속되었으나 그 형식은 각 단계마다 새로운 상태가 요구하는 대로 수정되어 왔다는 점이다. 안식일은 모든 성례적인 실체들 중에서 가장 고귀한 것일 뿐 아니라 가장 활력이 있는 것이기도 하다. 하나님의 백성들이 시대를 넘어 행진하는 동안 그것이 신실하게 그들을 수행해 온 것이다. 그러나 유감스럽게도, 이런 안식일의 아름다움과 위로가 그리스도인들보다는 유대인들에게 더 깊은 감동을 주어 왔다는 점은 인정해야 할 것이다.

안식일의 배경이 되는 원리가 십계명 그 자체에서 제시되고 있다. 곧, 사람은 그의 인생 행로에서 반드시 하나님을 본받아야 한다는 것이다. 하나님의 창조의 역사가 6일에 완성되었고, 그 다음 일곱째 날이 하나님을 위한 안식의 날로서 이어졌다. 물론 하나님께는 "안식"이 그저 노동을 중지한다는 정도의 의미일 수가 없고, 피로(疲勞)를 회복시킨다는 의미는 더욱 아니다. 그 단어의 구약적 용법에는 절대로 그런 의미가 없다. "안식"이라는 단어는 성경에서, 사실상 모든 셈 족들의 사고에서, 소극적인 의미보다는 적극적인 의미를 지닌다는 점에서 "평화"라는 단어와 유사하다 할 것이다. "안식"이란 수행된 어떤 일의 완성(consummation)을 의미하며, 또한 거기에 따르는 기쁨과 만족을 의미하는 것이다. 안식일의 원형인 하나님의 안식이 바로 그런 것이었다. 인류는 이것을 본받아야 한다. 그것도 그저 개개인만 일상적인 생활에서 본받을 것이 아니고, 인류 전체가 큰 역사적 움직임을 통하여 이를 본받아야 하는 것이다. 인류 역시 이루어야 할 위대한 사명이 있는 것이요, 그 사명이 끝나면 하나님의 안식을 닮은 기쁨과 만족의 안식이 그들에게도 주어질 것이다.

그러므로 안식일은 무엇보다도 인류의 삶의 근간이 되는 종말론적인 원리의 표현이다. 세계의 역사적 과정에 서막(序幕)이 있었던 것처럼 장차 대단원을 이루는 피날레가 있을 것이요, 이 둘은 서로 불가분리의 관계로 하나를 이룬다는 것이다. 그 중 하나를 포기하는 것은 곧 나머지 하나도 포기하는 것이 되며, 따라서 그 중 어느 하나를 포기한다는 것은 성경적 역사의 근본적인 계획 자체를 폐기하는 것과 마찬가지다. 심지어 유대인 교사들도 안식일의 이러한 심오한 의미에 대해 전적으로 무지했던 것은 아니었다. 그들 중 한 사람은 장차 올 세상이 어떠할 것이냐는 질문을 받고서 안식일을 닮았을 것이라고 답변했던 것이다. 율법에서는 안식일에 관한 이러한 사상이, 하나님께서 일곱째 날에 안식하시고 그날을 거룩하게 하셨다는 최초의 진술 이상 더 발전되어 나타나지 않는 것이 사실이다. 그리고 구약의 나머지 부분에서도 십계명에서 다시 한 번 강화된 이후로는, 율법의 제도들 대부분이 그렇듯이, 그 자체가 말씀하도록 더 이상 다른 언급이 나타나지 않는다. 그리고 히브리서에서, 부분적으로 시편 95편에 근거하여, 대대적으로 하나의 안식일 철학을 제시하고 있다(히 3, 4장).

안식일은 이처럼 역사가 종말론적인 구조를 지닌다는 원리를 상징과 모형을 사용하는 방식으로 사람들의 마음에 새겨주는 것이다. 매주마다 엿새 동안의 노동과 그 다음에 하루의 안식이 이어지는 패턴이 규칙적으로 지속되는 것을 통해서 교훈을 주며, 이렇게 해서 사람들은 인생이 목적 없이 그냥 존재하는 것이 아니고 그 너머에 하나의 목표가 있다는 것을 상기하게 되는 것이다. 구속 이전에도 그랬다. 종말론적인 면이 구원론적인 면보다 계시에서 더 오랜 요소인 것이다. 소위 "행위 언약"(covenant of works)은 바로 이 안식의 원리가 구체화된 것이었다. 만일 그 언약에 의한 "시험"이 성공을 거두었더라면, 성례적인 안식일이 모형으로 예표한 그 실체가 실현되었을 것이요 또한 그 이후의 인류 역사 전체가 완전히 달라졌을 것이고, 지금 우리가 이 세상의 종말에 있을 것으로 기대하는 바로 그런 상태가 세상의 역사 과정의 시초가 되었을 것이다.

안식일의 모형적이며 성례적인 의미에 대해 지금까지 논의한 내용으로 볼 때에, 주로 공리(公利)를 근거로 하여 안식일을 지키는 것은 잘못일 것이다. 하루를 지정해 두지 않으면 삶의 종교적인 관심사에 충분히 신경을 쓸 수가 없는 그런 비정상적인 상태를 타개하기 위해서 안식일이 주어진 것이 아니다. 만일 그렇게 본다면, 사람이 자기의 모든 시간을 다 드려서 신앙을 배양하는 데에 충족히 헌신하는 경우에는 반드시 안식일을 지키지 않아도 무방하다고 주장할 수도 있을 것이다. 몇몇 유럽의 종교개혁자들이 로마교회의 성일(聖日) 체계에 대한 반작용으로 이런 식의 논지를 전개하였다. 그러나 그들의 그런 추론은 그릇된 것이었다. 애초에 안식일은 신앙을 증진시키는 수단이 아니다. 안식일의 가장 주된 의의는 삶과 역사의 영원한 문제들을 지시해 주는 데 있는 것이요, 따라서 아무리 신앙적 자세가 충실하다 할지라도 안식일 준수를 면제받을 수가 없는 것이다.

현대 교회가 이처럼 안식일이 지니는 영원을 예표하는 가치는 거의 망각하고 오로지 종교적 활동의 도구로만 만들어버리고 있다는 것은 정말 심각한 문제인 것이다. 물론, 사람의 운명의 최종적인 결정과 긴밀하게 관련되어 있는 그런 신앙적 관심사를 적극적으로 배양하는 일이 없이는, 사람의 영원한 운명을 돌아보는 일에 하루를 드리는 일도 지켜질 수 없다는 것은 두말할 필요도 없는 사실이다. 그러나, 이런 점을 십분 인정한다 할지라도, 안식일에다 종교 활동에 속한 일들을 너무 가득 채워 넣는 나머지 하나님을 바라보고 천국을 바라보는 그런 고요한 경건의 자세가 텅 비어 버리는 일이 가능하다는 사실은 그대로 남아 있는 것이다.

그런데 은혜 언약 아래서는 보편적인 안식의 법의 의의가 다소 수정되었다. 안식으로 이어지는 그 일이 이제는 더 이상 사람 자신의 일일 수가 없고, 그리스도의 일이 되는 것이다. 이 점은 구약에서나 신약에서나 동일하다. 그러나 그 일과 안식이 이루어지는 것을 바라보는 안목은 서로 다르다. 옛 언약은 아직 메시야의 일이 수행될 것을 앞으로 바라보는 처지에 있었으므로, 자연스럽게 일하는 날들이 먼저 오고, 안식의 날이 주중의 맨 마지막에 오게 되었다. 그러나 새 언약 아래 있는 우리는 그리스도께서 이루신 일을 거꾸로 돌아보는 처지에 있는 것이요, 그렇기 때문에, 안식일이 종말에 있을 그 최종적인 안식을 바라보는 하나의 표(sign)로서 여전히 남아 있음에도 불구하고, 그리스도께서 원칙적으로 획득해 놓으신 그 안식을 먼저 경축하는 것이다. 구약의 하나님의 백성들은 그들의 삶 속에서 (안식일을 지킴으로써) 미래에 전개될 구속을 예표해야 했고, 그렇기 때문에 노동하는 날들이 먼저 있고 그 다음에 안식의 날이 이어지는 패턴이 그들의 월력에서 표현되게 된 것이다. 그러나 신약의 교회에게는 그런 예표적인 기능이 없다. 왜냐하면 그 모형들이 이미 성취되었기 때문이다.

그러나 신약 교회에게는 반드시 기념해야 할 한 가지 위대한 역사적 사실이 있다. 곧, 그리스도께서 일을 이루신 사실과, 그가 — 또한 그로 말미암아 그의 백성들이 — 끝이 없는 영원한 안식의 상태에 들어가신 사실이 바로 그것이다. 메시야의 나타나심과 또한 특히 그의 부활의 그 획기적인 의의에 대해서 초대 교회가 가졌던 그 깊은 감격을 우리가 충분히 인식하지 못하고 있는 것이다. 그들에게는 메시야의 부활이야말로 새로운 제이의 창조의 역사에 들어가는 것에 버금가는 사건이었다. 그리하여 그들은 주중의 다른 날들과 견주어 안식일을 지정하는 것으로 이 역사를 표현해야 한다고 느꼈던 것이다. 신자들은 그들 자신도 그 안식의 성취에 어느 정도 참여하고 있다는 것을 알고 있었다. 첫 번째 창조가 한 가지 순서(sequence)를 요했다면, 두 번째의 창조는 또 다른 순서를 요하는 것이었다. 우리 주님이 유대인의 안식일 전야에, 일과 노동의 한 주간이 끝나는 마지막 날, 곧 주님의 일과 그 일의 완성을 예표하는 그날에 죽으셨다는 사실을 충격적으로 보아왔다. 그리스도께서는 한 주간의 첫 날에 그의 안식에 — 그의 새로운 영원한 생명의 안식에 — 들어가셨고, 그리하여 그의 죽으심과 그의 부활 사이에 오는 유대인의 안식일은, 말하자면 그리스도의 무덤에 묻혀져 버린 셈이었다(델리취). 이러한 변화를 공식적으로 제정하는 일이 신약에 나타나지 않는 것은, 그럴 필요가 없었기 때문이다. 유대인 그리스도인들은 처음에는 두 날을 함께 지켰던 것이 분명하다. 그러나 점차 시간이 지나면서 주님이 부활하신 날의 신성함을 본능적으로 지각하게 되었던 것이다.

여기서 한 가지 의문이 제기될 수 있을 것이다. 곧, 제사 계명에 구약 교회에게만 적용되는 요소는 없는가 하는 것이다. 이에 대한 해답은 그 말씀의 정확한 구문과 주해에 달려 있다. 여섯 날의 노동과 하루의 안식을 구별한 것이 그저 비율의 문제였는가, 아니면 전후 순서의 문제이기도 한가? 후자의 견해가 더 설득력이 있는 것 같다. 이것이 옳다면, 우리는 이 지정된 전후 순서의 요소 속에 우리에게는 더 이상 적용되지 않는 특별한 구약적인 특징이 있다고 말해야 할 것이다. 그러나 그 전후 순서가 지정되는 일반적인 원리는 구약 경륜 하에서나 신약 경륜 하에서나 변하지 않고 그대로 있다. 바로 그 원리가 그대로 발효되고 있기 때문에, 신약이 이른 후에 그 순서가 바뀌어진 것이다. 뿐만 아니라, 십계명에 포함되지 않았다는 사실 때문에 보편적으로 적용되지 않는다는 것이 드러나는 다른 금지 명령들이 율법에 많은 것이다 (출 16:23; 34:21; 35:3; 민 15:32. 또한 참조. 암 8:5; 렘 17:21).

또한 구약에서의 안식일은 더 이상 효력이 없는 여러 절기들의 필수적인 부분이었다는 점도 잊지 말아야 한다. 또한 안식일로 구체화된 모형이 안식년과 희년(禧年: Year of Jubilee)으로 더욱 심화되었다. 안식일에는 사람과 짐승이 안식하며, 안식년에는 땅 자체가 안식하며, 희년에는 죄로 인하여 혼란스러웠고 상실된 모든 것이 회복됨으로써 안식의 개념의 적극적인 의미가 충만하게 드러나는 것이다. 이 모든 사실들을 볼 때에 우리는 그리스도께서 이루신 일로 말미암아 (구약적인 안식일 준수에서는) 해방되었으나, 창조 시에 제정된 안식일로부터는 해방된 것이 아니다. 로마서 14:5, 6; 갈라디아서 4:10, 11; 골로새서 2:16, 17 등의 신약의 진술들은 이런 사실에 비추어서 해석해야 마땅한 것이다.

(5) 의식법

의식법(儀式法: 이는 영어로 "ritual law"라고도 하고 "ceremonial law"라고도 부른다)은 모세의 율법의 필수적인 부분을 이룬다. 그러나 그 법을 구성하는 각 요소들이 반드시 모세의 시대에 새로이(de novo) 소개된 것은 아니다. 그 이전 시대의 여러 관습들이 거기에 병합되었을 것으로 보인다. 어떤 이들은 여기에 제시된 규정들은 본래 신정정치의 구조에 속하는 것이 아니었고, 금송아지의 죄를 범한 이후에 그 형벌로 이스라엘 백성에게 부과된 것이라고 보았다. 이 견해는 두 가지 형태로 제시되었는데, 하나는 무해(無害)한 것이고 또 하나는 좀 더 심각한 형태다. 몇몇 교부들이 유대교에 대한 반동으로 이 견해를 포용했고, 후대에는 개혁파 신학자인 코케이우스(Cocceius)가 이를 채용하였다. 이 두 경우에는 율법의 내용들을 하찮게 보거나 격하시키는 행위가 없었다.

이보다 좀 더 심각한 것은 스펜서(Spencer)가 제시한 견해인데, 애굽으로
부터의 구속과 연관지어 진술한 것이다. 스펜서는 의식적 행위들의 기원이
이교도들의 행위에 있는 것으로 보았음은 물론, 거기에 그 의식적 행위들의
예표적 의의에 관해서 매우 회의적인 태도를 가미시켰다. 앞에서 살펴본 신
정정치의 구조에 대한 우리의 해석에 따르면, 바로 이 의식적인 제도들 속에
모세의 복음의 더 큰 부분이 감추어져 있는 것이다. 그러므로, 그것들이 하
나님의 뜻으로 주어진 것임을 부인하는 것은 곧 모세의 계시의 복음적인 성
격을 전면적으로 거부하는 것이 되는 것이다.

최근에 와서는 이 문제의 그릇된 이론이 구약의 여러 부분들에 대한 비평
적인 평가에서 상당한 역할을 담당했다. 벨하우젠 학파는 그 의식적인 관습
들 중 많은 것들이 가나안 족속들에게서 유래한 것으로 보는데, 여기서도 철
저하게 윤리적 가르침에 대해서만 강조하고 오직 그것만이 영구한 가치를
지니는 것으로 주장하는 극단적인 태도가 그 배경이 되고 있다. 이런 해석에
대한 증거는 이 학파가 제시하는 구약 종교 역사의 전반적인 구성에서 나타
난다. 그 이전의 학자들은 같은 견해를 제시하면서도 그 견해의 타당성을 성
경의 권위에서 찾고자 했다. 그들이 금송아지를 숭배한 죄를 범한 직후에 그
것들을 도입했다고 보는 데에서 그런 증거가 나타난다. 여기에 시간적인 관
련성이 있는 것은 사실이다. 그러나 그 이론이 제시하는 그런 원인과 결과의
관계는 없다. 사실상 율법의 이 부분의 내용들은 모세가 산 위에 있는 동안
하나님께서 모세에게 전해 주신 것이다. 그리고 그가 산에서 내려온 뒤에야
비로소 그동안 무슨 일이 벌어지고 있었는지를 알게 되었던 것이다. 그러므
로, 율법제정자가 금송아지 사건이 있은 후에 이스라엘 종교에 이 모든 내용
들을 집어넣고자 의도한 것이 아닌 것이다.

이 의식적인 규정들을 지키게 한 것이 형벌의 성격을 띠는 것이었다는 증
거를 제시하기 위하여 때로 에스겔 20:25을 인용하기도 한다. 선지자는 여기
서 이스라엘이 거부했던 규정들과 "선하지 못한 율례와 능히 살게 하지 못할
규례"(한글 개역 개정판은 후자를 "지키지 못할 규례"로 번역함 — 역자주)
를 구분하고 있다고 한다. 여호와께서는 전자를 지키지 못한 것에 대해 후자

를 형벌로 주셨다고 보고, 그 다음 이 형벌로 주신 율례와 규례들을 의식법과 동일한 것으로 보는 것이다. 그러나 이러한 해석은 불가능한 것이다. 에스겔이 제사장이요 선지자였다는 점을 기억하면 더욱 그렇다. 자기 스스로 자신의 직무로 알고 수행하는 그 일들을 순전히 형벌로서 부과된 것들로 간주했다는 것은 도저히 얼토당토않은 논리인 것이다. 그렇다면, "선하지 못한 율례와 능히 살게 하지 못할 규례"란 정확히 무엇을 의미하는가? 어쩌면 이 것은 이스라엘의 후기의 역사에서, 예컨대 므낫세의 시대에, 백성들이 취한 우상숭배의 관습들을 지칭하는 것이었을 것이다. 26절에서 그들의 자녀들을 불을 통과하게 하는 관습을 그 한 예로 언급하고 있기도 하다. 그러나 그렇다면, 여호와께서 이 선하지 못한 율례들을 "주셨다"고 분명히 말씀하고 있는 것은 어찌된 일인가? 이 문제는 설명하기가 쉽지 않다. 어쩌면 하나님께서 섭리로 역사를 주관하셔서 그들로 하여금 그런 이방의 의식들에 빠지도록 이끄셨다는 뜻으로 이해할 수도 있을 것이다.

상징과 모형

의식법의 기능을 알기 위해서는 그 법의 상징적인 면과 모형적인 면(혹은, 예표적인 면), 그리고 그 둘 사이의 상호 관계를 고려해야 한다. 이 둘은 동일한 것인데, 어느 관점에서 보면 상징이고, 또 다른 관점에서 보면 모형(혹은 예표)이 되는 것이다. 종교적인 의미에서 상징이란 영적인 본질을 지닌 특정한 사실 혹은 원리 혹은 관계를 눈에 보이는 형태로 심오하게 그려주는 어떤 것을 의미한다. 그것이 그리는 것들은 실제로 존재하는 것이요 또한 현실적으로 적용되는 것들로서, 상징이 기능을 발휘하는 시간 동안 그것들도 힘을 발휘하는 것이다.

그런데 동일한 그것을 모형으로 볼 때에는 의미가 달라진다. 모형적인 것은 미래를 전망하는 성격을 지니며(prospective), 미래에 현실이 될 것이나 혹은 미래에 적용될 것과 관계하는 것이다. 신약에서는 "모형"(혹은, 예표: type)이라는 단어가 단 한 차례 나타나는데(롬 5:14), 아담을 가리켜 그리스도의 모형이라고 말씀한다. 이는 그 단어의 전문적인 신학적 의미이며, 그러므로 바울의 시대 이전에도 사용되었을 것이 틀림없다. 유대인 신학자들도 그들 나름대로 모형론(혹은, 예표론: typology)의 체계가 있었던 것은 물론이다. 이 단어는 아주 자연스럽게 이런 전문적인 의미를 갖게 되었다. 그 단어의 일차적인 물리적 의미는 부드러운 것에 치거나 가격하는 등의 충격을 가하여 낸 자국이나 표시를 가리키는 것이다(튀토, "가격하다"). 이러한 의미는 요한복음 20:25에 나타난다. 이런 의미에서 "형상", "모양" 등의 의미가 파생되었는데, 아마도 동전에 각인(刻印)을 두드려서 형상이 만들어지는 사실에서 유래했을 것으로 보인다(행 7:43). 그러나 "형상"이라는 의미는 다시 "모델" 혹은 "본"(本)의 의미로 쉽게 바뀐다(행 23:25; 살후 3:9). 로마서 5:14의 전문적인 용법은 바로 이 세 번째 용법과 결부되는 것이다.

"모형" 혹은 각인은 "원형"(原型: antitype) 혹은 반각인(反刻印: counter impression)과 일치한다. "원형" 역시 신약에서 전문적인 의미로 사용된다. 베드로서와 히브리서가 그 용법을 사용하고 있다. 그것은 전문적인 모형에서 취한 복사본을 의미한다. 그러나 이 두 서신의 용법은 서로 다소 차이가 있다. 베드로는 그 전문적인 모형을 구약 역사에서 찾는다. 세례의 물이 그에게는 홍수의 물의 원형이다(벧전 3:21). 그리고 히브리서 기자는 그 모형 혹은 모델을 천상의 세계에서 찾는다. 그러므로 베드로라면 모형으로 불렸을 동일한 구약의 사물들이 그에게는 이미 원형들인 것이다(히 9:24. 한글 개역 개정판은 이를 "그림자"로 번역함 — 역자주). 전자는 좀 더 신학적이며, 후자는 순전히 역사적인 성격이 좀 더 짙다.

여기서 이해해야 할 주된 문제점은, 동일한 묘사의 체계가 어떻게 동시에 상징적인 기능과 모형적인 기능을 동시에 갖느냐 하는 것이다. 그 묘사되는 사물들이 각 경우마다 다르거나 서로 관련이 없었다면, 이런 일은 분명 불가능했을 것이다. 만일 어떤 묘사가 어떤 특정한 실체에 대한 정확한 모습이라면, 바로 그 사실 때문에 그것과는 전혀 다른 본질을 지닌 또 다른 미래의 어떤 실체를 지시할 자격이 상실되는 것이다. 이 문제점을 해결하는 길은 바로 이것이다. 곧, 상징되는 사물들이나 예표되는 사물들이 서로 다른 사물들이 아니라는 사실이다. 그것들은 사실상 동일한 것이다. 다만 그것들이 구속의 발전 단계의 낮은 단계에서 먼저 나타나고, 그 다음에 후대에 더 높은 단계에서 다시 나타난다는 점에서만 다른 것이다. 그러므로 이미 존재하고 있는 어떤 사실들이나 진리를 상징하는 것이, 후에 나타날 그 동일한 사실 혹은 진리의 최종적인 실현을 예표하며 예언하게 되는 것이다. 이런 점에서 볼 때에, 모형은 반드시 먼저 상징일 수밖에 없고, 먼저 상징이 되지 않고 독자적으로 모형이 되는 일은 결코 있을 수가 없다는 것을 알 수 있다. 모형론이라는 집으로 들어가는 문은 상징법이라는 집의 뒤쪽에 있는 것이다.

구약에서 어떤 요소들이 모형적이며 또한 그것들과 원형으로 연관되는 것들이 어디에 있는가를 확실히 알기 위해서는 이것을 근본적인 법칙으로 준수해야 한다. 먼저 어떤 묘사가 무엇을 상징하는가를 발견한 다음에야 비로소 그것이 무엇을 예표하는가 하는 질문을 정당하게 제기할 수가 있다. 왜냐하면 모형은 상징이 더 높은 단계로 올라간 것 이외에 아무것도 아니기 때문이다. 모형과 원형을 하나로 묶는 띠는 구속의 과정에서 나타나는 본질적인 연속성의 띠인 것이다. 이것을 무시하고 이러한 띠를 본질적인 영적 의미가 전혀 없는 우연적인 유사성으로 대치시키면, 온갖 불합리한 일들이 발생하여 결국 모형론이라는 주제 전체가 오명을 쓰게 되고 마는 것이다. 예를 들면, 라합의 붉은 줄이 그리스도의 피를 예표한다는 주장이나, 네 사람의 사마리아의 나병환자들이 네 복음서 기자들을 예표한다는 주장 등이 그것이다.

이처럼 무절제한 처사들 때문에 잘 훈련된 사람들이 모형론 자체를 혐오하게 되는 결과가 생겼다. 최악의 결과가 생기지 않도록 하기 위해서, 신약에서 모형들로 인정되는 것들만을 모형으로 다루자는 제안이 나오기도 했다. 이것들을 가리켜 *"typi innati"*, 즉 "내부적인 모형들"이라 불렀고, 연구를 통해서 모형으로서의 의의를 발견해야만 하는 다른 모형들은 *"typi illati"* (외부적인 모형들)라 불렀다. 그러자 합리주의자들은 여기서 한 걸음 더 나아가 신약에 모형론이 나타나는 경우는 모두가 랍비들의 알레고리식의 본문주해의 실례들에 지나지 않는다고 주장했다. 그러나 이런 주장은 우리 주님과 사도들을 허무맹랑한 주해자들로 만드는 것은 물론이고, "내부적인 모형들"과 "외부적인 모형들"을 구별하는 것도 유지될 수가 없게 만드는 것이다. 신약의 저자 중에 어떤 특정한 특성을 모형적인 것으로 지칭하는 사람이 아무도 없다는 사실만으로는 신약에 모형적 의미가 없다는 것을 입증할 수가 없다. 이런 점에서 모형들은 예언과 같은 처지에 놓여 있는 것이다. 신약은 무수한 경우들에서 특정한 예언들의 성취에 주목할 것을 요청하며, 때로는 우리가 도무지 예언인 것을 분간조차 하지 못했을 그런 것들에 대해서도 예언의 성격을 부여하는 것이다. 그러나 그렇다고 해서 우리가 예언의 분야를 추적하고 신약에서 다른 성취의 경우들을 찾지 못하도록 억제를 받는 것이 아니다. 신약의 저자들이 보증하는 모형론의 경우들도 그 자체로는 전혀 특별할 것이 없다. 그러므로 오로지 그것들만을 모형으로 인정하게 되면 심각한 불완전과 부조화가 초래될 것이다. 모형의 체계는 지극히 합리적인 것이요, 그것들이 형성되는 일도 지혜의 하나님에게서 얼마든지 기대할 수 있는 것이다. 그러나 이곳저곳에서 몇 가지 고립되어 나타나는 암시들을 이곳저곳에서 찾아내어 그것들을 모형들로 간주한다면, 계시의 계획성을 보여주는 증거들과 완전히 어긋나게 되고 말 것이다.

게다가 신약은 구약 성경의 모형적인 의미에 주의를 기울일 것을 직접적으로 권고하고 있다. 엠마오로 가는 길에서 우리 주님은 제자들에게 모세와 모든 선지자들의 글로부터 시작하여 모든 성경에서 자기 자신에 관한 일들을 해석해 주셨다. 모세의 율법이 그 속에 포함되어 있으므로, 율법서에 나타나는 내용들 중에 모형적 본질을 지닌 것들이 반드시 있는 것이 분명하다. 그는 자신의 행하실 일과 생애를 미리 예표하는 이것들을 제대로 이해하지 못하고 더디 믿는다고 하여 제자들을 책망하기도 하셨다. 히브리서 기자는 자신이 낱낱이 제시할 수 있는 것보다 훨씬 더한 모형적 의의가 성막에게 있다는 사실을 암시하고 있다(9:5). 또한 같은 방식으로 그는 멜기세덱에 대해서도 독자들이 제대로 분간할 수 없는 하나의 모형적인 인물로 이야기하는 것이다(5:11이하). 물론, 구약의 인물들을 이런 식으로 해석하는 데에는 불확실한 요소가 끼어들기 마련이다. 그러나 결국 그런 요소는 모든 성경 주해에 다 끼어드는 법이다.

의식적인 모형들 이외에 구약에는 역사적인 모형들이 있다. 이것들 가운데 몇 가지는 이미 앞에서 다룬 기사들에서 접한 바 있다. 과거에도 의식적인 모형들이 있었다. 그러나 이 모든 것들은 그저 지극히 간헐적으로 나타난 것들에 불과하다. 이제 모세의 시대에 와서 새롭게 나타나는 현상은, 모형의 체계가 확립되고 그리하여 구속의 세계라는 유기체 전체가, 이를테면, 이 땅 위에서 모형적으로 구체화 된다는 것이다. 모형들은 몸의 그림자들이요, 몸은 바로 그리스도시다. 만일 그리스도라 불리는 몸이 하나의 유기체라면, 그보다 먼저 나타난 그것의 그림자들도 동일한 성격을 지닌 것들이었음에 틀림없다. 갈라디아서 4:3과 골로새서 2:20에서 바울은 의식적인 제도를 "세상의 초등학문"으로 말씀한다. 그가 그것들에게 이런 초등학문의 성격을 부여하는 것은, 그것들이 외형적이요 물질적인 것들에 주목하였기 때문이다. 어떤 의미에서(물론 공식적으로 드러낼 정도는 아니지만) 바울은 구약의 의식들을 이교도 종교들의 유사한 관습들과 동일 선상에 놓았다. 이교에서는 종교적 의식들이 상징성을 지향하는 경향에 전반적으로 의존함으로써 이런 성격을 소유하였다. 모세의 의식적인 제도들에서도 이런 자연적인 상징성이 그 밑바닥에 깔려 있다. 그러나 이 경우에는 재료들로 형식을 세우는 데에 특별한 신적인 통제가 있었다. 이렇게 해서 진리가 물리적인 형태들로 표현되었기 때문에, 우리는 그것이 낮은 단계로 온 것이라고 말한다.

신약 하에서는 이 외부적인 표현 양식이 세례와 성찬의 두 경우에만 그대로 보유되었다. 그러나 구약 전체는 아직 이 물리적인 영역 속에서 움직이고 있는 것이다. 그리하여 히브리서 9:1에서는 성막을 가리켜 "세상에 속한 성소" — 즉, 이 물리적 세계에 속한 성소 — 라 부른다. 이런 식으로 구속의 진리가 그 위에 세워질 수 있도록 일종의 인위적인 토대가 만들어진 것은 지극히 적절한 일이었다. 진리가 공중에 떠 있어서는 안 되기 때문이다. 신약에는 이미 성취된 사실들이 있어서 진리의 토대를 이루고 있다. 그러나 그 사실들이 아직 미래에 이루어질 것으로 남아 있는 동안, 그 진리들을 떠받치기 위하여 하나의 지지대(支持臺)가 임시로 의식적인 제도들 속에 세워진 것이다.

지금까지의 논의에 근거할 때에, 의식들의 상징적 이해와 모형적 이해가 동등한 보조를 유지할 것을 기대할 수가 없다는 것이 드러난다. 율법은 그 자체의 이해할 수 있는 성격 덕분에 그 상징적 기능은 수행하였다. 그러나 모형적 기능은 경우가 다르다. 물론 의식들의 효능이 결점이 있고 잠정적이라는 것은 어느 정도 감지될 수 있다 하더라도, 과연 미래에 어떤 일이 일어

나 그것들을 대신하게 될지를 가늠한다는 것은 훨씬 더 어려운 일이었던 것
이다. 바로 이 점에서 모형들이 그 해석을 위해서 예언의 도움을 필요로 했
던 것이다(참조. 사 53장). 우리가 모형들을 비교적 쉽게 읽어낼 수 있다고 해
서, 과거의 이스라엘 사람들도 그것들을 우리와 똑같이 쉽게 해석했을 것이
라고 여겨서는 안 된다. 이런 문제들에 관한 우리의 발전된 교리적 의식을
거꾸로 구약 시대의 사람들에게 투사시키는 것은 비역사적인 태도인 것이
다. 또한 반대로, 그들이 이해하지 못했다고 해서 하나님의 의도에 이런 모
형들의 객관적인 의의에 관한 배려가 없었다고 보아서는 안 된다. 뿐만 아니
라, 그와 정반대의 오류를 범할 수도 있다. 곧, 구약의 모형적인 종교 형식을
그대로 신약에게 부과하여 그것을 영구한 것으로 만드는 오류가 그것이다.
로마 교회가 대대적으로 이런 일을 자행해오고 있다. 그리고 그들은 그렇게
하는 가운데 모형들의 본질을 더 높은 단계로 높이 올리는 것이 아니라 그저
그 모형들을 재생시키고 반복하기만 하는데, 이는 모형적 관계 전체를 완전
히 파괴시키는 처사인 것이다.

성막

성막은 구약 종교의 주요 제도 중 하나 속에 상징적인 것과 모형적인 것이
공존했던 하나의 분명한 실례를 제공해 준다. 성막은 하나님께서 그의 백성
과 함께 거하신다는 탁월한 종교적 관념을 구체화시키는 것이다. 성막은 구
약적인 종교적 상태와 관련해서는 그러한 관념을 상징적으로 표현하는 것이
요, 신약적 구원의 마지막 실현과 관련해서는 모형적으로 그것을 표현하는
것이다. 성막은, 이를테면, 신정정치가 농축되어 있는 것(a concentrated
theocracy)이라 할 것이다. 성막의 주된 목적이 여호와의 내주하심을 구체화
시키는 것이라는 사실은 여러 본문들에서 확인된다(출 25:8; 29:44, 45). 성막
의 가장 흔히 쓰이는 이름이 바로 이 사실에서 비롯되었다. 곧, "거소"(居所)
라는 뜻의 미쉬칸이 그것이다. 영역판 성경들은 칠십인역과 라틴어 불가타
역에 의존하여 "tabernacle"(성막)로 번역하여, 그 단어에 지나치게 구체성을
부여하였다. 그러나 "tabernacle"이란 그저 "장막"(혹은, 천막: tent)을 의미
한다. 모든 장막은 다 **미쉬칸**이지만, 모든 **미쉬칸**이 전부 장막인 것은 아니

다. "장막"을 뜻하는 히브리어 단어가 별도로 있다. 곧, **오헬**이 그것이다.

　스펜서가 이해한 것처럼 하나님께서 장막 속에 거하신다는 관념을, 신에게도 위로와 안식처가 필요하다는 원시적인 관념에 근거하여 생각해서는 안 되며, 또한 절대로 그렇게 생각한 적도 없다. 심지어 이교도들의 신당(神堂)들의 경우도 그 본래의 개념이 그런 것이었을 가능성은 거의 없다. 신당은 언제나 어디서나 신과 그 경배자들 사이의 교통을 위해서 세워지거나 지정되는 장소다. 만일 이스라엘 사람들이 그렇게도 낮은 신관(神觀)을 갖고서 **미쉬칸**을 세웠다면, 그 **미쉬칸** 속에 무언가 하나님의 신상을 모셔두지 않았을 리가 없다. 왜냐하면 안식처가 필요할 정도로 육체적인 본성을 지닌 신이 몸이 없다는 것은 도대체 말이 되지 않기 때문이다.

　위에서 언급한 구절들은, 하나님 자신의 필요에 의해서 성막을 세우신 것이 아니라 이스라엘과의 관계로 말미암은 필요에 따라서 세우신 것임을 명확하게 진술하고 있다. 성막은 여호와께서 그의 일반적인 존재와 역사하심에서 어떤 분이신가를 상징하는 것이 아니다. 그러므로 성막이 어떤 식으로도 그를 제한하는 것도 아니다. "거하다"라는 동사가 흔히 은유적인 의미로 사용된다는 점을 고려하면, 성막을 어떤 의미로 이해해야 하는지가 분명해진다. "거하다"라는 동사는 친밀한 관계를 뜻하는 것이다(창 30:20; 시 5:4; 잠 8:12). 하나님께서 그의 백성과 함께 거하시는 것은 하나님 자신과 그들이 공동 운명을 지고 있음을 확실히 인지시키고자 하는 하나님의 바람을 만족시키기 위함이다. 이렇게 이해하면, 그 개념에서 우리는 내적인 따뜻함과 하나님 중심의 사랑, 그리고 하나님의 편에서 사람을 찾으시는 구약 종교의 관심사를 다소나마 느끼게 되는 것이다.

　그러한 공동 운명의 인지가 성막의 주도적인 관념이기 때문에, 신적인 **미쉬칸**을 위해 **오헬**, 즉 장막을 그 형식으로 선택한 점이 충분히 이해된다. 이스라엘 사람들이 장막에서 살고 있었으므로, 하나님께서 거주 방식을 그들과 함께 나누시는 것만큼 그가 그들과 운명을 함께 하신다는 관념을 더 놀랍게 표현해 줄 수 있는 것이 없었던 것이다. 더욱이, 백성들이 자원하여 헌물로 드린 재료들로 그 장막을 세웠다는 사실은 그들이 그들의 하나님께서 그들 가운데 거하시기를 사모한다는 것을 상징하는 것이기도 했다. 그러한 종교적 교류는 그 장막의 또 다른 이름 — 오헬 모에드, "회막"(會幕: "만남의 장막") — 에서 더 정확하게 드러난다. 그 만남은 백성들이 서로 만나는 것이 아니라, 여호와께서 그 백성들과 만나시는 것을 지칭한다. 그런데 의아스럽게도 칠십인역과 불가타역은 그 다음 이름을 예상하고서 이를 "증거막"(tent of testimony)이라는 뜻으로 번역하였으나, 영어역본들은 이를 따르지 않았다. "만남"을 뜻하는 모에드는 우연한 조우(遭遇)가 아니라 미리 계획된 만남을 가리키는 것이다. 이는 여호와께서 그 백성에게로 오시는 시간을 미리 계획하시고 지정하신다는 것을 시사한다. 이러한 관념은 매우 중요하다. 이것은 성경적 종교의 특징을 이루는 하나님과 사람 사이의 의식적인 교류를 시사해주는 것 가운데 하나이기 때문이다(출 29:42, 43; 암 3:3).

생각의 교통을 위하여 함께 만난다는 사상이, 방금 언급한 세 번째 이름인 "증거막", 오헬 하에두트가 보여준다. 증거는 율법을 지칭하는 한 가지 명칭이다. 율법이 함께 있었고 그것을 통해서 십계명에 있는 여호와의 영원한 증거가 증거궤 속에 넣어졌다. 또한 율법 전체를 포함하는 책이 그 궤 옆에(그 속이 아니라) 놓였는데, 그 책 속에도 증거가 있었다(신 31:26). 그러나 "증거"는 율법의 동의어이기도 하지만 동시에 베리트의 동의어이기도 하므로 이런 사실과 조화를 이루도록 그 의미가 결정되어야 할 것이다. 부분적으로는 이스라엘을 책하는 증거이기도 하지만(신 31:26, 27), 전반적으로는 그들을 높이는 증거다. 그 증거는 이와 관련하여 이스라엘을 향한 하나님의 계시의 은혜로운 구속적 본질을 강조하는 것이다(시 78:5; 119편).

하나님의 위엄과 거룩하심

이 모든 것이 여호와께서 자신을 낮추셔서 사랑으로 그 백성에게 다가오시고 그들과 함께 거하시는 면을 강조하는 것으로, 말하자면 아브라함에게 베푸신 자비의 메아리라 할 수 있겠으나, 거기에 또 한 가지 다른 면이 나타나는데, 이는 족장 시대에는 부분적으로만 제시되었던 것이다. 그 성막에 한 가지 이름이 더 있다. 곧, "성소"(holy place), "거룩한 곳"(sanctuary)을 의미하는 마크다쉬가 그것이다. 그런데 신약의 용법에서는 "거룩"의 개념이 다소 좁아져서 거의 윤리적인 의미로 사용되고 있기 때문에, 이 용어의 의미와 거기에 함축된 내용을 제대로 이해하기가 다소 어렵다. 옛날에는 그 용어가 하나님의 위엄, 초연(超然: aloofness)을 의미하는 것으로 — 이것으로부터 그 용어의 윤리적인 의미가 파생되었다 — 사용되었는데, 그가 임의적으로 그런 성격을 취하시고 유지하신 것이 아니라, 그런 성격이야말로 그의 신적 본성과 분리될 수 없는 고유한 것이었다. 어쩌면, 하나님의 거룩하심이란 그를 위상과 존귀에 있어서 확연히 구별되는 분으로 나타내어 모든 피조물과 분리시켜 주는 그의 특정한 신성이라고 말할 수도 있을 것이다.

이것을 대하는 피조물의 마음 상태는 깊고 깊은 존숭(尊崇: reverence)과 두려움이다. 그런 효과는 아마도 이사야 6장 같은 곳에서 가장 잘 나타난다 할 것이다. 이런 마음 상태는 신약보다는 구약의 계시와 종교에서 더 많이 나타난다. 물론 신약에서도 이에 대한 증거가 충실히 나타나므로, 하나님의 사랑만을 강조하는 현대 기독교의 경향이 정당하지 않다는 것이 드러난다 (참조. 요일 4:18). 하나님의 거룩하심으로 말미암아 경이(驚異) 혹은 두려움이 생기는 주 원인은 죄를 지각하는 데에 있는 것이 아니다. 오히려 그보다 더 깊은 것에 있다. 그리고 이 더 깊은 사실을 느끼게 되면 죄에 대한 지각이 깊이 각성되고 강화된다. 여호와의 위엄을 지각하면서도 죄는 없는 스랍들과, 여호와의 위엄도 지각하고 죄도 지각하는 선지자를 서로 비교해 보면 많은 교훈을 얻게 될 것이다(사 6장). 성막이 지닌 성소의 성격이 그 두 요소들을 함께 표현해 준다. 백성들이 비록 하나님의 호의를 얻고는 있었으나, 그럼에도 불구하고 그들은 멀리 있어야 했다. 사실 성막 속으로는 들어갈 수 없었고, 그저 뜰에만 머무를 수 있을 뿐이었다. 오직 제사장들만 성막 속으로 들어갈 수 있었다. 그러나 그것도 그들이 성막 안에서 섬길 필요성이 있었기 때문이었고, 그들이 하나님의 거룩하심의 효과가 미치는 범위 바깥에 있었기 때문이 아니었던 것이다. 물론 속죄가 계속해서 시행되고 그리하여 윤리적인 부적격 사유가 어느 정도 제거되기는 하지만, 그것이 하나님과 사람 사이에 적절한 거리가 유지되어야 한다는 선행하는 원리를 뒤집을 수는 없는 것이다.

하나님께 신뢰로 나아가는 것과 또한 신적 위엄에 대해 존숭의 자세를 가지는 것이 함께 있다는 것이야말로 성경적 종교의 일관된 특징이다. 예수께

서 모범으로 보여주신 신앙적 자세에도 이것이 그대로 드러난다. 그는 하나
님을 아버지라 부를 것을 가르치시면서 곧바로 "하늘에 계신"이라는 단서를
첨가시키셔서, 하나님을 향한 사랑과 신뢰가 하나님에 대한 불경한 친숙함
의 수준으로 떨어지지 않도록 하시는 것이다. 특별히 지성소 내의 언약궤 위
에 **케루빔**(그룹들)이 있다는 것이 하나님의 거룩하심의 위엄을 지엄하게 표
현해 주고 있다. 이 그룹들은 하나님의 보좌의 시종(侍從)들로서, 특정적인
의미의 "천사들"은 아니다. 천사들은 계속해서 심부름을 떠나고 메시지들을
전달하는 자들인 반면에, 그룹들은 보좌 주위를 떠나지 않고 계속 있으면서
쉬지 않고 찬송함으로써 여호와의 왕적인 위엄을 표현하는 존재들인 것이다
(사 6:3; 계 4:8, 9). 뿐만 아니라, 거룩이라는 관념의 다소 윤리적인 색채를
띤 또 다른 면이 성막에서 드러난다. 이미 진술한 바와 같이, 이것은 부분적
으로는 앞에서 살펴본 여호와의 독존성(獨尊性: exclusiveness)을 나타내는
것으로서, 제사장들에게 순결을 요구하는 사실들에서와 또한 성소에서 끊임
없이 행해지는 속죄에서 이것이 적극적으로 표현되고 있다.

예배 장소

여호와께서 성막에 임재하신다는 관념이 적용되는 예가 한 가지 더 있는
데, 이는 성막이 바로 백성들이 하나님께 예배를 드리는 장소라는 것이다.
성막은 바로 백성들이 왕이신 하나님께 경의를 표하는 그의 궁전이라는 것
이다. 이러한 특성은 좀 더 구체적으로 "성소"에 속한 것이다. 향단(香壇)과
진설병(문자적으로는 "얼굴의 떡"으로서, 계시하시는 하나님을 뜻함)을 놓
는 상(床)과 등잔 등, 거기에 위치한 세 가지 기구들이 이를 상징하는 것이다.
향(香)은 그 연기가, 말하자면 드려진 제물의 품위 있는 진수(眞髓)라는 점에
서, 또한 그 연기가 위를 향하여 올라간다는 점에서 기도를 상징하는 것이
다. 향단이 "지성소" 앞의 휘장 가장 가까운 곳에 위치해 있다는 것은 하나
님의 중심 가장 가까운 곳에까지 나아가는 기도의 종교적 특성을 나타낸다.
제물은 영구한 성격을 지녔다. 타오르는 향의 향기로운 냄새를 여호와의 코
앞에 풍긴다는 개념은 오늘날 우리의 종교적 상징법에는 다소 거리가 멀게
느껴질 것이다. 그러나 그렇다고 해서 이것을 간과해서는 안 된다. 히브리적

신앙관에서는 그것이 조금도 부적절하게 느껴지지 않기 때문이다. 진설병을 놓는 상(출 25:30; 레 24:5-8)은 소제(素祭: meat offering)와 전제(奠祭: drink offering)를 표현하는 것이다. 제사법을 연구하면서 드러나겠지만, 이는 삶의 활동들을 하나님께 성별하여 드리는 것을 상징하는 제사들이다. 등잔이 정확히 무엇을 나타내는지는 분명히 알기가 쉽지 않다. 그것이 나머지 두 가지, 즉 기도와 이스라엘의 선행과 동일선상에 있는 것은 분명한데, 문제는 그 중 이스라엘의 선행과 이것이 어떻게 다르냐 하는 것을 찾기가 어렵다는 것이다. 스가랴 4:2 이하, 요한계시록 1:20과 연결지어 보면, 회중의 선행이 외부의 사람들에게 반사되는 효과를 내어 간접적으로 하나님께 찬송을 드리는 결과를 가져오는 것을 나타내는 것일 수도 있을 것이다(마 5:14). 등잔은 빛을 드러내는 것인데, 빛은 성경에서 그 어떠한 자연의 요소보다도 더 많은 상징적 의미를 지니는 것으로, 신앙을 드러내는 세 가지 영역 모두에서 의미 있게 사용되는 것이다. 곧, 지식의 빛으로도, 거룩의 빛으로도, 기쁨의 빛으로도 사용되는 것이다.

성막이 여호와께서 거기에 거하신다는 사실에 근거하여 이런 여러 가지 것들을 상징하였다. 그러나 상징적인 성격을 순전히 상징적으로만 이해하여, 그것이 진정 효능이 있었다는 점을 무시해서는 안 된다. 그 모든 것들에는 성례적인 용도가 있었다. 그것들이 진정 은혜의 수단(means of grace)이었다는 것이다. 그렇기 때문에, 성막에 하나님께서 임재해 계시다는 것을 어떻게 이해해야 하는가 하는 문제가 흥미로워진다. 하나님의 임재가 하나의 상징적인 것이었을까, 아니면 최소한 순전히 영적인 것이었을까, 그것도 아니면 어떤 초자연적인 현현을 통해서 실제로 구체화되었을까? 이것이 바로 소위 **쉐키나**의 문제다. 옛적부터 이 문제에 대하여 실재론적 견해가 유대인들과 기독교 신학자들에게 지배적이었다.

그런데 1683년 비트링가(Vitringa)는 이 높이 신망받던 견해를 포기하고 그 대신 눈에 보이지 않는 순전히 영적인 임재를 주장하였다. 그는 그때까지 실재론적 해석을 뒷받침하는 주요 본문으로 여겨졌던 레위기 16:2("여호와께서 모세에게 이르시되 네 형 아론에게 이르라. 성소의 휘장 안 법궤 위 속죄소 앞에 아무 때나 들어오지 말라. 그리하여 죽지 않도록 하라. 이는 내가 구름 가운데에서 속죄소 위에 나타남이니라")에 대한 해석을 수정한 것에 근거하여 견해를 바꾼 것이다. 그의 견해는 여기서 말씀하는 "구름"이란 초자연적인 성격을 지닌 신적 현현의 구름이 아니라, 대제사장이 피우는 향의 연기라는 것이었다. 그 당시의 사람들은 초자연성에 대해서 매우 민감하였으므로 전혀 순전한 이 새로운 해석이 격렬한 반대에 부딪히게 되었고, 결국 비트링가는 그 견해를 버리고 다시 과거의 견해로 되돌아갔다. 그리고 18세기 중엽에 그 논쟁이 재개되었는데, 이번에는 실재론적 견해를 반대하는 입장이 승리를 거두었다. 그러나 19세기 초엽 실재론적 견해가 새로운 지지를 받게 되었으나, 과거에 그 견해를 반대하여 제기되었던 반론들이 "초자연주의"가 희미해져가던 당시의 분위기로서는 충분한 설득력을 지니고 있었으므로, 사람들은 결국 다음과 같이 타협하게 되었다. 하나님의 영광이 초자연적인 현현을 통하여 지성소 안에 실제로 임재하였으나, 거기에 계속해서 머무르지는 않았고, 매년 대제사장이 휘장 너머로 들어갈 때에만 임재한 것으로 결론을 낸 것이다.

이 문제에 대한 견해들이 성경 주해상의 증거보다는 신학적 경향에 더 많은 영향을 받았다는 것이 분명하다. 편견이 없는 본문 주해의 자세로 이 문제에 접근한 사람으로는 비트링가가 거의 유일한 사람이었던 것 같다. 그러나 레위기 16:2에 대한 그의 주해는 유지될 수가 없다. 그의 주해는 2절의 구름을 13절의 "향연"과 같은 것으로 보는 데에 근거한다. 그런 등식은 근거가 없는 것이다. "죽지 않도록"이라는 동일한 문구가 두 구절에 나타난다는 것만으로는 2절의 구름과 13절의 향연이 같은 것을 입증하는 데에 충족하지 못하다. 왜냐하면 "죽지 않도록"이라는 두 문구의 문맥이 서로 전연 다르기 때문이다. 2절의 의미는 다음과 같다. 곧, 아론이 아무 때나 휘장 속으로 들어와서는 안 된다. 지정된 시간 외에 아무 때나 그곳에 들어오면, 그 스스로 죽음의 위험에 빠지는 것이다. 왜냐하면 휘장 속은 여호와의 임재의 현현이 구름 속에 구체화되어 있는 곳이기 때문이라는 것이다. 그러나 13절에서는, 아론에게 휘장 속에 들어올 때에는 반드시 향연으로 자신을 가려야 한다는 것을 경고하고 있다. 그것을 무시하면 죽음의 위험에 처하게 되기 때문이라는 것이다. 여기서 "죽지 아니할 것이며"라는 경고는 향연을 피우면 죽지 않을

것이라는 의미인 것이다. 더욱이, 2절의 "그 구름"(the cloud, 한글 개역 개
정판은 그냥 "구름"으로 번역함 — 역자주)과 13절의 "한 구름"(a cloud, 한
글 개역 개정판은 [향]"연"으로 번역함 — 역자주)이 각각 무엇을 뜻하는가
하는 것도 곧바로 드러난다. "그 구름"이란 그 이전의 역사에서 말씀한 그
유명한 구름을 뜻하는 것이 분명하다. 이 구름은 오로지 이스라엘 백성의 여
정을 수행했던 그 구름, 즉 그 초자연적인 신적 현현의 성격을 띤 구름일 수
밖에 없다. 그러나 향의 구름(연기)은 그 이전에는 성경 기사에서 언급된 적
이 없다. 그렇기 때문에 13절에서 "한 구름"이라 표현된 것이다. 구약에서는
"구름"과 "나타남"이 함께 쓰일 때에는 언제나 신적 현현의 성격을 띤 그
구름을 뜻하는 것이다. 2절의 구름을 향연을 뜻하는 것으로 보기 위해서는 2
절의 구문을 억지로 끼워맞추어서 그것을 의미하도록 만들어내야만 하는 것
이다.

　성막과 성전을 봉헌할 때에, 하나님의 영광이 성소에 들어간 사실이 명확
하게 진술되고 있다(출 40:34, 35; 왕상 8:10-12). 물론 두 경우 모두 그 영광
이 후에 물러간 것이 틀림없다. 왜냐하면 제사장들이 처음에는 그 영광이 임
재해 있어서 섬길 수가 없었으나, 나중에는 다시 섬겼기 때문이다. 그러나
그 영광이 완전히 다 물러가서 조금도 남아있지 않게 되었다는 언급은 전혀
나타나지 않는다. 여하튼, 후자의 가정이 가장 자연스럽다. 에스겔은 포로기
에 자신이 여호와의 영광이 성전에서 떠나는 것을 보았음을 보도하고 있다
(10:18; 11:23). 학개는 포로기 이후의 성전에 과거 솔로몬 성전과 비교할 때
에 무언가 결핍된 것이 있음을 암시하고 있다(2:7). 시편 기자들은 성소에 대
해서, 그것과 하나님의 영광이 함께 있음을 암시하는 식으로 말씀한다(63:2).
또한 이 모든 것들과 일치하는 것으로 바울의 증언이 우리에게 있다. 그는
이스라엘이 특별히 지닌 큰 특권들 가운데서 **독사**, 즉 "영광"을 언급하고 있
다(롬 9:4; 참조. 행 7:2; 계 15:8; 21:11, 23). 그러므로, 성막은 하나님께서
이스라엘 중에 거하심을 상징적으로 표현했을 뿐 아니라, 실제로 그의 거하
심을 속에 담고 있었던 것이다.

　그러나 여기서 더 나아가서, 성막이 여호와만의 집이었는가, 아니면 여호
와와 그 백성 공동의 집이었는가 하는 문제를 생각해 보아야 한다. 이에 대

한 바른 대답은 성막이 오로지 여호와만의 집이었다는 것이다. 그 속에 두 개의 공간이 있어서 하나는 하나님을 위하고 하나는 그 백성을 위했던 것이 아니다. 성소와 지성소 모두가 오직 여호와 하나님만이 거하시는 곳이었다. 동시에 유념할 것은 그 백성들이 하나님의 집에 그의 손님들로서 영접을 받았다는 사실이다. 그것이 구약 시대에 문자적으로가 아니라 상징적으로만 시행되었다고 해서, 그 사실이 바뀌어질 수는 없다. 그 백성의 죄악성과 또한 그들의 성화의 잠정적인 본질을 강조하기 위해서 그것이 그 당시에 상징적으로만 표현되었지만, 그럼에도 불구하고 그러한 사실은 하나의 이상적인 상태로서 거기에 있었던 것이다. 하나의 이상적인 특권으로서 이것은 모든 이스라엘 사람 각자에게 속하는 것이었다(시 15편, 24편, 27편). 성막이 하늘의 하나님의 처소를 상징했고, 또한 하나님의 백성의 이상적인 운명이 언제나 하나님께 영접을 받아 하늘에서 지극히 완전한 교제를 누리는 것이었다면, 이것을 미리 보여주는 이상적인 반영이나 그림자가 최소한 하나쯤은 성막에 있었을 것이 분명하다.

이 원리에 따라서, 하나님의 천상의 궁전과 지상의 성소에 주어진 명칭이 서로 동일하다. **마온, 헤할, 제불**이 모두 구별없이 두 가지 모두를 지칭하여 사용되는 것이다. 이 점은 신학적인 중요성이 없지 않다. 이것은 신앙의 본질의 문제와 관련되고, 하나님과 사람이 각기 그 문제에서 행하는 역할과도 관련이 있는 것이다. 여기서 그려주고 있는 바 이상적인 언약의 교제에서는, 신적인 요인이 모든 것을 주관한다. 사람은 하나님의 생명에로 영접받아 들어가, 그것에 길들여지고, 그것에 종속하는 존재로 나타나는 것이다. 이렇듯 성경적인 경건은 그 중심이 하나님께 있는 것이다.

그리스도가 성막의 원형이심

성막의 모형적(혹은, 예표적) 의의는 그것이 지니는 상징적 의의에 의존하여 찾아야 한다. 우리는 이렇게 물어보아야 한다. 성막이 가르치고 전달해주는 이 종교적 원리들과 실체들이 과연 그 이후의 구속의 역사의 어디에서 다시 나타나며, 그 완성의 단계에까지 올려지는가? 첫째로 우리는 영광을 입으신 그리스도에게서 그것을 발견하게 된다. 복음서 기자가 이에 대해 말씀하고 있기 때문이다(요 1:14). 육신이 되신 말씀이야말로 그 안에서 하나님께서 사람들 가운데 성막에로 오사 사람들에게 그의 은혜와 영광을 계시하신 바로 그분이시라는 것이다. 요한복음 2:19-22에서는 예수께서 친히 구약의 성전이시며, 유대인들이 그를 미워하여 그 성전을 파괴시키려고 하나 그 자신이 사흘 만에, 즉 부활을 통하여 다시 세우실 것임을 예언하신다. 이것은 구약의 성소와 영광을 입으신 그리스도 자신 사이에 연속성이 있음을 확증해 주는 것이다. 성막과 성전이 의미했던 모든 것들이 그의 안에서 영원토록 있을 것이다. 돌로 세운 건물은 사라질 것이나, 그 본질은 그 영원성을 입증할 것이다. 골로새서 2:9에서 바울은 그리스도 안에 하나님의 신성의 모든 충만이 육체로 거하신다고 가르친다. 이 본문들은 예수께서 나다나엘에게 하신 말씀과 비교하여 보아야 한다: "진실로 진실로 너희에게 이르노니 하늘이 열리고 하나님의 사자들이 인자 위에 오르락내리락 하는 것을 보리라"(요 1:51). 여기서 주님은 야곱이 하나님의 집으로, 하늘 문으로 불렀던 그것이 그 자신에게서 성취될 것임을 말씀하시는 것이다. 이 모든 사실에서 볼 때에, 하나님께서 그리스도 안에 거하신다는 사실이 모세의 성막이 잠정적으로 지향했던 것과 동일한 목적을 지향하는 것이다. 그는 성막의 원형으로서 최고로 계시적이며 성례적이신 것이다.

성막은 교회의 모형이기도 함

그러나 그리스도께 해당되는 것은 그와 비슷하게 교회에게도 해당된다. 성막은 교회의 모형(예표)이기도 한 것이다. 교회가 부활하신 그리스도의 몸이므로, 그렇지 않을 수가 없다. 그렇기 때문에 교회를 가리켜 "하나님의 집"이라 부르는 것이다(엡 2:21, 22; 딤전 3:15; 히 3:6; 10:21; 벧전 2:5). 또한 그리스도인을 가리켜 하나님의 성전이라 부르는 데에서는 이것이 개개인에게 적용되고 있다(고전 6:19). 신약에 나타나는 "하나님의 집"은 하나님과 교회 사이의 교제를 지칭하는 하나의 비유적인 표현이 아니라, 언제나 구약의 여호와의 거하심을 구체적으로 지칭하는 것임을 주목해야 한다. 성막 개념의 최상의 실현은 구속사의 종말적 단계에 속한다. 요한계시록에서 이것이 묘사되고 있다(21:3). 거기 나타나는 묘사에서 특이한 점은 이사야 4:5, 6

에 근거하여, 성막과 성전의 지경(地境)이 넓어져서 새 예루살렘 전역과 범위
가 같아진다는 점이다. 성막 혹은 성전이 필연적으로 상징과 모형의 성격을
지닌다는 사실은 현 상태의 신정정치가 불완전하다는 것을 전제로 하는 것
이다. 그러나 신정정치가 그것에 대한 신적인 이상과 완전히 일치하게 되면,
상징이나 모형이 더 이상 필요없게 될 것이다. 그리하여 "성 안에서 내가 성
전을 보지 못하였으니"라는 말씀이 주어지는 것이다(계 21:22). 그러나 그렇
다고 해서 "성 안에 교회가 없다"는 뜻이 되는 것이 아니다. 성경의 용어를
사용하면, 오히려 그곳 모두가 온통 교회라고 해야 옳을 것이다.

율법의 희생 제사 체계

의식법에서 나타나는 두 번째 주요 요소는 희생 제사와 관계되는 것이다.
희생 제사 의식이 성막의 의식들의 중심을 이룬다. 그러므로 성막을 가리켜
하나님께서 그의 "이름"을 기록하시고 그 백성을 만나시는 곳으로 묘사하는
것이다(출 20:24). 출애굽기의 마지막 장들에 나타나는 성막에 관한 법규들
뒤에, 레위기의 첫 장들에서 희생 제사에 관한 법규들이 곧바로 따라오는 것
이다.

희생 제사 자체는 물론 모세의 율법에서 처음 시작된 것은 아니다. 가인과
아벨도 제물을 드렸고, 노아도 홍수 이후에 희생 제사를 드렸다. 그러나 여
전히 이 희생 제사들이 죄의 상태에 속하는 것을 보게 된다. 그러므로, 희생
제사의 관념이 죄의 사실과 긴밀한 관련이 있는 것으로 추정할 수 있다. 이
러한 관련을 정확히 파악하기 위해서는, 희생 제사가 추구하는 두 가지 주요
목적들을 구별하여야 할 것이다. 죄와의 관련이 두 경우 모두 정확히 일치하
지 않기 때문이다. 그 두 가지 주요 목적이란 속죄(贖罪: expiation)와 성별(거
룩히 구별하여 드림: consecration)이다. 속할 죄가 없으면 속죄가 존재할 수
가 없다. 그러므로 희생 제사에 있는 속죄의 요소는 그 기원이 죄에 있다. 그
러나 성별의 요소는 이와 약간 다르다. 성별이란 근본적으로 죄 때문에 필요
해진 것이 아니기 때문이다. 그것은 종교 그 자체만큼이나 오래된 것이요,
종교의 본질 그 자체를 이루는 것이다. 그러나 죄없는 종교의 시행에 성별이
근원적으로 존재했다는 사실을 근거로 하여, 희생 제사의 형태를 띤 성별이,

성별의 관념 그 자체를 실천한 일만큼이나 오래된 것으로 추정해서는 안 될 것이다.

오히려 성별을 외형적인 형식으로 드러내게 된 것이 죄의 결과로 생긴 일이라고 보는 것이 바를 것이다. 하나님과 사람 사이의 무죄한 교류에서는, 모든 것이 직접적이고 영적이다. 예배를 드리는 피조물과 창조주 사이에 아무런 상징이 개입하지 않는 것이다.

희생 제사의 두 면들이 이렇게 서로 다르다는 사실은, 희생 제사가 순전히 인간의 편에서 만들어낸 것인가 아니면 하나님이 제정하신 제도인가 하는 문제에 중요한 암시를 준다. 희생 제사를 속죄의 의미로 시행하는 일에 대해서는 적극적인 하나님의 제정하심이 있었던 것이 분명하다. 혹시 사람이 자기 자신이 속죄받아야 한다는 생각을 품지 못했다 할지라도, 그 일을 시행하도록 하는 분명한 신적인 재가(裁可)가 반드시 있었을 것이다. 그러나 반면에, 성별의 관념은 사람 속에 본래적으로 있는 것이었다. 그리고 타락 이후에 사람이 스스로 이것을 새로이 외형적으로 구체화시키게 되었을 것이라는 추론도 어쩌면 가능할 것이다. 사람이 죄가 하나님과 자기 자신을 완전히 분리시켜서 자기 자신을 하나님께 직접 드릴 수가 없게 되었다고 느꼈기 때문이다.

그러나, 속죄의 면이든 성별의 면이든 간에 희생 제사의 제정에 대한 기록이 모세오경에 전혀 나타나지 않는다는 점은 인정해야 할 것이다. 어떤 이들은 창세기 3:21에 이것이 나타나 있다고 주장한다. 하나님께서 짐승의 가죽으로 옷을 지어 입히셨다는 사실이 죄를 덮는 데에 짐승의 생명이 필요하다는 것을 시사해 준다고 하는 것이다. 그러나 하나님의 이런 행위를 묘사하는 데 쓰이는 단어가 희생 제사로 죄를 속하는 뜻으로 율법에서 사용되는 전문 용어와는 다르다는 사실이 그런 논지를 반대한다. 거기서는 "옷을 입히다"라는 의미의 단어가 사용되는데, 이는 율법에서 속죄의 의미로 한 번도 사용된 적이 없는 것이다.

율법은 속죄만을 위하여 별도의 희생 제사를 지정하지 않는다. 그러나 성별의 목적을 위해서는 소제, 즉 피 없는 제사를 별도로 지정해 두고 있다. 짐승의 피를 흘려 드리는 제사에서는 속죄와 성별의 두 관념이 함께 표현되며,

또한 먼저 짐승으로 제사를 드리지 않고서는 소제를 드릴 수 없는 원칙에서도 이 둘 사이의 친밀한 연합이 드러난다. 피 없는 제사는 속죄의 관념을 부정하는 것이 아니고, 오히려 속죄를 전제로 드려지는 것이다. 속죄를 위해서는 오로지 짐승을 드리는 제사만 행했는데, 물론 이는 거기에 피가 있기 때문이다. 율법 아래서는 피 흘림이 없이는 희생 제사를 통한 속죄도 없는 것이다.

헌물-예물-희생 제물

희생 제물(sacrifices)은 일반적으로 **코르반**, "헌물"(offerings: 문자적으로는, "가까이 가져오는 것")의 범주나 혹은 **마테놋 코데쉬**, "거룩의 예물"(gifts of holiness)의 범주로 분류된다. 이러한 분류는 주로 그 속에 있는 성별의 요소를 기준으로 한 것으로 보인다. 성별이 하나의 예물이라는 것은 자연스러워 보이나, 속죄가 그와 똑같은 명칭을 지닌다는 것은 쉽게 이해되지 않는다. 그러나 후에 발견하게 되겠지만, 여기에도 무언가 의미가 있는 것이 분명하다. 이 "예물"의 성격이야말로 희생 제사의 본질을 이해하는 데에 가장 중요한 것이다. 여기서 주목할 점은 "헌물"과 "거룩한 예물"이 통칭적인 용어들이라는 점이다. 그것들이 희생 제물을 뜻하는 것은 분명하나, 희생 제물보다는 훨씬 더 많은 것을 포괄한다. 무엇이든 어떤 식으로든 여호와를 섬기도록 드려지는 것이면 모두가 "헌물" 또는 "거룩한 예물"이라 부를 수 있다. 그러나 그것들 모두를 희생 제물로 부를 수는 없다. 희생 제물은 모두가 거룩한 예물이다. 그러나 모든 거룩한 예물이 다 희생 제물은 아닌 것이다. 그러나 불행하게도 율법에는 거룩한 예물에 속하는 희생 제물만을 지정하여 부르는 명칭이 별도로 없기 때문에, 우리로서는 이 문제를 이해하는 데에 어려움을 겪게 되고, 그리하여 정확한 분류에 대한 열망을 만족시키기 위해서는 "싸크리피키움"(sacrificium)이라는 라틴어 단어에 의존할 수밖에 없다. 그러나 이 단어 역시 본래는 우리가 지금 사용하는 의미보다는 훨씬 포괄적인 의미를 지니던 것이었다. 그러나 그 "희생 제물"(즉, 거룩한 예물의 범주에 속하는 희생 제물 — 역자주)을 성경에 나타나는 용어로 명명(命名)할 수 없다면, 물론 완전히 동일하지는 않겠지만 그 동족어(同族語)를 사용하여 그것만을 별도로 묘사하는 방법은 사용할 수 있을 것이다.

희생 제물을 다른 모든 것들과 — 아무리 신성한 것이라도 — 구별지어 주는 것은, 바로 그 제물의 일부나 혹은 전체가 제단 위에 올려진다는 사실에 있다. 제단이 없으면 희생 제물도 없다. 제단에 올려진다는 것이야말로 가장 의미가 깊은 것으로, 여호와께서 그 제물을 직접 받으셨다는 것을 뜻한다. 여호와께서 제단에 거하시기 때문이다. 율법은 여호와께서 희생 제물을 받으시는 원리를 의인법적인 언어를 사용하여 표현한다. 곧, 그것을 "여호와의 음식", 혹은 "여호와께 향기로운 냄새" 등으로 표현하는 것이다. 훗날 선지자들의 시대에도 사람들이 마치 여호와께서 본성적으로 음식이 필요하고 또한 냄새를 통해 만족을 얻으셔야 하는 분이신 것처럼 생각했기 때문에, 선지자들은 그런 자연주의적인 사고에 대해 강하게 저항해야 했던 것을 보게 된다. 율법이 의미하는 바는, 이스라엘의 하나님으로서 이스라엘과 갖고 계신 관계 덕분에 하나님께서는 그것이 없이는 존재하실 수가 없다는 것이다. 이스라엘을 택하시고 의식적인 예배를 제정하신 목적이 바로 그를 향하여 찬양과 성별을 절대로 끊이지 않고 공급하도록 하는 데에 있었기 때문이다. 율법의 취지 전체가 이를 보여주고 있다. 율법의 정신은, 특히 희생 제사 체계에 있어서는, 바로 하나님을 중심한 종교의 정신인 것이다. 또한 구약에서는 사람을 향한 종교 활동이 상대적으로 제한되었기 때문에, 구약에서 이 점이 더욱더 강하게 드러나는 것 같은 인상을 받게 된다. 그러나 성경의 종교 전체가 하나님을 중심한 정신을 보여주는 것이다. 성경에 나타나는 모든 활동은 섬김이다. 그러나 현대의 공허한 박애적인 의미의 섬김(혹은, 봉사)이 아니라, 결국 궁극적으로 그 모든 것이 하나님께로 향하는 섬김이라는 의미요, 구약적인 심오한 이해로 말하면 하나의 희생 제물인 것이다.

그러나 희생 제사를 예배(worship)로 정의하려는 이도 있는데, 이는 이러한 사상의 한 쪽 면만을 과장시키는 처사다. 희생 제사 속에 예배의 요소가 있다. 그러나 예배가 희생 제사 전체를 구성하는 것은 결코 아니다. 예배는 제사 행위에서 사람에게로부터 하나님께로 나아가는 절반의 부분만을 나타내는 것이다. 하나님께로부터 사람에게로 오는 나머지 절반은 기도가 아니라, 하나의 성례적인 역사(役事)로서 하나님께서 행하시는 일이요, 따라서 그

일에 대해서는 사람이 순전히 수동적으로 받기만 하는 것이다. 그것은 기도
가 아니라, 기도에 대한 신적인 응답이라 할 것이다. 그 단어에 대한 현대인
들의 이해는 이런 점에서 오도된 것이다. 그것은 이교도적인 어원의 냄새가
너무 짙다. 왜냐하면 **싸크리피키움**에는 **파케레**(facere: 즉, 행위)의 개념이 지
나치게 두드러지며, 그것도 신적인 것이 아니라 인간적인 **파케레**의 개념이
두드러지기 때문이다. 그러나 희생 제사를 예배로 지칭하는 것이 좋은 방향
으로 사용될 수도 있다. 속죄의 의미를 지닌 희생 제사의 경우에서도 사람의
편에서 드리는 일이 어떻게 이루어지는지를 설명하는 데 도움이 될 수도 있
다. 사람은 제사의 과정 속에 자신의 열망과 욕망과 신뢰를 담아 드려야 한
다. 그렇게 함으로써 하나님께서 먼저 은혜의 수단으로서 그에게 주셨던 것
을 다시 하나님께 돌려드리는 것이다.

　희생 제물을 위한 재료에 대한 규정도, 그것이 하나님께 드리는 예물이라
는 의미를 분명하게 드러내 준다. 가장 중요한 요건은 하나님께 드려지는 것
들은 모두 전문적인 의미에서 "정결한" 것이어야 한다는 것이다. 그러나 정
결한 것이라고 해서 모두 희생 제물로 허용되는 것은 아니다. 짐승들 중에서
는 소, 양, 염소, 비둘기가 제물로 허용된다. 그리고 식물들 중에서는, 곡물,
포도주, 기름을 드릴 수 있다. 이처럼 제물로 드릴 수 있는 종류의 선택에서
나타나는 원리는 두 가지다. 곧, 희생 제물은 그것을 드리는 자의 생명을 유
지하는 것과, 또한 그의 생명의 소산 중에서 취하여야 한다는 것이다. 가나
안 땅의 이스라엘 사람들처럼 농경 사회에 속한 사람들의 경우에(율법도 이
점을 고려하고 있다), 여기 열거한 그것들이 그 두 가지 원리를 충족시키는
것에 자연스럽게 해당되는 것이다. 그러나 이 두 원리를 그 한 가지 뿌리에
까지 소급해 들어가면, 결국 희생 제물이란 하나님께 생명을 드리는 것이라
고 말할 수 있을 것이다. 구약 아래서는 사람을 제물로 드리는 일이 불가능
했으므로, 위에서 언급한 그런 것들을 취하여 드리는 것이 이 원리를 가장
잘 표현하는 길이었다. 소극적인 면에서는, 희생 제물이 여호와께 가치를 전
가시키는 것도, 이교도적인 의미의 선물(a present)도 아니라는 것이 드러난
다. 여호와께서는 세상에 속한 모든 것들이 본래 그의 소유임을 상기시키심
으로써 그런 왜곡된 사고를 대적하신다. 결코 누구도 여호와를 부유하게 할

수 없다는 것이다. 그리고 적극적인 면에서는, 하나님께서는 사람과의 종교적 관계에서 생명 그 자체를 성별하여 드리는 것에 미치지 못하는 것에 대해서는 결코 만족하지 않으신다는 것이 강조되는 것이다.

드리는 자와 제물의 관계

그 다음으로 논의할 것은 제물을 드리는 자와 그가 드리는 제물의 관계에 대해 율법이 무어라고 가르치는가 하는 것이다. 이에 대해서는 여러 가지 상이한 이론들이 있다. 율법 자체의 가르침이 이 점에 대해 모호하기 때문이 아니라, 특정한 속죄 이론들을 지지하거나 반대하기 위하여 제시된, 의식법에 근거한 여러 논지들이 이 문제에 대한 견해에 영향을 미쳤기 때문이다. 이런 일이 가능한 것은 율법이 희생 제사의 철학에 대해 분명히 명시하지 않기 때문이다. 다른 여러 문제들에 대해서도 그렇지만, 이 문제에 대해서도 율법 그 자체의 말씀을 경청해야 한다. 해석자들이 율법을 방해하거나 혹은 억지로 침묵하게 만들어서 결국 율법을 자기의 견해를 뒷받침하는 것으로 악용하는 경우가 있기 때문이다. 속죄에 대한 특정한 이론을 미리 생각해 놓고 그것이 율법의 이해에 영향을 미치도록 하는 일이 결코 없어야 할 것이고, 오히려 그 반대의 과정이 반드시 지켜져야 한다. 이에 대해 한 가지 단서가 있다. 곧, 신약이 의식법의 특정한 특징들이 속죄에서 성취된 것으로 너무도 명확하게 말씀하고 있으므로, 그것을 무시할 수가 없다는 것이다. 그러나 그 나머지에 대해서는 의식들이 진행되는 방식을 면밀히 관찰하여, 희생 제사의 철학을 세워야 할 것이다. 서론 격으로 여기서 다음과 같은 정도는 말할 수 있을 것이다. 곧, 의식의 내적인 의미에 대해서, 또한 그것이 제물을 드리는 자와 또한 그 드려지는 제물 사이에 세워놓는 관계의 내적인 의미에 대해서, 일반적으로 세 가지 견해가 있다는 것이다.

첫 번째 견해는 순전히 **상징적인 이론**이라 부를 수 있을 것이다. 이 견해에 따르면, 희생 제사의 과정이 제물 드리는 자에게 반드시 행해져야 할 특정한 일들을 — 그리고 제사를 통해서 그에게 가져올 수 있고 또한 가져오게 될 적절한 효과를 — 그림으로 그려낸다고 한다. 그러나 그림은 그저 그림일 뿐이므로 주관적인 사고의 영역 내에 머물러 있을 수밖에 없으며, 그 사람의 바깥에서 그를 위하여 일어나는 일은 절대로 나타낼 수 없고, 오로지 그 사람의 속에서 일어나는 것만을 나타낼 뿐이다. 그러므로 우리는 이것을 순전히 상징적인 이론이라 부르는 것이다. 교리적인 언어를 써서 이야기하자면, 이 이론은 희생 제사를 성화(聖化)나 하나님의 호의에로의 복귀 등에 대한 하나의 회화적인 표현(a pictorial representation)이라고 말할 수 있을 것이다. 이 이론의 장점을 최대한으로 높여서 바라본다면, 이 이론은 제사 의식이 사람에게 부과되었을지도 모르는 무언가 객관적인 의무를 묘사하는 것이요 제사에 참여하는 사람은 그 제사의 과정에서 그 의무에 대한 교훈을 받게 된다는 것이라 할 것이다. 그러나 그 사람은 거기서 멈추고 그 이후의 과정에서는 심지어 상징적으로도 그 교훈을 지키거나 시행하지 않는 것이다. 희생 제사 과정에 대한 이러한 해석은 속죄에 관한 도덕 이론(moral theory) 혹은 통치 이론(governmental theory)과 궤를 같이 하는 것이다.

두 번째 이론은 희생 제사에 관한 **상징적 대리 이론**(symbolico-vicarious theory of sacrifice)이라 칭할 수 있을 것이다. 이 이론은 앞의 상징적인 이론과 공통된 전제를 지니고 출발한다. 이 이론에 따르면 제사 의식은 의무에 관한 사람의 주관적인 상태를 묘사하는 것으로 시작한다고 한다. 그러나 그 다음부터는 순전히 상징적인 이론과 결별한다. 순전히 상징적인 이론이 제사 의식이 사람 속에서 일어날 일을 계속해서 그리는 것으로 본다면, 상징적 대리 이론은 제사 의식 그 자체로는 사람 그 자신에게 적절한 효과를 낼 수 있는 것이 아무것도 없으므로 대치(代置: substitution)가 반드시 일어나야 한다는 인식을 전제로 하는 것이다. 제사 의식에서 그 이후에 일어나는 모든 행위들은 제사를 드리는 당사자가 아니라 이 대치물에게 적용되는 것이다. 그러므로 결과적으로 제사 의식 전체가 하나의 객관적인 성격을 취하게 된다. 제사 의식이 제사를 드리는 당사자의 유익을 위하여 행해지는 일이지만, 그 당사자의 바깥에서 객관적으로 행해진다는 것이다. 그리하여 제사 의식의 과정의 객관성과 대리성(代理性: vicariousness)이 함께 나아가는 것을 볼 수 있다. 순전히 상징적인 이론은 이와 동일한 원리에 서 있으면서도, 거기에서 대리성의 요소와 객관성의 요소를 제외시키고 있는 것이다.

세 번째 이론은 이 두 가지 이론들과 구별되는 것으로, 그것들과 전혀 공통점이 없다. 율법이나 구약 전체에서 일관성 있고 질서정연한 희생 제사의 이론을 찾기를 거부하기 때문이다. 이것은 대체로 벨하우젠을 비롯한 **비평학파의 견해**다. 이들은 희생 제사법이 장구한 세월 동안 발전되어왔다고 주장한다. 희생 제사법에는 장구한 세월 동안 갖가지 상이한 원리들에 근거를 두고서 내려온 갖가지 관습들이 느슨한 형태로 모여 있다는 것이다. 그러므로, 율법 그 자체는 희생 제사의 의미에 대하여 어떠한 일관성 있는 견해도 갖고 있지 않다는 것이 이 가설의 핵심이다. 이 학파에 속한 학자들이 제시하고자 하는 것은 희생 제사의 이론이 아니라 하나의 역사인 것이다. 가장 고대의 유목민 시절에는 희생 제사란 신과 그 신을 경배하는 자들 사이에 존재한다고 믿었던 혈맹(血盟)의 결속 관계를 세우거나 강화시켜주는 수단 이외에 아무것도 아니었다고 한다. 그러한 결속 관계는 쌍방을 희생 제물로 드린 짐승의 피에 함께 참여시킴으로써 이루어졌다. 그 행위는 속죄를 뜻하는 것이 아니었고, 하나의 성례를 뜻했던 것이다. 그리고 그 이후의 종교적 발전 단계에서는 히브리 부족들이 가나안에 정착함으로써 희생 제사 개념에 상당한 변화가 생겼다고 한다. 과거에는 그들의 종교가 유목민의 종교였는데 그것이 이제 농경 사회의 종교가 되었고, 그리하여 희생 제물들은 여호와께 드리는 선물들이었으며 따라서 그 풍성함과 또한 드리는 빈도수가 매우 중요하게 되었다고 한다. 그리고 의식 그 자체도 화려해졌고 복잡해졌다. 제사 의식의 이면에는, 어떤 자세로 드리든간에 풍성한 예물들을 드리면 그것으로 하나님께 영향을 미칠 수 있다는 일반 대중의 소박한 신념이 자리잡고 있었다는 것이다.

 희생 제사에 대한 이런 사고는 본질적으로 가나안 족속들에게서 비롯된 것이었고, 그리하여 선지자들은 이런 대중적인 헛된 사고에 저항하였고, 또한 그들은 여호와께서 윤리적인 본성을 지녔다고 생각했기 때문에 희생 제사가 불필요할 뿐 아니라 심지어 종교적인 목적에 위험을 초래하는 것이요 여호와께서도 기뻐하지 않으시는 것이라는 식으로 추론하였다고 한다. 처음에는 이런 사상이 순전히 이론적인 설교로 머물러 있었고 백성들의 호응을 전혀 받지 못했으며, 그리하여 선지자들은 대중의 제사 의식을 무너뜨리기 위해서는 어느 정도 타협을 해야 한다는 것을 깨닫게 되었다고 한다. 그리하여 기존에 행해오던 종교 의식들을 가능한 만큼 솎아내고 정화하고 고귀하게 만드는 작업이 시작되었고, 이러한 타협의 결과가 현재 몇몇 모세오경의 문서들 속에서 발견되는 갖가지 법규들로 구체화되었다는 것이다. 특히 후기의 법규들에서는 초기의 빈약한 개념을 지닌 법규들이 최대한으로 윤리적이며 영적인 진리를 전달하는 도구의 성격을 띠게 되었다는 것이다.

희생 제사 의식의 단계들

이제 희생 제사 의식의 과정들을 이루는 갖가지 행위들 혹은 단계들을 다루면서, 먼저 제물로 허용되는 범위에 속한 특정한 짐승들의 선택 문제를 살펴보기로 한다. 그 짐승은 그 종류 중에서 온전한 것이어야 한다. 그 나이와 상태에 있어서 그 가치를 손상시킬 만한 흠이 전혀 없어야 한다. 이 점은 희생 제물을 여호와께 드리는 예물로 보는 대중의 유치한 개념에서 볼 때에는 얼마든지 생각할 만하다. 왜냐하면 하나님께는 오로지 최고의 것만을 드려야 하기 때문이다. 그러나 순전히 상징적인 이론에 근거하면 이 점이 쉽게 설명할 수가 없다. 이 이론에 따르면, 희생 제물은 그 제물을 드리는 당사자의 복사판으로나 그를 나타내는 하나의 그림으로 보아야 한다. 그런데 제물 드리는 자는 헌물과 함께 나아가야 했다. 자기 자신이 비정상이고 불완전한 것을 느끼기 때문이다. 그렇다면 어떻게 온전하고 흠 없는 정상 상태의 짐승이 그 사람을 대신할 수 있단 말인가? 이 문제에 대해서는 상징적 대리 이론이 이점(利點)이 있다. 제물을 드리는 불완전한 사람이 온전한 짐승으로 대치되어, 다른 방도로는 불가능한 일이 그 짐승의 온전함을 통해서 수행되기 때문이다. 확실히 말하면 그 짐승은 아주 소극적인 방식으로만 윤리적인 완전함을 드러내 보이는 것이다. 곧, 그 짐승의 온전함이 도덕적인 의미의 온전함이 아니므로, 그 짐승이 도덕적인 결점들을 상징할 수도 없다는 것이다. 그 짐승이 순결한 것은 그것이 선하거나 악할 수가 없기 때문이다. 그러나 이러한 사실은 짐승이 사람을 대신하는 절차와도 분리될 수 없다. 사람의 불완전함이 부분적으로나마 그 짐승이 신체적으로 흠이 없으며 온전하다는 점에 대한 적극적인 강조를 통해서 상징적으로 제거되는 것이다. 이사야는 53장에서 희생 제물이 되는 어린양에 대해서, 마치 그 어린양이 절반쯤 윤리적인 특질을 지니기라도 한 것처럼 말씀하나, 그 특질들도 순결함(innocence) 과 온유함 등 소극적인 것들이며, 또한 거기에 나타나는 묘사도 여호와의 종 의 성격을 모델로 삼는다. 그러나 이러한 묘사는 어린양의 그런 소극적인 특 질들이 그것이 예표하는 바 여호와의 종의 무죄함을 상징하는 역할을 할 수 있다는 점을 시사해 주는 것이다. 그리고 베드로도 신자들이 그리스도의 보 배로운 피로 구속함을 받는다고 선포하면서, 그리스도를 흠 없고 점 없는 어 린양으로 묘사하고 있다. 사도는 여기서 그 흠 없고 점 없는 성격을 그저 그 제물의 가치를 전반적으로 높여주는 것이 아니라, 구속을 위한 그 제물의 효 능을 높여 주는 것으로 제시하고 있는 것이다(벧전 1:19).

짐승을 성소로 가져오면, 제사 의식의 그 다음 단계가 이어지는데, 이는 제 물을 드리는 자가 그 제물에 안수(按手)하는 것이었다. 히브리어 문구는 좀 더 의미가 강하다. 문자적으로는 한 손, 혹은 두 손을 "기대어 놓는다" 는 의 미다(레 16:21). 이런 절차는 짐승을 드리는 일상적인 모든 제사에서 행해지 며, 또한 오직 짐승을 드리는 제사에서만 행해지는데, 이러한 사실은 짐승을 드리는 제사의 고유한 요소와 그 문제의 행동 사이에 밀접한 관계가 있음을 시사해 준다. 짐승을 드리는 제사의 고유한 요소는 바로 속죄를 위하여 피를 사용한다는 점이다. 그러므로 안수의 행위는 이 점과 관계가 있는 것이 틀림 없다. 이 안수의 행동의 의의는 그 행위가 시행되었던 다른 경우들과 비교해 보면 잘 알 수 있다(창 48:13, 14; 레 24:14; 민 8:10; 27:18; 신 34:9). 이런 여 러 경우들에서는 안수하는 행위가 언제나 한 사람에게서 다른 사람에게로 무언가를 전이시키는 것을 상징했다는 것이 드러난다. 전이되는 대상물은 경우에 따라 달랐으나, 그 대상물이 전이되는 그 사람은 제2의 존재로서, 안 수를 시행하는 사람과는 다른 존재라는 것이 어디서나 드러난다. 이 점은 희 생 제사에 대한 대리적 해석을 뒷받침하는 결정적인 증거라 할 것이다. 이는 제물로 드려지는 짐승이 그저 그것을 드리는 자의 복사판 정도로 간주되었 던 것이 아니었다는 것을 뜻한다. 그 짐승은 제물 드리는 자와는 다른 제2의 존재였던 것이 분명한 것이다.

대신 드려지는 그 짐승에게 과연 무엇이 전이되었는가 하는 문제는, 물론 위에 제시된 다른 경우들과의 비교에 근거해서는 답변할 수가 없다. 그 전이

된 것이 다름 아닌 죄 — 즉, 제물 드리는 자를 사형(死刑)당할 처지에 있게 만든 바로 그것 — 였다는 것을 보여주는 독자적인 증거가 있다. 제사 의식 체계 전체의 절정이라 할 수 있는 속죄일(贖罪日)에 행해지는 의식에서, 아론은 두 번째 염소의 머리에 안수하고 백성들의 모든 죄악들을 고백하였다. 이 두 번째 염소는 일상적인 방식으로 죽이게 되어 있는 희생 제물이 아니었고, 죄를 상징적으로 제거하는 목적을 위하여 광야로 내어보내지는 것이었다. 그러나 그 염소는 다른 염소와 함께 실제로 하나의 희생 제물을 이루는 것이었다. 한 염소는 죽임을 당하고 또 한 염소는 먼 곳으로 보내지는 것이, 속죄가 행해진 이후 죄가 제거된다는 사실을 눈에 보이는 형식으로 좀 더 분명하게 표현해 주는 것이다. 이는 짐승을 죽여 제물로 드리는 일상적인 제사로는 잘 나타낼 수 없는 면을 나타내 주는 것이다. 일반적인 제사의 경우는 속죄의 과정에서 그 짐승이 죽기 때문이었다. 이처럼 속죄일에 행해지는 안수를 통해서 죄가 전이되며, 또한 일상적인 제사에서도 동일한 의식이 행해진다면, 그런 의식이 행해질 때마다 죄가 전이된다는 결론을 내리는 것이 정당할 것이다.

이러한 해석은 너무도 중요하다. 왜냐하면 이것이 제사 의식의 그 다음 단계, 즉 제사 드리는 자의 손으로 짐승을 죽이는 일에 대한 해석을 결정짓기 때문이다. 짐승을 죽이는 행동 때문에 그 제단을 **미츠베아흐**, 즉, "살육의 장소"라 불렀다. 또한 그 짐승을 죽이는 일이 얼마나 중요했는가 하는 것이, 단에서, 특히 단의 북쪽에서, 그 짐승을 죽여야 한다는 조심스러운 명령이 주어져 있다는 사실에서 드러난다. 이 명령의 상징적인 의미는 분명하지 않을지 모르지만, 그 죽이는 행동에 무게가 실려 있지 않았다면, 그 죽이는 장소도 별로 중요하지 않게 취급되었을 것이다. 이런 특질들은 카일(Keil)과 델리취(Delitzsch) 같은 신뢰성 있는 해석자들이 주장한 이론을 강력하게 반대한다. 그들의 이론은, 곧 짐승을 죽이는 일 자체는 제사 의식에서 별로 의미 없는 부분으로서 그저 피와 기름을 얻는 필연적인 수단 이상 아무것도 아니었으며, 피와 기름을 사용하는 절차가 의식적으로 중요한 의미를 지녔다는 것이다.

안수함으로써 죄를 전이시킨 후에 그 짐승을 죽이는 일은 죄의 형벌이 죽음이라는 것을 나타내는 것 외에 다른 목적이 있을 수 없었다. 이러한 관점이 율법에 어긋나는 것이 아니라는 사실은 신명기 21:9에 보도되는 것(거기서는 속죄가 있으나 피는 흘려지지 않고 목을 꺾어서 죽이는 일이 나타난다)과 같은 경우들과, 또한 모세가 이스라엘을 대신하여 자기 자신을 죽음에 내어 주는 사실에서 드러난다(출 32:30-34).

카일과 델리취의 오류는, 율법이 죽이는 행위를 속죄의 수단으로 거론하지 않고, 어디서나 피를 그 수단으로 거론한다는 사실에 기인한다. 이것은 옳은 관찰이다. 그러나 그것에 근거한 추론은 그릇된 것이다. 피는 죽음을 나타내는 가장 명확한 상징물이므로, 죽음과 피를 서로 대치되는 것으로 보고서 죽음이 아니라 피가 중요하다고 여기는 것은 근본적으로 잘못된 것이다. 분명히 말하면, 피는 또한 생명의 상징물이 되기도 한다. 그러나 제사 의식에서는 생명의 상징으로는 나타나지 않는 것이다. 게다가 제사 의식에서는 피를 흘리게 되는데, 이는 어디서나 생명이 떠나는 것, 즉 죽음을 의미하는 것이다. 정상적인 상태의 피는, 순전한 짐승 속에 있는 피는 속죄를 상징하지 않는다. 피가 죽음의 위기를 통과하여 죽음의 정당한 구성 요소가 되어야만 비로소 속죄를 상징할 수 있는 것이다. 그러므로 피 없이는 속죄가 없다는 법칙이, 속죄가 없이는 피도 없다는 식으로 뒤바뀌는 일은 있을 수가 없는 것이다. 그런데도 혹시, 피를 속죄를 이루는 죽음의 구성 요소로 간주하여 그것이 죽임당한 짐승에게서 흘러나올 때에 거기서 효력을 발생하거나 그것이 직접적으로 죽음과 연결되는 그 순간에 효력을 발생한다는 식의 주장을 제기한다면, 이에 대한 답변은 "속죄하다"라는 구약의 용어가 무슨 의미인가를 올바로 인식하는 데에서 얻어질 것이다.

우리는 교리적 정확성을 기하는 데 필요한 그런 구분을 여기에 적용시키는 경향이 있다. 그리하여 속죄 그 자체와 그 속죄의 적용을 서로 구분하는 것이다. 그러나 제사 의식의 상징법에서는 이 두 가지가 하나로 취급된다. "피가 가리다"(이는 속죄를 뜻하는 율법의 전문 용어다)고 말할 때에는, 우리가 속죄라 부르는 그것을 묘사하는 동시에, 그 속죄의 적용(우리가 "칭의"라 부르는 그것)까지도 거기에 포함시키는 것이다. 이런 포괄적인 의미에서 볼 때에, "가리는" 과정은 피가 죽음의 상징으로서 제단에 발라질 때에, 즉 제단에 거하시는 하나님과 접촉하게 될 때에, 비로소 완결되는 것이다. 바로 이 때문에 율법은 죽이는 행위가 속죄한다고 말씀하지 않고, 피를 제단에 바르는 일로써 속죄의 효과가 일어난다는 점을 그렇게도 조심스럽게 강조하는 것이다. 그러나 그렇다고 해서 죽이는 행위가 속죄의 효과와 아무런 관계가 없다는 것은 아니다. 뿐만 아니라, 율법은 짐승을 죽이는 일보다도 그 피를 다루는 일에 대해 더 상세하게 다루는데, 이에 대해서도 외형적인 이유가 있다. 짐승을 죽이는 행위는 어느 경우나 단순하고 동일했다. 그러나 그 피를 다루는 일은 복잡하고 갖가지 제사의 경우들에 따라서 달라지며 이를 엄격히 준수해야 했던 것이다.

끊임없이 피를 언급하는 것은 대리적인 의미에서 죽음의 속죄의 능력을 부인하는 것이 아니라, 오히려 그것을 더욱 분명하게 확증하는 것이다. 제사 의식의 개념에서는 "피"와 "생명"이 동일한 것이다. 그리고 "생명"과 "혼" (soul)도 동일한 것이다. 그러므로 우리로서는 "혼"의 구약적인 의미를 탐구하여, 이 문제의 내적인 성격을 파악하기만 하면 되는 것이다. 이에 대해 여러 본문이 있지만, 이 문제를 다루는 대표적인 본문은 레위기 17:11이다: "육체(즉, 살아 있는 육체)의 생명은 피에 있음이라. 내가 이 피를 너희에게 주어 제단에 뿌려 너희의 혼(한글 개역 개정판은 이를 "생명"으로 번역함 — 역자 주)을 위하여 속죄하게 하였나니 생명이 피에 있으므로 피가 죄를 속하느니라."

그렇다면 구약에 나타나는 "혼"의 개념은 무엇인가? 피가 혼을 덮는 효능이 있는 이유는 바로 그 개념에 있다. "혼"이라는 용어는 두 가지와 관계되는데, 첫째는 개별성(individuation)을 부여하는 의미요, 둘째는 감수성 (sensibility)을 부여하는 의미다. 둘 다 생리적으로, 또한 상징적으로 몸 속의 피와 긴밀한 관계가 있다. "혼"이란 생명이라는 일반적인 영(靈)이 몸에 불어넣어져서 나타나는 것이다. 이것이 삼분설을 확증하는 의미는 아니다. 영과 혼을 서로 본질적으로 다른 두 개의 개체로서가 아니라 동일한 실체의 두 가지 면으로서 구분하는 것이다. 또한 똑같이 실질적인 방식으로 혼과 감각, 느낌이 서로 연관을 갖는 것이다.

그러므로, 문제는 이것이다. 곧, 개별성과 감수성의 원리를 속죄의 합당한 수단으로 만들어 주는 것은 과연 무엇인가? 하는 것이다. 얼핏 보아도 이에 대한 답변은 오로지 대리 이론에서만 찾아진다는 것이 드러난다. 다른 사람을 대신하는 것은 반드시 하나의 개체여야만 하며, 또한 다른 사람을 위하여 형벌을 당하는 것은 반드시 느낌이 있어야 하고 고통을 당하는 능력이 있어야 하는 것이다. 그러므로 이 둘을 함께 취하면, 피가 희생 제사에서 그렇게 풍성한 상징의 역할을 하는 것은, 첫째로 그것이 죽음을 의미하기 때문이요, 둘째로 대리되는 그 사람 개인의 죽음을 의미하기 때문이요, 셋째로 고통이 개입되는 죽음을 의미하기 때문이다. 이 모든 요소가 죽이는 행위에 주어져 있다. 그러나 죽이는 행위나 죽는 것은 추상적인 개념들이므로 상징적으로 무언가를 보게 만들 수가 없으나, "피"와 "혼"과 "생명"은 구체적인 것들인 것이다.

대리성을 정의함

레위기 17:11에는 또한 율법에서 발견되는 대리성(代理性: vicariousness)의 원리에 대한 가장 명확한 진술이 들어 있다. 그 진술은 사실상, 혼이 혼을 덮어주는 역할을 한다(soul works covering for soul)는 것과도 같다. 이 진술에 포함되어 있는 고유한 대리성에 대해서는 모든 주석가들이 다 인정하는 것으로, 심지어 그 가르침의 신학적인 의미를 인정하지 않는 자들도 다 인정하는 것이다. 그러나 대리성의 한계 내에서는 다소간 자유로운 해석이 가능한 것으로 보인다.

대개 세 가지 가능성이 있을 수 있다. 본문이 하나님의 역사로 인하여 제사 드리는 자의 온전한(빠진 것이 없는) 생명이 또 다른 온전한 생명, 즉 짐승의 생명으로 대치된다는 것을 가르친다고 말할 수도 있다. 그러나 이런 견해는 대리성의 원리를 그대로 유지하면서도 대리적 죽음, 대리적 고통의 관념은 전적으로 배제하는 것임을 보게 된다. 원형(原型)의 차원에서 말하면, 이는 곧 우리의 생명을 거룩히 구별하여 하나님께 적극적으로 드려야 하는데, 이것을 우리가 하지 못했기 때문에 그리스도께서 대리의 방식을 통해서 하나님께 그의 생명을 드리사 우리를 위하여 하나님께 보상하셨으나, 하나님께서는 그저 성별하여 드리는 것을 받으시는 데에만 관심을 가지셨고 우리가 범한 범죄에 대해 고난을 통해서 값을 지불하는 일에는 전혀 관심을 갖지 않으셨으므로 그리스도의 고난은 이 부분에서 아무런 역할도 하지 못했다고 말하는 것과도 같은 것이다. 다시 말하면, 여기서 하나님의 공의하심이 전적으로 배제되며, 그리스도는 오로지 그의 능동적인 순종에 있어서만 우리의 대리자가 되신 것이 되는 것이다.

또한, 하나님께서 분명 죄 문제를 정리하시지만, 그 죄들에 대해서 형벌을 요구하신다는 의미는 아니며, 그가 죄 문제를 해결하시는 유일한 방식은 그에게 저질러진 상해를 보상할 하나의 적극적인 헌물을 요구하시는 방식이라고 말할 수도 있을 것이다. 이는 곧 그리스도의 능동적인 순종으로 말미암아 하나님께서는 그리스도께서 행하신 그 풍성한 순종을 보시고서 우리의 죄들을 벌하시는 문제를 간과하시게 되었다는 말과도 같다. 여기서도 오로지 그리스도의 능동적인 순종이 유일한 역할을 담당한다. 그러나 이 견해로 보면 그가 우리가 범한 죄를 최소한 조금이나마 염두에 두고, 어떻게 해서는 좋게 만들어야 되는 것으로 보시고서 순종을 행하시는 것이 되는 것이다.

혹은 마지막으로, 희생 제물로 드려지는 짐승이 죽음으로써 제물 드리는 자에게 합당한 죽음을 대신하는 것이라고 말할 수도 있을 것이다. 이는 형벌을 형벌로 대신한다는 것이다. 그리스도께서는 그의 능동적인 순종에서만이 아니라 그의 고난과 죽으심을 통해서 우리의 죄의 비정상적인 상태를 대신하셨다고 보며, 그가 하나님의 공의를 만족시키셨다고 보는 것이다. 우리는 첫 번째와 두 번째 해석은 레위기 17:11에서 완전히 배제되지는 않으나, 속죄에 관한 성경의 가르침의 전반적인 흐름에 견주어 볼 때에 설득력이 없다고 본다.

"가려짐"의 의미

그 다음에 이어지는 문제는 우리가 속죄라 부르는 그것, 즉 "가려짐"(혹은, 덮음: covering)에 대하여 율법이 제시하는 정확한 상징적인 개념이 무엇인가 하는 것이다. 히브리어로는 **카파르**의 피엘형 부정사인 **카페르**다. "가려짐"에는 지워버리는 것(obliterative)과 보호하는 것(protective) 등의 두 종류가 있을 수 있다. 어떤 이들은 속죄를 뜻하는 그 단어의 본래의 용법이 후자의 관념을 내포하고 있다고 생각한다. 곧, 제물 드리는 자가 하나님과 자기 자신 사이에 피를 드리움으로써 죄에 대한 신적인 진노의 반응에서 안전을 확보하는 것을 상징한다는 것이다. 지워버리는 것으로 보는 해석은, 죄들 위에 피가 발라짐으로써 그 죄들의 얼룩과 부정함이 하나님의 시야에서 완전히 사라지는 것을 상징한다고 보는 것이다. 이 두 가지 해석 가운데 어느 것이 성경의 용법의 기반을 이루는가 하는 문제는 심각한 교리적 중요성을 지닌 문제는 아니고 주로 역사적인 관심의 문제라 하겠다. 성서 시대에 과연 어원적인 의미들이 분명하게 기억되고 있었는가 하는 것조차도 확실치 않다. 그 단어가 성서 시대에 제사 의식에 쓰이는 순전히 전문적인 용어가 되어버렸을 수도 있을 것이다.

대부분의 주석가들은 성서 시대에는 이 과정을, 지워버리는 과정으로 이해하였다는 쪽을 지지하는 것 같다. 이 용어는 세속적인 용법에서도 지워버린다는 의미를 그 배경으로 지니고 있는 것 같다. 야곱은 선물을 앞서 보냄으로써 에서의 얼굴을 "가린다." 이렇게 해서 에서의 얼굴의 화(禍)가 "가려져" 시야에서 사라지는 것이다(창 32:20: 한글 개역 개정판은 "형의 감정을 푼 후에"로 번역함 — 역자주). 희생 제사와 관계 없는 종교적 용법이 또 있는데, 거기서도 지워버린다는 의미가 분명하게 드러난다(참조. 시 32:1; 65:3; 78:38; 사 22:14; 렘 18:23). 이 경우들에서는 거의 언제나 죄인이 아니라 죄가 그 대상이다. 이는 보호한다는 의미와 잘 어울리지 않는다. 하나님께서 보호하신다는 의미를 죄에다 적용시킬 수는 없기 때문이다. 또한 하나님의 편에서 죄를 제거하시는 경우를 묘사하는 비슷한 의미의 본문들이 구약에 많이 있는데, 이 역시 대부분 죄를 지워버리신다는 의미를 지닌 것이다(느 4:5; 사 6:7; 27:9; 38:17; 44:22; 렘 18:23; 미 7:19).

이런 모든 증거로 볼 때에, 희생 제사의 영역에서도 마찬가지로 지워버림을 통해서 죄를 제거한다는 의미가 지배적이었다고 추정할 수 있을 것이다. 그러나 그 개념의 세속적인 용법과 종교적인 용법이 서로 현저하게 다르다는 점을 주목해야 한다. 종교의 영역 바깥에서는 잘못을 저지른 자가 "가리는" 일을 행하고, 잘못을 당한 자가 가려진다. 야곱이 에서의 얼굴을 가리는 것이다. 그러나 종교의 영역에서는, 제사 의식에서든 다른 문제에서든, 잘못을 당한 분이신 하나님께서 그 가리는 일을 행하시며, 그것이 죄인에게 적용된다. 사람으로서는 하나님의 얼굴을 가릴 수가 없다. 마치 사람이 하나님의 태도나 자세에 무언가 변화를 일으키기 위해서 어떤 일이든지 할 수 있는 것처럼 여기는 사고는 성경적 종교의 정신에는 철저하게 어긋나는 것이다. 사람과 사람 사이에는 그런 일이 가능할 수 있으나, 하나님과 사람 사이에는 결코 있을 수가 없는 것이다. 정상적인 관계를 회복해야 한다면, 이 문제를 해결하고 회복을 이루는 일은 오로지 하나님의 대권(大權)인 것이다.

그러나 이교도 사상에서는 모든 것이 다르다. 이교도에서는 신들을 "부드럽게 만드는" 일이 가능하다. 곧, 신들의 찌푸린 이마를 펴는 일이 가능한 것이다. 그리하여 헬라인들은 힐라스케스타이 투스 데우스(신들을 무마시킨다)라고 말하고, 라틴 사람들은 플라카레 데오스(*placare deos*: 신을 무마시킨다)라고 이야기한다. 이러한 사고가 "속죄하다"라는 전문적인 이교도들의 용어에 깔려 있는 것이다. 성경을 헬라어나 라틴어, 혹은 현대어들로 번역할 때에 그런 용어들을 피할 수 있었더라면, 전혀 다른 뿌리에서 자라난 이교적인 용어 때문에 성경의 관념이 왜곡될 위험성이 훨씬 줄어들었을 것이다. 그러나 성경 번역자들로서는 선택의 여지가 없었을 것이다. "가려짐"이라는 용어를 사용했더라면 헬라인들이나 로마의 독자들이 그 뜻을 전혀 감지하지 못하게 되었을 것이기 때문이다. 사정이 이와 같기 때문에, 우리는 성경에서 이런 경우들을 접하게 될 때에 헬라어나 라틴어나 영어 등으로 된 단어의 의미에 의존하지 말고 조심스럽게 히브리어 단어를 살피고, 오로지 그것에만 근거하여 그 의미를 찾아야 할 의무가 있는 것이다. 이 과정을 무시해 버리면, 이 문제에 대해서 아주 위험스런 오해에 빠지게 될 것이다.

성경이 하나님께서 사람을 "속죄하신다"(expiates)고 말씀하는 경우에, 비정상적인 모든 현상이 사람의 그릇된 성향에 있으며 따라서 하나님께서 이것을 부드럽게 하시기만 하면 된다는 식의 추리가 얼마든지 쉽게 나올 수 있고, 이렇게 되면 속죄의 과정 전체가 주관적인 일이 되어 버리고 만다. 그러나 그 결과는 하나의 잡종(雜種)의 같은 개념일 수밖에 없다. 곧, 이교적인 사고의 틀에다 성경적인 구조물을 끼워 맞추어 세운 것이다. "속죄"라는 용어에서부터 거꾸로 "가려짐"이라는 용어에로 나아가기만 하면 그런 오해는 생기지 않을 것이다. 사람에게는 "가려짐"이 필요하나, 하나님께는 "가려짐"이 전혀 필요치 않다. 하나님은 "가려짐"을 행하는 주체시요, 사람은 그 가리는 행위의 대상이기 때문이다. 사람에게 "가려짐"이 필요한 이유가 사람에게 내재해 있다. 그러나 그 이유는 그 자체가 문제가 아니다. 그것이 가려짐을 받아야 할 필요를 촉발시키는 것은, 하나님께 있는 그 무엇 때문이다. 사람에게 있는 죄가 하나님의 거룩하심을 거스르며, 따라서 그의 거룩하심의 반응을 불러일으키기 때문에 가려짐이 필요해지는 것이다. 여기서 율법 자체가 그 과정을 묘사하기 위해 사용하는 문구 전체를 염두에 두는 것이 큰 도움이 된다: "이같이 제사장이 그가 범한 죄에 대하여 그를 가리운즉(한글 개역 개정판은 "그를 위하여 속죄한즉"으로 번역함 — 역자주) 그가 사함을 얻으리라"(레 4:35).

이 과정을 "보호하는" 의미로 보는 견해도 이와 마찬가지로 참된 속죄의 교리에 잘 부합된다. 그러나 리츨(Ritschl)은 희생 제사에 대한 성경적 전제들로부터 멀리 벗어나는 방식으로 그 견해를 제시하였다. 그는 사람이 필요로 하고 또한 율법이 제공해 주는 그 보호가 사람의 죄악성에서 비롯되는 것이 아니라, 사람의 피조물로서의 유한성에서 비롯되는 것으로 보며, 그로 인하여 사람이 하나님의 위엄의 임재 속으로 들어갈 때에 목숨이 위험에 처하게 되는 것이라고 전제한다. 그러나 사람이 지정된 헌물들을 지니고 나타나며, 또한 제사장들이 지정된 의식들을 그 사람을 위하여 행하면, 이런 위험으로부터 적절히 보호를 받게 되고, 하나님과의 교제를 나눌 수 있게 되며, 또한 하나님과의 이러한 교제로부터, 물론 다른 것들도 받지만, 죄의 용서라는 호의를 받게 된다고 한다. 그러나 주목할 것은 이런 논지는 일상적인 절차를 거꾸로 뒤집는 것이라는 점이다. 우리는 죄 용서가 교제의 근원이라고 늘 이야기하고 또한 성경이 그렇게 말씀하는 것으로 이해한다. 그런데 리츨은 이것을 뒤집어서 교제를 죄 용서의 근원으로 만들어버리는 것이다. 그러나 이것은 율법의 기조 전체에 어긋나는 것이다. 이미 살펴본 대로, 율법에서 가려짐이 죄의 사실과 더불어 가장 밀접한 관계를 맺고 있는 것이다. 이것을 부인한다면, 그것은 희생 제사 체계에서 모든 윤리적인 내용을 완전히 제거해 버리는 것이 되는 것이다.

희생 제사 의식에서 가려짐 다음의 단계는 제단 위에서 짐승의 특정한 부위를 태우는 것이다. 이 행위의 상징적인 의미는 무엇이었을까? 어떤 이들은 이 행위가 짐승을 죽이는 일에서 표현된 그 관념을 한 걸음 더 시행하는 것으로 이해한다. 그렇다면 불로 그것을 태운다는 것은 죄인이 후에 당하게 될 그 죽음의 경험을 한층 더 강렬하게 만드는 것을 상징하는 것이 될 것이다. 그러나 이런 견해에 대해서는 치명적인 반론들이 제기된다. 일단 속죄가 일어났고, 죄를 범한 자의 영혼이 효과적으로 가려지고 나면, 형벌에 관한 모든 절차가 완전히 끝난 것이다. 그런데 이 견해에 따라서 불에 태우는 의미가 죽음의 경험을 한층 더 강화시키는 것이었다면, 속죄의 행위가 불에 태우는 일 이전이 아니라 그 이후에 이루어졌어야 했을 것이다. 피와 재가 함께 수단으로 작용하여 가려짐이 이루어졌어야 옳을 것이다. 곡물을 드리는 소제의 경우도 불에 태우는 것이 짐승을 드리는 제사의 경우와 똑같았다. 그러나 소제에는 속죄의 관념이 개입되지 않았던 것이다.

불에 태우는 것을 묘사하는 동사는 어디서나 **힉티르**다. 그런데 이 동사는 불에 완전히 태워버리는 것을 묘사하는 것이 아니라, 불에 태워서 순화시키는 과정 — 어떤 사물을 좀 더 정제된 것으로 변화시키기 위해 사용하는 하나의 과정 — 을 묘사하는 것이다. 불에 태워서 파괴시킨다는 의미의 동사는 **싸라프**인데, 이는 진 바깥에서 짐승의 부위들을 태우는 일에는 사용되었으나, 제단에서 태우는 일에 대해서는 한 번도 사용되지 않는다. 더욱이, 율법은 단에서 태우는 것이 여호와께서 기뻐하시는 향기로운 냄새를 발하는 것으로 말씀하기까지 한다. 성경이 하나님의 정의가 죄의 형벌을 요구하는 것으로 가르치지만, 죄의 형벌이 하나님께 기쁨을 준다는 식으로 말씀한 경우는 한 번도 없다. 오히려 그 반대로, 여호와께 기쁨을 드리는 것으로 묘사되는 것은 바로 사람의 생명을 순종으로 성별하여 하나님께 내어놓는 것이다. 그러므로 단에서 태우는 행위를 이런 의미로 이해해야 할 것이다.

그러나 여기서 질문이 제기될 수도 있다. 곧, 이러한 성별이 제사 드리는 자를 대신하는 그 짐승이 대리로 하나님께 드리는 성별인가, 아니면 제사 드리는 자가 자신을 드리는 성별인가? 하는 것이다. 만일 후자가 옳다면, 희생 제사의 상징적 대리적 의미가 이 시점에서 끝나고, 순전히 상징적인 의미로 대치된다고 말해야 할 것이다. 그러나 그렇게 되면 제사 의식에 무언가 애매함과 혼동스런 요소가 생기고 말 것이다. 게다가 대리성과 성별을 서로 모순을 일으키는 것으로 볼 필요도 없다. 속죄는 사람 자신이 행할 수가 없는 것이고, 반면에 성별은 하나님의 은혜로 말미암아 사람의 삶 속에서 얼마든지 주관적으로 일어날 수 있는 것이지만, 죄인들을 대신하여 그리스도께서 하나님께 자신을 성별하여 능동적으로 순종을 드린 사실이 있는 것이다. 우리 주께서는 "그들을 위하여(즉, 그의 죽으심의 고난을 위하여) 내가 나를 거룩하게 하오니"라고 말씀하시는데, 이는 제사 의식을 시사하는 언어인 것이다 (요 17:19). 또한 바울도 그리스도의 능동적인 순종에 대해 말씀하면서 똑같이 제사 의식을 시사하는 용어를 사용하고 있다: "그리스도께서 너희를 사랑하신 것 같이 너희도 사랑 가운데서 행하라. 그는 우리를 위하여 자신을 버리사 향기로운 제물과 희생 제물로 하나님께 드리셨느니라"(엡 5:2).

희생 제사 의식의 마지막 단계는 제사 음식을 먹는 것인데, 이는 화목제에만 있는 독특한 절차였다. 화목제의 주요 특성들에 대해서는 유월절을 논하면서 이미 살펴본 바 있다. 이 절차를 가리키는 히브리어 단어는 **쉘라밈**이다. 이것에 상응하는 형용사는 **샬렘**으로서 "온전한", "상하지 않은", "누구 누구와 평화와 우애 가운데서 사는"이라는 뜻이다. 그러므로, 이것을 무엇보다 속죄에 뒤따르는 죄 용서의 상태와 연관지어 생각하는 것이 자연스러울 것이다. 그러나, 그 음식 먹는 절차 이전에 행해지는 희생 제사에 진정한 속죄가 있으므로 이런 사상이 거기에 없는 것은 아니나, 이 면만을 일방적으로 강조하지 않도록 조심해야 할 것이다.

성경에 나타나는 "평화"는 우리가 생각하는 것보다 훨씬 적극적인 개념이다. 그러므로 화목제(peace-offering: "평화의 제사")는 여호와의 종교에서 누리는 적극적인 은혜와 복락의 상태를 상징하며, 이러한 상태는 언제나 희생 제사를 통하여 죄로부터 벗어났다는 안도감보다 훨씬 더한 것이 거기에 포함되어 있는 것이다. 동방에서 음식을 나누는 일은 적대 관계의 종식과 우애로운 교제를 동시에 의미한다. 헬라어 칠십인역과 라틴어 불가타역에 근거한 영어역 성경의 "peace-offeirngs"라는 번역은 지극히 적절하다. 그러나 독일어역본과 화란어역본의 "감사제"(thank-offerings)라는 번역은 충실성이 좀 떨어진다. 감사제는 화목제에 속하는 한 종류에 불과한 것이다. 이처럼 양면적인 의미를 지닌 평화의 상태가 여호와의 선물로서 상징되는데, 이는 그 식사를 마련하여 베푸는 것이 제사 드리는 자가 아니라 바로 여호와 자신이시기 때문이다. 그렇기 때문에 그 식사가 하나님의 집인 성막에서 행해지도록 되어 있는 것이다. 이를 "이스라엘 자손들의 존귀한 자들"이 산 위에서 참석한 그 식사와 비교할 수도 있을 것이다(출 24:11). 거기서도 식사를 베푸는 주인이 여호와이신 것이 분명하다. 바울은 고린도전서 10장에서 그 식사를 여호와의 상으로 암시적으로 부르고 있다. 그는 그리스도께서 식사를 베푸는 주인이신 주의 성찬과, "귀신"이 그 식탁에서 베푸는 이교도의 제사 음식을, "제물을 먹는" 옛 이스라엘 사람들의 행위와 비교하고 있기 때문이다.

다양한 제사들

짐승을 드리는 희생 제사들의 분류는 점층적인 면을 보인다. 이를테면 종교적으로 볼 때에 제사 드리는 자의 최악의 상태에서부터 시작하여, 그의 종교적인 복락의 정점(頂點)에서 끝을 맺는 것이다. 제사의 종류들의 분류는 각 제사마다 독특하게 지닌 요소에 따른 분류가 아니고, 특정한 여러 요소들 가운데 어떤 것이 강조되느냐에 따른 분류다. 그러므로 그 다음에 이어지는 제사의 종류가 전혀 시야에서 배제되는 것이 아니라 그 요소들이 거기에서 다시 나타나며, 그리하여 마지막 종류에는 몇 가지 요소들 전부가 적절히 정리된 상태로 포함되는 것이다. **속죄제**(贖罪祭: sin-offering)에서는 속죄의 관념이 전면에 드러나지만, 먼저 이것이 강조된 다음 단 위에서 태움으로써 성별의 관념도 주목을 받게 된다. 다른 모든 것에 앞서서 속죄를 시행하는 의도가 피를 정교하게 다루는 의식에서 드러나는데, 피를 그렇게 다루는 의식은 그 다음에 이어지는 제사의 종류들에는 없는 것이다. 속죄제에서 드려지는 짐승은 변함없이 하나였으나, 그 종류와 성별(性別)은 제사를 드리는 개인과 회중 가운데에서의 그의 지위에 따라 달라졌다. 그러나 속죄할 죄책이 죄인의 지위에 비례했기 때문이 아니라, 신정정치에서 지위가 높은 사람일수록 그 범하는 죄에 더 많은 개인들이 개입되기 때문이었다(레 4:3).

속죄제와 **속건제**(贖愆祭: trespass-offering) 사이의 구별은 명확히 규정하기가 어렵다. 속건제에는 두 가지 특질이 드러나는데, 그 하나는 오로지 이 제사에만 평가가 매겨진다는 점이고, 또 하나는 오로지 이 제사에만 돈이 덧붙여진다는 점이다. 그러므로 가치 평가의 특질이 여기서 분명히 드러난다. 이렇게 볼 때에 속건제가 죄로 인하여 사람이 하나님께로부터 취하여 차지하고 있는 적극적인 것을 하나님께 돌려드린다는 점에서 속죄제를 보충하는 것이라는 이론이 가능해진다. 모든 죄는 하나님께 드려서는 안 될 것을 ― 곧, 과실(過失)을 ― 하나님께 드리는 것이요, 동시에 하나님께 마땅히 드렸어야 할 것을 ― 즉, 순종을 ― 드리지 않고 있는 것이다. 속죄제가 전자의 문제를 올바로 정리해 준다면, 그 다음 속건제가 후자의 문제를 올바로 정리해 준다고 할 것이다. 속건제는 의식적인 절차가 속죄제와 아주 유사한데, 이 견해에 근거하여 보면 이 점을 충분히 예상할 수 있다. 속건제가 독특한 관심을 끄는 것은, 그것이 그리스도의 희생적 죽으심과 직접적으로 연관되는 구약의 유일한 제사라는 사실 때문이다. 이사야 53:10에서는 여호와의 종이 자신을 내어주는 것을 가리켜 **아샴**, 즉 속건제라 부르는데, 이는 그 문맥에서 주도적으로 나타나는 사상, 즉 그 종이 백성들의 죄를 속할 뿐 아니라 그들이 불순종으로 취하여 차지하고 있는 것을 하나님께 드린다는 것과 완전히 일치하는 것이다.

마지막으로 주목할 것은, 위의 이론에서 시사하는 바와는 달리, 속죄제에 반드시 속건제가 따르는 것은 아니라는 점이다. 속건제는 오로지 실질적인 재산 가치가 지불되지 않은 경우에만 필요했다. 이렇게 해서 제한된 영역에서의 물질적인 가치가 일반적인 죄의 영역에서의 영적인 가치를 상징하게 되었던 것이다.

번제(燔祭: burnt-offering)에 대해서는, 희생 제물 전체를 단 위에서 태우는 데에서 성별(聖別)하여 드리는 것에 대한 강한 강조가 드러난다. 이 점은 번제가 영구히 계속해서 드려졌다는 사실과도 일치한다. 사실상 그 이름 중의 하나인 **타미드**(완전한)가 이 후자의 특색에서 비롯된 것이다.

화목제에 대해서는 유월절과 희생 제사의 식사를 논하면서 본질적인 내용을 모두 제시한 바 있다. 화목제에 속하는 세 가지 서로 다른 제사의 종류들이 나타나고 있다. 곧, 찬양제(praise-offering) 혹은 감사제(thank-offering), 서원제(誓願祭: votive-offering), 그리고 자원제(自願祭: freewill-offering)가 그것이다. 이렇게 구분한 원칙이 철저하게 논리적인 것은 아니다. 첫 번째 종류인 찬양제 혹은 감사제는 그 드리는 목적에 따른 분류요, 두 번째와 세 번째 종류는 드리는 자의 주관적인 자세에 따라서 분류한 것이다. 다만 서원제는 의무적으로 드리는 것이요, 자원제는 자의적으로 드리는 것이라는 점이 다를 뿐이다. 한 가지 흥미 있는 사실은 모세의 율법에는 기도제(祈禱祭: prayer-offering)에 대한 내용이 전혀 없다는 점이다. 어쩌면 이것은 그 제사 자체가 사람이 원하는 복을 내려주도록 강제력을 발휘할 수 있는 고유한 힘이 있다는 식의 미신을 조장할까 하는 우려에서 비롯되었을 것이다. 서원제의 경우, 서원을 하면서 제사를 드린 것이 아니고, 서원으로 그 제사를 드리겠다고 약속하는 것이었던 것으로 보인다. 그러므로 이 제사는 특별한 종류의 감사제가 되는 것이다.

소제(素祭: vegetable offering)는 짐승을 드리는 희생 제사와 마찬가지로 여호와께 드리는 음식을 상징하는 것이었다. 그리하여 날 것의 상태로 드리지 않고, 이삭을 볶거나, 고운 가루로나, 오븐이나 냄비에 넣어 떡이나 전병의 형태로 만들어서 드렸다. 이렇게 음식으로 만들어 드리는 소제에는 반드시 기름이 더해졌다. 그리고 전제(wine-offeirng)는 소제를 보충하는 것이다. 어떤 이들은 이 제사의 재료들을 함께 취하여, 소제가 짐승을 드리는 제사의 정확한 복사판이라고 본다. 요리를 거친 음식은 고기를 의미하며, 기름은 짐승의 기름(fat: 지방질)을 의미하며, 포도주는 피를 의미한다는 것이다. 이런 사고와 같은 방향에서 로마 교회의 신학자들은 소제를 주님의 성찬의 특별한 모형으로 본다. 그러나 이 두 견해들은 성립될 수 없다. 극도로 가난한 자들을 위하여 속죄제를 소제로 대치할 경우 율법은 기름을 곡식 가루에 붓지 않도록 명령하고 있는 것이다. 만일 소제의 기름이 짐승의 기름을 대신하는 것이었다면, 속죄제를 대신하는 소제에 기름이 빠질 수가 없었을 것이다. 물론 이 제사들이 주님의 성찬과 모형으로서의 연관이 있는 것은 사실이지만, 이 점은 다른 모든 제사들에게도 공통적으로 해당되는 것이다. 소제와 주님의 성찬 둘 다 곡물이 사용되는 것은 사실이지만, 사용되는 이유가 서로 다르다. 성찬의 경우 곡물이 사용되지만, 이는 새로운 경륜 하에서 피 없는 성례로 대치되기 때문이다. 구약의 소제의 경우 곡물을 사용한 것은 행위를 성별하여 드린다는 사상을 표현하기 위한 것이었다. 이미 살펴본 바와 같이, 짐승을 드리는 제사에도 성별의 관념이 있지만, 그 경우에는 짐승을 예물로 드리는 것에 걸맞게 생명 전체를 하나의 단위로 보아 그것을 성별하여 드리는 것이다. 단 위에서 태워 드리는 소제의 부분을 가리켜 **아즈카라**, 즉 "기억나게 하는 것"이라 부른다. 물론 때로는 율법에서 그 용어가 별로 좋지 않은 의미로 쓰이기도 하나(민 5:26), 소제에서는 좋은 의미를 지닌다. 헬라어로는 그것을 **므네모쉬논**으로 번역하는데, 특별히 구제와 기도와 관련하여 사용된다. 그리하여 하나님의 사자는 고넬료에게 그의 기도와 구제가 하나님 앞에 상달되어 "기억하신 바"(혹은, 기념: memorial)가 되었다고 말씀하는 것이다 (행 10:4).

부정함과 정결케 함

의식법에서 두드러지는 세 번째 주요 요소는 부정함과 또한 그것을 정결케 하는 일에 관한 것이다. 여호와께서 신정정치 속에 거하심과 또한 희생 제사의 과정과 더불어, 이것은 성경적 종교의 영구한 구조 속에 들어와 있는 하나의 근본적인 개념이다. 우선 우리는 부정한 것과 금지된 것을 똑같은 것으로 보지 않도록 주의해야 한다. 절대로 피할 수 없는 것인데도 부정한 과정과 행위들이 있다. 율법은 오히려 부정함에 오염되는 경우들을 증가시켜 놓아서 구별을 시행하고 교훈을 줄 재료를 증가시키는 것 같아 보인다. 더 나아가서, 정결함(cleanness)을 깨끗함(혹은, 청결함: cleanliness)과 똑같은 것으로 보아서도, 부정함(uncleanness)을 더러움(혹은, 불결함: dirtiness)과 똑같은 것으로 보아서도 안 된다. 여기의 구별은 위생적인 의미와는 전혀 관계가 없다. 이것은 기독교를 위생적인 청결과 동일한 것으로 보도록 빌미를 제공하는 것이 아니다. 적극적인 의미에서 그 개념을 제사 의식과 관련된 것으로, 즉 성소에서 여호와께 나아가는 의식과 관련된 것으로 볼 수도 있을 것이다. 그러나 그것을 그 자체의 고유한 내용이나 특질의 견지에서 바라보아서는 안 된다. "정결하다"는 것은 여호와께 드리는 성막에서의 예배의 자격

요건을 갖추었다는 것을 뜻하며, "부정하다"는 것은 그 반대를 뜻하는 것이다. 이 서술어들은 그것들이 산출하는 효과를 강조하는 것이다. 이 두 단어가 윤리적 순결과 불결을 상징하는 것이라면, 이 단어들이 상징하는 것은 그저 일반적인 선함과 악함이 아니라, 어떤 이는 하나님과의 교제 속에 받아들이고 어떤 이는 그 교제에서 제외시키는 그런 요건을 규정하는 특별한 시각에서 바라본 선함과 악함이라 할 것이다. 이것이야말로 종교와 윤리 사이의 밀접한 연관성이 표현되는 여러 관념들 가운데 하나다. 성경적인 시각에서 볼 때에 과연 윤리적으로 정상인 상태인가 비정상인 상태인가 하는 여부는 무엇보다도 다음과 같은 질문을 통해서 가늠해야 할 것이다. 곧, 윤리적인 용어로 표현되는 그 상태가 과연 그 사람이 하나님과 갖는 교제에 어떤 효과를 가져오는가 하는 것이다.

"정결하다"와 "부정하다"의 대조와 "거룩하다"와 "거룩하지 못하다"의 대조는 서로 구별되면서도, 동시에 둘 사이에는 아주 밀접한 관련이 있다. "정결함"은 "거룩함"의 선결 요건이다. 부정한 것이 그 상태로 남아 있으면 결코 거룩할 수 없다. 그러나 가령 부정한 것이 정결하게 되었다고 해서, 자동적으로 그것이 거룩하게 되는 것은 아니다. 뿐만 아니라 본질적으로 정결한 것이라고 해서 반드시 거룩한 것은 아니다. 부정한 것과 거룩한 것 사이에 광범위한 영역이 존재하는 것이요, 그 영역 속에는 정결하면서도 거룩한 것은 아닌 그런 것들이 가득 들어 있다. 그리고 하나님께서 이 영역에 속한 것들을 적극적인 행동으로 취하여 내사 거룩하게 만드시는 것이다. 히브리어 어휘가 이러한 관계를 드러내 준다. 곧, 두 가지 대조들에 대하여 서로 다른 용어들을 제공하는 것이다. 곧, "거룩하다"와 "거룩하지 않다"를 뜻하는 용어들은 **카도쉬**와 **홀**이며, "정결하다"와 "부정하다"를 뜻하는 용어들은 **타호르**와 **타메**이다.

이렇게 여호와를 섬기는 일과 관련되기 때문에, 정결함과 그 반대의 상태를 구별하는 일은 이스라엘 사람 각자의 삶에 포괄적인 의의를 갖는다. 왜냐하면 실제로 이스라엘 사람의 존재의 유일한 목적이 오직 하나님을 계속해서 섬기는 데에 있기 때문이다. 이 때문에 이스라엘 회중 전체는 의식적인 테스트를 통해서 둘로 갈라지는 결과가 생기게 되어, 그 한 쪽은 정결한 자들로 이루어진 집단이요, 다른 한 쪽은 부정한 자들로 이루어진 집단이 되는 것이다. 이러한 점은 이스라엘 백성을 포괄적으로 지칭하는 하나의 호칭에서 아주 충격적으로 표현되고 있다. 곧, **야추르 베아주브**가 그것인데, 이는 "이스라엘 각 사람"을 뜻하는 말이다. 그런데 영어 흠정역본에서는 다소 의아스럽게 "shut up or left"(갇힌 자나 놓인 자)로 번역하며, 영어 개정역본에서는 "shut up or left at large"로 번역하고 있는데, 그 단순한 의미는 "성소의 출입이 금지된 자와 자유로이 들어갈 수 있는 자"이다(신 32:36; 렘 36:5).

부정함을 초래하는 대상과 과정은 주로 레위기 11장과 신명기 14장에 규정되어 있는데, 특정한 성(性) 관계들, 죽음, 나병, 특정한 종류의 짐승을 먹는 일, 혹은 정결한 짐승이 살육당했거나 스스로 죽었을 경우 그 사체에 접촉하는 일 등이 거기에 속한다. 이런 몇 가지 일들에 적용되는 그 구분은 모세 율법보다 훨씬 오래 된 것이 분명하다. 율법은 전에 없던 어떤 것을 새로이 소개하는 것이 아니고, 오랜 동안 시행되어 오던 용법들이나 행위들을 규정하는 것뿐이었다. 이렇게 시행하는 것들 가운데 많은 것들이 오랜 세월 시행되는 동안 그 성격들이 바뀌었을 것이고, 거기에 의미가 붙여졌을 것이고, 혹시 의미가 이미 붙여져 있던 경우에는 그 의미가 바뀌었을 것이다. 어쩌면 인간의 행동 영역 가운데서, 이 정결함과 부정함의 영역만큼 과거 한때 의미 깊었던 행동들을 굳어지게 하는 경향(petrification)이 강한 것은 없을 것이다.

그러므로 우리는 이 행위들의 본래의 의미들이나 혹은 나중에 얻어진 의미들에 근거하여, 이 행위들을 규정 속에 집어넣은 율법제정자의 동기를 찾아내어야 할 것이다. 먼저 오랜 과거에 그것들에 붙여졌다가 모세의 시대에 잊혀졌거나 아니면 그대로 기억에 남아 있었을 본래의 의미들에 주의를 기울여 보기로 하자. 이 주제는 원시 종교에 대한 최근의 연구에서 매우 큰 위치를 점하고 있다. 적지 않은 학자들이 그들이 생각하는 바 종교의 기원과 그것과의 연관성을 거론하고 있다. 우리는 셈 족의 종교 분야에만 범위를 한정시키고, 그것과 부정함과 정결케 하는 일에 대한 구약의 율법과의 특별한 연관점을 찾아보기로 한다.

토템 신앙

정결한 것과 부정한 것에 대한 구분의 근거로 제시되는 첫 번째 이론은 토템 신앙(totemism)이다. 토템 신앙이란 야만적인 부족들이나 종족들이 자기들의 기원을 어떤 동물이나 식물, 혹은 무생물에서 찾고 그 종류들 전부를 종교적으로 숭배하며, 그것들을 좇아 자기들의 이름을 짓고 또한 그것들을 죽이거나 먹는 일을 삼가는 미신의 한 형태다. 구약에 나타나는 대중 종교의 갖가지 현상들이 이것에 근거하여 설명되어왔고, 또한 그런 현상들이 고대의 히브리인들 가운데 그런 신앙이 존재했다는 흔적들로 제시되어왔다. 구약 전승이 포괄하는 기간 내에 그런 일들이 행해졌다고 믿지는 않으나, 그 잔재들은 있었다고 본다. 율법에서 먹기를 금하는 그 짐승들에 대해서는, 이 짐승들이 본래 히브리인들 중의 다양한 토템 집단들에게 신성한 존재들로 여겨졌던 것들이라고 본다. 여러 부족들이 연합하고 여호와 숭배를 채택하였을 때에도 그 짐승들을 먹는 행위는 계속 금지되었으나, 그 금지의 동기가 바뀌었다고 한다. 곧 그 우상 숭배의 성격 때문에 먹지 못하도록 금지되었다는 것이다. 이 이론에 따르면 부정함과 거룩함이 결국 동일한 것으로 나타난다. 한 부족에서 거룩한 것으로 숭배하는 것이 다른 부족에서는 부정한 것으로 여겨지는데, 이는 바로 전자의 부족에서 그것을 거룩한 것으로 숭배하기 때문이라는 것이다. 이 견해를 지지하는 자들은 "타부"(금기[禁忌]: taboo)라는 공통적인 용어를 부정함과 거룩함이라는 두 관념과 결부시킨다. 이 두 관념은 금지의 요소뿐 아니라, 오염의 요소도 함께 지니고 있으며, 따라서 거룩함이나 부정함이나 정결 의식을 통해서 반드시 제거해야 하는 것이었다고 한다.

이 이론을 구약에다 적용시키는 문제에 대해 무수한 반론들이 제기될 수 있을 것이다. 레위기 11장과 신명기 14장에 나타나 있는 부정한 짐승들의 목록들은 너무나도 길어서 이 모든 짐승들이 이스라엘의 혈족 내의 토템들이었을 수가 없다. 이스라엘 사람들 중에서 짐승들로부터 취한 형태의 이름이 내려오는 경우도 그 비율이 극히 낮다. 심지어 아라비아에서도 대다수의 부족들이 짐승의 이름들을 지니지 않는다. 그저 극소수의 큰 부족들에게서만 그런 현상이 나타나며, 서로 밀접한 관계를 지닌 부족들의 경우도 하나는 짐승의 이름을 갖고 있으나 다른 하나는 없기도 하다. 히브리인들에게는 식물

(植物)의 경우는 부정한 것이 없었다. 그러나 토템은 동물은 물론 식물까지도 포함하는 것이었다. 이스라엘의 사람들의 이름 가운데 레아, 라헬, 시므온, 등이 토템 신앙의 잔재로 여겨지지만, 레아와 라헬은 정결한 짐승의 이름인 것이다.

조상숭배

부정한 것을 가리는 현상에 대한 두 번째 견해는 — 이 역시 부분적이지만 — 이를 조상 숭배(ancester-worship)에서 비롯된 것으로 보는 것이다. 이 견해는 죽은 자를 부정하게 보는 사고의 밑바탕에 조상 숭배의 사상이 있다고 믿는다. 특정한 장례 예식을 금지하는 것은 죽은 자를 숭배하는 데에서 비롯된 것으로 보며, 반면에 다른 현상들은, 이제 살펴보게 되겠지만, 죽은 자들에 대한 무언가 다른 태도에서 비롯된 것으로 설명한다. 한 부족의 신앙에서 신성한 것으로 여겨지는 것이 다른 부족에서는 타부가 된다는 원리에 근거하여, 여호와 숭배에서 죽은 자를 타부로 여기는 것이 죽은 자를 — 특히 조상들을 — 숭배한 고대의 행위에 그 원인이 있다고 믿는 것이다.

여기서 장례의 풍습 가운데서 시체에다 "자루"를 씌우는 것이 논의되는데, 이것은 고대에 종교적인 굴복의 의미를 지닌 것이었고, 따라서 죽은 자를 신으로 간주하는 의미를 지녔다고 한다. 머리에 두건을 씌우고, 수염을 가리는 것도 신의 모습을 취하는 자의 모습을 가리고자 하는 동일한 동기에서 나온 것이라고 한다. 신을 벗는 행위는 거룩한 땅을 밟을 때에 공통적으로 하던 행위였다고 본다. 그러므로, 죽은 자들이나 그 무덤들에 대해서 그런 일이 일어나면, 그것은 틀림없이 하나의 종교적인 행위였다는 것이다. 머리를 밀고 수염을 깎는 것은 본질상 몸의 털을 드리는 제사(hair-offering)였다고 한다. 금식이 여호와를 섬기는 신앙에 한 역할을 담당하는데, 장례 의식에서도 그와 비슷하게 그것이 종교적 행위의 일부로 시행되었던 것이 틀림없다고 한다. 옷을 벗는 것과 자해(自害) 행위는 다른 곳에서 종교적인 의식들로 나타나므로, 장례 의식에서도 같은 의미였을 것이라는 것이다.

이 견해에 대해서도 무수한 반론이 제기되지만, 다음 몇 가지만을 언급하고자 한다. 이 행위들 가운데 많은 것들을 이스라엘에서도 금지하지 않는다.

금식이 그 한 가지 예일 것이다. 그 행위들이 과연 그들의 주장처럼 죽은 자를 숭배하는 그런 분명한 우상 숭배의 형태에서 전래된 것이었다면, 그것들은 금지되었어야 마땅했을 것이다. 이 점은 여호와를 섬기는 종교와 유사한 모든 행위들에 다 적용된다. 더 나아가, 부정함은 죽은 자의 육체에서 나오는 것인데 반해서, 조상이나 죽은 자를 숭배하는 것은 시신(屍身)을 숭배하는 것이 아니었다. 오히려 죽은 자의 "혼"이나 "영"을 숭배하는 것이었다. 이 점은 죽은 자에 대한 숭배가 존재했던 다른 부족들에게서 입증되는 사실이다. 헬라인들은 역사상 어느 시기에 시신을 부정한 것으로 여겼으나, 그럼에도 불구하고 죽은 자들을 숭배하는 행위가 그들에게 있었다. 머리털을 깎는 행위가 죽은 자에게 제물을 드리는 준비 단계였다는 것도 입증되지 않는 주장이다. 왜냐하면 깎은 머리털을 무덤에다 놓는다든지 아니면 어떤 방식으로든 죽은 자에게 드린 예가 어디에도 나타나지 않기 때문이다. 신발을 벗는 행위도 엄밀하게 말하면 종교 행위가 아니었고, 자해로 인하여 나오는 피를 죽은 자에게 드리는 제물로 여겼을 수도 없다. 그 피를 죽은 자가 접하도록 했다는 증거가 전혀 없는 것이다. 그 밖에 언급된 여러 풍습들도 종교 행위로는 해석할 수 없는 것들이다. 옷을 벗는 행위나 의복을 찢는 행위나, 땅에 구르는 행위 등도 마찬가지다. 머리에 뒤집어 쓰는 먼지나 재가 무덤에서나 화장(火葬)의 예식에서 왔다는 것도 증거가 없는 논지다. 그러나 설사 그렇다 해도 그 풍습들을 예배의 행위로 볼 수는 없다. 일반적인 우상 숭배의 미신에 근거하여 얼마든지 달리 설명할 수 있는 것이다.

더욱이, 제사장들의 경우에 친족들의 장례 문제에 대하여 제시되어 있는 규정들을 보면, 이스라엘의 장례 풍습이 조상 숭배에서 연유되었다고 볼 수가 없다. 대제사장은 절대로 시체 가까이 갈 수가 없게 되어 있었다. 그러나 일반 제사장들은 가까운 친족들의 경우는 장례 예식을 시행하도록 허용되었으나, 먼 친척들의 경우는 허용되지 않았던 것이다. 그런 규정에 조상 숭배에 대한 항거의 요소가 개입되어 있었다면, 마땅히 가까운 친족들의 경우에 대해 가장 강한 금지가 있어야 마땅했을 것이다. 왜냐하면 조상 숭배는 사망한 가까운 친족들을 숭배하는 것이었기 때문이다.

물활론

부정한 것을 가리는 현상에 대해 제시되는 세 번째 이론은 물활론(物活論: animistic theory)인데, 이는 두 가지 형태로 제기된다. 물활론은 고대 사람들은 특정한 사물들을 사악한 초자연적인 영향력을 지닌 것으로 보았다고 가정하는 것이다. 이 이론의 한 가지 형태는 그 사물들이 인격적이고 귀신적인 종류라고 보는 것이다. 그리고 또 한 가지 형태는, 비인격적인 "혼물"(魂物: soul-matter) 자체에 위험이 내재해 있어서 그것이 특정한 방식으로 번지기도 하고 사람에게 붙기도 하여 결국 인격적인 귀신의 영향력만큼 위험하다고 보는 것이다. 이 이론의 첫 번째 형태에 따르면, 부정의 여러 가지 형태들은, 특히 장례 행위들과 관련된 것들은, 이런 귀신적인 존재들이 알아채지 못하게 하기 위해 스스로를 가장(假裝)하는 갖가지 시도들 이상 아무것도 아니라고 한다. 이것을 행하고 저것을 접촉하는 것이 부정하다는 식의 말은, 그렇게 부정을 타게 되면 곧바로 위험이 닥치게 된다는 뜻일 뿐이다. 그것은 어린아이들에게 위험을 피하도록 가르치기 위하여 그 본래의 모습을 속여서 시행한 하나의 간접적인 규율이라는 것이다. 이 이론의 두 번째 형태는 이런 여러 가지 행위들이 일종의 자기 방어를 위한 것임을 인정하나, 가장을 수단으로 하는 것이 아니라 오히려 예방 조치를 수단으로 한다고 보는 것이다.

이 이론의 첫 번째 형태, 즉 인격적인 영향력을 상정하는 형태는 주로 시신(屍身)의 부정함과 곡(哭)하는 장례 풍습을 문제로 삼는다. 죽은 자의 혼이 전혀 유쾌하지 않은 기분으로 한동안 시신의 주변에 머물고 있기 때문에 시신을 부정한 것으로 보는 것이다. 죽은 자의 혼이 자신의 재산을 소유하는 친족들을 시기하는 것이요, 그런 감정이 그 사람의 개인 유물에게도 미치고 그 사람의 아내에게도 미치며, 따라서 그런 여인은 한동안 재혼하지 않도록 주의해야 한다는 것이다.

첫 번째 형태의 이론이 몇 가지 사실들을 상당히 그럴 듯하게 설명해 주는 것일 수도 있으나, 모든 사실을 다 그렇게 설명해 주는 것은 결코 아니다. 애곡하는 풍습들 중에는 가장을 통하여 자기를 보호하고자 하는 소원에서 나온 것일 수가 없는 것들이 몇 가지 있다. 금식도 그런 목적으로 행한 것일 수가 없다(그러나 마태복음 6:16을 잘못 해석하여 그렇게 주장하기도 한다). 금식을 하나의 종교적 행위로 보는 갖가지 설명들이 제시되어왔으나, 그것들 가운데 모든 점에서 만족스러운 것은 하나도 없다. 어떤 이들은 누군가가 죽은 장소에서 음식을 먹는 행위를 부정한 것으로 여긴 데에서 금식이 나왔다고 설명한다. 또 어떤 이들은, 사람이 금식하는 것은 자기 자신을 부정한 것으로 여겨서 음식을 더럽히지 않기 위해서 하는 것이라고 설명한다. 또 어떤 이들에 따르면, 금식은 본래 희생 제사의 음식의 준비 단계로서 거룩한 음식 이외에 다른 음식을 접하지 말아야 한다는 원칙에 따르는 것이었다고 한다. 또 어떤 이들은 황홀경의 상태를 조장하고자 하는 노력의 일환으로 금식을 행한 것으로 본다. 이런 온갖 잡다한 설명들은 금식을 자기 가장의 한 형태로 보는 것이 얼마나 근거 없는 것인가를 잘 보여주는 것이다.

또한 장례 의식에서 곡하는 자들이 내는 소리들도 그런 식으로 설명할 수가 없다. 곡하면서 소리지르거나 울음을 터뜨리거나 괴성을 지를 때에는 그 사람의 음성을 잘 알아들을 수가 없을 것이다. 그러나 그렇게 하지 않고 조용히 침묵을 지킨다면 훨씬 더 그 사람의 존재를 알아차릴 수 없을 것이다. 의복을 찢는 행위도 그 사람의 정체를 숨기는 데에 별 도움이 안 된다. 맨발로 걷는 것도, 몸에 상처를 내는 것도, 얼굴이나 가슴이나 엉덩이를 내리치는 것도, 얼굴에 먼지나 재를 덮어쓰는 것도 마찬가지다. 어쩌면 머리카락이나 수염을 깎는 행위는 가장(假裝)의 원리로 쉽게 설명할 수 있을지 모른다. 그러나 그런 설명이 옳다면, 실제로 다른 곳에서 풍습이 그랬던 것처럼 곡하는 여자들이 곡하는 남자들과는 머리카락을 달리 처리했어야 옳았을 것이다.

이런 개별적인 문제점들 외에도, 이 이론은 한 가지 전체적인 난제를 안고 있다. 과연 어떻게 죽은 자의 영이 바로 옆에 둘러 서 있는 자들이 친족들이라는 간단한 사실조차 모른다고 생각할 수가 있는가? 하는 것이다. 만일 죽은 자의 영이 그 친족들을 해치려 했다면, 곡하는 것을 옆에서 보면 어디를 내리쳐야 할지를 가장 간단하고도 확실하게 알 수 있었을 것이고, 개개인의 정체를 확인할 필요도 없었을 것이다. 죽은 자의 영이 그 사람들에 대해서 그 정도를 인지할 정도도 지식이 없지는 않았을 것이다. 죽은 자 자신도 생전에 여러 번씩 곡하는 일에 참여했을 것이기 때문이다. 그리고 죽은 자가 어째서 남은 자들이 자기가 남겨둔 소유물들을 취하는 것을 시기해야 한단 말인가? 고대인들의 경우 대체로 재산 관계에 있어서 그런 극단적인 개인주의는 존재하지 않았던 것이다. 고대의 원시인이든 개화된 사람이든, 보통 사람은 자기의 상속자들에 대해 시기하지 않고 오히려 상속자들이 있다는 것을 기뻐하는 법이다. 게다가, 이 이론은 곡하는 풍습보다 사유 재산의 존재가 시기적으로 더 앞서는 것을 시사하나, 이것은 입증하기 아주 어려운 문제다. 대부분의 유목민들에게서도 정착된 농경 사회와 똑같이 곡하는 풍습이 나타나는 것이다.

비인격적인 형태의 물활론은 사물들과 장소들을 부정한 것으로 보는 것이 혼물(魂物)을 내어쫓는 하나의 수단이었다고 본다. 이것은 몸에서 분리되면 다른 몸으로 스며들거나 들어붙으려 하므로, 그것이 들어오지 못하도록 모든 길을 다 막아 놓았다는 것이다. 몸의 모든 구멍들을 다 덮어서 들어오지 못하게 했다. 금식을 함으로써 음식과 더불어 악한 기운이 들어오는 것을 막았다. 그리고 금식 후의 첫 식사에서는 죽은 자의 집에서 나오지 않은 것을 먹었다고 한다. 그 혼물은 찢겨진 것이나 터진 것에는 붙기를 싫어한다고 생각하였고, 그리하여 사람이 죽으면 그 즉시 옆에 있던 사람이 의복을 찢었다는 것이다. 시신에는 가장 간단하고 짧고 툭 터진 의복을 입혔고, 접힌 것이나 주름 잡힌 것을 피했고, 신발도 벗겨놓음으로써 그 혼물이 끼어들 여지를 전혀 남겨두지 않았다고 한다. 그리고 똑같은 염려에서 머리털도 깎았고, 손톱도 깎고, 피가 나도록 몸에 상처를 냈다고 한다. 이 이론을 지지하는 자들은, 율법에서 뚜껑을 덮은 그릇과 덮지 않은 그릇을 구별하여, 뚜껑을 덮은 그릇은 오염을 피하지만 뚜껑을 덮지 않은 그릇은 부정해지는 것으로 본다는 점을 주목할 것을 주장한다(민 19:15).

물활론의 이 형태가 그 앞의 것보다도 대체로 사실들을 더 잘 설명하고 있다는 점은 인정해야 할 것이다. 이 원시적인 행위들 가운데 많은 것들이 정말로 외부에서 침범하는 영적인 힘을 막기 위한 방어의 수단처럼 보인다. 그리고 이 원리는 그런 방어가 깨어지는 경우들에 그대로 적용되는 것 같기도 하다. 그러나 그렇다 할지라도, 여러 가지가 해명되지 않은 상태로 남아 있다. 의복을 찢는 것이 오히려 침입을 쉽게 만드는 일이라고 생각할 수도 있을 것이다. 혼물이 찢어진 것이나 깨어진 것을 좋아하지 않는다는 말이 사실일 수도 있으나, 이 말 자체부터 설명을 요하는 것이다. 완전히 벗어 버리면 오히려 혼물이 자유로이 몸에 장난을 칠 여지를 주게 된다고 느꼈을 수도 있다. 신발을 벗어 버리는 것도 같은 이유로 오히려 위험스러울 수도 있었을 것이다. 땅바닥에 뒹구는 것도, 머리에 먼지와 재를 뒤집어쓰는 것도 안전하지 못한 행위였을 수도 있을 것이다. 그리고 자해하는 행위는 몸에 흠집을 냄으로써 오히려 혼물이 끼어들 통로를 새로이 만드는 행위였을 수도 있는 것이다.

친족들이 공격당할 위험에 노출되는 문제를 해명하는 데에 있어서는, 비인격적인 형태의 물활론이 인격적인 형태의 물활론보다 훨씬 취약하다. 인격적인 질투(嫉妬) 때문이라면, 거기에는 최소한 그럴 법한 이유가 있을 것이다. 그러나 반대로 그것이 혼물이 스며들려 하여 발생하는 문제라면, 다른 사람보다 유독 친족들이 위험을 더 느끼는 이유를 설명하기가 어렵다. 인격이 없는 혼물에게 인격적인 어떤 느낌이 없고 그저 끼어들 통로나 틈을 찾는 것뿐이라면, 부정에 대한 여러 규정들을 통하여 이를 금기로 세워놓고 또한 곡하는 일을 통해서 이를 더욱 강화시킬 때에, 어째서 유독 친족들만 곡하는 일에 참여하는지를 해명하기가 어려워지는 것이다. 다른 사람들은 시신에서 멀리 있는 반면에 친족들은 시신에 더 가까이 있으므로 더 크게 위험에 노출되기 때문이라고 말할 수도 있을 것이다. 그러나 만일 그렇다면, 혈연적으로 가깝다는 것이 아니라 장소적으로 가깝다는 것이 결정적인 요인으로 제시되었어야 옳을 것이고, 시신에 가까이 나아오는 모든 자들이 다 그렇게 곡을 했어야 옳을 것이다.

기타 이론들

여러 현상들을 포괄적으로 해명하고자 제시된 이 세 가지 이론들 외에도 단순한 사실들을 해명하려는 여러 가지 시도들이 있다. 특정한 짐승들을 부정한 것으로 보는 것을 토템 신앙과 전혀 관계 없이 설명하기도 한다. 곧, 그 짐승들이 어떤 우상 숭배의 의식에서 신성한 짐승으로 여겼기 때문에 그것을 금기로 간주한 데서 연유했다고 설명하는 것이다. 그러나 이것은 어느 하나의 경우들에만 해당되고, 부정한 짐승 전체를 이렇게 설명할 수는 없다.

부정한 짐승들 가운데 많은 것들이 가장 작은 종류에 속하며, 따라서 결코 우상 숭배의 대상이었을 수 없는 것들이다. 돼지 같은 큰 짐승들은 경우가 다르다. 이사야 65:4 이하에서는 돼지 고기를 먹는 것이 포함된 하나의 우상 숭배 의식이 언급되고 있다. 그러나 거기에 언급되어 있는 그 사람들에게 돼지 고기는 부정한 것이 아니라 신성한 것으로 여겨졌던 것이다. 이와 유사한 좀 더 오래된 우상 숭배 행위들로 인하여, 돼지를 여호와의 종들에게 부정한 짐승으로 간주하는 율법이 제정되었을 수도 있을 것이다. 레위기 20:22 이하에서는 부정한 짐승들을 금하는 법규들이 이스라엘 자손과 가나안 족속들 사이의 차이와 깊은 관련을 맺는 것으로 나타나고 있다. 이는 이스라엘이 부정한 것으로 여기는 짐승들이 가나안 족속들에서 금기로 여기지 않았음을 시사하는 것이다. 오히려 바로 그 짐승들이 그들의 종교에서 다소 두드러진 역할을 담당한 것이 틀림없다. 이는 또한 바로 그 점 때문에 그 짐승들이 참된 종교의 예식에서 금지되었다는 논지의 정당성을 시사하는 것이다.

　나병(문둥병)의 부정함은 그 자체로 고유한 위치를 지닌다. 이것은 위생적인 동기로 설명할 수가 없다. 현대 의학에서는 나병의 전염성이 매우 약하다고 가르치지만 고대인들은 이를 전혀 달리 생각했을 수도 있을 것이다. 그러나 이에 대해서는 그와 똑같이 심각하며 또한 전염성이 분명히 드러나는 질병들의 경우에는 — 예를 들어서 유행병 같은 경우에는 — 그 병에 걸린 사람을 부정한 것으로 간주하지 않았다는 심각한 반론이 제기된다. 어떤 이들은 나병이 여호와나 혹은 어떤 악한 영으로부터 내려진 특별한 징계로 간주되었고 그 질병의 이름조차 그 사실을 증거한다고 주장한다. 나병을 의미하는 두 가지 명칭인 **짜라아트**와 네가는 모두 "내리치다"를 뜻하는 어근에서 파생되었다는 것이다. 그러나 다른 사람들에 따르면, 이 명칭들은 종교적인 의미가 없으며 그 질병의 증상들(반점들과 부어오름) 때문에 그렇게 붙여진 것이라고 한다. 만일 고대인들이 이 질병을 하나님이나 귀신의 내리침에 의해서 생긴 것으로 여겼다면, 정신병과 간질(癎疾)에 대해서도 동일하게 여겼어야 옳을 것이다. 그러나 이 병들은 사람을 부정하게 만드는 것이 아니었다. 나병이 부정한 것으로 여겨진 이유는 어쩌면, 그것이 말하자면 살아 있는 죽음의 상태와도 같았기 때문이었을지도 모른다. 만일 그렇다면, 나병의 부정함은 죽음의 부정함과 동일하게 분류되어야 했을 것인데, 미리암의 나병에 대한 성경의 말씀(민 12:12)이 그런 것을 시사해 준다.

그러나 죽음을 거기에 따르는 모든 것들과 더불어 부정한 것으로 간주하는 이유는 무엇일까? 출생과 죽음이 부정한 상태를 초래한다는 원리에 근거하여, 이 삶의 양쪽 끝(termini)을 부정한 것으로 간주함으로써 본성적인 삶 전체를 부정한 것으로 선포하는 것이라는 의견이 설득력 있게 제시되어왔다. 그리고 이에 대해서, 율법이 그 문제를 그렇게 바라보았다면 아기를 낳는 것(giving birth)이 아니라 출생한 것(being born)을 부정한 것으로 선포했어야 옳았을 것이라는 반론이 제기되었다. 율법은 전자만을 부정한 것으로 선포한다. 출생한 아기가 아니라 산모를 부정한 것으로 선포하는 것이다. 그러나 이런 반론은 별로 무게가 없다. 어린아기가 실제로 부정하다는 것을 볼 수 있다. 그러나 이 사실은 할례를 통해서 가장 명확하게 표현되므로, 별도로 이를 진술할 필요가 없었다. 그리고 산모를 부정한 것으로 간주함으로써 부정함이 그저 삶 전체에만이 아니라 그 근원 자체에도 해당된다는 진리를 가르친 것이다.

이런 여러 견해들이 일면 진리의 요소를 포함하기도 하나, 문제 전체를 만족스럽게 해결해 주지는 못한다. 현대의 학자들이 비웃고 멸시하며 내동댕이치는 과거에 제시된 몇몇 설명들은, 그들이 하듯 그렇게 간단히 내어버릴 수 있는 것들이 아니다. 뱀이나 맹금(猛禽) 등의 특정한 짐승들은 원시 시대의 사람들에게 본성적으로 혐오감을 불러일으켰고, 그리하여 그것들이 율법을 형성하는 데에 연관되었을지도 모른다.

이처럼 해답이 없는 문제점들과 그것들에 대한 임시적인 해결책들에 관심을 두는 것보다 훨씬 더 중요한 것은, 율법이 어떤 식으로 이런 이상스런 것들을 사용하여 구약의 참된 종교를 계시하는 목적을 이루는가 하는 것을 살피는 일일 것이다. 율법이 가장 먼저 하는 것은 그런 구별이 본래부터 있었든 아니든 간에 그 분별 전체에 하나의 종교적인 면을 부여하는 것이다. 율법이 어떤 일을 규정하면, 바로 그 사실 자체로 인하여 그 일이 종교적인 의미를 얻는다. 이러한 원리는 명확하게 확증되고 있다. 그 일이 하나님의 거룩하심과 관계를 맺게 되는 것이다(레 11:44, 15; 신 14:21). 그렇기 때문에 정결하게 하는 과정을 가리켜 "거룩하게 한다"고도 부르며, 부정한 것들이 성소에서와 또한 절기에서 금지되며, 십일조는 죽은 자를 위해서는 사용할 수 없고, 애곡하는 동안에 먹어서도 안 되었던 것이다(레 22:4; 민 9:6; 19:12, 20; 신 26:14). 부정을 제거하는 일은 의식적인 "가림"(혹은, 속함: covering)을 통해서 부분적으로 이루어졌다(레위 12:7, 8; 14; 16:29, 30; 15:14, 15; 민 8:5 이하). 정결케 하는 기간의 "칠"이라는 숫자가 담당하는 역할은 정결케 하는 일이 종교적 성격을 띠었다는 증거다. 또한 제사장들에 관한 규정들이 엄격했다는 것은 종교적인 동기가 결정적이었다는 사실을 입증해 주는 것이다(레 21:1이하; 22:2, 3).

이렇게 여호와를 섬기는 일과 관련되는 부정함은 두 가지 방식으로 윤리적인 죄와도 관련된다. 한편으로는 의식적인 부정함을 죄로 취급하고, 다른 한편으로는 윤리적으로 비정상인 상태를 그 의식법에서 빌려온 어휘로 묘사하는 것이다. 후자의 경우는 항상 분명하게 파악할 수 있는 것은 아니다. 분명하게 윤리적인 성격을 띤 죄를 가리켜 "부정"(impurity)이라 부를 경우, 이것을 자명한 은유적인 표현으로 생각하기가 쉽다. 그러나 사실상 이것은 의식적인 언어에서 직접 빌려온 것이다. 하나님께서는 그 백성들에게 의식적인 예배에서 제외될 때에 수치스러운 치욕을 느끼는 것처럼 죄에 대해서도 그렇게 느낄 것을 가르치시는 것이다. 그리하여 신명기 10:16에서는 할례를 윤리적이며 영적인 의미로 바꾸어 제시하는 것이다. 이처럼 초기에 의식에 사용되는 어휘를 영적인 의미로 사용하는 일은 후대의 선지자들과 시편 기자들에 의해서 계속 이어진다. 이사야는 윤리적인 의미로 "부정한" 입술에 대해 언급한다(6:5). 하나님의 근본적인 율법을 어김으로써 땅이 "더럽혀졌다"고도 말씀하며(사 24:5), 피가(즉, 살인이) 손을 "더럽힌다"고도 말씀하며(사 1:15; 59:3), 성전이 우상 숭배로 인하여 "더러워졌다"고도 하며(렘 32:34; 겔 5:11; 28:18), 백성들이 그들의 죄로 말미암아 스스로 오염되었다고도 말씀하는 것이다(겔 20:7, 8, 43; 22:3; 39:24). 윤리적 순결을 "깨끗한 손"과 "청결한 마음"으로 상징하기도 한다(시 24:4). 윤리적으로 깨끗하게 하는 것을 의식적인 정결례의 용어로 묘사하기도 한다(시 51:7; 겔 36:25; 슥 13:1).

구약 성경

제 2 부

선지자 시대의 계시

제 1 장

구약 계시에서 선지자들의 위치

구약 계시가 전진해 가는 과정에서 모세의 활동에 이어서 선지자들의 활동이 하나의 새로운 시대를 점한다. 이것이 왜 그런지를 이해하기 위해서는, 계시의 과정이 어떻게 이루어지는지를 생각해야 한다. 계시는 사건들에 뒤따른다. 그러나 이스라엘 역사에서 일어나는 사건들이 겉으로 중요해 보인다 할지라도 그 모든 사건들이 다 새로운 계시의 대대적인 유입을 초래하는 것은 아니다. 새로운 계시가 대대적으로 유입되기 위해서는 그 새로운 사건들이 무언가 새로운 것을, 즉 항구적인 의의를 지니는 무언가를 남겨야 하는 것이다. 출애굽의 사건들이 신정정치의 조직을 세우는 데에로 이어지자, 대규모의 계시가 거기에 뒤이어 유입되었다. 그러므로, 성경의 역사(Sacred History)에서 영구히 중요성을 미치게 될 그런 새로운 계시가 대대적으로 유입되는 일을 불러일으킨 위대한 사건이 과연 무엇이었는지를 물어보아야 할 것이다.

그 위대한 사건이란 인간 통치자의 통치 아래 신정 왕국을 새로이 조직한 일 이외에 다른 것일 수가 없다. 사무엘의 시대에 신정 왕국의 건설 운동이 시작되었고, 사울의 통치에서 잠정적으로 실현되었으나, 다윗의 치세에 이르러서야 비로소 확고한 기반 위에 자리를 잡았다. 그리고 그 이후부터 이 왕국의 관념이 이스라엘의 소망에 중심으로 남아 있게 된다. 그러나 이 인간의 왕국은 여호와 자신의 왕국을 대리하는 것에 불과하다. 처음 백성들이 왕을 요구했을 때에는 그 백성들의 요구가 신정정치에 어긋나는 자세에서 비롯되었으므로 여호와께서 그것을 승인하지 않으셨고, 그런 요구는 여호와 자신을 거부하는 것과 마찬가지라고 선언하였었다. 그러나 그럼에도 불구하고 하나님은 그들의 요청을 허락하셨는데, 이는 사울이 왕 직분을 그릇되이 수행하는 일을 통해서 왕국의 진정한 개념을 더욱더 분명하게 가르치기 위함이었음이 분명하다.

여호수아의 시대와 사사들의 시대가 지나는 오랜 세월 동안 왕국을 세우는 일이 중지되었던 이유도 바로 여기에 있었다. 처음에는 왕을 보류하시고 그 다음에는 그릇된 왕을 허락하시는 이 두 가지 일을 통하여 여호와의 마음에 합당한 왕에 대한 이상(理想)을 조심스럽게 가르치신 다음에 비로소 실질적인 영구한 왕을 허락하시는 것이다. 그 왕국은 이스라엘의 축복의 구체화요 동시에 구속의 도구요, 또한 메시야 대망이 그것과 결부되어 있기도 하다. 그러므로 왕국을 어쩌다가 우연히 나타난 것으로나, 그저 민주정치를 희생시키고 일시적으로 용납된 것에 불과한 그런 것으로 생각한다면, 그것은 심각한 오류인 것이다. 왕국은 본질과는 관계 없다든지, 없어도 괜찮다든지 하는 것으로 생각하기에는 너무나 크고 깊은 것이었다. 그것은 그리스도의 왕권을 통해서 성경적 종교의 완전한 정점(頂點) 그 자체에까지 닿아 있는 것이다.

왕국 확립을 향한 움직임

이 왕국 확립을 향한 움직임에 선지자들의 활동의 등장과 전개가 직접적으로 결부된다. 선지자들은 계속 펼쳐져 가는 신정정치의 수호자들(guardians)이었고, 그러한 수호자로서의 역할이 왕국의 중심에서 발휘되었던 것이다. 그들의 활동의 목적은 그 왕국으로 하여금 지속적으로 여호와의 왕국을 참되게 대변하도록 하기 위함이었다. 때로는 선지자들이 백성들에게가 아니라 왕들에게 보내심을 받은 것처럼 보이기도 한다. 왕국에서 종합되는 바 이스라엘의 민족적인 관심사들과 선지자들의 임무가 서로 연관을 맺고 있다는 사실이, 사무엘의 시대에 선지자들의 예언 활동이 일어난 독특한 정황을 가장 잘 설명해 줄 것이다. 그 당시 선지자들의 예언 활동은 처음에는 집단적으로 그리고 후에는 개인적으로 형성된 깊은 애국적인 운동에 속하여 이스라엘의 민족적인 포부와 크게 뒤섞인 상태로 일어난 것이다. 선지자들의 집단 혹은 소위 선지자들의 "학교"는 종교적이며 애국적인 삶의 중심을 이루었다. 그러나 이스라엘의 존재 목적과 일치하여, 종교적인 면이 애국적인 면을 주도하였다. 사사 시대의 드보라의 경우가 그 초기의 한 가지 실례를 제공해 준다.

그러나 이러한 민족적인 기능을 근거로 하여, 선지자들의 임무가 일종의 외교적이요 정치적인 임무였던 것으로 추정한다면, 그것은 잘못된 것이다. 빙클러(Winkler)는 이사야 3:2에 열거되어 있는 직무들이 그것을 뒷받침하는 것으로 잘못 이해하여 그런 주장을 전개하였다. 그가 전개한 이 문제의 견해는 왕국의 후기의 그 결정적인 시기의 선지자들의 활동에 유쾌하지 않은 빛을 던지는 것이다. 그는 동방의 강대국들이 약소국들에서 자기들의 국익을 추구하면서 선지자들을 이용하였다고 믿는다. 그렇기 때문에 그 정치적으로 복잡한 상황 속에서 선지자들이 제시한 권고가 이 강대국들이 추진한 계획들과 맞아떨어지는 현상이 일어난 것이라고 한다. 엘리사는 다메섹으로부터, 이사야는 니느웨로부터, 예레미야는 바벨론으로부터 각각 지시를 받은 것으로 보인다는 것이다.

그러나 선지자들이 그런 외교적인 관계, 혹은 외교적인 성향이 짙은 관계를 배양했다는 증거가 하나도 없다. 우리가 발견하는 것은 오히려 모든 정치적인 연루와 동맹에 대한 반감이 그들에게 있었다는 점이다. 그러나 선지자들이 자기들의 탁월한 정치적 감각에 근거하여 그런 태도를 보인 것이 아니었다. 그것은 한 마디로, 여호와께서 왕이시며 이스라엘은 오로지 그에게만 의지해야 한다는 신정(神政)적인 원리를 지키고자 하는 단호한 자세에서 비롯된 것이다(사 7장; 30:1-5; 호 7:11; 12:1). 다윗과 솔로몬의 시대에 이미 나단과 갓 등의 선지자들이 등장하여 주로 왕권을 통하여 사역하였다. 그 후 엘리야와 엘리사도 같은 방식을 추구하였다. 겉으로 정치적인 개입처럼 보이는 것도 모두가 그 밑바닥을 보면 정치적인 것이 아니라 종교적인 성격을 띠는 것이었다. 이것이 사실이라는 것은 그 과정이 공개적으로 이루어졌다는 것에서 드러난다. 정치는 은밀한 과정이 없이는 도저히 이루어질 수가 없는데, 선지자들의 활동에는 그런 은밀한 과정이나 음모 같은 것이 전혀 없었던 것이다. 그러나 이런 점에서 엘리야와 엘리사 사이에 다소 차이가 있다는 점은 인정해야 할 것이다. 엘리사는 오므리 왕가를 반대하는 음모에 가담했기 때문이다. 그러나 엘리사가 목표로 삼았던 것은 정치적인 상황의 개선(改善)이 아니었다. 그의 목적은 오므리 왕가를 예후 가문으로 대치시킴으로써 불과 검으로 바알 숭배를 박멸하는데 있었던 것이다. 이스라엘의 선지자들의 행동과 모세 시대의 선견자 발람의 행동을 서로 비교하기만 해도, 선지자들의 외교적 음모 혐의가 말끔히 제거될 것이다. 발람은 스스로 한 왕에게 뇌물을 받고 고용되었으나, 이스라엘의 선지자들로서는 그런 일은 생각조차 할 수 없는 일이었던 것이다.

말씀: 선지자들의 예언 활동의 수단

선지자들의 활동을 그 도구인 말씀에 한정시켜 보면 그 효능이 제한된 것처럼 보이지만, 사실상 그들의 활동은 다른 어떤 것보다도 여호와와 이스라엘 사이의 관계를 영적인 관계로 만드는 데에 더 많은 역할을 했다. 선지자들은 사실들을 만들어내지 않았고, 원리들을 드높였다. 그리고 그 어떠한 미래의 사실들을 말하든지 간에, 그들은 예언(prediction)이라는 순전하고도 이상적인 빛 속에서 그것들을 제시하였다. 선지자들의 예언을 통해서 성경의 종교가 비로소 처음으로 진리와 믿음과 성경의 종교가 되었다. 이런 점에서 선지자들은, 최소한 그 형태에 있어서는, 개신교(Protestantism)의 선구자들이었다 할 것이다. 과거 어느 때보다도 더 이스라엘 사람들은 자기들이 계시의 가장 근본적인 사실과 하나로 엮어져 있다는 종교적 의식을 갖게 되었다. 그들에게 있어서 여호와의 나아오심은 무엇보다 말씀에 의한 나아오심이었다. 하나님께서는 자신의 입에서 나오는 말씀 속에서 자신을 제시하시는 것이다.

말씀은 우선적으로 어떤 공적인 목적을 위한 것이지만, 이차적으로 선지자 자신을 위한 은혜의 수단이 되기도 한다. 선지자는 자신의 임무를 위하여 친밀한 교제가 필요했고 또한 그 교제를 누렸는데, 이것이 동시에 선지자 자신의 신앙적 성장을 이루는 역할을 감당한 것이다. 그러나 이런 점에 대한 강조가 지나쳐서는 안 된다. 이것이 선지자의 말씀의 계시적 의미를 무시하거나 암암리에 부정하는 것과 연결될 수도 있기 때문이다. 성경이 선지자들의 예언 현상 가운데 가장 전면에 드러내는 것은 종교적 영웅주의가 아닌 것이다. 또한 선지자들에게 고도의 신앙적 자세가 나타나는 경우에도, 우리는 그것이 선지자 직분을 부여받는 전제 조건이었다기보다는 오히려 선지자 직분을 통해서 누린 특권의 결과였던 것으로 분명하게 이해해야 할 것이다. 선지자들이 경건이 특별했기 때문에 선지자로 택함받은 것이 아니었다. 그들이 보통 사람들보다 높은 수준의 경건을 유지한 것은, 하나님을 향한 직무 수행의 결과였던 것이다.

연속성의 요인

선지자들의 예언은 거꾸로 돌아보는 관점에서나 앞을 내다보는 관점에서나, 계시 역사에서 연속성을 띠는 요인이다. 회개를 선포하고 과거의 규범을 저버린 죄를 선포하는 그들의 행위는, 과거 족장 시대와 모세 시대에 여호와께서 이스라엘에게 행하신 역사(役事)와 그대로 직결된다. 또한 미래의 일을 예언하는 면을 통해서 그들의 활동은 미래와도 연결된다. "선지자"라는 명칭이 "미래를 말하는 자"(foreteller)라는 뜻이 아니지만, 그럼에도 불구하고 미래를 말하는 것이 선지자의 임무의 필수적인 일부분인 것이다. 선지자들 자신이 이 점을 크게 강조하고 있으므로(암 3:7), 그 점이 그저 우연히 어쩌다가 그들에게 생긴 것으로 생각할 수가 없다. 장차 일어날 일들의 비밀을 접하는 특권은 선지자들이 여호와께로부터 받아 누린 친밀한 종교적 관계의 일부였던 것이다. 그러나 객관적인 면에서도 모든 계시에 필수적인 사실들의 토대가 그의 의식 속에 결핍되어 있었다면 선지자는 참된 계시자(revealer)가 될 수 없었을 것이다. 그리고 이 토대는 부분적으로 미래의 사실들에 주어져 있는 것이다.

그런데 현대의 해석자들은 선지자들을 마치 자기 당대에 필요한 교훈 이외에는 모든 것을 다 잊고 있는 사람처럼, 역사적으로 하나의 사심없는 "교사"로 만드는 경우가 비일비재하다. 이것은 선지자의 모습을 왜곡시키는 것이다. 선지자들은 절대로 그런 의미의 교사들이 아니었고, 그런 의미의 "학교"를 유지한 일도 없다. 이런 오류는 선지자의 설교의 교리적 원리들이 미래에 대한 전망을 형성하는 데에 밀접하게 연관되어 있다는 사실을 간파하지 못하는 데에서 비롯되는 경우가 태반이다. 선지자들이 행한 미래에 대한 예언은, 미래를 예견하는 체하며 임의적으로 과시하는 그런 것이 결코 아니었다. 미래에 대한 예언이 제거되면 그들의 설교 자체가 일그러지고 망가져 버리고 마는 것이다.

그리고 여기서도 다시 선지자들이 그 백성들에 대해 가졌던 태도를 반드시 고려해야 한다. 선지자들은, 그 백성들이 자기들 자신에게 가장 고귀한 것들에게서 비뚤어져 있고 그러면서도 그것에 대한 연민이 전혀 없는 그런 시대에 그들과 더불어 살고 있다는 것을 느끼고 있었다. 그러므로 선지자들이 본능적으로 지닌 열망은, 현재에는 아직 그 백성들의 그런 형편에 대해 보상이 이루어지지 않았으나 미래에 그것이 이루어지기를 바라는 것이었을 것이다. 그들의 미래의 예언들에는 뜨거운 감정의 요소가 가득 배어 있는 경우가 적지 않다. 또한 현재 공격과 조롱을 당하고 있는 진리가 장차 신원(伸寃)되는 것을 미리 바라보고픈 열망도 그들에게서 감지할 수 있다. 종교적 부패와 타락상으로 인하여 그들은 언제나 미래에 소망을 두게 되었다. 때로는 종말에 대한 관심이 경건한 사람들에게 위로가 되는 것이다. 이런 모든 사실들을 볼 때에, 선지자들의 예언에서 미래를 예언하는 요소를 소홀히 하는 것이야말로 값싼 현대화의 경향이라 아니할 수 없는 것이다.

선지자들의 예언 활동의 두 시기

계시의 계획 내의 연속성의 원리는 과거와 연결되고 또한 미래에까지 미치는 두 가지 형식을 띠는데, 이 원리는 선지자들의 역사에서 크게 전반기와 후반기의 두 시기로 나뉘어져서 나타난다. 전반기는 사무엘 시대의 큰 선지자적 부흥기로부터 기원전 8세기 중반에 나타난 최초의 저술 선지자들(writing-prophets)의 시기까지를 포괄한다. 후반기는 그 시기로부터 구약의 예언이 종결되기까지의 기간을 포괄한다. 이 두 시기의 차이는, 전반기에는 선지자들의 설교에 대한 응답을 통하여 회개와 회심(回心: conversion)이 이루어질 가능성이 아직도 전제되고 있고, 후반기에는 그렇지 못하다는 점일 것이다. 전반기에 선지자들은 스스로를 신정 왕국의 재조직자들로 혹은 재건자들로 의식하고서 외쳤다. 무언가 더 나은 것이 올 것이고 또한 반드시

와야 한다는 것을 알고 있었지만, 그들은 그 미래의 것이 올 때에 과연 과거가 어느 정도나 그것에 삼켜지게 될 것인지에 대해서는 아직 인식하지 못하는 상태였다.

후반기에는, 물론 회개를 촉구하는 목소리가 끊어진 것은 아니나, 그것이 다소 형식적인 색채를 띠게 된다. 선지자들은 이제, 현재를 그저 보수(補修)하는 정도가 아니라 완전히 갱신시키는 일이 미래에 임할 것임을 알고 있다. 그러나 여기서 주안점을 두고 보아야 할 것은 이러한 갱신이 과거를 새로이 세우는 것과는 — 심지어 과거를 이상적인 형태로 새로이 새우는 것과도 — 다른 것이라는 것이다. 체제가 전복될 것에 대한 예언들을 기회로 삼아서, 미래에 이루어질 종말의 절대적인 가치들을 모두 시야에 집어넣는 것이다. 하나님의 역사하심의 일반적인 방법이, 혼란을 일으키고 죄를 와해시켜 과거의 상태로 되돌리는 것이 아니라 더 높은 질서에 이르도록 하는 것이므로, 이러한 원리가 이스라엘의 역사 속의 이 시점에서 작은 규모로 예증되고 있는 것이다. 하나님께서는 모세를 통하여 세워진 신정정치의 임박한 몰락을 이용하셔서, 그 본래의 구조를 훨씬 초월하는 그 무엇이 실현될 여지를 창조하신 것이다.

선지자들의 예언 활동의 이 새로운 단계는 역사의 현장에서 일어나는 일련의 새롭고도 중대한 사건 전개들과 시기적으로 일치하여 나타난다. 예언 활동의 전반기는 사무엘로부터 다윗에게로 이어지는 신기원을 이루는 역사와 더불어 시작하였다. 그리고 후반기는 인간적으로 말해서 도저히 난공불락인 저 위대한 동방의 강대국의 세력이 지평선 위에 등장하는 것과 더불어 시작된다. 하나님께서는 그 세력을 그의 심판을 수행하는 도구로 택하여 놓으신 것이다. 선지자들의 예언 활동의 안목 전체에 그런 변화가 얼마나 중요했는가 하는 것은, 그 변화가 심지어 선지자들의 메시지 전달 형식에까지도 외형적으로 영향을 미친다는 사실에서 잘 볼 수 있을 것이다. 8세기 중엽 이후부터는 선지자들이 저술 선지자들이 되기 시작하는 것이다. 아모스와 호세아, 그리고 약간 늦게 이사야와 미가가 최초로 예언의 말씀을 기록으로 남겼다. 그 이전 시기의 선지자들의 말씀도 물론 참된 하나님의 말씀이었지만, 그것들은 주로 잠시 있다가 사라진 말씀이었고, 그 당시의 사람들을 위해 의도된 것이었다. 그러나 이 후반기에는 선지자들의 말씀이 미래에 있을 새 창조와의 관련이 더욱 증대되고, 그리하여 미래의 세대들이 최고로 관심을 두게 될 그런 일들을 다루게 되는 것이다. 그리고 선지자들의 말씀을 듣기를 거부한 당시 사람들에게서도, 선지자들이 기록해 놓은 말씀의 증언을 통하여 자기들에 관한 진리를 깨닫게 되는 역사가 일어나기도 했다. 이러한 생각들 가운데서, 선지자들은 연속성의 원리를, 즉 구속과 계시의 역사를, 과거보다 훨씬 더 분명하게 파악하기 시작하게 되는 것이다.

그리하여 선지자들은 진정한 역사 기록의 원리를 깨닫게 되었다. 역사의 계획을 발견하고 또한 목표를 찾아냄으로써 역사를 그저 일어나는 사건들의 나열 이상의 것으로 만드는 그런 진정한 원리는 헬라의 역사가들이 아니라 이스라엘의 선지자들이 최초로 파악했던 것이다. 그리하여 거룩한 역사 서술(sacred historiograhpy), 즉 사건들의 전개 과정을 계속 펼쳐져 가는 신적인 계획에 비추어서 제시하는 사무엘서와 열왕기서 같은 책들의 저술이 이 선지자들의 활동에 포함되는 것이다. 그러므로 이 역사 기록들을 가리켜 "전선지서"(the earlier prophets)라 불렀던 고대의 정경의 관례에서 건전한 의미를 발견할 수 있는 것이다.

제 2 장

선지자의 개념 : 그 명칭과 어원

히브리어 용어 "나비"

선지자를 뜻하는 히브리어 단어는 **나비**이다. 이 단어의 어원이 선지자 직분의 근본적인 개념을 결정하는 데에 도움이 될 수 있을지에 대해서는 회의적이다. 주석가들은 이에 대해 다양한 제안들을 해왔는데, 그 중에서 다음 몇 가지만을 살펴보기로 하자:

(1) 히브리어 자음인 **눈**과 **베트**를 지닌 어근 그룹과의 연관성을 찾는다. 그리하여, "샘솟다", "터져나오다", 혹은 수동적인 의미로, "내뿜어지다, 솟구쳐지다, 분출되다" 등의 의미로 고정시킨다. 이렇게 보면, **나비**는 "성령으로 말미암아 내뿜어지는 자"가 될 것이다(카일이 그렇게 본다). 쿠에넨(Kuenen)은 그 관념에다 어떤 능동적인 의미를 부여하고자 했다. 그는 선지자를 **나비**라 부른 것은 어쩌면 그의 제스처와 말이 격하게 내어뿜듯이 하기 때문이었을 것으로 생각한다. 이를 수동적인 의미로 보는 견해는 설득력이 없다. 왜냐하면 자동사는 직접 목적어를 가질 수 없기 때문이다. 그렇다고 해서 능동적인 의미가 쿠에넨이 제시하는 목적에 부합되는 것도 아니다. 쿠에넨은 이 단어의 의미를 그렇게 봄으로써, 가장 초기의 선지자들을 흥분하여 마구 날뛰는 사람으로 보고자 하는 자신의 의도를 뒷받침하게 만들고자 했다. "내뿜다"라는 의미는 그렇게 보기에는 의미가 너무 약하다. 아무리 잘 보아야, 굉장한 달변이 줄줄 나오는 것을 뜻하는 정도는 되겠지만, 이런 의미에 대해서도 전혀 분명한 증거가 없다. 오히려 "예언하다"의 동의어로 보아, "입 밖에 내다"라는 의미를 취하는 것이 메시지를 계속해서 선포하는 행

위를 묘사하는 것으로 더 어울리겠지만(겔 20:46; 21:2), 이 역시도 분명치는 않다.

(2) 아랍어와 연관짓는 견해도 있다. 아랍어에서 **나바아**는 "선언하다"(to announce)의 뜻이다. 그러나 "분출하다" "내뿜다" 등의 관념이 이 어근을 통해서 표현되므로, (1)의 견해를 지지하는 자들이 여기서 한 가지 보충적인 근거를 찾을 수 있을 것이다. "선언하다"와 관련되는 것으로 보는 데에서 제기되는 난점은, **나비**가 하나님을 위한 선언자(announcer)에게만 한정되어 사용되는데 반해서 그 아랍어 단어는 그저 일반적인 의미의 "선언"에 다 적용된다는 것이다. 어쩌면 그 아랍어 동사가 **나비**의 전문적인 종교적 의미에서 파생된 것인데 후에 그것이 다른 어원을 갖게 된 것일지도 모른다. 또한 그 단어가 히브리어로부터 파생되어 아랍어 속에 들어갔을 가능성도 없지 않다.

(3) 앗시리아어에서 파생되었다는 주장도 있었다. 앗시리아어의 **나부**는 "부르다", "선포하다", "선언하다"를 의미한다. 그 단어에는 권위의 요소가 정규적으로 결부되어 있었던 듯하다. "분출하다", "샘솟아나다" 등의 관념도 비슷하게 그 어근으로 표현된다. **만바우**는 "샘"이요, **니브우**는 "싹"이다. 히브리어와 아랍어와 앗시리아어에서 모두 이 관념을 **나비**가 속하여 있는 동일한 어근으로 표현된다는 사실은 분명 놀라운 일이다. 그러나 이 어근의 개념으로부터 **나비**, 곧 "선지자"라는 구체적인 의미로 전환되는 과정을 추적할 수가 없다.

(4) 앗시리아어로부터 특별히 파생된 것으로 보는 견해도 있는데, 곧 신의 이름인 **느보**와 **나비**를 연관짓는 것이다. 어떤 이들은 **느보**가 신들을 위한 대변자요 전령(傳令)으로서 그 이름을 지닌다고 보나, 이는 증명되지 않는 문제다. **느보**는 지혜의 신이요, 문예의 창시자요, 운명의 서판들을 지닌 자로 나타난다. 세이스(Sayce)는 말하기를, 그는 벨-므로닥(Bel-Merodach)의 뜻의 해석자였고, 신탁(神託)들을 읽어내고 꿈들을 해석한다고 한다. 그러나, 그가 이 모든 수식어들을 지니고 있을지 모르지만, 그럼에도 불구하고 **느보**라는 이름과의 어원적인 관계가 전혀 없을 수도 있는 것이다.

(5) 후펠트(Hupfeld)는 **나바아**와 **나암**이라는 두 어근을 같은 것으로 보며,

나암으로부터 잘 알려져 있는 문구인 **네움 야웨**, 즉, "여호와의 신탁(혹은, 말씀)"이 나온다고 한다. 그러나 이 두 어근을 동일한 것으로 보는 것은 매우 불확실하다. 왜냐하면 이는 자음인 **멤**과 **베트**를 서로 교환하는 것이요 또한 그 위치마저 바꾸는 것이기 때문이다. 후펠트의 견해에 의하면 나비는 "신탁자"를 의미한다 할 것이다.

(6) 몇몇 유대인 학자들과 또한 최근 란트(Land)는 **나비**를 "들어가다"를 뜻하는 동사 **보**와 연관짓는다. 그들은 **나비**를 이 동사의 니팔형 분사로 보아 "들린 자", 즉 "신(神) 들린 자"라는 의미로 본다. 그러나 이 견해에 의하면 그 개념의 가장 중요한 부분이 표현되지 않았거나 아니면 오랜 사용으로 인하여 잃어버린 것이 된다. "신"(神)의 **나비** 혹은 "영"(靈)의 **나비**라는 표현이 어디에도 나타나지 않기 때문이다.

나비의 어원적 파생에 대한 이런 몇 가지 견해들이 불확실한 것을 볼 때에, 구약의 몇 구절들에서 성경이 계시의 영역 속에서 그 단어에 붙여놓은 의미를 확실히 알 수가 있다는 사실은 정말 다행한 일이라 할 것이다. 곧, 출애굽기 4:16; 7:1; 예레미야 1:5, 6 등이다. 이 구절들로부터 우리는 **나비**가 신적인 존재를 위한 정규적인 대변자로 지명받은 자로서 그의 말에 그 신적인 존재의 권위가 실린 것으로 이해되었음을 알게 된다.

출애굽기 4:16의 경우 **나비**가 명확하게 사용되지 않는 것은 사실이다. 그러나 선지자가 하나님께 어떤 사람이어야 하는지에 대한 분명한 견해가 거기에 깔려 있다. 아론은 모세의 대변자로 섬길 것이요, 모세는 말하자면 아론에게 하나의 신(神)이 될 것이다. 그 두 사람의 관계는 그저 보내는 자와 그의 사자(使者)의 관계가 아니라, 하나님과 그의 사자의 관계와도 같은 것이다. 말하자면, 아론이 모세라는 신의 대언자(代言者)가 될 것이라는 것이다. 아론이 이처럼 절대적인 의미의 대언자가 될 수 있는 것은, 오직 모세가 하나님의 자리를 차지하기 때문이다. 그리고 이런 상태에서 아론의 말의 무오성(無誤性)이 확보된다. 왜냐하면 여호와께서 "내가 네 입과 그의 입에 함께 있어서 너희들이 행할 일을 가르치리라"(15절)고 말씀하시기 때문이다.

출애굽기 7:1은 이보다 더 설득력이 있다. 모세가 바로에게 신(神)이 되며 아론은 모세의 **나비**(한글 개역 개정판은 "대언자"로 번역함 — 역자주)로서 행하기 때문이다. 아론이 **나비**일 수 있는 것은 오직 그의 뒤에 신이 서 있기 때문이다.

예레미야 1:5, 6에서도 여호와와 예레미야의 관계가 비유적인 표현이 없이 직설적으로 위의 본문들의 경우와 똑같이 나타나고 있다. 하나님께서는 자신이 예레미야를 선지자로 세우셨다고 말씀하고, 예레미야는 "나는 아이라 말할 줄을 알지 못하나이다"라고 대답한다. 그러자 여호와께서는 그의 손을 내밀어 예레미야의 입에 대시고 말씀을 그의 입에 두시는 것이다. 그 이후부터 예레미야의 말씀은 신적인 능력을 지닌 것이 된다. 그가 여러 나라들 위에 세움을 받아, 그것들을 뽑고 파괴하며 파멸하고 넘어뜨리며 건설하고 심는 일을 하게 되는 것이다(10절).

이 세 구절 모두에서 선지자의 문제는 말(speaking)의 문제라는 것이 드러난다. 출애굽기 7:1의 경우, 나비는 오로지 말하는 사람인 것이다. 위의 본문들의 경우 자격이 없다는 호소는 모두가 말할 줄 아는 능력이 없다는 뜻이다. 선지자의 임무는 말을 전하는 임무다. 그리고 그의 말은 그저 일상 생활에서 다른 사람을 대신하여 말하는 경우처럼 그저 보통의 말이 아니다. 그의 말은 신적인 권위를 전달하고, 또한 신적인 전능함도 어느 정도 전달하는 독특한 대언이요, 하나님께로부터 전달되어 오는 것이다. 여호와께서 입을 접촉하시고 거기에 말씀을 두시므로, 그 말씀이 신적인 말씀의 효과를 얻게 되는 것이다.

그러므로, 모세 이전 시대에도 히브리인들에게 **나비**가 하나님께로부터 권위를 부여받은 대변자요 그의 말에 신적인 능력이 있다는 의식이 있었다는 것이 분명하게 드러난다. 여호와께서는 모세에게 선지자가 어떤 사람인가를 구태여 가르치려 하시지 않는다. 그는 모세가 이미 알고 있다는 것을 당연시하시고, 그런 가정 위에서 모세를 신으로 아론을 선지자라는 비유적인 표현을 써서 말씀하시는 것이다. 나비의 어원이 무엇이든 간에, 구약의 백성들에게 선지자는 처음부터 끝까지 여호와를 위한 권위 있는 대언자였던 것이다. 이러한 개략적인 결론이 의미하는 바가 무엇인지는 선지자들의 계시의 방식을 다룰 때에 살펴보게 될 것이다. 그러나 이런 개략적인 결론 그 자체만도

지극히 중요하다. 이것은 구약의 종교가, 여호와와 이스라엘 사이에 의식적
인 교류가 있는 종교요, 계시의 종교요, 권위의 종교요, 하나님께서 지배하
시고 또한 사람이 듣고 복종하는 자세를 취하는 그런 종교임을 드러내 주는
것이다.

　　나비는 신적인 메시지를 전하는 과정에 속하는 능동적인 요인을 지칭하는
말이다. **나비**는 그 과정에서 무언가를 행하는 사람이다. 곧, 말을 하는 사람
이라는 것이다. 물론 말을 하기 위해서는 그가 먼저 수동적인 태도를 취해야
만 한다. 먼저 무언가를 받든가 경험해야만 한다는 것이다. 그러나 **나비**라는
명칭은 그것을 표현하는 것이 아니다. 사실 신적인 메시지를 받는다고 해서
그것이 반드시 전달되어야 하는 것은 아니다. 그 메시지가 그것을 받는 자
자신을 위한 것일 수도 있고, 발설하지 않도록 하는 의도로 주어진 것일 수
도 있다. 그 메시지와 더불어, 명시적으로든 암시적으로든 그것을 전달하라
는 명령이 있어야만 비로소 예언이 성립되는 것이다. 선지자는 다른 사람들
에게 말을 전하는 사람인 것이다. 다른 명칭들의 경우는 반대로 메시지 전달
과정의 수동적인 면, 즉 그 메시지를 받는 사실이 전면에 나타난다. 그러나
"선지자"의 경우는 그렇지 않다. 그렇기 때문에 **나비**가 선지자를 뜻하는 주
도적인 명칭이 된 것이다. 뒤의 배경에 가려진 신비한 것들이 아니라, 사람
들의 마음에 와 닿도록 공개적으로 발설되는 과정이 전면에 부각된다. 이 용
어는 처음부터 끝까지 실제적인 의미를 가지며, 따라서 그것에 의해서 채색
되는 구약의 종교도 그처럼 실제적인 것이다.

　　위에서 살펴본 몇 가지 어원들은 이 결론과 상당히 다르다. 그것들은 선지
자들의 경험의 수동적인 면에 강조점을 두는 것들이다. 이런 비성경적인 점
을 선호하는 데에는 어원 이외에도 두 가지 동기가 더 있다. 선지자를 주로
수동적으로 활동하는 존재로 제시하면, 그를 자기 스스로 절제할 수 없고 낯
선 외부의 충동에 강력하게 영향을 받아 제멋대로 원시적으로 처신하는 그
런 존재로 생각할 수 있는 길이 마련된다. 또한, 선지자의 활동을 수동적인
것으로 보는 것은, 선지자의 경험을 할 수 있는 만큼 종교의 일반적인 경험
의 일부로 간주하고자 하는 현대인들의 욕망과 잘 어울린다. 주관적이며 경
험적인 면을 부각시켜야만 그렇게 할 수 있기 때문이다.

선지자의 활동을 수동적인 것으로 주장하기 위해 제시되는 두 가지 언어학적인 논지가 있는데, 첫 번째는 **나비**를 **카틸**의 패턴을 따라 수동적인 의미로 이해해야 한다는 것이고, 두 번째는 그 단어와 관련 있는 유일한 동사형은 수동형인 니팔형과 재귀형인 힛파엘형 뿐이라는 것이다. **카틸**형이 수동의 의미를 갖는 경우가 잦다는 점은 인정해야 할 것이다. 예를 들어 **마쉬아크**는 기름을 붓는 자가 아니라, 기름 부음을 받는 자다. 그러나 반드시 그런 것은 결코 아니다. 예를 들어서 "감독자"를 뜻하는 **파키드** 등, 이 패턴을 지닌 명사들 중에 능동의 의미를 갖는 것들도 많다. 아랍어와 에티오피아어, 앗시리아어에서 **카틸**은 카할형 능동태 분사의 정규적인 형태이기도 하다. 동사형에 대해서는, 니팔형이 수동형과 재귀형이지만 힛파엘형은 절대로 수동형이 아니고 언제나 재귀형이라는 점을 기억해야 한다. 사실은 니팔형과 힛파엘형 모두가 명사 **나비**로부터 파생된 것으로 둘 다 재귀형이며, "나비로서 처신하다"라는 의미라는 것이다.

헬라어 용어 "프로페테스"

나비의 의미에 대한 탐구와 더불어, 이에 상응하는 헬라어 단어로 영어의 "prophet"이 파생된 **프로페테스**에 대해서도 간단하게나마 논의해 볼 수 있을 것이다. 우리는 대개 이 단어를 "앞 일을 말하는 자"(foreteller)라는 개념과 연관짓는다. 그러나 이 개념은 본래의 헬라어 어원과 일치하지 않는다. 이 단어에 속한 전치사 **프로**는 시간적인 의미의 "앞"을 표현하는 것이 아니다. 이것은 공간적인 의미를 지니는 것이며, 따라서 **프로페테스**는 "밖으로 말하는 자"(forth-teller)라는 뜻이다. 그러나 이 헬라어 단어도 히브리어 단어에 못지않게 종교적인 의미를 지닌다. **프로페테스**는 신탁을 대변하는 자이다. 그러므로, **프로**의 의미를 올바로 이해하면, 히브리어 **나비**와 헬라어 **프로페테스**는 실제로 동의어였다고 볼 수도 있을 것이다. 그러나 이것은 오해의 소지가 있다. 헬라어 **프로페테스**는 히브리어 **나비**와 똑같이 하나님과 직접적으로 연관되는 것이 아니기 때문이다. 사실상 **프로페테스**는 피티아(Pythia)나 다른 어떤 영감된 사람이 깊은 지하로부터 그 성지(聖地)의 신의 영감을 받아 발설하는 신탁의 성격을 띤 분명치 않은 말을 해석하는 자다. 그러므로 피티아는 **나비**의 경우와 동일하게 신(神)과 관계를 맺고 있으나, **프로페테스**의 경우는 그와 신 사이에 이 중간의 인물이 개입되어 있는 것이다. 그러므로 **프로페테스**는 신의 대변자라기보다는 오히려 신이 직접 영감을 주는 사람의 말을 해석하는 자다. 그는 자기 나름대로 신탁을 밝히 해명하는 것은 물론, 그 형식까지도 자기가 이해하는 의미대로 옷을 입히는 것이다.

"축자 영감"(verbatim inspiration)을 비웃는 사람들은 성경적인 방향보다는 헬라적인 방향으로 사고를 진행시킨다. 그들이 바람직하게 여기는 이런 자유로운 움직임은 구약의 **나비**가 아니라 헬라의 **프로페테스**에게 있는 현상인 것이다. 그리고 **나비**와 **프로페테스**가 이렇게 서로 다른 것은 물론, 그 차이가 결국 성경의 여호와와 이방 신과의 차이에서 비롯되는 것이다. 태양신인 아폴론은 말은 하지만, 차라리 말을 하지 않는다고 해야 옳을 것이다. 아주 희미한 알아들을 수 없는 소리를 내는 것뿐이기 때문이다. 피티아가 제단 위의 갈라진 틈으로부터 새어나오는 최면성의 향기에 영향을 받아 그런 신탁의 성격을 띤 알 수 없는 소리를 내면, **프로페테스**가 그 소리를 보통 사람들이 알아듣도록 말로 전달해 주어야 하는 것이다. 그러나 성경적인 하나님은 친히 빛이시며, 따라서 **나비**를 전달자로 사용하시기는 하지만, 그의 말씀이 빛을 구하는 모든 사람들에게 빛을 준다. 그러므로 헬라인들의 용어에는 언제나 주관적인 색채가 끼여들어 있다. 철학자는 불멸의 자연의 **프로페테스**요, 시인들은 뮤즈 신(Muses)의 **프로페타이**다. 물론 이런 표현들은 은유들이다. 그러나 그럼에도 불구하고 그것들은 복합적인 이방 종교의 경험 전체에 속하는 바 신적인 영감의 희미한 성격을 인지하는 데에서 나온 것들이다.

그러므로, **프로페테스**라는 단어가 성경적 종교를 섬기도록 취하여질 때에, 먼저 새로운 의미로 전환된 다음에야 비로소 적절히 사용될 수 있었다는 것은 놀라운 일이 아니다. 그리고, 구약의 **나비**의 임무 가운데 앞날에 대한 예언이 많은 부분을 차지하였으므로, 성경적인 헬라어의 용법에서는 이 새롭게 변화된 **프로페테스**에 그 점을 자연스럽게 편입시켜서 사용한 것이다. 물론 이것이 어원적으로 볼 때에는 맞지 않지만, 신학적인 면에서는 그렇지 않았다. 신약 성경은 이미 전치사 **프로**에다 뚜렷하게 시간적인 의미를 붙여놓았다. 마태복음서 기자는 "이는 선지자로 기록된 바를 이루려 함이라"는 표현을 여러 번 사용하는데, 이때에 그는 "선지자"라는 단어를 앞날을 예언하는 것과 연관짓고 있는 것이 분명한데, 그것이 **나비**의 기능이기는 하지만, 히브리어 **나비**에는 사실상 그런 의미가 없는 것이다.

몇몇 헬라의 교부들은(이들은 헬라어 프로페테스의 관용적 의미에 더 민감했을지도 모른다) **프로**의 공간적인 의미를 망각하고, 그 대신 그것을 시간적인 의미로 취하였다. 그리하여 크리소스톰(Chrysostom)은, "**프로페테이아**는 장차 올 일을 먼저 선포하는 것일 뿐이다"라고 말했다. 아우구스티누스는 어원적인 정의로 다음과 같이 올바로 말하고 있다: "하나님의 선지자는 하나님의 말씀들을 사람들에게 선언하는 자일 뿐이다." 그러나 그는 "하나님의 말씀을 들을 수 없거나 들을 자격이 없는 사람들에게 그 말씀을 선언하는 자"라고 덧붙이는데, 이 발언은 **나비**와 성경적인 **프로페테스**의 의미를 넘어서는 것이다. 이렇게 해서 신약과 교부들이 어원적인 정확성을 다소 희생시키긴 했으나, 우리는 그들의 관심사가 언어학에 있었던 것이 아니라는 점을 기억해야 할 것이다. 앞날을 예언하는 요소를 최소화하고 또한 가르치는 기능만을 유독 강조하려는 현대의 경향이, 선지자들이 다가올 일을 예언하는 자라는 대중적인 이해보다도 훨씬 더 한 쪽으로 치우친 것이요 오해를 불러 일으키는 입장인 것이다. 그러나 본래적인 의미의 **프로페테스**를 **나비**의 정확한 번역으로 취급하는 예가 신약에서 전혀 없는 것은 아니다(참조. 히 1:1).

"로에"와 "호제"

나비와 그에 상응하는 헬라어 **프로페테스**에 대해서는 이 정도로 그치고, 이제는 **로에**와 그 동의어인 **호제**를 살펴보기로 하자. 이 두 가지 명칭은 영역본 성경에서는 서로 구별 없이 "seer"(한글 개역 개정판은 "선견자"[先見者]로 번역함 ― 역자주)로 번역된다. 그 의미를 결정짓는 데에는 다음과 같은 문제가 개입된다. 곧, 그 단어들이 초자연적인 통찰력(은유적인 의미로)을 지칭하는가, 아니면 그것들이 하나님께서 전해 주시는 것을 받아들이는 구체적인 방식, 즉 환상을 통한 방식을 묘사하는 것인가 하는 것이다. 이 두 단어의 동사형 자체만으로는 은유적인 해석이 쉽게 지지를 받을 수 있다. 그러나 이런 개념을 명사에 적용시키는 일은 그리 쉽지가 않다. 어떤 사람이 보통 사람보다 어떤 문제들에 대해 깊은 통찰력을 지니고 있다는 뜻을 표현하기 위해서 그 사람에게 눈(眼)이 있다는 식으로 말하는 경우는 별로 없다. 그러나 그 동사형들의 목적 명사들은 아주 흔히 쓰인다. 그 동사들은 처음에는 전문적인 의미에서의 환상의 과정이나 환상의 산물과 관계되었음이 분명하다. 그러나 나중에 그 의미가 일반화되어, 환상을 통한 것이든 청음(聽音)을 통한 것이든 모든 방식의 "계시"를 다 포괄하는 의미를 갖게 되었다. 그러나 그렇다고 해서 그것들이 은유적인 표현이 된 것은 아니었다. 앞으로 보겠지만, 세월이 흐르면서 선지자의 계시 양식이 정상적으로 발전되는 가운데 이처럼 일반화하는 현상이 생겨났다.

"선견자"(seer)라는 단어는 선지자의 시각 기능에 가해진 비범한 영향력을 지칭하는 것인데, 선지자는 이 기능을 통해서 사물들을 듣는 대신 눈으로 보게 되며, 그렇게 시각적인 기능을 통하여 하나님께로부터 오는 메시지가 그의 의식 속에 전해지는 것이다. 이 두 용어들은 다음과 같은 점에서 **나비**와는 다르다. **나비**는 메시지의 전달을 위하여 말을 하는 능동적인 기능을 묘사하는 반면에, "선견자"는 눈으로 메시지를 접하는 수동적인 경험을 묘사한다는 사실이다. 그리고 거기에 하나님의 말씀을 귀로 듣는 것도 포함되는 것은 물론이다.

쾨니히(Koenig)는 「구약의 계시 개념」(The Old Testament Conception of Revelation)이라는 저서에서 **호제**와 **로에**의 구분을 시도하였다. 그의 주장에 따르면, **로에**는 참 선지자들에게만 사용되는 반면에 **호제**는 참 선지자들에게도 사용되지만 주로 거짓 선지자들에게 사용된다고 한다. 그러나 이사야 28:7은 **로에**가 거짓 선지자들을 지칭하는 데에도 사용된다는 것을 보여준다. 이사야 30:10에 따르면, 두 용어는 의미가 거의 동일한 동의어들이다(참조. 대하 16:7, 10). 그리고 "이상"(異像: vision)을 뜻하는 명사들이 두 어근 모두에서 별 차이 없이 취하여지고 있다.

선지자를 뜻하는 다른 명칭들이 있는데, 이것들은 주로 선지자들을 묘사하는 성격을 띤 것들로 공식적인 호칭들에는 못 미치는 것들이다. 곧, **쪼페 메짜페**(파수꾼), **말르아크 야웨**(여호와의 사자), **로에**(목자. "선견자"를 뜻하는 로에와는 철자가 다름 — 역자주), **이쉬 하루아크**(영의 사람), **이쉬 하엘로**

힘(하나님의 사람) 등이 그것이다. 이 용어들은 자체의 의미를 스스로 설명하거나, 아니면 그것들이 묘사하는 바 예언의 특질들을 통해서 설명된다.

제 3 장

선지자들의 역사 : 비평적 이론들

　"선지자"라는 용어는 우리가 흔히 익숙하게 사용하는 바 엄밀한 전문적인
의미로만 항상 사용되는 것이 아니다. "이상"(異像)이 세월이 흐르면서 일반
적인 계시 전반을 다 지칭하게 된 것처럼, "선지자"도, 선지자를 다른 계시
의 기관과 구별하는 전문적인 의미와는 관계 없이 그저 일반적인 "계시의 도
구"의 의미일 수도 있는 것이다. 모세가 선지자로 불려지지만 그러면서도 그
와 하나님의 교통이 선지자들의 경우와 구별되기도 한다(민 12:6이하). 창세
기 20:7에서는 아브라함이 선지자로 불려진다. 여기서 "선지자"라는 말은
하나님과의 특별한 교류가 있어서 다른 사람들을 위해 간구할 수 있는 사람
을 뜻하는 것 같다. 시편 105:15도 이런 사람을 지칭하는데, 거기서는 "기름
부음 받은 자들"이 동의어로 나타나고 있다. 아모스는 오랜 옛날에 일으켜진
선지자들에 대해 언급하며(2:11), 호세아는 모세를 선지자라 부른다(12:13).
베드로는 사도행전 3:21, 24에서 "선지자"를 넓은 의미로도 사용하고 이어
서 전문적인 의미로도 사용한다: "하나님이 영원 전부터 거룩한 선지자들의
입을 통하여 말씀하신 바 … 사무엘 때부터 이어 말한 모든 선지자도." 베
드로의 이런 발언은, 사무엘 시대의 계시 역사에 하나의 큰 전환이 이루어졌
으며 그때부터 새로운 형태의 예언이 시작되었음을 인식하는 것이다. 이에
대한 이유는 앞에서 이미 설명한 바 있다.

선지자들의 역사
　선지자들의 역사의 출발점은 모세 시대로 잡을 수 있을 것이다. 그 당시

이스라엘 가운데 선지자들이 있었을 뿐 아니라, 지극히 독특한 모세의 경우를 제외하고는 그들이 주도적인 계시 형태를 대변하였다. 그들은 높은 위치에서 특권을 누렸으나, 이것은 전적으로 선지자 직분의 고귀함 때문만은 아니었다. 거기에 종교적인 고귀함이 개입되었던 것이 분명하다. 모세는 민수기 11:29에서 여호와의 백성들이 다 선지자들이었으면 좋겠다는 소원을 피력하였다. 이는 애초부터 선지자 직분의 모습과 활동 속에 기능적인 가치에 못지않게 종교적인 가치도 있었다는 것을 분명하게 보여준다. 이러한 기조가 처음부터 마지막까지 예언의 역사 전체를 관통하며, 또한 요엘 2:28-32의 하나님의 약속을 통해서 그것이 마지막 종말의 시대에까지 확대된다. 선지자들을 통해서 이스라엘이 존귀하게 될 뿐 아니라, 더 큰 존귀는 그 백성들을 선지자로 삼으시는 의도가 하나님께 있다는 것이다. 예레미야 31:34도 동일한 기조를 보여준다. 그리고 나중에는 선지자들의 기능적 지위가 격상된다. 모세보다 낮은 위치에 있던 그들이 장차 모세와 같아질 것이요, 심지어 그리스도의 선지자적 위엄에까지 접근하게 될 것이라는 것이다(신 18:15; 행 3:22).

선지자들의 역사에서 신기원을 이루는 사무엘 시대 이후의 첫 단계는 두 가지 점에서 그 이전과 사정이 달랐다. 우선 새로이 세워진 왕국에서의 활동을 위하여 선지자의 직분이 공적인 신정적(神政的) 뒷받침을 더 많이 얻게 되었다는 점이다. 또한, 선지자들의 숫자가 크게 증가한다는 점이다. 사무엘 등의 사람과 관련된 일단의 집단적인 선지자들까지 합치면 선지자들의 숫자는 더욱 늘어날 것이다. 선지자들의 활동이 이렇듯 왕국과 밀착되어 있었으나, 그렇다고 해서 그 독립성을 상실한 것은 아니었다. 사울과 다윗의 치세 동안 일어난 갖가지 사건들이 당시의 지도적인 선지자들의 뒷받침을 받기도 하고 제재받기도 했다는 점이 이에 대한 충분한 증거가 된다. 선지자들의 예언은 이스라엘 왕국의 종교적인 부록 같은 것이 절대로 아니었다. 세월이 흐르면서 권좌를 치지한 자들이 타락하게 되자, 선지자들의 활동은 통치 권력의 반대 세력이 되어 그것을 견제하고 책망하며 심지어 거부하기까지 하는 것이다. 그러나 전반적으로 볼 때에 이러한 발전의 첫 단계에서는 왕국을 향한 선지자들의 태도는 우호적이었고, 격려하며 보호하는 입장이었다. 그리고 다윗 가문에서 이어지는 왕들에 대해서는 특별히 그러했다.

그러나 왕들에게서와 왕국 내에서 배교(背敎)가 머리를 들자, 그 관계가 바뀌었다. 선지자들과 왕들이 서로 대적하는 입장이 된 것이다. 예언의 내용이 주로 전복(顚覆)의 메시지가 되자, 기존의 권력을 수호하고자 하는 왕들로서는 선지자들을 의혹과 적대의 자세로 대하지 않을 수 없었다. 선지자들이 자기들의 입장 때문에 애국심을 상실했고, 사실상 반역자들이 된 것으로 본 것이다. 이처럼 양쪽의 입장 변화가 있자, 선지자 자신들 속에 배교가 침입하게 되고, 그리하여 참 선지자들과 거짓 선지자들 사이의 대립 관계가 생기기 시작한다. 거짓 예언이 계속해서 참된 예언을 잠식해 들어가서, 결국 선지자들의 직분 전체가 불신을 당하기에 이른다. 스가랴는, 후에 사정이 좋아져서 질서가 회복될 때에 아들이 선지자의 소명을 받았다는 아들의 주장을 부모가 인정하지 않을 것이요, 스스로 선지자로 여기는 자들이 자기들의 소명을 부끄럽게 여기게 될 것임을 예언하고 있다. 예언과 더러운 귀신이 사라질 것이기 때문이라는 것이다(13:2-6). 이것은 예레미야 31:34에서 말씀하는 예언의 억제와는 이유가 전혀 다르며, 또한 모세 시대를 상기시키는 요엘의 호의적인 예언과는 정반대되는 것이다.

스가랴의 그런 예언은 후기의 선지자들에게서 집단적으로 나타난 예언의 부패성을 제거하고자 하는 시도의 일환이었다. 그러나 이 운동의 역사의 초기 단계에는 그런 일이 없었다. 이미 살펴본 바와 같이 그 초기 단계는 사무엘 시대에 일어난 종교적이며 애국적인 부흥과 때를 같이 하며, 따라서 그 당시의 예언을 불신하게 되면 본질적으로 그 부흥의 전체를 다 불신하는 것이 되어 버리는 것이다. 엘리야와 엘리사 시대의 강력한 예언 활동에서도 같은 현상이 나타난다. 성경 역사가들은 그 당시의 예언 활동을 확실하게 인정하고 있는 것이다(삼상 3:1). 그러나 개인적인 예언 활동과 집단적인 예언 활동이 정확히 서로 어떤 관계에 있는지를 규명한다는 것은 쉬운 일이 아니다. 우리는 사무엘상 10:5에서 처음으로 집단적인 선지자들을 만나게 된다. 여기서는 "무리", "집단" 등을 뜻하는 히브리어 헤벨이 사용되고 있다. 19:20에 나타나는 레하카도 같은 의미를 지닌다. 이 단어는 "학교"라는 뜻을 갖는 것이 아니다. 그 이후로는 이런 명칭들이 다시 나타나지 않고, 엘리야의 역사에서 그 비슷한 명칭이 나타난다. 곧, "선지자들의 아들들"(왕상 20:35; 왕하 2:3; 4:38; 6:1. 한글 개역 개정판에서는 "선지자의 무리", "선지자의 제자들" 등으로 번역함 — 역자주)이 그것인데, 이 명칭은 그 이후에는 아모스 7:14에서 유일하게 다시 한 번 나타난다.

"선지자들의 아들들"은 위대한 개개인 지도자들과 함께 집단을 이루어 살며 그들에게 복종하고 밀착되어 있던 관계를 묘사하는 것일지도 모른다. 아니면 그저 히브리어 관용법의 한 예로서 어떤 명사 앞에 "아들"을 붙여놓음으로써 그 사람이 그 명사가 표현하는 그런 성격을 암시해 주는 것일 수도 있을 것이다. 만일 그렇다면, "선지자들의 아들들"이란 그냥 "선지자들"과 별로 다를 바 없는 호칭일 수도 있다. 물론 이런 호칭이 혈연적인 관계를 지칭하는 것은 아니다. 그러나 이 두 번째의 견해에 대해서는 반론이 제기되기도 한다. 즉, "선지자들의 아들들"과 "선지자들" 사이에 무언가 구별이 있다는 것이 분명히 암시된다는 것이다. 심지어 아모스는 소명을 받을 당시에 자신은 선지자도, 선지자의 아들도 아니었다고 진술하기까지 한다. 그렇다면 그 둘이 서로 어떻게 구별되는가? 어떤 이들은 선지자들을 계시를 받는 자들이요 또한 종교적인 열광주의를 배양하는 자들로 보려 한다. 쾨니히는 주도적인 선지자들을 "주도적인" 선지자들로, 집단적인 선지자들을 "이차적인" 선지자들로 보았다. 그는 이차적인 선지자들은 그저 설교자였을 뿐이라고 생각한다. 초자연적인 계시를 드러내는 일이 주도적인 선지자들에게만 한정된 것이 아니었다는 것이다.

"설교자들"이라는 용어는 개인적인 선지자들과 집단적인 선지자들 사이의 차이가 나타나는 문제 자체를 희미하게 만들기가 쉽다. 집단적인 선지자들은 개인적인 선지자들처럼 진리를 전달하는 일에 참여하지 않았던 것으로 보인다. 그러므로 개인적인 선지자들이 "설교자들"이었던 것이다. 그러나 그럼에도 불구하고, 집단적인 선지자들도 초자연적으로 전해지는 진리의 수용자들이었던 것이 분명하다. 그들도 "예언을 했다." 그리고 이는 그들이 성령과 초자연적인 방식으로 접촉하였다는 것 외에 다른 뜻일 수가 없는 것이다.

그들 가운데 신체적으로 나타난 이상스런 현상들도 이러한 사실을 증거해 준다. 신약의 초대 교회에서 나타난 그와 비슷한 특이한 현상들의 경우도 그러하거니와, 이러한 범상치 않은 현상도 틀림없이 성령으로 말미암은 것이라 할 것이다. 성령의 역사하심은 도덕성을 증진시키고, 영적인 상태를 높이는 데에만 나타난 것이 아니었다. 그는 지성적인 성향을 지닌 영역에서도 얼마든지 역사하실 수 있는 것이다. 이 선지자들의 집단에서 특징적으로 일어난 열정적인 상태를 일으키고 표현되게 하는 데에 음악이 일정 부분 역할을 담당하였다. 신비한 힘이 영혼에 작용하여, 그것을 경험하는 사람 자신도 그것에 대해 명확하게 파악할 수 없도록 만들 정도로 감정이 지배적으로 작용하는 데에 음악이 어느 정도 역할을 하는 것이다. 우리는 그런 현상 자체를 경시해서는 안 될 것이다. 그것들은 순전히 병적인 원인에서 나오는 육체적인 발작과는 다른 것이었다. 그것들은 종교적 영적 생명의 중심과 접촉이 있는 것이었다. 음악에 관해서 흥미있는 사실은, 역대상 25:1의 보도에 따르면 성전의 노래하는 자들이 노래를 통해서 "예언했다"는 점이다.

이런 점들을 고려할 때에, 개인 선지자들과 집단 선지자들을 너무 예리하게 구별하려는 시도는 금물이다. 선지자 집단에서 개개인들이 뽑혀서 다른 사람들을 위해 일을 한 경우도 있었고, 때로는 집단 선지자 중 한 사람이 개인 선지자가 되기도 했다. 그러나, 집단 선지자들의 기능과 경험들이 종신적(終身的)이었다는 증거는 없는 것 같다. 이사야와 예레미야 등의 소명은 분명 평생의 봉사를 위한 소명이었다. 아모스의 경우 벧엘에서 예언한 다음 드고아에서 다시 세속적인 직업으로 돌아갔다고 가정하기도 하나, 7:14은 결코 이런 가정을 뒷받침해 주는 것이 아니다. 어쩌면 이 두 종류의 선지자들의 차이는 집단 선지자들은 이적을 행하는 능력이 없었다는 점에 있을 것이다 (왕하 6:5).

아모스가 자기 자신과 "선지자들의 아들들"과의 관련을 전면적으로 부인한다는 주장이 있어왔으나(7:14), 이것은 본문의 바른 주해일 수가 없다. 그렇게 되면 그가 그냥 선지자들과의 관련도 전면적으로 부인하는 것이 될 것이기 때문이다. 아모스는 여호와께서 이스라엘에게 선지자들을 보내시는 것이 그들에게 베푸시는 자비의 하나로 말씀한다(2:11). 그런데 히브리어의 진술 형식에는 술어가 없다는 점을 간과한 것이다. 문법적으로는 "나는 선지자가 아니다"라는 번역이나 "나는 선지자가 아니었다"는 번역이나 똑같이 가능하다. 본문은 그가 소명 이전에는 선지자가 아니었으나, 이제는 소명을 받아 선지자가 되었다는 뜻이다. 아모스가 여기서 당시의 선지자들 혹은 선지자들의 아들들에 대해서 암시적으로 비판하는 점이 나타나는데, 바로 그를 향한 제사장의 비난에 대해 그가 분개한 사실에서 드러난다. 제사장은 아모스가 빵을 먹기 위해서, 즉 생계 유지를 위해서 예언하는 것이니 벧엘에 있어서는 안 되고 고향인 유대 땅으로 돌아가야 한다고 비난했던 것이다. 우리는 여기서 제사장 아마샤의 비난이, "이곳의 토박이 선지자들에게서 그들의 먹을 밥그릇을 빼앗지 말라"는 뜻이었던 것으로 추정할 수도 있을 것이다.

이것은 선지자들 가운데서 발견되는 첫 번째의 부패의 흔적이다. 미가는 훗날 당시의 선지자들을 동일한 근거로 비판한다(3:11; 렘 6:13). 이런 성격을 띤 심각한 부패가 나타날 때에는 분명 "거짓 선지자"의 전면적인 등장이 눈 앞에 와 있는 것이다. 벧엘의 궁궐과 성전 선지자들은 참 선지자라는 이름으로 부를 자격이 없는 자들이었다. 그러나 집단 선지자들 가운데서 그런 부패의 근원을 찾을 구체적인 이유가 전혀 없다. 이사야도 그 주변에 일단의 제자들을 모아 놓고 있었던 것을 보게 된다. 그의 시대에는 그렇게 집단을 형성하는 것이 전혀 흠이 되지 않았음이 분명하다(8:16). 그리고 예레미야의 시대에는 거짓 선지자들 중에 그들을 곁길로 이끄는 개인적인 지도자들이 있었음을 보게 된다. 그러므로 선하거나 악한 것이 개인 선지자냐 집단 선지자냐의 문제가 아니었다. 개개인 선지자들의 활동과 마찬가지로 집단적인 움직임도 그에 합당한 존재 이유가 있었던 것이다.

사무엘의 시대에, 그리고 다시 엘리야와 엘리사의 시대에 이스라엘이 겪은 위기는 종교적인 위기의 한 가지 표현에 불과했다. 블레셋 사람들과 이스라엘 사이의 문제는, 그리고 가나안 족속과 이스라엘 사이의 문제는, 그 밑바닥에서는 하나의 종교적인 문제였던 것이다. 우리는 선지자들의 회(會)들을 종교적 삶의 중심들로 바라보아야 한다. 이스라엘을 대변하는 제사장들에게 한 지파와 가문이 맡겨졌던 것처럼, 여러 무리의 사람들이 성령의 영향 아래에서 비범한 은사들과 능력들을 부여받아 새로운 이스라엘을 대표하고 그 모형이 된다는 것은 지극히 합당한 일이었다. 개인적인 선지자들도 그런 상징적 모형적 의의를 지니긴 했으나, 그들의 경우에는 그들이 지닌 전령(傳令)과 선포자(宣布者)의 기능으로 인하여 그 의의가 어느 정도 흐려졌다. 그리고 두 부류의 선지자들 모두 진리를 받았는데도 그것을 전달하는 일은 유독 집단 선지자들의 영역 바깥에 떨어진 이유가 아마도 여기에 있을지도 모른다.

현대의 비평학자들이 제시한 이스라엘의 종교 역사의 재구성은 두 가지 본질적인 사항에 주안점을 두고 선지자들의 활동을 조감한다. 그 첫째는 이스라엘 중의 "나비주의"의 기원에 관한 사항이요, 둘째는 선지자들이 기원전 8세기 이후부터 윤리적 유일신 사상의 창안자들로서 담당했다고 믿어지는 역할에 관한 것이다. 이 두 사항은 별도로 떼어 살펴볼 필요가 있다.

이스라엘의 "나비주의"의 기원

그러면 첫째로, 선지자 사상이 가나안 족속들로부터 파생되었다는 가설이 비평학자들 사이에서는 아주 널리 퍼져 있다. 곧, 선지자 운동이 이스라엘의 고유한 것이 아니라, 가나안 족속들로부터 전해온 일종의 오염된 것이라고 믿는 것이다. 이 가설을 지지하기 위하여 제시되는 논지들은 주로 다음 네 가지다:

(1) 히브리어에는 **나비**의 어원이 없다. 그러므로 그 명칭은 물론 그 명칭이 뜻하는 실체도 외래(外來)의 것이었음이 틀림없다.

(2) 그 운동의 독특한 현상들은 가나안 족속들의 자연 숭배의 거칠고 난잡한 성격을 상기시킨다.

(3) 그 운동의 등장 시기가 가나안 족속들과의 접촉과 갈등이 가장 긴밀했던 시기와 맞아떨어진다.

(4) 그 이후의 선지자 운동의 역사와 그 점진적인 정화 과정은 그것이 외래의 것이라는 이론에 근거할 때에 가장 쉽게 설명된다.

이런 논지들에 대한 우리의 답변은 다음과 같다: 히브리어에 어원이 없다는 것은 **나비**뿐 아니라 종교적 성격을 지닌 다른 직분들의 경우도 마찬가지다. 그러한 사실은 그저 **나비**의 기능이 상당히 고대의 것임을 증명해 주는 것뿐이다. 제사장을 뜻하는 **코헨**도 히브리어에 명확한 어원이 없다. 그러나 이

것을 근거로 제사장직이 외국에서 수입해온 것이라는 주장을 하는 사람은
아무도 없다. 히브리어에는 물론 가나안어의 관용법에도 그 어원이 없는 것
이다. 사무엘 시대의 선지자 현상 가운데 열광적인 요소들이 있다고 주장하
지만 그것은 굉장히 과장된 것이다. 흥분을 뜻하는 것으로 여겨지는 단어의
어원도 너무 불분명하고 또 너무 다양한 해석이 가능한 것이어서 전혀 견고
한 근거가 되지 못한다. 이 문제에 대해서는 주로 다음의 본문들이 근거가
된다: 사무엘상 10:10; 19:23; 열왕기상 18장; 열왕기하 9:11; 예레미야
29:26; 호세아 9:7; 스가랴 13:6. 사무엘상의 본문은 사울이 선지자들의 무리
와 대면하여, 그들과 함께 예언하며, 그들의 독특한 행동에 함께 가담한 사
실을 보여준다. 열왕기상 18장에서는 갈멜산에서 바알 선지자들이 법석을
떠는 모습이 그려지고 있다. 열왕기하 9장은 예후의 진에 속한 군대 장관들
이 엘리사가 보낸 젊은이를 가리켜 "그 미친 자"라고 말한 이야기를 전해 준
다. 호세아 9:7은 "선지자가 어리석었고 신에 감동하는 자가 미쳤나니"라고
말씀하고, 예레미야 29:26은, "모든 미친 자와 선지자 노릇을 하는 자들"에
대해 언급한다. 그리고 스가랴 13:6은, 젊은이가 예언하다가 부모에게서 살
해의 위협을 받으면, (예언을 하다가 얻은) 몸의 상처에 대해서 다른 이유를
둘러댈 것임을 말씀한다.

　여기에 나타나는 현상들이 다소 이상스럽다는 점은 인정해야 할 것이다.
그러나 그 현상들이 모두 동일한 성격을 띠는 것은 결코 아니다. 예를 들어
서, 나머지 본문들의 내용에는 갈멜산에서의 바알 선지자들의 행동들을 닮
은 점이 전혀 없다. "그들의 규례를 따라"(왕상 18:28)라는 문구를 주목하라.
칼로 자해하는 행동 같은 것은 다른 본문들에서는 전혀 나타나지 않고, 다만
포로 후 시대의 부패한 상태에서나 나타날 뿐이다(슥 13:6). 여기서 위험과
어려움이 생긴다. 곧, 이 모든 현상들이 우리의 종교적 관습과 행위들과 너
무나 동떨어진 것이어서, 그런 사실 자체에 놀란 나머지 이스라엘 가운데 나
타나는 특징들과 이교도 종교에서 나타나는 그 비슷한 특질들이 서로 크나
큰 차이가 있다는 사실을 제대로 보지 못하게 될 수도 있다는 것이다.

　우선 우리는 이스라엘의 선지자 현상에 그러한 이상스런 "비이성적인 요
소"가 하나의 본질적인 요소로 자리잡고 있었음을 솔직하게 인정해야 할 것

이다. 그런 요소는 불법적인 것이 아니었고, 하나님께서 — 그리고 이스라엘
의 신앙의 위대한 지도자들이 — 창조하셨고 인정하신 것이다. 그것은 선지
자들이 취한 집단적인 형태와도, 또한 우리가 위해서 지적하려 한 구약 계시
의 근본적인 의의와도, 밀접하게 연관되어 있는 것이었다.

　여기서 이 현상들에 대해 특별히 상세하게 관찰해야 할 필요가 있을 것이
다. 사무엘상 10장과 19장의 묘사는 "유랑하는 무리들" 혹은 "방랑하는 수
도사들" 등을 거론할 만한 합당한 근거가 아니다. 사울은 선지자들의 행렬
을 만났다. 그러나 이것이 그 선지자들이 온 땅을, 혹은 어느 지역을 두루 돌
아다녔다는 것을 입증해 주는 것은 아니다. 오히려 19:20-24은 라마 나욧이
그들의 고정된 거주지였음을 시사해 준다. 또한 거기에는 "춤을 추는 것"이
나 "펄쩍펄쩍 뛰는 것"에 대한 언급이 전혀 없다. 또한 선지자들의 행동과
사울에게 일어난 일을 서로 구별해야 할 것이다. 본문은 다음과 같이 기록하
고 있다: "하나님의 영이 그에게도(선지자들의 경우와 마찬가지로) 임하시니
… 그가 또(그들처럼) 그의 옷을 벗고 사무엘 앞에서 예언을 하며 하루 밤낮
을 벗은 몸으로 누웠더라"(23-24절). 여기 마지막 진술에는 "또"가 반복되
지 않는다는 점을 주의해야 한다. 그러므로, 벗은 몸으로 24시간 누워 있는
일이 선지자들의 무리들에게도 공통적으로 흔하게 있었던 일이라고 볼 필요
는 없는 것이다. 사울의 그런 행위는 오히려 그에게 임한 특별한 심판이었
고, 더욱이 다윗에게 도피할 기회를 주었던 사건으로 보인다.

　고대의 역본들은 24절의 전반부에서도 "또"를 삭제시키고 있는데, 본문을
수정하여 읽는 이 독법을 채택하면 옷을 벗는 행위도 사울이 혼자서 행한 행
위로 보게 될 것이다. 여하튼 "벗은 몸"은 우리가 이해하는 것과 같은 것이
아니었다. 그것은 상의(上衣)를 벗는 것 이상 다른 의미가 없다. 따라서 이 모
든 현상들은 거칠고 난잡한 황홀경과는 상당히 거리가 있는 것이다. 사울이
흥분하여 저지른 행동은 사무엘상 18:10에도 보도되고 있다: "그 이튿날 하
나님께서 부리시는 악령이 사울에게 힘 있게 내리매 그가 집 안에서 예언하
였고 … 사울이 그 창을 던졌으나 다윗이 그의 앞에서 두 번 피하였더라."
여기서 "예언하였고"(한글 개역 개정판은 이를 "정신 없이 떠들어대므로"
로 번역함 — 역자주)로 번역된 동사는 사실상 **나비**에서 파생된 것으로, "나

비처럼 행동하였다"는 뜻이다. 여기서 말하고자 하는 바는 그가 영에 사로잡힌 자처럼 말과 행동의 통제력을 완전히 잃은 상태로 처신하였다는 것이다. 그러나 이것이 선지자가 모든 점에서 "미쳐 날뛰는 자"와 같았다는 것을 입증하는 것은 아니다. 이것이 입증해 주는 것은 다만 예언 행위의 특정한 증상들이 미친 사람과 비슷할 수도 있었다는 것일뿐이다.

예후의 한 군대 장관은 엘리사가 보낸 젊은 제자를 가리켜 **메쉬가**, 즉, "미친 자"라고 하였다. 이 단어는 지금도 이디시어(Yiddish: 유럽의 유대인들이 사용하는 독일어, 히브리어 등의 혼성 언어 — 역자주)에서 하나의 속어로 일상적으로 사용되고 있는데, 오늘날에는 경멸의 뜻을 담은 표현이지만, 엘리사의 시대에는 반드시 그런 뜻이었던 것은 아니다. 다만 똑똑한 젊은 군대 장관이 경멸의 뜻을 담아서 사용했을 뿐이다. 이는 몇몇 사람들이 술을 마시고 있는데 한 설교자가 와서 그 가운데 어떤 사람에게 메시지를 전하려 할 때에 그들에게서 흔히 나오는 말과 흡사할 것이다. 그 단어는 "광신자"(fanatic)로 번역하는 것이 가장 적절할 것이다.

이 단어는 호세아 9:7에서 **에빌**과 병행하여 다시 나타난다: "선지자가 **메쉬가**요, 신에 감동하는 자가 **에빌**이니, 이는 네 죄악이 많고 네 원한이 큼이니라." 이 말씀은 선지자가 심판이 임하는 것을 보고 절박한 심정이 되는 것을 묘사하는 것일 수도 있고(이 경우는 참 선지자에 대한 묘사다), 혹은 악하게 처신하도록 백성들을 부추기는 선지자의 미친 짓과 어리석음을 묘사하는 것일 수도 있다(이 경우는 거짓 선지자에 대한 묘사다).

예레미야 29:26 이하에서도 **메쉬가**가 세 번째로 나타난다. 여기서는 스마야가 제사장 스바냐에게 보낸 편지 가운데 그 단어가 나타난다. 스마야는 스바냐에게 "모든 **메쉬가**와 **미트나베**"를 옥에 가둘 권위를 부여하고 있다. 27절에서는 선지자 예레미야도 이 범주에 속하는 자로 간주되었다는 것이 나타난다. 그러나 엄밀하게 번역하자면, 이 두 용어들은 전혀 의미가 같은 것이 아니다. 이 문구는 "모든 미친 자들과 선지자인 체하는 자들"이라는 의미다. 게다가 이것은 거짓 선지자의 판단이지, 백성들의 일반적인 생각을 반영하는 것이 아니라는 점이다. 스마야는 예레미야의 철천지 원수였던 것이다.

선지자직에 대한 불신은 사무엘상 10:11, 12의 질문에서도 나타난다: "사울도 선지자들 중에 있느냐?", "그들의 아버지가 누구냐?"(참조. 19:24). 그러나 이 기사의 전후 문맥을 보면, 최소한 이 기사를 서술하는 저자의 입장에서는, 진짜 불신을 의도한 것이라고 믿기가 어렵다. 본래부터 그렇게 경멸적인 의미로 알고 있었다면, 저자는 기껏해야 고고학적인 호기심이나 불러일으킬 만한 그런 내용을 그의 기사 속에 집어넣지는 않았을 것이다. 사무엘은 이 기사에서 그 선지자들과 아주 친숙한 처지였던 것으로 묘사되고 있다. 그는 방금 기름 부음을 받은 사울을 그들과 어울리도록 만드는 것이다. "사울도 선지자들 중에 있느냐?"라는 금언의 의미는 애매하지만, 그러나 "이 귀한 사람이 어떻게 해서 이런 형편없는 사람들과 함께 어울리는가?"라는 의미일 가능성은 거의 없다. 또한 "그들의 아버지가 누구냐?"라는 질문의 의미도 마찬가지로 분명치 않다. 그들을 불신하는 의미로 가정하면 이 질문은, "이 자들은 태생도 모르는 자들이다", "아비를 알 수 없는 자들이다"라는 뜻이 될 것이다. 그러나 이런 해석을 뒷받침할 만한 특별한 근거는 없다. 다만, 이보다 나은 해석이 아직 발견되지 못했다는 정황만이 있을 뿐이다. 금언들은 해석하기가 지극히 어려운 경우가 많다. 아모스가 선지자들과의 일체의 관계를 부인했다는 주장에 대해서는 위에서 언급한 바 있다. **나비주의**가 가나안으로부터 파생되었다는 주장을 지지하는 첫 번째와 두 번째 논지들에 대해서는 이 정도로 처리할 수 있을 것이다.

그 세 번째 논지에 대해서는 별로 논평할 필요가 없다. 사실상 그것은 가나안 파생설을 지지하기보다는 오히려 반대하는 면이 훨씬 더 강하기 때문이다. 선지자 운동이 등장하고 확대되었다고 주장하는 시기에는 이스라엘과 가나안 족속들이 서로 강한 적대 관계에 있었다. 과연 사무엘처럼 신정적인 애국 운동의 기수였던 사람이 원수에게서 무언가를 빌려오는 일을 권장했을 리가 있겠는가? 그러므로 가나안 파생설이 설득력을 지니려면, 먼저 성경 저자가 보도하고 있는 사무엘이라는 인물 자체를 하나의 풍자화 된 인물로 가정하는 일이 선행되어야 할 것이다.

네 번째 논지는 가장 빈약한 것이다. 외부에서 비롯된 것으로 보는 것이, 자체 내에서 생겨난 것으로 보는 것보다 이런 유의 운동의 발전 과정과 더 어울린다는 식의 논지는 입증하기가 극히 어려운 것이기 때문이다. 이스라엘 자체 내에서 생겨난 것으로 보는 논지도, 그 운동의 점진적인 발전과 그 고유한 애착을 똑같이, 아니 반대의 논지보다 더 강력하게 주장할 수 있는 것이다. 그 운동이 이스라엘 자체 내에서 생겨났기 때문에 오히려 그것을 개선시킬 욕구가 그들에게 있었다고 볼 수도 있기 때문이다.

후기의 선지자들이 윤리적 유일신 사상을 창안하였는가?

다음으로 살펴볼 것은, 후기의 역사에서 선지자 운동이 행한 역할에 대해 비평학파가 제시하는 이론에 관한 내용이다. 그들은 아모스와 호세아의 시대로부터 선지자들이 구약 종교의 독특하고 영구한 가치를 이루는 윤리적 유일신론(ethical monotheism)이라는 위대한 진리를 발견하고 확립시켰다고 주장한다. 여기서, 그 선지자 그룹에서 이런 신념이 생겨나게 된 경위를 비평학자들의 논지를 따라서 그려보기로 하자. "윤리적 유일신론"이라는 말을 오해해서는 안 된다. 이것을 덧붙여진 어떤 것으로 보아서는 안 된다. 곧, 선지자들이 처음에는 유일신론을 주장했다가, 나중에 거기에다 여호와의 윤리적 성격을 덧붙이게 되었다는 식으로 이해해서는 안 된다는 말이다. 이 말의 진정한 의미는 바로, 여호와에 대한 윤리적 사고가 유일신론을 생기게 했다는 것이다. 선지자 활동의 후기의 복합적인 정황에 대한 견해에서, 비평학자들은 그 선지자 운동 자체에 대해서는 호의적인 자세를 취하면서도, 방금 살펴본 것처럼 선지자 운동의 기원에 대해서는 전혀 반대되는 태도를 취한다는 점을 간과해서는 안 될 것이다. 그렇기 때문에 이러한 비평학자들의 견지에서는, 점진적인 정화와 발전을 논하는 것이 그렇게도 절실해지는 것이다. 일단 이상적인 방향으로 나아가는 윤리적인 발전의 사실이 확립되면, 그것에 근거하여 유일신론을 연역해 내는 일이 별로 어려움 없이 이루어질 수 있는 것이다. 그러나 문제는 처음에 여호와의 본성과 성격에 대해 윤리와는 무관한 — 혹은 윤리 이하의(sub-ethic) — 사고를 가졌던 상태에서 과연 어떻게 해서 하나님에 대한 윤리적인 사고가 생겨날 수 있었느냐 하는 점이다. 이 문제를 해결하기 위하여 비평학자들은 다음과 같은 논지를 제시한다.

엘리야와 엘리사의 시대와, 또한 아모스와 호세아의 시대 사이의 어느 때에 윤리적인 요소가 들어왔을 것이 틀림없다. 엘리야와 엘리사의 시대 이전에는 여호와는 그저 이스라엘 민족의 하나님이었을 뿐이요, 특별히 윤리적인 존재도, 유일한 참된 하나님도 아니었다. 그리고 그의 몇몇 특징들은 심지어 윤리적으로 거부감이 가는 것이기도 했다. 엘리야와 엘리사 같은 선지자들이 여호와를 위해 나선 것은 그저 그들이 나머지 사람들보다 더 위대한 애국자들이었고 더 확신을 지닌 민족주의자들이었기 때문이다. 엘리야의 사역의 주요 특징은 여호와가 홀로 이스라엘의 민족적인 섬김을 받을 권리가 있다는 것을 주장한 사실에 있다. 엘리야도 그의 후계자인 엘리사도, 단과 벧엘에 세운 송아지들을 대적하지 않았다. 그들이 여호와를 큰 불의에 대해 복수하는 분으로 제시한 것은 사실이다. 그러나, 이스라엘과 여호와의 관계 전체를 윤리적 근거에다 두고 이스라엘이 도덕적인 목적을 섬긴다고 믿었던 한 세기 이후의 선지자들의 견해와, 이 선지자들의 견해를 같은 것으로 혼동해서는 절대로 안 된다. 엘리야와 엘리사의 입장은 다른 곳에서 비슷한 상황이 있을 때에 이교도의 신에게 빌어도 무방하다는 식의 원칙과 다를 바 없었던 것이다.

그렇다면 이 점에서의 변화는 과연 어떻게 해서 생긴 것일까? 외부적으로 일어난 사건들의 과정이 선지자들의 사고에 윤리적인 요소를 만들어낸 큰 요인이 되었다. 이스라엘은 전쟁에서 패하는 심각한 고통들을 당했다. 그런 일은, 특히 그런 일이 오랜 기간 동안 질질 끌 때에는, 이스라엘 민족에게 자비를 베푸는 일과 마음대로 변덕을 부리는 일이 교차하는 그런 식의 옛날의 근거로는 설명하기가 어려웠다. 국가의 존망이 위험을 받게 되자, 하나님과의 그런 유치하고도 신뢰성 없는 관계가 만족스럽지 못하다는 것이 곧바로 드러나게 되었다. 약소 민족들이 거대한 권력에 정복당하면, 그들만이 아니라 그들의 신들도 함께 역사의 현장에서 사라졌다. 이스라엘의 존망이 위협을 받는 문제는 하나의 종교적인 문제였다. 민족의 신이란 그 백성을 보호하는 것 이외에는 존재 이유가 없다. 그 점에서 실패하면, 그 신의 유용성은 그것으로 끝나는 것이다. 수리아로부터 위험이 사라지고 앗수르의 세력이 등장하게 되자, 그런 상황이 한층 더 심각하게 되었다. 다메섹으로부터 피할 수 있을까 하는 의혹이 팽배했던 것이다.

민족 신(神)으로는 그런 위기의 상황을 헤쳐나갈 수가 없었다. 이스라엘이 구원받고 여호와가 살아남느냐, 아니면 이스라엘이 정복당하고 여호와도 마찬가지로 제거되느냐, 둘 중의 하나일 뿐이었다. 후자의 경우만 역사적으로 가능해 보이는 상황이었을 동안에는, 그 당시의 선지자들은 그런 끔찍한 문제를 생각하기조차 꺼려했다. 그들의 하나님과 너무나 밀착되어 있었기 때문에, 그 하나님이 망한다는 것은 감히 생각할 수도 없는 일었던 것이다. 이런 절박한 생각에서 피하기 위해서는, 어떻게 해서든 이스라엘의 민족적인 존망의 문제를 여호와의 종교적 존재의 문제와 격리시킬 필요가 있었다. 그리고 이를 이루는 길은 오직 하나밖에 없었다. 곧, 이제는 아무도 믿을 수 없게 되어 버린 이스라엘을 향한 민족적인 보살핌과 호의의 관념을 극복할 수 있도록, 여호와의 성격에 다른 어떤 우월한 요소들을 집어넣는 것이 그것이었다. 이스라엘이 희생을 당해도 여호와는 그대로 남아 있다는 말만으로는 소용이 없었다. 그들에게 필요한 것은, 이스라엘의 패망이 코 앞에 닥친 처지로 인하여 여호와의 관념에 생겨난 균열을, 민족을 초월하는 어떤 새로운 내용으로 채워넣는 일이었던 것이다.

선지자들은 바로 하나님에게 윤리적 관념을 부여하는 일을 담당하였다. 여호와가 지극히 윤리적인 신이라면 그가 추구한 윤리적 목표가 이스라엘의 패망을 요구하는 것으로 생각할 수도 있었기 때문이다. 그렇게 되면 이스라엘이 패망해도 여호와는 패망하지 않고 그대로 남아 있게 될 것이었다. 오히려 반대로, 새로운 관점에서 볼 때에 이스라엘의 패망이 곧 여호와의 내심(內心)의 성격이 그대로 실현되는 것이 되는 것이다. 그리하여 선지자들은 자기들의 하나님을 구원하기 위해 이스라엘을 희생시켰다. 그들은 거의 터무니 없을 정도까지, 하나님이 망하지 않는다는 그들의 종교적 확신을 보장하였다. 사실상 맨 밑바닥을 예리하게 주시해 보면, 그들이 그런 방향으로 사고하게 된 것은 윤리의 이상에 대한 적극적인 관심 때문이 아니었다는 것이 드러난다. 사실상 그들이 여호와의 성격을 윤리적인 것으로 만든 것은 그것이 그를 계속해서 붙잡을 수 있는 불가피한 전제 조건이었기 때문이다. 그들은 그를 종교적으로 흠모하였고 그에 대해 전통적으로 깊은 애착을 가져왔고 또한 그것이 너무도 강하였으므로, 어쩔 수 없이 양자택일의 기로에 서게 되는 경우에는, 차라리 그 백성을 잃어버릴지언정 그들의 하나님은 잃고 싶지

않았던 것이다. 하나님의 윤리적 성격은 목적을 위한 하나의 수단일 뿐이었
던 것이다.

그러나, 선지자들이 그런 일을 맡아서 수행했다면 그들이 윤리적인 요소
에 사로잡혀 있었다는 것이 되는데, 그들은 과연 어떻게 해서 그런 윤리적인
요소에 사로잡히게 되었을까? 그 해답은 선지자들이 일반 대중보다 윤리적
으로 뛰어난 재질이 있었다는 데서 찾을 수 있다. 그들은 옳고 그름에 대하
여 일반 대중보다 훨씬 더 민감했다. 그러나 언뜻 생각하면 그것이 오로지
그들의 그런 재질 때문이었던 것만으로 볼 수도 있으나, 그런 것만은 아니었
다. 이것은 오히려 극심한 악에 대한 반작용으로 선이 일어나는 경우에 해당
할 것이다. 사실상 이스라엘의 도덕적 상태가 그런 반응을 불러일으키기에
합당했던 것이다. 방탕하고 사치스러운 생활이 특히 상류층에 만연되어 있
었고, 모든 것이 완전히 부패해 있어서 정의가 시행되지 않았다. 부유한 자
들이 가난한 자들을 억압하고 있었다. 이렇듯 하나님에 대한 새로운 관념을
형성하기에 필요한 모든 요건들이 주어져 있었던 것이다. 새로운 점은 바로
선지자들이 여호와의 성격에서 윤리적인 면이 절대적인 우위를 차지한다는
점을 분명하게 공언하였다는 데 있었다. 이스라엘의 종교 전체가 이로써 하
나의 새로운 기반 위에 세워진 것이다. 선지자들의 신학의 모든 특징적인 요
소들이 거기에서부터 생겨나온 것으로 여겨진다. 그 새로운 기반은 바로 유
일신 사상에 뿌리를 둔 것으로, 그것은 이전 시대의 일신숭배 사상
(monolatry)과는 구별되는 8세기의 선지자들의 사상이었다. 엘리야와 엘리
사조차도 일신숭배 사상을 넘어서지는 못했었다. 그런데 여호와는 이제 윤
리적 절대성의 성격을 띠면서 신들 가운데서 독특한 위치에 서 있게 되었다
는 것이다.

대부분의 비평학자들은 예레미야의 시대 이후부터 이런 유일신론의 사고
가 분명하게 드러난다는 데 의견을 같이 한다. 그러나 어떤 이들은 아모스와
예레미야 사이의 기간으로 보는 견해를 피력하기도 한다. 바우디신
(Baudissin) 같은 이들에 따르면, 이 시기에는 이스라엘은 실질적으로 유일신
론을 견지하였으나, 아직 이스라엘 바깥의 영역에는 그것이 반영되지 않았
다고 한다. 또 쿠에넨(Kuenen) 같은 이들의 견해로는, 이 시기는 유일신 사

상이 태동하는 초기였으므로 선지자들이 일관성 있게 그것을 표현하지 못했고, 그저 이따금씩 일신숭배 사상과 유일신 사상 사이를 넘나들 뿐이었다고 한다. 또한 슈타데(Stade) 등은 예레미야를 포함해서 포로기 이전의 선지자들에게는 그런 문제 의식이 전혀 없었고, 포로기 중의 제2 이사야(Deutero-Isaiah)가 최초의 실질적인 유일신론자였다고 생각한다. 그러나 유일신론이 앞에서 서술한 경위로 태동되었다는 데에는 모두가 동의한다.

더 나아가서, 비평학자들에 의하면, 여호와에게 붙여진 그 윤리적 성격은 극단적인 윤리주의요, 이를테면 과도한 윤리주의(hyper-ethicism)였다는 점을 주의해야 한다고 한다. 여호와의 윤리성은 윤리적인 의식의 자비롭고 은혜로운 면이 아니라 엄밀하게 보응하는 면에 집중된 것이었다는 것이다. 선지자들의 여호와는 "좋은 마음을 지녔다"(well-inclines)는 의미에서 선한 존재가 아니라, 철저한 복종을 주장한다는 의미에서 선한 존재다. 그는 따뜻하고 포근한 사랑이 별로 없는 존재다. 복종할 때의 기쁨보다는 불복종하는 것에 대한 응분의 결과에 대해 훨씬 더 무겁게 강조하는 분이다. 이렇듯 하나님의 도덕성에 대한 사고 전체가 별로 달갑지 못한 면에 치우쳐 있다고 한다. 그의 윤리에는 하나님의 사랑이나 은혜는 제외되어 있다는 것이다. 그렇기 때문에, 이 학파에 속한 학자들 중에 어떤 이들은 선지서들의 본문을 구별하여 비평하기도 한다. 여호와가 백성들에게 약속을 한다거나 은혜로운 태도를 갖는다는 것은 선지자들의 윤리적 전제들과 전혀 어긋난다는 원리에 입각하여, 이들은 선지자들의 강화(講和) 중에서 선지자들의 윤리적인 확신들과 모순되는 것으로 보이는 것은 무엇이든 다 제거해 버린다. 그리하여 약속의 성격을 띠거나 종말에 관한 성격을 띠는 상당한 부분들이 잘려나가고 만 것이다.

또한 새로운 이 선지자들이 지닌 윤리적 절대주의는 종교를 재구성하는 데에 또 다른 면에서 강력한 영향을 미쳤다. 윤리지상주의는 그 자체가 모든 것을 영적으로 보는 경향이 있고, 또한 영적으로 보는 경향이 극단적으로 나아가서, 결국 이스라엘 중에 영적인 것이 아닌 — 최소한 겉으로 보기에는 — 모든 종교적인 요소들을 거부하기에 이르게 되었다고 한다. 선지자들은 모든 의식적인 행위들, 희생 제사 의식들, 절기들, 신성을 묘사하는 모든 형

상들이 전부 효과가 전혀 없는 것일 뿐 아니라 여호와께 가증스러운 것들이
요 따라서 그의 진노를 촉발시키는 것이라고 가르쳤다고 한다. 여기서 주의
해야 할 점은, 여호와를 영적인 존재로 아는 지식으로 인하여 올바른 윤리적
인 이상을 그의 요구 사항으로 인식하게 된 것이 아니라, 오히려 거꾸로, 여
호와를 윤리적인 존재로 알았기 때문에 그를 또한 영적인 존재로 보았다는
것이다.

여기서 제사 의식에 대한 선지자들의 반대 입장이 절대적인 성격을 띠었
다는 점에 대해서도 논란이 있다. 어떤 이들은 제사 의식 전체를 여호와께
가증스러운 것으로 거부했다고 주장한다. 벨하우젠(Welhausen)은 선지자들
이 백성들의 희생 제사 의식을 거부한 것은 그것이 너무나도 부패했기 때문
이라는 점을 인정한다. 슈멘트(Smend)는 "여호와께서 백성들과의 모든 교제
를 유보하는 데에까지 나아갈 즈음에 선지자들이 백성들의 희생 제사 의식
을 거부한다"고 선언한다. 그러나 이 점에 대해서 보다 급진적인 견해를 취
하는 이들도 있다.

마지막으로, 비평학자들은, 윤리적 유일신 사상이 점진적으로 발전되어
가지만, 세월이 흐르면서 그러한 유일신론적인 신관이 개인주의와 보편주의
에 속하는 것으로 보이는 모든 요소들을 선지자들의 종교 속에 태동시켰다
고 본다.

지금까지 선지자들의 운동을 보다 나은 이상적인 목표를 향하여 나아가는
것으로 제시하는 가설을 살펴보았다. 나머지 이야기는 이것과는 좀 성격이
다르다. 선지자들의 사고는 그것이 감히 정복하고자 했던 비윤리적인 대중
의 종교와의 싸움을 도무지 견뎌내지 못했다는 것이 입증되기 때문이다. 그
리하여 선지자들에게는 순수한 이상주의자들로서는 아무것도 이룰 수 없다
는 생각이 점차 일어나게 되었고, 그리하여 좀 더 실용적인 경향이 결과로
나타났다는 것이다. 이제 선지자들은 주로 제사 의식을 제거해야 할 모든 악
의 뿌리로 보고 그것을 표적으로 삼게 되었다고 한다. 제사 의식을 완전히
폐기할 수가 없게 되자, 그것을 윤리적이며 영적인 사상을 담은 도구로 바꿈
으로써 그것을 가능한 만큼 잘 이용하고자 하는 시도가 행해졌다는 것이다.
그렇게 하기 위해서는 그 가장 자연주의적인 쓸데없는 생성물들을 잘라내야

만 했던 것은 물론이다. 그러나 타협을 목표로 삼은 이 실용주의가 불행스럽게도 속으로 부패의 씨앗을 낳고 있었다. 본래의 선지자적인 시각에서 보면, 그것은 옳고 그름의 절대적인 구별을 완전히 저버리는 것이었다. 모세오경의 몇 가지 율법 조문들에 도덕적인 내용과 의식적인 내용이 이상스럽게 뒤섞여 나타나는 것은 바로 이러한 타협의 산물들이라고 한다. 이렇게 해서 선지자들이 비로소 처음으로 대중의 마음을 외형적으로 장악하게 되었으나, 그 이전의 타협 없는 태도에서 나타났던 그 강력한 힘은 깨어지고 말았다. 이스라엘의 종교를 규정하기 위하여 하나의 고정된 율법을 받아들이면서, 이스라엘은 그 이상적인 자유를 희생시켜 버렸다. 희생 제사 의식을 그 자연주의의 토양으로부터 뿌리뽑는 데에는 어느 정도 성공을 거두었으나, 그 제사 의식은 — 물론 상당히 수정되긴 했으나 — 여전히 외형적인 것으로 그대로 존속하였다. 의식적인 요소와 선지자적인 요소 사이의 대립 관계가 그 예리함을 상실하였고, 포로 후 시대의 선지자들에게서는 그런 대립 관계가 거의 완전히 사라졌고, 이렇게 해서 유대교의 토대가 최초로 세워지게 되었다는 것이다.

비평학자들이 구성해 놓은 8세기 이후의 선지자들의 후기 역사에 대한 개요에 대해서는 이 정도로 족할 것이다. 이러한 비평학자들의 입장들에 대한 비판은 선지자들의 가르침을 적극적으로 제시하는 것과 밀착되는 문제이므로, 그들의 가르침들을 다룰 때까지 미루지 않을 수가 없다(제6장의 "선지자들의 계시의 내용"을 보라).

제 4 장

선지자들이 계시를 전달받은 양식

선지자들은 도처에서 여호와와 자신들과의 직접적인 교통을 확언하기도 하고 암시하기도 한다. 그들은 그들 자신이 현대화되지 않고 주관화되지 않은 본래의 견고한 의미에서 계시의 수령자들(recipients)임을 믿었다. 여기서는 선지자들이 이런 경험을 묘사하는 진술들의 특별한 형식들과 또한 그 계시들이 하나님께로부터 그들에게 임하는 양식을 계속해서 살펴보고자 한다.

선지자들이 계시 수용 과정의 객관성을 확신하고 있었다는 것은, 선지자들이 받은 계시의 초자연적인 근원을 부인할 수밖에 없는 그런 신학적 철학적 입장을 취하는 자들도 이구동성으로 시인하는 문제다. 그렇기 때문에 선지자들이 자기들이 직접 경험한 바에 대해 제시하는 단순하고도 명확한 설명을 받아들이지 못하는 사람들로서는 그 문제를 달리 해결해야 하는 짐을 지게 된다. 과거에는 이 문제 전체를 다음과 같은 두 가지 중의 하나로 보는 식으로 추론했다. 곧, 선지자들이 성실성이 없는 자들이요 그들의 글들도 거짓말투성이라고 보든가, 아니면 그들이 정직하고 믿을 만한 사람들이며 따라서 초자연적인 내용이 가득한 그들의 증언을 액면 그대로 받아들이든가 둘 중의 하나를 택해야 한다는 것이었다. 그러나 이런 식의 설명은 역사적으로 고지식한 자세로서, 오늘날 현대의 사고방식과는 다소 거리가 먼 것이 사실이었다. 성실하기로 이름난 증인이 정직하고도 순전하게 증언한다고 해서 그 모든 것이 실제로 일어난 일과 절대적으로 동일하게 되는 것은 아니다. 물론 일상적인 관계에서는 그런 증언이 단순하고도 유일한 확인의 수단으로 남아 있는 것은 사실이지만 말이다. 그러나 심지어 법적인 절차들에서도 문제가 그런 간단한 테스트의 범주를 훨씬 넘어서서 아주 복잡하게 되는 경우가 허다한 것이다.

현대의 심리학이 우리의 선조들이 아주 심오한 신비로 바라보던 여러 가지 것들을 이해가 가능하도록 만들어 놓았다고들 말한다. 그러나 현대의 심리학은 또한 사물을 쉽게 해명하는 합리주의의 방식으로도 그 존재를 의심할 수 없는 사람의 내면의 깊은 세계도 드러내 주었다. 그런데 이 예언의 문제에서 현대 과학은 그 두 가지 방향 모두에 적용된다. 과거 한 때 정통주의자들 사이에 예언 현상의 실재성과 진실성을 피상적이고 조잡한 방식으로 증명하는 일이 성행했었는데, 그런 조잡한 증명법과 마찬가지로 예언에 대한 합리주의적 설명도 현대 과학에 의해서 완전히 신빙성이 없는 것으로 입증된 것이다.

그 문제를 해결하는 데에는 다음과 같이 세 가지 요소가 개입된다.

(1) 첫째는 선지자들의 편에서의 확신이라는 심리적인 사실이다.

(2) 둘째는 선지자들의 운동이 초자연성에 대한 주장과 더불어 여러 세기 동안 계속되었다는 사실이다.

(3) 셋째는 미래에 대한 놀라운 예언들이 선지자 운동 과정에 수반되었다는 사실이다. 여기서 그 예언들이 머나먼 완성을 지향하는 목적론적 성향을 띠었다는 것은 종교 역사상 그 어떠한 운동에서도 유례를 찾아볼 수가 없다.

이 세 가지 점들을 염두에 둔다면, 선지자들의 활동이 여전히 해결되지 않은 신비로 남아 있으면서도 그 누구에게서도 — 선지자들 자신의 증언대로 그들이 받은 계시들이 위로부터 임하였다는 것을 받아들이는 사람이라면 — 비과학적이라거나 케케묵었다는 오해를 받지 않는다는 것이 어렵지 않게 드러날 것이다.

쿠에넨의 견해에 대한 검토

쿠에넨은 선지자들이 그들이 선포하는 메시지의 직접적인 신적 기원을 진정으로 믿었다는 사실을 인정한다. 그러나 그는 미래에 대한 그들의 예언들 가운데 성취되지 않은 것들이, 아니 현재나 미래에 성취될 수 없는 것들이 많으므로 그들이 분명 잘못을 범한 것이 틀림없다고 생각한다. 그러나 그는 진정한 과학적인 자세를 갖고서, 선지자들의 편에서 한결같이 지속적으로 예언에 대해 확신을 가졌다는 사실에 대해서는 그저 쉽게 "그들의 잘못이다"라고 단정지어버리는 것보다는 좀 더 무게 있는 심리적 설명이 필요하다는 점도 인정한다. 그러나 그가 제시하는 설명은 아주 빈약하기 그지없다. 그의 설명은, 선지자들에게서 나타나는 크나큰 확신은 그들의 윤리적 종교적 신념의 진지함과 확고함의 반영이라는 것이다. 선지자들은 문자 그대로 하나님께로부터 그런 식의 교통이 일어나지 않았다는 것을 잘 알고 있으면서도, 그런 객관적인 교통이 있었음을 제시함으로써 백성들에게 자기들의 가르침이 진리임을 확실히 부각시키려 했다는 것이다. 이러한 설명은 심각한 비판을 받는다. 그것이 과연 고대인들의 심리와 일치하느냐 하는 것과 그것이 도덕적으로 용인되느냐 하는 비판이 그것이다. 진지하게 설교하는 것뿐 아니라 그 설교하는 내용이 하나님께로부터 직접 온 것이라는 식으로 가장함으로써 그 내용이 진리임을 백성들에게 납득시키려 했다는 식의 생각은 너무 현대적인 냄새가 난다. 또한 거짓으로라도 꾸며대야 한다는 의식이 그들에게 있었다면 그것은 그만큼 진실성이 없었던 것이 될 것이다. 만일 그랬다면, 선지자들은 ― 현대의 설교자들보다도 속히 ― 그런 정신적인 거리낌이 그들의 열정의 힘을 깨뜨려버리고 더 나아가 그들의 마음을 청중들의 마음과 하나가 되게 하는 동감의 끈을 잘라버리고 만다는 것을 알았을 것이다. 사실 선지자들의 예언에 대해 그런 식으로 설명하는 것은 비평자 자신의 고상한 마음을 선지자들에게 투사시켜서 이해하는 것과 ― 물론 비평자 자신으로서는 그것이 자신의 태도임을 인정하기가 꺼려지겠지만 ― 다름 없다는 것이 쉽게 드러난다.

뿐만 아니라, 이 설명은 순전히 문학적인 견지에서만 보더라도 선지자들을 제대로 이해하지 못하는 것이다. 그들의 공언들이 너무나도 적극적이고 현실적으로 들리므로, 설득을 위한 목적으로 그것들을 활용하고자 하는 의도가 그들에게 있었다고 볼 수가 없다. 그런 정도의 적극성과 현실성은 공교하게 꾸며낸 말에서는 전혀 나올 수 없는 것이다.

또한 선지자들이 그런 방법을 썼다면 거짓 선지자들과의 논쟁에서 그 사실을 의식하지 않을 수 없었을 것이고, 그랬다면 그들의 입장이 매우 난처해졌을 것이라는 점을 잊어서는 안 된다. 거짓 선지자들을 향한 그들의 비판은 주로 그들이 "자기들 마음대로" 예언한다는 것이었다. 그런 비판이 과연 그들을 비판하는 선지자들에게는 진지한 확신이 있는데 거짓 선지자들에게는 그것이 없다는 뜻이었을 수가 있을까? 오히려 그들 사이의 쟁점은 그들이 거짓 선지자들이 선포하는 메시지의 초자연적인 성격을 의심했다는데 있지 않을까? 그들이 만일 자기들도 자기들 마음대로 예언을 했다는 것을 의식하고 있었다면, 그들과 거짓 선지자들 사이의 쟁점은 그저 그들의 마음이 거짓 선지자들의 마음보다 더 낫다는 것 이외에 아무것도 아닌 것이 되어 버리지 않겠는가?

마지막으로, 선지자들이 하나님과 진정 접촉했다는 것을 믿는 유신론적 체제에 근거할 때에는, 아무리 그 접촉이 "심리적인 것"이었다 해도, 결국에 가서는 하나님 자신도 반쪽짜리 진리를 제시했다는 오점을 면치 못하게 되어 버리는 것이다. 하나님께서 어떻게, 인간 사회에서 본인과 대리인 사이에 통용되는 사업적인 윤리의 수준에도 못미치는 그런 일을 행하실 수 있으며, 또한 그런 일을 묵인하실 수 있단 말인가?

특정한 예언들이 성취되지 않았고 또한 성취가 불가능하다는 것에 근거한 논지에 대해서는, 그 자체만 다루려 해도 별도의 장(章)이 필요할 것이다. 그 점에 근거하여 논지를 제시하는 일은 매우 사기성이 있고 또한 근거가 빈약한 것이다. 과연 예언의 "성취"가 무엇을 의미하며, 그것이 과연 미래의 어느 시점에서도 절대적으로 성취가 불가능한가 하는 문제에 대해 결정하는 일부터가 초자연주의와 자연주의의 근본적인 전제들이 결부되는 것이기 때문이다. 전천년주의(pre-millenarianism)를 택하면, 시간적으로 말해서 성취가 불가능한 영역이 현저하게 제한을 받을 것이다. "성취"의 문제에 대해서는 여기서 다룰 수가 없다. 현재 우리가 다루는 문제는 오로지 선지자들의 자기 증언에 의거하여서만 다루어야 하기 때문이다.

"핵심 계시" 이론

같은 방향에서 나타나는 또 하나의 심각한 시도는 "핵심 계시"(kernel-revelation)의 이론에서 접하게 된다. 곧, 하나님께서는 선지자들에게 진리의 본질적인 핵심만을 전해 주셨고, 이 핵심을 전개하여 전하는 일은 선지자들의 주관적인 사고에 맡겨두셨다고 믿는 것이다. 이 이론은 자기들의 메시지가 하나님께로부터 초자연적으로 임하였다는 선지자들의 주장을 최소한 일부는 인정하는 것이라 할 것이다. 보통은 이 "핵심"을 윤리적이며 종교적인 원리들로 본다. 이 이론이 사실이라면 선지자들은 그들의 메시지에 속한 두 가지 요소들이 서로 기원이 다르다는 것을 인식하고 있었다는 것이 된다. 그러나 이 이론은, 그렇게 핵심과 껍데기를 서로 구별하는 일은 고대의 종교적 사고의 양식과는 거리가 멀다는 비판을 면치 못한다. 선지자들은 어디서나 그들의 말이 하나님의 권위를 지닌다는 것을 주장하고 있으나, 이런 그들의 주장에 단서가 붙어 있다는 것(즉, 하나님의 권위가 핵심에만 해당되고, 껍데기에는 해당되지 않는다는 것 — 역자주)을 잘 새겨서 이해해야 한다는 식의 암시는 어디에도 나타나지 않는다. 만일 그랬다면 선지자들은 틀림없이 자기들의 생각에서 나온 내용이 그들의 최종적인 메시지 속에 들어 있다는 것을 의식했을 것인데, 그들은 그들의 메시지 전체가 신적인 권위를 지니는 것으로 말씀하고 있는 것이다. 마지막으로, 이 가설이 성립되려면, 선지자들이 핵심 진리를 전달받는 시기로부터, 깊은 생각을 통하여 그 핵심 진리가 최종적인 메시지로 완성되어 백성들에게 전하게 되기까지 상당한 시간적 간격이 있어야만 할 것이다. 그러나 사실상, 선지자들은 흔히 메시지를 받은 즉시 백성들에게 전해지는 경우가 허다하게 나타난다. 이러한 사실을 볼 때에 "핵심 계시" 이론은 성립될 수가 없는 것이다.

"점술" 이론

세 번째로 "점술"(占術: divination) 이론을 살펴보기로 하자. 이 이론은 선지자들의 지식을 신비한 지식을 지닌 성경 이외의 경우들과 동일 선상에 놓음으로써, 선지자들의 독특한 성격을 무시해 버리는 것이다. 이 이론은 선지자들의 글에 나타나는 미래에 대한 예언의 요소를 해명하기 위하여 특별히 고안된 것이다. 종교적인 관점에서 볼 때에, 이 이론은 최소한 예언 현상을 신비한 빛 속에서 바라보며, 또한 합리적인 방식을 사용하여 그 현상을 해명하려는 시도를 무가치한 것으로 본다는 점에서, 앞의 두 이론보다는 높은 것이라 할 수 있다. 여호와와 선지자 사이의 접촉은 과연 지극히 신비스러운 일이다. 그러나 우리가 의인화법(擬人化法)을 써서 말하게 되기 때문에, 그 신비 중 어떤 것은 우리의 시선을 피해 가기도 한다. 슈멘트(Smend) 등은 이 한 가지 유비에다 선지자들의 미래의 예언 문제 전체를 걸기도 한다.

일상적인 인간의 지식의 범위를 훨씬 초월하는 문제들에 대한 예견(豫見)이나 통찰이 분명하게 확증되는 실례들이 역사상 왕왕 나타나는 것이 사실이다. 성경도 신명기 13:1, 2에서 "선지자"와 "꿈 꾸는 자"가 나와서 장차 일어날 이적과 기사를 보이면서 그것을 이용하여 백성들을 우상 숭배로 꾀일 것을 말씀하고 있다. 그러나 그들의 활동에 신적인 영향력이 어느 정도라도 미친다는 것을 부인할 수가 없다. 왜냐하면 하나님께서 이런 일을 통해서 그 백성들을 시험하신다는 것을 말씀하기 때문이다. 그러나 그런 가짜 선지자는 죽여야 한다는 말씀이 덧붙여져 있다(5절). 그러나 구약의 예언 현상 전체를 그런 통찰력 혹은 예견력을 근거로 설명하는 것은 있을 수 없는 일이다. 통찰과 예견의 성격을 띤 모든 현상들에게서 나타나는 것들과는 구별되는 특정한 특질들이 선지자들의 예언에서 나타나기 때문이다. 그런 통찰이나 예견에서는 선지자들의 예언에서 나타나는 자연스러움, 분명함, 그리고 직접성(immediacy) 같은 것들을 찾아볼 수가 없다. 통찰이나 예견 같은 것이 선지자들의 예언들과 비슷하다고들 주장하지만, 그 과정들에는 마술적인 준비와 조작 같은 것들이 늘 따라붙기 마련이다. 그리하여 처음에는 설명이 불가능할 것처럼 보이는 많은 것들이 "암시" 혹은 "자기 암시"에 근거하여 설명되어온 것이다. 그러나 이 분야는 어느 정도 탐구되긴 했으나 여전히 미스테리가 가득 남아 있는 분야다. 따라서 이것을 토대로 하여 성경의 예언 현상을 포괄적으로 설명한다는 것은 그야말로 어리석은 일인 것이다. 어쩌면 이스라엘 중의 거짓 예언의 발전 현상에 대해서는 이것이 무언가 빛을 던져 줄 수 있을지도 모른다. 거짓 예언이 전적으로 속임수로만 행해지지는 않았을 것이고, 거기에 자기 망상(妄想)의 요인이 작용했을 수도 있는 것이다. 그러나 참 선지자들 사이에는 오직 이스라엘의 하나님만이 미래에 대해 참된 예언을 하실 수 있고 또한 피조물이 접근할 수 없는 은밀한 일들을 적나라하게 드러내실 수 있다는 명확한 의식이 있으며, 또한 그런 의식이 표현되는 경우가 적지 않게 나타나는 것이다. 그러므로, 예언 현상을 "점술"로 설명한다면, 우리는 그 자체가 철저하게 오도된 것이라고 말할 수밖에 없을 것이다.

청각적인 방식으로 임하는 계시

이제는 하나님께로부터 진리가 임하는 방식에 대하여 말씀하는 선지자들 자신의 진술들을 살펴보기로 하자. 여기서 우리는 하나님께서 말씀을 하시고(speaking) 선지자들이 그것을 듣는(hearing) 방식으로 임하는 경우와, 또한 그가 무언가를 보여주시고(showing) 선지자들이 그것을 보는(seeing) 방식으로 임하는 경우를 서로 구별해야 할 것이다. 선지자들의 기록에는 여호와께서 말씀하신 사실에 대한 언급이 자주 나타난다. 때로는 여호와께서 말씀하셨다는 표현이, 그 말씀을 받아야 할 사람의 마음에 그 메시지가 전달되는 과정 전체를 뜻하는 포괄적인 의미의 관용어법인 경우도 있다. 사실은 먼저 선지자에게만 말씀하시고 선지자에게 그 말씀을 백성들의 귀에 들려주라고 명령하시는데도, 그냥 하나님께서 백성들에게 말씀하셨다고 표현하기도 하는 것이다. 그러나 여기서는 하나님께로부터 선지자에게로 전해지는 것에 대해서만 관심을 집중시키고자 한다(이러한 구별에 대해서는, 학 1:1; 말 1:1을 호 12:10과 비교하라).

하나님께서 예언으로 전해 주시는 말씀을 뜻하는 것으로 가장 흔하게 사용되는 표현 양식은 **아마르 야웨, 디베르 야웨, 네움 야웨** 등이다. 앞의 두 문구는 완료 시제로 "여호와께서 말씀하셨다", "여호와께서 이르셨다"는 뜻이다. 마지막 세 번째 문구는 수동태 분사로서 "신탁으로 전해진 것"을 뜻한다. 여기서 완료 시제가 중요하다. 이것은 본래 — 그리고 언제나 — 선지자가 말하기 전에 계시가 먼저 그에게 전해졌음을 뜻하기 때문이다. 이처럼 하나님이 말씀하신다는 표현이 그저 비유적인 표현이 아니라 문자 그대로 "하나님이 선지자들을 통해서 말씀하신다"는 뜻이라는 사실은 여러 가지 경로를 통해서 드러난다. 선지자들은 여호와를 말씀하시는 하나님으로, 또한 우상들을 벙어리 신들로 구별하였던 것이다. 그런데 만일 하나님께서 직접 선지자들에게 말씀하신 사실이 없고 그저 선지자들을 통해서만 말씀하셨다면,

여호와와 우상들 사이의 이러한 대비(對比)는 완전히 의미를 상실하고 마는 것이다. 이러한 대비는 하나의 대중적인 변증의 일환이었다. 선지자들을 통하여 전해지는 말씀에 대해서는, 이방인들도 이스라엘과 똑같이 이것을 받는다고 주장했고, 따라서 이런 간접적인 전달만으로는 차이점을 입증할 방법이 없었기 때문이다. 이스라엘과 이방인의 차이는 바로, 이방 종교에서는 신들로부터 신지자들에게 임하는 객관적인 말씀이 전혀 없다는 데 있었다. 이방인들의 종교와 계시의 구조 전체가 실재성(reality)이 없었기 때문이다 (사 41:22-26; 43:9; 렘 10:5; 합 2:18).

더 나아가서 선지자들은 신적인 말씀을 여호와의 생각과 계획의 표현으로 제시한다. 사람에게 생각과 말이 유기적으로 하나이듯이, 하나님도 마찬가지라는 것이다(사 19:17; 23:9; 렘 51:29; 암 3:7). 좀 더 현실적인 표현으로서, 우리는 여호와께 입이 있는 것으로 말하는 경우도 나타난다. 이는 여호와께서 입이라는 육체의 기관을 갖고 계시다는 뜻은 아니나 그가 문자적인 의미에서 말씀을 발하는 기능(the faculty of speech)을 시행하신다는 뜻이며, 그 이외에는 다른 해석이 용납되지 않는다(사 58:14). 선지자들은 여호와의 이런 말씀하시는 역사가 임한다는 사실을 여러 방식으로 강조하여 묘사한다. 그런 다양한 묘사들은 모두가 실제의 말하는 행위에만 해당될 수 있는 것들이다(사 5:9; 8:11; 14:24; 렘 25:30; 암 3:7, 8).

또한 선지자들은 그저 "하나님이 말씀하셨다"는 식으로 다소 불명확한 방식으로만이 아니라 거기에 간접 목적어를 첨가시켜서 진술하기도 한다: "여호와께서 **내게** 이르시되"(사 8:1; 18:4). 또한 여호와께서 말씀하신 사실에다 구체적인 장소와 시간을 부여하기도 한다(사 5:9; 16:13, 14; 22:14; 렘 1:13; 겔 3:12). 사무엘상 3:8, 9에서는 사무엘이 음성을 듣는데, 그 음성이 외부로부터 임하였으므로 그는 두 번씩이나 그 음성을 엘리의 음성으로 착각하기까지 했다. 그리고 이사야는 자신이 여호와께로부터 들은 사실과 또한 그 들은 바를 다른 이들에게 전한 사실을 명확하게 구별하고 있다(21:10).

이런 기조의 논지에 대해서 반론이 제기되기도 했다. 곧, 신명기나 예레미야서나 거짓 선지자와 참 선지자를 구별하는 기준을 신적인 교통이 있었느냐의 여부에 두지 않고, 선지자의 예언이 참된 종교의 원리들과 부합하느냐와 또한 그 예언이 과연 후에 성취되느냐에 두고 있다는 것이다. 그러나 이 문제는 선지자들 자신에 관한 문제가 아니라, 오로지 그들이 보내심을 받은 사람들에게만 관계되는 문제다. 백성들로서는 선지자가 홀로 골방에서 하나님과 교통하는 중에 과연 어떤 일이 있었고 또 어떤 일이 없었는지를 알 방법이 없었던 것이다.

그러므로, 여호와의 말씀이 객관성 있게 임하였고 동시에 외부로부터 (external) 임한 경우가 허다하다고 보는 것이 타당할 것이다. 외부로부터 임했다면 그것은 반드시 객관성이 있는 것이다. 그러나 객관성 있게 임했다고 해서 반드시 외부로부터 임한 것이 되는 것은 아니다. 쾨니히(Koenig)는 선지자들에게 임한 하나님의 모든 말씀은 반드시 외부로부터 임한 것이어야만 한다는 것을 근거로 삼는데, 그래야만 계시가 하나님께로부터 임했다는 사실에 대한 무오한 확신이 생길 수 있기 때문이라는 것이다. 그러나 이러한 전제는 그의 논지를 입증하기에 충족하지 못한 것이다. 계시가 외부로부터 임하였다 해도 얼마든지 자기 망상의 가능성이 개입될 수 있기 때문이다. 흥분된 정신 상태에서 환청(幻聽)이 일어나는 일이 왕왕 있다. 만일 선지자들이 그들의 모든 메시지 하나하나가 다 외부로부터 임한 말씀이라고 증언했다면, 우리는 싫든 좋든 이것을 받아들여야 마땅할 것이다. 그러나 선지자들은 그렇게 주장하지 않는다. 결국 문제는, 객관적인 말씀이 과연 어떻게 외부로부터 임하는 것이 아닌 방식으로 임할 수 있는가 하는 것이다.

우선 생각의 혼동을 먼저 경계해야 할 것이다. 곧, 여호와께서 선지자들에게 주시는 내적인 말씀을 선지자의 머릿속에서 이루어지는 생각이나 감정의 산물과 동일한 것으로 보고, 그리하여 그것이 선지자 자신의 의식으로부터 퍼올려진 것이라는 식으로 생각해서는 안 된다는 것이다. 말씀이 내적으로 주어진다고 해서 그 말씀을 전달받는 과정 전체가 주관적인 것이 되어버리는 것은 아니다. 대개의 경우 하나님께로부터 임하는 견고한 계시를 믿는 믿음에 미치지 못하는 사람들이 그런 식의 논리를 강조하는 것을 보게 된다. 그들은, 말씀이 어찌어찌해서 자연적인 정신 작용의 결과로 속에서 솟아나올 수 있다면 그것이 더욱 정상적이고 신빙성이 있을 것이라는 식으로 느낀다. 그러나 "내적인 말씀"(internal speech)이란 그런 것을 뜻하는 것이 아니다. 그 말은 선지자가 육체적인 귀와는 관계 없이 자기에게 신적인 음성이 임하는 것을 지각하는 하나의 내적인 사건을 지칭하는 것인데, 이때에 그 음성은 선지자가 그 내용을 자기 자신의 생각에서 나온 내용과 명확하게 구별할 정도로 분명한 객관성을 띠고 임하는 것이다.

그런 일이 가능하다는 사실은 신학적으로도, 또한 생리학적이며 심리학적으로도 근거가 있다. 신학적으로 말하면, 하나님께서 특정한 사상을 표현하는 말의 소리를 직접 영혼에게 전달하는 일이 불가능하지 않다. 하나님께서는 영혼의 내적인 조직 전체를 완전히 장악하고 계시다. 그리고 우리는 공기의 진동과 신경의 전달과 뇌의 감응과 영혼의 반응을 통한 일상적인 과정을 통해서 소리가 외부로부터 영혼에게 전달된다는 것 자체가 우리로서는 도무지 파악할 수 없는 지극히 놀라운 사실이라는 것을 인정해야 한다. 영혼과 물질이 서로 다르다는 것을 믿는다면 이를 인정할 수밖에 없다. 듣는 것(hearing)은 육체적인 행위가 아니라 하나의 영적인(psychic) 행위다. 보통의 경우는 특정한 육체적인 전제 조건을 요하지만, 그러나 듣는 것이 그런 전제 조건과 동일한 것은 아니다. 그렇다면 하나님께서 일상적인 방식 이외의 다른 방식으로 소리를 듣는 어떤 영적인 경험을 일으키실 수 없는 이유가 대체 무엇이란 말인가? 이는 내적으로 무언가를 보는(육체의 눈을 통해서가 아니라) 효과를 내는 영역에도 정확히 그대로 적용되는 문제다. 보는 일(seeing)은 육체적인 전제 조건들을 요구하지만, 보는 일 그 자체는 영적인 행위다. 선지자가 과연 어떻게 해서 내적인 음성과 외부로부터 전해지는 말씀을 서로 구별할 수 있었는가 하는 것은 아주 답변하기 어려운 문제다. 그러나 물질과 정신 사이의 경계에 대한 지식이 제한되어 있으므로, 그런 현상이 불가능하다고 선언해 버리는 일은 분명 주제넘는 일이 될 것이다.

하나님께로부터 선지자의 영혼에게 그런 내적인 말씀이 임한 경우가 적지 않다는 우리의 가정에 대한 근거들은 다음과 같다. **네움 야웨**라는 유명한 문구가 파생되어 나온 어근은 "덜커덕거리다"(to rumble), "우르르 울리다"(to grumble) 등을 의미하는 어근들과 어원이 같다. 그러므로 이 문구는 무디고 낮은 음을 지닌 소리를 표현하는 것일 가능성이 많으며, 따라서 속으로부터 들려오는 저음의 속삭이는 것 같은 소리와 잘 어울린다고 볼 수 있을 것이다. 그러나 열왕기상 19:12에서 그 근거를 찾을 수 없다는 것은 사실이다. 왜 냐하면 여기의 "세미한 소리"는 상징적인 것이요, 실제의 계시는 그 후에 임 하기 때문이다. 욥기 4:12-16은 근거로 제시할 만할 것이다: "어떤 말씀이 내게 가만히 이르고 그 가느다란 소리가 내 귀에 들렸었나니 … 두려움과 떨림이 내게 이르러서 모든 뼈마디가 흔들렸느니라 … . 오직 한 형상이 내 눈 앞에 있었느니라 그 때에 내가 조용한 중에 한 목소리를 들으니." 여기서 시각을 통한 계시와 청각을 통한 계시의 방식이 서로 유사한 것으로 이중적 으로 제시되고 있다. 보는 것이 언제나 육체적인 눈을 통해서 이루어지는 것 은 아니며, 또한 소리도 언제나 육체적인 귀를 통해서 들리는 것은 아니다. 그리고 이런 유사성은 보는 것과 듣는 것 모두 귀와 눈에 어떤 예비적인 작 용이 요구되는 상황으로 인하여 더욱 강하게 드러난다. 여호와께서는 눈을 여시기도 하시지만, 또한 이와 비슷하게 "귀를 깨우치기"도 하시는 것이다 (사 50:4).

때로는 하나님의 영이 하나님의 말씀을 전달하는 기관으로 구체적으로 명 시되기도 한다. 이러한 사실은, 최소한 그런 경우들에는 계시가 내적으로 주 어졌다는 견해와 부합된다. 성령께서는 보통 내적으로(*ab intra*) 역사하시기 때문이다. 쾨니히는 성령이 계시의 근원으로 나타나는 경우는 없다고 부인 한 바 있다. 그는 성령의 역사를 예비적인 단계의 계시에만 해당되는 것으로 제한시키고, 진리 그 자체가 전달되는 일에는 해당되지 않는 것으로 본다. 그러나 성령을 계시의 주체로 말씀하는 본문들이 있다(삼하 23:2; 왕상 22:24; 사 61:1; 욜 2:28; 슥 7:12; 느 9:30; 벧전 1:11). 또한 용기, 언변 등 선 지자에게 필요한 은사들을 부여하는 일을 위한 성령의 선행적인 역사하심이 있었던 것은 물론이다(미 3:8).

외부적인 말씀과 내적인 말씀을 통하여 임한 계시의 비율이 각각 어느 정 도인가는 알 수 없다. 시각적인 계시가 점차 청각적인 계시로 대치되어 가면 서 내적인 말씀이 더욱 빈번하게 사용됨으로써 선지자들의 사상에 진전이 있게 되었을 것이라는 주장이 제시되었다. 우리로서는 다른 계시의 방식보 다는 내적인 말씀의 방식에서 하나님께서 사람에게 더 가까이 임하신다는 정도는 말할 수도 있을 것이다. 그러나 이 점을 입증할 만한 적극적인 증거는 전혀 없다. 어떤 경우에는 청각적인 계시 방식이 사용되고 또 어떤 경우에는 시각적인 계시 방식이 사용되었는데, 거기에 어떠한 동기가 개입되었는지는 분명히 알 수가 없다. 선지자가 홀로 있을 때에 사사로이 임한 계시의 경우에는 두 가지 중 어떤 양식으로 나타났더라도 모두 적절했을 것이다. 어쩌면 계시가 임하는 그 순간의 선지자의 영적 종교적 상태에 따라서 계시의 양식이 달라졌을지도 모른다. 심지어 일반 하나님의 자녀의 경우도, 영적 생활에서 하나님께서 외부로부터 임하시기를 간절히 바라는 기분이 들 때가 있다. 이때에는 연약한 믿음을 충족시키기에 합당하도록 무언가 실체가 있는 것을 바라는 것이 그 밑바닥에 있다. 하나님께서 외형적으로 그의 백성에게 임하실 때에는 그것이 대개 성례의 성격을 띠게 된다. 반면에 때로는 선지자의 종교적 상태가 영적으로 민감해 있어서 하나님과 접촉하고자 하는 소원이 내적인 방향을 취할 경우도 있는데, 이럴 때에는 속으로 감지되는 음성에서 독특한 만족감을 얻게 되는 것이다.

하나님의 계시가 다른 사람들이 있는 자리에서나 혹은 그 계시를 받을 백성들 앞에서 공적으로 임할 경우에는, 내적인 방식으로 임하는 것이 자연스러울 것이다. 이때에는 선지자가 그 받은 말씀들을 반복해야 했다. 만일 그럴 때에 외부적인 방식으로 음성이 그에게 임했다면, 주위의 다른 백성들도 그 음성을 듣게 되었을 것이고, 따라서 그 메시지를 그 사람들에게 전달하는 일 자체가 쓸데없는 일이 되고 말았을 것이다. 그렇다면 선지자의 기능이 필요없는 것이 되었을 것이다.

더 나아가서, 선지자가 메시지를 전달하기 직전에 그 내적인 말씀이 그에게 들려진 것이, 선지자가 받은 말씀과 또한 그가 전달하는 말씀이 서로 정확히 일치하도록 보장하기 위함이었을지도 모른다. 선지자로서는 내적으로 들리는 음성이 제공해 주는 내용을 곧바로 그대로 발설하기만 하면 되었을 것이니 말이다. 기억을 더듬어야 할 만큼 시간적인 간격이 거의 없었고, 이를테면 그 모든 일이 하나의 생생한 과정이 되었다. 선지자는 속에서 들려지는 하나님의 음성에 귀를 기울이는 가운데 진정한 의미에서 하나님의 입이 된 것이다. 어쩌면 예언의 기록하는 일에도 그 내적인 음성이 역할을 했을 것이다. 여기서 강조하고자 하는 것은 선지자가 자신의 기능을 수행하면서 발설하는 내용을 전혀 구분하지 않고 그 전부를 엄밀하게 문자적인 의미에서 "여호와의 말씀"으로 부른다는 점이다. 메시지의 전달 과정에서 선지자 자신의 자유로운 처신이 나타나지만, 선지자는 절대로 그것을 빌미로 자신의 메시지의 절대성을 반박할 여지를 주지 않는 것이다.

시각적인 방식으로 임하는 계시

청각적(聽覺的)인 방식으로 임하는 계시와 더불어, 시각적(視覺的)인 방식으로 임하는 계시가 있다. 선지자들이 이상(異像: vision)을 보는 경우들이 성경에 여러 차례 기록되어 있다(사 6장; 렘 1:11-12; 24:1; 겔 1-3장; 8-11장; 37:1-10, 40-48; 단 2:19; 7장; 8장; 10장; 11장; 12장; 암 7:1-9; 8:1-3; 9:1; 슥 1:8; 6:1-8). 그리고 호세아, 요엘, 오바댜, 요나, 미가, 나훔, 하박국, 스바냐, 학개, 말라기 등에는 이상이 전혀 나타나지 않는다. 에스겔과 다니엘의 확대된 이상들을 한 단위들로 묶어서 취급하면, 이상의 숫자가 비교적 적다. 그러나 이것은, 선지자들이 "이상"을 언급하지만 그 단어가 분명 "이상"을 뜻하는가 아니면 그저 일반적으로 계시를 뜻하는 용어인가 하는 것이 불분명한 경우들은 제외한 것이다. 그러나 이 경우들을 다 계산에 넣더라도, 이상을 통한 형식이 선지자들이 받은 계시의 일상적인 형식이었으며 또한 어떠한 말씀이 임하더라도 그 모두를 이상에 속한 말씀(intra-visionary speech)으로 보아야 한다는 헹스텐베르크(Hengstenberg)의 견해를 뒷받침해 주기에는 부족한 것으로 보인다. 어떤 경우에는 이상을 통하여 메시지를 받는 방식이 선지자의 사역의 초기에 속했던 것으로 보이기도 한다.

고대에는 이상이 흔하게 나타나는 현상이었음을 보여주는 증거들이 있다. 발람의 계시들은 이상의 상태에서 받은 것이었다. 민수기 12:6에 따르면 모세 시대에는 여호와와 선지자들의 일상적인 대화가 이상 중에 이루어졌다는 것이 나타난다. 여기서 이상이 꿈과 구별되어 나타나는 것을 볼 때에, 전문적인 의미에서의 이상을 지칭한다는 것이 분명하다. 사무엘이 등장하기 직전의 시기에는 "여호와의 말씀"과 "흔한 이상"이 동의어로 사용되었다(참조. 삼상 3:1). 이러한 사실들이 외부적이며 감각적인 수단에서부터 내적이며 영적인 수단으로 계시가 꾸준히 진전되었음을 시사한다는 주장들이 제기되어왔다. 소리와 청각을 통하여 받는 것이 시각을 통하여 대상물을 감지하는 것보다는 본질상 신령한 세계에 더 가깝기 때문이라는 것이다. 그러나 이런 주장은 반박의 여지가 있다. 에스겔과 스가랴의 경우는 이상을 통한 방식이 주류를 이루며, 예레미야의 경우에는 이사야의 경우보다 이상의 빈도수가 다소 더 많이 나타나는 것이다. 아마도 이런 현상은 개인적인 차이에서 오는 것으로 보아야 할 것이다. 선지자들 중에서도 어떤 이들은 다른 이들보다 상상력이 강한 타입의 사고 구조를 지녔었는지도 모른다. 예레미야는 자신이 미래에 다가올 패망의 광경들 가운데서 계속 살았으며, 또한 그 광경들이 너무도 생생하여 극도로 고통스러웠다고 말하고 있다. 그는 더 이상 주변의 즐거운 일들에 참여할 수가 없었고, "여호와의 분노가 … 가득하여" 참기가 어려웠던 것이다(6:11).

그런데 이미 살펴본 바와 같이, 세월이 흐르면서 "이상"이 그 전문적인 의미를 상실하였고, 어떤 형식으로 주어졌든 간에 그저 "계시"와 동일한 의미가 되었다. 이사야서의 첫 머리의 표제가 "아모스의 아들 이사야가 유다와 예루살렘에 관하여 본 이상"으로 되어 있는데, 이것은 그 책 전체가 이상을 통한 경험의 산물이라는 뜻은 아니다. 그 책에 속한 많은 내용이 그런 이상과는 어긋나기 때문이다. 그 표제는 그저 "이사야의 계시"라는 뜻이며(한글 개역 개정판도 이를 "계시"로 번역한다 — 역자주), 또한 "이사야가 … 본"이라는 표현도 그저 일반적으로 "이사야가 … 받은"이라는 뜻이다.

"이상" 중에서도 무언가 대상물을 감지하는 성격을 띤 것과 그렇지 않은 것을 서로 구별할 수 있을 것이다. 초감각적인 세계의 실체(實體)들이 순간적으로 선지자의 시야에 나타날 수도 있었던 것이다. 열왕기하 6:17에 묘사된 경우가 여기에 속했을지도 모른다. 여호와께서는 엘리사의 기도에 그의 사환의 눈을 열어 주셔서 그로 하여금 초자연적인 군대가 도단성을 에워싸고 있는 것을 보게 하셨다. 만일 그가 순전히 상징적인 의미가 담긴 광경을 보았고 그 다음에 그것이 이런 뜻이라는 설명을 들었더라면, 그 사환에게 전혀 만족을 주지 못했을 것이다. 그러나 다른 경우들에는 그런 초감각적인 실체들이 보는 사람의 앞에 드러날 필요가 없었을 것이다. 우리는 방금 언급한 기사에서, 선지자 자신은 "제2의 시각" 기능을 항상 지니고 있었기 때문에 구태여 다시 눈이 열려야 할 필요가 없었거나, 아니면 이 특정한 경우에 그의 눈은 이미 얼마 전부터 열린 상태였거나 둘 중의 하나라는 인상을 얻게 된다. 눈이 열리는 일은 초자연적으로 주어진 영상들을 인식하는 일에나 초자연적인 실체들을 바라보는 데에나 똑같이 잘 어울리는 것이다. 그리고 많은 경우에 그런 신비한 이상이 내적인 것이었다는 것도 의심할 수 없는 사실인데, 그런 경우에는 선지자의 내적인 시각 앞에 영상이 놓여진다. 이를테면, 내적인 시각의 장(場)이 그 영상들로 이루어지는 것이다.

그러나 여기서도 다시 한 번 구분이 가능하다. 이 내적인 시각의 스크린 앞에 놓여지는 것들이 초자연적인 실체들의 영적인(psychic) 재생물이나 초상들이었을 수도 있고, 혹은 그 실체들을 그대로 재생하는 것이 아니라 그림자로 드러내 주는 상징적인 영상들이었을 수도 있다는 것이다. 이런 견지에서 보면 여러 가지 가능성이 있을 수 있다. 또한 "이상"을 지각하는 기관(器官)에 대해서도 비슷하게 구분지을 수 있을 것이다. 외부의 육체적인 눈이 그 기관으로 사용되었을 수도 있다. 만일 외부로부터 어떤 초자연적인 종류의 실체가 임했다면, 외부적인 시각 기관이 그것을 감지하는 데 적절한 수단이었을 것으로 보인다. 물론 그 보는 행위에 초자연적인 역사가 임했을 수도 있지만, 그럼에도 불구하고 육체적인 눈이 거기에 사용되었다는 것이다. 그러나 만일 그 실체들이 내적인 시각의 장(場)에 펼쳐졌다면, 그 경우에는 내적인 눈이, 영혼의 눈이, 그것을 지각하는 기관이 되었을 것이다. 외부의 눈으로는 외부의 사물들을 보고, 내적인 눈으로는 내적인 것들을 보는 것이 자연스런 법칙이라 할 것이다. 그러나 이 점에 대해서는 논리적인 추정에 속하는 면이 있으므로, 이것을 확고부동한 법칙으로 제시하기는 꺼려지는 것이 당연한 일일 것이다. 이 모든 것이 신비의 영역에 속하는 것이요, 따라서 여기에는 우리가 상상할 수 있는 것 이외의 다른 과정들이 있었을 소지가 얼마든지 많은 것이다.

황홀경을 통한 계시

그러나, "이상"에 대해서 위에서 언급한 두 가지 외에 제3의 가능성도 생각할 수 있다는 것을 주목하여야 한다. 선지자의 인격 전체가 하늘의 영역 속으로 들어가는 황홀경(rapture)도 생각할 수 있는 것이다. 이 경우에는 선지자가 자기를 위하여 임하는 초자연적인 대상물을 그냥 보기만 하는 것이 아니라 그 자신이, 몸으로나, 아니 그보다는 영으로, 하늘의 세계 속으로 올라가는 것이다. 이사야 6장의 이상과 관련하여 이런 관점에서 상당한 논란이 있어왔다. 이 이상이 시온산 위의 성전 안에서 이루어진 것인가, 아니면 선지자가 하늘의 성소 안으로 옮겨져서 거기서 본 광경인가? 생각의 혼란을 피하기 위해서는 이런 여러 가지 가능성을 염두에 두는 것이 좋다. 그러나 성경이 상세히 보도하지 않는 것에 대해 호기심을 갖고서 추리하는 일은 바람직하지 못하다. 바울은 하늘에 올라가는 황홀경을 지극히 현실성 있게 이상을 통해서 체험하였으면서도, 그 일이 몸 안에서 이루어졌는지 혹은 바깥에서 이루어졌는지에 대해 알 수 없다고 겸손히 말하고 있는 것이다(고후 12:1–4).

신체적 효과들

"이상"을 통해서 메시지를 받는 경우는 청각적인 방식으로 메시지를 받는 경우와 한 가지 중요한 점에서, 곧 신체에 나타나는 효과의 방법과 정도에서 차이가 난다. 어쩌면 청각적인 방식으로 메시지를 받는 경우에도 한 가지 음성에만 집중하기 위하여 외부 세계에 대해 감각을 닫는다든가 연다든가 하는 일이 있었을 것이다. 그러나 (귀를 닫는다는 식의) 소극적인 면은 언급되지 않는다. 일상적인 일과 관련해서는 눈을 감는다든가 귀를 닫는다든가 하는 표현이 흔히 쓰이는데, 신적인 말씀을 듣는 일과 관련해서는 이런 표현이 나타나지를 않는다. 오로지 귀를 "깨우는 것"만 언급되며, 외부 세계에 대하여 귀를 잠자게 하거나 귀를 닫는 일에 대해서는 언급이 없는 것이다. 그러나 시각적인 방식으로 메시지를 받는 경우에는 사정이 다르다. 이상을 보는 상태에 있는 동안 육체에 일어나는 일에 대하여 어느 정도 상세하고도 객관적인 묘사가 나타나는 것이다. 무엇보다 먼저 육체의 눈을 감는 일이 일어난다. "이상"이 시작되자마자 외부 세계를 바라보던 것이 중지되는데, 이는 그때에 주어지는 영상에 대해 정신적으로 집중하기 때문이 아니라 육체의 눈꺼풀이 닫히는 일이 발생하기 때문이다. 발람은 자신에 대해 "눈을 감았던 자"라고도 묘사하고, 또한 "전능자의 환상을 보는 자, 엎드려서 눈을 뜬 자"
라고도 한다(민 24:3, 4). 그의 내적인 눈이 떠지고, 육체의 눈은 감은 상태가
되었던 것이다. 그러나 신체적인 특이점은 눈에만 한정된 것이 아니었다. 발
람은 이러한 "이상" 체험의 특징으로 "엎드림"을 언급하고 있는 것이다. 우
리는 에스겔과 다니엘의 기사에서도 이를 발견하게 된다. 그들의 경우 "엎드
러지는 것"은 자의적인 경배의 행위가 아니라 분명 그들에게 임하는 그 엄청
난 신적인 영향에 압도되어 나타나는 하나의 효과였던 것이다. 물론 엎드러
지는 것 자체가 이상을 보는 상태에서 필수적으로 나타나는 증상은 아니었
다. 그런데 에스겔에 대해서는 이보다 한 걸음 더 나아간 현상이 보도되고
있다. 즉, 장로들이 그의 앞에 그대로 앉아 있는데, 그 자신이 멀리 옮겨지는
감각이 생긴 것이다(8:1 이하). 이것은 육체가 그대로 있는데 영혼이 빠져나
가는 황홀경의 상태의 하나로 보인다. 그리고 만일 이것이 사실이라면 영혼
과 육체의 분리가 일어난 것이라 할 것이다.

  선지자들의 "이상"은 주관적인 면에서 계시의 성격을 띤 꿈과 연관되는
경우가 많다(민 12:6; 단 2:19; 욜 2:28). 이렇게 이상이 꿈과 연관된다는 것을
볼 때에 그 둘은 그 기원이 어느 정도 유사하다는 것을 알 수 있다. 그러나 그
러면서도 그 둘이 서로 구별되고 있으므로, 다른 점들에서 그 둘이 서로 달
랐다는 것을 알 수 있다. 꿈 속에서는 영혼과 육체 사이에 비정상적인 혼란
한 관계가 없다. 그러나 이상 중에는 최소한 이따금씩은 그런 일이 있었던
것으로 보인다. 그러나 그것이 어떤 것인지는 확실히 알기가 쉽지 않다. 또
한 "이상"은 꿈의 경우보다 훨씬 더 육체를 기진맥진하게 했던 것 같다. 새
로운 이상을 해석해 주기 위하여 천사가 스가랴를 깨워야 했는데, 이때에 스
가랴는 마치 자는 사람이 잠에서 깨어난 것 같았다고 한다. 이상이 끝난 후
의 몸의 모습이 마치 잠자는 모습과 같았던 것이다. 그러나 이것이 이상이
진행되는 동안의 몸의 모습을 묘사하는 것은 아니다. 다만 "이상"으로 인하
여 생겨난 후발 증상인 것이다(슥 4:1). 다니엘은 계시를 받은 후 여러 날을
앓았다(7:28; 8:27). 예레미야 31:26도 특이하다. 선지자는 미래의 기쁨을 묘
사한 후에 말하기를, "내가 깨어 보니 내 잠이 달았더라"라고 한다. 여기서
"꿈"이라고 하지 않고 "잠"이라고 한 것에 과연 특별한 의미가 있을까?

정신의 내적 상태

그러나 이 모든 사실들은 육체와 영혼 사이의 교섭에 관계된 것이다. 그런데 이상이 진행되는 동안 정신의 내적 상태가 어떠한가를 따져보면 문제가 훨씬 더 미묘해지고 어려워진다. 육체가 환각 상태에 빠져 꼼짝도 하지 못할 지경에 있다는 것(꿈을 꾸는 동안에는 이런 일이 일어나지 않는다)을 생각하기에 이른다 해도, 그때에 이상으로 보여지는 것들에 대해 과연 영혼이 어떻게 느끼고 반응하는지에 대해서는 아무것도 알 수가 없는 것이다. 그동안 이 문제를 해결하고자 헬라어 용어인 엑스타시스에 너무 많이 기대어온 것이 사실이다. 이 용어가 영향을 미치게 된 것은 그 용어 자체가 성경에 나타난 현상들을 잘 정리해 주기 때문이 아니라, 오히려 그 용어가 "깊은 잠의 무감각한 상태"를 뜻하는 타르데마라는 히브리어 단어의 번역어로서 헬라어 성경에서 처음 사용되면서 그 이전과 이후의 성경 이외의 용법들에서 얻어진 여러 가지 의미들이 함께 연관되어 쓰여졌기 때문이다. 타르데마는 성경에 두 차례 나타난다. 먼저 하나님께서 아담의 갈비뼈를 빼내시기 위하여 그를 깊은 잠에 빠지게 하시는 데에서 사용되며, 또한 하나님께서 쪼개어 놓은 짐승 사이로 지나가시는 신적 현현을 이상으로 보기 전에 아브라함이 잠에 빠진 사실에서도 사용된다(창 15:12). 아담의 경우는 "이상"을 보는 상태와는 아무런 관계가 없다. 잠이 그저 마취제의 역할을 한 것 뿐이었다. 그러나 아브라함의 경우는 실제로 잠을 통해서 "이상" 속으로 들어가 그것을 경험하게 되는 것을 보게 된다.

그러나 타르데마는 여기서 "이상"을 보는 동안의 아브라함의 정신적인 상태에 대해서는 아무런 빛도 밝혀주지 않는다. 다만, 그 상황 자체로 볼 때에 아브라함은 이 "이상"과 연관된 잠에서 일상적인 잠의 경우처럼 주위의 일들에 대해 의식을 상실하지 않았다는 것을 알게 된다. 왜냐하면 그런 잠의 목적 자체가 관찰하고 보는 데 있었기 때문이다. 그러나 엑스타시스가 타르데마 대신 사용되면서 무언가 정보의 근원이 나오기 시작한다. 헬라인의 의식에서 볼 때에 엑스타시스는 지극히 함축성 있고 시사하는 바가 많은 용어이기 때문이다. 이 용어는 고전 헬라어에서는 정신 나간 상태, 광적인 상태를 나타낸다. 그러나 이런 의미가 종교적인 신탁의 과정에 구체적으로 적용

되지는 않았던 것 같다. 이 단어는 일상적인 헬라어에서나 헬라어 구약 성경
에서는 "공포"(dread), "놀람"(astonishment) 등의 좀 더 약한 의미로 사용된
다. 이는 좀 더 강한 의미가 누그러진 비유적인 의미인데, 갑작스럽고 이상
스런 일을 당할 때에 "정신이 없다"는 식으로 이야기하는 경우에서 보듯이,
여기에는 그보다 더 강한 의미가 있었다는 것이 전제되어 있는 것이다. 본래
엑스타티스는 진짜 변태(變態: abnormality), 정신 이상(insanity)을 의미했다.
어쩌면 이런 의미가 선지자들의 상태에 대한 대중의 생각 속에 끼어들었을
지도 모른다. 왜냐하면 "이상"의 상태는 자기 통제력을 상실한 상태처럼 보
이기가 쉽기 때문이다. 그러나 정신 이상이 자기 통제력이 상실된 상태요 또
한 선지자의 상태가 그와 동일한 특징을 보여준다고 해서, 그것 때문에 예언
을 정신 이상과 동일한 것으로 볼 수는 없다는 것은 물론이다.

　그러나, 이런 대중적인 단어의 용법보다 더 강한 것은 그 단어를 철학적으
로 다룸으로써 발생한 결과였다. 필로(Philo)는 그의 철학 체계에서 그 단어
에 두드러진 위치를 부여하였고, 분명하게 정리된 특별한 의미로 사용하였
다. 필로에 따르면 엑스타시스는 문자 그대로 육체에서 누스(정신: mind)가
결핍된 상태다. 하나님의 초월적인 본성과, 또한 하나님과 피조물의 친밀한
관계의 불합리성을 주장하였으므로, 필연적으로 이런 견해를 취할 수밖에
없었다. 그는 신적인 영이 선지자에게 임할 때에 누스가 떠나게 된다고 보는
데, 이는 불멸(不滅)의 존재가 필멸(必滅)의 존재와 함께 거한다는 것이 적절
치 못하기 때문이라는 것이다. 이러한 필로의 엑스타시 사상이 — 물론 다소
온건한 형태로 — 초대 교회에 널리 유포되어 있었다. 그리고 2세기의 몬타
누스주의자들(Montanitsts)이 이 개념을 가장 널리 퍼뜨렸다. 그들은 선지자
들이 감각이 완전히 마비된 상태에 있었던 것으로 이해하여 그런 타입의 예
언을 배양시켰다. 몬타누스주의자들은 자기들 사이에 유행하고 있는 현상들
을 정당화시키기 위하여, 성경의 선지자들도 동일한 법칙에 속했다고 주
장하였다. 그들은 "이상"의 상태에서는 선지자가 아멘스("정신 나간 자")였
다는 믿음으로 그들의 견해를 피력하였다. 테르툴리아누스(Tertullian)도 그
들의 견해에 동의하여 선지자들의 아멘티아("정신 나간 상태")에 대해 논하
였다.

근래에 들어서는 헹스텐베르크(Hengstenberg)가 "엑스타시" 실재론의 강력한 수호자였다. 그는 자신의 「구약의 기독론」(*Christology of the Old Testament*) 초판에서는 몬타누스주의자들의 입장에 상당히 근접하였으나 제2판에서는 진술이 좀 더 온건해졌는데, 그는 여기서 진실이 몬타누스주의자들의 입장과 교부들의 입장의 중간 쯤에 있다고 말하고 있다. 이런 타입의 견해를 잘못 오해하지 않기 위해서는, **아멘티아**라는 용어의 철학적 기원을 조심스럽게 주목해야 한다. 그것은 **데멘티아**의 동의어가 아니었다. 또한 "마니아"(mania)와 동일한 의미를 가진 것은 더더욱 아니었다. 그것은 단순히 선지자가 일시적으로 "정신이 없는"(out of mind) 상태였음을 의미한다. 물론 교양이 없는 사람들이 다루었으므로 그보다 훨씬 더 조잡하고 거친 사고들이 그 주변에 끼여있었을 수는 있으나, 최소한 이것만은 필로의 철학적인 성향을 띤 이론이었던 것이다.

성경의 자료를 표면적으로만 보아도, 필로나 몬타누스주의자들이 의미했던 그런 엑스타시는 선지자들에게 없었다는 것이 분명히 드러난다. 성경의 선지자들은 "이상"의 상태에서 나오면서 그들이 보고 들은 것들을 명확하게 기억하였다. 성경의 예언은 하나님께서 사람의 정신을 몰아내시는 식의 과정이 아니다. 오히려 인간의 정신을 최고의 수준으로 끌어올려서 하나님과 교류하게 한 것으로 보는 것이 예언을 올바로 보는 것일 것이다. 또한 그 교류가 의식의 영역 속에서 이루어진다는 것이 성경적 종교의 본질 그 자체에 속하는 것이다. 선지자들은 이상을 보는 상태에 있는 동안에도 생각과 자기반성의 기능을 그대로 유지하고 있었다. 이사야는 스랍들이 노래한 여호와의 거룩하심을 자기 자신과 자기 백성의 죄악된 상태와 비교하고 있다(사 6장). 에스겔은 나중의 이상들에서 자신이 실제로 본 것들과 그 전에 보았던 것들이 서로 비슷하다는 것을 인식하였다(3:23; 8:4; 10:15, 22; 43:4). 이런 견지에서 볼 때에 이사야 21:6-10은 매우 흥미롭다. 여기서 이사야는 말하자면 이중적인 인격이 된다. 한 인격으로는 이상을 받고, 다른 인격으로는 그것에 대해 생각하며 하나님께 그것에 대해 말씀하는 것이다. 또한 신약에서 우리는 바울에게서 선지자들의 영이 선지자들에게 제재를 받는다는 명확한 선언을 접하게 된다(고전 14:32). 방언을 말하는 자에게는 해석자가 필요하나, 선지자는 스스로 해석하는 것이다.

위의 연구에서 우리는 시각을 통한 방식이 선지자들의 계시 양식 중 더 오래된 것이지만 후기의 청각을 통한 방식과도 함께 계속되었다는 것을 알았다. 선지자들은 **네비임**으로 남아 있으면서도 계속해서 **로임**(선견자들, 즉 "보는 자들")이었던 것이다. 이 두 가지가 서로 공존하였다는 사실은 후기에서도 계속해서 이중적인 용법이 사용된다는 점으로 입증된다. 이는 사무엘상 9:9의 증거에 의해서 뒤집어지는 것처럼 보인다: "옛적 이스라엘에 사람이 하나님께 가서 물으려 하면 말하기를 **로에**(선견자)에게로 가자 하였으니 지금 **나비**라 하는 자를 옛적에는 **로에**라 일컬었더라." 이 구절은 11절에서 사울과 그의 시종들이 소녀들에게 "**로에**가 여기 있느냐?"라고 물은 이유를 설명하기 위해서 삽입시킨 저자 자신의 논평이다. 여기서 동일한 직분이 역사의 과정에서 먼저 **로에**로 불렸고 후에는 **나비**로 불린 것으로 보이는 것이다.

비평학자들은 지체 없이 이 구절을 **나비**주의가 사무엘의 시대에 가나안에서 수입된 것이라는 자기들의 이론을 뒷받침하는 것으로 이용하였다. 그러나 이 구절은 절대로 그것을 입증해 주지 못한다. 왜냐하면 사무엘서의 저자는 분명 사무엘보다 후기의 시대에 속하며, 그는 자신이 속한 역사적 입장에서 이야기하고 있기 때문이다. 저자의 시대에는 관례가 되어 있었던 것이 사울의 시대에는 아직 관례가 아니었다는 것이다. 사울의 시대와 저자 자신의 시대 사이에 용법의 변화가 일어난 것이다. 그러나 그 변화가 사울의 시대에 있었는지, 아니면 그 이후인지에 대해서는 아무런 말도 하지 않는다. 아마도 그 이후에 일어났을 것으로 보이며, 또한 가나안으로부터 수입되었다는 것은 전혀 근거가 없는 것이다.

이 구절은 비평학자들에게는 아무런 도움이 되지 않으나, 어려운 문제를 야기시킨다. 이 구절은 사울의 시대에는 아직 **나비**가 사용되지 않고 있었다는 것을 시사하는 것처럼 보인다. 그러므로 이런 용어의 변화가 어느 때에 일어났으며 또한 어떤 계기로 일어났는지를 결정하는 것도 난제가 된다. 어느 때에 무슨 이유로 **로에**라는 용어가 사용이 중단되고 모두 한결같이 **나비**라는 용어를 사용하게 되었을까? 이 두 가지 난제는 히브리어 마소라 본문을

헬라어 칠십인역의 본문으로 대치시키면 해결된다. 헬라어 칠십인역은 "백
성들이 나비를 로에라 일컬었더라"로 되어 있다. 칠십인역의 헬라어 본문은
"지금"(혹은, "오늘")이라는 뜻의 하욤을 "백성"이라는 뜻의 하암으로 읽어
서 그렇게 번역한 것이다. 히브리어 본문을 이렇게 수정하고 보면, 그 진술
의 의미가 선명하게 드러난다. 선지자를 뜻하는 두 가지 공식 명칭 가운데서
백성들은 오랜 동안 로에라는 명칭을 선호하여 사용했었고, 사울의 시대에
도 여전히 그런 관습이 지켜지고 있었으나, 저자의 시대에는 그렇지 않았다
는 것이다. 그리하여 독자들이 이런 옛날의 대중적인 어법에 익숙하지 못할
까 하여 그 점을 설명하고 있는 것이다. 이렇게 본다면 그것은 전적으로 대
중적인 언어 습관의 문제였었고, 네비임이 오래 전, 말하자면 모세의 시대에
도 사용되고 있었다는 진술들과 하나도 모순이 아닌 것이다.

어쩌면 나비라는 용어의 사용을 회피했던 백성들의 습관의 뿌리가 어디에
있었는가 하는 것까지도 추정할 수 있을 것이다. 사울이 아버지의 짐승을 찾
아나선 예에서 보듯이, 일반 백성들은 일상 생활의 곤란한 — 어떤 의미에서
는 하찮은 — 문젯거리들의 해결을 위하여 사무엘 같은 사람을 찾아갔다. 그
런 문제의 해결의 경우에는 위엄 있고 진중한 나비라는 명칭보다는 로에라는
명칭이 더 적절했을 것으로 보인다. 그리고 이런 사안에 대해 하나님의 사람
은 하나님께로부터 말씀을 듣는 것보다는 "이상"을 보는 방식으로 정보를
얻었을 것으로 보는 것이 자연스러울 것이다. 하나님께서 그의 종들로 하여
금, 예컨대 잃어버린 물건이 있는 장소 같은 것을 보게 하심으로 그런 정보
를 제공해 주셨을 것이라는 것이다. 이런 상황은 나비가 존재하지 않았음을
입증해 주는 것이기는커녕 오히려 나비의 존재를 전제로 하는 것이다.

여기서, 선지자들의 기능의 이런 부분을 그의 위엄에 어울리지 않는 것으
로 보거나, 이방인들의 주술과 유사한 것으로 폄하하는 것은 근거가 없는 것
이다. 그런 가정사의 문제들에 대해서까지도 백성들에게 빛을 주시는 것이
바로 하나님의 뜻이었다. 그들은 계시를 지닌 백성들이었고, 따라서 계시로
부터 이런 실질적인 유익을 거두는 것도 그들의 특권 중의 하나였던 것이다.
이스라엘의 로에가 동시에 국가적이며 종교적인 삶의 중대한 사안들을 해결
하는 나비의 역할을 감당할 수 있었던 것이다. 이 점과 관련하여 이사야 8:19

이하가 매우 도움이 된다. 이스라엘 중에 거짓된 주술이 있었는데, 선지자는 그것이 악한 일임을 말씀할 뿐 아니라 그런 주술 자체가 필요없다고 말씀한다. 왜냐하면 문젯거리들을 정상적으로 해결할 수 있는 방안(즉, 선지자에게 묻는 방법 — 역자주)이 이미 제시되어 있기 때문이라는 것이다: "백성이 자기 하나님께 구할 것이 아니냐?"

극단적인 비평적 견해들에 대한 답변

선지자들의 "이상" 현상에 대해서 두 가지 극단적인 비평적 견해들이 있다. 가장 최근에 나타나는 경향은, 이스라엘 중에서 일어난 일들을 할 수 있는 만큼 이교도들의 예언에 나타나는 비정상적인 일들과 연관짓고, 그리하여 양쪽의 현상들을 모두 종교적인 병리 현상으로 처리해 버리는 것이다. 선지자들을 해석하는 자들이 구체적으로 어떤 타입의 신경학이 그 현상들에 대해 빛을 던져줄까를 발견하기 위하여 스스로 의학도들이 되어 버렸다. 의학 기록들에서 히스테리(hysteria), 간질(epilepsy), 강직증(catalepsy) 등의 잘 알려지지 않은 상태들을 연구하여, 생리적 관점에서나 심리적 관점에서 볼 때에 비정상인 상태를 병리학적 관점에서 보아 정상적인 것으로 만들려 하는 것이다. 선지자들의 이상스런 점들을 하나의 질병으로 분류하면 얼마든지 설명이 가능하다고 생각하는 것이다. 횔셔(Hoelscher)의 「선지자들」(*Die Propheten*)은 이런 점에서 너무나도 전문적이어서 의학 분야에 대해 고도의 전문화된 지식이 없는 신학자로서는 도저히 읽을 수 없을 정도다.

정신분석학이 발달되기 전에는, 이것과 정반대되는 경향이 있었다. 곧, 선지자들의 "이상"을 실제적인 경험이 아니라 그들의 메시지를 생생하고도 힘 있게 하기 위해 도입된 일종의 문학적인 기법으로 본 것이다. 어떤 이들은 이를 후기의 선지자들에게 한정시키고, 초기에는 "이상"이 진짜로 있었다고 주장하기도 한다. 이런 주장을 뒷받침하는 논지는 다음과 같다. 그들은 "이상"들 중에는 너무나도 상황 묘사가 구체적이고 정교하여 도저히 실제로 보았다고 생각할 수가 없는 것들도 있다고 믿는다. 그것들이 여러 가지 점에서 자유로운 창작의 냄새를 풍긴다는 것이다. 어떤 것들은 너무나도 환상적이고 괴상하여 아무리 상상력을 동원하여 궁리해도 진짜 눈으로 볼 수 있는 그림으로 짜맞출 수가 없다고 한다. 왜냐하면 그것들이 진짜 눈으로 본 그림이 아니고 그저 하나하나의 상황을 대충 합쳐놓은 것에 불과하기 때문이다. "이상"과 메시지의 연결도 부자연스럽고 인위적인 경우가 많다. 복잡하고 인위적인 "이상들"은 주로 에스겔이나 스가랴 등의 후기의 선지자들에게서 나타나고, 초기에는 단순하고 좀 더 자연스런 "이상들"이 나타난다는 것이다.

이러한 논지들에 대해서 우리는 이와 똑같이 타당한 다른 사실들을 고려해야 할 것이다. 우리는 우리 자신의 상상의 범위를 갖고서 선지자들에게서 "이상"의 능력이 어느 정도나 발휘되었을까를 결정하는 일은 적절치 못하다. 선지자들은 셈 족에 속한 사람들이었다. 단 하나의 장면에 대해 모든 것을 집중시키는 그런 엑스타시의 상태가 그들에게는 허용되었었다. 그러므로 우리가 그들의 "이상"을 하나의 그림으로 짜맞출 수 있느냐 없느냐 하는 것으로는 선지자들이 지녔던 능력에 대해서 아무것도 입증할 수 없는 것이다. 그저 대충 합쳐놓았다는 논지도 자세히 살펴보면 오히려 그것이 입증하고자 하는 것의 반대 상황을 입증하는 것이 된다. 만일 자유로운 문학적 창작론을 받아들인다면, 예레미야 같은 선지자는 분명 더 자연스럽고 충격적인 상징물들을 만들어낼 능력이 있었을 것이다. 그렇다면 그림이나 문학적 창작의 법칙으로 도저히 가늠되지 않는 점들이 나타나는 이상들의 경우는 그것들이 하나님의 역사하심이었다고 보는 것이 합당할 것이다. 물론 부자연스런 이상들이 주로 후기의 선지자들에게서 나타난다는 것은 사실일 수도 있다. 그러나 그 같은 선지자들이 다른 경우들에서는 정말로 충격적일 만큼 생생하고도 멋진 이상들을 보기도 하는 것이다.

문학적 창작 이론에 근거하면 선지자들이 어째서 이런 표현 양식을 그렇게 희귀하게 사용했는가 하는 것을 설명하기가 어려워진다. 선지자들은 상징적인 행동과 (실체를 상징하는) 대상물을 사용하는 경우와, 또한 그들 자신이 본 상징적인 "이상들"을 서로 명확히 구별하고 있다. 만일 "이상들"이 문학적인 창작이었다면, 어째서 구태여 이런 구별을 했을까? 어째서 예레미야는 살구나무 가지를, 혹은 아모스는 여름 과일 광주리를 직접 보여주지 않았을까? (그들이 "이상"으로 그것들을 보았다고 말하지 않고, 그것들을 직접 백성들에게 보여주었더라면 더 자연스러웠을 것이라는 뜻이다. 참조. 렘

1:11; 암 8:1 — 역자주) 현재 대부분의 학자들은 초기의 선지자들이 실제로 "이상"을 보았다는 것을 인정한다. 그러나 후기의 선지자들도 그들과 똑같은 언어로 자기들의 "이상"을 말씀하고 있다. 그러니 그들이 실제로 "이상"을 본 것이 아니었다면, 그런 그들의 언어가 오해를 불러일으켰을 것이다.

제 5 장
예언의 전달 양식

말

우리는 이미 **나비**라는 명칭이 선지자의 편에서의 메시지 전달을 강조하는 것임을 살펴보았다. 선지자가 말의 형식으로 메시지를 전달받았을 경우에는 그것을 그대로 말로 재생시키는 것이 메시지 전달의 가장 자연스런 형식일 것이다. 하나님의 말씀이 그런 식으로 사람의 말이 될 수 있다는 것은 그 자체만 보면 기이한 일이다. 그러나 사람은 하나님의 형상대로 지으심 받았고, 말의 능력은 그 형상의 일부다. 하나님 바깥에서 나타나는 모든 말은 무언가 신적인 면이 있다. 게다가 선지자들은 성령의 특별하신 통제 아래 있었으며, 성령께서는 인간의 기관을 그의 뜻대로 움직이시는 것이다. 특히 내적인 말씀을 통하여 하나님의 메시지가 임하고 바로 이어서 그것을 백성들에게 전달해야 할 경우에는 그것을 다른 언어로 바꿀 시간이 전혀 없다. 그러므로 동일한 형식의 말을 그대로 유지하는 것이 직무상 매우 중요했던 것이다.

물론 선지자들은 그들의 예언들을 기록하는 일을 위하여 상당한 수고를 했을 것이 틀림없다. 혹시 선지자들의 이름으로 되어 있는 책들이 편집된 성격을 지닌다는 현대의 이론을 수용해야 한다 하더라도, 이 점은 여전히 사실로 남아 있다. 기록된 예언들은 먼저 말로써 전달된 것들이다. 최소한 어느 정도까지는 그렇다. 그리고 어째서 구태여 예언들을 기록했는가 하는 이유는 본래의 전달 형태와는 전혀 무관한 특별한 것이었다. 에스겔은 특히 종말에 관한 말씀에 있어서는 수사적(修辭的)인 기록 선지자의 한 전형으로 지목되어왔으나, 그럼에도 불구하고 그는 동시에 위대한 설교자(speaker)이기도 했다. 청중들은 에스겔이 전하는 말씀에 크게 감동하고 고무된 나머지 날마다 담 곁에서나 집 문 앞에서 그에 대하여 이야기하였고, 그의 말을 고운 음성으로 악기에 맞추어 노래할 수 있는 그런 아름다운 노래로 여기기까지 했다(33:30-32). 설교를 위한 교훈을 얻기 위하여 에스겔서를 연구해도 전혀 유익이 없지는 않을 정도다.

말로 주어진 하나님의 말씀을 말로 전달해야 했던 것처럼, "이상"도 그 본래의 회화적(繪畫的) 성격이 잘 드러나도록 말로써 잘 전달하는 것이 필요했다. "이상"의 경우에도 말이 필요했던 것이다. 선지자들이 무대를 설치하고 "이상" 가운데서 본 내적인 영상을 스크린에다 비추어 줄 수는 없었기 때문이다. 시각적인 경험은 할 수 있는 만큼 시각적인 것에 가깝도록 말로 재생시켜야 했고, 선지자들은 더 이상 설명을 붙이지 않고 "내가 보니 … "라고 하며 자신이 본 광경을 묘사하는 것으로 그치는 예가 허다했다.

"이상"을 통한 방식은 선지자 자신뿐 아니라 백성들을 위함이었던 것이 분명하다. 그렇기 때문에 비유들과 알레고리들에서도 객관적인 역사하심을 보여주는 수단이 똑같이 채용되는 것이다. 이사야 5장에 포도원이 언급되는데, 이 포도원은 이사야가 "이상" 중에 본 것이 아니었을 것이다. 한 걸음 더 나아가 선지자들은 때때로 자기들 자신과 자기들의 행동들을 통해서 무언가를 상징해 보이기도 하였다. 이것은 현실 속에서 구체적으로 나타나는 "이상"이었다 할 것이다.

그러나, 이런 행동 가운데는 그 성격이 너무도 유별나서 과연 그런 행동을 실제로 행했을 수가 있을까 하는 의심을 불러일으킬 만한 것들도 있다는 점을 인정해야 한다. 예레미야 13:1-7과 에스겔 3:26에 기록되어 있는 행동들이 그 두드러진 두 가지 실례라 하겠다. 여기에다, 물론 해석이 다소 덜 어렵지만, 이사야 20:3과 호세아 1:3을 덧붙일 수 있을 것이다. 이런 예들과 관련되는 난제들과 갖가지 가능성들에 대해 상세히 논술하자면 너무나 길어질 것이다. 관심이 있는 분들은 해당 주석들을 참고하는 것이 좋을 것이다.

이적들

여기서 선지자들이 행한 이적들도 살펴보아야 할 것이다. 구약 성경은 이적을 구성하는 것이 무엇인가에 대한 정의에 있어서나, 혹은 이적들을 몇 가지 타입들로 구별하는 문제에 있어서나 정확하지가 않다. 히브리어로 이적을 뜻하는 명칭들이 몇 가지가 있다는 사실부터가 이처럼 신학적인 면에서 불명확한 점을 시사해 준다. 곧, "무언가 특별하고 특이한 것"을 뜻하는 **펠레**, "무언가 놀라게 하고 주목을 끄는 것"을 뜻하는 **모페트**, "무언가 경이(驚異)와 두려움을 불러일으키는 것"을 뜻하는 **노라**, 그리고 앞의 구체적인 용어들 전체를 통칭하는 포괄적인 뜻을 담은 것으로 "표적"(sign)으로 번역되는 **오트** 등이 그것들이다. 그러나 중요한 것은 분명 이적을 산출하는 정확한 방식이 아니라, 이적들이 만들어내는 효과에 있는 것이다.

　하나님의 전능하심을 나타내는 표적 이외에도 연관성의 표적(the sign of conjunction)이 있다. 후자의 표적은 바로, 두 가지 사건들(둘 다 자연적인 사건들일 가능성이 있다)이 시간적으로 함께 연관되어 일어날 것이라는 예언에 있는데, 이는 하나님께서 인간사에 초자연적으로 임재하심을 보여줌으로써 — 그의 전능하심을 보여주는 표적에 못지않게 분명하게 — 결국 하나님의 전지(全知)하심을 드러내 주는 것이다. 미래에 대한 예언들은 그 성취와 함께 취하면 모두가 신비로운 일이다. 그러나 그렇다고 해서 그 예언의 성취가 반드시 초자연적인 방식으로 일어나야만 한다는 것은 아니다. 여기서는 초자연성이 앞날을 미리 안다는 것에서 나타난다. 그것은 일종의 전지(全知)의 이적인 것이다. 그런 경우에는 "표적"이라는 명칭이 그 예언을 성취하는 사건 자체에도 적용될 수 있는 것이다(사 41:22 이하; 42:9).

　그러나 예언과 성취의 연관성을 좀 더 면밀하게 살펴보아야 할 것이다. 선지자가 전하는 예언의 말씀과 그 이후의 지정된 때에 일어나는 사건 사이에 어떤 인과 관계가 있다는 식의 발언들이 여기저기서 나타난다. 선지자가 전하는 신적인 말씀이 여기서 스스로 성취시키는 전능한 능력을 지닌 것으로 나타난다. 그 말씀은 곧 이적을 일으키는 말씀인 것이다. 이 말씀이 물질 속에 들어있거나 책 속에 매여있는 말씀이 아니라, 하나님의 입에서 나오는 살아 있는 말씀으로 결코 하나님과 떨어지지 않는 말씀인 것은 물론이다.

　마지막으로 주목해야 할 것은, 선지자의 이적들에 대한 기록이 선지자들 자신의 글들보다는 선지자들을 광범위하게 다루는 역사서에 더 많이 나타난

다는 점이다. 이것을 근거로 하여, 이적에 대한 기사들을 신뢰할 수 없다는
식의 추론이 제기되었다. 그 기사들이 선지자들 자신의 증언에서 나온 것이
아니기 때문이라는 것이다. 그러나 이런 추론은 타당성이 없다. 그 두 종류
의 기사들의 성격이 서로 다르다. 역사는 행적을 기록한 것이요, 예언은 말
씀을 기록한 것이기 때문이다. 그러므로 선지자들의 글 속에 역사 기록이 삽
입되어 있는 부분을 보면, 다른 역사서들에서와 마찬가지로 많은 이적들이
나타나는 것이다(참조. 사 36-39장). 신약의 경우도 이와 비슷하다. 사도행전
의 역사적 문서에는 이적들이 많이 나타나지만, 서신서에서는 별로 나타나
지 않는 것이다. 선지자의 글들에 나타나는 이적들은 말씀과 가장 긴밀하게
연관된 이적들이다. 곧, 예언의 이적들이다. 다니엘서의 앞 부분은 역사적인
성격을 띠는 다니엘서의 전반부에서는 성격이 다른 후반부보다 이적들이 더
많은 부분을 차지한다. 이런 현상을 볼 때에, 선지자들의 활동이 종교적 정
화와 영적인 의미 부여에 점점 집중되면서 이적의 요소가 사라졌다는 식의
주장은 타당성이 없는 것이다. 미래에 대한 예언이 특히 후기의 선지자들에
게서 많이 나타나며 또한 그런 예언이 이적의 성격을 띤 것으로 간주되므로,
오히려 판단을 뒤집어서 이적의 요소가 선지자들의 역사에서 감소되는 것이
아니라 증가한다는 것을 인정하는 쪽으로 마음을 정하게 될 수도 있을 것이
다.

 이적들 자체가 변증적이며 구원론적인 목적을 돕는 것이었던 것은 물론,
또한 선지자들의 가르침에서도 이적의 요소가 두드러지게 나타난다는 사실
은 종말론의 영역에 속하는 하나의 모형으로서의 의의도 지닌다. 그 사실은
선지자들이 미래에 기대되는 위대한 초자연적인 세계적 격변에 관심이 있었
음을 증거해 주는 것이다. 선지자들의 예언들 가운데 종말론적인 성격이 분
명히 드러나는 것들은 초자연적인 분위기가 가득 배여 있다. 현대의 비평학
자들은 이것을 흔히 선지자들의 글에 나타나는 묵시적 요소(the apocalyptic
element)라고 부른다. 물론 후대의 정경 이외의 묵시문학 저자들은 이 점에
서 매우 지나치지만, 만일 정경(正經)에 속한 책들 속에서 묵시적 요소가 견
고한 기반을 이루고 있지 않았다면 그들이 그렇게 나아가지 않았을 것이다.
벨하우젠 학파를 계승한 최근의 비평에서는 이미 이 점과 관련하여 필요한

수정을 가하고 있는 상태다. 위대한 기록 선지자들의 시대 이전에 이스라엘
에 이미 고유한 종말론이 있었다는 것을 입증함으로써, 비평가들이 선지자
운동의 후기에 있었던 것으로 보곤 했던 고대의 종교의 일면들을 크게 바꾸
어놓은 것이다. 초자연적인 현상에 대한 이런 지각이 더 분명하게 인식되고
있는 상태인데, 이러한 지각은 마술과 점술 등의 이방 종교의 영역과는 전혀
다른 것이다. 선지자들은 한결같이 이방 종교의 그런 행위들을 철저하게 공
격한다. 선지자들의 이적은 기도 후에, 또한 자유로이 행하시는 여호와의 능
력에 의지하여 일어나는 것이다(왕상 13:5; 17:20 이하; 18:36 이하; 왕하
4:33; 20:11). 신에게 강제로 그런 일을 시행케 하려는 시도는 그 어디에도 흔
적이 없다. 그러니 미래에도 다를 바 없을 것이다.

제 6 장

선지자들의 계시의 내용

여기서 우리는 8세기의 대 선지자들의 가르침만을 다루고자 한다. 그들의 가르침이 구약의 구속사의 커다란 전환기에 주어진 것이므로 그것들을 연구하는 것이 근본적으로 중요하기도 하거니와, 또한 그들의 가르침은 후대의 많은 새로운 가르침들을 예상하게 하는 것들이기 때문이다.

이 문제는 크게 다음과 같이 구분할 수 있다:

1. 여호와의 본성과 속성.
2. 여호와와 이스라엘 사이의 결속 관계.
3. 결속 관계의 깨어짐: 이스라엘의 죄악.
4. 심판과 회복: 선지자들의 종말론.

1. 여호와의 본성과 속성

선지자들이 하나님 중심의 사고를 가졌다는 것은 두말할 필요도 없다. 이는 그들이 종교적이라는 말을 달리 표현한 것에 지나지 않는다. 하나님 중심이 아니라면, 종교라는 이름에 합당한 종교가 존재할 수 없을 것이니 말이다. 선지자들은 이 점을 본능적으로 느끼기 때문에, 구태여 그것에 대해 생각하거나 표현해야 할 필요가 전혀 없었다. 다만 그것이 최고조에 올라 여호와를 향한 진정한 열정이 될 때에야 비로소 그 본질에 대해 생각하고 그 표현에서 즐거움을 누림으로써 그것 자체가 찬란하게 드러나는 것이다. 어디서나 종교에 있어서는 깊이 생각되지 않은 본능적인 것보다는, 명확하게 인식되고 철저하게 반추된 것이 신앙적 과정의 최고의 산물이 되기 때문이다. 그렇기 때문에 사상과 교리의 색채를 띠지 않은 종교적인 경험들이 언제나 수준이 열등한 것일 수밖에 없고, 또한 심지어 소멸되어 버리는 지경에 이르러서 과연 그것이 종교라는 이름에 합당한 것인가에 대해 의심이 생길 정도가 되기도 하는 것이다. 그러나 그렇다고 해서 종교에는 의식(意識)의 표면 아래에 있거나 혹은 의지와 감정의 영역에 속하는 내용이 별로 없다는 뜻은 아니다. 그러나 대낮의 밝은 빛과 찬송의 영역 속으로 솟구쳐 올라가야만 비로소 종교라는 이름을 입증할 수 있다. 왜냐하면 신적인 영광이 인식되고 종교의 움직임이 그 정상에 도달하는 경지에 이르는 데에는 그 외에 다른 방법이 없기 때문이다. 하나님은 자신을 전혀 알리지 않고 은밀하게 선을 행하기를 좋아하는 그런 자선가가 아니시다. 그는 자신을 보기를 기뻐하시고 그의 완전하심이 종교적인 주체의 의식 속에 비추어지는 것을 기뻐하시는 것이다. 여기에는 타협이란 있을 수 없다. 그 이외에 다른 포괄적인 원리는 하나밖에 없다. 곧, 사람이 자기 자신과 자신의 탁월한 점들을 하나님께서 인정하시고 높이 여기시는 것을 보는 데서 최고의 기쁨을 찾는다는 것이다. 그러나 이런 입장에 서 있는 사람이라면 절대로 선지자들을 이해할 수가 없을 것이다.

선지자들 가운데 이것을 가장 명확하게 깨닫고 표현한 사람은 이사야였다. 이런 점에서 이사야의 의식을 호세아의 의식과 비교해 보면, 호세아는 여호와가 이스라엘에게 누구시며 어떤 일을 행하시는가 하는 것에 비중을 두는 반면에 이사야는 이스라엘이 과연 여호와를 위해 어떤 존재인가에 관심을 집중시킨다는 것을 알게 된다(사 5장; 호 13:8). 예레미야는 처음 선지자로 소명을 받을 때에 여러 가지 사물들을 "이상"으로 보지만, 이사야는 성전에 대한 "이상" 가운데서 여호와 자신을 뵈옵는다. 여호와께서 그의 성전에 계신 것을, 즉 모든 것이 하나님에게 굴복되고, 하나님께서 모든 것에 그의 임재의 인(印)을 치시는 예배의 장소에 계신 것을 뵈옵는 것이다. 이런 사실에 걸맞게, 이사야는 무엇보다도 가장 고상한 유형의 종교를 전한 탁월한 선지자였다. 그의 그러한 종교적 감수성은 또한 그 자신이 다른 이들에게 전하는 메시지에게서 가장 미세하고도 강력하게 영향을 받은 것이다.

더 나아가서, 이사야에게 있어서는 이러한 종교적 반응이야말로 지극히 근본적인 성격을 띠는 것이었다. 거기에는 세 가지 원초적인 요인들이 개입되어 있다. 첫째로, 여호와의 무한하신 위엄에 대한 생생한 인식이 있고, 둘째로, 여호와의 이러한 위엄과 사람의 죄악성과 피조물로서의 처지의 사이에 측량할 수 없는 간격이 있다는 깊은 깨달음이 있고, 셋째로, 하나님의 영광을 섬기고자 하는 무조건적인 굴복의 요소가 개입된다. 선지자들이 품고 있었던 종교의 가장 숭고한 사상이, 모든 면에서 선지자들 중에서 가장 위대한 자였던 이사야를 통해서 제시된다는 것은 정말 의미심장한 사실이라 아니할 수 없다.

유일신론

여호와의 본성과 속성에 대한 선지자들의 가르침을 다루면서 유일신론의 원리부터 살펴보기로 하자. 앞에서 이미 보았듯이, 우리와 비평학자들 간에 이 점에 대해서는 의견이 일치한다. 선지자들이 유일신론자들이었음을 그들이 인정할 뿐 아니라, 선지자들이야말로 유일신론을 발견한 자들이요 또한 최초로 그 사상을 수호한 자들로 보기 때문이다. 그들 중 좌파에 속한 자들이 유일신론이 명확히 드러나는 것이 포로기나 포로기 이후의 일로 만들어 버리는 것에 대해서는 강력하게 대응해야 할 것이다. 그리고 다른 비평학자들과 상대해서는, 아모스 이후의 포로기 이전의 유일신론이 그저 앞뒤가 맞지 않는 미성숙한 유일신론에 불과했느냐, 아니면 명확하고도 확정적인 유일신론이었느냐 하는 문제가 쟁점이 될 것이다. 그러므로, 초기의 선지자들이 제시하는 그대로의 사실들을 진술하는 것이 적극적인 목적에서나 논쟁을 위한 목적에서나 여전히 매우 중요한 것이다.

초기의 선지자들에게서 우리는, 물론 이방 신들의 존재 자체를 절대적으로 부인하는 것은 아니나, 최소한 그 신들의 신성(divinity)은 부인하는 그런 명확한 진술들을 발견하게 된다. 아모스는 옛날 유대 사람들이 좋아갔었던 거짓 신들을 가리켜 "거짓 것"이라 부른다(2:4; 참조. 사 1:29, 30). 이사야는 우상들을 조롱하는 의미로 **엘릴림**이라 부르는데, 이는 "하나님"을 뜻하는 엘과 어원이 동일한 것은 아니나 그것을 상기시키는 단어인데, 이사야는 그 단어를 기초로 축소의 의미를 띤 용어를 만들어내어 결국 이방의 신들을 "꼬마 신들"(godlets) 혹은 (어원의 의미를 살리면) "무용지물들"(good-for-nothing-ones)로 제시하는 것이다. 이 거짓 신들은 충만한 신성의 개념에 이르지 못하는 것들이다(2:8, 18, 20; 10:10 이하; 19:1, 3; 31:7). 시기적으로 아모스와 이사야의 중간에 위치하는 호세아에서는 그런 명확한 진술이 나타나지 않고, 다만 형상들에 대한 언급만 나타난다. 그러나 1:10에서 그는 여호와를 "살아 계신 하나님"이라 부르는데, 어쩌면 "벙어리"(dumb) 우상들을 염두에 두고 그런 표현을 썼을 수도 있다.

또한 초기 선지자들이 형상(形像)들과 형상 숭배에 대하여 표현하는 방식에서도 유일신론이 전제되고 있다. 형상들은 사람이 손으로 만든 것이며 따라서 그것들을 숭배한다는 것은 우스꽝스런 일이라는 것이다. 우상들에 대한 이런 논쟁적인 표현들은 호세아와 이사야 모두에게서 나타난다(호 2:10; 4:12; 14:3; 사 2:18, 20; 17:7, 8; 31:7). 그런 조롱들은 우상들만을 대상으로 한 것이고 그 신들을 그것들과 동일한 것으로 취급했던 것은 아니라고 반박할 수도 있을 것이다. 또한 여호와의 상을 세우는 일에 대해서도 똑같은 논쟁적인 발언들이 나오는데, 그 경우에도 여호와의 존재나 신성 자체는 부인한 것이 아니지 않느냐는 반론도 제기될 수 있을 것이다. 전자의 반론에 대해서는 신과 신의 형상을 그런 식으로 구분하는 것은 철저하게 현대적인 사고라고 답변해야 할 것이다. 우상 숭배하는 자들의 사고는 형상들이 그저 신성을 상징적으로 재생하는 정도를 넘어서서 그보다 훨씬 더 실재적인 개념을 형성하고 있었던 것이다. 어떤 방식으로 그렇게 했는지는 잘 이해되지 않을 수도 있으나, 그들은 형상과 신을 하나로 보며 또한 형상을 통하여 신에 대해 통제력을 행사했던 것이다. 이 점만으로도 호세아나 이사야, 그리고 몇몇 시편 기자들의 조롱이 정당성을 갖는다. 형상과 또한 그것이 상징하는 것에 대해 신학적인 구별을 시도한다면, 그것은 곧바로 부당한 것이 되고 또한 정당한 초점을 벗어나는 것이 되고 만다. 선지자들은 형상들을 조롱함으로써 그 이방 신들을 조롱한 것이다. 만일 신이 물질을 재료로 하여 만들어졌다는 것이 신에게 치욕적인 것이라면, 그것은 그 신이 실제로 물질에 매여

있기 때문인 것이 틀림없다. 물질과의 관계를 더 멀게 하거나 세련되게 만든
다 해도 상징법의 원리에서는 타당성이 없을 것이다.

여기서 우리는 십계명의 제2계명과 관련해서 논의한 바를 상기할 수 있을
것이다. 이교도들은 형상 속에 마술적인 신적 임재가 존재하는 것으로 보았
다. 그러므로 스스로 사람의 손으로 만들어지거나 물질 속에 가두어지고, 그
리하여 사람이 마음대로 조작할 수 있도록 그냥 내버려두는 신이라면 스스
로를 조롱거리로 만드는 것이다. 그러므로 이러한 조롱은, 이방의 신이 그
숭배자들에 의해서 거짓으로 신성을 부여받았다는 것을 입증해 주는 것뿐이
다. 그러나 이런 이방 신들에 대한 공격이 나중의 단계에 가서는 다소 양상
이 달라진 것처럼 보인다. 곧, 형상은 그저 물질 이외에 아무것도 아니라는
것을 제시하는 그런 언어가 사용되는 것이다. 이 단계에서는 조롱이 더욱 예
리해지고 신랄해지는 것은 물론이다. 하나도 남기지 않고 철저하게 다 무너
뜨리는 것이다. 그러나 초기에는 대중들이 그 문제를 그렇게까지 철저하게
생각하지 않았었던 것 같다.

그리고 두 번째 반론은, 선지자들은 그렇게 형상들을 조롱함으로써 여호
와 자신의 존재까지도 공격한 것이나 마찬가지인 것 같다는 것이다. 그들의
그런 조롱이 여호와의 형상들을 섬기는 행위들에 대해서도 그대로 적용되기
때문이라는 것이다. 그러나 이런 주장도 역시 타당성이 없다. 선지자들은 실
제로 "여호와"를, 즉 단과 벧엘에 세워진 것들처럼 형상들로 표현되는 거짓
여호와를 공격하였다. 호세아는 단과 벧엘의 여호와를 이방인들의 신들이나
이스라엘에 유입된 신들이나 혹은 가나안의 토착 신들과 전적으로 동등하게
취급했다. 그는 그 거짓 여호와를 단호하게 "바알"이라 부르는 것이다.

초기의 선지자들에게서는, 구약의 다른 부분들에서도 마찬가지지만, 다른
신들이 마치 존재하기라도 하는 것처럼 그들에게 행동이나 움직임을 부여하
는 진술들이 많이 나타난다. 이것은 어쩌면 신보다 못한(sub-divine) 귀신적
인 존재에 대한 믿음 때문이었을 가능성도 있다. 그러나 그 진술들이 의인화
법에 근거하여 설명해야 할 것들일 가능성도 있다. 이 가운데 어떤 경우에
해당되는지를 가늠한다는 것은 항상 어려운 문제다. 때로는 주위의 문맥이
이를 말해주기도 한다(참조. 사 19:1; 46:1; 미 7:18). 시편 96:4은 "여호와는

위대하시니 … 모든 신들보다 경외할 것임이여"라고 말씀한다. 그러나 이어서 5절에서는 곧바로 "만국의 모든 신들은 우상들이지만 여호와께서는 하늘을 지으셨음이로다"라고 덧붙이며, 또한 7절에서는 여호와께 영광과 권능을 돌릴 것을 모든 족속들에게 촉구하고 있는 것이다(참조. 시 135:5, 6, 15이하).

여호와께 모든 곳과 모든 영역에서 무제한의 권능을 돌려드리는 사실은 선지자들의 유일신론과 밀접한 관계를 갖는다. 엄밀히 말하자면, 그런 단언들이 역사의 과정을 거쳐서 오늘날 우리에게 알려져온 그 방대한 범위의 "우주" 전체를 정확하게 다 포괄하는 것은 아니다. 하지만 이러한 반론은 타당성이 없다. 유일한 문제는, 과연 당시에 알려져 있던 존재의 영역에서 여호와가 아닌 다른 신적인 존재나 신 이하의 존재에게 (여호와와) 겨룰 만한 어떤 권능이 있는 것으로 언급되는 적이 있느냐는 것인데, 이에 대해서는 흔적조차 찾을 수가 없다.

선지자들의 시대에 유일신론이 점차 발전되어 갔다는 비평학자들의 이론이 사실이라면, 초기의 저자들의 글에서는 유일신 신앙이 덜 발전된 형태로 나타나고 후기의 저자들의 글에서는 좀 더 발전된 형태로 나타나는 것이 정상일 것이다. 그렇다면, 아모스와 호세아의 진술들에서는 이사야와 미가의 경우보다는 일관성이 덜한 유일신론을 보게 될 것을 기대할 수 있을 것이다. 혹은 8세기 선지자들과 7세기 선지자들 사이에 차이가 있다면, 이사야 이후 예레미야에 가서도 더 발전된 모습이 나타날 것을 기대할 수 있을 것이다. 그러나 이런 유의 차이는 전혀 볼 수가 없다. 더욱이 어느 곳에서도 선지자들이 그들의 유일신론을 여호와의 독특한 윤리적 성격과 연관짓는 경우가 나타나지 않는다. 현대의 이론은, 여호와의 은혜로우신 성격을 희생시키고 그의 윤리적 성격을 강조하다보니 유일신론적인 확신이 생겨나게 되었다고 주장한다. 그러나 미가 7:18은 그것과는 정반대의 방향으로 진술하는 것이다.

여호와의 본성과 속성

유일신론의 문제 다음으로, 여호와의 본성과 속성에 대한 선지자들의 가르침이 주목을 받는다. 여호와가 "영"(靈: spirit)이라 불리는데, 이는 오늘날의 교리적인 용어에서 생각하는 것과는 다소 그 의미가 다르다. 그것은 비물질성(immateriality)을 표현하는 것이 아니라, 하나님께 있는 생명의 에너지를 표현하는 것이다. "영"의 반대는 "육체"(flesh)인데, 이는 피조물에게 고유하게 있는 무기력함을 의미하는 것으로서 하나님께는 그것이 없는 것이다(사 31:3). 그러나 "육체"가 아직은 후에 신약에서 나타나는 것처럼 죄와 결부되지는 않는다.

여러 속성들이 구별되고 있으나, 그것들을 분류하고자 하는 시도는 나타나지 않는다. 이사야 57:15에는 사람들에게 나타나는 신적인 현현의 두 가지 면이 구별되어 나타나고 있다. 곧, 높이 거하시는 하나님의 초월적인 면(the transcendental one)과, 또한 자신을 낮추셔서 그의 종들과 함께 거하시는 그의 낮추시는 면(the condescending one)이 그것이다. 이러한 구별은 비공유적(非共有的) 속성들과 공유적(共有的) 속성들을 구분하는 잘 알려진 방식에 폭넓게 근접하는 것이다. 초월적인 속성들에는 전능하심, 편재(遍在)하심, 영원하심, 전지하심, 거룩하심이 있다.

전능하심

아모스는 여호와의 무제한적인 권능을 강하게 강조하는데, 이는 주로 다가오는 심판의 처절함을 극대화시키고자 하는 윤리적인 목적을 위한 것이다. 전능하심의 개념을 뜻하는 단어는 구약 성경에 없다. 그러나 아모스는 비유적이고 서술적인 방식으로 전능하심의 내용을 생생하게 전달하는 데 성공을 거두고 있다. 여호와는 산들을 조성하시고, 바람을 지으시며, 묘성(昴星)과 삼성(參星)을 만드신다. 그는 바다의 물을 불러서 지면에 쏟아 부으신다. 낮이 밤으로, 밤이 낮으로 변화하는 일이 그의 뜻을 따른다. 정복자가 높은 곳에 서서 땅을 다스리듯이, 그는 땅의 높은 곳에 다니신다. 그는 불과 기근과 역병과 악을 보내시고, 또한 이 모든 것을 그의 심판을 시행하는 도구로 사용하신다(2:5; 3:6; 4:6, 9, 10, 13; 5:8; 7:4).

이사야의 글에서도 비슷한 맥락에서 이와 비슷한 진술들이 나타나고 있다. 이사야는 여호와께서 행하시는 일의 갑작스러움과 즉각성을 강조한다.

여호와는 말씀으로 역사하신다고 하는데, 이는 그가 초자연적으로 역사하신다는 뜻과 다름 없다. 그는 토기장이와 진흙의 관계와 같은 관계를 피조물과 가지시며, 주권은 물론 전능하심을 드러내시는 위대한 분이시다. 장차 그는 땅의 온 지면을 변화시키실 것이요, 레바논을 풍요로운 밭으로 만드시며, 풍요로운 밭을 삼림으로 만드실 것이다(2:19, 21; 9:8; 17:13; 29:5, 17). 후반부에 가서는 가장 강한 진술들이 나타난다(40, 42, 45장). 미가의 경우는 1:2-4을 비교해 볼 수 있을 것이다.

"만군의 여호와"

전능하심의 속성과 연관되어 계속해서 나타나는 여호와의 이름 가운데 "만군의 여호와"가 있다. 이 이름은 몇 가지 형태로 나타나는데, 어떤 것은 완전한 형태로, 어떤 것은 단축된 형태로 나타난다. 이처럼 이름이 다양한 형태로 나타나는 것이 확대의 과정 때문인지 아니면 축약의 과정 때문인지는 가늠하기가 어렵다. 그 가장 긴 형태는 "주 여호와 만군의 하나님"인데, 이것은 ("만군" 앞에 정관사가 붙여진 형태로) 아모스 3:13에 단 한 차례 나타난다. 가장 흔하게 나타나는 것은 **여호와 쩨바오트**다. 이것은 특별히 선지자들에게서 나타나는 하나님의 이름으로, 모세오경, 여호수아, 사사기 등에서는 나타나지 않는다. 사무엘서와 열왕기에서 처음 나타나며, 그 다음에는 여덟 편의 시편과, 네 편의 초기 선지자의 글들(호세아, 아모스, 이사야, 미가), 그리고 요엘과 오바댜와 요나와 에스겔을 제외한 나머지 모든 선지자들에게서 나타나고, 마지막으로 역대기의 세 본문에서 나타난다. **여호와 쩨바오트**는 아마도 축약형일 것이다. 왜냐하면 이름이 연계형의 상태를 취할 수는 없기 때문이다. 이보다 더 단축된 형태는 그저 **쩨바오트**로만 부르는 것인데, 이 이름은 구약에는 나타나지 않는다. 헬라어 칠십인역에는 **쩨바오트**로 음역(音譯)한 경우들이 많이 나타나며, 이것이 신약의 두 구절 속에 그대로 전해졌다(롬 9:29; 약 5:4). 칠십인역이 그것을 번역하는 경우에는, "권능의 주"(the Lord of the powers) 혹은 "만유의 통치자이신 주"(the Lord, the All-Ruler)로 번역한다.

짜바라는 단어는 그 이름 이외의 경우에는 네 가지 뜻을 갖는데, 이 네 가지 뜻에 따라서 그 이름의 뜻이 네 가지로 해석된다. 이 네 가지 뜻은, 인간 전사들로 이루어진 군대, 초인간적인 영들의 무리, 별들의 무리, 피조물들의 총체 등이다. "피조물들의 총체"라는 해석은 벨하우젠이 제기한 것으로 창세기 2:1의 "하늘과 땅과 **그것들**의 모든 무리"(한글 개역 개정판은 "천지와 만물"로 번역함 — 역자주)라는 표현에 근거한 것이다. 복수형 대명사가 사용되므로 "땅의 무리들"로 보는 것도 전혀 생각할 수 없는 것은 아니지만, 저자는 "땅"을 그 앞의 "하늘"과 하나로 연계하여 그 둘을 합쳐서 복수로 보고 있는 것이 분명하다(한글 개역 개정판도 "천지"로 번역하여 이 점을 반영하고 있음 — 역자주). 그러므로 이 본문의 경우가 "만군"을 "땅"과 하나로 묶는 하나의 통상적인 방식이었다는 것은 입증되지 않는 것이다. 그러나 벨하우젠은 아모스의 경우에는 그 이름이 우주 전체를 포괄하는 의미를 갖는다고 지적하는데, 이것은 일리가 있는 관찰이라 할 것이다. 다만, 이제 살펴보겠지만, 아모스의 경우 그렇게 된 원인은 다른 데 있는 것이다. 어떤 이들은 이처럼 우주 전체를 포괄하는 의미가 시편 103:20-22과 148:1-4 등에서도 나타난다고 본다. 그러나 이 구절들에서는 하늘과 땅에서의 여호와의 역사하심과 "만군"의 활동이 서로 명확하게 구별되어 나타난다. 이렇게 볼 때에 "만군"은 지성적인 피조물의 특별한 영역, 즉 하나님의 하늘의 종들의 영역에서 찾아야 할 것이다.

벨하우젠은 이런 특이한 해석을 제시할 뿐 아니라 아모스가 이 이름을 지었다는 견해를 피력한다. 그러나 이 견해는 설득력이 없다. 아모스에 이미 그 이름이 여러 형태로 나타나기 때문이기도 하고, 또한 아모스는 어디에서도 그 이름을 설명하려 하지 않기 때문이기도 하다. 이 두 가지 사실은 그 이름이 아모스 이전에 이미 사용되었음을 시사하는 것이다. 사실상 벨하우젠 자신이 아모스의 시대보다 오래되었다고 인정하는 본문들에서도 그 이름이 나타나는 것이다. 그는 자신의 추리의 타당성을 유지하게 하기 위하여 그 구절들이 본래의 본문에 후대에 삽입되었거나 아니면 수정되었다고 선언한다. 그러나 꼭 그렇게 보아야만 하는 문학적인 필연성이 전혀 없는 것이다.

쩨바오트를 천체(天體)들의 무리로 이해하는 해석은 나름대로 근거를 갖고 있다. "하늘의 만군"(the host of heavens)이라는 문구는 성신(星辰) 숭배를 논하는 구절들에서 가장 흔히 나타난다(신 4:19; 17:3; 렘 8:2; 19:13; 32:29; 습 1:5. 한글 개역 개정판에서는 "천체", "일월성신", "하늘의 뭇 별", "하늘의 만상" 등으로 다양하게 번역함 — 역자주). 이방 종교에서는 이것이 보통 별들이 살아 있는 존재이거나 혹은 초인간적인 영들과 동일한 존재들이라는 믿음에 근거한다. "하늘의 만군"이란 문구가 이렇게 언급되는 것이 본래는 천사들에 대한 언급과 동일한 것이었다고들 주장하였다. 그리고 이것을 히브리인들의 조상들 사이에 그 비슷한 믿음이 지배하고 있던 시기에까지 거슬러 올라가는 것으로 보았다. 그런 표현이 하나님의 이름에 쓰였다는 것은 곧 성신 숭배에 대한 하나의 항거로서, 여호와께서 성신들보다 높으신 분이시요 모든 피조물의 주(主)이심을 알리는 것이었다고 한다. 또한 이것과 연관되는 또 하나의 믿음이 있었다. 곧, 천사인 별들(the star-angels)이 하나님의 허락을 받아 이방 민족들 위에서 그들을 다스린다는 것이 그것인데, 이 믿음은 유대인들 사이에 후대에까지 남아 있었던 것으로 보인다고 한다. 특히 신명기의 몇몇 구절들을 이러한 믿음을 지칭하는 것으로 본다. 29:26에서는 "가서 자기들이 알지도 못하고 여호와께서 그들에게 주시지도 아니한 다른 신들을 따라가서 그들을 섬기고 절한 까닭이라"라고 말씀한다. 또한 32:8의 경우는 칠십인역의 본문이 히브리어 원문과 차이가 나는데, 칠십인역에는 이렇게 번역하고 있다: "지극히 높으신 자가 민족들에게 기업을 주실 때에, 인종을 나누실 때에 하나님의 천사들의 수효대로 백성들의 경계를 정하셨도다." 히브리어 본문의 경우는 뒷부분이 "이스라엘 자손의 수효대로 백성들의 경계를 정하셨도다"라고 되어 있다(한글 개역 개정판도 이를 취함 — 역자주).

그런데 원문과 헬라어판의 읽기가 이렇게 다르다는 사실은, 칠십인역의 번역자들이나 독자들이 이와 같은 특유의 사고의 영향 아래에서 그렇게 바꾸었다는 것을 시사한다. 그리고 이러한 이해에 대해서, 고대 이스라엘에서는 그 이름을 이런 의미로 이해했었다는 식의 심각한 반론이 몇 가지 제기되고 있다. 초기의 선지자들에서는 별들이 언급되는 문맥에서는 이 이름이 나타나지 않는다. 묘성과 삼성을 언급하는 아모스 5:8에서도 이 이름이 사용되지 않는다(또한 사 40:26도 마찬가지다). 별들을 가리킬 때에는 한결같이 단수형을 써서 표현하고 있는 것이다. 그리고 그것들을 절대로 "여호와의 만군"으로 부르지도 않는다.

오늘날에 와서는 "만군"이 여호와께서 대장이신 이스라엘의 군대를 지칭한다는 견해가 상당히 유포되어 있는데, 이 견해는 앞의 견해보다 더 설득력이 있다. 비평학자들이 이를 널리 받아들이는 것은, 이 견해가 여호와가 본래 전쟁의 신이었다는 그들의 주장과 어울리기 때문이다. 그러나 그렇다고 해서 우리가 이 견해를 받아들이지 말아야 할 필요는 없다. 선지자들의 신관(神觀)에는 전쟁과 결부되는 면이 있다. 이사야는 특별히 여호와의 용맹스러운 특징을 묘사하면서 특정한 기쁨을 드러내기도 한다. 그러나 이것이 — 물론 비평학자들은 그렇게 생각하겠으나 — 여호와께서 한때 오로지 전쟁의 신이기만 하셨다는 것을 시사하는 것은 아니다. 이 해석을 뒷받침하여 한 가지 논지가 제시되는데, 이는 별들과 천사들의 "만군"은 언제나 단수형으로 나타나는 반면에 군사적인 "만군"에 대해서만은 유독 복수형이 사용되고 있다는 사실에 근거하는 것이다. 여호와의 이름에 쓰이는 "만군"은 복수형이다. 그러니 이 "만군"이 이스라엘 군대를 뜻하는 "만군"이 아니고 무엇이겠느냐는 것이다(참조. 출 7:4; 12:41; 시 44:9; 60:10; 108:11).

그러나 두 가지 점이 이러한 논지의 힘을 다소 약화시킨다. 그 첫째는, 출애굽기의 구절 등에서는 이스라엘의 군대들이 아니라 그저 일반적인 백성의 무리를 가리켜 "여호와의 만군"으로 부른다는 점이다. 그렇다면 "만군"이라는 명사를 사용한 것이 군사적인 의미 때문이 아니라 백성들의 숫자가 많다는 사실 때문인 것이 된다. 또한 시편의 구절들에서는 "만군"이 여호와의 만군으로 부르지 않고 "우리의 만군"(한글 개역 개정판에서는 "우리 군대"로 번역함 — 역자주)이라고 부른다. 또한 반대로, 하나님을 "만군의 여호와"라는 이름으로 언급하는 책들에서도 이스라엘의 군대들을 지칭할 경우에는 **쩨바오트**가 아니라 다른 단어들을 사용하고 있다는 점을 지적할 수 있을 것이다(삼상 4:16, 17).

군사적인 의미를 지지하는 또 하나의 논지는, "만군의 여호와"라는 이름이 사용되는 몇몇 경우들에서 그 이름이 전쟁에서 승리를 보장해 주는 것인 "궤"와 의미심장하게 결합되어 나타난다는 것이다(삼상 1:3, 11; 4:4; 삼하

6:2). 그러나 사무엘상 1장의 두 구절들은 궤가 아니라 성막에 대해서 말하는 것이요, 또한 그것이 궤와 결부된다 해도 그 이유를 다른 데서 찾아야 할 것이다. 왜냐하면 하나의 이야기에는 군사적인 내용이 전혀 없기 때문이다. 그리고 사무엘상 4:4과 사무엘하 6:2에서는 주변의 정황이 전쟁의 상황과 연관되지만, 만군의 여호와라는 이름을 사용한 것이 궤가 전쟁에서 지켜주는 것이라는 사실 때문이라고 보기가 매우 어렵다. 그 다음에 이어지는 내용에서는 궤를 계속해서 언급하면서도 "만군의 여호와"라는 이름은 전혀 사용하지 않고 있다. 그렇다면 그 두 구절에서 유독 그 이름을 사용하고 있는 이유를 다른 데서 찾아야 할 것이다. 그리고 그 이유는 어렵지 않게 찾을 수 있다. 그 두 구절에서는 궤 위의 그룹들이 궤와 함께 언급되고 있기 때문이다. 이러한 사실로 볼 때에 이를 달리 설명해야 마땅할 것으로 보인다.

또한 사무엘상 17:45과 시편 24:10을 근거로 또 하나의 논지가 제시되는데, 이것이 어느 정도 힘이 있다는 것은 부인할 수가 없다. 사무엘상 17:45에서는 다윗이 골리앗에게 다음과 같이 말씀한다: "나는 만군의 여호와의 이름 곧 네가 모욕하는 이스라엘 군대의 하나님의 이름으로 네게 나아가노라." 여기서 "이스라엘 군대의 하나님"은 실제로 "만군의 여호와"를 부연 설명하는 것인 것처럼 보인다고 한다. 그러나 시편의 구절은 그다지 신빙성이 없다. 10절의 "만군의 여호와"가 반드시 8절의 "전쟁에 능한 여호와"와 동일한 의미일 필요가 없기 때문이다. 그 구절의 구조는 오히려 점층적인 성격을 띠며, 따라서 "만군의 여호와"는 "전쟁에 능한 여호와"보다는 훨씬 더 강화된 의미를 지니는 것으로 보아야 할 것이다. 다윗이 정말로 이스라엘 군대를 뜻하는 의미로 이 용어를 사용한 것으로 가정한다면, 이것을 그 이름에 대해 제시된 옛날의 해석으로 — 이 해석은 시간이 경과하면서 선지자들의 글들과 시편에서 여호와의 중심적인 성격을 묘사하는 데 더욱 적절한 다른 해석으로 대체되었다 — 간주해야 할 것이다.

또한 이처럼 해석이 바뀐 이유가 오로지 후 시대에 계시에 대한 관념이 확대된 것에만 있다고 볼 필요도 없다. 그 외에도 고려할 요인이 있다. 선지자들은 아마도 시대가 바뀌었다고 느꼈을 것이다. 다윗의 시대에는 이스라엘 종교의 모든 경향이 이방 민족의 멍에를 강력하게 떨어버리는 데로 향했었던 반면에, 선지자들의 시대에는 군사력에의 의존이 너무 지나쳤고 따라서 하나님의 목적이 이러한 불신앙적이며 비신정적(非神政的)인 사고의 틀을 깨뜨리는 데 있었으므로, 이제는 인간의 도움으로 行하여야 할 일이 아니라 오히려 여호와께서 이적적으로 행하시는 역사에 강조점을 두게 된 것이다. 그러므로 "만군"이 좀 더 다른 의미를 갖게 된다. 이제는 그의 백성들의 일에 대한 하나님의 하늘의 초자연적인 개입을 대표하는 자들이 되는 것이다. 이는 정치적인 제휴에 대한 정죄와도 맥을 같이 한다. 이 시기의 선지자들에게서 이방 국가와의 정치적인 동맹 관계를 정죄하는 것이 끊임없이 등장하는 것이다.

그러므로 선지자들에 관한 한, 우리는 "만군"을 무수한 천사들의 무리로 해석하는 과거의 견해로 돌아가게 된다. 이것이 나타난 모든 사실들을 가장 잘 만족시키기 때문이다. 사무엘상 4:4과 사무엘하 6:2에서 그 명칭이 나타나는 것이 그룹들에 대한 언급 때문이라는 것은 이미 지적한 바 있다. 여러 다른 경우들에서도 동일한 연관이 나타난다. 이사야가 만군의 여호와로 부르는 그 여호와를 스랍들이 경배하고 있다(사 6장). 이사야 37:16의 히스기야의 기도에서는 여호와를 가리켜 그룹들 사이에 좌정하신 만군의 여호와라 부른다. 호세아에서 그 명칭은 한 곳에서만 나타나는데, 거기서는 그 명칭이 여호와의 사자가 언급되는 문맥 속에서 나타나고 있다(12:4, 5). 시편 89편에서는 그 명칭이 단 한 번 8절에서 나타나는데, 바로 그 앞의 문맥에서는 천사들이 전면에 부각되고 있는 것이다.

더욱이 이런 해석은 그 명칭과 관련되는 몇 가지 특질들을 가장 쉽게 해명해 준다. 전쟁의 상황에 합당한 색채가, 천사들의 하나님이 하늘의 만상들의 전능하신 왕이시요 그는 원수들을 정복하실 수 있는 분이시며 또한 땅의 힘이 소진할 때에는 심지어 그의 만군들을 부르사 이스라엘을 지키실 수도 있는 분이시라는 사실(사 31:4)에서 드러나는 것이다. 만군의 여호와는 그의 왕적인 명칭으로서 그를 자연과 역사를 주관하시는 전능하신 왕으로 지칭하는 것이다(시 103:19-22; 사 6:5; 24:23; 렘 46:18; 48:15; 51:57). 동방에서는 왕의 권세가 그의 시종(侍從)들의 화려함으로 측정되었던 것이다.

여호와와 시공간의 관계

여호와의 전능하심 다음에는 여호와께서 시간 및 공간과 맺고 계신 관계를 논의하게 된다. 하나님이 공간 내에 임재하시는 것에 대해서는 두 가지가 제시된다. 그는 시온에 거하시며(암 1:2), 그리로부터 부르짖으시며, 그의 왕권의 보좌가 거기에 있다(사 2:3; 8:18). 호세아는 가나안을 여호와의 땅이라 부른다(9:3). 그러나 이런 진술들이 하나님의 임재하심이 땅으로 제한된다는 뜻을 내포하는 것은 아니다. 그 진술들은 미숙한 신학의 잔재들이 아니다. 이 성경 저자들은 다른 곳에서는 하나님을 하늘에 거하시는 분으로(호 5:15), 또는 하늘로 돌아가시는 분으로(사 18:4; 33:5; 미 1:2, 3) 말씀한다. 시온에는 은혜로운 계시의 임재하심이 있다. 물론 하늘에 대해서도 동일한 것은 사실이다. 하늘도 땅의 어느 장소와 똑같이 하나님을 제한하거나 매어둘 수가 없기 때문이다. 하늘은 그의 보좌요 땅은 그의 발등상이다. 아모스 9:2에 의하면, 여호와의 권능은 절대로 공간에 제한을 받지 않는다고 한다. 이것이 의인법(擬人法)을 사용한 대중적인 언어로 표현되는 것은 사실이다. 그러나 하나님이 모든 공간 위에 계시고 또한 그의 내적 생명에서는 공간을 생소히 여기신다는 식의 사고는 암시조차 나타나지 않는다. 물론 하나님께서 공간을 피조물들의 존재에 속한 하나의 객관적인 실체로 인식하시는 것은 사실이다. 그러나 그 자신의 신적인 존재 양상은 그러한 사실에 전혀 영향을 받지 않는 것이다.

여호와와 시간의 관계에서도 똑같은 사실이 그대로 적용된다. 사실상 영원이란 시간을 전적으로 초월하여 존재하는 것이지만, 선지자들이 사용하는 대중의 언어에서는 영원이 오로지 시간과 관련해서만 표현된다. 어떤 이들은 이사야 57:15에서, 영원을 하나님을 둘러싼 하나의 영역으로 보는 신학적 사고를 찾기도 한다. 마치 사람이 그의 의식의 구조 때문에 반드시 시간 속에 거할 수밖에 없는 것처럼 하나님도 영원 속에 거하신다는 것이다. 그러나 영어 흠정역(Authorized Version)과 영어 개정역(Revised Version)이 "영원에 거하시며"(that inhabits eternity: 이를 취하면 영원을 하나님이 거하시는 하나의 영역으로 보는 것이 된다. 그러나 한글 개역 개정판은 "영원히 거하시며"로 번역한다 — 역자주)로 번역하고 있는 문구는 "영원토록 보좌에 좌정하여 계시며"(that sits enthroned for ever)로도 번역할 수 있는데, 그렇게 되면 영원이 시작도 끝도 없는 기간이라는 일상적인 뜻이 되는 것이다. 초기의 선지자들 가운데서 이러한 신비하고도 위엄 있는 신적 속성을 다루는 사람은 이사야밖에는 없다. 메시야를 묘사하는 중에(9:6) **아비아드**라는 칭호가 나타나는데, 이는 흔히 "영원을 위한 아버지"(father for eternity)로 번역되지만, 어쩌면 "영원의 아버지"(father of eternity)를 뜻할 수도 있다. 그리고 이 번역을 취하면, 하나님이 영원에 거하신다는 관념보다도 더 높은 초월적 존재의 세계 속으로 들어가는 뜻을 갖는 것이 될 것이다.

또한 간접적으로도 영원이 여러 가지 방식으로 표현된다. 여호와께서 만물의 창조주이시므로, 그는 모든 피조물보다 먼저, 역사의 모든 발전보다 먼저 존재하신 것이 틀림없다. 그는 땅의 기초를 놓으셨고 하늘을 펴신 분이시니 그는 과연 처음과 나중이시다(사 44:6; 48:12, 13). 그는 처음부터 만대(萬代)에 이르기까지 사람들을 불러내신 분이시다(사 41:4). 이런 진술들과 더불어 때로는 하나님께서 자기를 지칭하시는 호칭인 "내가 곧 그이니"(I am He)라는 호칭이 나타나는데, 이는 "나는 시간이 흘러도 변하지 않고 언제나 동일한 자"라는 뜻으로, 특히 여호와의 불변하시는 신실하심을 보장하는 뜻을 시사하는 것으로 해석된다. 이는 출애굽기 3:14의 "나는 스스로 있는 자이니라"(I am that I am)에서 표현되는 것과 동일한 사상이요, 또한 그렇기 때문에 여호와라는 이름 그 자체와도 연관되는 것이다.

전지하심

여호와의 전지하심은 그의 편재하심(遍在: omnipresence, 혹은 무소부재[無所不在])과, 또한 앞 일을 예언하시는 그의 능력과 관련되어 표현된다. 그가 어디에나 계시기 때문에, 그는 또한 일어나는 모든 일을 다 아시는 것이다. 그는 사람의 숨은 생각을 사람에게 보이신다(암 4:13). 호세아 선지자는 "에브라임의 불의가 봉함되었고 그 죄가 저장되었나니"라고 말씀한다. 그 백성이 범한 모든 죄가 하나님 앞에 있으며, 자루에 조심스레 넣어둔 돈이 없어질 수 없듯이, 그들의 죄도 잃어버려질 수가 없다는 것이다(13:12). 하나님의 영원하심도 여기서 작용한다. 일어나는 모든 일보다 먼저 계시므로, 그는 일어날 많은 일들을 미리 예언하실 수 있었고, 이제 이방 신들에게 자신처럼 장래사를 예언할 수 있는지를 살펴보라고 도전하시는 것이다(사 41:22-24; 43:9-13; 44:6-8). 이는 그의 예지(豫知: foreknowledge)가 그의 목적과 밀접하게 연관되어 있다는 것을 시사하는 것이다. 분명치 않는 우발적인 일들에 대한 마술적인 주술이 아니라, 그의 계획에 자연스럽게 수반되는 일들을 미리 아신다는 것이다: "주 여호와께서는 자기의 비밀을 그 종 선지자들에게 보이지 아니하시고는 결코 행하심이 없으시리라"(암 3:7). 여호와에게서는 정치가들이 흔히 하는 것처럼 자신의 계교를 아무 숨기려 해도 소용이 없다. 어둔 데에서 행하며 "누가 우리를 보랴? 누가 우리를 알랴?"라고 말해도 전혀 소용이 없는 것이다. 왜냐하면 마치 토기장이가 진흙을 빚어내듯이 사람이 아무도 모르게 속으로 품는 생각 그 자체를 지으시는 것이 여호와 자신이시기 때문이다. 사람이 여호와에게서 생각을 숨기는 것 그 자체가 여호와 자신의 목적을 이루는 것인 것이다(사 29:15, 16).

거룩하심

또 하나의 초월적인 속성은 여호와의 "거룩하심"이다. 이의 히브리어 형용사는 **카도쉬**이며, 명사는 **코데쉬**이다. 동사형으로는 니팔형(수동태), 피엘형(강조형), 히필형(사역형) 그리고 히트파엘형(재귀형)이 사용된다. 그러나 이 모든 동사의 형태들은 명사형이나 형용사형에서 파생된 것들이고, 따라서 명사와 형용사가 제시하는 근본적인 의미 이상은 그 의미를 파악하는 데에 도움을 주지 못한다. 그리고 어원을 살펴보아도 별 도움을 얻을 수가 없다. 왜냐하면 모든 파생어들과 그 어근이 오로지 종교적인 의미로만 쓰이므로 종교의 영역 바깥에서는 어떤 의미로 쓰였는가 하는 것에 대해서는 그저 추정할 수밖에는 없기 때문이다. 또한 히브리어에서만 그런 것이 아니라 그 동족어(同族語)에서도 마찬가지다. 어떤 사람은 그 어근들을 "빛나다"라는 뜻의 **하다쉬**라는 어근 — 이 어근에서 "새로운"이라는 뜻의 형용사가 형성되는데, 이는 새 것이란 곧 빛나는 것이기 때문이다 — 과 연관짓기도 한다. 이렇게 본다면 "거룩"이란 성경적 관념의 적극적인 면, 곧 순결의 면과 일맥상통하게 되고, 또한 그 관념이 윤리적인 영역에 자연스럽게 적용되게 될 것이다. 또 어떤 이들은 **카도쉬**나 **코데쉬**가, **콰드**를 기본 어근으로 갖는 어근 그룹들에서 파생된 것으로 보는데, 그렇게 되면 "잘라냄", "분리" 등의 관념이 거기에 개입되어 있는 것이 된다. 이렇게 보면, "초연함"(aloofness), "위엄" 등을 의미하는 개념들이 그 어근의 기본 개념에 가깝게 된다. 우리는 이 둘 가운데 후자를 취한다.

후자를 취하는 이유는 다음과 같다: 첫째로, 거룩이라는 관념 속에 들어 있는 모든 의미를 분리의 개념으로 포섭하는 것이, 순서를 뒤집어 순결의 개념에서부터 출발하는 것보다 더 쉽다. 위엄으로부터 순결로 의미가 바뀌는 것이 순결로부터 위엄으로 바뀌는 것보다는 쉬워 보이는 것이다. 그 다음으로, **카도쉬**의 반대말은 **콜**인데, 이것은 "풀다", "열다", "접근할 수 있는" 등의 뜻이다. 그러므로 카도쉬가 본래 "분리된", "잘려진", "침범할 수 없는" 등의 의미라는 가정이 자연스러워진다(삼상 21:5; 겔 42:20; 암 2:7). 그리고 셋째로, 거룩이라는 관념과 또한 **헤렘**이라는 어근과 연관된 개념도 서로 의미가 통하는 면이 있다. 이 어근의 히필형은 "바치다"라는 뜻인데, 이는 분리의 관념으로부터 출발하는 것이다(참조. "하렘", "헤르몬").

"잘라냄"(cutting off)이라는 개념에서 출발하여, 이 단어가 하나님에까지 적용되기까지 발전되어 가는 과정을 추적해 보기로 하자. 그 본래의 의미는 소극적이며 또한 실천적인 것으로서 신(神)과 그의 주변과의 관계에서 반드시 준수해야 할 하나의 행동 규범을 묘사하는 것이다. 그러므로 하나님의 "속성"을 논하는 것부터 시작하면 오해만 생길 뿐이다. "거룩"이란 우선 신이 어떤 분이신가를 묘사하는 것이 아니고, 신에게 어떤 일을 해서는 안 되는가를, 즉 그에게 너무 가까이 다가가서는 안 되는데 이를 방지하기 위해서는 어떻게 해야 하는가를 가르치는 것이다. 아마도 "접근 불가"(unapproachability)가 거룩의 근본 개념을 가장 잘 표현하는 것이라 할 것이다. 그러나 더 나아가서 이러한 접근 불가의 규범이 그저 임의적인 것은 아니라는 느낌을 갖게 된다. 그 규범은, 하나님은 신성을 지니신 분이시요 따라서 그 신성과 피조물 사이에는 이런 구별이 있는 것이 마땅하다는 사실에서 비롯되는 것이다. 이렇게 보면 바로 여기에 하나의 적극적인 요소가 개입된다. 하나님의 구별되심에 대한 하나님 자신의 의식과 또한 그 구별을 유지하시고 그것을 외형적으로 표현하고자 하는 그의 결의가 나타나는 것이다. 성소(聖所)는 무차별하게 공개되는 것이 아니며, 신과 성소의 주변은 접근 불가 지역으로서 그것을 침범하면 신의 진노가 촉발되는 것이다.

여기까지의 개념은 특별 계시에 속한 것은 아니다. 그런 개념은 이스라엘이나 구약에만 한정되는 것이 아니다. 예를 들어서, 페니키아인들도 "거룩한 신들"을 거론하는 것을 볼 수 있다. 그러나 특별 계시의 영향 아래서는 그 관념이 무한히 깊어진다. 셈 족속의 이교도들 중에서 이사야가 성전의 이상을 보았던 것과 같은 그런 자세로 자기의 신을 바라본 적이 있는 사람은 하나도 없다고 분명히 말할 수 있을 것이다. 거룩을 신께 돌리고 또한 그것을 느끼는 일은 그 밑바닥에서 보면 신성을 인식하는 것이므로, 그저 일반적인 어떤 신의 독특함에 대한 확신이 아니라, 유일하고 참되신 하나님이신 여호와의 독특하심에 대한 확신이 존재해야만 비로소 거룩에 대한 내적인 완성된 참된 지각에 이를 수가 있는 것이다. 이방 종교로부터 이스라엘의 종교에로 넘어 오면서 신성이 새로운 의미를 얻게 되는 것처럼, 거룩도 마찬가지다. 이방 종교로부터 이스라엘에게로 넘어 오면, 피조물 위에 높이 올라 계신 위엄으로서의 거룩의 관념이 사라지는 것이 아니라 오히려 더 깊어지고 더 순결하게 되며, 또한 하나님과 그저 아무렇게나 친근하게 처신하여 종교의 근간(根幹)을 해치는 모든 경박스런 자세들을 막는 하나의 고정된 보호 장치로 남아 있는 것이다.

하나님의 거룩하심을 이런 형태로 취하면, 그것은 사실상 신적 본성에서 구별할 수 있는 다른 속성들과 함께 역사하는 하나의 속성이 아니라는 것을 쉽게 알 수 있다. 거룩하심이란 하나님에 대해 서술할 수 있는 모든 것에 다 퍼져있고 그 모든 것에 다 적용되는 무엇이다. 그는 그의 특징을 이루고 그를 계시하는 모든 것에서 거룩하시다. 그의 선하심과 은혜로우심에서도 거룩하시며, 또한 그의 의로우심과 진노에서도 거룩하시다. 엄밀히 말하자면, 거룩하심이 윤리적 영역에 한정될 때에 그것이 하나님의 한 속성이 되는 것이다.

여호와의 위엄과 거룩하심이라는 이 일반적인 관념의 명확한 실례를 보여주는 구절들이 구약에 있다. 하나의 찬송(삼상 2:2)은 하나님을 다음과 같이 칭한다; "여호와 같이 거룩하신 이가 없으시니 이는 주 밖에 다른 이가 없고 우리 하나님 같은 반석도 없으심이니이다." 또한 호세아 11:9에서는 "내가 하나님이요 사람이 아님이라 네(이스라엘) 가운데 있는 거룩한 이니"라고 말씀한다. 이러한 일반적인 의미를 근거로 하여 거룩하심과 하나님의 높이 거하심의 상관 관계도 설명할 수가 있다(사 57:15). 하늘은 여호와께서 홀로 거하시는 가장 높고 가장 친밀한 성소다. 그러므로 이것과 상대적으로 하나님이 겸손한 자들에게 자신을 낮추시는 일이 제시되면, 그야말로 충격적인 대조가 생기게 되는 것이다. 이것은 여호와의 영원하심과도 동일한 관련이 있다. 이것 역시, 시간 속에 창조되고 존재하는 모든 것들로부터 하나님을 분리시키는, 특별한 신적인 성격을 띠는 것이다. 바로 앞에서 인용한 구절에서, 하나님께서는 영원토록 보좌에 좌정하여 계시며 그의 거룩하심이 함께 서 있는 것이다. 하박국은 이렇게 외치고 있다: "여호와 나의 하나님, 나의 거룩한 이시여 주께서는 만세 전부터 계시지 아니하시나이까?"(1:12). 그것은 하나님의 전능하심과도 관계가 있다. 전능하심 역시 오직 하나님께만 속한 것이기 때문이다.

출애굽기 15장의 노래에서 하나님을 지목하여, "주와 같이 거룩함으로 영광스러우며 찬송할 만한 위엄이 있으며 기이한 일을 행하는 자가 누구니이까?"라고 말씀한다(11절). 민수기 20:12에 의하면, 모세와 아론이 여호와의 "거룩함"을 나타내지 아니한 것 때문에(곧, 그를 "거룩하신 자"로 인정하고 선포하지 않은 것 때문에) 책망을 받는데, 이때에 모세와 아론은 한 마디 명령으로 반석에서 물이 솟아나오도록 하실 수 있는 전능하심을 하나님께 돌리지 않았던 것이다.

특히 에스겔 선지자에게서는 거룩하심이 전능하심과 관계된 사실이 자주 나타난다. 에스겔서에서는 거룩하심이 전능하심과 동등한 의미로 쓰인다고까지 말할 수 있을 정도다. 하나님은 이스라엘이 포로로 잡혀감으로써 그의 거룩하신 이름이 열방 중에서 더럽혀졌다고 탄식하신다. 그 사건으로 인하여 이방 사람들이 하나님의 백성들을 보호하고 보살피며 구원하시는 그의 전능하심을 의심하게 되었기 때문이다. 그러므로 그의 이름을 다시 거룩하게 하기 위하여(즉, 자기 자신의 전능하심을 드러내기 위하여), 그는 다시 그들을 모아 옛 땅으로 다시 돌아가게 하실 것이다. 에스겔에게서는 "나의 큰 이름"이 "나의 거룩한 이름"과 동일한 의미로 혼용되는 것이다. 이러한 하나님의 위엄과 거룩하심에 대한 사람의 주관적인 반응은 바로 두려움과 경외다(삼상 6:20). 이사야 6:2, 3에서는 심지어 죄가 없는 스랍들까지도 떨림으로 이를 인정하고 있다(참조. 사 8:13).

우리에게 특별히 좀 더 친숙한 것은 "거룩"의 윤리적인 면이다. 이는 그 단어의 그런 면이 신약 성경의 용법을 거의 독점하다시피 하기 때문이다. 그러나 주님 가르치신 기도의 두 번째 간구에서 상기할 수 있듯이, 일반적인 위엄의 의미가 전적으로 사라진 것은 아니다. 그러나 더 중요한 사실은, 구약 성경에서 이 윤리적인 의미가 위엄의 의미와 그저 함께 병행하여 나타나는 것으로 그치는 것은 — 마치 그 두 가지 의미가 서로 전혀 관련이 없는 것들인 것처럼 — 아니라는 점이다. 오히려 윤리적인 의미가 위엄의 의미에서부터 발전되어 나온 것이라는 것이 뚜렷하게 드러난다. 그 발전은 죄악된 존재가 무죄한 존재보다도 하나님의 위엄을 더욱 예리하게 느낀다는 경험에서 출발한다. 이사야 6장에서는 스랍들이 하나님의 위엄을 느끼며 그것에 두려움으로 반응한다. 선지자 역시 똑같은 것을 느끼지만 그는 죄인으로서 그것을 느끼며, 그리하여 "화로다 나여! 망하게 되었도다. 나는 입술이 부정한 사람이요, 입술이 부정한 백성 중에 거주하면서 만군의 여호와이신 왕을 뵈었음이라"라고 외치는 것이다(5절). 이런 외침은 그저 전반적인 두려움에서 나온 것이 아니라, 도덕적인 자괴감(自壞感)에서 나온 것이다. 여호와의 윤리적 거룩하심이 드러날 때에 그것에 대한 인간의 반응은 죄에 대한 의식이다. 그러나 이런 죄에 대한 의식은 그 자체 속에 하나님의 위엄에 대한 깊은 인식을 지니고 있다. 하나님의 거룩하심을 그저 "순결"로만 바라보는 것이 아니다. 아니, "위엄 있는 순결" 혹은 "윤리적 숭고함"으로 보는 것이 더 나을 것이다. 이것은 다른 것 못지않게 하나님의 "높임을 받으심"(exaltation)과 결부되어 있는 것이다. 특히 이사야에서는 이러한 위엄과 순결 사이의 결합이 분명하게 나타난다. 선지자는 강도(强度)보다는 차원(次元)의 문제로 그것을 논하기를 좋아하는 것이다. "오직 만군의 여호와는 정의로우시므로 높임을 받으시며, 거룩하신 하나님은 공의로우시므로 거룩하다 일컬음을 받으시리니"(5:16; 참조. 시 15:1; 24:3).

이처럼 위엄의 관념과 얽혀 있는 사실에 근거하여, 우리는 거룩하심이 죄를 형벌하는 원리가 된다는 것을 설명할 수 있을 것이다. 순결은 하나의 소극적인 개념이므로 순결에만 근거하면, 거룩하심이 결코 죄를 형벌하는 원리가 될 수 없다. 순결이란 스스로 죄를 물리치거나 혹은 죄에 대하여 스스로를 닫아버리는 것만으로도 얼마든지 만족할 수 있기 때문이다. 그러나 순결의 요소에 위엄의 요소가 함께 뒤섞이게 되면, 순결이 능동적인 원리가 되어 자신을 확고히 드러내며 자신의 존귀함을 높이게 된다. 그리고 그리하여 거룩하심이 하나님의 영광의 빛이 죄악된 자들을 삼키는 불꽃으로 바뀌어 제시되는 것이다(사 5:24; 10:17; 33:14, 15). 이처럼 하나님의 위엄으로부터 그러한 색채가 주어진다는 사실은 "자비하심"이라는 또 다른 윤리적 속성에서도 감지할 수 있다. 시편 103:1 이하에서는, 하나님의 "거룩한 이름" 속에 2-5절에 열거되는 바 온갖 은혜로운 사실들이 함축되어 있는 것이다.

하나님 자신의 거룩하심과 더불어, 하나님과 긴밀하게 관련되어 있는 특정한 것들도 "거룩함"으로 표현된다. 성전이 거룩하며, 하늘도 거룩하며, 안식일도 거룩하며, 여호와의 산도 거룩하다. 이것이 그 단어의 근본적인 의미에서 나오는 자연적인 결과라는 것은 이미 살펴본 바 있다. 만일 여호와께서 도저히 가까이 접근할 수 없을 정도로 위엄이 높으시다면, 그의 주위에 거룩의 경계선을 그음으로써 "속된" 것의 접근을 금하게 하는 것이 중요해진다. 우리는 하나님을 서술하는 거룩함이 주된 본래의 개념이며, 다른 것들의 거룩함은 거기서 파생된 것이라고 본다. 말하자면, 신적인 거룩함이 사방으로 찬란한 광채를 발하여 도저히 가까이 가지 못할 빛을 창조해 내는 것이다.

그러나 몇몇 학자들은 이 두 관념의 전후 관계에 대해 정반대의 견해를 취하였다. 그들은 먼저 신에게 드리는 희생 제사 속에 개입되는 특정한 대상물들이 거룩한 것으로 여겨졌고, 그 다음에 이런 식의 어법이 그런 대상물들에게서 그 희생 제사의 대상인 신에게로 전이(轉移)되었다고 가정하는 것이다. 그들은 또한 그런 전이 현상이 신의 형상들을 매개체로 일어났을 수도 있다고 주장하기까지 했다. 신의 형상들은 신을 예배하는 데에 드려진 신성한 물건들이기도 했거니와, 또한 신들 자신과 동일시되기도 했기 때문이라는 것이다. 그러나 이런 식의 과정은 전혀 납득이 되지 않는다. 신들을 거룩한 존재로 부르는 관습이 있기 전에 신과 관련된 어떤 물건을 거룩하다고 불렀다는 것이 대체 무슨 뜻인가? 그것들이 "거룩하게 구별되었다"는 답변은 전혀 올바른 답변이라 할 수가 없다. 거기에는 이미 신이 신성하다는 전제가 들어 있기 때문이다. 그들이 제시할 수 있는 유일한 답변은 아마도, 그 물건들이 신의 소유물로 구별되었다는 것일 것이다. 다시 말하면, "거룩함"이 어떤 물건을 서술할 경우에는 "신의 소유물"과 같은 뜻일 것이라는 것이다. 하지만, 이렇게 보면, "거룩함"이 어떻게 물건에서 신에게로 전이될 수 있었는지를 납득할 수가 없다. 어떤 물건이 여호와의 전용 소유물이기 때문에 거룩하다는 것은 이해가 되지만, 여호와께서 전용 소유물이셨다는 뜻이 되는 것은 대체 어떻게 납득할 수 있겠는가? 이 문제에 대하여 제시할 수 있는 근접한 답변이 있다면 이런 것일 것이다. 곧, 여호와께서 거룩한 자, 즉 이스라엘의 소유이시라는 것이다. 그러나 이렇게 보면, 거룩의 관념이 순전히 역방향으로 적용되게 되고, 결국 신이 사람에 대해 우선하는 점이 전혀 없어지고 말 것이다.

이것은 구약의 용법에서 받는 인상과는 상당히 다르다. 구약의 용법은 거룩의 관념을 오직 하나님께만 적용시키는 사실을 강하게 강조하기 때문이다. 더 나아가서, 이 견해를 취하면, 사사로운 소유의 관념의 존재가 거룩의 관념이 등장하는 것보다 시기적으로 앞서야 한다는 어려움이 생겨난다. 디스텔(Diestel)은 물건의 거룩이 먼저 존재했거나 최소한 신의 거룩과 같은 시기에 생겼다는 것을 주장하는데, 그는 자신의 주장을 증명하고자 두 가지 논지를 제시한다. 그 하나는 이사야에도 자주 나타나고 예레미야와 시편에도 나타나는 "이스라엘의 거룩한 자"라는 칭호에서 이끌어낸 것이다. 그는 이 칭호를 "자기 자신을 거룩히 구별하여 이스라엘에게 주는 자"(the One who consecrates Himself to Israel)를 뜻하는 것으로 취한다. 문법적으로는 이것이 가능하다. 왜냐하면 안식일을 가리켜 "여호와의 거룩한 날"이라 불러서 여호와께 드려진 날이라 칭하는 것도 같은 원리에 근거한 것이기 때문이다. 그리고 아론의 경우도 마찬가지다. 그러나 그런 의미를 전달하려 했다면, 전치사 **라메드**(" … 에게"라는 뜻의 히브리어 알파벳 — 역자주)를 써서 "이스라엘에게 거룩한 자"라는 구문으로 표현하는 것이 정상이었을 것이다. 그러나 이사야는 그 칭호를 이스라엘에게 호의적인 뜻으로만 사용한 것이 아니라 때로는 정반대의 의미로도 사용했는데(5:19, 24), 이것은 디이슈텔의 견해를 반박하는 하나의 반론이 된다 할 것이다.

그러므로 그 칭호가 두 가지 사상을 — 여호와는 거룩한 자시라는 것과, 여호와는 이스라엘의 하나님이시라는 — 하나로 합치는 것이라고 해석하는 것이 더 나을 것이다. 그가 이스라엘과 관계되어 있다는 점이 명확히 드러나지만, 그 점은 "이스라엘의"라는 문구에서 표현되며, "거룩한"이라는 형용사는 일상적인(윤리적이며 위엄을 나타내는) 의미로 그의 본성을 묘사하는 것이다. 디스텔이 논지의 근거로 삼는 다른 사실에 대해서는 위에서 이미 언급한 바 있다. 그의 추론은, "거룩함"이 이스라엘을 향한 하나님의 자비로우신 의도와 결부될 수도 있는데, 이는 "거룩함"이 여호와께서 이스라엘에게 자기 자신을 거룩히 구별하여 드리셨다는 사실을 지칭하는 이름이라는 사실에 근거하는 것일 수밖에 없다는 것이다. 그러나 우리가 이미 살펴본 대로, "거룩함"을 "자비로움"과 합쳐놓은 것은 그 문제의 속성에 독특한 풍성함과 높은 특질을 부여하고자 하는 것 외에 다른 의도가 없는 것이다.

이미 살펴본 대로, 신을 섬기는 물건들과 사람들이나 혹은 신의 거처 주변에 있는 물건들과 사람들의 거룩함은 이방 종교에서도 나타나고, 계시된 종교에서도 나타난다. 그러나 그 관념이 시행된 양상에 있어서는 원리상 근본적인 차이가 있다. 이방 종교의 경우에는 물질적이고 자연주의적인 성격을 띠는 것이 그 개념의 배경을 이룬다. 거룩함을 사람들과 물건들에게 전해지는 어떤 모호한 영향력으로 생각한 것이다. 그것을 마치 전류(電流)에 비할 수도 있을 것이다. 이를테면 성소 주변의 모든 것에 전류가 흐르기 때문에, 그것을 접촉한다는 것은 매우 위험한 일이 된다는 것이다. 그러나 이스라엘에게 있어서는 경우가 다르다. 물론 특정한 물건들이(예컨대, 언약궤) 그와 똑같이 위험한 성격을 지니고 있기는 하지만, 그것이 그런 것은 오직 하나님께서 자유로이 그것을 거룩하게 하셨기 때문인 것이다. 그리하여 하나님께서 안식일을 "거룩하게 하셨다"라고 표현한다. 곧, 안식일 그 자체가 본래 특이한 성격을 소유하고 있어서 거기에 마술과 미신이 결부될 수 있었던 것이 아니라, 하나님께서 그의 뜻대로 그렇게 정하셨기 때문에 그날이 하나님을 섬기는 일을 상기시키는 특별한 의미를 지니게 되고 또한 오직 그 일을 위하여 사용하도록 된 것이라는 것이다.

구약과 신약 모두에서 "거룩함"이 사람에게 적용될 때에는 거기에 특별한 내포(內包)가 있음을 유의해야 할 것이다. 사람이 윤리적으로 거룩하다고 선언될 경우에는, 그 개념이 철저하게 영적인 의미였다 할지라도, 그 의미는 절대로 그저 그 자체로서 도덕적으로 선하다는 뜻이 아니라, 언제나 하나님과 관계하여 윤리적으로 선하다는 뜻이 들어 있다는 것이다. 이러한 관념은 곧, 윤리가 거룩하게 구별되어 종교에게 드려지는 것임을 드러내 주는 것이다.

의로우심

하나님의 초월적인 속성과 공유적 속성의 중간에 여호와의 의로우심이 서 있다. 히브리어로는 **체데크**와 **체다카**가 있고, 그 형용사는 **차디크**이다. 무엇보다 먼저 주지해야 할 사실은, 여호와를 가리켜 의로우시다고 할 때에는 사람과 사람 사이의 공정한 거래의 의무와 비슷한 뜻이 아니라, 언제나 재판관의 편에서 철저한 정의에 따라서 시행하는 절차와 비슷한 뜻을 지닌다는 점이다. 이에 대해서 유일한 예외처럼 보이는 것이 있다면, 그것은 하나님께서 친히 법정에 나타나셔서 자신의 행위에 대해 판결을 하시는 것으로 은유적으로 묘사되는 경우일 것이다(시 51:4). 대개 하나님의 의로우심은 재판관의 의로움이다. 사람들의 송사를 처리하는 재판관의 경우에 그를 의롭다고 말하는 것은, 그가 자기 앞의 양쪽 편에 대하여 공정하고자 하는 본능을 따르기 때문이 아니라 그가 자기 위에 있는 법을 철저하게 준수하기 때문이다. 그러므로 이런 관념이 어떻게 하나님께 적용될 수 있느냐 하는 문제가 제기된다. 하나님께서는 그의 위에 그 어떠한 법도 갖고 계시지 않기 때문이다. 그런데도 선지자들과 구약은 전반적으로 이런 표현 양식을 지키고 있다. 그리고 그들에게는 이런 표현 양식이 그저 하나의 편리한 의인법인 것만도 아니었다. 여호와의 결정들 밑바닥에 그의 성품이 깔려 있다는 사고가 그 이면에 있는 것이다. 그것이 바로 그의 법이다. 단언하건대, 그의 위에 있는 법이

아니라 진정 그의 속에 있는 법인 것이다. 그리고 그의 법 아래에서 어떤 사
안에 대해 결정할 때만 그런 전제가 적용되는 것이 아니라, 그 법을 만드시
는 데에서도 여호와께서 의로우시다 칭함을 받으시는 것이다. 그의 법은 임
의적인 명령에 따라서 만들어진 것이 아니었다. 그것은 의로운 법이다. 왜냐
하면 하나님의 성품에 합한 것이요 그보다 높은 규범이 있지도 않고 있을 수
도 없기 때문이다(신 4:8).

여호와의 이러한 법정적인 의로우심은 다음과 같이 몇 가지 방향으로 나
뉜다:

(1) 심리(審理)의 의로우심(a righteousness of cognizance)

(2) 보응의 의로우심(a righteousness of retribution)

(3) 신원(伸寃: 원통함을 풀어줌)의 의로우심(a righteousness of
vindication)

(4) 구원의 의로우심(a righteousness of salvation)

(5) 자비의 의로우심(a righteousness of benevolence).

(1) 심리의 의로우심

이것은 여호와께서 모든 도덕적 행위를 살피시고 계속해서 유념하시는
것을 의미한다. 이것은 개개인에게와 집단적으로 민족들에게 모두 적용된
다. 모든 행위가 하나님의 심리(審理) 아래 있는 것이다. 여기서 우리는 하나
님께서 재판장으로 기능을 발휘하시는 동안에도 여전히 하나님으로 남아 계
시며 또한 그가 하나님이시라는 사실이 재판장으로서 그가 취하는 절차와
분리될 수 없다는 것을 기억해야 한다. 일상적인 삶에서는 재판관이 자신의
관할 하에 있는 사람들의 행위를 주시하지 않는다. 그러나 여호와의 살피심
에서는 그 어떠한 것도 피하지 못한다. 또한 그는 그 어떠한 관계에서도 그
저 무관심한 방관자로 계시지 않는다. 항상 합당한 조치를 행하실 것을 염두
에 두고서 인식하시는 것이다.

아모스가 이 면에 대해 가장 강하게 표현하고 있다. 그에게 있어서는 하나
님의 전지하심이 실질적으로 전면적으로 해당되는 여호와의 편에서의 윤리
적인 판단과 윤리적인 통제가 되어 버렸다. 의와 하나님이 동일하므로, 의를

구하는 것은 바로 하나님을 구하는 것이요, 하나님을 구하는 것은 바로 의를 구하는 것이다(5:4, 6, 14). 선지자는 의(義)야말로 세상을 통치하시는 하나님의 내적인 지배 원리라고 느꼈으므로, 그에게는 의가 정상이요 또한 의에서 벗어나는 것은 말도 안 되는 괴상한 일이었다(5:7; 6:12). 하나님께서는 다림줄(혹은, 측량줄)을 손에 쥐시고 모든 행위의 담 곁에 서 계신다(7:8). 그러나 이러한 은유적인 표현 속에 심리의 면에서 보응의 면으로 옮아가는 전환점이 보인다. 왜냐하면 다림줄은 그저 측량하는 데에만 쓰인 것이 아니고 허물어뜨리는 데에도 쓰였기 때문이다(사 28:17).

(2) 여호와께서는 죄를 벌하시는 자로서 의로우심

현대인들은 선지자들에 대해 윤리적으로 흠모하면서도 그들의 가르침의 이러한 특질을 간과해버리는 경우가 너무 많다. 리츨(Ritschl)은 심지어 구약에서는 몇몇 후기의 저작들을 제외하고는 어디에서도 죄에 대한 형벌이 하나님의 의로우심의 결과로 나타나는 적이 없다고 주장하기까지 했다. 그는 하나님의 의로우심을 자비로운 성격을 띤 속성으로 해석하고자 한 것이다. 그는 물리적인 어근의 의미인 "올곧음"(straightness)에 근거하여, 그는 하나님의 의로우심을 "의롭고 경건한 자들을 악한 자들에게서 보호하사 구원에 이르도록 하기 위하여 하나님이 행하시는 질서와 정상적인 일관성"으로 정의한다. 악인의 멸망은 그저 부수적으로 일어날 뿐이다. 악인의 멸망이 없이는 적극적인 유일한 목적에 도달할 수가 없기 때문에 그들이 멸망한다는 것이다. 그들이 하나님의 계획을 중도에 가로막기 때문에 반드시 제거되어야만 한다는 것이다.

물론 이러한 해석이 전적으로 그릇된 것이라고 할 수는 없다. "의로움"이라는 용어에는 자비로운 성격을 부여할 만한 의미가 있는 것이 사실이다. 그러나 이러한 성격을 부여하다 보면 때로는 악인에게 시행되는 보응의 면을 간과해 버리는 경우가 생기기도 한다. 이제 우리는 선지자들의 가르침 속에 이 점과 관련하여 어떤 내용이 있는지를 살펴보고자 한다. 리츨의 오류는, 구약의 후기 저작들이 하나님께서 죄를 처리하시는 데에서 드러나는 이러한 처절한 면을 더 예리하게 감지하고 있는 것으로 보았다는 것이 아니다. 후세대들은 쓰라린 심판의 경험을 통해서 이러한 보응의 원리가 얼마나 참되며 또한 피해갈 수 없는 것인가를 처절하게 배웠다. 그 단어 자체가 예컨대 그 시기의 회개의 기도들에서 더욱 자주 나타난다는 사실이 이 점을 입증해 준다 할 것이다(대하 12:6; 스 9:15; 느 9:33; 애 1:18; 단 9:14). 리츨의 오류는 오히려 일부분을 전체로 보았다는 데 있으며, 구약에서 그런 관념(자비로운 성격을 띤 의로우심의 관념 — 역자주)이 실제로 나타난다는 그의 주장은 잘못된 것이 아닌 것이다.

그러나 우리는 선지자들에게 죄에 대한 보응의 사상이 있으며 또한 그들에게는 이러한 사상이 "의로우심"이라는 단어 자체와 결부되어 있다는 점을 강력하게 주장해야 할 것이다. 사실 아모스와 이사야는 이 점을 계속해서 강조하고 있다. 그 단어가 나타나지 않는 것이 아니면서도 상대적으로 나타나는 빈도수가 낮다는 것은 그것이 선지자들의 뇌리 속에 — 말로는 표현되지 않는 상태로 — 들어 있었다는 증거라 할 것이다. 너무나도 자명하기 때문에 구체적인 표현을 하지 않아도 얼마든지 그것들이 나타나는 그런 것들이 있는 법이다. 그 용어는 아모스 5:24에 나타난다: "오직 정의를 물 같이, 공의를 마르지 않는 강 같이 흐르게 할지어다." 이 본문을 이스라엘에게 공명정대한 처신을 요구하는 것으로 해석해서는 안 된다. 선지자가 전하는 바와 같이 이스라엘은 너무나도 타락하였고 부패하여 있었으므로, 본문의 비유적인 표현들이 암시하는 대로 공명정대한 처신을 그렇게 갑자기 풍부하게 산출할 것을 그들에게 요구했다면 그야말로 이상스런 일이었을 것이다. 본문의 의미는 오히려 논리를 따지고 설득할 시간이 이미 지나갔으니 하나님의 심판이 쏟아져서 죄인들을 쓸어갈 것 외에는 남아 있는 것이 하나도 없다는 것이다. 이 사실의 절대적인 필연성에 대한 생각이 아모스에게 너무나도 깊이 심겨져 있어서, 그는 그 외의 것들에 대해서는 거의 바라보지 못하는 것이다. 이 예언에는 한 쪽으로 치우친 면이 장엄하게 나타난다. 아모스는 누구보다도 탁월한(*par excellence*) 정의와 보응의 선지자이며, 그의 마음은 죄를 향한 하나님의 진노의 도무지 비할 데 없는 어마어마한 열정에 완전히 압도되어 있는 것이다. 아모스에 따르면, 여호와께서 의를 시행하신 것은 사회의 구조를 보존시킨다든가 죄인들을 회심시킨다든가 하는 어떤 낮은 동기에서가 아니라, 그의 윤리적 분노의 그 무한한 힘을 자유로이 발휘하고자 하는 최고의

동기에서 행하신 것이다. 이사야에서도, 물론 아모스만큼 그렇게 감동적이
며 장엄하지는 않으나, 본질상 동일한 사상을 접하게 된다. 두 구절에서 하
나님의 의로우심을 가리켜 죄에 대해 심판하시는 것으로 명확히 제시하고
있는 것이다(사 5:16; 10:22).

(3) 선지자들에게서 나타나는 의로우심의 세 번째 면은 신원의 면임

여호와께서는 두 가지 원인들을 살피셔서 그 중 하나는 옳은 것으로, 다른
하나는 그릇된 것으로 정하신다. 그는 자신의 세계 통치의 일환으로 이 일을
행하신다. 모든 문제가 그의 세계 통치에 속하지만, 좀 더 구체적으로 말하
자면, 그의 목적의 성취가 거기에 결부되어 있기 때문이다. 이러한 관념은
구원론적이지만, 그 속에 보편성의 원리가 내재되어 있다. 이는 개개인에게
도 적용될 수 있지만, 집단적으로도 적용된다. 시편 기자들은 때때로 자기들
이 의롭다고 주장하면서 여호와께 이 점을 아시고 그에 따라 대해 주실 것을
호소한다. 이 점은 해석자들에게 어려움을 초래해왔다. 하나님께서 그의 백
성을 공로의 개입이 없이 다루신다는 원리를 거스르는 것처럼 보이기 때문
이다. 그러나 그 진술들을 그 적절한 정황 속에서 살펴보면 그런 어려움이
줄어든다. 그 백성들은 그저 추상적인 상태에서 하나님께 그런 주장을 토로
하는 것이 아니라, 그들을 박해하는 — 그들이 박해를 받는 것은 사사로운
이유 때문이 아니라 그들이 참된 종교와 동일시되었기 때문이다 — 대적자
들에 대해서 그런 주장을 토로하는 것이다.

개인이 그런 주장을 하는 것이 아니라, 이스라엘 전체가 한 인물로 의인화
(擬人化)되어 그 인물이 그런 주장을 할 경우에도 마찬가지다. 시편에서는 기
도하는 주체가 한 개인인지 아니면 여호와의 회중인지를 가늠하기가 언제나
쉬운 것은 아니다. 그러나 어느 경우든 원리는 동일하다. 여호와를 향하여
얼마나 죄를 범하였든지 간에, 이스라엘은 세계 속에서 참된 종교를 위하여
서 있으며, 하나님의 대의(大義)가 이스라엘의 운명과 엮어져 있는 것이다.
이스라엘의 압제자들과 박해자들은 하나님께서 이스라엘을 향하여 그의 주
장을 제시하기 위하여 사용하시는 도구들이지만, 그 압제자들과 박해자들과
비하면 이스라엘이 올바른 상태에 있는 것이다. 그러나 그 압제자들이 너무
지나치게 나아가고 또한 자기들이 그저 도구들로서 행하는 것 뿐이라는 사

실을 이해하지 못한다. 이 사실을 선포하는 것이 신적인 의로우심의 일부요, 이를 선언하는 중에 일시적으로 여호와와 이스라엘 사이의 문제가 옆으로 제쳐질 수도 있는 것이다. 그러나 이스라엘의 낮아짐과 슬픔을 보시고서 여호와께서 깊은 연민을 가지시며 그리하여 그 고난받는 백성들을 향하여 은혜를 베푸시는 경우도 적지 않게 나타난다. 이런 점에서 교훈을 주는 감동적인 본문으로 미가 7:9을 들 수 있을 것이다. 거기서 이스라엘은 이렇게 말한다: "내가 여호와께 범죄하였으니 그의 진노를 당하려니와 마침내 주께서 나를 위하여 논쟁하시고 심판하시며 주께서 나를 인도하사 광명에 이르게 하시리니 내가 그의 공의를 보리로다(원통함을 풀어 주시는 의로우심에 대해서는, 참조. 사 41:10, 11; 50:8; 51:5; 54:1, 14, 17; 59:16, 17).

(4) 이 신원의 면으로부터 구원의 면으로 쉽게 발전됨

지금까지는, 심지어 원수들에게서 당한 이스라엘의 원통함을 풀어 주시는 면에 있어서도, 그 정황은 분명히 법적인 성격을 띤다. 그리고 지금까지 인용된 경우들에서 하나님께서는 재판장의 자격으로 역사하신다. 그러나 백성들이 원수들에게 당하는 원통한 일들을 바로잡는 문제에 대해서는 특별히 다루지 않고 그냥 의로우심을 구원의 근원으로 말씀하는 경우들도 있다. 이러한 구원의 의로우심은 하나님의 태도로서나 혹은 그의 의도로서 나타나기도 한다(사 46:4, 13). 그러나 그것은 또한 객관화되어 여호와의 바깥에서 구체적으로 존재하게 될 수도 있다. 곧 하나님께 있는 그대로의 의로우심의 산물이 그것이다. 아니, 심지어 복수형으로도 나타날 수 있다: "의들"(사 45:24; 미 6:5의 히브리어 원문). 그것은 구원, 빛, 영광, 평화 등의 용어들과 동의어가 되기도 한다(사 46:12; 51:5, 6, 8; 56:1; 59:9, 11; 61:3, 10; 62:1, 2). 이사야 49:4은 구원의 관념과 법적인 보상의 관념이 서로 뒤섞여 나타나는 유일한 본문이다: "참으로 내게 합당한 의로우심(righteousness due to me: 한글 개역 개정판은 "나에 대한 판단"으로 번역함 — 역자주)이 여호와께 있고 나의 보상(recompense: 한글 개역 개정판은 "보응"으로 번역함 — 역자주)이 나의 하나님께 있느니라."

이 구절들은 모두 이사야의 후반부에 나타나는 것으로, 리츨에게 "의" 개념을 자비로운 의미로 보도록 증거를 제공해 주는 것들이다. 여기서 그의 주장이 옳다는 것을 부인할 수가 없고, 또한 그가 사실들을 밝히 드러냈다는 점도 인정해야 할 것이다. 그러나 그렇다고 해서 "올곧음"이라는 기본 관념을 계속 거론하고 그것을 근거로 의로움을 정의하는 그의 처사가 옳다는 것이 입증되는 것은 아니다. 그의 처사는 의로움의 관념 전체를 가능한 한 느슨하게 만들어서 그 법정적인 의미들에서 벗어나게 하려는 그의 열망을 반영하는 것이다. 그러나 그 때문에 그의 주장을 완전히 거부해 버릴 필요는 없다. 우리로서는 재판관이 흔히 억울하게 눌린 자들의 구세주의 역할을 담당한다는 사실에서 충분한 설명을 얻을 수 있는 것이다. 그러나 하나님께서 재판장으로서 이 일을 행하신다는 것을 잊어 버리고 그저 그의 자비로운 의도와 바람직한 결과만을 기억하게 되면, 재판장은 사라져버리고 오로지 구주만 남게 되는 것이다. 우리에게는 재판장으로서의 하나님께 있는 의로우심과 구원을 베푸시는 과정이 서로 연결되는 것이(시 51:14) 다소 어울리지 않게 보이는데, 이는 앞에서 살펴보았듯이 거룩함이 구원을 베푸시는 과정과 결합되는 것이 다소 이상스럽게 보이는 것과 마찬가지다. 그러나 신약에서 나타나는 것과 비교해 보라: "그는 미쁘시고 의로우사 우리 죄를 사하시며"(요일 1:9).

이사야 45:24과 미가 6:5에 나타나는 복수형의 관념에 대해서는 선지자들의 글 바깥의 내용에서 유사한 것이 발견되었다(삿 5:11; 삼상 12:7; 시 11:7; 103:6). 그러나 어떤 학자들에 따르면, 이것은 용법이 다르다고 한다. 어원이 독특하기 때문에 이를 "승리들"로 번역해야 한다는 것이다. 그러나 그 두 관념들은 상상하는 것처럼 그렇게 동떨어진 것들이 아니다. 그 용어가 "승리들"로 번역된다 할지라도, 전쟁에서 흔하게 나타나는 신념 — 즉, 승리는 하나님께로부터 오는 실질적인 판결로서 승리자가 옳다는 것을 선언하는 것이라는 신념 — 이 그 속에 반영되어 있을 수도 있기 때문이다. 이렇게 보면 그 두 구절은 바로 앞의 항목인 "신원의 의로우심"에 속하는 것으로 분류되어야 할 것이다.

(5) 한 걸음 더 나아가면, "의로우심"이라는 용어가 그 법정적인 기원에서 벗어나 "자비" "구제"를 의미하게 됨

이것은 후대에 나타난 발전이다. 다니엘 4:27(아람어), 시 112:3, 9, 잠언

10:2; 11:4 등에서 그 실례들을 볼 수 있다. 또한 신약에서도 실례가 나타난
다(마 6:1; 고후 9:9, 시편에서 자유로이 인용함). 유대교에서는 그 용법이 자
기 의(self-righteousness)를 추구하는 정서와 관련되어 있었다. 그렇기 때문
에 우리 주님은 당시에 사용되던 단어는 그대로 두시고 거기에 담긴 정신을
책망하신 것이다.

감정과 애정들

그 다음 부류의 속성들은 여호와의 "감정적"(emotional) 혹은 "애정적"
(affectional) 기질이라 부를 수 있는 것들이다. 이것에 대한 자료는 대부분 이
사야의 후반부와 호세아에게서 발견된다. 호세아의 기질은 감정적인 면이
강하며, 따라서 하나님의 자기 계시의 이러한 면을 표현하기에 안성맞춤이
었다. 여기서 우리는 온통 의인화법으로 가득한 것을 보게 되지만, 그렇다고
해서 이 문제를 소홀히 하거나 둘러대서는 안 될 것이다. 의인화법에는 중요
한 진리가 속에 핵심으로 들어있지 않은 경우가 결코 없는데, 그것을 좀 더
신학적인 언어로 전환시키기만 해도 하나님에 대한 우리의 지식이 더욱 풍
성해질 것이다.

11:9("내가 나의 맹렬한 진노를 나타내지 아니하 … 리니, 이는 내가 하나
님이요 사람이 아님이라. 네 가운데 있는 거룩한 이니")에서 볼 수 있듯이,
호세아 선지자는 이런 표현 양식의 상대성과 제한성을 알지 못하고 있었던
것은 아니다. 다른 선지자들이 하나님의 뜻과 목적으로 제시하는 내용을 호
세아는 감정이 가득 들어 있는 언어로 표현한다. 그는 죄에 대한 하나님의
진노를 "미워하는 것"으로 표현한다(9:15). 이스라엘을 징벌하시는 하나님
의 의도가 "강한 열망"으로 표현된다(10:10. 그러나 한글 개역 개정판에는
잘 나타나 있지 않다 — 역자주). "진노", 또는 "분노"가 심판의 동기로 나타
난다(11:9; 13:11). 가장 강한 표현들은 5:14; 13:7, 8에서 나타난다. 그러나
이사야에게도 이런 경향이 아주 없지는 않다(42:13, 14; 59:17; 63:3-6).

이 용어들은 보통 격렬한 신체적 현상에서 파생된 것들이다. 그러나 그런
말들은 선지자들 이전에 형성되었으며 선지자들은 그저 그것들을 사용한 것
뿐이라는 점을 잊어서는 안 된다. "분노"로 번역된 **헤마**는 "속에서 끓어오

르는 열기"를 의미하며, 아프는 성난 사람의 "급하게 씩씩거리는 호흡"이
며, 그 반대의 아렉 아핌은 문자적으로는 "한 숨"을 뜻하며 "오래 참음"을
의미한다. 그리고 자암은 "펄펄 끓는 열기"이며, 에브라는 "넘쳐나는 격정"
을 뜻한다.

그러나 여호와의 성품의 격렬한 면만이 아니라 친근하고 자애로운 면도
비슷한 용어들로 표현된다. 여기서 가장 흔히 쓰이는 용어는 헤세드인데, 이
단어는 갖가지로 번역되어왔으나 모든 점들을 다 고려할 때에 "자애"(慈愛:
loving-kindness)로 번역하는 것이 가장 좋다. 이 단어는 사랑의 결속 관계로
함께 묶여져 있는 사람들 사이에 존재하는 따뜻하고 애정어린 느낌을 표현
하는 것이다. 이것은 사랑을 전제로 하나, 심지어 사랑보다도 더한 것이다.
욥기 39:14-16와 비교하라. 타조의 깃털과 날개에게는 헤세드가 없다. 왜냐
하면 알을 땅 속에 낳기 때문이다. 아하바, 즉 "사랑"은 신적 애정의 자발적
이고 자유로운 기원을 표현한다는 점에서 헤세드와는 구별된다. 헨, 즉 "은
혜"에는 그것을 받는 자가 무가치하다는 의미가 거기에 개입된다. 더 나아가
라하밈, 즉 "장"(腸)을 만나게 되는데, 이 단어는 긍휼과 연민을 지칭하는 것
이다. "자애"는 하나님의 애정을 드러내는 다른 면들을 더욱 풍성하게 하며
더욱 부드럽게 만든다는 점에서 매우 중요하다(호 2:19). 신약의 용례를 위해
서는 에베소서 2:4, 5을 보라.

2. 여호와와 이스라엘 사이의 결속 관계

선지자들에 의하면, 여호와와 이스라엘 사이에는 친밀하고도 독특한 결속
관계가 존재한다. 이 점은 너무나 자명하여 구태여 분명히 확언할 필요조차
없는 사실이다. 그 결속 관계의 기원을 언급함으로써 그 관계가 존재한다는
사실이 간접적으로 표현된다. 여호와께서 이스라엘을 택하셨으므로, 그들이
그의 백성이다. 그는 그들과 혼인하셨고, 그들은 열매를 내기 위하여 여호와
께서 가꾸시는 포도원과도 같다. 이를 나타내는 전문적인 용어는 베리트인
데, 이는 보통 "언약"으로 번역되나 언제나 그것이 가장 근접한 의미인 것은

아니다. 아모스, 호세아, 이사야에서는 사람 간에 맺어지는 **베리트**의 여러 형태들이 언급된다. 미가에서는 이 단어가 나타나지 않는다. 여호와와 이스라엘 사이의 **베리트**에 대해서는 오로지 호세아와 이사야에서만 배울 수가 있다.

베리트의 어원으로 제시된 것들 가운데 대표적인 것들은 다음과 같다. **베리트**를 "자르다", 혹은 "쪼개다"(to cut)라는 뜻을 지닌 **바라**에서 파생된 것으로 보는 견해가 있다. 그리고 "자름", 혹은 "쪼갬"에 대한 언급은 창세기 15:17과 예레미야 34:18, 19에 언급된 의식에 근거하여 설명한다. 또한 **카라트 베리트**, 즉 "자름을 자르다", 혹은 "쪼갬을 쪼개다"(to cut a cutting)의 용법이 이 어원을 뒷받침하는 것으로 생각하였다. 그러나 동사와 명사가 동일한 관념을 되풀이하는 그런 문구들에서는 동사나 명사나 동일한 어근이 사용되는 것이 상례다. 그러므로 이 경우에는 **카라트 베리트**보다는 오히려 **바라 베리트**가 사용될 것으로 기대하게 되는 것이다. 또 어떤 이들은 "자르다"라는 뜻의 같은 동사에서 파생된 것으로 보나, 그 의미에 대해서는 다른 견해를 갖는다. 즉, 자른다는 것을 "결정한다", "규정한다"는 뜻으로 해석하여, "율법", "규례"를 주 의미로 보는 것이다. 또 어떤 이들은 "얽어매다"(to bind)라는 뜻의 앗시리아어 **베리투**와 "매는 끈"을 뜻하는 **비르투**와의 관련성을 추적한다. 어원은 지나치게 무게를 둘 것은 아니다. 때때로 어떤 개념을 한 가지 고착된 의미에다 부당하게 묶어둠으로써 해가 되기도 하는 것이다. 공통적으로 나타나며 항상 나타나는 유일한 관념은 바로 엄숙한 종교적 재가(裁可)의 관념이다. 이것이 있으면, 약속이든, 법이든, 협약이든 간에 **베리트**라 부를 수가 있다. 여기서 중요한 문제는 호세아와 이사야에서는 그것이 어떻게 나타나느냐 하는 것이다.

이사야에 관해서는, 이 관념을 소개하는 강조점과 이유가 주로 하나님의 약속의 절대적인 확실성과 결부된다는 점에 있다. 노아와의 **베리트**와 이스라엘의 다가올 구속의 **베리트**가 서로 유사점이 있는 것으로 비교되고 있다(54:9, 10). 이와 비슷하게 55:3과 59:21, 또한 61:8에서는 반대로 율법이나 규례의 관념이 주류를 이루고 있다. 여기서 노아의 **베리트**에 대한 간접적인 암시가 있는 것으로 볼 수도 있다. 이사야에서는 56:4, 6에서만 **베리트**가 여호와와 그의 종들 사이의 일반적인 법적 관계를 의미하는 것 같다. 여기서는 안식일을 비롯한 기타 규례들을 준수하는 일이 하나님의 베리트를 "굳게 잡는" 것과 관련된 것으로 명시되고 있기 때문이다.

그러나 42:6과 49:8은 해석하기가 어렵다. 이 두 구절 모두 여호와의 종을 베리트 암, 즉 "백성의 언약"으로 칭하고 있다. 이 문구에 대한 가장 설득력 있는 견해는 두 가지인데, 첫째는 장차 그 종을 통하여 그 베리트가 새로이 인식되거나 회복될 것이라는 뜻을 담은 것으로 보는 견해다. 그리고 둘째 견해는, "백성"이라는 단어에 강조점을 두어, 현재의 조직되어 있지 않고 흩어져 있는 상태와 대조적으로 그 종을 통해서 그 베리트가 다시 한 번 하나의 관계의 형식을 취하게 될 것이요 그 관계 속으로 이스라엘이 하나의 백성으로 들어가게 될 것을 뜻하는 것으로 보는 것이다. 두 해석 모두 베리트를 이스라엘의 종교적 조직체를 뜻하는 포괄적이며 근본적인 명칭으로 보는 것이다. 그러나 이런 의미의 베리트가 전혀 나타나지 않는 것은 아니나, 그럼에도 불구하고 이사야에서는 그런 의미가 특별히 두드러지는 것도, 널리 퍼져 있는 것도 아니다.

호세아의 경우에는 명확한 진술이 나타난다: "그들이 내 베리트를 어기며 내 율법을 범함이로다"(8:1). 여기서는 베리트가 고대 종교 전체의 법적인 조직체를 지칭하는 것이다. 그 나머지는 혼인의 관념이 과연 베리트의 관념과 동일시 되는가 하는 문제에 모든 것이 달려 있다. 선지자는 모든 것을 혼인에 근거한 여호와와 이스라엘 사이의 연합 관계에 속하는 것으로 제시하고 있기 때문이다. 그러나 호세아의 당시에 과연 모든 혼인이 베리트에 속하였는가 하는 것은 증명할 방법이 없는 문제다. 그러나, 호세아 자신이 혼인을 베리트와 동일한 것으로 여겼을 가능성이 배제되는 것은 아니다.

일종의 종교적 표현으로서의 혼인의 관념은 셈족들의 종교에서는 아주 오래된 것이다. 그렇기 때문에, 호세아가 자신의 불행한 혼인의 경험에 영향을 받아 그것을 곰곰히 생각한 나머지 혼인을 이스라엘 종교의 과거와 현재와 미래의 과정을 묘사하는 것으로 활용할 가능성을 찾게 되었다는 벨하우젠의 이론은 설득력이 없는 것이다. 혼인이라는 상징의 배경 전체가 처음부터 아주 친숙하게 나타나고 있는 것이다. 십계명에서 우리는 이미 혼인 관계에 근거한 여호와의 질투에 대해 배운 바 있다. 혼인이라는 상징이 계시 종교에만 나타나는 특징만도 아니었다. 아버지의 위치와 왕권(王權)의 관계처럼, 혼인이라는 상징도 이스라엘 주변의 이방 종교에 흔히 있었던 것이다. 가나안의 신의 이름인 "바알"이 이것에 근거한 것이다. 이 이름은 "남편임과 동시에 주"(husband-lord)라는 뜻인데, 이는 "바알"과의 결합을 통해서 그 땅이 풍요로워진다는 의미가 들어 있고, 혹은 다른 관점에서 보면 "바알"이 그 백성들을 아내로 삼으며 백성들 개개인이 그의 아들과 딸들이 된다는 의미가 담겨 있는 것이다(민 25:2-9; 렘 2:27; 말 2:11). 페니키아의 한 비문에서 브레쉬 에트 바알, 즉 "바알의 아내"라는 문구가 발견되었으나, 이것은 한 여자의 이름이다.

　이사야 54:1; 62:5, 예레미야 31:32도 비교해 볼 수 있으나, 여기서는 베리트 관념과 혼인의 관념의 명확한 결합이 나타나지 않는다. 더 나아가서, 예레미야의 구절은 호세아보다는 후대의 것이며, 따라서 호세아의 경우에 결정적인 단서가 될 수는 없다. 이스라엘과 베리트를 맺는 것을 가리켜 그들과 혼인하는 것으로 칭하는 것은 에스겔 16:8에서 처음 나타난다. 예레미야도 물론 어디서도 명확하게 표현하지는 않지만 그 두 개념을 연결시켰던 것이 거의 분명하다. 잠언 2:17도 혼인을 베리트라 부르며, 말라기 2:14에서도 마찬가지다. 잠언을 제외하고는 이 글들이 호세아보다도 후대의 것이며, 따라서 호세아에게서 그런 사상을 빌려온 것일 수도 있다. 그러나 이러한 추정은 그들(즉, 예레미야나 말라기 ― 역자주)이 호세아가 오래 전에 그런 사상을 제시한 것으로 이해했다는 것을 의심의 여지 없이 전제하는 것이 될 것이다. 비평학자들이 이 점을 의심할 수 있는 것은 오로지 그들이 호세아서에서 8:1을 잘라냈기 때문이다. 만일 이 구절이 순수한 호세아의 것이라면, 그리고 정당한 법정적인 종교를 알고 있었다는 모든 흔적을 호세아에게서 제거하고자 하는 비평적인 욕심에서 나오는 것 이외에는 그것(즉, 8:1이 호세아의 것이라는 것 ― 역자주)을 의심할 이유가 전혀 없다면, 호세아가 베리트 관념과 그에게서 친숙하게 나타나는 여호와와 이스라엘 사이의 혼인의 관념을 동일시했다는 것을 부인하기가 거의 불가능해진다. 오로지 삭제된 호세아만이, 혼인이 두 당사자 사이의 베리트에 근거한 연합을 의미한다는 것을 의식하지 못할 정도로 무지한 상태에서 살 수 있었을 것이다.

예레미야 이전 시기에서는, 호세아 이외에는 베리트 형식을 취하는 종교에 대한 언급이 드물다는 것을 인정할 수밖에 없다. 그리하여 비평학자들은 그 관념의 기원이 7세기 후반 경이라는 그들의 주장에 대한 근거를 이 사실에서 찾는 것이다. 이러한 그들의 주장에 대해서는 시내산 베리트 체결을 다룰 때에 이미 살펴본 바 있다. 그렇다면, 호세아의 역사적 사실성을 공격하지 않으면서, 베리트 형식의 종교에 대한 언급이 상대적으로 드문 현상을 설명할 방법은 없을까? 우리는 이미 예레미야와 에스겔을 제외한 후대의 선지자들에게서 그 개념이 다시 가려진다는 것을 주목한 바 있다. 이 사실은 곧 선지자들의 가르침 중에 무언가 일시적으로 뒤로 가려져야만 하는 것이 있었음이 틀림없다는 것을 보여준다.

그런 필요성의 원인은 선지자마다 동일하지는 않았다. 우리는 어째서 베리트 사상이, 그것도 혼인의 연합이라는 구체적인 형태로, 특히 호세아의 가르침의 경향과 맞아떨어지게 되었는지 그 이유를 곧 살펴보게 될 것이다. 그러나 이사야의 경우는 사정이 다르다. 그의 관점은 시종일관 하나님 중심의 성격을 띠고(theocentric) 이스라엘이 여호와를 위하여 사는 것을 강조하였으므로, 따라서 쌍방의 상호성(相互性: mutualness)을 강하게 강조하는 베리트 관념이 이러한 하나님 중심의 종교적 특징을 전면에 드러내는 데에는 특히 어울리지 않았던 것으로 보인다. 아모스와 미가에서는 여호와와 이스라엘 사이의 연합의 파괴가 다시 분명하고도 불가피한 것으로 나타나고, 그리하여 그 점을 강조할 필요성이 커지므로, 어쩌면 베리트를 계속해서 언급하여 그 결속 관계를 깨뜨릴 수 없다는 사실을 계속 상기시키는 일이 그들의 가르침과는 덜 어울렸을지도 모른다.

그러나 그런 모든 개별적인 사항들과는 별개로, 우리는 선지자들의 계시의 일반적인 성격을 기억해야 한다. 율법은 제도를 세우고 명령하며, 예언은 제도와 순종이 근거하는 이유들과 동기들을 해명한다. 베리트의 뒤에는 그보다 더 깊고 더 근본적인 무엇이 있다. 즉, 여호와의 본성과 그의 뜻이 바로 그것이다. 베리트는 결국 하나의 제도요, 따라서 합당한 이유가 있을 때에는 일시적으로 뒤로 가려질 수가 있는 것이다. 그러나 그렇게 뒤로 가려놓는다고 해서 선지자들이 **베리트** 관념을 무시했다거나 반대했다는 식으로 탄핵할 수는 없다. 그런 사실은 다만 그들의 가르침이 더 깊이 나아간다는 것을 보여줄 따름인 것이다.

혼인의 결속 관계에 대한 호세아의 가르침

호세아는 여호와께는 혼인과 베리트가 동일하다는 것을 전제하며, 따라서 그러한 연합의 본질에 관한 정보를 제공해 주는 주요 전거가 된다. 그에게서 우리는 다음과 같은 것들을 배우게 된다:

(1) 그 연합의 기원이 여호와께 있음

이스라엘이 스스로 여호와께 자신을 드린 것이 아니고, 여호와께서 이스라엘을 찾으신 것이다. 신학적으로 말하면, **베리트**의 기원은 하나님의 선택에 있다고 말할 수 있다. 이사야는 선택에 대해 거론한다(14:1; 43:20; 49:7). 그러나 아모스와 호세아의 경우는 이러한 관념의 종교적 깊이와 가치를 전달할 수 있는 좀 더 특징적이고 친밀한 용어를 택하여 사용하고 있다. 이 용어는 바로 **야다**, 즉 "알다"(to know)인데, 이는 "무엇에 대해 정보를 지니다"라는 지적인 의미가 아니라, "무엇을 애정을 갖고 알다"(to take loving knowledge of)라는 함축성 있고 애정이 담긴 의미다(호 13:5; 암 3:2). 여호와의 편에서는 이러한 "아심"의 행위를 아직 영원한 행위로서 제시하지는 않으셨다. 그러므로 선지자들은 역사 속에서 그들이 견지한 입장에 따라서, 그것을 때가 되면 나타날 것으로 생각하였다. 그리고 신약 성경은 하나님의 이 "아심"에 근거하여 그의 "미리 아심"(fore-knowing)을 제시하고 있다. 그러나 이는 단순히 하나님의 "아심"의 행위를 영원 전으로 소급시키는 것일 뿐이다. 그러므로 펠라기우스적 경향의 신학(a Pelagianizing theology)을 뒷받침하고자 그것을 구약의 선례들과 분리시켜서 순전히 지적인 "앎"으로 만들어 버리는 것은 철저하게 비역사적인 추론인 것이다. 헬라어 번역에 나타나는 **프로**("앞의", "미리")라는 전치사는 하나님의 위치를 시간 속에다(in time) 두는 의미를 지닌 것이 아니다. 마치 하나님께서 사전에 모든 것을 보시고서, 즉 피조물이 어느 시점에 행하게 될 일을 미리 보시고서 그의 결정을 그것에 근거하시기라도 하는 것처럼 만드는 것이 아니라는 것이다. 그 전치사는 오히려 그와 정반대의 목적을 — 곧, 하나님의 위치를 시간의 앞에다 (before time), 즉 구약의 언어로 말하면, 시간의 위에다(above time) 놓는 목적을 — 이루는 것이다.

(2) 그 관계에는 명확한 역사적 시작이 있음

이스라엘이 언제나 그렇게 여호와께 연합되어 있었던 것은 아니다. 여기서 다루고 있는 베리트 개념은 일반 계시가 아니라 특별 계시에 속하는 것이다. 이스라엘은 출애굽 시에 여호와와의 이런 특별한 연합 관계 속에 들어갔다(호 13:4, 참조. 11:1; 암 2:10). 그런데 선지자들의 관점의 특징은, 그 연합관계의 기원을 찾되, 언약의 인준이라는 구체적인 행위 속에서 찾지 않고 — 물론 그것을 전제하기는 하지만 — 풍성한 의미들을 함축하고 있는 출애굽의 사건들 속에서 찾는 것이다. 이스라엘과 여호와의 연합 관계는 그저 맹목적인 관계가 아니라 지식이 충만한 것이었다. 혼인의 관념은 그 연합 관계의 역사적 탄생을 강조하는 것으로 탁월한 것이었고, 아버지 됨과 아들 됨의 관념보다도 훨씬 나은 것이었다. 아버지와 아들은 처음부터 절대로 서로를 떠나서 존재하는 법이 없다. 그러나 남편과 아내는 처음에는 서로 관계 없이 존재하다가, 정해진 명확한 시간에 함께 연합되는 것이다.

(3) 그 연합이 여호와의 편에서 유효적으로 이루신 것이나 이스라엘이 자의로 그 관계에 들어갔음

혼인 베리트는 호세아에게 있어서는 하나의 영적인 의미를 지닌 연합이다. 그러나 우리는 이런 특질이 혼인의 관념 그 자체에 필연적으로 주어져있었던 것으로 보아서는 안 된다. 호세아의 시대에는, 혼인이 후대에 세월이 경과한 후에 주로 성경적 종교의 중생의 영향력을 통해서 얻게 되는 영적인 성격을 아직 지니지 못하고 있었다. 남녀 간의 평등도, 여자 쪽에서의 배우자 선택의 자유도 상대적으로 적었다. 그러므로 호세아가 혼인의 개념을 활용하면서도 그것을 당시의 통상적인 관습의 수준에 머물러 있게 하지 않았다는 것은 더욱 놀라운 일이라 할 것이다. 1-3장을 실제로 일어난 현실로 보는 견해를 취하면, 선지자가 특별한 은혜를 받아 그 당시의 평균적인 이스라엘 사람의 경우보다 아내에게 더 높은 수준의 사랑을 보이며 생활할 수 있었다고 생각해야 할 것이다(참조. 렘 3:1). 반대로 1-3장을 알레고리(혹은, 풍유:

諷諭)로 해석하는 견해를 취하면, 최소한 혼인 문제에 대한 이해와 비전에 있어서는 호세아가 성령의 인도함을 받아, 이스라엘을 향한 하나님의 혼인과 사랑에 대하여 그 자신의 생각만이 아니라 그가 알고 있는 모든 일상적인 경험을 훨씬 초월하는 개념을 형성하게 되었다고 보아야 할 것이다. 알레고리 해석을 주장하는 자들과 현실적인 해석을 주장하는 자들 사이의 논쟁이 흥미롭기는 하나, 어느 견해를 취하든 교리적으로는 결국 동일한 결론에 이르게 되는 것이다.

그 연합의 이러한 영적인 성격이 스스로 드러내는 특질들에 대해서는 간략하게 스케치하고 지나가는 정도로 만족해야 할 것이다. 여호와를 이스라엘에게 구혼하시고, 그 애정을 구하시는 것으로 묘사하며(2:14), 사람의 줄로 이스라엘을 이끄신 것으로 묘사하며(11:4), 여기서 아들 됨의 묘사가 제시되어 혼인의 묘사를 보충하며 더욱 풍성하게 만들어 준다. 여호와께서는 이스라엘의 팔을 연습시켜 힘 있게 하셨고 걷는 법을 가르치셨다(7:15). 여호와께서는 이스라엘에게 곡식, 포도즙, 기름, 은, 금, 양털, 아마(亞麻) 등 모든 자연의 축복들을 주시는 분이시지만, 그는 자애(慈愛)와 자비와 신실함 등 그보다 더 귀하고 더 좋은 것들을 주신다는 점에서 바알과는 구별되신다(2:19). 사실상 그는 이 모든 것들 속에서 성례적인 방식으로 자기 자신을 주신다(2:23). 그는 그의 모든 호의들 속에 인격적으로 임재하시며, 그것들 속에서 자기 자신을 그의 백성들에게 주셔서 끊임없이 누리게 하시는 것이다. 이스라엘이 더러워진 후에도 그는 계속해서 그의 사랑의 증거들로 이스라엘의 마음에 호소하신다. 6:4("에브라임아 내가 네게 어떻게 하랴? 유다야 내가 네게 어떻게 하랴? 너희의 인애가 아침 구름이나 쉬 없어지는 이슬 같도다")은 이런 노력들이 좌절된 것에 대한 하나님의 실망을 표현하는 것이다.

이러한 하나님의 접근은 하나님께서 기대하시는 백성들의 자세와 일치한다. 여호와와 연합했기 때문에 백성들이 마땅히 배양해야 할 마음의 자세가 선지자들에게서 제시된다. 아모스, 이사야, 미가는 대체로 윤리적인 관점에서, 그리고 호세아는 애정의 관점에서 이를 제시한다. 아모스, 이사야, 미가가 희생 제사가 아니라 의를 행할 것을 말씀한다면, 호세아는 희생 제사가 아니라 여호와를 알라고 말씀한다 하겠다. 백성들에게 요구하는 모든 내용들이 이 한 가지로 집약된다. 바로 그들 중에 하나님을 아는 지식이 있어야한다는 것이 그것인데, 곧 여호와의 본성이 무엇인지를 이론적으로 지각하는 것이 아니라 실질적인 면식(面識)과 친밀한 사랑이 담긴 지식이 있어야 한다는 것이다. 이스라엘의 편에서 여호와에 대해 갖는 지식은 혼인의 결속 관계가 샘솟아 나오는 그런 친밀한 지식과 일치하며(13:4, 5), 이러한 지식은 이스라엘로 하여금 여호와를 본받도록 하는 의도를 지니며, 성품을 형성시키는 영향력을 지닌 것이다. 이것은 너무나도 근본적인 법칙이어서 심지어 우상 숭배에까지도 사실로 적용되는 것이다(9:10).

(4) 베리트가 이처럼 여호와의 본성과 선택에서 최고의 이상적인 근원을 추적하나, 그럼에도 불구하고 법적으로 규정된 관계를 세우는 것이었음

혼인은 혼인 법(marriage-law) 아래 존재한다. 이스라엘은 그저 사랑과 애정에서 결핍된 상태에 있었던 것만이 아니라, 구체적인 약속들을 어긴 상태에 있었다. 곧, 법적으로 죄책을 진 상태라는 것이다. 그리하여 여호와는 이스라엘과 리브, 즉 "법적인 논쟁"을 벌이시는데(4:1), 이러한 사실은 소송을 제기할 권리를 부여하는 어떤 법이 있다는 것을 전제하는 것이다. 사실 호세아는 계속해서 백성들을 고발할 죄목들을 열거한다. 아모스도 이와 비슷하게 유다인들이 거부한 토라("율법")와 후킴("율례")을 거론하는데(2:4), 이것은 선지자의 교훈으로 볼 수는 없는 것이다. 그러나 이사야 5:24의 경우는 선지자의 교훈일 가능성도 있다. 이사야의 후반부에 가서는 이스라엘이 살아야 할 규범으로서의 율법을 지칭하는 것이 틀림없는 구절들이 나타난다(42:21, 24; 51:7; 56:2, 4, 6). 호세아는 베리트와 토라를 함께 묶어서 제시하고 있다(8:1). 이것은 하나의 혼인 법이므로, 틀림없이 출애굽의 시기에 부여되었을 것이다. 그러므로 호세아는 옛적에 이스라엘 중에 베리트-법이 존재했음을 증언하는 것이요, 따라서 선지자들이 율법이 발효되고 있는 것으로 인식하지 않았다는 비평학자들의 주장은 이로써 무너지는 것이다.

물론 이 구절만으로는 이 법의 범위나 본질에 대해서는 아무것도 결정할 수 없다. 그러나 8:12에서 우리는 그 법의 범위가 상당히 넓었으며 또한 기록된 형태로 주어졌었다는 것을 배우게 된다: "내가 그들을 위하여 내 율법을 만 가지로 기록하였으나 그들은 이상한 것으로 여기도다." 모세의 토라 중

의 특정한 규례들이 초기의 선지자들에게서 분명하게 전제되고 있다(4:2). 호세아는 이스라엘이 장차 다가올 포로 상태에서 의식적인 의무들을 이행하지 못하게 된다는 사실을 이스라엘의 재난으로 본다(9:3-5). 이사야 역시 성전의 예배를 귀하게 여겼으며, 제사장 우리야와 우호적인 관계를 형성하였다(8:2). 애굽이 여호와께 속하는 것임을 지적하기 위하여 그는 애굽 땅 중앙에 여호와를 위한 제단이 있을 것이요 그 변경에는 여호와를 위한 **마체바**("기둥")가 있을 것이며(19:19), 또한 그날에 애굽 사람들이 제물과 예물로 여호와께 경배할 것임을 예언한다(19:21). 그리고 시온은 "우리의 엄숙한 지정된 절기들의" 성이다(33:20. 한글 개역 개정판은 "우리의 절기의 성"으로 번역함 — 역자주). 이사야의 후반부에 나타나는 내용에 대해서는 56:2, 4, 7; 60:6, 7; 63:18; 66:20-24 등을 보라. 희생 제사 의식을 원칙적으로 정죄한다고 주장되는 구절들에 대해서는 다음 장의 논의를 보라.

(5) 호세아와 및 신약의 모든 저자들에 따르면, 그 언약은 하나의 민족적인 "베리트"임.

이 언약은 아브라함의 자손들이 하나의 민족을 형성했을 때에 이루어진 것이다(11:1). 그러나 호세아는 이 언약에 대한 가르침에다 개인에게 적용시키는 면을 부여하는 데 일익을 담당하였다. 그의 감정적인 기질이 이런 효과를 내게 만든 하나의 요인이기도 했다. 다른 어떠한 면에서보다 감정적인 면에서는 종교가 사사롭고 개별적인 문제가 된다. 호세아는 심지어 이스라엘 백성을 집단적으로 거론할 때조차도 이런 방향으로 나아가는 경향이 너무나 강하여, 그를 인격화하고, 이스라엘을 개별화하는 존재처럼 만들기까지 하는 것이다. 몇몇 구절들은 심지어 오늘날의 개개인 신자도 아무런 변화 없이 자기에게 해당되는 말씀으로 전용할 수 있기까지 하다(2:7, 16, 23; 6:1-3; 8:2; 14:2, 4, 8). 그러나 그처럼 인격화하는 표현법의 근저에 그의 아내와의 개인적인 경험들이 있고(최소한 1-3장을 현실로 보는 견해에서는), 이것들이 그에게는 여호와와 경건한 백성 사이의 교류를 보여주는 하나의 거울 역할을 했다는 것을 기억하면, 이것이 그리 놀랄 일이 아닐 것이다. 시적(詩的)이며 감정적인 기질면에서 호세아를 많이 닮은 예레미야도 후에 이런 사고의 방향을 취하였고, 결국 호세아에게서 직관(直觀)의 성격을 띠었던 것이 그에게서 의식적으로 더 발전되었다.

혼인의 관념은 또 다른 방식으로도 개인적인 적용을 더욱 촉진시킨다. 여호와께서 남편이시고 이스라엘이 아내라면, 개개인 이스라엘 사람들은 여호와의 자녀들로 나타날 것이다(2:1; 11:3, 4). 개인주의로 나아가는 경향은 호세아서의 마지막 말씀에서도 매우 강력하게 드러난다(14:9).

마지막으로, 잊지 말아야 할 것은 다가올 심판에 대한 선지자의 가르침 속에 개인주의의 비옥한 씨앗을 품고 있다는 점이다. 다가올 재난 중에 대다수가 멸망할 것이다. 약속을 기업으로 받는 자들은 아주 적은 남은 자들뿐이며, 그들을 구별하는 일은 영적인 근거로 이루어질 것이라는 것이다. 이사야는 구원받는 남은 자에 대한 이러한 가르침을 하나님의 선택이라는 궁극적인 뿌리에까지 이끌어간다(4:3). 이스라엘 중에 피한 자들은 (생명책에) 기록된 모든 사람뿐이라는 것이다.

3. 결속 관계의 깨어짐: 이스라엘의 죄악

초기의 선지자들은 베리트의 결속 관계가 정지될 것임을 분명히 예언한다. 그러나 완전히 돌이킬 수 없을 정도로 깨어지지는 않을 것이다. 만일 선지자들이 여호와와 이스라엘 사이의 모든 관계가 은혜의 시행이 있을 수 없는 냉혹한 정의에 근거하고 있는 것으로 보았다는 비평학자들의 주장이 옳다면, 그들로서는 회복에 대한 생각이 도저히 용납될 수 없었을 것이 틀림없다. 회복이 가능하다면 그것은 신적 본성에 속하는 최고의 원리가 — 그들이 은혜와 편애(偏愛)를 주장하는 반대 세력들과 오랫동안 싸움을 한 후에야 비로소 높이 기리게 된 그 원리가 — 폐기되는 것이나 다를 바 없는 것이기 때문이다. 그러나 이 견해가 옳다면, 선지자들이 자기들 자신을 저버린 것이 되고, 그보다 더 악하게 여호와도 자기 자신을 저버리도록 만든 것이 되는 것이다. 선지자들이 은혜의 사상을 기쁨으로 선포한 것이 분명하다는 사실이, 이러한 비평학자들의 주장이 최소한 한 쪽으로 치우친 것임을 입증해 주는 것이다.

그 백성들의 죄로 인하여 심판이 임한다. 이제 살펴보게 되겠지만, 심판 그 자체는 종말에 대한 안목에 속한 것이다. 그러나 심판에까지 이르는 죄들은 분명 현재의 단계에 속한 것이다. 선지자들은 어디서도 죄를 추상적으로 다루지 않는다. 그들은 언제나 이스라엘의 구체적인 죄에 대해 관심을 갖는 것이다. 그러나 그들은 죄를 지극히 철저하게 여호와와 관련된 것으로 제시한다. 엄밀히 말하자면, 하나님께 저지른 것이 아닌 죄는 없다. 선지자들은 백성들의 죄악된 행실 가운데 특정한 큰 면들을 다룬다. 그러나 주로 외형적인 면을 다루는데, 이것은 죄와 관련된 심리를 파악하는 데에는 별 도움이 안 된다. 사실 이를 위한 자료는 주로 시편 같은 곳에서 찾을 수 있다. 그러나, 그래도 율법과 비교해 보면 선지자들의 글에 죄의 내적 본질에 대한 사고가 더 많이 나타난다 할 것이다. 선지자들이 지목하여 공격하는 죄목들에서 무언가 정죄의 동기들에 관한 사실들을 배울 수 있고, 그리하여 그들이 강력히 반대했던 진짜 죄악된 것이 무엇이었는가를 추정할 수 있는 가능성이 열린다. 그러므로 우리로서는 먼저 선지자들이 다룬 큰 죄목들부터 먼저 살펴보고, 그 다음에 죄를 심판하는 개별적인 방식에 대한 두 선지자들의 계시를 살펴보는 것이 합당할 것이다.

민족의 집단적인 죄악

선지자들이 정죄하는 죄는 주로 집단적이며 민족적인 성격을 띤 죄다(암 2:6-8; 3:1; 7:15; 8:2). 그리고 온 민족 전체를 연대적(連帶的)으로 책망하지 않는 곳에서는 특정한 계층들을 공격한다. 그러나 이것은 몇몇 학자들이 주장하는 것처럼 순전하고 단순한 집단주의(collectivism)는 아니다. 집단을 다루는 데에서 계층과 계층을 구별하는 것이 나타나는데, 이는 심판이 하나의 질적인 심판임을 입증해 주며, 또한 질적인 성격은 그 자체가 이미 개인주의(individualism)의 시발점이 되기 때문이다. 우리는 방탕한 자들과 부유한 압제자들, 주색에 빠진 자들, 공의를 부패시키는 자들, 여호와 예배를 형식적인 것으로 만드는 자들을 서로 구별하는 것을 보게 된다. 그리고 반대로, 의로운 자들, 핍절한 자들, 가난한 자들, 온유한 자들에 대해서도 배우게 된다(암 2:6, 7; 5:11, 12; 8:4). 물론 이것이 죄를 집단적으로 다루는 것이지만, 이는 포괄적인 의미에서 집단적이다. 그러나 구약의 집단주의는, 재난이 임할 때에 경건한 자들이 악한 자들과 함께 고난을 당하게 된다는 사실에서 강하게 드러난다. 그러나 이것은 후에 예레미야와 에스겔을 어리둥절하게 만든 문제이기도 하다. 우리가 할 수 있는 것은 형벌에 연대성(連帶性)이 있다는 것을 인식하며, 또한 계시의 원리들에 따라서 심판의 연대성의 배후에 죄책의 연대성이 있음을 상정해야 한다는 것을 인식하는 것밖에는 없다. 그러나 이런 인식을 상세하게 파악해 낼 수는 없을 것이다. 그 밑바닥을 보면, 이것은 결국 우주를 지배하는 최고의 법칙이 윤리적인 법칙인가 아니면 물리적인 법칙인가 하는 문제인 것이다.

이 문제를 공동체의 유기적 구조 자체가 조각조각 부서져버리는 정도까지 더 예민하게 인식하기가 쉽다. 아모스의 시대에는 그런 과정이 아직 표면에 나타나지 않았다. 그러나 예레미야와 에스겔의 시대에는 사정이 달라졌다. 이 점에 대한 비평학자들의 판단은 선지자들이 온 민족을 상대로 완전히 홀로 맞서 있었다고 가정하는데, 이는 왜곡된 것이요 하나의 이론에 지나지 않는다. 선지자들은 백성들의 도덕적 종교적 상태에서 단계적 변화를 감지하고 있었다. 아모스는 장차 체로 치는 일(a sifting)이 일어날 것을 알고 있었다. 그러나 그는 백성들을 위로하기 위해서가 아니라 오히려 두려워 떨게 하기 위하여 그 일을 언급한다. 장차 체질처럼 무서운 일이 있을 것인데, 이는 사자의 입에서 두 다리 혹은 귀 한 쪽을 구해내는 것과도 같을 것이라는 것이다(3:12; 9:9, 10). 이사야에 대해서는 3:10을 보라. 미가에게는 계층들을 구별하는 분명한 예가 나타나지 않는데, 이는 그의 과도한 민족주의 때문이 아니라 선한 사람이 하나도 없다는 인식 때문이다(7:2). 베리트를 개인의 차원에서 다루는 일이 호세아에게서 강력하게 나타나듯이, 죄의 문제를 개인의 차원에서 다루기 시작하는 것도 호세아에게서 가장 분명히 나타난다(14:9).

의식적 예배의 부패

선지자들이 이구동성으로 공격한 한 가지 큰 죄의 근원은 희생 제사, 즉 여호와께 드리는 의식적 예배였다. 위에서 진술한 것처럼, 모세의 율법의 희생 제사 체계와 관련하여, 벨하우젠 학파는 선지자들이 희생 제사와 그 비슷한 의식들을 원칙적으로 반대했다는 것을 근거로 삼아서, 결국 선지자들이 이 의식들을 여호와께서 제정하신 것으로 보았을 리가 없으며, 이는 다시 모세 오경이 선지자들의 시대에 존재하지 않았다는 말이 된다는 식으로 주장한다. 물론 몇몇 구절들이 희생 제사 의식의 특질들을 구체적으로 거론하는 것은 사실이다. 그러나 그 구절들을 그처럼 도매금으로 처리해버리는 이론을 뒷받침하는 것으로 인용될 수는 없는 것이다. 선지자들은 형상들과 기타 우상 숭배의 자질구레한 도구들을 정죄하며(미 1:7; 5:13, 14), 제사장들의 부패를 책망한다(미 3:11). 아모스 2:7에 따르면, 특별히 극심한 종류의 종교적 매춘 행위가 나타나는데, 이는 아마도 여호와를 섬기는 제의와 관련이 있었을 것이다. 아모스 2:8은 출애굽기 22:26, 27과 비교할 수 있을 것이다. 구체적인 형태의 악행들을 겨냥한 이러한 탄핵들은, 비평학자들이 제사 의식에 대한 무제한적인 정죄가 표현된다고 주장하는 그런 구절들의 경우와는 구별해야 할 것이다. 비평학자들이 그렇게 해석하는 주요 구절들은 아모스 4:4; 5:5, 21-26; 8:14; 호세아 6:6; 이사야 1:11이하; 미가 6:6-8 등이다. 그리고 후기의 선지자들 중에서 가장 흔히 거론되는 구절은 예레미야 7:21-23이다.

이 구절들의 취지를 제대로 알기 위해서는, 변증적인 목적을 갖고 희생 제사의 힘을 깨뜨리고자 하는 시도에 대해서 먼저 경계해야 할 필요가 있다. 즉, 이 모든 정죄의 선언들이 희생 제사를 시행하는 기술이 잘못된 것에 대한 것이라는 식으로 보는 시도를 경계해야 한다는 것이다. 이런 식의 해석은 정말로 터무니없는 것이다. 대개 선지자들은 형식에 대해서는, 혹은 형식을 올바로 준수하는 것에 대해서는, 관심이 없기 때문이다. 그들은 오로지 영적인 의미를 지니는 원리들만을 다루는 것이다. 그리하여 아모스 4:4-5은 누룩 넣은 것들을 제물로 드리는 것이 의식적인 오류임을 드러낸다. 이것은 분명 율법에 어긋나는 것이다(레 2:11). 그러나 선지자가 탄핵하는 것은 이것이 아니다. 그가 그런 오류를 언급하는 것은 다만 일상적인 요구 사항들로는 스스로 만족하지 못하는 과도한 의식적인 충동을 조롱하기 위한 것뿐이다. 이와 비슷하게 여호와께 희생 제물을 드리는 행위를 눈에 띄게 드러내는 것도 정죄하는데, 이것을 금하는 어떤 법이 존재하기 때문이 아니라, 참된 희생 제사의 원리를 왜곡시키는 것이 그 속에서 드러나기 때문이다. 또한 4:4의 후반부에서 선지자는 매 삼년마다가 아니라 삼일마다 십일조를 드리지 않는 것을 맹렬하게 비난한다. 물론 삼일마다 십일조를 드린다는 것은 불가능한 일이다. 선지자는 여기서 십일조 드리는 자의 왜곡된 열심을 조롱하기 위하여 의도적으로 과장하고 있는 것이다. 호세아 10:1도 동일한 종류의 논쟁의 실례라 할 것이다. 제단의 숫자를 많이 늘리는 것을 인정하지 않는 것은 율법의 뒷받침을 받는 일이지만, 선지자는 그 이면의 죄악된 경향을 염두에 두는 것이다. 제단의 숫자를 많게 하는 것은 일종의 종교적 간음 행위로서, 그저 타락한 접촉의 숫자만 그만큼 늘리는 것이다 (참조. 2절: "그들이 두 마음을 품었으니").

그러므로 이러한 보수적인 변증은 사실과 일치하지 않는 것이다. 선지자가 조롱하는 것이 때로는 모세의 율법과 일치하기도 하지만 때로는 그렇지 않기도 하다. 그러므로 위에서 제시한 바와 같이 선지자들의 요점은 무언가 다른 데에 있었던 것이 틀림없다. 논쟁이 되는 구절들을 면밀히 살펴보면, 선지자들의 편에서 희생 제사 의식을 인정하지 않는 것은 원칙에 근거한 것이 아니고 다음 세 가지 중 한 가지 때문이라는 것을 알게 된다. 첫째로, 희생 제사 의식이 물질적이며 상업적인 자세로 드리기 때문일 수도 있다. 곧, 제사의 보답으로 돌아오는 호의에 큰 가치를 둠으로써 절반은 마술적인 방식으로 하나님께 특정한 유익을 사려고 하기 때문이라는 것이다. 그리고 둘째로, 희생 제사 의식을 고약한 비도덕적 행위들과 함께 시행하여 여호와의 종교적 관심을 그의 윤리적 요구 사항들과 괴리시키기 때문일 수도 있고, 또는 마지막으로, 다가오는 심판을 피해보려거나 혹은 그 심판을 완전히 제거할 심사로 희생 제사 의식을 행하기 때문일 수도 있는 것이다.

다음의 본문들을 잘 살펴보면, 이 세 가지 중 어느 한 가지 요인이 존재한다는 것만으로도 이러한 현상을 충실히 설명할 수 있다는 것이 분명해질 것이다.

아모스 5:25

아모스 5:25은 하나님께서 행하신 질문의 의미에 관한 한 해석이 불투명하

다: "이스라엘 족속아, 너희가 사십 년 동안 광야에서 희생과 소제물을 내게 드렸느냐?" 어떤 이들은 이 질문을, 하나님의 호의를 확보하거나 얻는 데에 희생 제사가 불필요했다는 것을 광야의 여정이 입증해 주는 것으로 말씀하시는 여호와 편에서의 반문(反問)으로 취한다. 이렇게 본다면, 아모스는 모세 오경과는 정반대로, 광야의 여정을 하나님께서 이스라엘을 좋게 여기신 기간으로 취급한 것이 될 것이다. 비평학자들은 호세아와 예레미야에서도 이러한 견해가 나타난다고 주장하며, 그렇기 때문에 당연히 아모스의 견해도 그와 같을 수밖에 없다고 한다. 그러나 결코 그런 것이 아니다. 아모스의 말씀은 그 말씀들 자체에 근거하여 해석해야 한다. 그런데 그렇게 해석하면, 상황이 곧바로 바뀌어, 그 자연스런 의미가 다음과 같은 것이 된다: "광야에서 너희가 내게 거부를 당한 후에 희생 제사와 제물들로 나의 진노를 가라앉히려 한 적이 있었더냐? 그때에는 그런 짓을 시도할 정도로 어리석지는 않았었는데, 어째서 지금은 그런 짓을 행하느냐?" 이러한 해석은 여호와의 질문을, 여호와의 호의가 죄로 인하여 버려지고 나면 그것을 되찾는 수단으로 아무리 희생 제사를 시행해도 전혀 효력이 없다는 뜻으로 보는 것이다. 율법 자체가 이러한 망상을 배제하고 있다. 교만한 마음으로 범한 죄에 대해서는 희생 제사로 덮는 것을 허용하지 않는데, 광야의 세대와 아모스의 시대의 사람들이 범한 죄가 바로 그러한 죄였던 것이다. 26절의 말씀도 이러한 해석을 지지한다. 거기서 하나님께서는 질문에서 확실한 진술로 방식을 바꾸어 이렇게 말씀하신다: "너희가 너희 왕 식굿(영어 개정역[Revised Verions]은 "the tabernacle of your king", 즉, "너희 왕의 장막"으로 번역한다)과 기윤과 너희 우상들과 너희가 너희를 위하여 만든 신들의 별 형상을 지고 갔도다." 여기서 완료형의 동사를 사용하여 "지고 갔도다"(한글 개역 개정판은 "지고 가리라"로 번역함 — 역자주)라고 말씀한 사실로 볼 때에, 아모스가 그런 우상 숭배가 가득했던 시기를 여호와께서 높이 보신 시기로 여겼으리라는 것은 한 마디로 어불성설이다. 26절을 미래에 관한 것으로 번역하는 주석가들이 있는 것은 사실이다: "너희 왕 식굿 … 을 지고 가리라"(한글 개역 개정판이 이를 취한다 — 역자주). 곧, "너희가 너희의 모든 우상숭배의 용품들을 전부 다 지고 포로로 끌려가야 하리라"라는 뜻으로 보는 것이다(영어 개정역

의 난외주를 보라).

문법적으로는 이런 해석이 가능하다. 여기의 완료형을 완료 연계형으로 취할 수 있기 때문이다. 그러나 결코 그런 해석이 필요한 것은 아니고, 게다가 그런 해석을 취하면 그 진술 전체를 다음과 같은 뜻으로 만들기 위해서 지나치게 혹독한 의미의 변화를 추구할 수밖에 없다. 곧, "희생 제사가 하나님과 올바른 관계를 회복하는 데에 필수적인 요소가 아니라는 것이 광야의 여정을 통해서 드러났으니, 이제 너희는 너희의 모든 우상들을 지고 포로로 끌려갈 것이라"라는 것이다. 이것은 정말 이상스런 화법이 아닐 수 없다. 어쩌면 호세아에게는 용납될 수 있을지 모르나, 굉장히 조리 있게 사고하는 아모스에게는 이상스럽고 전혀 어울리지 않아 보인다. 그저 생각에 조금 실수가 있었던 것뿐인데 그것에 대해 그렇게 가혹한 징벌을 선언하다니 말이다! 또한 광야 생활이 희생 제사가 필요없다는 것을 입증해 주었다는 식으로 광야 여정 시의 상태에 대해 부드럽게 묘사한다는 것은, 주변의 문맥에서 나타나는 아모스의 온갖 격렬한 충언과는 전혀 어긋나는 것처럼 들린다. 그러나 우리의 해석을 취하면, 바로 앞의 문맥(24절)도 본문과 일치하는 것으로 해석할 수 있게 된다. 곧 다음과 같은 뜻이다: "어리석은 백성들은 절기들을 지키면 심판을 막을 수 있다고 믿지만, 하나님께서는 그들의 절기들을 미워하시고 경멸하시니, 그것들로는 심판을 막는 데에 전연 소용이 없기 때문이다. 희생 제사가 아니라 보응이 여호와를 만족시킬 것이다. 그러니 심판이 물처럼 흐르게 두고, 공의가 큰 시냇물처럼 흐르게 두라."

이사야 1:10-17

이사야 1:10-17은 방금 살펴본 아모스의 언어보다 더 강하게 들린다. 그러나 이 본문의 경우에도 희생 제사 그 자체의 무가치함을 선언하고자 하는 의도가 담겨 있다는 암시는 전혀 나타나지 않는다. 12절의 "이것을 누가 너희에게 요구하였느냐?"라는 말씀은 언뜻 보면 "내가 절대로 이것을 요구한 적이 없느니라"라는 하나님의 선언을 시사하는 것처럼 보이고, 그리하여 희생 제사 법들이 계시에서 기원되었다는 것을 부정하는 발언처럼 보일 수도 있다. 그러나 이 말씀에 "내 마당만 밟을 뿐이니라"라는 단서가 덧붙여져 있다는 사실에서 이 진술 전체가 무슨 의미인지를 분명히 보게 된다. 이사야 선지자가 백성들이 그저 성전에 자주 나온다는 사실만을 갖고서 성전 마당을 밟는다는 식으로 오명을 씌웠을리는 없을 것이다. 6장에서 나타나는 대로 이사야 자신도 성전에 자주 나아갔다. 그러니 여기에 열거된 모든 행위들을 모조리 정죄하는 이사야의 탄핵이 자기 자신에게도 해당된다면 이 얼마나 우스꽝스런 일이겠는가! 하나님이 받지 않으시겠다고 하신 행위들 가운데 하나가 바로 기도다! 이 점들만으로도, 이런 모든 행위들 그 자체가 아니라 거기에 수반되는 어떤 특별한 것들 때문에 그 행위들이 여호와의 보시기에 역겨운 것이 된다는 것이 충분히 입증되고도 남는다. 선지자는 그 수반되는 것들이 무엇이냐 하는 것을 충분히 알도록 분명하게 암시해 주고 있다. 바로 그런 모든 행위들과 더불어 악독한 불의를 저지른다는 사실이 그것이다. 13절은 다음과 같이 번역해야 옳다: "성회와 아울러 악을 행하는 것을 내가 견디지 못하겠노라." 그러니 그들이 기도해도 하나님께서는 듣지 아니하실 것이다. 기도 그 자체가 잘못된 것이기 때문이 아니라, 기도 중에 높이 올리는 그들의 손이 "피가 가득하기" 때문인 것이다(15절).

　여기서 우리는 선지자들 속에서 하나님께서 불타는 진노의 언어를 발하신다는 사실을 절대로 잊어서는 안 된다. 그 말씀들에 온갖 단서들과 보호 장치들이 덧붙여졌더라면, 그 혹독한 책망의 강렬한 힘 자체가 소멸되고 말았을 것이다. 비평학자들은, 선지자가 여호와께서 다음과 같은 식으로 말씀하신 것으로 선언했어야만 우리의 해석이 입증될 것이라고 주장한다: "이론적으로는 내가 너희의 희생 제사를 거부하지 않고 오히려 그것을 요구하기까지 하나, 너희가 내게 그것을 가져오는 방식 때문에 그것을 도무지 받아들일 수가 없도다." 그러나 심리적으로 볼 때에 선지자의 정죄가 절대성을 띤 화법을 취할 수밖에 없었다는 점을 비평학자들은 놓치고 있다. 그리고는 그런 상황에서, 정확하게 정리하여 발설되는 하나의 신학적 강론을 상정하는 것이다. 그러나 본문의 진술들은 진노가 불같이 타오르는 나머지 문제가 이론적인 것인가 아니면 그 이상 세밀하게 구분하는 것인가 하는 것에 대해서는 생각할 겨를이 없을 정도가 되어버린 상태에서 발설되는 의인법적인 발언인 것이다. 죄를 대적하여 진정으로 분개할 수 있는 사람이라면, 어느 누구라도, 그 어떤 설교자라도, 그런 상황에서는 발언 도중에 이런저런 단서들을 덧붙일 여유가 없을 것이다.

호세아 6:6

호세아 6:6에서는 문장의 전반부와 후반부가 서로 차이가 있으나, 이는 형식상의 차이이지 실질적인 차이가 아니다. 이는 인애(仁愛)를 생각하실 때에는 하나님께서 모든 희생 제사를 절대적으로 거부하시지만("인애를 원하고 제사를 원하지 아니하며"), 하나님 자신을 아는 지식을 거론하실 때에는 희생 제사를 절대적으로 거부하시는 것이 아니고 다만 상대적으로 희생 제사보다는 지식을 선호하시는 것뿐이라("번제보다 하나님을 아는 것을 원하노라")는 식의 의미가 아니다. 두 문구 모두 동일한 사상을 표현하되, 다만 관용적인 어법에 변화를 주는 것뿐인 것이다. 후반부의 문구는 누구나 다 사용할 만한 어법이다. 말하자면, "나는 말로 약속만 하는 것보다는 행동을 원한다"는 식의 표현이 얼마든지 쓰이는 것이다. 그러므로 그 표현을 전반부의 표현보다 의미가 약한 것으로 취급해서는 안 되고, 그것과 일치하는 의미로 해석해야 마땅하다. 곧, 여호와께서는 번제가 아니라 하나님을 아는 지식을 바라신다는 뜻인 것이다. 두 경우 모두 여호와의 거부가 절대적인 의미를 갖는 것이다.

그러나 여기서 쟁점이 되는 것은, 이 이중적인 거부가 대체 무엇에 근거하는 것인가 하는 점이다. 이에 대해서는 문맥이 답변을 제공해 준다. 하나님께서 여기서 가증히 여기시는 것은 하나님의 의로운 진노를 가라앉히는 수단으로서 드리는 희생 제사요, 더 나아가서 진정한 회개가 없이 드리는 희생 제사다. 백성들의 선(善)이 아침 구름이나 쉬 없어지는 이슬 같을 때에는 아무리 제물을 드려도 심판을 막는 데에는 소용이 없는 것이다. 그리하여 하나님께서는 선지자들을 통해서 그들을 쓰러뜨리셨고, 그의 입의 말로 그들을 죽이신 것이다(5절). 6절의 "왜냐하면"(혹은, "이는". 한글 개역 개정판에는 나타나지 않음 — 역자주)은 바로 이러한 사상의 흐름과 연결되는 것이다. 본문의 헤세드("인애")는 4절의 거짓된 헤세드와 상관되는 것이요, 하나님을 아는 지식은 3절의 가장된 지식과 상관되는 것이다. 문맥에 비추어 해석하게

되면, 본문이 비평학자들의 이론을 뒷받침하는 것이 아니라는 것이 드러나
는 것이다.

미가 6:6-9

미가 6:6-9의 경우도 모든 것이 문맥을 바로 파악하는 데에 달려 있다.
"내가 무엇을 가지고 여호와 앞에 나아가며 … "라는 질문은 선지자가 하는
질문이 아니라, 누군가가 백성을 대표하여 하는 질문이다. 이 질문에 대해
처음부터 부정적인 대답을 — "나는 이런 것들을 가지고 여호와 앞에 나아가
지 않을 것이다"라는 식의 대답을 — 기대하고서, 그 부정적인 대답을 선지
자의 생각으로 간주하는 것은 허용되지 않는다. 이것이 백성들이 행한 질문
이라면, 진지한 의도가 거기에 담겨 있는 것으로 이해해야 할 것이다. 본문
의 질문자는 당시의 상황 속에서 여호와께 나아가는 적절한 방도가 무엇인
지, 노력과 비용의 한계를 어느 정도로 잡아야 하는지를 알고자 하는 것이
다. 선지자의 말씀의 구조가 매우 극적이다. 6절의 질문은 1-5절에 주어진
여호와의 교훈에서 촉발되는 것이다. 여호와께서 이스라엘과 변론을 벌이시
는데, 그 쟁점은 바로 그들이 옛적에 받은 은혜와 사랑에 대해 감사할 줄 모
른다는 것이었다. 이처럼 배은망덕의 죄를 범했다는 책망에 대해 선지자는
그 백성의 대표를 소개하는데, 그는 어떻게 하면 그런 악행을 교정할 수 있
겠느냐고 묻는다. 그는 여호와께 지극히 과도한 희생 제사를 드려서라도 여
호와께 지은 죄를 갚고 또한 맏아들을 제물로 드리는 이교도들의 속죄 방식
을 취하여 하나님을 무마시켜 보려 하는 것이다.

이어서 선지자가 세 번째 화자(話者)로 등장한다. 그는 6, 7절의 백성의 제
안을 반대하여 이렇게 선언한다: "사람아, 주께서 선한 것이 무엇임을 네게
보이셨나니, 여호와께서 네게 구하시는 것은 오직 정의를 행하며 인자를 사
랑하며 겸손하게 네 하나님과 함께 행하는 것이 아니냐?" 이런 대답이 과연
희생 제사 자체에 대한 원칙적인 부인을 시사하는가? 율법 자체는 그 어느
곳에서도 희생 제사를 하나님의 호의에 대한 충분한 보답으로 제시하지 않
는다. 게다가, 과거의 소홀한 처신과 감사치 않은 행위를 보상하고자 풍성하
게 희생 제사를 드린다는 사고는 희생 제사에 대한 바른 해석의 견지에서 보

면 그야말로 불쾌한 것이다. 여기서 "사람아, 주께서 선한 것이 무엇임을 네게 보이셨나니"라는 등의 말씀을 출애굽 시기에 그렇게 보이셨다는 뜻으로 보아, 그 당시에 이스라엘에게 가르쳐진 것은 희생 제사가 아니었고 오로지 그것들(즉, 여호와께서 구하시는 것이 정의를 행하며 인자를 사랑하며 겸손하게 하나님과 함께 행하는 것이라는 사실들 — 역자주) 뿐이었다는 식의 의미가 거기에 담겨 있는 것으로 주장하지만, 그런 것이 결코 아니다. 이 말씀은 후대에 행해진 선지자들의 교훈을 지칭하는 것이다.

여기서 언급되는 세 가지에서 아모스, 호세아, 이사야 등 위대한 세 선지자의 특징적인 메시지를 볼 수 있다는 주장이 제기된 바 있다. 그렇다면, 정의를 행하는 것은 아모스의 메시지를, 인자를 사랑하는 것은 호세아의 메시지를, 겸손히 하나님과 함께 행하는 것은 이사야의 메시지를, 각각 정리해 준다 할 것이다.

아모스 4:4

아모스 4:4이 과연 희생 제사 자체를 "범죄"라 부르는가 하는 것은 결코 분명하지 않다. "너희는 벧엘에 가서 범죄하며 길갈에 가서 죄를 더하며"라는 식의 진술이 이런 해석을 허용하는 것은 사실이다. 그러나 반드시 그런 해석을 요구하는 것은 아니다. 희생 제사 행위 그 자체가 범죄인 것이 아니라 벧엘과 길갈에서의 희생 제사 행위에서 습관적으로 배어나오는 성격이 범죄의 성격이라는 뜻으로 보아도, 이 말씀의 요점이 전혀 흐트러지지 않는 것이다. 상황이 그렇다면, 그곳에서 희생 제사를 드린다는 것은 곧 범죄하는 것이요, 풍성하게 드린다는 것은 곧 범죄를 계속 늘려가는 것이 될 것이다. 분명히 말하자면, 여기서 말씀하는 범죄의 요인은, 이사야 1:13의 경우처럼 희생 제사에다 죄악된 생활을 덧붙인다는 데 있는 것일 수가 없다. 여기서 말씀하는 범죄란 무언가 희생 제사 행위 자체 속에 들어 있는 요인이었다는 것이 아모스의 문맥에서 드러나기 때문이다. 본문을 "벧엘로 나아와 거기서 희생 제사를 드리고, 그리고는 방탕한 삶을 살아라"로 번역할 수는 없다. 죄가 희생 제사와 정비례하여 증가했다면, 그 죄가 반드시 희생 제사 자체에 있는 것일 필요는 없다. 벧엘이나 길갈 등의 성소들에서 그릇된 의식의 자세들이 만연되어 있었던 사실은 차치하고라도, 우리는 바로 벧엘과 길갈에서 형상을 갖고서 여호와를 섬기는 악행이 자행되고 있었다는 사실을 잊어서는 안 될 것이다. 아마도 십중팔구 그러한 점 때문에 선지자가 그곳에서 드리는 모든 희생 제사를 사악한 것으로 보았을 것이다. 그러나 그렇다고 해서 이것이 희생 제사 자체의 정당성을 부인하는 데에까지 이르렀던 것은 아닐 것이다.

아모스 5:4, 5을 해석할 때에도 이 점을 유념해야 할 것이다. 여기서는 여호와를 찾는 것과 벧엘을 찾는 것, 혹은 길갈로 들어가거나 브엘세바로 나아가는 것을 서로 대조적으로 제시하고 있다. 곧 그곳들에서 여호와를 찾아서는 안 된다는 것이다. 왜 그런가? 희생 제사를 드린 장소가 잘못되었다는 사실 때문은 아니다. 왜냐하면 아모스의 시대에는 여러 다른 곳들에서도 희생 제사가 드려졌기 때문이다. 오히려 그곳들에서 우상 숭배를 공식적으로 합법화시켜 놓음으로써, 또한 그곳들을 자주 방문함으로써, 그들이 선지자들이 그릇된 종교로 간주하는 바로 그 종교의 특별한 추종자들이 되어 버렸기 때문인 것이다.

아모스 8:14과 9:1에서도 선지자들이 모든 희생 제사를 통한 예배 그 자체를 죄악된 것으로 간주했다고 추정할 이유는 별로 없다. 오히려 정반대로, 8:14은 오히려 사마리아와 단과 브엘세바에서 시행된 형상 숭배가 선지자의 빈정거림을 촉발시켰다는 방금 전의 주장을 확증해 준다 할 것이다. "사마리아의 죄를 두고 맹세하여"는 사마리아에서 행해지는 제사 의식을 두고 맹세한다는 뜻일 수는 없다. 맹세는 보통 신의 이름으로 행하며, 관습이나 행위의 이름으로 행하는 예는 적다. 아마도 여기의 "죄"는 사마리아인들의 형상일 것이며(한글 개역 개정판도 이를 취하여 "사마리아의 죄된 우상"으로 번역한다 — 역자주), 그것은 벧엘에 서 있었을 것이다. 왜냐하면 벧엘이 사마리아의 수도로서 공식적인 성소였기 때문이다. "단아, 네 신들이 살아 있음을 두고 맹세하노라"라는 문구에서 아마도 "사마리아의 죄"에 대한 우리의 견해를 뒷받침해 주는 확증을 찾을 수 있을 것이다.

그런데 그 다음에서는 직접 신이 아닌 것을 두고 맹세하는 것을 보게 된다. 여기서 "브엘세바의 길의 살아 있음을 두고 맹세하노라"(한글 개역 개정판은 "브엘세바가 위하는 것이 살아 있음을 두고 맹세하노라"로 번역함 ―
역자주)라고 정확한 문구가 제시되어 있다. 여기서 "길"이 과연 무엇을 의미
하는지는 판단하기가 쉽지 않다. 동사 "살아 있음"을 사용하는 것으로 보아
무언가 인격적인 것을 지칭한다고 볼 수도 있다. 그러나 우리가 아는 한 신
(神)이나 우상을 "길"로 표현하는 것에 대해서는 증거가 전혀 나타나지 않는
다. 어떤 학자들은 "길"이 특정한 장소에서 시행되는 특정한 타입의 종교를
의미할 수도 있다고 본다. 그렇다면 여기서는 "브엘세바의 제사 의식의 방
식"(the cult-wat of Beersheba)를 의미한다 할 것이다. 그러나 이처럼 데렉
("길")을 종교를 의미하는 것으로 사용하는 용법(헬라어 호도스가 비슷한 의
미로 사용된다는 사실을 참조하라)이 아모스 당시에 친숙했었다는 것은 입
증할 수가 없다. 아마도 "브엘세바의 길"이란 브엘세바로 나아가는 순례길
을 의미하는 것 같다. 오늘날의 이슬람교도들이 메카로 순례하는 것을 두고
맹세하듯이, 브엘세바로 순례하는 것을 두고 맹세했을 수도 있다. 그러나 어
떻게 해석하든 간에, 이 구절은 선지자가 희생 제사 자체를 완전히 정죄했다
는 사고를 뒷받침해 주는 것이 아니다.

예레미야 7:21-23

그러므로, 이 네 사람의 초기 선지자들은 어디에서도 상황을 불문하고 희
생 제사 의식 그 자체를 죄악된 것으로 정죄한 적이 없다는 것을 알 수 있다.
그러나 비평학자들은 그들의 관점을 뒷받침해 주는 가장 설득력 있는 구절
이 7세기의 선지자인 예레미야에게서 나타난다고 하는데, 7:21-23이 바로
그것이다. 여기서 여호와께서 먼저 "너희 희생 제물과 번제물의 고기를 아울
러 먹으라"고 선포하시고, 이어서 이스라엘을 애굽에서 나오게 하시던 날에
는 그가 희생 제사에 대해서는 말씀하거나 명령하지 않으셨었다고 설명하시
며, 오히려 반대로 다음과 같은 것들을 요구하셨었다고 한다: "너희는 내 목
소리를 들으라. 그리하면 너는 너희 하나님이 되겠고 너희는 내 백성이 되리
라. 너희는 내가 명령한 모든 길로 걸어가라. 그리하면 복을 받으리라." 그
러나 잠시만 생각해 보아도, 비평학자들의 관점 그 자체를 인정한다손 치더
라도 예레미야가 모세의 율법이 이스라엘에게 의식적인 요구를 전혀 하지

제6장 선지자들의 계시의 내용 375

않은 것으로 생각했다고 보기가 얼마나 어려운가 하는 것이 금방 드러날 것이다.

이 비평학자들은 일반적으로 예레미야가 신명기 법전을 백성들에게 제시한 신명기적 개혁 운동에 가담하였다고 전제한다. 그런데 신명기에는 제사 의식에 관한 자료들이 상당히 많이 포함되어 있다. 그러므로 그들은 신명기 법전이 타협된 것이었다고 말한다. 이에 대해 우리는 이렇게 묻는다: 선지자 자신이 보기에 결코 타협의 여지가 없는 원리의 문제인 것에 대해서, 즉 희생 제사 자체가 죄악된 것이라는 것에 대해서, 어떻게 선지자가 타협을 할 수 있었겠는가? 벨하우젠은 예레미야가 이 개혁 운동과의 관계를 단절했다고 믿는다. 그리고 그는 선지자의 후기의 입장에서 볼 때에 비판의 여지가 많은 그 개혁 운동의 방법론의 특징이 8:8에서 나타난다고 본다. 그렇게 본다면, "참으로 서기관의 거짓의 붓이 거짓되게 하였나니"라는 말씀은 선지자가 자기 자신의 과거에 대하여 통렬하게 내뱉는 말이 될 것이다. 그러나 여기서 비난받아 마땅한 일관성 없는 태도가 나타날 것이다. 모세의 시대에 명령한 내용이나 명령하지 않은 내용에 대해서 감히 그렇게 닥치는 대로 이야기한다는 것은 유례를 찾아볼 수 없을 만큼 지독한 무례일 것이니 말이다.

더욱이 17:26에서는 선지자가, 안식일 법에 순종할 시에는 여호와께서 호의를 베푸사 사람들이 그 땅의 온 지경에서 나아와 여호와께 번제와 희생과 소제와 유향과 감사제물을 드리게 될 것이라고 예언하고 있다. 그는 33:11에서도 이와 비슷하게, 장차 예루살렘에서 기뻐하며 즐거워하는 소리가, 여호와의 성전에 감사제를 드리는 자들의 소리가, 다시 들리게 될 것이라고 예언한다. 만일 예레미야가 모든 형태의 희생 제사 자체를 원칙적으로 거부했다면, 이 구절들이 가짜라고 선언해야 마땅할 것이다. 그렇기 때문에 우리는 7장의 구절들도 해결되지 않는 수수께끼로 남아 있도록 하든가, 아니면 거기에 다른 해석을 붙이든가, 둘 중의 하나를 택해야 할 것이다.

출애굽기 19장의 상황을 참조하는 것이 그 본문을 이해하는 길을 제시해 준다. 심지어 십계명이 공포되기도 전에 여호와께서 이스라엘에게 처음 다가오셔서 베리트를 제시하신 일이 거기에 묘사된다. 이렇게 여호와와 이스라엘이 최초에 함께 만났을 당시에, 하나님께서는 희생 제사들에 대해 아무 말씀도 하지 않으시고 그저 그들의 충성과 순종만을 조건으로 하여 그 백성들과 모든 약정을 체결하신 것이다(참조. 출 19:5). 이 점을 이해하면, 선지자는 여기서 궁극적으로 베리트가 희생 제사에 근거하는 것이 아니라 희생 제사가 베리트에 근거하는 것임을 확증하고자 한 것이라는 것을 알 수 있게 된다.

희생 제사 의식과 관련되는 특정한 특질들을 정죄하는 것이 분명히 드러나는 진술들이 있다는 점을 잘 관찰하면, 희생 제사 자체에 대한 선지자의 정죄를 입증하는 명확한 증거가 그들의 글들에서는 전혀 나타나지 않는다는 사실의 의의가 더 증대된다. 호세아 10:8에서는 사마리아의 산당들을 가리켜 "이스라엘의 죄"라 부른다. 호세아 10:10에서는 이스라엘 사람들이 두 가지 죄에, 즉 단과 벧엘의 두 송아지들에게, 매여 있다고 말씀한다. 미가 1:5에서는 병행법을 사용하여 다음과 같이 진술하고 있다: "야곱의 허물이 무엇이냐? 유다의 산당이 무엇이냐?" 그러나 이 모든 진술들은 희생 제사 의식의 도구들에 관한 것이요, 제사 의식 그 자체를 죄로 선언하는 것이 절대로 아닌 것이다.

마지막으로, 지금까지 논의한 선지자들의 본문을 근거로 성급한 추리를 이끌어내지 못하도록 경계하기 위해서, 시편에 나타나는 유사한 진술들을 언급하는 것이 좋을 듯하다. 그런데 그 시편의 진술들은 현대 학파가 포로기 이후 시대의 것으로 간주하는 것들이므로, 이러한 비평적인 견해를 그대로 취한다면 그 진술들에서는 시편 기자들이 희생 제사 법들의 존재나 모세 시대의 기원이나 신적인 권위를 부인하고자 하는 의도를 가졌을 수가 없을 것이다(참조. 시 40:6; 50:7-15; 51:16-19). 그런데 그런 진술들이, 적절한 자세로 시행할 경우 희생 제사가 신적인 인증(認證)도 있고 종교적 가치도 있다는 믿음과 더불어 아무런 문제 없이 공존할 수 있었다면, 선지자들의 경우에도 그와 동일한 정신적 자세가 있었을 가능성이 있다는 것을 부인할 하등의 이유가 없는 것이다.

사회적 죄

이스라엘의 제사 의식적인 죄와 나란히 이스라엘의 사회적 죄가 선지자들의 정죄를 받는다. 오늘날의 종교의 사회학적 경향에 힘입어서, 선지자들의 메시지의 이러한 면이 상당한 주목을 끌어왔다. 우선 한 가지를 경계할 필요가 있다. 곧, 선지자들의 이러한 면에서 오늘날의 특정한 사회적 경제적 문제점들에 무언가 빛을 얻을 것이라는 지나친 기대는 금물이라는 것이다. 그런 것을 기대하기에는 서로의 상황이 너무나 차이가 많기 때문이다. 현대 사회의 심각한 경제적 문제점들은 주로 상업적이며 산업적인 원인들에서 생겨난다. 그러나 이스라엘 백성은 상업 공동체도, 산업 공동체도 아니었다. 자본과 노동의 관계 같은 문제점들은 그들에게는 존재하지도 않았다. 이 점과 관련하여 한 가지 충격적인 실례를 들면, 이스라엘 사람이 동료 이스라엘 사람에게는 이자를 전혀 취하지 못하도록 되어 있었으나 외국인들과의 거래에서는 그런 금지가 없었다는 것이다. 경제적인 근거에서는 허용되는 것이 신정적 근거에서 금지된다. 곧, 하나님의 백성들에게는 경제적 정의보다도 더 높은 규범이 존재하는 것이다(출 22:25; 레 25:36; 신 23:20; 겔 18:8). 그러므로 고대의 상황에서 이끌어내어 현대의 상황에 적용시킬 만한 유사한 경우들이 극히 드물 수밖에 없다.

한 가지 예외적인 경우가 있다면, 아마도 "도시 문제"라 부르는 그것일 것이다. 아모스와 특히 미가는 도시가 문화의 에너지가 축적되는 곳인 동시에 또한 악의 잠재력들이 축적되는 것이기도 하다는 것을 인식하고 있다(암 3:9; 미 1:5). 수도(首都)에는 모든 악이 집중되어 있다. 그러므로 미래에는 모든 도시들이 존재하지 않게 될 것이다(미 2:10; 3:8-12; 4:9, 13; 5:10, 13). 그 때에는 사람들이 전원의 소박함과 안정 속에서 생활하게 될 것이요, 각자 자기의 포도나무와 무화과나무 아래 앉을 것이요, 아무도 그를 두렵게 하지 않을 것이다(미 4:4). 메시야이신 왕께서는 예루살렘의 도시에서가 아니라, 베들레헴의 시골 마을에서 나오실 것이다. 다윗이 본래 그러했듯이 말이다.

그러나 우리의 현대적 문제점과 상대적으로 유사한 점이 있기는 하지만, 거기서도 차이점이 나타난다. 현대의 사회학자들은 도시 생활에 악이 집중되어 있는 주요 원인 중의 하나로 인구 밀집을 꼽지만, 선지자들은 그런 것은 염두에 두지도 않는다. 도덕적인 악이 도시에 밀집되어 있는 것이요, 따라서 일부분이라도 그 원인을 물리적인 데에서 찾으려는 시도는 전혀 하지 않는다. 도시들이 정죄를 받는 것은 그것들이 견고하게 건축된 곳들로서 전쟁을 일으키는 수단이 되기 때문이요, 또한 어쩌면 하나님을 대적하여 자기를 의지하는 반역적인 정신을 대변하는 존재이기도 한 것 같다(미 5:11; 참조. 창 4:17). 선지자들이 전쟁을 반대하여 목소리를 높인 것은 사실이나, 현대의 인도주의적이며 경제적인 동기는 거기에 그저 종속적인 의미로밖에는 개입되지 않았다. 그들의 동기는 주로 종교적인 것이었다. 이스라엘은 자기 자신의 무력(武力)을 신뢰해서는 안 되고 오직 여호와만을 신뢰해야 한다는 것이다. 물론 전쟁보다는 평화가 낫다. 그러므로 이사야 2장과 미가 5장 등에 나타나는 위대한 종말의 묘사들에서 평화의 이상이 자리잡고 있는 것이다. 칼이 보습이 되며, 창이 낫이 될 것이라고 한다. 그러나 이것은 전쟁 그 자체를 사악한 것으로 보는 사고와는 아무런 상관이 없다. 물론 잔인하게 시행되는 전쟁의 경우에는 사악한 것으로 간주되지만 말이다. 또한 이러한 평화의 이상은 맹수들이 사라지리라는 사상과도 일치한다.

이스라엘의 사회적 죄에 대한 선지자들의 정죄는 그 가장 깊은 뿌리가 인도주의적(人道主義的)인 동기들에 있는 것이 아니다. 물론 인도주의적인 요소가 없는 것은 아니다. 또한 그런 요소가 없을 수도 없다. 그것은 신정정치만큼이나 오래된 것이기 때문이다. 율법은 가난한 자와 힘없는 자들을 특별한 보호 아래 둔다. 예컨대 왕국 등, 신정정치의 주요 제도들이 현저하게 인도적이며 자비로운 성격을 취하는 것이 이와 일맥상통하는 것이다. 그리고 이러한 요소가 선지자들에게서 보존되고 또한 더욱 발전되는 것을 보게 된다. 사회적 죄에 대한 그들의 책망은, 부한 자들과 가난한 자들, 힘 있는 자들과 힘 없는 자들이 서로 차별하는 것과 밀착되어 나타나는데, 그런 차별이 언제나 사회적 병폐가 발생하는 징후요 계기 — 물론 그 원인은 아니지만 — 였다(암 2:7; 4:1; 5:11; 6:4–6; 8:4; 미 6:12). 하나님께서 측은히 여기시는 면이 이 구절들 속에서 명확하게 드러나는 것이다. 그러나 부자들과 가난한 자들이 함께 어울려 존재한다는 사실에 대해서는 선지자들이 목소리를 내지 않는다. 모든 선지자들은 잠언 22:2("가난한 자와 부한 자가 함께 살거니와 그 모두를 지으신 이는 여호와시니라")에 동감했을 것이다. 노예 제도를 정죄하지 않는 것이다.

이처럼 인도주의적인 면이 나타나는 것은 사회적 불의에 대한 분노에서 나오는 것이며, 이와 함께 이 문제 전체가 종교적인 영역에까지 높여진다. 왜냐하면 불의는 하나님을 거스르는 죄요, 선지자들의 의식에서는 인간적인 관점에서 볼 때에 아무리 비참한 일이라 할지라도 종교적 사실이 갖는 처절한 의미와는 비교할 수가 없기 때문이다. 요컨대, 선지자들이 사회적 병폐에 대해 분개한 가장 근본적인 요인은 부자들이 가난한 자들을 해치는 정황 그 자체가 아니었다. 선지자들에게 충격을 주었고 그들의 분노를 촉발시켰던 것은 그런 악한 행실이 여호와와 여호와의 권리들과 상관된다는 점이었다. 그렇기 때문에, 가난한 자들과 약한 자들의 운명에 직접 영향을 미치지 않을 경우에도 부자들의 행실에 대해 똑같이 강력하게 정죄하는 현상이 나타나는 것이다.

아모스는 궁궐에서 일어나는 폭력과 강탈과 사마리아에서 일어나는 요란함과 학대함이 블레셋 사람들과 애굽 사람들의 습관보다 더 악하다는 것에 대해서만 탄핵하는 것이 아니라(3:9, 10), 상아로 된 침대에 눕는 것이나 연회를 즐기며 술 취하며 흥청거리며 최상급의 향유들을 바르며 음악가들처럼 다윗을 흉내내며 여름 별장과 겨울 거처를 소유하는 등 온갖 교만한 생활과 사치를 누리면서도 하나님의 백성들의 처참한 상태를 망각하고 요셉의 환난을 슬퍼하지 않는 부자들의 허망한 삶에 대해서도 똑같이 탄핵하는 것이다.

선지자들은 부유한 생활과 사치 그 자체를 공격하는 것이 아니다. 무거운 세금이나 가혹한 착취 같은 사회적 병폐에 대해서는 언급조차 하지 않고, 오로지 그의 백성들이 사회적 병폐를 통해서 반사적으로 여호와께 무례를 저지른 사실을 공격하는 것이다. 아모스 자신은 소박한 가문 출신이었으나, 부유한 자들을 향한 그의 탄핵에서는 사회적인 질투의 기미가 전혀 나타나지 않는다. 그의 책망은 오히려 그 당시의 부유한 자들이 그들의 부유함과 사치로 인해서 더 고귀한 종교적 관심사들에 대해 아예 눈이 멀어 버렸다는 데 있었다. 이사야는 아모스와는 전혀 다른 계층에서 자라났고 또한 모든 심미적인 것들에 대해 민감한 사람이었으나, 그럼에도 불구하고 이 점에 대해서 아모스와 동일한 책망을 하고 있다. 부유하고 권력이 있다는 것 자체가 죄가 아니다. 오히려 부유하게 되고 권력을 지니고자 하는 무절제하고 불신앙적인 욕심이 죄다. 그런 욕심이야말로 다른 모든 관심사들을 다 무시해 버리기 때문이다(암 8:4, 5).

이 모든 것들은 매우 중요하다. 왜냐하면 사회에 관한 선지자들의 메시지는 오늘날 행해지는 사회에 관한 설교들과는 커다란 차이가 있기 때문이다. 선지자들에게 있어서는 사회적인 그릇된 처신들이 죄악되다는 점이 전면에 드러나지만, 오늘날의 사회적인 설교자에게 있어서는 그런 그릇된 처신들이 사회적 공동체에 해를 끼친다는 점에 강조점이 있는 경우가 허다한 것이다. 선지자들은 일어나는 일들을 하나님과의 관계에서 보며, 절대적인 윤리와 종교를 기준으로 평가하지만, 현대의 사회학적인 설교자들은 그것들을 주로 사람의 복지에 미치는 영향에 견주어 바라보는 것이다. 선지자들은 사회적인 일들 속에서 종교적인 것들에 관심을 두는 반면에, 오늘날의 많은 사람들은 종교와는 상관없이, 혹은 종교적인 것에 무관심한 상태로 그저 사회적 문제점에만 관심을 갖는 것이다.

지금까지 살펴본 특질들은 우리가 다루고 있는 그 시기의 모든 선지자들에게 공통적으로 나타나는 특질들이다. 그러나 이들 중 두 사람은 죄의 내적 성격을 할 수 있는 대로 강력하게 부각시키도록 죄 문제를 다룸으로써 거기에 그들 자신의 종교적 개성을 각인시키고 있다. 곧 호세아와 이사야가 그들이다. 그러므로 그들의 죄에 대한 가르침을 별도로 논의하고자 한다.

호세아의 죄론(罪論)

먼저 호세아의 죄에 대한 가르침부터 살펴보기로 하자. 이 문제에 대한 그의 가르침의 거의 모든 면의 중심이 되는 것은 바로 이스라엘과 혼인한 그들의 주(主)이신 여호와의 관념이다. 호세아는 이스라엘이 한 단위가 되어 여호와를 거슬러 지은 죄를 중점적으로 거론한다. 호세아에게 있어서 죄란 혼인의 애정과 충성이라는 이상(理想)에 일치하지 못하는 것이다. 그는 이스라엘을 향하여 이렇게 질타한다: "이 땅에는 진실(즉, 신실함)도 없고 인애도 없고 하나님을 아는 지식도 없다"(4:1). 그리고 그것과 상응하는 이스라엘의 죄를 가리켜 배신으로(5:7; 6:7), 여호와를 향하여 거짓말하는 것으로(7:13), 거짓과 속임수로 여호와를 에워싸는 것으로(11:12; 참조. 7:16; 10:2) 적극적으로 묘사한다. 그저 백성이 여호와의 율법을 범하는 것만이 아니라, 그 율법을 "이상한 것"으로 여기는 것이 곧 그들의 악한 행위라는 것이다. 하나님께서 그들과 혼인한 그들의 주님으로서 그들의 순종을 요구하시는 것을 그들이 부인해 버린다는 것이다(8:12). 그들의 죄는 여호와를 인정하고, 경외하며, 알지 않는다는 것이다. 그들은 여호와를 버리고 그를 따르지 않는 것이다(4:10).

다른 신들을 섬기는 죄를 묘사하기 위해 호세아가 사용하는 비유적인 표현에서도 동일한 사상이 나타난다. 그는 이를 "음행"이라 부른다. 때로는 그 용어를 문자적인 의미로 이해해야 할 경우도 있다. 예를 들면, "음행과 묵은 포도주와 새포도주가 마음을 빼앗았느니라"(4:11) 등이다. 여기서는 우상을 섬기는 신당들에서 행해지는 매춘 행위를 지칭하는 것이 분명하다(참조. 암 2:7). 그러나 4:12의 "음란한 마음"은 우상 숭배 쪽으로 기울어진 그 백성의 마음 상태를 비유적으로 묘사하는 것이다. 음행(whoredom)이 간음(adultery)과 일치하는 것이다. 이런 간음의 주된 원인은 감각적인 이기적 욕심에 있다. 이스라엘은 여호와에게서 애정이 떠나버렸다. 여호와께서 그들을 부르실수록 그들은 그에게서 더 멀리 도망갔다. 바알에게 제사를 드렸고, 아로 새긴 우상들에게 분향하였다(11:2). 그들은 여호와께서 그들을 고치신 것을 더 이상 인정하지 않았다(11:3). 그들의 마음이 교만하여 그를 잊었다(13:6). 그리고 여호와께서 이스라엘에게 베푸셨던 것을 바알이 베풀어 주는 것으로 여겼던 것이다: "나는 나를 사랑하는 자들을 따르리니 그들이 내 떡과 내 물과 내 양털과 내 삼과 내 기름과 내 술들을 내게 준다 하였음이라"(2:5).

이스라엘은 무엇보다도 여호와 자신을 위하여 여호와를 사랑해야 하며, 또한 외형적인 축복들을 추구할 경우에도 오로지 거기에서 하나님의 사랑이 표현된다는 이유에서만 그것을 추구해야 한다. 그런데 그와 정반대의 현상이 벌어졌다. 그 백성들이 선물들에만 관심을 두고 선물을 주시는 분에 대해서는 무관심해 버리는 것이다. "그들이 산 꼭대기에서 제사를 드리며 작은 산 위에서 분향하되 참나무와 버드나무와 상수리나무 아래에서 하니, 이는 그 나무 그늘이 좋음이라"(4:13). 3:1에서는 그들이 "건포도 과자"를 즐긴다고 말씀하는데, 이것이 바로 이런 우상의 관능적인 제사 의식을 지칭하는 표현이다. 그들이 이런 동기에 젖어 있으므로, 풍요로울 때에는 그것이 더욱 번창하기 마련이다: "이스라엘은 열매 맺는 무성한 포도나무라. 그 열매가 많을수록 제단을 많게 하며 그 땅이 번영할수록 주상을 아름답게 하도다" (10:1). 그리고 풍요로움과 번영이 그치면, 그들의 충성이 경박스럽게 이 신에서 저 신에게로 옮겨진다: "내가 본 남편에게로 돌아가리니 그 때의 내 형편이 지금보다 나았음이라"(2:7).

그 우상에게 드리는 제사 의식에 대해서 호세아는 그것을 시행하는 이기적인 자세를 정죄한다. 그리고 그 제사 의식을 정죄하는 유일한 이유는 이스라엘과 여호와의 관계를 그 근본 뿌리에서부터 파괴하는 것이라는 것이다. 이런 식의 논법은 호세아에게만 나타나는 독특한 것이다. 에브라임이 가져오는 것은 고작 금방 없어지고 말 애정뿐이다. 그들의 **헤세드**는 아침 구름이나 쉬 없어지는 이슬 같다는 것이다(6:4). 여호와께서는 그런 섬김을 받지 않으실 것이다. 그런 것은 이방 종교에나 통하는 것이다. 그러므로 선지자는 이스라엘이 각 타작 마당에서 종교적 음행의 삯을 사랑하였다고 말씀한다. 땅의 소출을 위하여 이방 신들에게 자기 몸을 팔아버렸다는 것이다(9:1).

그러나 이스라엘의 사회적 정치적 죄악에 대한 호세아의 견해 역시 동일한 원리에 의해서 결정된다. 선지자는 그 백성이 여호와께 진실하지 않은 사실과 모든 사회적 유대 관계들이 와해된 사실이 서로 연관된다는 점을 지적한다. 4:1, 2에 나타나는 사상이 바로 이것이다. 진실함, 인애(하나님을 향한), 하나님을 아는 지식이 그 땅에(따라서, 또한 사람과 사람 사이의 교류 속에도) 없기 때문에, 오직 저주와 속임과 살인과 도둑질과 간음뿐이며 포악하여 피가 피를 뒤잇는다는 것이다. 여호와와의 종교적인 연합이 신성하게 지켜지지 않으면, 인간의 혼인도 결코 안전하게 유지될 수가 없다. 관능 (sensuality)이 종교적 음행을 낳고, 종교적 음행은 다시 육체적인 음행으로 이어지는 것이다(4:11, 14).

부유함과 사치를 구하는 죄에 대해서는 아모스가 좀 더 자명한 이유들에 근거하여 정죄하지만, 호세아는 이를 여호와의 사랑에서 괴리된 것으로 간주한다. 12:7-9을 이런 의미로 이해해야 할 것이다. 거기서 여호와께서는 그러한 죄를 책망하시면서, 이를 해명하기 위하여 "애굽 땅에 있을 때부터 나는 네 하나님 여호와니라" 라고 선언하신다. 즉, 나는 신실을 지켜왔으나, 너는 신실이 없이 되어 버렸다는 뜻이다. 그들이 가나안 사람들처럼, 고대 세계의 부정거래업자의 대명사인 베니게 사람들처럼 되어 버렸다는 것이다. 그들은 상업에 종사하여 이윤 남기기를 힘씀으로써 그들 자신의 신정적 소명을 잃어버렸다. 그리고 그들의 거래는 부정직하여, 거짓 저울을 가지고 속이기를 좋아했던 것이다(12:7).

마지막으로, 이스라엘의 정치적 죄에 대한 호세아의 발언에서도 동일한 원리의 영향을 어렵지 않게 추적할 수 있다. 그가 보기에 그들의 특징적인 죄는 "이스라엘의 교만" 이었다(5:5; 7:10). 교만이란 자기를 의존하는 데에서 나오는 오만불손한 태도요, 이것은 여호와를 향한 처신에 반드시 있어야 할 의지하는 심령과 정반대되는 것이다. 무엇보다도 이것은 불충성의 행위다. 하나님께서 마땅히 에브라임의 구주이신데도 그들은 앗수르에게서 도움을 구하였던 것이다.(5:13). 그리고 일단 여호와를 버리자 일편단심의 모든 신뢰가 그 마음에서 사라져 버렸고, 그리하여 앗수르와 음모를 꾸미면서도 동시에 애굽의 환심을 사려고 애쓴 것이다(8:9; 12:1). 에브라임은 마치 어리석은 비둘기처럼 이리저리 배회하며, 애굽에게도 기웃거리고, 앗수르에게도 나아간다는 것이다(7:11). 호세아는 이사야와는 달리 믿음에 대해 적극적으로 논하지 않고, 다만 이스라엘의 교만을 책망하는 가운데 그가 은혜의 본질에 대해 친숙히 알고 있었다는 것을 간접적으로 보여줄 뿐이다.

이스라엘의 정치적인 죄 가운데서, 선지자는 왕국의 제도를 대하는 그들의 자세를 매우 중요하게 취급한다. 그러나 어떤 이들의 주장처럼 그가 왕국을 원칙적으로 거부한 것은 아니다. 3:5의 "그 후에 이스라엘 자손이 돌아와서 그들의 하나님 여호와와 그들의 왕 다윗을 찾고 마지막 날에는 여호와를 경외하므로 여호와와 그의 은총으로 나아가리라" 라는 말씀을 잘라내어 버려야 그런 주장이 가능해질 수 있다. 그 말씀이 호세아의 순전한 말씀이라면, 그가 다윗 왕조를 이스라엘의 유일한 합법적인 왕조로 간주한 것이 틀림없는 사실이 되는 것이다. 그러나 또한 그가 북왕국의 개개인 통치자들을 오로지 개인적인 이유들로만 정죄했다고 가정하는 것도 똑같이 그릇된 것이다. 그렇다고 보기에는 그의 언사가 너무 포괄적이다.

선지자가 탄핵하는 것은 왕들이 행한 일들이 아니라 오히려 이스라엘이 왕권과 왕들과 더불어 행한 일이었다. 그가 그것에 대해 탄핵하는 것은 그것이 여호와를 향한 그릇된 자세에 기초하기 때문이었다(8:4; 13:10). 왕권이 이스라엘의 교만 위에 세워져 있다는 것이었다. 이는 급속히 계속 이어지는 후기의 왕들에게만 적용되는 것이 아니라, 북왕국이 보았던 모든 왕조들 전체에 다 적용된다. 호세아는 사울의 왕권에 대해서도 똑같이 정죄를 발한다. 왜냐하면 그것도 그 기원이 동일한 자세에 있기 때문이었다(9:9; 10:9). 오로지 다윗의 왕국만이 탄핵을 면하는데, 이는 그것이 여호와께서 세우신 것이요, 여호와께서 그의 백성들에게 주고자 원하신 구원의 도구였기 때문이다.

이처럼 여호와께 불성실함이라는 한 가지 원리에서 죄를 바라보고 있기 때문에, 호세아는 죄의 성격을 하나의 기질로 — 사람을 노예로 사로잡는 하나의 힘으로, 또한 범죄의 행동들 하나하나보다 더 깊고 더 심각한 어떤 것으로 — 보는 심오한 사상에 이르러 있는 것이다. 죄란 그 희생자들을 스스로 새로워질 능력이 없도록 만들어 놓는 하나의 성향(性向: a bent)인 것이다 (5:4; 7:2). "음란한 마음"이 그 백성들에게 있고, 그리하여 물러가는 성향이 그들에게 있는 것이다(11:7). 에브라임은 "뒤집지 않은 전병이로다"(7:8). 곧, 그는 아무리 결과가 참혹하다 할지라도, 그릇된 쪽에, 이미 타버린 쪽에 그대로 남아 있으면서도 전혀 개의치 않는다는 것이다.

이사야의 죄론

그러면 이제 이사야에게로 시선을 돌려서 죄에 대한 그의 가르침을 살펴보기로 하자. 이사야의 죄론 역시 분명히 그 자신의 관점을 드러내 보인다. 전체적으로 보면, 구약의 계시가 죄에 대해 가르치는 것 가운데 가장 깊은 것이라 하겠다. 호세아는 죄를 베리트-혼인의 관념과 연관짓는 반면에, 이사야는 여호와의 영광에 대한 사고와 연관짓는다. 그에게 있어서 죄란 무엇보다도 바로 하나님의 존귀하심을 해치는 것이다. 그가 백성들의 우상 숭배 행위들을 탄핵하는 것도 바로 이 때문이다. 여호와께서 그들을 버리신 것은, 그들이 "동방으로부터"(어쩌면, 본문의 케뎀["동방"]을 케셈["점술"]으로 약간 수정하여 "점술로"로 보는 것이 나을 것 같다) 가득하며(2:6. 한글 개역

개정판은 "동방 풍속이 가득하며"로 번역함 — 역자주), 또한 블레셋 사람들
처럼 마술사들이 되어 버렸기 때문이다(8:19). 이런 종류의 죄에서 이사야에
게 거슬리는 특질이 과연 어떤 것이었는지를 주목해야 한다. 그런 행위들은
여호와의 신성을 무시하는 것이다. 그런 유의 가르침이나 정보를 그 백성들
에게 제공하는 것은 전적으로 하나님의 권리다. 그들로서는 그의 빛 속에서
행하며, 언제나 신적인 진리가 유입되는 것에 마음을 열고 있으면 되는 것이
다(2:5). 이사야가 품고 있는 이상적인 상태는, 이스라엘 전체가 이사야 자신
이 이미 누리고 있음을 인식하고 있었던 것과 동일한 그런 여호와와의 깨어
지지 않는 교통 속에 살게 되는 것이었다("우리가 … 행하자"라는 복수형
구문을 주목하라). 그러나 그들이 정작 지니고 있는 것은, 혹은 자기들 스스
로 지니고 있다고 상상하는 것은, 계시의 서투른 모방에 지나지 않았던 것이
다.

이와 마찬가지로 우상 숭배도 전반적인 면에서 참된 종교의 서투른 모방
이요, 하나님을 극히 모욕하는 것이다. "그 땅에는 우상도 가득하므로 그들
이 자기 손으로 짓고 자기 손가락으로 만든 것을 경배하여"(2:8). 선지자가
보기에는, 하나님의 백성들이 살아계신 하나님을 생명이 없고 자기들 스스
로 만들어낸 어떤 물건과 바꿀 수 있다는 것이야말로 무엇보다도 최고의 불
경이요 불신앙이었다. 주관적으로 보면 이런 종류의 죄는 사람을 멸시하고
저속하게 만드는 영향력을 행사하는 공격적인 특질을 지니고 있다(2:9). 사
람의 진정한 위대함은 여호와를 섬기는 데에 있는데, 이것이 우상 숭배 때문
에 사라지니 전면적인 저속화(低俗化) 현상이 일어나는 것이다. 선지자가 보
기에 우상은 여호와께서 의미하시는 모든 것과 정반대되는 것이다. 그러므
로, 여호와께서 거룩하신 자이시니 우상은, 이를테면, 온갖 적극적인 비(非)
거룩성을 지니고 있는 존재요, 따라서 더럽혀져야 하고 불결하게 되어야 하
는 것이다(30:22).

그러나 이스라엘이 이런 이교도적인 형태의 점술과 우상 숭배 예식을 통
해서만 여호와를 모욕한 것이 아니다. 2:7-9에서는 사치와 부귀와 군사적 교
만이 점술과 우상 숭배와 함께 언급되고 있는데, 이 점이 매우 의미심장하
다. 사치스럽고 방탕한 생활을 정죄하는 것은 그런 생활이 하나님에 대해 부

주의하게 하고 그를 잊게 만든다는 점 때문이다. 이른 아침부터 일어나 독주(毒酒)를 좇으며 포도주에 젖기까지 밤 늦도록 노닥거리며, 수금과 비파와 소고와 피리로 연회를 즐기는 유대인들이야말로, 여호와의 일에 관심이 없고, 그의 손으로 행하시는 역사에 전혀 개의치 않는 자들인 것이다. 여기서 말하는 여호와의 일이란 바로 역사 속에 나타나는 그의 일이요, 그가 그 백성의 운명에 관계하여 일하신다는 그 중차대한 문제인 것이다. 진정 신앙이 있는 사람이라면 당연히 눈과 귀를 열어 역사의 과정에서 나타나는 징조들을 깨닫는 법이다. 여기서 이사야는 역사란 하나님의 계시이며, 그 가운데는 우연이나 혼동이 생길 여지가 전혀 없다는 사상을 분명하게 제시한 것이다. 물론 일어나는 일들을 경계하며 바라보는 일은 일차적으로는 선지자의 임무다. 그러나 선지자의 그 특별한 임무는 일반 모든 사람들에게 적용되도록 되어 있다. 이스라엘이 이러한 요건에 순종했더라면, 그들은 다가오는 사건들에 대비했을 것이고 재난을 피했을 것이다. 그러나 그들은 지식이 없어 포로로 잡혀가고 마는 것이다(5:13).

이사야는 술 취하는 죄에 대해 거듭거듭 말씀한다(5:11, 12, 22; 22:2, 13; 28:1, 3, 7). 특히 맨 마지막에 언급된 28:7은 제사장들과 선지자들이 술에 취한 상태에서 보이는 온갖 추한 모습들을 지극히 실감 있게 그리고 있다. 물론 선지자들이 포도주를 마시는 것 자체를 정죄하는 것은 아니다. 오히려 반대로, 그의 가장 고상한 비유적인 표상 가운데 포도주에서 빌려온 것들이 여럿이 있을 정도다(1:22; 5장; 16:8-10; 18:5; 25:6). 그러나 술에 취하는 일은 불신앙적이요 부패한 것이다. 왜냐하면 사람 속에 주어지는 신적인 영적 실체들에 대한 지각을 어둡게 만들어 사람을 짐승처럼 만들어 버리기 때문이다. 예루살렘의 술주정뱅이들은 "포도주에 빠지며 독주로 말미암아 비틀거리며 환상을 잘못 풀며 재판할 때에 실수하나니"(28:7).

이와 똑같이 이사야에게서 두드러지게 나타나는 죄의 형태는 바로 교만이다. 이사야는 사람의 눈이 높은 상태와 자고(自高)한 상태에 대해(2:11, 17), 또한 그 땅에서 높고 교만하며 우쭐해져 있는 일반적인 것들에 대해 말씀한다(12-15절). 시온의 딸들이 교만하여 늘인 목, 정을 통하는 눈으로 다닌다고 한다(3:16). 그러므로 이스라엘 사람들의 영광과 호화로움이 낮아질 것이라고 한다(5:14). "모든 백성 곧 에브라임과 사마리아 주민이 알 것이어늘 그들이 교만하고 완악한 마음으로 말하기를, '벽돌이 무너졌으나 우리는 다듬은 돌로 쌓고 뽕나무들이 찍혔으나 우리는 백향목으로 그것을 대신하리라' 하는도다"(9:9, 10). 또한 5:21에서는 지적인 교만에 대해서도 말씀한다. 뿐만 아니라 부귀와 겉모양을 아름답게 꾸며 놓은 것에 근거하는 교만도 책망을 받는다. 이사야 자신은 그의 눈에 보이는 세상의 모든 아름답고 장엄한 것들에 대해 감동하였다. 그러나 그러면서도 그는 시온의 딸들의 은과 금과 아름다운 장식들과 세련된 의복은 정죄하였다(3:16-24의 아주 상세한 묘사를 보라). 불신앙적으로 추구하는 아름다움은 여호와의 영광을 해치는 것이다. 그 어떠한 자연의 물건이나 예술 작품이라도 그것으로 하여금 하나님의 아름다움을 반영하게 하고자 의도하여 결국 피조물을 높이는 데에 사용하게 되면, 그것은 일종의 불경(不敬)이 되고 만다. 교만과 허영(虛榮: vanity)은 서로 밀접하게 관계되어 있다. 교만은 그 뒤에 진정한 가치와 고귀함이 전혀 없다는 점에서 바로 허영인 것이다.

그러나 교만이 이스라엘에게서만 나타나는 것은 아니다. 유다의 보잘것없는 귀족들이든, 동방의 막강한 군주들이든, 교만하여 자랑하는 자들이 누구냐 하는 것은 이사야에게는 전혀 상관이 없다. 앗수르 왕이 자기 힘으로 모든 일을 했다고 하고, 자기의 지혜로 여러 민족들의 경계선을 옮겨치웠다고 주장하기 때문에, 여호와께서는 그의 완악한 마음의 열매와 그의 높은 눈의 자랑을 벌하실 것이라고 한다(10:12). 이사야의 원대한 이상에서 볼 때에, 이러한 교만의 죄의 최고의 실례는 바로 바벨론 왕에게서 나타난다. 그는 마음으로 이렇게 이야기하는 것이다: "내가 하늘에 올라 하나님의 뭇 별 위에 내 자리를 높이리라. 내가 북극 집회의 산 위에 앉으리라. 가장 높은 구름에 올라가 지극히 높은 이와 같아지리라"(14:13, 14). 교만은 본질상 자기 신격화(神格化)의 한 형태인 것이다. 이렇게 묘사되는 바벨론 왕에게서 사탄적인 죄가, 사탄의 한 모형이 있었고(참조. 14:12; 계 9:1), 또한 그 왕이 여기서 계명성이라 불리기 때문에 루시퍼(Lucifer)라는 명칭이 그에게로부터 사탄에게 전이된 것이다.

이사야가 책망하는 다른 형태의 죄들로는 탐욕과 압제가 있다(3:12, 15;

5:7, 8, 23). 이 죄들은 아모스와 호세아에서도 친숙하게 접하던 것들이다. 이사야의 사역 초기에 있었던 상업적 번영으로 인하여 이러한 병폐가 조장되었다. 이스라엘 사람들은 가나안에 정착하던 처음 몇 세기 동안 순전히 농업에만 종사했다. 그러나 후에 그들 중에서 상인 계급이 생겨났다. 사회의 구조가 계속해서 농업에 바탕을 두고 있었기 때문에, 부(富)의 증가는 곧 광활한 토지의 점유를 의미하는 것이었다. 부유한 자들이 가난한 자들을 채무자로 만들었고, 그런 다음 그들을 그들의 옛 토지에서 쫓아냈던 것이다. 그런데 이스라엘에게는 토지의 사용이 종교적인 의미를 지녔다. 여호와께서 그 땅 전체의 주인이시다. 그리고 그는 백성들에게 토지의 사용권만을 주신 것이다. 그러므로 토지가 몇 사람의 손에 들어간다는 것은 곧, 악한 수법으로 획득했다는 점에서 윤리적인 악이었고, 크나큰 불균형의 산물이라는 점에서 사회적인 악이었을 뿐 아니라, 그것은 하나의 종교적인 악이기도 했다. 왜냐하면 가난한 사람에게서 그의 종교적 실존의 기반 자체를 빼앗아 버린 것이기 때문이다. 땅을 빼앗겼으니 더 이상 십일조도, 첫 열매도, 희생 제물도 드릴 수가 없게 되었고, 더 이상 절기에도 참여할 수 없게 되고만 것이다. 그러므로 이사야는 가옥에 가옥을 이으며 그 땅 가운데에서 홀로 거주하려 하는 자들에게 화가 있으리라고 외치는 것이다. 이사야의 동기가 최소한 부분적으로라도 종교적인 것이었다는 사실은 3:13-15에서 볼 수 있을 것이다. 여기서는 여호와께서 그 백성의 장로들을 심문하신다. 그들이 포도원을 삼켜버렸기 때문이다. 5장이 이에 대해 빛을 던져준다. 거기서는 이스라엘을 가리켜 포도원이라 부른다. 사실상 그들이 여호와의 재산이기 때문이다. 그리고 가난한 자들을 가리켜 여호와의 백성이라 부른다. 이 "백성"이라는 단어가 점점 종교적인 색채를 띠게 된다는 것을 여기서 이미 감지할 수 있는 것이다 (10:2; 11:4; 14:30-32).

선지자들이 역사적으로 바라본 이스라엘의 죄

결론적으로, 우리는 이스라엘의 죄에 관한 선지자들의 진술들을 역사적인 관점에서 살펴볼 필요가 있다. 선지자 이전 시대의 이스라엘의 종교의 상태와 발전 과정에 그것들이 과연 어떤 빛을 비추어주는가? 선지자들은 과연 이 죄들과 오류들을, 순결한 선지자들의 종교가 일어나기 이전 시대로서는 지극히 자연스럽고 불가피했던 하나의 저급한 상태의 발전 단계로 보았는가? 비평학자들은 그렇게 보았다고 본다.

그러나 구약의 역사적 기록들은 모든 면에서 거의 매 페이지마다 이런 견해와 충돌하고 있다는 것을 인정해야 할 것이다. 그 기록들은 다음과 같은 점들을 증언해 준다:

(1) 계시에 있어서 이스라엘의 종교의 시작이 상대적으로 완전하고도 순결하였다.

(2) 이런 상태로부터 거의 즉각적으로 타락하였다.

(3) 선지자들이 민족의 상태를 개선시키고자 노력하였다.

비평적 가설을 주장하는 자들의 주장은, 이 역사적 기록들의 저자들 혹은 편집자들이 비역사적 견해들의 영향을 받아 그 전거들을 완전히 조작했기 때문에 이 기록들은 더 이상 실제로 일어난 사건들의 과정을 반영하지 않고, 오히려 후 시대의 정통적 율법적 관점에 근거하여 실제와는 전혀 다른 상상에 근거한 사건들의 과정을 반영하고 있다는 것이다.

우리가 관심 갖는 것은, 선지자들이 그 이전 시대의 이스라엘의 역사에 대해 비평적인 견해들과 일치하는 보도를 해 주는가, 아니면 구약의 역사적 기록들의 증언들과 일치하느냐 하는 것이다.

이 문제는 아주 선명하게 다루어야 한다. 문제는 대중의 종교가 실제로 선지자들이 제시한 것보다 저급한 형태의 신앙과 실천이었느냐 아니냐 하는 것이 아니다. 실제로 그랬다는 것에 대해서는 부인의 여지가 없다. 대다수의 백성들은 종교적으로 매우 저급한 수준에서 살고 있었던 것이다. 우리로서는 이 문제보다 한 걸음 더 나아가야 한다. 그런 저급한 상태는 선지자들이 일어난 어느 특정한 시기나 계기에만 한정된 것이 아니었다. 선지자들의 시기 이전 오랜 동안에 걸쳐서 그런 상태가 지속되었던 것이다. 그들의 실질적인 종교가 비평학자들이 부여하는 여러 특질들을 지녔을 수도 있다. 심지어 우리는 벨하우젠과의 비평적인 논쟁을 통해서 비로소 처음 우리가 이 점에 대해서 온전하게 바라보게 되었다고까지도 말할 수 있을 것이다. 이제 우리는 구약 역사 전체를 통틀어서 계시로 말미암아 전해진 초자연적인 요소가

백성들의 이교도적 경향들과 싸움을 할 수밖에 없었다는 것을 더 잘 이해하
게 되었다. 그리고 거짓 행위가 있으면 결국 믿음과 관념에 반응하기 마련이
므로, 이교도적인 희생 제사 의식에 반드시 이교도적인 신조가 함께 따라붙
었던 것이 틀림없다. 여기까지는 우리나 비평학자들이나 선지자들의 기록에
서 묘사하는 정황들에 대해 크게 의견이 다를 필요가 없을 것이다.

　그러나 다음과 같은 문제에 대해서는 그들과 우리 사이에 견해 차이가 있
다. 즉, 고대로 거슬러 올라갈 때에 이러한 대중들의 종교와는 별개로, 선지
자들이 호소할 수 있었고 또한 일반 대중들의 배도(背道)를 책망할 때에 근거
로 삼을 수 있었던 더 나은 역사적 전통이 과연 존재했는가 존재하지 않았는
가 하는 문제가 바로 그것이다. 선지자들이 당시의 타락한 행위들과 믿음을
반대하여 다른 종류의 종교를 제시하였는데, 그것이 과연 그 다른 종류의 종
교가 더 낮고 또한 자기들의 것이었기 때문이었는가, 아니면 그 다른 종류의
종교가 이스라엘에서 유일한 합법적인 종교였기 때문이었는가? 그들이 선언
한 심판들과 그들이 세운 이상들에서 직관적인 진리들(intuitive verities)로
제시한 것들이 과연 그들 자신의 확신들에 근거한 것이었는가, 아니면 과거
부터 고정되어 있던 어떤 표준에 근거한 것이었는가? 하는 것이다.

　그러나 이것조차도 쟁점을 분명히 하는 데에는 턱없이 부족하다. 어떤 의
미에서 심지어 우리의 반대자들도 선지자들 당시의 대중 종교가 그 이전의
더 나은 상태로부터 쇠퇴하여 있는 상태였음을 인정하기 때문이다. 그들은
가나안에 들어와 생활하기 이전의 유목민 시절 히브리인들은 그 이후보다도
훨씬 더 단순한 형태의 종교를 가졌다고 믿고 있다. 가나안 족속들의 많은
관습들을 취함으로써 부패하였고, 그들에게 타락의 과정이 있었기 때문이라
는 것이다. 단순하고 엄격한 광야의 종교가 가나안 땅의 거주민들의 관능적
이고 사치스러운 종교로 대체되었다는 것이다. 그러나 선지자들이 설교한
것은, 비평학자들에 따르면, 이 고대의 유목민의 종교와 동일한 것이 아니었
다고 한다. 윤리적인 것(the ethical)이 윤리 이하의 것(the sub-ethical)과 다
르고 영적인 것이 자연적인 것과 다르듯이 그들의 설교도 유목민의 종교와
는 달랐다고 하며, 따라서 대중 종교가 어떤 의미에서 타락한 종교이기도 했
으나 선지자들의 종교와 비교할 때에 그것은 동일한 진화 과정에 속한 저급

한 단계였다고 한다. 선지자들 이전에는 그들의 견해들과 같은 것이 절대로 없었다는 것이다. 결국 쟁점은 다음과 같은 것일 수밖에 없다: 선지자들이 백성들이 상대적으로 더 나은 믿음에서 타락했다고 가르치는가, 아니면 백성들이 여호와께서 과거에 그들에게 부여하신 — 또한 선지자들 자신의 가르침들과 본질상 동일한 — 그런 절대적인 규범에서 타락했다고 주장하는가?

이 질문에 대해 답변을 시도하면서, 우선 우리는 선지자들이 그 백성들에게 출애굽 시대에 그 백성들에게 계시되었던 정당한 종교로부터 배도하였음을 책망하고 있음을 보게 된다. 아모스 2:10; 3:1; 5:25; 9:7 등이 이를 증언해 준다. 또한 이미 살펴본 바와 같이, 같은 시기에 호세아가 혼인의 연합에 대해서와 그로 인하여 생긴 혼인 법에 대해 가르치는 내용에서도 이 점이 암시되고 있다. 이스라엘의 죄는, 10지파가 분리해 나간 시대나 사울의 시대("기브아 시대", 10:9)만이 아니라 그들이 가나안에 들어가기 이전 시대에까지 거슬러 올라가는 것이다(9:10). 이사야는 종교적 상태가 이상적인 상태에 더 가까웠던 과거의 더 나은 시대를 무수하게 언급한다. 이는 대략 다윗의 시대를 지칭하는 것이지만(1:21, 26), 그보다 더 거슬러 올라가 출애굽과 광야 여정의 시기에까지 이르는 것이다(4:5; 10:24, 26; 11:16). 이스라엘의 시조가 이미 범죄하였고 이스라엘의 교사들이 여호와를 향하여 범죄하였다고 말씀한다(43:27). 하나님께서는 이스라엘이 배신하며 모태에서부터 배역한 자라 불리게 된다는 것을 시초부터 이미 알고 계셨다(48:1-8, 특히 8절). 애굽으로부터 구원받자마자 그들이 반역하여 하나님의 성령을 근심케 하였으므로 하나님께서 돌이켜 그들의 대적이 되사 친히 그들을 치셨다는 것이다(63:10). 미가 역시 출애굽 당시의 여호와의 구원 역사들에 호소하며, 또한 이스라엘에게 다시금 순종할 것을 촉구한다. 여호와께서 모세와 아론과 미리암을 그들에 앞에 보내셔서 무엇이 선한 것인지를 그들에게 알게 하셨다는 것이다(6:3-8).

선지자는 백성의 종교적 상태를 그저 타락하고 통탄할 만한 것으로 보았을뿐 아니라, 죄악된 상태로 보았다. 이 점을 구체적으로 지적할 필요는 없을 것이다. 백성에 대해 심판을 선포한다는 사실은 다른 어떠한 가정으로도 설명할 수가 없기 때문이다. 선지자들의 강론들 전체에 강하게 배어 있는 도덕적인 분노의 색채는 오로지 사악한 범죄가 개입되어 있다는 것을 아는 것에서밖에는 나올 수 없는 것이었다.

선지자들은 이스라엘이 이탈한 이 옛 이상을 그들 자신의 가르침과 동일한 것으로 취급한다. 그들은 어디에서도 여호와께서 과거 한때 요구하셨던 것과 지금 그가 요구하시는 것을 구별하는 법이 없다. 선지자들은 그 어느 누구도 자신의 가르침을 어떤 혁신(innovation)의 빛 속에서 자기에게 나타난 것이라는 기미를 보이지 않는다. 물론 그들의 가르침이 기존의 상태에서 진보한 것이라는 점은 인식하고 있었으나, 그들이 고수했던 원리에 어떤 진보가 있다고 시사한 적은 절대로 없다. 그들은 이처럼 언제나 변함없는 원리들로 이스라엘의 행실을 판단했던 것이다. 그러나 그것만이 아니라, 그들은 노골적으로 또한 적극적으로 그들 자신의 메시지와 과거의 메시지를 동일한 것으로 제시하였다. 호세아는, 옛적에 여호와께서 선지자들을 통하여 이스라엘을 치셨고, 그의 입의 말씀으로 그들을 죽이셨는데, 이는 그가 제사가 아니라 인애를 원하셨고, 번제가 아니라 하나님을 아는 지식을 원하셨기 때문이라고 말씀한다(6:5. 6). 여호와께서는 한 선지자로 이스라엘을 애굽에서 인도하여 내셨고, 한 선지자로 이스라엘을 보호하셨다고 한다(12:13). 이스라엘은 그들이 어렸을 때에 여호와께서 그들에게 나아오시는 것에 응대하였다고 말씀하는 것이다(2:15).

아모스의 경우도 마찬가지다. 여호와께서는 땅의 모든 족속 가운데 오직 이스라엘만을 아셨는데, 이는 그들 중에서 의가 배양되도록 하기 위함이었다고 한다(3:2). 이스라엘은 본래 다림줄을 사용하여 지어진 담이었다. 그런데 여호와께서 후에 그것이 그렇지 않다고 하시니, 이는 오로지 이스라엘이 옛적의 올바른 상태에서 이탈했기 때문인 것이다(7:7). 아모스는 심지어 당시의 선지자적 가르침에 대해 백성들이 무반응과 완고함으로 대하는 것을 보고 그것이 이스라엘의 과거 세대에 특징적으로 나타났던 것과 동일하다고 선언하기까지 한다(2:9-12). 그 이전의 선지자들도 아모스와 동일한 기조에서 설교했었다고 한다. 그런데 이스라엘이 그들을 거부했기 때문에, 이제 그가 보내심을 받아 심판을 선언하는 것이다. 과거에 이스라엘은 선지자들에게 "예언하지 말라"고 했던 것이다. 아모스는 메시지의 본질에 있어서 그 과거의 선지자들과의 연속성을 강하게 느끼고 있었다. 이 과거의 선지자들도 백성들에게 유쾌하지 않은 진리들을 선포했을 것이 틀림없었다. 그렇지 않았다면 그들이 똑같이 불유쾌한 반응을 보이지는 않았을 것이다. 그렇다면 그들이 아모스와 동일한 식으로 여호와의 의로우신 본성을 강조했을 것이고 또한 심판을 예언했을 것이 틀림없는 것이다.

그러므로 우리는 여호와의 윤리적 요구들에 대한 지식이 아모스의 시대보다 훨씬 이전부터 있었음을 생각지 않을 수 없다. 이와 비슷한 방식으로 이사야도 여호와께서 좋은 열매, 즉 의의 열매를 거두게 하시려는 목적으로 그의 포도원에게 행하신 모든 일들을 말씀하고 있다(5:7).

백성들에 대하여 선지자들이 가졌던 태도를 볼 때에, 자기들이 의식적으로 이스라엘의 전통적인 신앙에 무언가 혁신을 하고 있다는 사고를 갖고 있었다고는 볼 수 없다. 그들은 담대하게 대중의 양심에 호소하였고, 그러면서도 동시에 대중의 종교를 공격하였다. 아모스는 인기 없는 선지자들이 일어난 사실을 포함하여 출애굽과 관련하여 일어났던 일을 묘사하면서 "이스라엘 자손들아, 과연 그렇지 아니하냐?"라고 묻는다(2:11). 이것은 단순히 그 백성들에게 그 일들의 역사적인 사실성을 인정하라고 촉구하는 것 이상의 의미가 있다. 곧, 그들이 좋아해온 것들을 지금 (여호와께서) 경멸하고 있다는 것을 깨달으라는 촉구인 것이다. 이런 식으로 질문의 방법으로 백성과 논쟁하는 것인 아모스에게서 나타나는 특징이다(5:25; 6:2; 9:7). 9:7에서는 백성들이 여호와께서 이스라엘 이외의 다른 민족들의 역사도 주관하시는 것을 믿고 있다는 것을 당연한 것으로 제시하고 있다.

그러나 선지자들이 일반 대중의 양심이 최소한 이론적으로는 그들의 입장에 동의해 줄 것으로 기대한 것은 물론, 어느 정도는 이러한 동의가 실제로 나타났었던 것이 틀림없다. 다시 말해서, 백성들의 편에서 자기들이 역사적으로 잘못된 방향에 있음을 느끼고 있었던 것이 틀림없다는 말이다. 만일 선지자들이 새로운 어떤 교리를 가르쳤더라면, 백성들 편에서 자기들의 입장을 두둔하는 태도가 반드시 나타났을 것인데, 백성들이 그런 식의 태도를 취한 흔적이 전혀 나타나지 않는 것이다. 선지자들과 백성들 간의 갈등의 흔

적이 몇 구절들에서 나타나지만, 백성들 쪽에서 선지자들을 새로운 혁신을
도모하는 자들이라거나 이스라엘의 전통적인 신앙을 깨뜨리는 자들이라고
비난했던 흔적은 이 가운데 어느 곳에서도 나타나지 않는 것이다(암 7:11-
17; 호 9:8, 9; 사 28:1-13; 30:10, 11; 미 2:6-11). 아모스가 만일 회의적이며
반박을 늘어놓는 청중들 앞에서 말씀을 선포했다면, 앞에서 잠시 살펴본 대
로 질문의 화법을 취하는 일이 과연 어떻게 가능했겠는가?

오늘날 글들이 남아 있는 그 선지자들은 역사가들이 아니었다거나, 그들
의 목표는 자기들과 갈등하는 세력들과 그들의 경향 등을 포함하여 그 시대
를 성실하게 묘사하는 것이 아니었고 오히려 자기들 쪽의 입장을 제시하는
것이었으며 따라서 백성들의 입장을 대질 심문하지 않고서 그들의 증언을
그대로 받아들이는 것은 결국 백성들을 공정하게 대하는 것이 아니라는 식
으로 말할 수도 있을 것이다. 그러나 이런 말들이 위에서 제시한 논지를 무
효로 만들 수는 없다. 왜냐하면 선지자들이 고의적으로 이런 논쟁의 역사적
인 면의 흔적을 모두 제거하고 삭제해버린 것이 아니라면, 그들의 기록 속에
그런 흔적들이 반드시 나타날 것으로 기대할 수밖에 없기 때문이다.

4. 심판과 회복: 선지자들의 종말론

벨하우젠 비평학파의 견해

벨하우젠 비평학파에 따르면, 종말론은 구체적으로 선지자들이 만들어냈
다는 점에서 구약의 윤리적 유일신론과 다음과 같은 점에서 흡사하다고 한
다. 곧, 선지자들의 시대 이전에는 윤리적 유일신론이 없었던 것처럼 종말론
도 없었다는 것이다. 그리고 윤리적 유일신론의 기원을 설명하기 위해서 역
사적 심리적 요인들을 근거로 하나의 가설을 세운 것처럼, 이스라엘 가운데
종말론이 등장하게 된 경위에 대해서도 비슷한 원인들을 근거로 하나의 가
설을 세워서 그것으로 설명하려 하는 것이다. 그러나 비평학자들은, 윤리적
유일신론을 세우는 일에서는 종말론적 체계를 세우는 일에서보다도 선지자
들이 더 철저하게 윤리적이며 영적이었다는 점에서 두 경우가 서로 다르다

고 한다. 윤리적인 가르침의 골자는 영구한 타당성과 영원한 의의를 갖는 반면에, 종말론의 틀은 그 속에 사라질 수 있는 것을 많이 지니고 있다고 한다. 선지자들의 사고에서 볼 때, 그것은 주로 환상적인 기대의 문제였다. 그러나 결국 그것은 상당히 가능성이 있는 것으로 입증되었고, 성경적 종교와 결부되게 된 사실상 초자연적이며 신학적이며 형이상학적인 세계관의 근원이 되었다고 한다. 그러므로 기독교의 내용 가운데 윤리적 이상주의와 감상적인 영성을 넘어서는 모든 것들은, 현재의 삶과 사물의 진화적 발전을 초월하는 모든 것들은, 창조에서 명확하게 시작하며 장차 결정적으로 일들이 매듭지어질 것을 바라보는 모든 요소들은, 그리고 마지막으로 예수에 대한 메시야적 해석을 고수하며 또한 역사적 기독교를 하나의 현실적이며 구체적이고 사실적인 종교로 만들며 기독교 자체를 세계의 발전의 중심에 놓는 이 모든 요소들은, 모두가 궁극적으로 이 하나의 근원에서 나온 것들이라고 한다. 그러므로 선지자들이 선포했던 종말론은 비평학파에게는 해명을 요하는 문제일 뿐 아니라 비판의 대상이기도 한 것이다.

이렇듯 윤리적 유일신론과 종말론은 서로 모순이 되는 것들이므로, 비평주의자들의 관점에서는, 최소한 초기 선지자들과 윤리적인 종교의 위대한 영웅들에게 있어서만큼은, 전자를 극대화시키고 후자를 극소화시키는 것이 자연스러운 경향이었다. 본문을 갈라놓는 방법을 사용하여, 특히 이사야와 미가의 글들에서, 그리고 다소 미약하지만 아모스와 호세아의 글들에서도, 종말론적인 내용이 담긴 자료들을 삭제해 버리는 것이다. 비평학파의 견해로는 이 책들은 그 저자로 되어 있는 그들의 저작이 아니라 후대에 본래의 순전한 자료의 핵심적인 내용을 중심으로 구성해 놓은 것들이라고 한다. 그리고 그것들이 편집의 오랜 과정을 거치면서, 거기에 종말론적인 충동을 드러낸다고 여겨지는 많은 내용들을 모아서 함께 붙여놓았다고 한다. 본래의 예언들에도 이런 유의 자료가 조금은 섞여 있었을 수도 있으나, 현재의 형태에서 나타나는 것처럼 그런 자료가 그렇게 많아진 것은 한참 후대의 일이라는 것이다.

비평학자들은 이 원리를 특히 탄핵이 나타나는 비관적인 자료 여기저기에 흩어져 있는 약속의 성격을 띤 부분들에다 적용시킨다. 이 충만히 드러나는 종말론 속에서 경고와 소망의 두 요소를 구별하여, 경고의 요소가 소망의 요소보다 훨씬 더 선지자들의 본래의 예언의 고유한 성격을 드러내주는 것으로 본다. 그러나 후대에 가서는 경고의 요소도 소망의 요소와 마찬가지로 상당히 강하게 다듬어졌다고 한다. 아모스나 호세아 같은 사람들의 본래의 설교에서는, 경고의 요소가 덜 강하게 나타난다고는 할 수 없으나 최소한 좀더 냉정하고 또한 윤리적 동기에 치중하는 면이 지켜지고 있다는 것이다.

비평학자들은 또한 선지자들의 사고의 기원의 시간적 순서를 논하면서 "화(禍)의 종말론"(woe-eschatology)과 "복락의 종말론"(weal-eschatology)의 두 가지 요소로 구별한다. 그리고서 "화의 종말론"이 언제나 먼저 오며, 심지어 "복락의 종말론"이 그 옆 자리에 들어온 후에도 순서상 그것보다 우선한다고 한다. "화의 종말론"은 당시에 만연되어 있던 도덕적 종교적 상태의 부패성에 대한 선지자들의 윤리적 분노의 자연스러운 산물이었다. 선지자들은 당시의 부패한 종교가 한 차례의 엄청난 재난을 당하여 쓸려가버려야 마땅하다고 보았고, 거기서 조금만 더 나아가면 실제로 그런 재난이 있으리라는 확신을 갖게 되어 있었다고 한다. 그리고 역사적으로 발생하는 일들이 그런 기대와 맞아떨어졌다. 그리고 선지자들은 그 마음에 들어 있는 분노에 가득 찬 충동에 따라서 그 대재난의 강도(强度)와 범위에 대해 제시하는 경향이 있었다고 한다.

그러나, 초기의 선지자들은 언제나 민족적 정치적 영역에서 빌려온 어법을 사용하여 다가올 화(禍)를 묘사하였다고 본다. 그리하여 그들의 종말론은 군사적인 성격을 띠었다고 한다. 어떤 지상적인 세력들이 여호와의 심판을 수행하는 도구가 되며, 민족적인 격변과 전복을 일으키는 것으로 그 일을 수행하리라는 것이었다는 것이다. 그리고 후대에 가서는 동방으로부터 온갖 종류의 신화적인 사고들이 유입됨으로써 이러한 군사적인 묘사에 우주적인 요소들이 뒤섞이게 되었고, 결국 훨씬 더 복잡하고 미묘한 체계들이 생겨나게 되었다고 한다. 그리고 이 일이 이루어지는 정도에 따라서, 종말론에서 소위 묵시론(默示論: apocalyptic)이라 불리는 것으로 변화하는 일이 생겨나게 되었다고 본다. 에스겔에게서 그런 흔적이 나타난다고 한다. 그리고 후에 이 신화적이며 우주적인 요소가 거꾸로 초기의 선지자들의 글들 속에 도입되었고, 그리하여 이제 그 차이를 선명하게 인식할 수 없게 되었다고 한다.

그러나 선지자들이 전적으로 화(禍)만을 선포한 사람들은 아니었다고 한다. 그들도 어쩔 수 없이 애국자들이었고, 그들이 스스로 알고 있던 것보다도 이스라엘의 옛 종교의 전통을 그들 속에 더 많이 지니고 있었다고, 그리하여 화에 대한 그들 자신의 예언들이 그들 속에서 반응을 일으켰고, 그리하여 장차 여호와의 호의와 복락을 회복하게 될 전망을 가짐으로써 그 예언들을 좀 부드럽게 만들기 시작하였다고 한다. 게다가 "화의 종말론"과 뒤섞였던 그 동일한 신화적 요소들이 후에 끼어들게 되었다고 한다. 그러나 초기에 오로지 화(禍)만 자리를 잡고 있었던 시기가 있었다. 가장 초기의 선지자들은 순진무구하게 오로지 재난만을 선포한 선지자들이었고, 심지어 자기들과 거짓 선지자들을 이런 특징으로 구별하였다고 한다. 거짓 선지자들은 장차 기분 좋은 일들이 올 것을 예언했기 때문이라는 것이다.

이것이 선지자들의 종말론의 기원에 대해 벨하우젠 학파가 재구성해 놓은 것이다. 그러나 후에는 이 학파의 이론이 바벨론 고고학이 구약 해석에 미친 영향으로 인하여 비평학계 내에서 독점권을 상실하였다. 궁켈(Gunkel)과 그레스만(Gressman) 등의 견해들이 벨하우젠 학파의 견해를 대치하기 시작한 것이다. 이들은 고대로부터 동방에 하나의 종말론이 존재했으며, 히브리인들의 신앙이 동방으로부터 갖가지 영향을 받았으므로 종말론의 문제에서도 역시 영향을 받을 수밖에 없었다고 주장한다. 히브리인들은 위대한 선지자들이 등장하기 오래 전부터 이런 것들에 대해 알고 있었고, 선지자들 자신도 그것들을 잘 알고서 그것들을 자기들의 메시지 속에 집어넣었다는 것이다. 이 요소들은 애초부터 신화적이고 우주적인 성격을 띠었다고 한다.

벨하우젠의 견해와 이 수정된 견해의 차이는, 수정된 견해가 동방으로부터 그 사상들이 밀려들어온 시기를 훨씬 더 이른 시기로 잡고, 그것도 아주 이른 시기로 잡아서, 선지자들이 그 사상들을 다루기 전부터 이미 그 사상들이 히브리인들에게 매우 동화되어버린 상태였다고 보는 것이다. 처음에 선지자들은 그 사상들을 윤리적으로 종교적으로 사용하였다고 한다. 그러나 후기 단계에서는 그런 종말의 요소가 적응시킬 수 있는 수준을 넘어서게 되었고 그리하여 선지자들이 그 사상들 그 자체를 독자적으로 높이 기리고 연구하게 되었다는 것이다.

비평학자들의 견해가 이렇게 변화되자 초기 선지자들의 종말론적 가르침에 대한 평가와 관련하여 즉시 매우 중요한 변화가 생기게 되었다. 그런 변화는 두 가지 면에서 일어났다. 첫째로, 예언이 약속과 위로를 제시했다는 사실 그 자체를 더 이상 예언의 순수성을 가늠하는 하나의 잣대로 보지 않게 되었다. 아모스가 약속할 수도 있었고 위로를 줄 수도 있었으며, 이사야도 마찬가지였다. 이미 자료가 널려 있었고 이미 일종의 전통성과 독자성을 획득하고 있어서 어디서든지 쉽게 얻을 수 있었다는 것이다. 그리고 그런 예언을 하는 데에 무슨 특별한 동기 같은 것도 필요없었다. 선지자의 전반적인 정신 자세에 그것이 이미 들어 있었기 때문이라는 것이다. 이렇게 해서 윤리를 주장하는 한 쪽으로 치우친 선지자들에게는 맞지 않는 것들로 버려졌던 많은 자료들이 다시 복구되게 되었다. 이런 현상은 선지자들의 글에 나타나는 소위 신화적이며 현실적인 요소도 마찬가지였다. 그런 요소들이 선지자들의 글 속에 도입된 것이 더 이상 후대에 나타난 묵시론의 유행이 계기가 된 것으로 보지 않게 된 것이다.

선지자들의 종말론적 가르침

간단히 문제를 개관했으니, 이제는 호세아와 이사야 두 선지자의 종말에 관한 가르침을 간단히 살펴보기로 하자. 아모스와 미가의 가르침은 이 두 선지자를 다루면서 간략하게 언급하고 지나가도 족할 것이다. 왜냐하면 그들에게서 나타나는 자료가 주로 그 두 선지자들에게서도 나타나기 때문이다. 여기서 우리는 심판론과 회복론이라는 두 가지 주제들을 다루어야 할 것이다. 이 주제들을 종말론으로 특징지우는 것을 정당화하기 위해서는 성경적인 관점에서 종말론의 차이가 구체적으로 무엇인지를 예리하게 보아야만 한다. 이론적으로 보면, 선지자들이 묘사한 위기들을 역사적 부침(浮沈)의 일반적인 과정과 맞아 떨어지는 것으로 — 그 하나하나가 그 앞과 뒤의 사건들과 함께 연결되는 것으로 — 보는 것이 더 합당할지도 모른다. 그러나 그렇게 보면 선지자들의 종말론의 독특성 자체를 놓치고 만다. 그들의 종말론의 독특성은 그들이 묘사한 위기들이 그저 일상적인 격변이 아니라, 선지자들이 이상(vision)으로 제시하는 바 하나의 영구한 질서에로 이어지는 것들이라는 점에 있다. 그리고 선지자들의 이상이 그 질서에 근거하게 되는 것이다. 성경의 다른 모든 종말론의 경우도 마찬가지지만, 최종성(finality)과 완성(consummation)이 선지자들의 종말론의 특별한 차이를 이루는 것이다. 그들이 예언한 심판이 마지막 심판이요, 그들이 예언한 회복도 마지막 회복이라는 것이다.

또 한 가지 주목해야 할 특이점은 실제로 바로 앞에서 말씀한 것의 결과로 나타나는 것이라 하겠다. 선지자들이 심판을 말씀할 때에는 언제나 영광의 상태에 대한 이상이 즉시 그들의 시야에 들어와서, 중간의 시간적 간격이 얼마나 되든 전혀 상관없이 그 둘(즉, 심판과 영광의 상태 — 역자주)을 서로 이어준다. 이사야는 산헤립이 다스리는 앗수르의 패망 사건을 마지막 날에 있을 그 전무후무한 영광의 광경들과 함께 묶어서 제시한다. 이것을 보면 그 영광의 광경들이 앗수르 패망 사건 바로 뒤에 나타날 것 같은 인상을 받게 된다. 말하자면, 그 영광의 이상이 백성들의 눈 앞에 "속히 일어날 것"처럼 보이는 것이다. 이처럼 머나먼 미래의 일을 미리 당겨서 속히 일어날 것처럼 묘사하는 현상은 구약과 신약의 예언 해석에 있어서 가장 힘든 요인들 가운데 하나다. 그러나 여기서는 이 문제를 더 상세히 다룰 수가 없다.

호세아

심판을 묘사하는 방식은 선지자 개개인의 개성과 스타일에 따라 달라진다. 호세아에서는 다른 선지자들보다 심판의 사상이 더 상세하게 제시되는데, 이는 그 속에 그의 개인적인 면이 더 많이 들어 있기 때문이다. 사실 호세아도 다른 선지자들과 마찬가지로 심판이 하나님의 진노로 말미암은 "형벌"임을 선포한다(9:15; 11:8, 9). 그러나 반면에, 그 동일한 심판이 그와 정반대의 목적을 위한 것이기도 하다. 심판이 여호와의 아들인 이스라엘을 징계하기 위하여 사랑으로 부과된 채찍의 역할을 하기도 한다는 것이다. 하나의 형벌로서의 심판에 대해서는, 민족적인 죽음이 민족적인 죄의 삯으로 명시되고 있는 점을 주목할 수 있다(5:2; 7:9; 13:14). 13:14의 경우는 질문의 의미로 번역되어야 옳다: "내가 그들을 무덤의 권세에서 속량하며, 사망에서 구속하라?"(한글 개역 개정판은 "내가 그들을 스올의 권세에서 속량하며 사망에서 구속하리니"로 번역함 — 역자주). 이 질문에 대한 답변은 "아니다"이며, 여호와께서는 친히 사망의 재앙들을 소집하여 그들을 뒤덮게 하심으로써 그런 답변을 제시하시는 것이다: "사망아, 네 재앙이 어디 있느냐? 오 무덤아, 네 멸망이 어디 있느냐? 뉘우침이 네 눈 앞에서 숨겨지리라." (고린도전서 15:55에서 바울이 그야말로 장엄하게 이 질문을 정반대로 승리의 질문으로 바꾸어 놓고 있는 것을 주목하라.)

13:13에서는 심판의 이 두 가지 면, 즉 멸망과 징계의 면이 가장 선명하게 구별되고 있다. 여기서는 새 이스라엘이 아들로 출생하며, 또한 죄악된 옛 이스라엘이 그 어미로서 그 새 아들을 낳다가 죽는 것으로 묘사하는 것이다. 모든 심판의 재난들이 혼인의 관념과 연결되어 있다. 곧, 여호와께서 친히 이스라엘에게서 떠나시는 데에서 비롯된다는 것이다(5:6, 15; 9:12). 그 심판은 여러 방식으로 회심(回心)으로 이어진다. 심판을 겪음으로써, 그 심판의 원인이 여호와의 진노를 촉발시킨 데 있었다는 것을 깨닫게 된다. 죄를 범하는 데 개입했던 도구들을 심판으로 내리치심으로써 죄를 깨닫는 길을 예비하시는 것이다(8:6; 10:2-8, 14, 15; 11:6). 심판을 당함으로써 이스라엘은 전에 음행하던 상대들과 강력하게 결별하게 된다(2:9, 12; 3:3-5). 호세아와 그의 아내 사이에 부부 관계가 없다는 사실을 통해서 이 점이 상징적으로 표현된다. 그러나 호세아는 또한 아내를 도로 찾은 후에도 계속해서 그 아내와 관계하지 않는다(3:3): "나도 네게 그리하리라."

여호와께서도 이와 같이 그 백성의 포로 기간 동안 그들과 친히 분리하여 계셔서, 그들로 하여금 그의 성품에 대해 더 참된 사상을 얻도록 하실 것이다. 그렇게 하지 않으면 그들은 그저 다른 신들에게서 여호와께로 시선을 돌이킨 것뿐이고, 여호와에 대한 그들의 사고가 이방신들에 대한 사고와 다를 바 없을 것이기 때문이다. 그리고 이러한 준비 과정을 거친 다음, 이스라엘은 여호와의 사랑에 대한 유례 없는 새로운 계시가 그들에게 임하여 다시 돌이켜질 것이다(2:14, 15).

이러한 경험들로 인하여 그들의 의식 속에 생긴 결과들이 14장에 묘사되고 있다. 여기서는 이스라엘의 회심을 그리고 있다. 그들의 회심에는 그저

죄(sin)만이 아니라 죄악성(sinfulness)에 대한 깊은 각성이 포함되어 있다. 2
절에서 "모든"을 강조하여 이해해야 한다. 3절에서는 죄의 두 가지 주요 형
태들, 즉 교만과 관능적인 우상 숭배를 명시한다. 또한 외형적인 예배로는 여
호와의 호의를 다시 회복할 수 없다는 확신이 표현된다(2절). 하나님의 값없
이 베푸시는 용서의 사랑이 구원의 유일한 근원이라는 것이다. 이스라엘이
자신을 더 이상 여호와의 아내로나 그의 아들로 부르지 않고, 고아라 부른다
는 사실에서, 깊은 겸손이 이러한 회심의 경험을 가득 채우고 있다는 사실이
충격적으로 나타난다(3절). 또한 3:5과 11:6을 참조하라. 이 구절들에서도 동
일한 마음의 특별한 상태가, 즉 새로이 각성된 신뢰와 두려움이 뉘우침과 함
께 섞여 있는 상태가, 잘 묘사되어 있다.

이사야

이사야에 있어서도 호세아에 못지않게 심판의 광경들이 선지자의 일반적
인 심성과 기질과 어울리게 나타난다. 그는 사물을 생각하고 바라보는 방식
이 하나님 중심(theocentric)이다. 2장에서는 심판의 이상 자체가 하나의 신
적 현현으로 바뀐다. 폭풍과 지진 속에서 신적 현현이 임하는 것이다. 여기
에는 정치적 군사적 특징은 나타나지 않는다. 여호와의 위엄이 드러나는 그
신적 현현 때문에 선지자는 심지어 죄인들에게 뒤덮이는 멸망조차도 보지
못하고 만다. 사실 그가 묘사하고자 계획했던 것이 바로 그 멸망이었는데도
말이다. 이사야에게는(미가도 마찬가지다) 심판의 의도가 주로 정화(淨化:
purification)의 목적을 띤 것으로 묘사된다. 그러나 그 정화는 악한 요소들의
근절을 통해서 얻어진다. 심판은 바로 남은 자들이 정화되는 과정인 것이다
(4:3, 4; 6:11-13; 10:20-23; 17:6, 7; 24:13, 14; 28:5, 6, 23-29).

이 모든 것들을 포괄하는 문구가 바로 "여호와의 날"이다(2:12). 이 문구는
아모스에서도 나타난다. 이 문구는 고대의 선지자 이전 시대에 종말론이 존
재했음을 입증해주는 하나의 증거가 되기도 한다. 그리고 이 문구는 신약의
계시에게는 "주의 날"로서 매우 중요한 의미를 지니게 되었다. 어떤 이들은
이 문구를 이사야가 일반적으로 하나님 중심의 사고를 가졌다는 사실로 설
명한다(2:11). 물론 이사야가 그 관념에 그런 의미를 붙였을 가능성도 있으

나, 그 문구의 본래의 의미는 그런 것이었을 가능성이 거의 없다. 어떤 이들은 군사적인 의미로 설명하기도 했다. 곧, 여호와께서 그날을 자신의 승리의 날로 독점하셨다는 것이다. "미디안의 날"(9:4)을 참조하라. 좀 더 설득력 있는 설명은 아모스 5:20과 연관짓는 것으로, 그것이 어둠과 빛의 대조에 근거한다고 보는 것이다. 어둠과 빛이 그날이 드러나는 두 가지 상이한 양상이 될 것인데, 그 중 어느 하나가 다른 하나의 바로 앞에 나타날 것이라는 것이다. 이 견해에 대해서는, 그렇게 보면 나은 쪽만이 지배적으로 나타나게 되는데 신약이나 구약 모두 강조점이 달리 분포되어 있다는 반론이 제기된다. 아모스에서는 악한 모든 요인들을 제거하는 일이 전면에 나타나 있으나, 이사야에서는 신성을 가장하는 모든 것이 제거되는 것으로 나타난다. 28-38장에서는 심판과 회심 사이의 좀 더 적극적인 관련성을 추적하고 있다. 산헤립 위기를 통해서 악인과 불신자들이 멸망하게 될 것은 물론이고, 그 위기의 경험을 통해서 다른 이들이 이스라엘의 죄가 얼마나 크며 또한 여호와의 은혜가 얼마나 큰지를 배우게 될 것이라는 것이다.

이사야의 후반부에서는 포로 상태가 이스라엘의 죄에 대한 하나의 속죄(구약적인 의미에서의 속죄)로 제시되는데, 이러한 속죄의 사상은 53장의 "여호와의 종"이라는 인물에게서 최고의 표현에 이르게 된다. 포로 상태는 또한 참된 이스라엘을 회개하도록 인도하는 것으로도 묘사되고 있다(59:12-15). 그러므로 이사야에 있어서는 아모스의 경우보다도 "남은 자"의 관념이 더 적극적인 면을 띤다. 아모스의 경우는 남은 자란 "그저 남은 자에 불과한 존재"(nothing more than a remnant)를 의미하나, 이사야의 경우는 "그저 남은 자에 불과하나, 그럼에도 불구하고 여전히 남아 있는 자"(only, but still a remnant)라는 의미가 담겨 있는 것이다. 미가에게서도 7:7-20이 이사야의 후반부의 예언들과 일치한다. 여기서는 이스라엘이 입으로 고백하는 장면이 묘사되는데, 이는 포로기의 경험이 죄에 대한 깊은 각성을 불러일으켰음을 시사하는 것이다.

아모스와 호세아는 심판이 이방 족속들에게 과연 좋은 결과를 가져올지 아니면 나쁜 결과를 가져올지에 대해서는 전혀 다루지 않는다. 그들의 부정적이며 긍정적인 종말론에는 보편주의적인 요소가 나타나지 않는 것이다.

그러나 이사야와 미가는 이스라엘에게 다가오는 위기로 인하여 이방 족속을 포함한 세계 전체가 처절한 방식으로, 또한 유익을 얻는 방식으로, 영향을 받을 것을 언급하고 있다.

또 한 가지 차이는 아모스와 호세아의 심판의 종말론은 단순하나, 이사야와 미가의 종말론은 복합적이라는 점이다. 단순한 종말론은 심판과 회복이라는 두 가지 양상으로 나뉘어지며, 둘 다 한 단위로 취급된다. 그런데 이사야와 미가의 경우는 이러한 단순한 체제가 복잡해진다. 우선 북왕국에 대한 심판과 남왕국에 대한 심판을 서로 구별하고, 이 두 심판이 시기적으로 서로 분리된다는 것을 인식한다. 그러나 또 한 가지를 더 구별함으로써 문제가 더 복잡해진다. 이사야와 미가 모두 앗수르를 통한 하나의 예비적인 심판을 바라보는데, 그들은 이것을 세계적인 강대국의 권력의 최종적인 붕괴와 동일한 것으로 보지 않으며, 따라서 장차 앗수르가 이스라엘에 대해 적대적인 자세로 개입하겠으나 후자의 심판의 경우와 같은 결정적인 완전한 멸망은 아닐 것으로 제시하는 것이다.

우리의 관점에서 보면, 이러한 가까운 장래의 구원은 최종적인 구원과 하나의 모형적 관계에 있다고 말해야 할 것이다. 이사야와 미가는 그 심판을 계속 이어지는 사건들을 통해서 완성되는 하나의 과정으로 바라보기 시작한다. 앗수르가 이스라엘을 심판하기 위해 하나님께서 갈아놓으신 유일한 도구도 아니요, 또한 마지막 최후의 도구도 아닐 것이다. 앗수르 다음에는 바벨론이 오리라는 것을 두 선지자 모두 언급하고 있는 것이다(사 13장, 14장; 미 4:10). 그리고 이처럼 바벨론에 대한 특별한 언급 이외에도, 장차 여러 나라들이 힘을 합쳐서 공격을 준비하게 될 것이고, 또한 가까운 원수(즉, 앗수르 — 역자주)보다도 더 신비롭고도 더 엄청나게 놀라운 방식으로 멸망하게 되리라는 징조가 더 멀리서 모습을 드러내고 있는 것이다(사 17:12; 24-27. 이를 가리켜 흔히 이사야의 묵시[the Apocalypse of Isaiah]라 부른다; 미 4:11-13).

마지막으로, 가장 중요한 차이는 이사야와 미가가 묘사하는 심판의 드라마 속에 메시야의 모습과 활동이 나타나지만(사 9장, 11장; 미 5:2 이하), 호세아와 아모스에게서는 심판을 주관하는 자로서의 메시야가 전혀 언급되지 않는다는 점에 있다. 호세아에서는 메시야가 오로지 미래 상태에 속한 하나의 고정적인 요소로서만 등장할 뿐이다(3:5).

호세아에 나타나는 "후일"

백성들의 미래의 상태의 모습을 개관하는 문제에서 우리는 다시 호세아와 이사야를 분리하여 살펴보고자 한다. 호세아에서는 다음과 같은 점들을 주목해야 한다. 곧, 여호와와 이스라엘 사이의 새로운 연합이 이루어질 것이라는 것이다. (이것이 과거에 이혼한 남편과 아내의 재결합으로 제시되는 것이 아니라는 점을 유의하라. 이것은 전적으로 새로운 혼인인 것이다.) 처음의 정혼(定婚)과 같이, 새로운 정혼이 그보다 앞서 이루어진다. 이 부분에서 이야기의 배경으로부터 예언이 떨어져 나온다. 이런 현상은, 과거가 완전히 사라졌으므로 다시는 미래에 있을 종말의 연합의 복락에 그 어두운 그림자를 드리우지 않을 것임을 시사하기 위해서 의도적으로 일어나는 것이다. 그렇기 때문에 선지자는 3장에서의 자기 자신의 혼인의 경험을 다시는 언급하지 않는다. 선지자 자신이 그 장면에서 모습을 감추는데, 이는 과거에 깨어졌던 혼인의 지울 수 없는 얼룩이 그 자신에게 남아 있기 때문이다. 그런 얼룩이 여호와와 이스라엘 사이의 최종적인 관계에 끼어들어서는 안 되겠기 때문이었던 것이다. 그 새로운 연합은 절대로 깨어질 수 없는 연합일 것이다. 이것은 다름이 아니라 바로 종말에 있을 일을 혼인이라는 비유적인 그림을 통해서 표현하는 것이다.

그 새로운 연합의 인격적이며 영적인 면이 2:18-20에 묘사되고 있다. 그리고 21-23절에서는 그 연합의 본질이 초자연적인 색채로 나타나고 있다. 그리고 14장에서는 이 두 가지가 뒤섞여 나타난다. 이스라엘 사람들이 개별적으로 여호와의 아들들이 될 것이라고 한다(1:10). 이 약속을 베드로와 바울이 이방인들을 부르시는 일에 적용시키는데(벧전 2:10; 롬 9:25, 26), 이는 호세아가 그 일을 생각하고 있었기 때문이 아니라, 그 밑받침이 되는 원리가 동일했기 때문이요, 또한 이방인들이 유기적으로 이스라엘의 언약 속으로 들어왔기 때문이다.

이스라엘의 회복에 이어 후손이 굉장히 증가할 것이라고 한다(1:10). 1:4에서 불길한 의미를 갖고 있었던 "이스르엘"이라는 이름이 좋은 의미를 얻게 될 것이다(1:11). 여호와께서 몇 명 안 되는 이스라엘의 남은 자들을 심으사 크나큰 무리를 이루게 하실 것이기 때문이다. 이스라엘과 유다가 다시 연합할 것이다. 그리하여 그들 사이의 죄악된 분열이 치료될 것이다. 그리고 그 연합된 백성이 그들 위에 다윗의 집의 한 우두머리를 세울 것이다. 이것 역시 과거에 그들의 죄악된 모습과는 상반된 것이다. 그렇기 때문에 그들 스스로 그렇게 할 것이라는 점이 묘사되는 것이다. 그들이 여러 우두머리를 택했었던 것처럼, 이제는 그들이 한 우두머리를 세우게 될 것이다(1:11; 3:5). 이스라엘의 통치가 승승장구하여 인근의 백성들에게로 확대될 것이다(1:11).

이 다가올 미래를 포괄적으로 지칭하는 명칭으로 호세아는 **아헤리트 하야 밈**, 즉 "후일"(the latter days)이라는 문구를 사용한다(3:5. 한글 개역 개정판은 "마지막 날"로 번역함 — 역자주). 여기서는 이 문구가 미래의 복락의 상태보다는 오히려 그 상태에 이르기 전에 있을 최종적인 위기를 지칭하는 것 같다.

이사야에 나타나는 미래의 "영광"

이사야는 심판 이후의 시기를 여호와의 영광이 최고로 나타나는 시기로 묘사한다. 아모스와 호세아, 그리고 심지어 미가까지도 그 영광이 땅에 머무는 것으로 나타나는데, 이사야는 그 영광이 성소와 예루살렘 성을 중심으로 삼는 것으로 바라본다. 이사야의 언어에는 제사장적인 위엄이 있는데, 궁극적으로 이는 그의 메시지에 하나님의 영광에 대한 내용이 주도적으로 나타난다는 사실로 설명하여야 할 것이다. 그 미래는 백성들이 아무런 간섭이 없이 여호와를 섬기는 일에 헌신할 수 있는 상태가 될 것이다. 시온 산과 이스라엘의 집회들 위에 광야 여정 시에 이스라엘을 보호했던 구름과 불이 온 시온산과 이스라엘의 집회들 위에 임하여 그 모든 영광을 위한 덮개가 될 것이라는 것이다(4:5). 동시에 선지자는 농경 생활의 이상적인 목가적인 복락의 모습을 그의 묘사에 도입시킨다. 그러나 이것은 그런 방식의 삶이 사치스럽고 인위적인 세련미 있는 삶과 대조적으로 하나님을 향하여 겸손하고도 소박한 적절한 자세를 유지할 수 있도록 더 큰 기회가 된다는 점과 분명하게 관련되고 있다. 선지자는 사치스럽고 세련된 인위적인 삶이 여호와를 잊어 버리는 뿌리가 되는 것으로 해석하기를 배웠었던 것이다. 이 완전한 시기가 되면 이스라엘은 여호와께서 베푸시는 그 땅의 소산들을 자랑스러워할 것이다(4:2; 참조. 30:23-26; 32:16-20). "여호와의 싹"이라는 문구는 후에 예레미야와 스가랴에서는 메시야적인 의미를 갖게 되는데, 이사야 4:2에서도 그런 의미로 해석할 수도 있으나, 어떤 이들은 그저 그 땅의 소산이라는 의미 외에 별다른 의미가 없다고 보기도 한다.

이러한 사상이 가장 장엄하게 나타나는 것은 바로 미래의 상태를 창조의 날의 그 낙원이 회복되는 것으로 묘사하는 것에서 볼 수 있다(11:6-9. 이는 메시야를 묘사하는 문맥임; 65:17-25). 여기서는 모든 존재의 상태 전체가 초자연적인 상태로 변화할 것이 암시되고 있다. 원초적인 황금의 상태에로 돌아간다는 사상은 이교도들의 종말론에서도 옛부터 있었던 요소인 것 같다. 그러나 이교도들의 종말론에서는 최고의 상태에서부터 최저의 상태에까지 계속해서 순환되는 것이 나타나지만, 성경에서는 모든 일이 마지막의 완성 속에서 영원한 상태로 있게 된다는 차이가 있다. 회복된 가나안으로부터 회복된 낙원에로 옮아가는 일은 어렵지 않다. 왜냐하면 애초부터 가나안은 젖과 꿀이 흐르는 땅으로서 낙원의 땅으로 간주되어왔기 때문이다(암 9:13; 호 2:21-22; 14:5-7). 그리고 이사야의 예언은 이보다 더 높이 올라가, 여호와께서 창조하시는 "새 하늘과 새 땅"을 논한다(65:17; 66:22).

인격적인 메시야에 대한 언급이 9:1-7에 나타나며, 어쩌면 32, 33장에서도 나타난다 하겠다. 이것은 미가 5장에서도 나타나며, 또한 호세아 3:5에 대한 한 해석에 따르면 다윗이 메시야의 개인적인 이름일 수도 있을 것이다. 이사야에서는 메시야 개념이 성례적인 관점에서 소개되고 있다. 곧, 그를 여호와께서 그의 백성에게 은혜로이 임재하신다는 하나의 보증이요 또한 그 통로로 소개하는 것이다. "임마누엘"이라는 이름이 이 근본적인 개념을 충격적으로 표현해 준다. 그리고 나중에 53장에 가서는 "여호와의 종"이라는 이름 아래, 대리적 속죄의 원리에 따라서 그가 이스라엘의 죄를 속하시는 희생 제물이 되신다. 그러나 그 본래의 사상은 그 범위가 더 넓다. 9장에서 메시야는 이상적인 왕으로 나타난다. 선지자는 여기서 디글랏빌레셀이 북왕국 이스라

엘의 일부를 포로로 끌어가는 어둔 장면으로부터 메시야의 영광을 특징이
되는 빛의 장면에게로 이상을 옮겨가는 것 같다. 동북부의 지파들의 영토에
캄캄한 어둠이 드리워져 있으나, 빛이 일어나는 것이 그들에게 보이더니 마
지막에 온 백성 전체에게로 비치는 것이다. 그리고 메시야가 이 빛의 이상에
서 중심적인 인물이다. 그의 나타나심이 그 앞에 일어나는 모든 일들을 설명
해 준다. (4, 5, 6절의 "이는", 혹은 "왜냐하면"이라는 단어가 반복되어 그
바로 앞의 내용들을 해명해 주며, 마지막 요인으로 메시야를 소개하는데 그
이상은 아무런 설명도 필요치 않은 것이다.)

　더 나아가서, 메시야가 하나님의 선물이라는 사실을 강조하고 있다. "한
아들을 우리에게 주신 바 되었는데"라고 말씀하는 것이다(6절). 그는 그의
신성을 드러내실 정도의 깊은 의미로 여호와와 동일시되고 있다. 거기에 열
거되어 있는 속성들을 소유하지 않은 자는 누구도 그에게 부과된 그 성례적
기능을 수행할 수가 없는 것이다. 그에게 주어지는 이름은 "모사의 기묘"
(Wonder of a Counsellor), "영웅의 하나님"(God-of-a-Hero), "영원의 아
버지"(Father for Eternity), "평강의 왕"(Prince of Peace) 등 네 가지다(한글
개역 개정판은 이를 "기묘자", "모사", "전능하신 하나님", "영존하시는 아
버지", "평강의 왕" 등 다섯 가지 이름으로 번역함 — 역자주). 앞의 두 이름
은 메시야 자신이 어떤 분이신가를 묘사하며, 뒤의 두 이름은 그의 백성과의
관계에서 그가 어떤 분이신가를 묘사하는 것이다. 앞의 두 이름 중 첫 번째
이름은 일을 도모하시는 그의 지혜를 묘사하는 것이요, 두 번째 이름은 그
일을 시행하시는 그의 능력을 묘사하는 것이다. 이 속성들 가운데 몇 가지가
10:21과 40:28에서 여호와 자신의 속성들로 반복된다는 사실을 볼 때에, 메
시야에 대한 선지자의 가르침이 얼마나 높은 수준에서 진행되는지를 알 수
있을 것이다. 반면에 11장에서는 성령을 주심으로써 메시야에게 이런 기능
을 행하실 수 있는 능력을 부여하시는 사실이 강조되고 있다. 여호와의 영이
그에게 "강림"하신다고 한다. 메시야가 누리는 것은 성령의 일시적인 방문
이 아니요 성령의 영구적인 영향력인 것이다(참조. 61:1-3).

　메시야에 대한 이런 두 가지 묘사 중 첫 번째의 것이 요한복음서에서 다시
나타나며, 두 번째의 것이 공관복음서에서 다시 나타난다고 말할 수도 있을

것이다. 여기서 성령은 첫째로 지혜의 영이요, 두 번째로 권능의 영이시다. 여기에 그의 심판 활동을 묘사하는 두 구절들이 첨가된다. 그의 심판 활동은 모든 일의 실질적인 상태를 아는 지식에서, 또한 여호와를 경외하는 데에서 일어난다. 다시 말해서, 종교적인 원리의 통제 아래에서 일어난다는 것이다. 그리고 가난하고 온유한 자들을 위한 그의 구원의 역사가 강조되고 있다. 그리고 이와 더불어, 악인의 멸망도 언급되고 있다. 악인의 멸망은 초자연적인 방식으로 일어날 것이라고 한다: "그의 입의 막대기로"와 "그의 입술의 기운으로"(11:4; 참조. 시 2:9; 살후 2:8).

신약 성경

제 1 장

신약 계시의 구조

신약 계시의 구조를 성경 자체 내에서 결정할 수 있는 길은 세 가지다. 여기서 "성경 자체 내에서"라는 문구를 덧붙이는 것이 필수적이다. 왜냐하면 신적인 과정과 그 산물에 대해 감히 성경 이외의 어떤 전거에 근거한 체제를 강요할 수는 없기 때문이다. 구속과 계시가 하나의 유기체를 이루고 있다면, 다른 모든 유기체와 마찬가지로 그것도 — 그 내적 발전의 의식에 도달하는 바 특정한 중요 요점들에서 우리가 그것을 관찰해 내는 방식으로든, 아니면 그것으로부터 그 구조의 형식을 간파하는 방식으로든 — 그 자체의 명확한 내용이 드러나도록 되어야 마땅할 것이다.

(1) 구약의 암시들에 근거함

앞에서 언급한 세 가지 방식 가운데 첫 번째는 구약을 관통하는 방식이다. 구약 경륜(dispensation)은 앞으로 뻗어나가며 앞을 바라보는 경륜이다. 성경적 종교의 사실적인 성격 덕분에 그 경륜은 필연적으로 새로운 것들을 향해서 제시되어 있을 수밖에 없다. 예언이 이 점을 가장 잘 드러내 준다. 미래에 대한 예언은 선지자들의 예언의 하나의 부수적인 요소가 아니라 그 본질 자체에 속하기 때문이다. 그러나 좀 더 구체적으로 말하면 종말에 대한 예언과 메시야에 대한 예언이 미래를 지향하며, 그것도 그저 상대적으로 더 높은 단계의 미래를 지향하는 것이 아니라, 현재와 또한 거기에 계속하여 이어지는 발전과 대조를 이루는 하나의 절대적으로 완전하고도 영원한 상태를 지향하는 것이다. 그러므로 이 점에서 포괄적인 의미에서 옛 것과 새 것 사이의 구별이 원리적으로 인지되고 있는 것이다. 구약은 그 예언적 자세를 통해서 신약을 요구하는 것이다. 그리고 여러 구절들에서 "새로운"이란 용어가 절반쯤 의식적인 방식으로 등장하여, 이를테면 현재의 상태와 미래의 상태 사이의 대조적인 면을 표현해 주고 있다(사 65:17; 겔 11:19). "새로운"이란 용어의 이러한 전문적인 용법은 심지어 "성취의 경륜"(즉, 신약 경륜을 지칭함 — 역자주)의 어휘에도 그대로 전수되었다(마 13:52; 막 16:17; 고후 5:17; 계 2:17).

그러나 이러한 형식의 사고를 "새 베리트"(헬라어로는 "새 디아테케")로 구체화하여 표현하는 선지자의 말씀이 하나가 있는데, 그것은 바로 예레미야 31:31-34이다. 여기서 "새 베리트"와 대조를 이루는 "옛 베리트"가 명확히 나타나지는 않으나, 그 개념 자체는 다음의 말씀 속에 분명하게 주어져 있다: "이 베리트는 내가 그들의 조상들의 손을 잡고 애굽 땅에서 인도하여 내던 날에 맺은 것과 같지 아니할 것." 사실상 이 예언에서는 "새 베리트"라는 명칭 외에도 새로운 질서의 두 가지 가장 특징적인 점들이 묘사되고 있다. 그 하나는, 여호와께서 율법을 마음에 기록하심으로써 그 율법에 대한 순종을 창조하시리라는 것이고, 또 하나는, 죄에 대한 완전한 용서가 있을 것이라는 것이다. 그리고 우리의 현재의 목적상 가장 면밀한 관심을 불러일으키는 것은, 그 새로움이 그저 일반적인 방식으로 종교적 상태에만 적용되지 않고, 가장 분명하게 계시와 또한 하나님을 아는 지식의 영역에까지 확대된다는 점이다: "작은 자로부터 큰 자까지 다 나를 알리라."

(2) 예수님의 가르침에 근거함

예레미야 이후 이 문구는 구약 성경에서 다시 나타나지 않는다. 그러다가 후에 예수께서 마지막 만찬 시에 하신 말씀들 중에서 이 문구를 처음 다시 접하게 된다. 그는 자신의 피를 가리켜 "디아테케의 피"라 부르시며(마태와 마가. 참조. 마 26:28; 막 14:24), 잔을 가리켜 "내 피로 세우는 새 디아테케"라 부르신다(누가와 바울. 참조. 눅 22:20; 고전 11:24). 우리 주님은 여기서 그의 피(죽으심)를 제자들이 하나님과 갖는 새로운 종교적 관계의 기반이요 개시(開始: inauguration)로 제시하시는 것이 분명하다. 과거의 관계를 가리켜 "옛 것"으로 지칭하지는 않으나, 출애굽기 24장과 예레미야 31장을 넌지시 암시하는 점을 볼 때에 — 심지어 누가복음(그리고 바울, 고전 11:25)에서 "새"라는 형용사를 사용하고 있는 사실과는 별개로도 — 주께서 무언가 과거에 폐기된 것과 새로이 대치된 것 사이의 대조를 염두에 두고 계시다는 것이 드러나는 것이다. 이것은 **디아테케**를 "유언"(testament)으로 번역하느냐, 아니면 "언약"(covenant)으로 번역하느냐 하는 문제와는 전혀 별개다. 어떻게 번역하든, 종교적 특권과 관련한 두 가지 서로 분명히 구별되는 경륜들 사이의 대조가 나타나는 것이다.

더욱이, 사물들의 그러한 새로운 질서는 다시 변화나 폐기될 것이기는커녕 오히려 최종적인 의의를 지니는 것이라는 점이 분명하게 시사되고 있다. 그것은 종말의 상태에까지 이르러 그 자체가 영원하게 되는 것이다. 이 점은 그가 하나님의 나라에서(누가복음에서는 "하나님의 나라가 임하기까지") 새로이(마태복음은 "너희와 함께"를 덧붙인다) 마시기까지는 포도나무에서 난 것을 마시지 않으시겠다는 예수님의 엄숙한 선언에서 볼 수 있을 것이다. 우리가 "새 언약"이라 부르는 이것은 애초부터 영원한 언약으로 나타나는 것이다. 우리 주님은 전에는 이런 용어를 사용하신 적이 없고 오로지 "나라"에 대해서만 말씀하셨는데, 무엇 때문에 이처럼 나중에 그것을 사용하시게 되었는가 하는 문제는 여기서 다룰 수가 없다.

여기서 유의해야 할 것은 여기서 제시되는 대조는 무엇보다 계시의 대조가 아니라는 점이다. 그 말씀들은 종교적으로 하나님께 나아가는 면에서 새로운 시대가 열렸음을 말씀하는 것이다. 물론 계시의 진전을 따라서 종교의 진전이 이루어진다는 일반적인 법칙이 전제되기는 하지만, 이것은 하나님의 자기 계시와 관련하여 새로운 시대가 열렸다는 말씀이 전혀 아닌 것이다.

(3) 바울과 기타 사도들의 가르침에 근거하여

예수님으로부터 바울에게로 넘어가 보자. 바울은 신약에서 구속의 역사와 계시의 역사가 근본적으로 둘로 나뉜다는 것을 제시하는 위대한 해설자이다. 그리하여 그는 율법과 믿음이 각기 지배하는 두 시대만 말씀하는 것이 아니고, 심지어 그 둘이 전후 관계로 연결되어 있는 형식을 취한다는 것까지도 표현한다: "믿음이 온 후로는"(갈 3:25). 그러므로 그에게서 "새 디아테케"와 "옛 디아테케"를 서로 공식적으로 구별하는 것을 보게 되는 것이 전혀 이상한 일이 아니다(고후 3:6, 14). 단언하건대, 여기서도 우리는 우선 두 가지 종교적 직분 사이의 대조를 보게 된다. 곧, 율법 조문의 직분과 영의 직분이, 또한 정죄의 직분과 의의 직분이 서로 대조되고 있는 것이다. 모세를, 즉 율법을 "읽는 것"이 있고, "말"이 있고, 주의 영광을 "보는 것"이 있다(12, 14, 15, 18절). 14절의 "옛 디아테케를 읽을 때에"(한글 개역 개정판은 "구약을 읽을 때에"로 번역함 — 역자주)라는 문구에 근거하여, 어떤 이들은 심지어 사도가 옛 정경(正經: canon)을 대신하는 두 번째의 새로운 정경의 관념을 염두에 두고 있었다는 식으로까지 추리하기도 했다. 그러나 15절은 "옛 디아테케를 읽을 때에"가 단순히 율법을 읽는 것을 의미하는 것임을 보여준다. 율법이 구약에서는 흔히 베리트, 디아테케라는 명칭으로 불리기 때문이다. 그러므로 15절에서는 "옛 디아테케를 읽을 때에"를 "모세의 글을 읽을 때에"로 대치하고 있는 것이다.

히브리서는 구속의 절차의 구조와 관련하여 가장 명확한 정보를 제시하며, 또한 그것이 구체적으로 계시의 구조에 기초하고 그것에 의해서 결정되는 것으로 제시해 준다. 이에 대해서는 몇 구절들을 인용할 필요조차 없다. 서신서 전체가 그것들로 가득 차 있는 것이다.[1] 히브리서에서 우리는 "새 디아테케"에 대해서 접하게 된다(9:15). "옛 디아테케"라는 용어는 나타나지 않으나, 실질적으로 그와 동일한 의미를 지니는 다른 표현들은 나타난다. 히브리서 기자가, 옛 디아테케로부터 새 디아테케로 전개되는 것이 계시가 펼

---

1) G. Vos, "Hebrews, the Epistle of the Diatheke," *Princeton Theological Review*, XIII, 587-632; XIV, 1-61; *The Teaching of the Epistle to the Hebrews* (1956), 『히브리서의 교훈』 김 성수 역(서울: 도서출판 엠마오, 1984)을 참조하라.

쳐지는 것과 밀접하게 엮어져 있다는 사실을 얼마나 절실하게 보았는가 하는 점은 히브리서의 서두의 말씀들에서 볼 수 있을 것이다: "옛적에 … 말씀하신 하나님이 이 모든 날 마지막에는 아들을 통하여 우리에게 말씀하셨으니 이 아들을 만유의 상속자로 세우 … 셨느니라. 이는 … 죄를 정결하게 하는 일을 하시고 높은 곳에 계신 지극히 크신 이의 우편에 앉으셨느니라" (1:1-3). 부정과거 분사인 "말씀하신"과 한정적 의미를 지닌 동사 "말씀하셨으니"가 옛 디아테케와 새 디아테케를 함께 연결시키며, 전자를 후자를 예비하는 것으로 제시하는 것이다.

새로운 경륜은 최종적임

구약의 진술들과 예수님과 바울의 진술들에서와 마찬가지로, 히브리서 1:1-2에서도 그 새로운 경륜이 최종적인 것으로 나타나는 것을 볼 수 있다. 새 경륜을 도입시키는 계시도 마찬가지로 최종적이다. 나중에 다른 것들이 뒤따라 이어지는 하나의 새로운 계시가 아니라, 그 이후에는 아무것도 기대할 것이 없는 완성된 계시라는 것이다. "아들"로 말씀하시는 것 이후에는 더 높은 말씀이 있을 수 없는 것이다. 바울 역시 하나님께서 하나님의 아들을 보내신 일을 가리켜 "때가 충만하여"(in the pleroma of the time) 일어난 일로 말씀한다(갈 4:4. 한글 개역 개정판은 "때가 차매"로 번역함 — 역자주). 결국 계시가 하나씩 쌓여진다는 식의 사고는 어디에서도 흔적조차 나타나지 않는 것이다. 선지자들이, 예수님이, 사도들이, 신약 계시가 하나의 유기적인 — 또한 그 자체로서 완전한 — 전체를 이루고 있는 것이다. 거기에는 그리스도의 증인들이요 해석자들인 사도들도 포함된다. 그러나 사도들 자신이 별도의 계시를 제공하는 도구들로서 거기에 외부로부터(ab extra) 덧붙여진 것들이라는 의미는 아닌 것이다. 그러므로 사도들에게서, 특히 바울에게서, 예수에게도 "다시 돌아가야" 한다는 식의 생각은 예수님의 의식은 물론 신약 기자들의 의식까지도 완전히 오해하는 데에서 나오는 것이다. 그런 생각은 오로지 숫자들을 더할 줄만 알고, 혹은 증인들을 늘리는 것으로만 만족하는 유기적이지 못하고 산술적인 사고의 틀에서 비롯되는 것이다. 그리스도를 취한다면, 반드시 그의 주위에 조직되어 있는 계시의 움직임의 중심으로서 계시의 과정 전체를 결말짓는 분으로 취하여야 할 것이다. 그 앞에 있었던 것과 그 이후에 온 것을 별개로 취급하면, 예수님이 해석 불가능한 존재가 될 뿐 아니라, 잠시 반짝 나타났다가 사라지신 특성 때문에 혼자서는 초자연주의적 세계관의 그 엄청난 무게를 도저히 감당할 수 없는 존재로 남아있을 수밖에 없게 되는 것이다.

사실상 예수님은 어디에서도 그의 지상에서의 인간적인 활동을 통해서 자신이 진리의 완전한 해명자로 제시하시지 않는다. 그보다 오히려 그 자신이야말로 해명되어야 할 위대한 사실(the great fact)이시라 할 것이다. 그리고 그는 어디에서도 그의 해석자들에게서 자신을 고립시키는 법이 없으셨고, 오히려 그 반대로 그의 절대적인 권위나 그가 베푸시는 지식의 적합성에 관하여 항상 그들에게 자신을 밝히 드러내 보이신 것이다(눅 24:44; 요 16:12-15). 그리고 성령을 약속하시고 보내심으로써, 그렇게 보이신 것을 실재하는 것으로 만드셨다. 성령께서 그리스도의 것들을 취하셔서 그들에게 보이시기 때문이다. 그 외에도, 구속을 향하여 나아가시는 우리 주님의 여정의 경로도 마지막에 가서 중요한 사실들이 쌓이게끔 하는 것이었다. 그런데 예수께서 제자들에게서 떠나가심으로 인하여 이런 사실들의 중요한 의미들을 주님 자신이 해명하실 수 없게 되었던 것이다. 그렇기 때문에 예수님의 가르침이 사도들의 가르침을 무시해도 좋도록 만들기는커녕, 오히려 주님의 가르침은 절대적으로 그들의 가르침을 요구하는 것이다. 만일 (예수님의 가르침의) 사실이 없었다면 사도들의 가르침은 공허한 것이 되어버렸을 것이고, 만일 (사도들의 가르침을 통하여) 빛을 비추어주는 일이 없었다면 그 때문에 예수님의 가르침이, 최소한 일부분이라도, 어둠 속에 가려져 있는 상태가 되어버렸을 것이다.

전반적으로 볼 때에 예수님과 사도들의 관계는, 해석되어야 할 사실과 또한 이 사실에 대한 후속적인 해석의 관계와 같다 할 것이다. 이것은 모든 계시가 주어지는 원리 이외에 아무것도 아니다. 신약 정경(正經: canon)이 이 원리 위에 세워져 있다. 물론 문학적인 관점에서 보면 연대적인 순서에 합당한 것은 아니나, 신약에서 복음서와 사도행전이 앞 자리에 서 있다. 그것들이 앞에 있어야 한다. 왜냐하면 그 속에 신약의 구속의 위대한 사실성

(actuality)이 구체화되어 있기 때문이다. 그러나 여기서 간과하지 말아야 할 것은, 복음서와 사도행전 자체 속에서도 이 동일한 법칙이 미리 형성되어 있는 점을 보게 된다는 사실이다. 예수님의 임무는 그저 사실이나 사실들을 제공하는 일에만 한정된 것이 아니다. 그는 사실들을 이루시고 또한 거기에 그것들을 예비적으로 조명하시는 일을 함께 엮어놓으신다. 그의 역사하심 바로 옆에 그의 가르침이 있는 것이다. 다만 그의 가르침이 서신서에서 제공하는 것보다는 산발적이고 덜 포괄적인 것뿐이다. 예수님의 가르침은 마치 배아(胚芽)와도 같아서 아직 명확하게 전모가 드러나지는 않았으나, 후에 완전히 자라난 나무에서 선명하게 드러날 그런 구조가 이미 그 속에 진정으로 포함되어 있는 것이다.

이러한 사실들은 우리에게 신약 계시에 대해, 또한 신약 계시의 역사적 해명에 대해, 즉 신약 신학에 대해 논할 수 있는 정당한 근거를 제공해 준다. 이 사실들은 또한 구약과 신약의 시간적 범위가 서로 비율이 맞지 않는 것처럼 보이는 현상에 대해서도 해명해 준다. 이처럼 비율이 맞지 않는 것처럼 보이는 현상은, 그 새로운 계시를 지나치게 그 자체로서만 보고 그 이후에 이어지는 장구한 시기의 서론과 기초로서 바라보는 일을 충족히 하지 않는 데에서 비롯되는 것이다. 지나치게 기계적인 방식으로만 바라보다 보니 구약의 수천 년의 기간을 백 년도 채 못되는 예수님과 사도들의 생애와 비교하게 되고, 그리하여 비율이 맞지 않는다는 식으로 생각하게 되는 것이다. 그러나 사실상 신약 계시는 최종적인 계시이므로 그리스도께서 오셔서 개시(開始)하신 질서의 전 범위에로 뻗어가는 것이다. 그렇기 때문에 그 질서가 섬기는 **디아테케**를 가리켜 "영원한 **디아테케**"라 부르는 것이다(히 13:20). 그것은 종말론적 **디아테케**요, 이런 점에서 볼 때에 시간을 비교한다는 것은 전혀 합당치 않은 것이다.

우리가 이런 불균형을 지나치게 예민하게 느끼는 것은, 그리스도를 최종적인 "완성자"(consummator)로 보는 종말론적 시각이 우리에게 없기 때문이다. 그 때문에 우리는 흔히 신약을 정경론적이며 문학적인 의미로 논하면서, 그것이 예수님의 탄생에서 시작하여 신약 정경의 마지막 저자의 사망에서 끝을 맺는 것처럼 이야기하는 경향이 있다. 그러나 그러면서도 우리는 우리 자신들이 베드로나 바울이나 요한과 마찬가지로 신약 속에 살고 있다는 것을 너무도 잘 알고 있는 것이다. 분명하게 말하자면, 구원의 시대(the salvation-era)를 열어놓은 계시의 서곡(the revelation-overture)과 구원의 시대 그 자체를 서로 구별하고, 그 둘 모두에게 신약이라는 이름을 부여할 수 있을 것이다. 그러나 우리의 성경 신학적 탐구에서는 이 중 전자만을 다루는 것이다.

그러므로, 이 분야를 탐구하면서 우리는 직접 그리스도께서 주신 계시와 또한 그리스도께서 사도들을 통해서 간접적으로 주신 계시를 가장 먼저 서로 크게 구별하여야 할 것이다. 이것을 신약 경륜의 서곡(序曲)이라 부른다면, 그 가운데서 또한 서곡 그 자체가 시작되기 전에 연주되는 특정한 전주(前奏)들을 구별해 낼 수 있을 것이다. 그리스도의 공생애 이전에 일어난 모든 것들을 그런 전주들로 볼 수 있을 것이다. 즉, 그리스도의 사역의 계시적 내용을 조감하기에 앞서서, 그리스도의 탄생에 수반되는 목소리들과 세례 요한의 설교와 예수께서 요한에게 세례받으심과 예수님의 시험 등이 먼저 예비적인 주의를 요한다는 것이다. 반면에 우리 주님의 가르침의 전개와 방법의 문제 같은 것들은 전해지는 메시지의 핵심과 본질적으로 뒤엉켜 있으므로, 예비적인 중요성보다는 훨씬 더한 중요성을 띠는 것으로 보인다. 물론, 구약에 대한 가르침과 하나님의 본성에 관한 가르침은 그보다도 한층 더 중요할 것이다. 본서에서는 이런 사실에 근거하여 그 내용들을 묶어서 다루어 나갈 것이다.

과연 후속 계시를 기대할 것인가?

여기서 제시한 원리의 한계 내에서 과연 신약 계시의 체제 속에 또 다른 후속적인 계시가 정당하게 자리를 잡을 수 있는가 하는 질문이 제기될 수도 있을 것이다. 주관적인 것과 객관적인 것 사이의 경계를 흐려놓는 신비주의적인 관점을 취하지 않는 이상, 이 질문에 대한 유일한 올바른 답변은, 오직 초자연적 성격을 띤 새로운 객관적인 사건들이 발생하여 그것들을 이해하도록 하시기 위하여 필요한 새로운 해석을 하나님께서 공급해 주시는 경우에만 새로운 계시가 덧붙여질 수 있다는 것이다. 종말의 일들이 실현될 때에 가서는 그런 일이 실제로 있을 것이다. 그때에 일어나는 일들은, 모세 시대와 그리스도의 초림의 시대에 속한 위대한 시기들과 나란히 놓이기에 합당한 새로운 구속의 시기를 이루게 될 것이다. 그러므로 계시록은 장차 이루어진 마지막 종말의 사건들을 묘사하는 내용들을 예언의 말씀과 그 해석의 말씀과 함께 섞어서 제시하는 것이다.

그러므로 계시의 세 번째 시기가 아직도 실현되지 않은 상태라고 말할 수 있을 것이다. 그러나 엄밀히 말하면, 이 시기는 그 자체가 별도의 그룹을 형성한다기보다도 오히려 두 번째 시기의 완성으로 보아야 할 것이다. 그 시기는 신약 계시의 최종적 구분으로서 거기에 속하게 될 것이다. 그러므로 그 최종적인 계시가 실현되기 전에 수많은 사람들이 자기들만 누리는 특권으로 주장하는 온갖 신비주의적인 계시들은 순전한 성경의 신앙과는 어긋나는 것이다. 이런 형태의 왜곡된 신비주의는 기독교에만 특별히 있는 현상은 아니다. 모든 유형의 종교들 속에서 볼 수 있는 것이다. 그것은 기껏해야 자연 종교에 속한 현상으로서 그 종교의 모든 결점과 과오들에 그대로 종속되는 것이다. 그러므로 성경과 과연 조화를 이루는가 하는 테스트를 해 보아야 한다는 원칙 이외에는 그 내용과 그 고유한 가치를 도저히 확증할 방법이 없다. 그러므로 그 원칙으로 테스트해 보면, 그것이 하나님에 관한 계시의 또 하나의 근원이 아니라는 것이 곧바로 드러나는 것이다.

제 2 장

그리스도의 탄생에 관한 계시

　다시 반복하자면, 위에서 말씀한 법칙은 사건이 앞서 일어나고 그것을 해석하는 계시들이 뒤이어진다는 것이다. 일어난 사건은 다름이 아니라 신학에서 "성육신"(成肉身: incarnation)이라 부르는 것이다. 그럼에도 불구하고 우리가 그저 "탄생"(the nativity)에 대해서 논하기를 선호한다면, 이것은 그 사건에 수반되는 강론들(discourses)이 그것을 제시하는 관점을 인식하기 때문이라 할 것이다. 성육신의 관점을 취하는 일은 후대의 신학에서 처음 나타난 것은 아니고, 이미 그리스도의 탄생 사건에 이어지는 계시 과정 그 자체에서 이미 있었던 것이다. 말하자면 그것은 선재(先在)하시는 메시야가 인간 본성 속으로 들어오시며 역사의 흐름 속으로 초역사적으로 하강하시는 사건을 묘사하는 것이요, 하늘로부터 땅으로, 신적인 영역으로부터 인간적인 영역으로, 내려오시는 수직적인 운동을 묘사하는 것이다. 우리 주님의 가르침에서(심지어 공관복음에도) 이 사실에 대한 언급들과 암시들을 볼 수 있고, 예수님에 대한 요한의 가르침에서는 그것들이 훨씬 더 많고 더 명확하다. 그리고 바울에게서는 그 교리가 명확한 형태로 나타난다. 그리고 요한복음 서언과 요한 서신에서는 그 사건을 고전적인 형식으로 제시하고 있다.

　그러나 이 모든 것들은 신약 계시의 진전에서 후기의 단계를 점한다. 그 사건이 실제로 일어난 현 시점에서는 그 운동이 수평적인 성격을 띠는 것으로 보인다. 신비의 베일 뒤에 감추어져 있는 그 사건의 그 다른 면(즉, 수직적인 성격 — 역자주)을 전혀 제외시키거나 부인하지 않으면서, 그 사건 자체는 예언과 성취의 방식으로 계속해서 보도함으로써 결국 그 일 자체가 역사의 평평한 길을 따라 움직이는 것으로 제시하고 있는 것이다. 여호와께서 조상들에게 메시야의 강림에 대해 약속하셨던 것이 드디어 이제 일어났다는 것이다. 그 예언이 관념 속에 있었는데 이제 그것이 현실의 구체적인 형태를 취하게 되었다는 것이다. 그러나 그렇다고 해서 역사의 과정 속에 일어난 그 일이 그 때문에 순전히 자연적인 사건이었다는 말은 아니다. 역사적인 사건도 얼마든지 초자연적일 수 있으며, 초자연적인 것도 얼마든지 역사 속으로 들어와서 최고의 형태의 역사적 사건이 될 수 있는 것이다. 여기에는 상호간의 배타성 같은 것은 없다. 역사가들이 자기들은 오로지 자연적인 것들만을 논의하도록 되어 있다는 식의 원리를 세운다면, 그것은 그야말로 순전히 편견인 것이다.

그리스도의 탄생의 여러 가지 면들

이 그룹에 속한 자료들은 다음과 같다: 요셉에게 전한 천사의 수태고지(受胎告知)(마 1:20, 21, 23), 사가랴에게 전한 가브리엘의 수태고지(눅 1:11-22), 마리아에게 전한 가브리엘의 수태고지(눅 1:26-38), 엘리사벳의 예언(눅 1:42-45), 마리아의 찬가("마그니피캇"[the Magnificat], 눅 1:46-53), 사가랴의 예언(눅 1:68-79), 천사들이 목자들에게 행한 선언과 천사들의 찬양(눅 2:10-14), 안나의 예언(눅 2:38).

이 자료들에서는 다음과 같은 특질들이 나타난다:

(1) 사용하는 표현 방식이 구약에 면밀하게 맞추어져 있는 점이 나타난다. 이런 특질은 두 계시 사이의 연속성을 드러내 준다. 새로운 젊은 경륜이 선조들의 말씀(speech)으로 시작하는 것이다. 이것은 지극히 적절했다. 그러나 동시에 이것은 그 계시들을 받는 이들로 하여금 ― 이들은 구약을 통해서 경건을 양육받았던 자들이었다 ― 그것을 더욱 쉽게 이해할 수 있도록 만들고자 하는 목적을 이루기도 한다. 그리하여 마리아의 찬가는 시편을 연상케 하고, 또한 그 구약적인 원형이라 할 수 있는 한나의 기도(삼상 2:1-10)를 연상케 하는 내용들로 가득 차 있는 것이다.

(2) 또한 그 새로운 일들을 구약의 구속 역사의 유기적 질서와 일치하게 하고자 하는 의도가 거기에서 감지된다. 거룩한 선지자들이 말씀한 대로 그 탄

생이 하나님의 종 다윗의 가문과 연결되며(눅 1:69, 70), 그 일은 아브라함에게 맹세하신 일의 성취이며(73절), 그 일은 세상의 시초로부터 확대되는 일의 절정인 것이다(70절). 다윗, 아브라함, 창조 등을 언급함으로써 구약의 주도적인 시기들을 포착하고 있다. 이러한 연대기적인 연결성은, 이를테면, 모든 시대를 통틀어서 이루어지는 신적인 역사(役事)가 하나이며, 또한 처음 시초부터 메시야에 이르기까지 이어지는 신적인 목적이 하나임을 말해 주는 것이다.

(3) 이제 개시되는 새로운 과정이 시종일관 구속적인 성격을 띠는 것으로 묘사된다. 무엇보다도, 하나님께서 하시는 객관적인 선언과 또한 그 선언을 받는 자들의 주관적인 인식에다 죄와 무가치함의 상태를 배경으로 제시하고 또한 그런 상태에 합당한 은혜와 구원을 제시하는 것이다. 그리고 이 시점에서 하나님께서 그의 백성을 대하시는 그의 독특한 처사를 그의 주권적인 긍휼의 행위로 인식한다. 이 점은 마리아의 찬가에서 전형적으로 표현된다(눅 1:46, 51-53). 찾아오실 가치가 있기 때문에 하나님께서 찾아오신 것이라는 식의 사고나, 최소한 율법을 성실하게 준수한 행위를 닮은 점이 있었다는 것은 여기서 흔적조차 나타나지 않는다. 과거의 더 나은 이스라엘의 상태와 현재의 배도한 이스라엘 사이의 괴리가 인식되고 있을 뿐이다. 사가랴는 그에게서 날 아들이 이스라엘의 수많은 자손들을 그들의 하나님 여호와께로 돌이킬 것이요 그가 여호와 앞에서 엘리야의 정신과 권능으로 나아가 아버지들의 마음을 자녀들에게로 돌이킬 것이라는 말씀을 듣는다. 모든 복락의 근원을 베리트에서 찾는데, 이는 다시 말해서 그것이 하나님의 값없이 베푸신 약속으로부터 흘러나온다는 것을 의미한다. 하나님께서 조상들(족장들)에게 약속하신 바를 이루신다는 것이다(눅 1:54, 55, 72, 73).

(4) 이에 못지않게 의미심장한 것은 이 자료들에는 정치적인 요소가 전혀 없다는 점이다. 정치적인 요소가 혹시 있었더라도 그 자체는 전혀 거슬리는 것이 아니었을 것이다. 왜냐하면 구약의 신정통치 하에서는 국가적인 관심사들과 종교적인 관심사들이 서로 섞여 있었기 때문이다. 정치적인 요소에 가장 근접하는 잔재로는 누가복음 1:71, 74을 들 수 있으나(메시야를 통하여 원수들에게서 구원하심), 심지어 여기서도 정치적인 특성은 75절에 열거되

는 목적을 그저 보조하는 것에 지나지 않는 것이다.

(5) 유대교의 율법주의(legalism)는 어디에서도 나타나지 않는다. 물론 심지어 유대교에서조차도 율법주의 그 자체가 목적으로 나타나는 예는 거의 없다는 점을 인정해야 한다. 율법주의는 메시야 시대의 복락을 이루기 위한 하나의 수단으로 나타났던 것이다. 유대인들의 자기 의(self-righteousness)는 그보다 더 깊은 이기적인 행복론에 근거하는 것이었다. 그러나 율법주의가 고질화됨으로써 내세에 대한 비전도 상당한 정도로 그것에 의해서 채색되어 버렸다. 그러나 율법주의의 주요 관심사는 종말 이전의 시기에 관한 것이었다. 유대교가 생각하는 일의 전후 관계는, 이스라엘이 먼저 율법을 지켜야 하고, 그 다음 그것에 대한 보상으로 메시야가 그와 관련된 모든 일들과 더불어 나타날 것이라는 것이다. 그러나 새로운 전후 관계는, 먼저 메시야가 하나님의 은혜의 선물로서 나타나실 것이요, 그 다음 그를 통하여 이스라엘이 적절한 순종을 드릴 수 있게 될 것이라는 것이다. 이로써 두 가지 결과가 나타난다. 우선, 율법을 그 과정의 시초에서부터 마지막으로 자리를 옮겨놓음으로써 유대교의 자기 의가 제거되며, 또한 율법이 마지막에 영구한 위치를 점한다는 점을 입증함으로써 구원의 윤리적인 의미가 강조되는 것이다. 세례 요한에 대해서, 가브리엘은 그가 이스라엘 자손들 중에서 많은 이들을 그들의 하나님 여호와께로 돌이킬 것이라고 예언한다(눅 1:16). 또한 요셉에게도 예수님이 담당하실 주요한 일이 그의 백성들을 그들의 죄에서 구원하는 일이 될 것이라고 예언하는 것이다(마 1:21).

(6) 구약과 밀접하게 연관되어 있다는 점은 또한 두 계열의 고대의 종말론적 예언들이 이 탄생 시의 계시들 속에서도 연장되어 나타난다는 점에서도 드러난다. 그 두 가지 움직임들 중 하나는 여호와께서 친히 지극히 고귀한 신적 현현 속에서 임하시는 것을 지향하는 것이요, 또 하나는 메시야의 강림을 지향하는 것이다. 구약에서조차도 이 두 가지 움직임들이 서로 상충되는 것이었는지의 여부가 확실치 않다. 선지자들에 따라서, 상황에 따라서, 이 둘 중 어느 하나를 선호하여 말씀하기 때문이다. 그리고 심지어, 메시야 개념이 초자연적이며 피조물을 초월한 존재에로까지 확대됨에 따라서 이 둘이 하나로 합쳐질 수 있다든가 이 둘이 동일하다는 식의 사고가 생겼다는 식의

추리까지도 얼마든지 가능한 것이다. 그러나 전체적으로 볼 때에 하나님의 강림과 메시야의 강림은 서로 별개의 두 흐름이었던 것으로 보인다. 이 둘이 하나로 모아진다는 사실은, 신약 계시가 완전히 발전되면서 신적인 메시야 안에서 여호와께서 그의 백성들에게 강림하셨다는 그 가르침을 통해서 비로소 처음 완전히 드러난 것이다.

현재 우리가 살펴보고 있는 자료들에는 이런 현상의 시초는 있으나, 그 둘이 완전히 하나로 합쳐지는 단계에는 도달하지 못한다. 여기서 나타나는 것은, 두 가지 표현들이 골고루 퍼져 있어서, 마리아와 요셉에게서는 다윗의 혈통에서 나온 메시야의 왕권이 중심을 이루며, 반면에 사가랴와 엘리사벳에게서는 여호와께서 임하신다는 관념이 주류를 이룬다는 점이다(전자에 대해서는 마 1:20; 2:1, 5, 8; 눅 1:32를, 후자에 대해서는 눅 1:16, 17, 76을 보라). 여호와의 강림 속에 다윗의 후손이 개입되는 점에 대해서는 누가복음 1:32, 69; 2:4, 11 등을 보라. 훗날 요한을 통해서 주어지는 하나님의 말씀이 주로 이사야 40장에서 빌려온 것이라는 사실은 세례 요한의 가족에게 다윗의 후손을 맡기신 사실과도 일치하는 것이다. "주"와 "내 주의 어머니"(눅 1:16, 17, 43)에 대해서는 후에 **퀴리오스**("주")라는 호칭을 논의할 때에 살펴보기로 하자.

여호와와 메시야의 상호 동일성에 대한 암시가 천사의 말 속에 포함되어 있는 것 같다(마 1:21). 여기서는 그 아기에게 주어질 예수라는 이름이 "여호와는 구원이시라"는 어원적 의미로 이해되고 있다. 물론 이런 이름 자체가, 여호와와 인격적으로 동일하신 그 메시야가 구원자가 되실 것임을 시사하는 것으로 볼 필요는 전혀 없다. 왜냐하면 구약에 나타난 하나님의 종들(이들은 순전히 사람일 뿐이었다)의 경우도, 여호와께서 친히 이스라엘에게 구원을 베푸신다는 사실을 상징하기 위하여 — 그들이 여호와임을 드러내기 위해서가 아니라 — 그와 똑같은 이름을 부여받았었기 때문이다. 그리고 이론적으로는 예수님의 경우도 그와 똑같았을 수도 있다. 그러나 이러한 해석은 예수께서 그 이름을 지니시는 이유는, 성경이 명확히 진술하는 대로, 그가(예수께서) 그의(예수님의) 백성을 그들의 죄에서 구원하시기 때문이라는 중요한 사실을 간과하는 것이다. 그러므로 "여호와는 구원이시라"는 것과 예수께서 구원하시며 또한 이스라엘(여호와의 백성)이 예수님의 백성이라는 여러 진술들이 아주 밀접하게 연결되어 주어져 있는 것이다. 반면에, 마태복음 1:23의 임마누엘이라는 이름이 그의 것일 수 있었던 것은 그저 그가 하나님께서 그의 백성들과 함께 계시다는 것을 해명해주는 분이시기 때문이다. 더욱이 이 절의 그 말씀은 천사의 말이 아니라 마태가 이사야를 인용하여 하는 말인 것이다.

(7) 이 강화들에는 복음의 보편성(이방 백성들을 포함하게 될 필연성)에 대한 몇 가지 암시들이 나타난다. 시므온은 하나님께서 예비하신 구원을 이방을 비추는 빛이요 또한 이스라엘 백성을 위한 영광으로 말씀하며(눅 2:32), 또한 마리아에게는 그 아이가 이스라엘의 많은 이들의 패함과 흥함을 위하여, 또한 비방을 받는 표적이 되기 위하여, 세워진 존재임을 선언하며(34절), 또한 마음을 찌르는 것 같은 고통스런 경험이 마리아에게 있을 것이라고 말씀한다(35절). 이는 장차 이스라엘의 무지몽매와 불신앙이 돋보이도록 이방인들이 빛을 받을 것임을 예언하는 것인 것 같다. 물론 성경에 나타나는 보편주의가 여기서 비로소 처음 드러나는 것도 아니요, 이 말씀이 선교(宣敎)를 선전하는 것은 더더욱 아니다. 유대교에의 개종은 오로지 이방인들이 유대인이 됨으로써만 이스라엘의 특권들을 누리게 되는 것이었으나, 여기서는 유대인의 불신앙을 통해서 이방인들이 들어오게 되리라는 사상이 나타나는 것이다(참조. 롬 11:11이하).

(8) 이 계시들에 명확한 성격을 부여하는 마지막 요소로서, 인간 아버지가 없이 이루어지는 메시야의 초자연적인 탄생을 언급하지 않을 수 없다. 이 사건에 대해 역사적인 근거들에 의지하여 이 사건에 대해 반론들이 제기되어 왔으나, 여기서는 그것들을 논하지 않을 것이다. 그 문제는, 분명한 사실을 사실로 인정하지 않고 초기 그리스도론의 한 구별된 단계에서 그런 사실의 관념을 만들어낸 것으로 보는 그런 사상과 신념의 조류에 대한 비평과 마찬가지로, 복음사(Gospel History) 분야에 속하는 것이다. 여기서 우리는 다만 그 일이 성경이 일어났다고 보도하는 그대로 발생한 하나의 사건이었음을 전제하고서 하나님께서 어떠한 생각이나 생각들을 가지시고 그 사건이 발생하도록 하셨는가 하는 것만을 살펴보고자 한다.

이 문제에 대한 하나의 해명을 제시하는 것으로 세 가지 요소가 제시되어 왔다. 그 첫째는 죄가 전수되는 것이 금지됨으로써 그 아이가 무죄(無罪)하다는 사실에 관한 것이다. 이에 대한 언급은 누가복음 1:35에서 찾을 수 있을 것이다. 본문은 "네게서 나실 자는 거룩하다 일컬어지리라", 혹은 "나실 바 거룩한 이는 하나님의 아들이라 일컬어지리라"라고 보도하는데, 여기서 "거룩하다"를 윤리적인 의미로 취하면 이는 그 아이의 무죄성을 지칭하는 것이 될 것이다. 그러나 "거룩하다"를 "성별되었다"(consecrated)는 의미로도 취할 수 있는데, 그 경우에는 그 아이의 무죄성을 직접 지칭하는 것이 아닌 것이 될 것이다. 물론 "성별되었다"는 것이 무죄성을 전제하는 것 같기는 하지만 말이다. 이렇게 보면, 여기서 언급되는 성령의 활동의 목적 가운데 하나가 바로 죄의 오염이 전수되는 것을 방지하는 것이었다고 상정할 수도 있을 것이다. 그러나 이것이 이와 관련한 모든 요인을 완전히 설명해주는 것은 아니다. 왜냐하면, 생식(生殖)의 행위에서 죄가 전수되는 일이 모계(母系)보다는 부계(父系)의 요인과 특별한 관계를 지닌다는 식의 근거를 취하지 않는다면(이런 근거를 취하는 자들도 있었다), 구태여 인간 아버지를 제거하는 데까지 나아가지 않더라도 무언가 특별한 성령의 활동을 통해서도 얼마든지 그런 목적을 이룰 수 있었을 것이기 때문이다. 이 점을 참작한다 해도, 요셉이 그 아이의 출생과 아무런 관계가 없다는 사실이 너무나도 강하게 강조되어 있기 때문에, 바로 앞에서 언급한 동기 이외에 무언가 다른 이유를 찾지 않을 수가 없다.

그리하여 둘째로, 이미 한 가지 이상의 의미로 "하나님의 아들"로 존재하고 계셨던 그분께서 인간의 본성을 입으시는 데에 과연 이러한 출생의 방식이 지극히 적절했다는 점을 생각하게 된다. 요셉의 인간적인 부성(父性)이 하나님의 부성에 자리를 내어 주는 것은 지극히 합당한 일이었다. 마태복음에는 그 아이가 하나님의 아들이라는 언급이 전혀 없다. 1:21, 23에서는 단순히 "아들"이라고만 되어 있는데, 이는 마리아의 아들을 의미한다. 그러나 누가복음의 경우는 1:31에 똑같이 "아들"이 언급되면서도, 그 아이의 기원의 다른 면이 32, 35절에 명시되어 있다: "지극히 높으신 이의 아들", "하나님의 아들". 그리고 이는 성령의 활동과 명확하게 연관되어 제시된다. 좀 더 구체

적으로 말해서 성령이 마리아를 덮는 지극히 높으신 이의 능력의 전달자로
제시되어, 거기에 하나님의 특별하신 부성이 개입되어 사람의 부성이 제외
되었다는 사실이 의심의 여지가 없도록 되는 것이다.

이 사건을 바라보는 세 번째 관점은, 그리스도의 위격과 사역 전체의 초자
연성을 그의 인성(人性)의 기원에까지 소급시켜서 직접 하나님께로부터 온
것으로 보는 것이다. 심지어 구약 역사에서도 구속의 모형적 역사(役事)와 관
련하여 이 원리가 표현되고 있다면, 하물며 여기서야 얼마나 더 그것을 기대
할 수 있겠는가! 상징적인 방식으로 일어난 이삭의 출생에서도 그 실례를 찾
을 수 있다면, 이삭이 모형으로서 예표한 바로 그분이 인성을 입으시는 데에
서야 그 원리가 정말로 탁월하게 적용될 수 있을 것이 분명한 것이다. 이런
원리에 의하면 만일 요셉의 부성은 물론 마리아의 모성까지도 제외되었더라
면 그리스도의 기원의 초자연성이 절대적으로 완전하게 드러나지 않았겠느
냐는 식으로 반론을 제기할 수도 있을 것이다. 그러나 이런 반론에 대해서
우리는, 예수님과 우리의 인간적 본성과의 진정한 관련성이 보존되고 가현
설(假現說: Docetism)을 피하기 위해서는 마리아의 모성은 없어서는 안 될 것
이었다고 답변해야 할 것이다. 이 세 번째 관점이 탄생 기사에서 강조되지
않는 것은 후에 예수님의 세례 기사에서 그 점이 두드러지게 드러나게 될 것
이기 때문일 것으로 보인다.

제 3 장
세례 요한에 관한 계시

　세례 요한을 가리켜 그리스도의 "선구자"(fore-runner)로 지칭하는 것이
하나의 관례처럼 되어 있다. 물론 요한을 가리키는 것도 아니요 어떤 의미에
서 그에게 적용될 수도 없지만, 그 단어가 히브리서 6:20("앞서 가신 자")에
나타난다. 그 단어와는 별개로, 요한이 그의 역사적 활동을 통하여 예수님의
사역을 위해 길을 예비했다는 사상은 누가복음 1:17, 76에서 그 명확한 표현
을 찾을 수 있다. 그러나 여기서도 "주"는 분명 여호와를 의미하는 것으로
이해해야 할 것으로 보인다.

　현대의 학자들 중에는 하나님께서 요한과 예수님을 서로 연결되도록 정해
놓으셨다는 사상 자체를 일축해 버리는 이들이 많다. 그들은 할 수 있는 만
큼 요한을 예수님과 분리시키려 한다. 복음서의 보도와는 반대로, 요한과 예
수님이 각기 상당 기간 동안 서로 병행되어 나아간 별도의 종교적 운동의 대
표자들로 가정한다. 그리고는 이런 가정을 배제하는 복음서의 증언을 다음
과 같이 잘라내 버린다. 곧 요한복음은 요한이 예수님께 굴복한다는 사실을
다른 복음서들보다도 한층 더 강하게, 그리고 더 예리하게 증거하므로, 다른
점에서는 물론 특히 이런 점에서 비역사적이라고 선언해 버리는 것이다. 볼
든스퍼거(Baldensperger)가 그의 『제4복음서 서언』(*The Prologue of the
Fourth Gospel*, 1898)에서 이 견해를 제시하였다. 그는 주장하기를, 요한복음
1-3장에서 요한에게 많은 분량을 할애하는 것은 다분히 변증적인 목적에서
그렇게 한 것이라고 한다. 즉, 저자의 시대의 세례 요한 분파(the Baptist-
sect)에게 그들의 지도자의 입을 빌려서 그들이 기독교 교회 내에 위치한다

는 점을 납득시키기 위해서 그렇게 했다는 것이다. 요한 자신이 친히 "나는 그리스도가 아니라"고 말했으니 말이다. 따라서 인척 관계와 가족 간의 교류를 통해서 가능한 한 일찍부터 예수를 요한과 연관짓고 있는 누가복음의 탄생 이야기들은 전설적인 성격을 지닌 것이므로 문제를 해결하는 데에 전혀 신뢰할 만한 것이 못된다고 주장하는 것이다. 마태복음에만 나타나는 한 단락(3:13-15)에서는 예수께서 요한에게 나아오시자마자 요한이 그를 자기보다 더 위대한 인물로 알아보았음을 기록하고 있는데 — 요한이 그를 알아본 것은 그 순간의 계시에 의한 것이 아니었다면 그 이전의 면식과 인식에 의한 것이었을 것이다 — 이것도 신빙성이 없는 것으로 간주해 버린다. 그 이유는 이 부분이 누가복음에 나타나지 않기 때문이기도 하고, 또한 마태복음 자체 내에서 보더라도 요한이 예수를 의심하여 그에게 사람을 보내어 그가 과연 "오실 그이"이신지, 아니면 다른 이를 기다려야 할지를 문의한 사실(11:1-3)과 조화를 이룰 수가 없다고 믿기 때문이기도 하다. 반면에 마가복음은 이런 모든 점에서 예전의 올바른 전승을 그대로 지니고 있다고 주장한다. 요한이 설교를 시작한 후에 예수께서 수많은 사람들처럼 세례를 받고자 그에게 나아오신 때에 예수님과 요한의 첫 만남이 이루어진 것으로 제시하고 있기 때문이다.

다른 이들은 이보다 한 걸음 더 나아가서 요한의 가장 초기의 설교에 대한 기록에서 그리스도를 전반적으로 지칭하는 "더 큰 이"에 대한 언급을 삭제시키고서, 그것을 여호와께서 친히 고귀한 신적 현현 속에서 나타나시는 것을 주 내용으로 삼는 그리스도 없는(Christ-less) 종말론 체계에 근거하여 해석해 치운다. 이렇게 되면 요한과 예수님 사이의 개인적인 연관이 끊어지는 것은 물론, 교리적으로 요한과 메시야 대망(大望) 사이의 연관도 끊어지고 말 것이다. 많은 학자들은 예수께서는 엄숙한 계기를 통해서 충동을 받아 그 이후에 자기 자신을 메시야로 인식하게 되었다고 믿는데, 위의 가정대로 하자면 유일하게 남는 개인적인 접촉은 그 충동밖에 없는 것이 될 것이다.

이처럼 요한을 예수님과 떼어내고자 하는 시도들 가운데 가장 극단적인 단계는 두 사람의 설교의 정신과 내용이 서로 모순이 되는 것으로 보는 것이다. 요한이 기대했던 것은 정치적 특징을 강하게 드러내는 것이요, 무력(武

力)의 사용에 의존하는 것이었다고 주장한다. 이것이 만일 사실이라면, 요한은 구주 예수님의 선구자(先驅者: fore-runner)는커녕 오히려 그의 선적자(先敵者: fore-antagonist)였다고 해야 옳을 것이다.

마태복음 11:2-19

이런 이론의 유일한 근거가 마태복음 11:2-9에 있는 것처럼 보이므로, 예수님의 사역에 대한 요한의 상대적인 위치를 이 구절에 포함되어 있는 예수님의 진술에 근거하여 정리하는 것이 가장 좋을 듯 싶다. 이렇게 하는 것이 더 안전하다. 왜냐하면 요한이 예수께 한 질문으로 인하여 요한이 환영받지 못하는 처지에 있는 것처럼 비치게 되는데, 이것이 옳다면 이것은 요한이 초기 교회에서 명성이 높았고 결국 전승 속에 견고한 기반을 지니게 되었을 것이 분명하다는 추리와 맞아떨어지지 않을 것이기 때문이다. 요한의 질문의 상황과 내용에 대해서는 잘 알려져 있으므로, 우리는 요한이 보낸 사람들이 돌아간 후 예수께서 무리들에게 하신 말씀에, 즉 7절 이후의 내용에 관심을 집중시킬 것이다. 예수님은 "너희가 무엇을 보려고 나갔더냐?"라는 질문을 세 번씩이나 반복하시는데, 처음 두 번의 질문을 통해서는 요한에 대한 그릇된 생각을 교정시키시며, 마지막 세 번째 질문을 통해서는 그에 대한 부적절한 생각을 — 이런 생각은 요한이 예수께 문의한 사실에 영향을 받아 형성되었을 것이 분명하다 — 교정시키시는 것이다. 첫 번째 그릇된 생각은 7절에서 진술되고 또한 교정되고 있다. 세례 요한이 의심을 가진 것처럼 보이나 그것은 그의 변덕스러움 때문이 아니었다. 그는 바람에 흔들리는 갈대가 아니라는 것이다. 두 번째 오류는 8절에서 진술되고 교정된다. 세례 요한의 흔들림은 그의 감옥 생활의 불편함 때문도 아니었다. 그는 왕궁에서 입는 부드러운 의복에 길들여진 사람이 아니라는 것이다. 세 번째 답변에서 예수님은 세례 요한을 선지자로 보는 백성의 의식이 완전한 진실이 아닐 뿐이지 기본적으로는 올바른 진실임을 인정하신다. 그는 분명 선지자였다. 다만 선지자보다 더 나은 자였을 뿐이다.

그리고 이어서 예수께서는 요한이 어떤 점에서 "선지자보다 더 나은 자"인지를 명확히 제시하신다. 요한 이전의 선지자들은 오로지 은유적인 의미로만 길을 예비하는 사자들이었다 할 수 있으나, 요한이야말로 진정 주님 앞에서 길을 예비하는 사자였다. 과거의 선지자들은 예수님에 대해 기록하였으나, 요한도 과거에 예언된 사람 중의 하나다. 이것이 사실이라면, 그는 절반쯤은 성취의 시대에 속한다 할 것이다. 구약 예언의 절정이 그에게 있고, 이러한 그의 위치로 인하여 주님은 그를 가리켜 "여자가 낳은 자 중에 가장 큰 자"라 부르시는 것이다. 사자로서 그는 모든 선지자와 율법이 예언한(미래에 속하는 것으로 다룬) 그 실체 바로 직전에 오는 것이다. 요한은 여호와의 날이 임하기 직전에 오게 될 엘리야(말 4:5)인 것이다. 그의 때로부터 시작하여 천국이 침노를 당하나니 침노하는 자가 그것을 빼앗는다고 말씀한다. 12절의 이러한 표현의 정확한 의미가 무엇이든간에 분명한 것은 그것이 세례 요한 자신의 사역을 통해서 그 나라가 가까웠고 심지어 그 나라가 임재했다는 것을 시사한다는 점이다. 그를 통하여 그 나라가 구약 아래에서 속해 있던 순전한 미래의 영역에서부터 벗어나서, 사람들의 생각을 주관하고 감정들을 좌우하는 무언가 현실적인 것이 된 것이다. 이런 효과를 이룬 것이 요한의 위대한 사역이었고, 그로 말미암아 그는 "선지자보다 더 나은 자"가 된 것이다.

그러나 우리 주님은 여기에 단서가 있음을 말씀하신다. 곧, 요한 자신을 예수님의 사역 속에서, 또한 그 사역을 통해서, 임하는 새로운 경륜에 속하는 것으로 분류할 수는 없다는 것이다: "그러나 천국에서는 극히 작은 자라도 그보다 크니라"(11절). 이 진술은 요한이 우리가 말하는 "구원"을 받지 못했다는 뜻이 아니요, 또한 요한이 마지막 종말에 임할 나라에서 제외되리라는 뜻일 수도 없다(마 8:11을 보라). 이 말씀에 대한 참된 해석은, 다른 사람들은 이미 임하고 있는 그 나라의 특권들에 예수님과의 관계를 통해서 참여하게 될 것이지만, 요한은 거기에 참여하지 못하리라는 뜻으로 보는 것이다. 요한은 홀로 구약에 근거하여 계속해서 그의 삶을 이끌어 가리라는 것이다.

이것은 또한 예수님이 진정 메시야이신가에 대해 요한의 다소 조급하게 질문한 사실에 대해서도 해명해 준다. 이를테면, 요한의 질문 속에서 메시야의 강림이 지체되는 것에 대한 구약의 조급해하는 태도가 다시 한 번 발설되고 있는 것이다. 그러나 구약에서나 여기 요한의 질문에서나, 조급함은 한

가지 구체적인 요점에 집중되어 있었다. 곧, 악인을 멸하시는 하나님의 역사
하심이 더디다는 것이 바로 그것이었다. 요한은 다가올 위기의 심판의 면을
선포하도록 특별히 지정된 사람이었다. 이렇게 해석하면, 요한의 질문은 요
한과 예수님이 서로 전혀 면식이 없었음을 시사하는 것이 아니요, 오히려 그
반대로 요한이 예수님을 주시했었으며 그들 사이에 의사 소통이 있었다는
것을 입증해 주는 것이다. 그렇지 않았다면, 사람을 보내어 그렇게 문의하는
일 자체가 없었을 것이다. 6절도 그 이전에 예수님에 대한 인식과 평가가 어
느 정도까지 있었음을 — 다만 여전히 구약적인 안목으로 인식하고 평가했
기는 했으나 — 입증해 준다. 예수께서 요한에게 독특한 답변을 하신 것은
바로 그 때문이다. 곧, 예수님의 사역의 자비로운 면만을 유독 강조하신 것
이다. 자비로운 면을 열거하신 것은 그저 자신이 메시야이시라는 증거들을
제시하신 것만이 아니라 또한 메시야의 사역의 특징들을 가르치신 것이기도
한 것이다.

예수님의 현재의 임무는 심판하는 것이 아니었다. 최소한 요한이 기대하
던 그런 식의 심판은 아니었다. 심판은 다음 단계에서 임할 것이었다. 여하
튼, 예수께서는 요한의 질문의 핵심을 놓치셨던 것이 아니다. 오히려 그는
지극히 섬세하면서도 힘 있게 답변하신 것이다. 계속 이어지는 말씀에서 드
러나듯이, 주님은 요한의 위대함을 마음으로 충만히 인정하고 계셨고, 또한
요한복음에서 드러나는 대로 메시야를 섬기기 위하여 자기 자신을 지워버리
는 너그러운 자세를 지닌 이 사람에 대해 충만한 사랑을 갖고 계셨던 것이다
(요 3:30; 5:35).

요한이 구약에 속해 있다는 사실은 금식에 관한 질문에 대하여 답변으로
주신 예수님의 비유에서도 잘 드러난다(막 2:18-222). 요한의 제자들로서는
금식하는 것이 합당했다. 왜냐하면 그들은 예수님의 제자들이 손님으로 참
여하는 바 그 기쁨의 혼인 잔치에는 아직 도달해 있지 못했기 때문이다.

세례 요한과 엘리야

어쩌면 요한의 겉으로 나타나는 삶의 모습 전체가 구약에 속한 그의 위치
와 연관될 것이다. 그는 평생 나실인이었다. 그가 광야에 있었다는 것은 의

미심장한 일이었다. 옛부터 광야는 회개를 준비하는 일과 관련되어 있었기 때문이다(호 2:14. 15; 사 40:1-4). 그는 저 위대한 회개의 선지자 엘리야의 재판(再版)이었던 것이다(마 11:14; 17:10-13). 마태복음 11:14의 "만일 너희 가 즐겨 받을진대"라는 말씀은 선구자 엘리야로서의 요한의 성격에 대해 의 심하는 자들이 있었다는 것과 또한 주께서는 요한의 그런 성격을 인정하셨 다는 것을 암시해 준다. 그러나, 엘리야가 다시 나타났다는 것에 대하여 예 수님과 유대인들의 생각에 차이가 있었다. 유대인들은 엘리야가 문자 그대 로 부활할 것으로 기대했던 것 같다. 그러므로 자신이 엘리야가 아니라고 한 요한의 진술을(요 1:21) 충분히 이해할 수가 있다. 요한은 자신이 유대인들이 갖고 있던 그런 실재적인 의미의 엘리야라는 것을 부인한 것이다. 그러나 예 수께서 인정하신 그런 상징적인 의미에서는 자신이 엘리야였음을 부인하지 않았을 것이고, 이사야와 말라기의 예언들이 자기에게서 성취되고 있다는 것도 부인하지 않았을 것이다.

엘리야가 실제로 돌아온다는 유대인의 신념이 역사가 매우 오래되었다는 점에 대해서 칠십인역의 본문이 그 증거를 제공해 주는 것 같다. 말라기 4:5 에서 히브리어 본문은 "선지자 엘리야"로 되어 있는데, 칠십인역은 이를 "디셉 사람 엘리야"로 번역하고 있기 때문이다. 이런 신념은 엘리야가 승천 한 데에서 비롯된 것이다. 누가복음서 기자도 이런 외형적인 모습들이 요한 과 관련하여 지니는 상징적인 의의를 인식했던 것 같다. 그는 요한이 "이스 라엘에게 **나타나는 날**"을 언급하고 있는 것이다(1:80).

그러므로 우리는 요한이 예수님을 미리 예비한 것이 사실상 구약 전체가 그리스도를 미리 예비하는 것이었다는 것을 알게 된다. 또한 외형상으로만 그랬던 것이 절대로 아니었다. 구약의 진정한 실체가 요한에게서 정리되어 제시된 것이다. 구약에서 율법과 예언의 두 가지 요소를 구별한다면, "회개 하라. 이는 천국이 가까웠음이라"라는 요한의 메시지 속에 그 두 가지가 분 명하게 정리되어 있는 것이다. 그러나 이 진술은 서로 전혀 관계가 없는 두 요소들을 그저 함께 붙여놓은 것이 아니다. "이는"이라는 접속사(한글 개역 개정판에서는 번역되어 있지 않음 — 역자주)가 회개해야 할 동기가 천국이 가까웠다는 사실에 있음을 시사해 준다. 왜냐하면 요한이 볼 때에 천국이란 무엇보다도 심판을 의미하기 때문이다. 손에 키가 들려 있고, 도끼가 나무 뿌리에 놓여 있다는 요한의 진술을 주목하라(눅 3:9, 17).

예수님에 대한 세례 요한의 증언

예수께서 메시야이심에 대한 세례 요한의 증언에서 우리는 두 가지 단계를 구별해야 한다. 그 하나는 주로 공관복음에 기록되어 있고, 또 하나는 요한복음에 기록되어 있다. 그리고 이 두 단계 사이에 요한이 예수님께 세례를 베푸는 사건이 일어난다. 첫 단계의 특징은 심판과 또한 "오시는 이"(the Coming One) — 아직 이를 메시야로 명확하게 거명하지는 않는다 — 가 담당하실 심판의 기능을 강조한다는 것이다. 그의 탁월성을 묘사하기 위하여 사용되는 표현들을 볼 때에, 그가 하나님에 못지않으신 분이시면서도 또한 한 마디로 여호와와 구별되시는 어떤 분이심을 상정하는 것으로 보아야 한다(마 3:3, 11, 12; 막 1:3, 7; 눅 3:4, 16, 17).

세례를 베푸는 두 가지 요소("물"과 "불" — 역자주) 중에서 "불"이 그 "오시는 이"가 베푸실 세례의 요소로 명시되는데, 이것은 의심의 여지 없이 심판의 불을 지칭하는 것으로, 성령과 동의어가 아니라 오히려 성령과는 반대되는 것이다(참조. 마 3:10-12; 눅 3:16, 17). 마가복음에는 "불"에 대한 언급이 나타나지 않고 오로지 성령만 언급되고 있다(1:8). 만일 여기의 성령이 구원의 요소를 지칭하는 것이라면, 결국 요한은 여기서 메시야의 강림의 두 가지 면 — 심판과 구원의 면 — 이 함께 일어나는 것으로 말씀하는 것이 되며, 그렇다면 이런 점에서도 그는 구약의 관점을 그대로 대변하고 있다 할 것이다. 이 첫 단계의 선포에서 사용되는 언어들은 주로 말라기 4장에서 빌려온 것들이며, 공관복음 기자들은 이사야 40장에 근거하여 이를 말씀하는 것이다.

요한의 세례

요한이 일반적으로 베푼 세례와 또한 그가 예수님께 베푼 세례를 서로 분리해서는 안 된다. 그 당시나 그 이후에나 여러 그룹들에서 세례 의식들을 시행했으나, 이것들은 모두가 반복해서 베푸는 것들이었다. 그러나 요한의

세례는 단 한 번만 베푸는 것이었다(참조. 마 28:19; 행 19:3; 히 6:2). 요한의
세례의 선례(先例)들과 유비(類比)를 구약에서 찾아야 할 것이다. 그러나 율
법의 의식적인 정결례에서 찾을 수는 없다. 이것들 역시 반복을 요하는 것이
었기 때문이다. 오히려 한편으로는 옛 언약을 세울 때에 그것을 예비하기 위
해 행한 씻음에서(출 19:10, 14) 찾고, 다른 한편으로는 마지막 때에 앞서서
일어나리라고 선지자들이 선언하는 바 물이 대대적으로 부어지는 역사에서
찾아야 할 것이다(사 1:16; 4:4; 미 7:19; 겔 36:25-33; 슥 13:1). 여기서 주목
해야 할 것은, 예언에서는 물이 깨끗이 씻는 도구 이외에도 소생시키고 기름
지게 하는 요소로 나타난다는 점이다(사 35:7; 41:18; 44:3이하; 슥 14:8). 요
한의 세례를 이런 구약의 선례들에 근거하여 설명하려는 시도들이 있었으
나, 이 선례들은 일부는 예언적 성격을 띠며 일부는 모형의 성격을 띠므로
그것들이 성취되거나 반복되기 위해서는 명확한 초자연적인 명령이 있어야
만 했다. 그러므로 요한이 그냥 무턱대고 구약을 근거로 하여 세례를 시행할
수는 없었던 것이다. 이 점은 모든 사람들이 인정하는 것이었다(요 1:25, 33;
마 21:25).

　　요한의 세례를, 소위 유대교의 개종 세례(proselyte-baptism)를 단순히 모
방한 것으로 볼 수는 없다. 이것은 처음에는 요한의 편에서 모방하고픈 마음
이 생길 만큼 특별히 두드러지는 의식이 아니었다. 그것은 그저 일반적인 레
위기의 정결법을 개종자에게 적용시킨 것뿐이었다. 개종자가 할례를 받았다
할지라도 이방인들과 그 이전에 가졌던 접촉 때문에 아직도 부정하므로 깨
끗이 씻을 필요가 있었기 때문에 세례를 베푼 것이다. 그리고 요한은 자기에
게 나아오는 모든 자들을 개종 세례를 받아야 할 부정한 이방인들이라고 선
포하는 데에까지 나아가지는 않았다. 이제 살펴보게 되겠지만, 실제로 기독
교의 세례와 요한의 세례 사이에 밀접한 관련이 존재했던 것이다.

　　요한의 세례의 참된 의미는 부분적으로는 복음서에 나타나 있는 묘사들에
근거하여, 또한 부분적으로는 일반적인 정황에 근거하여 추정할 수밖에 없
다. 마가와 누가는 요한의 세례가 "죄 사함을 받게 하는 회개의 세례"였다고
말씀한다(막 1:4; 눅 3:3). 마태는 요한이 "회개하게 하기 위하여" 세례를 베
풀었다고 하며 또한 백성들이 "죄를 자복하고" 세례를 받았다고도 말씀한

다(마 3:6, 11). 한 진술에 따르면(마태) 죄를 자복하는 것이 세례 행위에 수반된 것으로 나타나고, 다른 진술에 따르면(마가와 누가) 죄 사함이 목표였던 것으로 나타난다. 그러나 이는 사실상 모순이 아니다. 마태가 죄의 고백이 세례보다 앞서고 또한 세례가 베풀어진 후에 회개가 있는 것으로 말씀하기 때문에, 이것이 모순처럼 보일 수도 있다. 그러나 여기서 죄를 겉으로 시인하는 것과 마음속 깊은 곳에서 강하게 일어나는 회개를 구별해서 이해하면 문제가 해결될 것이다(마 3:6, 11). 마가복음과 누가복음에 나타나는 "회개의 세례"라는 문구의 정확한 의미에 대해서는 다소 불투명한 점이 있다. 문법적인 구문법 상으로는 그 세례의 일반적인 특징이 회개와 이런저런 방식으로 관계가 있다는 뜻으로 볼 수도 있다. 그러나 이보다는 여기의 소유격을 목적을 뜻하는 소유격으로 보아서, 회개를 산출하고자 하는 의도를 지닌 세례라는 의미로 보는 것이 더 낫다. 이렇게 보면 마태복음 2:11의 진술과도 일치하게 된다. 만일 회개가 세례 행위에서 기대되는 결과였다면, 그 세례 의식이 그저 상징적 의미를 담은 행위였을 수는 없고, 모종의 은혜를 전하고자 하는 의도를 지닌 참된 성례를 구성하는 것이었을 수밖에 없다는 것이 분명해진다. 그리고 이것은 요한이 백성들에게 "회개에 합당한 열매를 맺으라"고 촉구한 것과도 일치한다.

바이스(Weiss)는 마가복음과 누가복음의 "죄 사함을 받게 하는"(unto forgiveness)이라는 표현이 미래를 전망하는 의미를 지닌다고 보았다. 곧, 미래의 심판 때에 있을 죄 사함을 미리 예상하는 것이라는 것이다. 문법적으로는 "죄 사함을 받게 하는"이라는 문구가 그런 의미일 수도 있다. 그러나 이는 지나치게 함축적인 의미를 갖게 하는 것이다. 구약도 이미 죄 사함으로 가득 차 있고, 구약을 하나로 정리하는 의미를 지닌 요한의 사역 자체에도 죄 사함이 전혀 없었다고 할 수가 없는 것이다. 그러나 이에 대해서, 요한이 자신의 세례의 결과로 전해지는 것 — 이를 "물"로 표현한다 — 을 오시는 이의 성령 세례를 통하여 베풀어질 은혜의 실체와 예리하게 대조시키고 있지 않느냐는 반론이 제기된다. 그러나 성령은 죄 사함보다 더한 것을 포괄하며, 또한 혹시 세례 요한이 비교를 목적으로, 또한 과장법을 사용하여, 한 쪽에는 모든 것이 결핍된 것으로 말씀하고 다른 쪽에는 모든 것이 충만한 것으로 말씀했을 수도 있다손 치더라도, 이를 문자 그대로 이해해서는 안 되는 것이다. 바울과 히브리서가 구약에 은혜가 전혀 없었던 것처럼 말씀하고 있는 현상도 문자 그대로 이해해서는 안 되는 것처럼 말이다. 요한이 의미하고자 했던 것은 단순히 "그리스도께서 베푸시는 것과 비교할 때에 내가 행하는 것은 마치 물을 성령과 비교하는 것과도 같다"는 것이다. 그러나 그렇다고 해서, 모형의 영역 속에서 모형이 미래의 것을 예표하는 것 외에 다른 기능이 전혀 없었다고 추론할 수는 없는 것이다.

또 한 가지 의문이 제기되는데, 이것은 정반대의 성격을 띤 것이다. 곧, 요한의 세례가 진정한 죄 사함과 일치하는 것이라면 기독교의 세례와 이것을 어떻게 구별할 수 있겠느냐 하는 것이다. 이 문제에 대해서는 종교개혁 이후의 교회 내에 상이한 견해들이 제기되었다. 로마교회는 구약의 경륜 전체를 순전히 모형적인 것으로 만드는 경향을 띠었고, 따라서 요한의 세례 역시 구약의 경륜에 속하는 것으로 보았다. 한편 개신교 신학은 루터파나 개혁파나 모두(물론 소수의 예외가 있기는 하나) 로마교회의 입장에 대한 하나의 반동으로 그와 정반대의 극단에 치우쳐서 요한의 세례가 기독교의 성례와 모든 점에서 동일하였다고 주장하였다. 그러나 이 두 가지 입장 모두 합당치 못하다. 우리로서는 요한의 세례가 구약의 모든 의식들과 더불어 참된 은혜와 연관되어 있었으나 다만 구약적인 은혜의 분량과 질을 지니고 있었다고 말해야 할 것이다. 요한의 세례가 지니지 못했던 것은 특별한 기독교적인 의미의 성령이었다. 성령이 베풀어지고, 성령이 세례와 연관되는 일은 오순절의 성령 강림의 역사에 의존하기 때문이다. 그러므로 그때까지 예수님의 제자들이 행한 세례를 요한의 세례와 함께 분류해야 한다. 제자들의 세례는 기독교의 세례를 미리 예상케 하는 것이 아니라 요한의 세례의 계속이었던 것이다.

요한의 세례는 어떤 방식으로 상징성을 띠었는가? 어떤 이들은 상징이 침수(浸水)에 있다고 본다. 침수 행위가 죄악된 옛 삶을 버리는 것을 상징하며, 물 위로 떠오르는 것이 새로운 의의 상태에 들어가는 것을 상징한다고 보는 것이다. 그러나 만일 이 견해가 옳다면, 요한의 세례는 구약의 모든 선례들과 전적으로 분리되어 버릴 것이다. 왜냐하면 구약에서는 침수가 무엇을 상징한다는 것이 전혀 알려지지 않았기 때문이다. 특정한 제사 의식들의 경우

온 몸을 씻는 행위가 있기는 했으나, 이것은 어디까지나 씻는 행위일 뿐이다. 상징의 관점에서 볼 때에 침수는 순전히 임의적일 뿐이다. 한편 회개와 죄 사함 등 영적인 것들을 거론하고 있는 것도 깨끗이 씻음 쪽을 지향하는 것이다. 여기에 덧붙여서 말씀할 것은, 물이라는 매개물을 통해서 성령의 소생케 하시는 역사를 상징적으로 지칭하는 점이 있다는 것이다(참조. 요 3:5, "물과 성령으로 남").

마지막으로 지적할 것은, 요한의 세례를 적절히 이해하기 위해서는 그것을 그 당시에 지배적으로 기대하고 있었던 종말론적 배경에 근거하여 바라보아야 한다는 점이다. 그 당시의 분위기는 종말에 대한 생각으로 가득 차 있었다. 요한의 세례는 속히 임하는 심판을 특별히 전망하는 것이었고, 그 심판에서 무죄 방면을 받기 위한 준비가 되어 있음을 보증하는(a seal: 혹은, 인印 치는) 의미를 지녔던 것이다. 세례를 이처럼 종말론적 의미를 지닌 하나의 보증으로 보는 사상은 기독교 세례에 그대로 전수되었다(참조. 엡 1:13; 벧전 3:21).

요한이 예수님께 베푼 세례

이제 요한에 예수님께 베푼 세례를 살펴보고자 한다. 여기서 유념해야 할 중요한 사실은 예수님께 베푼 세례를 일반 백성들에게 베푼 요한의 세례의 의미와 임의적으로 분리시켜서는 안 된다는 점이다. 요한이 백성들을 위한 세례와 예수님만을 위한 세례를 시행했는데 이 두 세례는 서로 공통점이 하나도 없다는 식으로 이야기한다면 그것은 정말 어리석은 일일 것이다. 그러나 이와 정반대 방향으로 치우쳐서 예수님의 무죄성(無罪性)을 부인하게 되는 일도 얼마든지 가능한데, 이것도 조심해야 할 것이다. 그런 일은 교리적 근거로도 금지될 뿐 아니라, 마태복음 3:13-15에 기록되어 있는 요한과 예수님 사이의 대화도 역사적으로 이를 금지하고 있는 것이다. 게다가, 그 세례와 관련되어 주어지는 계시도 예수님의 세례가 보통 이스라엘 사람들에게 행해진 세례와 근본적으로 다른 무언가가 있었다는 것을 입증해 준다. 바이스는 이 독특한 요소를 예수께서 사사로운 삶에서 벗어나 공적인 봉사의 삶 속으로 들어서신 것을 상징하는 데에서 찾아야 한다고 주장했으나, 그것은 받아들일 수가 없다. 왜냐하면 이것은 침수의 관념에 근거를 두기 때문이요 또한 더 나아가 그렇게 보면 예수님의 세례와 다른 사람들의 세례의 공통점이 제거되고 말 것이기 때문이다. 일반 사람들에게는 예수님의 경우처럼 공적인 봉사에 들어가는 일이 적용되지 않았던 것이다.

마태복음 3:13-15을 자세히 살펴보면, 이 문제에 대한 해결을 찾을 수가 있다. 곧, 과연 어떻게 해서 예수님의 세례가 요한의 사역의 일반적인 성격과 일치하면서도 동시에 요한의 사역이 죄성과 회개와 관련되는 점들에서 완전히 자유로울 수 있었느냐 하는 것이다. 요한과의 대화에서 다음과 같은 사실들이 드러난다:

(1) 요한은 예수께서 그의 세례를 받으실 필요가 없다고 할 만큼 예수님의 지위와 성격을 인정하고 있다: "요한이 말려 이르되"(14절).

(2) 요한의 이러한 확신은 예수님의 메시야로서의 위치에 근거하는 것이다. "내가 당신에게서 세례를 받아야 할 터인데"라는 요한의 발언은, 예수께서 요한에게 물 세례를 베푸셔야 한다는, 즉 서로의 역할이 바뀌어야 한다는 의미일 수가 없다. 요한이 더 큰 이가 성령으로 세례를 베푸실 것이라고 이미 선언한 다음이므로, 자신이 예수님께 세례를 받아야 한다는 그의 고백은 바로 예수께서 성령으로 세례를 베푸신다는 것을 지칭하는 것이며, 따라서 거기에는 예수님의 무죄하심이 전제되어 있는 것이다.

(3) 예수께서는 "이제 허락하라"고 강변하심으로써, 요한의 반대나 그 반대가 기초하는 근거나 모두 수용하셨다. 여기서 "허락하라"는 용어는 세례를 받아야 할 주관적인 필연성이 예수님께 없다는 것을 시사한다. 요한이 세례 베풀기를 허락해야 하는 것은 객관적인 이유들 때문이다.

(4) 이 객관적인 필연성이란 모든 상황 하에서 언제나 작용하는 것이 아니라 다만 현재의 상황에만, 그것도 미래에 그 필연성이 제거될 것이라는 절반쯤은 공개된 전망 하에서, 작용하는 것이다.

(5) 예수님에 따르면 현재의 상황에서 작용하는 그 객관적인 필연성은 바로 "이와 같이 하여 모든 의를 이루는 것이 합당하다"는 데 있다. 여기서 "모든 의를 이루는 것"이란, 대리적 속죄의 교리가 흔히 그리스도께서 율법을 준수하심으로써 우리를 대신하셨다는 원리를 표현하는 데 사용하는 그

고정화 된 관용어법과는 다른 것이다. 그 문구는 전문성이 덜한 대중적인 의미로 이해해야 한다. 즉, "의"란 어느 때에나 율법을 통해서든 아니면 다른 수단을 통해서든 여호와께서 이스라엘에게서 요구하시는 것을 말한다. 현재의 경우에 그것은 요한의 세례에 굴복하는 것이다. 왜냐하면 요한의 세례는 개인의 선택의 문제가 아니라 민족적인 의무였기 때문이다. 예수님에게나 요한에게나 모두("우리가") 이러한 의가 부과되어 있었고, 따라서 예수께서는 그것을 준수해야 할 의무로 선포하시는 것이다.

(6) 그러므로 만일 개인적인 자격으로는 예수님 자신에게 부과되지 않은 것이 그가 이스라엘 백성에게 속하여 계신 사실 때문에 신적으로 그에게 의무로 부과되었다면, 이 사실을 나타내는 표현으로서 그가 이스라엘과 동일하게 세례를 받으시는 것보다 더 좋은 것은 없을 것이다.

예수님의 세례가 하나의 잠정적인 경험이라는 사실에 덧붙여서, 우리는 이런 상황에서 예수께서 하나님의 백성과 대리적인 관계(the vicarious relation)를 맺고 계심이 표현되고 있다는 것도 기대할 수 있을 것이다. 그리고 여기서 한 걸음 더 나아가서 우리는, 요한의 세례의 보편적인 범위를 고려할 때에 예수께서 세례에서 그 백성들과 같이 되신 데에는 그들을 대신하여 그 성례가 목표로 하는 바 죄 사함을 확보하시고자 하는 목적도 있었다고 보아야 할 것이다. 심지어 회개에 대해서도 유사하게 추론할 수 있을 것이다. 예수께서 우리를 대신하여 죄를 지셨고 또한 우리를 대신하여 죄 사함을 받으셨다면, 그가 백성들을 대신하여 회개하셨다는 말도 원리 상 반박할 수가 없을 것이기 때문이다. 그러나 이 모든 내용들은 그저 여기 다소 수수께끼에 싸인 진술 속에 암시되어 있는 정도에 지나지 않는다. 상세히 살펴보면 우리의 해석이 옳다는 것이 확실하게 입증될 것이다. 이에 대한 충실한 해명은 후에 요한복음 1:29, 26을 다룰 때에 가서 논의하기로 하자.

성령이 예수님께 강림하심

예수님의 세례에는 중대한 의미를 지니는 두 사건이 수반된다. 성령의 강림하심과, 또한 예수님의 아들 되심과 메시야이심에 대한 선언이 하늘로부터 임하는 일이 그것이다. 후자의 일에 대해서는 후에 더 상세히 논의할 것이므로, 여기서는 본문의 기록이 세례가 예수께 메시야시라는 의식을 불러 일으키는 계기가 되었다는 식의 이론의 근거가 되는 것이 아니라는 점에 대해서만 관심을 두기로 한다. 마태복음에 나타난 진술은 순전히 객관적이다: "이는 내 사랑하는 아들이요." 이는 최소한 마태복음에 따르면 그 소리가 예수님만을 위한 것이 아니었음을 시사한다. 또한 이 일에 대한 여러 다른 형태의 묘사들("하늘로부터 소리가 있어", "하늘로부터 소리가 나기를")이 복음서 기자들이 그 음성을 오로지 예수님만 알아들으셨던 것으로 생각하였다는 것을 입증해 주는 것도 아니다. 예수께서 물에서 올라오실 때에 하늘이 열리는 일이 음성을 듣는 일과 병행되는데, 이는 어떤 방식으로도 환상 중의 정황이라는 인상을 주지 않기 때문이다. 마태복음의 "예수께서 … 보시더니"라는 표현은 분명 환상 중에 지각한 것을 의미하는 것이 아니다. 그리고 누가복음의 "비둘기 같은 형체로"라는 표현도 그 시각적인 현상이 머릿속에서 주관적으로 일어난 것이라는 논지를 반대하는 것이다. 요한복음 1:34에서 우리는 예수님만이 아니라 요한도 그때에 일어난 사건을 지각했다는 것을 알게 된다. 요한이 그 사실을 증언했기 때문이다. 또한 베드로가 이와 비슷한 현상인 변형의 현상에 대해서 묘사하면서 사용하는 어법과도 비교할 수 있을 것이다(벧후 1:17, 18). 그 소리는 예수님께 성례적인 의미를 지닌 것이 분명하다. 그러므로 다른 이유가 없이 오로지 이 이유만으로도 그 사건은 객관적이어야만 했던 것이다.

　그러나 성례에서는 대개 확신이 주어지는 것 외에도 무언가 실재(實在)의 것이 전해진다. 그리하여 여기서 소리 다음에 성령의 강림이 뒤따라 일어났다. 신약에 따르면 예수님과 연관되어 성령의 역사하심이 나타나는 획기적인 계기가 세 차례 언급된다. 첫 번째는 이미 동정녀 탄생과 관련하여 이미 살펴본 바 있다. 두 번째는 지금 주께서 세례 받으실 때에 일어나는 사건이다. 그리고 세 번째는 우리 주님의 부활 시에 일어나는데, 이는 사도적 가르침에 속하는 것이다. 여기서 우리는 두 번째 성령 강림의 필연성과 본질을 가능한 한 면밀히 정리하고자 한다. 그 사건이 일어난 시점으로 볼 때에, 그 일이 예수님의 공적 사역에 무언가 특별한 의미를 지녔던 것으로 추정할 수도 있을 것이다. 마치 첫 번째 성령 강림이 그의 인성(人性)의 기원과 조성에 특별한 의미를 지녔으며 또한 세 번째 강림이 주님의 천상의 사역과 관계되듯이 말이다. 세 번째 성령 강림으로 말미암아 주님이 "신령한" 분이 되신 것이다(롬 1:4; 고전 15:45).

물론 예수께서는 성령을 거룩하게 하는 자(the agent of sanctification)로서 받으신 것이 아니다. 만일 그랬다면 그것은 그가 죄성(罪性)을 지니셨던 것이 되며, 또한 복음서에서는 성령께서 그런 기능을 발휘하신 흔적이 어디에도 나타나지 않기 때문이다. 그러나 예수께서는 성령으로 세례를 받으시는 데에서 표현되는 주님의 마음과 목적을 아버지께서 승인하신다는 하나의 보증으로서 받으셨고, 또한 그 일이 완결될 때에 하나님께서 베푸실 효과에 대한 보증으로서 받으신 것이다. 이 점에서는 모든 그리스도인이 세례를 받을 때에 성령께서 인치시는 것과 비슷한 점이 있다. 다만 예수님의 경우는 그 일이 미래지향적이었다(prospective)는 점이 다르기는 하다.

또한 우리 주님은 그의 메시야적 임무의 수행을 위하여 그의 인성을 진정으로 부여받기 위하여 성령이 필요하셨다. 예수께서는 그의 모든 권능과 은혜와, 은혜로운 역사들, 구원의 행위들을 모두 성령을 소유하시는 데에서 기인하는 것으로 간주하셨다(마 12:28; 눅 4:18; 행 10:36-38). 그리고 성령께서는 예수께서 메시야적 임무를 성취하시도록 이렇게 자격을 부여하심으로써, 후에 있을 오순절의 위대한 성령 강림을 위한 초석을 세우신 것이다. 왜냐하면 그 위대한 사건은 그리스도께서 성취하신 사역에 의존하는 것이었기 때문이다. 요한복음 1:33의 다음과 같은 세례 요한의 발언을 이러한 사실이 설명해 준다 하겠다: "(하나님께서) 나에게 말씀하시되, 성령이 내려서 누구 위에든지 머무는 것을 보거든 그가 곧 성령으로 세례를 베푸는 이인 줄 알라 하셨기에." 에피(" … 위에")라는 전치사가 "머무르다"라는 뜻의 동사와 연결되어 목적격과 함께 사용되는 것은 지극히 이례적인 구문법인데, 이런 용법이 여기서 사용되고 있는 것은 어쩌면 이런 사상 때문일지도 모른다. 그것은 예수님에게 영구히 머무르시며 그와 동일시 되시고자 하는 성령의 의도를 나타내는 것 같다. 마태, 마가, 누가도 에피를 사용하는데, 이는 성령께서 예수님께 나아가심을 의미할 수도 있고, 혹은 성령께서 그에게 들어가심을 의미할 수도 있을 것이다.

예수께서 성령을 받으심과 옛 선지자들이 성령을 받은 것이 서로 어떻게
다른지를 조심스럽게 주목해야 할 것이다. 요한복음에서는 하나님이 예수님
께 성령을 주셨음을, 그것도 한량 없이 주셨음을, 명확하게 진술하고 있고
(3:34), 또한 성령께서 예수님 위에 임하여 머무시는 사실을 강조하고 있다
(1:33). 이처럼 성령을 일부분이 아니라 전체로 다 베푸셨다는 사상은 누가복
음의 묘사에서도 찾을 수 있다: "성령이 비둘기 같은 형체로 그의 위에 강림
하시더니"(3:22). 마태복음과 마가복음의 "비둘기 같이"라는 문구는 "내려
오다"라는 동사에 단서를 붙이는 부사의 의미로 이해할 수도 있다. 곧, 성령
께서 (비둘기처럼) 천천히 유유히 움직여 예수님께로 내려오셨음을 뜻하는
것으로 볼 수 있다는 말이다. 그러나 누가의 보도는 그때에 성령께서 비둘기
모양의 객관적인 형체를 취하셨다는 것에 대해 의심의 여지를 남겨두지 않
는 것이다. 성령의 움직임이 비둘기의 움직임을 닮은 것만이 아니라, 성령께
서 비둘기 모양을 닮으셨다는 뜻이다. 그러나 마태복음과 마가복음의 구문
을 취하더라도 전혀 의미가 없는 것은 아닐 것이다. 왜냐하면 천천히 유유히
내려오신다는 것은 곧 오셔서 머무시고 거하실 의도가 있다는 것을 뜻하기
때문이다.

이 점에 있어서도 성령께서 전적으로 강림하셨다는 사실에 못지않게, 성
령께서 일반 선지자들에게 베풀어지신 경우와는 차이가 있다. 선지자들의
경우는 성령의 찾아오심(visitations)을 받았을 뿐이고, 따라서 성령의 영향력
이 지속적이지 못했고 돌발적이었다. 그러나 예수님의 경우는 그의 생애 전
체가 모든 말과 행동 하나하나에까지 성령으로 말미암아 인도하심을 받았던
것이다.

그 밖에, 성령의 모습이 빛이 나타나는 어떤 모양이 아니라 하필 비둘기의
모양을 취했을까 하는 문제에 대해서는 확실히 단언할 수가 없다. 구약은 어
디에서도 성령을 비둘기에 비하는 예가 없다. 구약은 원시의 물질로 생명을
지으시기 위하여 성령께서 혼돈의 수면 위를 운행하시는 것으로 묘사한다.
이러한 사실은, 메시야의 사역이 제2의 창조로서 성령의 이러한 기능을 통해
서 최초의 창조와 하나로 엮어져있는 것이라는 사상을 제시하는 것일 수도
있는 것이다.

세례 후 예수님에 대한 세례 요한의 증언

이제는 예수께서 세례 받으신 후 세례 요한이 예수님에 대해 행한 증언을 살펴보기로 하자. 이때에 세례 요한이 행한 모든 진술들은 예수님에 관한 것들로서 그에 대한 세 가지 지극한 선언들에서 그 절정을 보게 된다. 그 진술들을 주해하면서, 우리는 이 탁월한 선언들에 관심을 집중시키고, 다만 요한복음 3장 마지막 부분 — 여기서 화자(話者)가 과연 누구인가 하는 것이 논란이 되고 있다 — 을 덧붙여 다루고자 한다.

(1) 요한복음 1:15, 30

세 차례의 선언 가운데 첫 번째는 요한복음 1:15, 30에 나타난다. 이 선언은 메시야의 경력을 두 단계로 구분한다. 곧, 그가 세례 요한 다음에 오는, 이를테면, 공적 사역에서 세례 요한을 계승하는 단계와, 또한 그럼에도 불구하고 예수께서 요한이 전면에 등장하기 전에 먼저 계셨던 단계로 구분한다. 여기서 후자의 단계는 구약 아래에서의 메시야의 활동을 지칭하는 것이다. 영어 흠정역은 "is preffered before me"(나보다 우선하는 것은)로 번역하여, 이를 지위에 관한 것으로 이해하나, 시간적인 의미를 지니는 두 절들(즉, "내 뒤에 오시는 이", "나보다 먼저 계심이라" — 역자주)의 중간에 갑자기 지위를 뜻하는 문구가 삽입되었다고 보는 것은 어쩐지 부자연스러워 보인다. 이렇게 번역하게 된 것은 어쩌면, 이 두 번째 절이 시간을 뜻하는 것이라면 그것과 "나보다 먼저 계심이라"라는 세 번째 절과 구별이 되지 않는다는 느낌 때문이었을 것이다. 세 번째 절 역시 시간에 대해 말하는 것이기 때문이다.

그러나 이는 한 가지 중요한 사실을 간과하는 것이다. 곧, 두 번째와 세 번째 절이 영어로는(한국어도 마찬가지다 — 역자주) 매우 흡사하게 들리지만, 헬라어 원문 상으로는 그 둘 사이에 중요한 차이가 있다는 사실이다. 두 번째 절은 **엠프로스텐 무 게고넨**으로 되어 있고, 세 번째 절은 **호티 프로스 무 엔**으로 되어 있다. 두 절이 전치사와 동사 모두가 다르다. **엠프로스텐**은 완료형 동사로 생성(生成)의 영역(the sphere of becoming)에서나 어떤 장면에 등장하는 데 있어서 앞선다는 뜻을 표현하는 것이요, **프로토스**는 미완료과거형으로 존재 양식에 있어서 절대적으로 앞서는 것을 뜻한다. 이것은 주님의 영원한 존재, 즉 보통 그의 선재(先在)라 불리는 바로 그것을 지칭하는 것이다

(참조. 요 1:1, 18). 이렇게 보면 두 번째 절과 세 번째 절을 이어주는 **호티**라는 접속사의 의미가 자연스럽게 설명된다. 그가 구약에서 나타나시고 활동하실 가능성이 바로 시간 이전부터 계신 그리스도의 영원한 존재 속에 있다는 것이다. 그러므로 두 번째와 세 번째 절은 똑같은 것을 반복하는 것이 아닌 것이다.

이 진술이 세례 요한의 그리스도론이 지극히 진보한 것임을 보여주는 동시에 구약과의 연관성도 상실하지 않고 있다는 점이 지적되어 왔다. 이미 본 바와 같이 세례 요한의 언어가 상당 부분 말라기에서 취한 것들인데, 말라기 3:1을 보면 마지막에 있을 강림이 실현되는 데에 세 가지 단계가 있을 것임을 제시하는 것을 보게 된다. 첫째 단계는 "내가 내 사자를 보내리니 그가 내 앞에서 길을 준비할 것이요"에서 나타나는데, 여기서 말하는 사자란 세례 요한을 지칭하는 것이었다. 그러므로 이 단계는 요한의 사역으로 미리 준비되는 바 예수님의 공적 사역을 포괄하는 것이다. 요한은 "내 뒤에 오시는 이"라는 말로써 이를 지칭한 것이다. 그러나 말라기의 같은 본문은 곧바로 이어서 사자가 그의 앞에서 길을 준비할 바로 그 주(主)를 가리켜 "너희가 사모하는 바 **베리트**의 사자(messenger)"라고 부르고 있다. 이는 "여호와의 사자(Angel)"라 불리는 바로 그 인물을 가리킨다. 여호와의 사자에 대해서는 그가 구약의 역사 속에 여러 차례 나타나셨고 개입하셨던 것이 알려져 있다. 그러므로 이 진술은 원칙적으로 "나보다 앞선 것은"이라는 요한의 두 번째 진술을 포괄하는 것이다. 그러나 말라기에는 "나보다 먼저 계심이라"는 요한의 세 번째 절을 암시하는 것도 있다. 그의 성전에 계시는 "너희가 구하는 바 주"(主)가 "베리트의 사자"와 동격으로 동일 인물이 되기 때문이다. 최소한 "너희의 구하는 바 주가 갑자기 그의 성전에 임하실 것이요 또한 너희가 사모하는 바 언약의 사자가 임하실 것이라"가 아니라, " … 그의 성전에 임하시리니 곧 너희가 사모하는 바 언약의 사자가 … "가 올바른 번역이라면 그렇게 된다(한글 개역 개정판의 번역이 정확하다 하겠다 — 역자주). 후자의 번역을 취하면, 두 분의 강림이 — "주"의 강림과 "베리트의 사자"의 강림이 — 동시에 일어날 것을 예언하는 것이 될 것이다. 그렇더라도 여기서 여호와의 강림과 예수님의 강림의 밀접한 관계가 시사되는 것으로 보아도 얼마든지 정당할 것이다. 그리고 이는 세례 요한이 처음부터 선포한 내용의 전반적인 기조와 아주 일치하는 것이기도 하다. 구약에서도 이미 특정한 경우들에서 그 사자와 여호와를 거의 구분할 수 없는 상태로 제시한 바 있다. 만일 사역의 시기에서 요한보다 나중에 오시는 그분이 실제로 여호와 및 그 사자와 같은 분이셨다면, 요한은 지극히 절대적인 의미로 "그가 나보다 먼저 계심이라"고 진정으로 선언할 수 있었을 것이다.

(2) 요한복음 1:29, 36

세례 요한이 발설한 두 번째의 놀라운 증언은 요한복음 1:29, 36에 나타난다: "보라 세상 죄(단수형)를 지고 가는 하나님의 어린 양이로다", 혹은 36절에 단축된 형식으로 진술되는 대로 "보라 하나님의 어린 양이로다." 이는 요한복음에서는 특별히 두드러지게 나타나지 않는 교리를, 즉 그리스도께서 대신 죄를 지심의 교리를 선언하는 것이다. 이처럼 나머지 부분에서 두드러지게 나타나지 않는다는 점이 오히려 이 선언의 진정성(眞正性)을 신뢰할 수 있는 근거가 될 것이다. 요한의 이 진술을 바로 직전에 있었던 예수님이 세례를 받으신 그 큰 사건과 거기에 수반되어 일어난 여러 가지 일들에 비추어 보기만 해도, 이 진술이 그 역사적인 상황을 충실하게 반영하고 있다는 것이 잘 드러날 것이다. 위에서 논의한 바와 같이 마태복음 3:14, 15에서 보도하는 일이 실제로 그때에 일어났다는 것을 전제로 하면 분명 그럴 것이다. 만일 세례 요한과 예수님 자신의 대화에서 나타나는 대로 예수님의 세례를 대리적인 의미로 해석하는 것이 옳다면, 방금 일어난 놀라운 사건을 눈으로 직접 목격한 요한으로서는 그 일을 그렇게밖에는 말할 수가 없었을 것이다. 본문은 자기 자신의 행위와 또한 예수님의 행위에 대한 주석이라 하겠다. 그러나 요한이 이런 주석을 순전히 자기 머리에서 생각해낸 것은 아니었다. 그는 두 번째의 발언("보라 하나님의 어린 양이로다")의 경우에 못지않게 여기서도 구약 성경의 지도에 의존하였던 것이다.

어린 양이라는 표상에 대해서는 두 가지 선례가 구약에 나타난다. 곧, 희생 제사에 쓰인 어린 양과, 또한 이사야 53장에서 여호와의 종을 어린 양으로 표현한 것이 그것이다. 몇몇 학자들은 요한이 이 둘 가운데 어느 하나를 염두에 두었을 것으로 생각하여 둘 중의 하나만을 취할 것을 주장한다. 그러나 어쩌면 이사야에서도 이 둘이 하나로 합쳐져 있었을지도 모른다. 그러나 이사야의 예언과 희생 제사 의식 모두 친숙하게 잘 알고 있었을 요한으로서야 더욱더 쉽게 이 둘 모두를 생각했을 것이다. 그러나, 이사야의 예언에서 어린 양이 처음부터 희생 제사 의식과 연관되어 나타나는 것이 아니라는 점은 인정해야 한다. 어린 양이라는 표현의 주된 의미는 고난과 죽음을 통하여 백성들을 대신하여 섬길 만큼 순결하고 온유하며 기꺼운 상태임을 묘사하는 것이었다. 순결하고 온유한 특성은 어린 양들에게 일반적으로 있는 고유한 성격이다. 그러나 그 성격들이 이사야의 예언에서 특별히 강조되고 있다. 왜냐하면 백성들을 자기 멋대로 방황하는 양들로 묘사하고 있으므로 어린 양의 바로 그러한 특성이 여호와의 종과 백성들의 이러한 죄악된 상태를 서로 대조시켜 주기 때문이다.

그러나 이러한 순결함과 온유함이라는 특성들이 여호와의 종의 성품을 이상적인 것으로 제시하고자 하는 일반적인 목적을 위한 것이 아니라, 그가 다른 이들의 죄를 지기에 합당하고 또한 기꺼이 그럴 의사를 갖고 계시다는 것을 나타내고자 하는 특별한 목적을 위한 것이라는 사실이 곧바로 드러난다. 6절과 7절 사이에서 이런 전이(轉移)가 일어나고 있다. 곧, 순결하시기 때문에 그가 다른 이들의 죄를 지실 수 있으며, 온유하시기 때문에 그가 기꺼이 그렇게 하신다는 것이다. 또한 그가 양들에게 속하여 있다는 점(물론 그들과 구별되지만)도 이 목적을 이루는 것이다. 곧, 양 떼에 속하여 있기 때문에 그가 그 양 떼들을 위하여 고난을 당하실 수 있다는 것이다. 5절과 6절에서는 그가 죽기까지 당하시는 고난의 대리적 성격이 가장 명확한 언어로 묘사되고 있다. 그러나 지금까지는 희생 제사를 상정할 필요가 없다. 왜냐하면 대리성(代理性) 그 자체가 희생 제사의 성격을 갖는 것은 아니기 때문이다. 그런데 10절에 와서는 그것이 달라진다. 여기서는 **아샴**, 즉 "속건제물"이라는 단어가 그 앞에 나오는 모든 진술 전체를 정리해 주는 것으로 명확하게 언급되고 있기 때문이다: "그의 영혼을 속건제물로 드리기에 이르면 … ." 여러 종류의 희생 제사들 가운데 하필 속건제물을 택하여 언급한 것은 아마 우연히 그렇게 한 것은 아닐 것이다. 속건제에는 부채와 상환의 관념들이 고유하게 들어 있으며, 따라서 여호와의 종이 단순히 과실들에 대해서 속죄만 하는 것이 아니라, 적극적인 의미에서 하나님께 지고 있는 빚을 갚기도 한다는 사상이 거기에 담겨 있는 것이다.

여기서 우리는, 이사야서에서 여호와의 종이라는 인물이 이스라엘 백성 전체로부터 아주 서서히 분리되고 있기 때문에, 과연 그 종이 하나의 개별적인 인물을 뜻하는가 아니면 그저 그 백성의 이상적인 상태를 제시하는 하나의 표상에 불과한가 하는 본문 해석상의 논쟁이 일어났다는 사실을 기억해야 할 것이다. 세례 요한은 이런 상황이 예수님의 세례 사건에서 충격적으로 재현되는 것을 보았을 것이 분명하다. 예수님은 그에게 나아오셔서, 자신은 개인적으로 아무것도 고백할 것이 없다는 것을 시인하셨었다. 그는 백성들의 경우는 그렇지 않다는 것은 시사하셨었다. 그들을 위해서는 하나님께서 죄 사함을 얻게 하는 회개의 세례를 제정해 놓으셨던 것이다. 그러나 그는 자신이 백성과 동일하게 되신 사실로 인하여 자신도 세례를 받으실 필요가 있다는 것을 표현하셨다. 세례 그 자체 속에서 극적으로 일어난 이 모든 일이 요한에게는 선지자 이사야가 바라본 상황의 정확한 성취로 나타났던 것이다. 요한에게서 "어린 양"과 "죄를 제거함"이라는 두 개념이 전적으로 함께 생겨난 사실은, 요한복음 1:36의 두 번째 진술에서 "세상 죄를 지고 가는"이라는 분사 구문이 삭제되어 있다는 사실에서 볼 수 있을 것이다. 그것을 구태여 반복할 필요가 없었다. "어린 양" 그 자체가 "죄를 지고 가는 자"이기 때문이다. 그러므로 "세상 죄를 지고 가는"이라는 관계절은 그저 설명을 위해 덧붙여진 것일 뿐이었던 것이다.

"지고 가는"이라고 번역된 **아이론**이라는 분사의 의미에 대해서는 한 가지 논란이 있다. 어떤 이들은 "제거하는"이라는 의미로 보고, 또 어떤 이들은 "스스로 짊어지는"의 의미로 보는데, 헬라어로는 이 둘 중 어느 것도 가능하다. 영어역본들은 전자를 취하여 "which takes away"(제거하는)를 취한다. 영어 개정역(Revised Version) 난외주에는 "bears the sin"(죄를 진다)로 되어 있다. 그러나 만일 그 말이 요한이 방금 증언한 그 상황을 진정으로 표현하는 것이라면, 다른 번역을 취하는 것이 더 나을 것이다. 예수께서 세례를 받으심으로써 행하신 일은 실제로 죄를 제거하신 일은 아직 아니었고, 다만 스스로 죄를 지시는 것뿐이었다. 죄를 실제로 제거하는 일을 위해서는 그의 생애 전체가 드려져야 했던 것이다. 이사야에게서도 부분적으로나마 여호와의 종이 이스라엘의 죄를 맡으시는 것으로 묘사되는 것을 보게 된다. 물론 여기서 실제로 죄를 지는 면이 묘사에서 상당히 강조되는 것은 사실이다. "하나님의 어린 양"이라는 문구는 "여호와의 종"이라는 문구를 정확히 베껴놓은 것이다. 그것은 죄를 지는 이 임무를 수행하는 그 어린 양이 여호와께 속하며 또한 여호와를 섬기는 가운데 있다는 것을 뜻하는 것이다.

마지막으로, 선지자가 묘사하는 "죄를 지는" 행위와 세례 요한이 묘사하는 행위가 각기 포괄하는 범위에 차이가 있다는 점을 주의해야 할 것이다. 이사야에서는 그것이 이스라엘의 죄를 지는 것으로 나타나나, 여기서는 세상의 죄를 지는 것으로 나타난다. 그러나 복음서의 다른 구절들의 경우처럼 여기서도 과연 "세상"이 양적(量的)이 아니라 질적(質的)인 의미로 취해야 하지 않을까 하는 데에는 다소 의문의 여지가 있다. 그러나 그렇다 할지라도, 이사야에서도 이미 보편주의적 사상이 전혀 나타나지 않는 것이 아니다(참조. 52:15).

(3) 요한복음 1:34

예수님의 세례 이후에 행한 요한의 위대한 선언 가운데 세 번째는 요한복음 1:34에서 볼 수 있다: "내가 보고 그가 하나님의 아들이심을 증언하였노라." 여기서 세례 요한은, 예수님께 성령이 임하신 사건에서 하나님께서 세우신 표적을 관찰하고 증언하는 자신의 신실성을 진술하고 있다. "보고"와 "증언하였노라"가 서로 긴밀하게 연결되어 있는 사실에서 하나님의 명령을 즉각적으로 수행하였다는 의미가 묘사되는 것이다. 곧, "내가 보자마자 증언하였노라"라는 뜻이다. 이 문장의 주어인 대명사가 "나 자신"(한글 개역 개정판은 그냥 "내가"로 번역함 — 역자주)으로 표현되어 있다는 사실은, 한 편으로는 이것이 직접 목격한 자의 증언이라는 것을 시사하며, 또 한 편으로는 이것이 공식적인 증언이라는 점을 시사하는 것이다. "하나님의 아들"이라는 칭호의 의미상의 범위에 대해서는 다른 곳에서 이미 살펴본 바 있다.[1]

---

1. G. Vos, *The Self-Disclosure of Jesus*, pp. 140–227 (1926 ed.); pp. 141–226 (1953 ed.)을 참조하라.

여기 나타나는 그 칭호의 의미는 요한복음 전체에서 나타나는 그 동일한 칭호의 의미보다 저급한 것일 수가 없다. 이 점은 본문의 위치를 볼 때에 분명해진다. 요한복음 저자의 진술과 비교할 때에(20:31), 이 본문은 예수님에 대한 최초의 단계의 증언의 절정에 속하는 것이다. 20:31의 진술("오직 이것을 기록함은 너희로 예수께서 하나님의 아들 그리스도이심을 믿게 하려 함이요 또 너희로 믿고 그 이름을 힘입어 생명을 얻게 하려 함이니라")에 따르면, 예수님에 관하여 기록된 내용들은 구주의 신적인 아들이심에 대한 믿음을 일으키게 하기 위하여 기록된 것이라고 한다. 갖가지 에피소드들과 강론들은 바로 이런 목적을 염두에 두고 배열된 것이다. 그러니 세례 요한과 관련된 단락이 이 시리즈 가운데 최초의 것을 이루는 것이 분명하며, 따라서 지금 논의하고 있는 바 아들 되심에 대한 증언이 그 중에 포함되어 있는 이유가 바로 거기에 있는 것이다. 이 칭호가 고귀한 의미를 지닌다는 사실은 또한 세 가지 선언 가운데 첫 번째 선언에서도 나타난다. 거기서 다름 아닌 메시야의 선재(先在)의 사실이 이미 확언된 바 있는 것이다.

(4) 요한복음 3:27-36

이 세 가지 위대한 발언들에 덧붙여 3:27-36의 단락을 살펴볼 필요가 있다. 이 단락은 7-30절과 31-36절의 두 부분으로 나뉘어진다. 첫 부분에서는 복음서 기자가 세례 요한을 화자(話者)로 제시한다는 것이 공통적인 의견이다. 이는 요한의 제자들이 요한보다 예수님이 더 큰 인기를 얻고 있다고 보고했을 때에 요한이 그들에게 한 말이다. 요한의 제자들은 예수님의 지위가 더 높다는 것을 불평한 것이 아니라 다만 예수께서 세례 베푸는 일을 통하여 요한의 활동 영역에서 경쟁자로 떠오르고 있다는 것을 불평한 것이다. 이것은 사실에 대한 진술로서는, 최소한 부분적으로만은, 옳은 것이었다(참조. 4:2). 예수께서는 자기 자신과 요한 사이에 경쟁 관계가 생길 가능성을 상정하는 것 자체가 어리석다는 것을 드러내시고 결국 요한을 높여 주신다. 예수께서는 하나님의 모든 사자들과는 비교할 수 없이 높이 계신 분이시므로, 요한으로서는 그에 대해 질투를 품는다는 일은 상상할 수도 없는 일이었다. 이는 마치 신랑의 친구(혼인 잔치를 주관하는 자)가 신랑에 대해 질투하는 일이 있을 수 없는 것과 같은 이치였다. 그의 임무는 자기 자신을 눈에 띄지 않게 하는 것이요, 그의 최고의 기쁨이 바로 거기에 있는 것이다: "나는 이러한 기쁨으로 충만하였노라"(29절). 이 "신랑"이라는 표상이 이스라엘에 대한 여호와의 관계를 생각나게 한다는 점을 주목하라.

31절 이후부터는 세례 요한이 여전히 화자인지, 아니면 요한복음 기자가 세례 요한이 언급한 주제에 대해 자기 자신의 생각을 삽입시키고 있는지가 명확하지 않다. 이 두 견해 모두 각기 지지할 만한 근거들이 있기 때문이다. 이 강화(講話) 속에는 예수님과 요한복음 기자의 특징적인 사상들이 들어 있는 것 같다. 요한복음 기자도 갖가지 상황 속에서 예수께서 말씀하신 바를 기억하면서 복음서를 기록했을 것이다. 그런 요소들에는 다음과 같은 것들이 있다. 즉, 그리스도께서 초월적인 세계로부터 강림하심, 하늘의 일들에 대한 그리스도의 지식이 경험적인 성격을 띰, 그가 하나님과 동일시되시므로 그의 말씀을 듣는 것이 바로 하나님의 참되심을 인치는 것임, 계시의 영역에서 그가 지니신 전포괄적인 권위, 영생의 매개물로서의 믿음의 기능 등이다. 특히 바로 앞 단락의 니고데모와의 대화에는 이런 요소들 가운데 몇 가지들과 관련하여 정말 놀라운 일치점이 있다.

이런 논지에 반하여 또 한 가지 무게 있는 논지가 제시된다. 곧, 예수님과 경쟁하려는 시도가 어리석은 일이라는 세례 요한의 진술을 마무리하는 데에 31-36절의 부분이 필수적이라는 것이다. 그런 시도가 불가능하다는 공식적인 확언은 바로 앞 부분에서 제시한 바 있다. 그러나 그런 자세를 갖지 말아야 할 최고의 이유는 아직 제시되지 않았다. 물론 요한복음 기자가 세례 요한의 진술이 예비적이고 한 쪽으로 치우친 것임을 감지하고서, 자신의 보다 충만한 지식에 따라서 예수님의 초월적인 본성과 기원(단순히 그의 직분만이 아니라)을 다루는 이러한 강화로써 마무리한 것일 가능성도 있는 것은 사실이다. 요한복음 기자가 실제로 그렇게 한 것이 맞다면, 그는 고도의 기술로 마무리한 것일 것이다. 앞부분의 세례 요한의 진술에서 나타나는 몇 가지 중요한 요점과 연결되도록 잘 맞추어서 자신이 말하고자 하는 바를 기술한 것일 것이다. 이러나 이처럼 둘 사이에 접촉점들이 있다는 것은 우리가 아직도 세례 요한의 사상의 범위 내에 있다는 반증이 되기도 하는 것이다. 그렇기 때문에 어떤 견해를 취해야 할지가 매우 어려운 문제다. 30절 이후에는 일인칭 대명사가 나타나지 않는 점을 주목할 수 있는데, 이는 과연 화자가 누구인지를 정하는 데에 도움이 되며, 그렇게 본다면 이것을 요한복음 기자의 말로 보는 견해 쪽을 다소 선호하게 될 것이다.

여기서 우리는 그 강화 전체가 제시되도록 한 역사적 상황과 연결되는 이 접촉점들을 간략하게 제시하는 것으로 만족하고자 한다. "위로부터 오시는 이"(31절)는 27절을 상기시킨다. 이에 대한 대비가 세 가지 진술에서 나타난다: "땅에서 난 이"(세례 요한의 기원에 땅에 있음을 밝힘), "땅에 속하여"(요한이 지상적인 방식으로 존재함을 밝힘), "땅에 속한 것을 말하느니라"(계시-증언이 지상적 양상을 띤다는 것을 밝힘). 이 세 가지 진술에 대비되어 "만물 위에 계시나니"라는 진술이 반복되므로, 이 진술의 의미를 충만히 드러내기 위해서는 이를 세 가지 방향에서 이해해야 할 것이다. 그리스도의 계시의 절대성이 그 경험적 성격으로써 보장되며("그가 친히 보고 들은 것", 32절), 또한 32절의 나머지 부분에서는 그 상황의 비극적인 요소가 제시되는데("그의 증언을 받는 자가 없도다"), 이처럼 비극적인 상황에 대해 주목하는 것은 자기를 감추는 세례 요한의 독특한 자세에서 나타나는 것으로서, 그의 모든 사역에 대한 예수님의 사랑어린 인정이 이로써 더욱더 감동스럽게 드러난다. 또한 동시에 "받는 자가 없도다"라는 진술에서 우리는, "사람이 다 그에게로 가더이다"(26절)라는 요한의 제자들의 푸념을 교정시키는 의미가 내포되어 있음을 보게 된다.

요한복음 1장에 기록된 사실들을 볼 때에, "그의 증거를 받는 자가 없도다"라는 말이 과장된 것처럼 보일 수도 있을 것이다. 그러나 그 말이 무슨 의미인지를 33절이 설명해 주고 있다. 곧, 하나님의 증언을 받는 일에 반드시 결부되는 바 그 절대적이며 포괄적인 의미로는 아무도 그의 증언을 받아들이지 못했다는 뜻이다. "하나님이 보내신 이는 하나님의 말씀을 하나니"(34절)라고 말씀하는데, 이 말에서와 또한 거기에 덧붙여져 있는 동기에 대한 설명("이는 하나님이 성령을 한량 없이 주심이라")에서, 화자는 27-30절에서 살펴본 공식적인 관점에 근거하여 추론하는 데에로 다시 돌아가고 있는 것 같다. 이 동기에 대한 올바른 해석은 위에서 이미 설명한 바 있다. 이는 "성령 전체를 주시는 일을 뜻하는 문자적인 의미에서 성령을 주시는 일이 있을지라도, 이 경우와는 결코 비교할 수 없을 것이라"는 의미다(여기서 동사를 부정하고 또한 직접 목적어를 생략함으로써 그것을 일반적인 명제로 만든다는 점을 주목하라).

35절의 "아버지께서 아들을 사랑하사 만물을 다 그의 손에 주셨으니"는 세례 시에 하늘로부터 임한 소리를 지극히 생생하게 상기시키는 것으로서 예수님을 메시야 직분을 위하여 선택하셨음을 선언하는 것이라 하겠다. 그런 선택에는 아들에게 만물을 다 맡기시는 일이 포함되는 것이기 때문이다. 마지막으로 36절은 앞에서 제시한 예수님과 그의 직분의 객관적인 특징들에 근거하여, 거기에 따르는 실질적인 결과를 제시한다. 곧, 그를 믿는 자에게는 영생이 따르고, 그를 믿지 않는 자는 생명에서 제외되며 하나님의 진노 아래 영원히 거하는 결과를 맞으리라는 것이다. 이것이야말로 요한복음에 나타나는 예수님과 또한 요한복음 기자의 가르침에 가장 가까이 다가가는 것 같다. 영생이 현재에 위치하며, 하나님의 진노도 그렇다. 진노가 머물러 있다고 하기 때문이다. 여기서 "영생을 보지 못하고"와 "그 위에 머물러 있느니라"는 모두 종말론적으로 이해해야 한다. 곧, 생명을 바라보는 것이 바로 그 종말의 시점에 속하며, 진노를 제거하는 일이 바로 그 시점에서 부인되는 것이다.

제 4 장

예수님의 시험에서 나타난 계시

광야에서 받으신 시험

우리가 보통 "예수님의 시험"이라 부르는 것은 얼핏 보면 그의 공적 사역의 앞 마당에 잘못 놓인 돌처럼 보인다. 그러나 자세히 살펴보면 그것이야말로 그 앞의 일들과 그 뒤의 일들과의 연결에 없어서는 안 될 중요한 것이라는 것을 발견하게 된다. 이러한 연결성을 진정으로 인식하지 못하기 때문에, 성경 본문이 실재적인 사건으로 제시하고 있는 내용의 역사성과 객관성에 대해 의심이 일어난 것이다. 사람들은 복음서의 역사를 신화론적 원리로 해석하는 이론에 근거하여, 예수님의 시험 이야기는 메시야와 사탄이 서로 대면하는 것이 종말의 드라마에 필수적이라는 사상을 이야기 형태로 구체화시켜 놓은 것이라고 보아왔다. 이 이론에 따르면, 그가 진짜 메시야라면 그에게 반드시 그런 일이 일어나야 했고, 따라서 예수님에게 그런 일이 일어난 것으로 묘사한 것이라고 한다. 예수님 자신은 이 기사를 생각해 내거나 만들어 내는 일에 하등 관계가 없었고, 신화론(神話論: mythology)이 그 틀을 세워놓았고 또한 구체적인 내용들은 구약 역사에서 빌려온 것이라는 것이다.

또한 비유적 이론(parabolic theory) 역시 이에 못지않게 이 시험 이야기를 예수님의 실제의 삶과 괴리시킨다. 이 이론에 의하면, 예수께서 이 시험 이야기를 제자들에게 하셨는데, 사실적인 의미로 받아들이도록 하려는 의도가 아니라 단순히 하나의 비유로 가르치신 것뿐이라고 한다. 곧, 예수님 자신의 생애 동안에 수많은 유혹거리들이 닥쳐와서 그를 넘어뜨리려 한다는 것을 전달해 주려고 말씀하신 하나의 비유인데, 제자들이 이런 의도를 잘못 이해하여 그것을 구체적으로 발생한 하나의 사건에 대한 이야기로 바꾸어 놓았다는 것이다. 이 견해에 따르면, 예수께서는 이 이야기가 생겨난 일에 최소한 약간은 관련이 있으셨던 것이 된다.

이 두 견해들에 반하여 구체적으로 발생했던 이 사건의 역사성을 견지하기 위해서, 우리는 마태복음 12:29의 증언을 제시할 수 있을 것이다. 여기서 예수께서는 강한 자의 집에 들어가 그를 묶는 일과, 또한 그 강한 자의 세간을 강탈하는 일을 서로 구별하신다. 전자는 무언가를 할 수 있도록 가능성을 확보하는 것이요, 후자는 그 가능성을 행동으로 실천에 옮기는 것이다. 그 세간을 강탈하는 것이 대체 무엇인지를 문맥을 통해서 분명히 알 수 있다. 그것은 곧 귀신들을 내어쫓는 것이다. 결국 그 이전에 강한 자를 묶은 것은 귀신을 소유한 자에게 무언가를 행한 것으로 이해해야 하는 것이다. 신약의 한결같은 가르침에 따르면, 귀신들은 사탄에게 속한 존재들이다. 자, 예수께서는 여기서 비유적인 언어를 사용하고 계시지만, 그렇다고 해서 그 비유 뒤에 구체적인 어떤 상황이 자리잡고 있다는 사실이 바뀌는 것이 결코 아닌 것이다. 우리 주님께서는 그 많은 말씀 중에서도, "귀신을 내어쫓기 전에 내가 시험을 통과해야 했노라"라는 식의 말씀은 하지 않으셨으나, 그와 관련되는 무언가 확정적인 일을 언급하신 것은 분명할 것이다. 그리고 그 일이 귀신들을 처음 내어쫓으신 사건 이전에 일어난 것이 분명하기 때문에 우리가 어느 정도까지는 그 시기를 가늠할 수 있을 것이고, 바로 그 일이 주님의 공적 사역의 시초에 일어난 것으로 추정할 수 있는 것이다.

이 비유를 사람이 먼저 자기 속의 악을 이긴 후에야 비로소 바깥에서 오는 악을 공격할 수가 있다는 뜻으로 희석시켜서 이해하는 현대적인 해석들이 있으나, 이것은 이 비유의 내용들과 잘 들어맞지 않는다. 강한 자의 집에 들어가는 것은 유혹에 빠지는 것에 대한 묘사로는 자연스럽지 못하다. 오히려 무언가 그보다 더 능동적이고 의도적인 것을 그리는 것이다. 이 말씀이 본질상 비유라는 것 때문에 이것을 신비로우면서도 지극히 실재성을 띠는 주님의 시험의 기사와 관련짓기를 거부하는 자들이 있으나, 이를 거부한다면 결국 다른 설명들을 — 가능한 위에서 언급한 것보다는 현대적인 냄새가 덜 나는 그런 설명들을 — 시도할 수밖에 없게 된다. 그리고 특히 비유적 견해는

예수님의 무죄성(無罪性)에 대한 믿음을 저해하는 심각한 위험 요인이 되기
도 한다. 왜냐하면 그것은 예수께서 자기 속에서 거듭거듭 도덕적인 갈등을
감내하시고 난 후에야 비로소 승리의 열매를 거두셨다는 것을 암시하는 것
이기 때문이다.

　이 마태복음의 비유는 귀신을 내어쫓은 사건의 역사성을 보증해 주는 동
시에 그 사건의 객관성도 보증해 준다. 여기서 그러한 사건의 객관성
(objectivity)과 유형성(有形性: corporealness)을 구별하지 못하여 사고의 혼란
이 초래되는 경우가 많다. 후자에는 전자가 포함되나 전자에는 후자가 포함
되지 않는다. 인격적인 존재들 간의 만남은, 특히 그 만남이 초감각적인 세
계에서 이루어질 때에는, 구태여 유형적으로 인지할 수 있는 영역에 들어가
지 않더라도 얼마든지 객관성을 띨 수가 있는 것이다. 귀신을 내어쫓은 그
사건이 어느 정도나 유형성을 감지할 수 있는 것이었느냐 하는 것은 그 묘사
에 사용되는 언어에서 추정할 수밖에는 없고, 이 마태복음의 비유에 근거하
여 선험적으로 결정할 수는 없는 것이다. 그러나 그 결과로 볼 때에 그 사건
은 분명 객관성을 지닌 것이었다. 귀신을 내어쫓는 일이 객관성을 띠므로,
그 원인 역시 동일한 영역 내에 있는 것으로 보는 것이 자연스러운 것이다.
현대의 온갖 뒤틀린 사고들이 있으나, 예수께서 귀신들이 실제로 존재하며
이야기를 나눌 수도 있고 답변을 제시할 수도 있고 해로운 권능을 행사할 수
있는 그런 초자연적인 존재들로 여기셨다는 데에는 의심의 여지가 없다. 이
모든 사실들을 미신에 속하는 것으로나 혹은 심리적인 혼란 상태에서 오는
것으로 치부해 버리는 일은 분명 복음서 기자들의 마음과는 어긋나는 것이
다. 누구든 예수님을 이 모든 초자연적인 현상들과 분리시키기를 바라는 사
람은 신학적인 혹은 철학적인 선험적 전제들에 근거하지 않고서는, 아니면
기록된 사실들을 이방 종교의 영역에서 나타나는 현상들과 같은 것으로 간
주하지 않고서는 그렇게 할 수가 없는 것이다.

　마태복음 12장의 구절은 예수님의 시험에 대하여 또 한 가지 정보를 제공
해 준다. 바리새인들과의 논쟁에서 주님은 귀신들을 내어쫓는 일이 하나님
의 성령께서 행하시는 일임을 주장하신다. 바리새인들이 예수님의 처사를
탄핵하면서 바알세불, 즉 사탄을 언급했기 때문에, 주께서 성령을 언급하시

게 된 것이다. 그러나 여기서 성령을 소개하시는 이유가 한 가지 더 있다. 우리는 시험 기사에서 하나님의 영이 두드러지게 나타나는 것을 보게 된다. 예수께서는 성령의 인도하심을 받아 광야로 들어가셔서 마귀에게 시험을 받으셨다(마태복음). 성령께서 동일한 목적으로 그를 광야로 몰아내셨다(마가복음). 예수께서는 성령에 충만한 상태에서 성령의 인도하심을 받아 광야로 들어가셔서 사십 일 동안 계시며 마귀에게 시험을 받으셨다(누가복음).

이런 진술들에서 우리는 두 가지를 배울 수 있다. 첫째로, 그를 이끄사 시험을 받게 하신 그 영은 바로 메시야이신 주님 안에 계신 성령이셨다. 세례 기사와 시험 기사가 밀접하게 전후 관계로 연결되어 있다는 점으로 볼 때에 이는 의심의 여지가 없는 사실이라 할 것이다. 예수께서 메시야적인 영을 받으시자마자 그 영이 그런 자격으로 기능을 발휘하기 시작하셔서 그를 시험에로 인도하신 것이다. 처음에 이를 행하신 그 동일한 성령께서 후에는 그로 하여금 귀신들을 내어쫓을 수 있도록 하신 것이다. 처음 시작부터 그 일은 분명한 프로그램대로 수행된 것이었다.

둘째로, 성령의 후원 하에 행해졌으므로 그와 같은 일은 그 이면에 하나님께서 친히 서 계시는 역사(役事)였다는 것이다. 그렇기 때문에 우리의 용어를 사용하여, 이 일이 한 편에서는 사탄의 행위였지만 다른 한 편에서는 하나님의 적극적인 메시야적 목적을 시행해 나가는 것이었다는 점을 상기하는 것이 유익할 것이다. 이 사건을 사탄의 시각에서는 "유혹"(temptation)이라 부르고, 하나님의 고상한 목적의 시각에서는 예수님에 대한 "시험"(probation)이라 부르는 것이 이 점을 가장 잘 표현하는 길일 것이다. 그리고 이런 사실을 염두에 두면, 예수님과 관련해서 이 사건의 유일한 목적이 예수님의 무죄성을 입증하는 것이라는 식의 생각이 사라지게 된다. 그 사건의 뒤에 있었던 하나님의 목적이 그저 예수님으로 하여금 전혀 계획에 대해서 모르신 채로 무의식적으로 이끌려 어떤 경험을 하게 하시는 데 있었을 리가 없는 것이다. 주님을 그저 의지도 반응도 없는 충동의 대상으로만 만들어 버렸을 그런 성령의 활동에 대해서는 복음서 어디에서도 그 흔적을 찾을 수가 없고, "예수를 광야로 몰아내신지라"라는 마가복음의 보도는 그런 식으로 이해하도록 의도된 것이 아니고, 오로지 성령의 강력한 활동을 강조하는 것뿐이다. 예수께서도 동일한 에너지로 그런 성령의 활동에 응답하셨던 것이다.

주님의 시험과 우리 자신의 시험

우리가 이 사건의 중요한 의의를 올바로 가늠하지 못하는 것은, 그것을 우선적으로 우리 자신들이 당하는 시험들과 비슷한 것으로 여기는 경향과 습관에서 비롯되는 면이 적지 않다. 그렇기 때문에 우리가 그 사건을 지나치게 부정적으로 취하며, 또한 그 사건을 그 자체로서 바라보는 면이 부족한 것이다. 우리들의 경우에 시험은 주로 어떻게 하면 그것을 통과하며 아무런 손실이 없이 거기에서 빠져나오느냐 하는 문제를 제기한다. 그러나 예수님의 경우는, 물론 그런 점도 없지는 않았으나, 손실을 피하는 것이 아니라 적극적인 유익을 확보하는 문제에 더 높은 관심이 있었던 것이다. 이 점을 잘 보기 위해서는 이 시험을 구약 역사에서 그보다 앞서서 있었던 한 가지 경우와 비교해 보아야 할 것이다. 곧, 창세기 3장에 보도되고 있는 아담의 시험이 바로 그것인데, 그 시험 역시 똑같이 양면성을 띤 목적을 지녔던 것이다.

이것은 순전히 우리가 만들어 낸 신학적 구성 같은 것이 아니다. 누가도 최소한 이와 비슷한 것을 염두에 두었던 것 같다. 먼저 예수님의 계보를(마태와는 달리) 아담에까지 소급해 올라가고, 곧바로 이어서 이 둘째 아담의 시험 기사를 보도하고 있는 것이다. 그러나 예수님의 시험과 아담의 시험은 서로 비슷한 점도 있고 동시에 다른 점도 있다는 사실을 기억해야 할 것이다. 아담은 말하자면 깨끗한 상태로, 아무것도 원상복귀시켜야 할 것이 없는 상태로 출발했다. 그러나 예수님의 경우에는 영생을 확보하기 위한 적극적인 행동을 개시하시기에 앞서서 중간에 방해하는 모든 죄의 기록을 지워버리셔야 했던 것이다.

이런 차이에 대한 가장 명확한 진술은 바울이 로마서 5장에서 제시하고 있다(특히 15절을 보라). 예수님의 시험이 이처럼 기존의 죄를 속죄로 제거하는 일과 연관되어 있다는 점을 생각하면, 예수님의 시험에는 순종을 위하여 강인한 의지가 발휘되는 요소만이 아니라 바로 우리를 대신하여 고난과 굴욕을 당하시는 요소가 있다는 사실을 분명히 보게 될 것이다. 이 점에서도 예수님의 시험과 우리의 시험은 서로 차이가 있는 것이다. 우리에게는 시험을 당한다는 것이 특별히 굴욕적일 것이 없다. 왜냐하면 우리는 죄가 우리 마음속에 있는 것 때문에 이미 굴욕을 당하고 있는 상태요 따라서 유혹이 그 죄를 부추겨도 별달리 굴욕을 받을 것이 없기 때문이다. 그러나 예수님의 경우는 이와는 전혀 다른 것이다.

지금까지 여러 가지를 논했으나, 그렇다고 해서 우리의 시험과 예수님의 시험이 서로 비슷한 점이 있다는 사실이 완전히 사라지는 것은 아니다. 잘 아다시피 신약에서 히브리서가 특히 이 점을 강조하고 있다. "똑같이 시험을 받으셨으나 죄는 없으시니라"(4:15), 곧, 예수님의 경우에는 시험을 받으셨으나 그 결과로 죄를 얻으신 것이 아니라는 뜻인데, 아주 드물게나마 이 말씀을 우리에 대해서도 적용할 수 있을 것이다. 그러나 히브리서 기자는 여기서 예수께서 공적 사역의 시초에 겪으신 시험을 특별히 염두에 두는 것이 아니고, 오히려 그의 사역 마지막의 고난을 염두에 두고 있는 것이다(히 5:7-9).

이제는 그 시험이 그 이후의 예수님의 구속 사역의 수행을 위하여 어떤 방식으로 뒷받침하는지를 좀 더 정확히 규명할 차례가 되었다. 지금까지는 귀신들을 내어쫓으신 일이 그 시험에서 비롯된다는 것을 발견한 것이 전부다. 그러나 이제는 어떤 원리로 그렇게 되는지를 물어야 한다. 그 원리는 예수님의 사역의 열매들에 대한 예상의 원리인데, 그러한 예상은 그 사역 자체에 대한 원리상의 부분적인 예상에 기초하는 것이다. 귀신들을 내어쫓는 일은 그의 생애의 싸움에서 얻으신 전리품의 일부였다. 그러나 그 사역이 아직 시작되지 않은 때에 벌써 그 일(귀신들을 내어쫓는 일)이 행해진 것이다. 요한복음에서는 예수님의 편에서와 제자들의 편에서 그런 열매를 예상한다는 사상이 자주 나타나는데, 여기 공관복음에서도 동일한 사상이 나타나는 것이다. 그러나 귀신들을 내어쫓는 일은 우리 주님의 구원 사역의 지극히 작은 부분에 지나지 않고, 사실상 그것에 근거하여 그렇게 비중 있는 논지를 끌어내기에는 너무나 작은 부분이라고 반박할 수도 있을 것이다. 그러나 어쩌면 주님은 그 일에 대해서 현대인들의 경향과는 다소 달리 판단하셨을 것이라 여겨진다. 여하튼 주님은 하나님 나라의 강림을 그의 사역의 이 부분과 연관지으셨고(마 12:28; 눅 11:20), 또한 세 공관복음 모두에서 사탄의 나라와 하나님 나라 사이의 대립 관계가 예리하게 제시되고 있다. 사탄의 나라가 가는 곳에 사실상 하나님 나라가 돌진해 들어가는 것이다(참조 마 12:30; 눅 11:23).

주님의 시험이 취하는 특별한 형식

이제는 주님이 당하신 유혹 혹은 시험이 어떠한 구체적인 형식을 취했는 지를 살펴보아야 할 차례가 되었다. 이에 대해서는 두 가지 가능성이 제기된 다. 예수께서는 자신의 메시야 직분과는 특별히 관계가 없는 문제에서 유혹을 받으셨고, 그리하여 그에게 부추겨졌던 죄악된 행동이 윤리적인 법 아래 있는 모든 사람에게 유혹거리가 될 수 있었을 수도 있다. 아니면, 예수께서는 그의 메시야적 소명과 모종의 관련이 있는 방식으로 시험을 받으셨고, 따라서 그 시험은 만일 거기에 넘어가면 특별히 메시야적인 죄를 범하게 되는 그런 시험이었을 수도 있다.

처음 두 가지 시험은 "네가 만일 하나님의 아들이어든"이라는 말로 시작되므로, 분명 예수님의 메시야로서의 지위와 결부되는 것이다. 세 번째 시험에서는 그런 명확한 언급이 없지만, 거기서는 우리 주님의 신적 아들 되심과 우상 숭배의 문제를 동시에 거론하는 것은 서로 모순이라는 사상이 명확히 드러난다. 그러므로 이 세 번째 시험 역시 메시야적인 것이다. 그런데 그럼에도 불구하고 예수께서 제시하신 답변들은 일반적인 인간의 입장에서 제시되는 것처럼 보인다: "사람이 떡으로만 살 것이 아니요", "주 너의 하나님을 시험하지 말라 하였느니라", "주 너의 하나님께 경배하고 다만 그를 섬기라 하였느니라." 여기서는 자신이 메시야이신 사실에 대해서는 전혀 언급이 없는 것이다.

그러나 바로 시험과 답변이 이처럼 서로 엇갈리는 사실에, 이 위기의 시점에서 일어난 근본적인 일을 올바로 이해하는 열쇠가 있는 것이다. 여기서 주목할 것은 예수께서 자신의 메시야적 지위를 직접 언명하시지는 않으나, 부인하지도 않으시고, 오히려 간접적으로 그것을 인정하신다는 점이다. 만일 "나는 하나님의 아들이 아니다"라고만 했다면, 그 시험 전체를 단번에 종결지을 수 있었을 것이다. 그러나 주님은 그렇게 하지 않으셨고, 따라서 문제는 바로 이것이다. 곧, 메시야 직분과 또한 일반적인 사람의 처신에 대한 윤리적 규범에 굴복하는 일이 어떻게 함께 나아갈 수 있는가? 하는 것이다. 이론적으로 볼 때에 메시야는 보통 사람에게 부과되어 있는 특정한 제한 사항들에서 면제되어 있다고 생각할 수도 있을 것이다. 그렇다면 예수께서 메시야시니 배가 고프실 때에 그가 돌들을 변하여 떡이 되게 하신다 해도 죄를 범한 것이 아닐 것이다. 자연의 갖가지 제한적인 상황에 굴복하시기보다는 자연을 향하여 주권자의 자세를 취하셨을 수도 있을 것이다. 그런데 만일 그가 하나님께 의지하여 자신의 생명을 유지하시는 등, 스스로 일반 사람처럼 처신하기를 고집하신다면, 이는 그가 참으로 메시야이시면서도 고통이 따르는 이런 피조물들의 한계점들을 지닐 수밖에 없는 하나의 과정을 통과하고 계신다는 뜻인 것이 분명할 것이다.

그는 낮아지심의 상태에서 메시야로 존재하셨다. 그 상태를 통과하고 나면, 높아지심의 상태가 이어질 것인데, 그 상태에서는 지금 그에게 시험거리로 제시되고 있는 이 갖가지 것들이 완전히 정상적이며 허용될 만한 것들이 될 것이다. 그의 삶이 현재 낮아지심과 섬김의 법칙 아래 있기 때문에, 본래는 죄악된 것이 아니었던 것이 그의 경우에 죄악된 것이 되었다. 사탄의 관점에서 볼 때에 그 시험의 저의는 바로 그를 이런 섬김과 낮아짐의 정신과 자세로부터 끌어내어, 고난이 없이 곧바로 그의 메시야로서의 영광을 얻기를 바라는 본성적인 욕망에 굴복하도록 만들려는 데 있었다. 그런데 사탄이 주님께 건너 뛰시기를 제안하는 바 이 메시야직의 예비적 단계는 하나님 아래서 고난을 당하는 사람의 처지나 경험과 전반적으로 일치하는 것이다. 그리하여 사탄은 주님께 원칙적으로 하나님과 다를 바 없는 초인(超人)처럼 행동하라고 강권하지만, 우리 주님은 사람의 합당한 본분을 거듭 강조하시면서 자기 자신을 높이기를 거부하시는 것이다. 이와 관련하여, 예수께서 사탄을 물리치신 말씀들이 토라, 즉 율법책(신명기)에서 취한 것이라는 사실은 지극히 의미심장하다. 예수께서는 스스로 율법 아래 처하심으로써, 진짜 문제의 핵심은 곧 낮아짐을 택하느냐 아니면 영광의 상태에 속하는 대권(大權)들을 주장하느냐 하는 데에 있다는 점을 사탄에게 상기시키기를 원하신 것이다.

주님의 시험에 대한 해석

예수님이 당하신 이 위기에 대하여 위에서 제시한 해석은 상투적인 "예수의 생애"에서 흔히 접할 수 있는 해석이나 혹은 복음서 이야기들을 도덕적인 것으로 제시하는 해석들과는 다소 다르다. 일반적으로 접할 수 있는 이론은 바로 예수께서 이 시험에서 유대인의 부패와 메시야 대망의 퇴폐 상태를 세 가지 방향에서 나타나는 그 주요 악들을 따라서 거부하신 것으로 보는 것이다. 첫 시험에서 그는 메시야직을 자기 자신의 목적이나 필요를 위하여 이기적으로 남용하려는 사고를 일축하신 것이라고 주장한다. 메시야는 자신의 초자연적인 능력을 자기 자신의 배고픔을 해결하는 데에 사용해서는 안 된다. 그의 메시야로서의 처신은 시종일관 이타적이어야만 한다는 것이다. 둘째 시험에서는 예수님이 이적을 일으키는 메시야의 역할을 담당함으로써 섬김을 받고자 하는 이기적인 야망을 위하여 메시야직을 남용하기를 거부하신 것이라고 한다. 그리고 셋째 시험에서는 그가 정치적이며 민족적인 메시야 관념을 — 이것 역시 앞의 두 가지와 마찬가지로 영광에 대한 탐욕에 호소하는 것이다 — 단번에 거부하신 것이라고 한다. 이제 우리는 이 견해가 예수께서 사탄의 제의들에 대해 주신 답변들과 일치하지 않는다는 것을 보게 될 것이다. 어쨌든 예수님은 사탄의 계교를 그런 식으로 취하신 것이 아니다.

개별적인 시험들을 해석할 때에, 우리 주님의 답변들이 있어서 그 시험들의 내적인 의도를 거꾸로 추적해 들어갈 수 있다는 것은 매우 다행스런 일이라 하겠다. 주께서는 사탄의 시험에 대해 그 의도를 정확히 간파하셔서 답변하고자 하신 것이니 말이다. 주님의 답변의 의미가 사탄의 의도를 알려 준다는 것이다. 게다가, 그 답변들이 성경에서 취한 것들이며 또한 예수께서는 그 성경 본문들의 진정한 의미와 의도를 정확히 파악하신 것으로 간주할 수 있으므로, 우리는 문맥에 근거한 올바른 본문 주해를 통해서 그 본문들의 요점이 무엇인가를 알 수 있고, 따라서 예수님의 답변의 요점이 무엇이었으며 또한 그 시험들로 사탄이 노린 것이 무엇이었는가를 추정할 수 있는 것이다.

신명기 8:3

첫째 시험에 답변으로 우리 주님은 신명기 8:3을 인용하셨다: "사람이 떡

으로만 사는 것이 아니요 여호와의 입에서 나오는 모든 말씀으로 살 것이니
라." 이 문맥 속에서 여호와께서는 이스라엘 자손들에게, 그가 초자연적으
로 만나를 내리셔서 그들을 먹이신 의도가 자연적인 과정이 없이도 양식을
공급하시는 하나님의 능력을 배우도록 가르치시기 위함이었음을 상기시키
신다. 이 말씀은 하나님의 말씀이 공급하는 영의 양식과 물리적인 방식으로
공급되는 육신의 양식을 서로 대조하는 것이 아니다. 사실 그런 대조를 가르
치기 위해서 이스라엘 자손이 그런 경험들을 했다면, 그것은 교육 방법치고
는 참 좋지 않은 방법이었을 것이다. 더욱이 신명기의 강화에는 그런 식의
주해는 조금도 접촉점이 없다. 예수께서는 이스라엘 자손들에게 적용되는
것과 본질적으로 동일한 방식으로 이 말씀의 참된 의미를 자기 자신에게 적
용시키시는 것이다. 그는 성령의 이끌림을 받아 하나님께서 그가 주리시기
를 기대하시는 그런 상황 속에 들어가셨다. 신명기의 문맥 속에 "(시험을 통
하여) 알기 위함"과 "낮추기 위함"이라는 단어들이 나타나는 것을 주목하
라. 그러므로 시험은 바로 오랜 동안 계속되는 금식에도 불구하고 하나님을
그의 생명을 유지시키실 수 있는 분으로 믿고 절대적인 신뢰를 시행해야만
하는 필연성을 예수님 앞에 두는 데에 있는 것이다. "여호와의 입에서 나오
는 말씀"이란 자연의 수단이 필요 없이 홀로 이적을 일으키는 전능자의 말씀
을 가리킨다.

　예수께서 보이신 마음의 상태를 포괄적으로 표현하는 것으로 "믿음"
(faith)이라는 단어가 가장 좋을 것이다. 다만, 그렇게도 풍성한 의미를 포괄
하는 이 말이 이 현재의 경우에 어떤 내용을 담고 있는지를 기억해야 할 것
이다. 여기서 예수께서 믿음을 발휘하셨다는 것은, 고통을 당하면서도 그것
을 견디어 나가는 영웅적 자세를 실천하는 것보다 훨씬 더한 것이었다. 그런
영웅적 자세가 그의 "믿음"의 일부를 이루는 것은 사실이다. 믿음의 한 종류
라 할 수 있는 "인내"를 뜻하는 헬라어 **휘포모네**가 그것을 모델 삼고 있기도
한 것이다. 그러나 예수님의 경험에서는, 물론 일반적인 그리스도인의 경험
도 마찬가지지만, 무엇보다도 필요했던 것은 하나님께 굴복하는 내적인 자
세였다. 가장 중요한 문제는 그가 무엇을 견뎌내야 하는가가 아니라, 어떤
자세로 견뎌내야 하는가였던 것이다. 그는 신앙적인 관점에서 하나의 이상

(理想)을 보여주는 그런 자세로 이 고통스런 상황을 스스로 통과하셔야 했던 것이다.

그리고 이 내적인 정신 자세에서 소극적인 면만 강조된 것이 아니라, 적극적인 면도 동일하게 강조되었다. 시험과 고통을 완전한 인식을 갖고서, 하나님의 계획에 완전히 적극적으로 응답하면서, 견디셔야 했던 것이다. 사탄은 예수님께 돌로 떡을 만들라고 했는데, 이때에 그는 예수님을 그의 낮아지심과 관련되는 이 믿음에서 벗어나, 그가 높아지신 상태에서만 지니실 수 있는 독자적인 주권자의 자세로 들어가게 만들려고 애를 쓰고 있었던 것이다. 마지막으로 주목해야 할 것은, 그에게 시험이 되었던 것은 비단 굶주림의 고통만이 아니라 굶어죽을 위험이기도 했다는 점이다. 신명기에서 인용한 본문에도 이 점이 시사되고 있다: "사람이 떡으로만 살 것이 아니요." 그리하여 마가복음과 마태복음은 천사들이 나아와서 그를 수종들었다는 것을 보도하는 것이다.

신명기 6:16

둘째 시험을 다룰 때에도 역시 예수께서 제시하신 답변을 출발점으로 삼을 것이다. 예수님의 답변은 신명기 6:16에서 취한 것인데, 거기서 모세는 이스라엘 자손들에게 "너희가 맛사에서 시험한 것 같이 너희의 하나님 여호와를 시험하지 말라"고 말씀한다. 여기서 모세가 언급하는 그 사건 자체는 출애굽기 17장에 나타나며, 신명기 9:22; 33:8에서 다시 언급된다. 여호와를 시험한다는 것은 "하나님을 확인한다"(proving God)는 의미를 지닌다. 즉, 그의 능력이 과연 그들을 가나안에까지 인도할 수 있는지를 경험으로 확증하려 한다는 뜻이다. 그렇게 확인하려는 태도는 의심이나 명백한 불신앙에서 나오는 것이었다. 맛사에서 일어난 일은 후대에 불신앙의 죄의 전형적인 실례로 제시되었다(시 95:8; 히 3, 4장). 우리 주님은, 천사들이 중간에 잡아줄 것을 믿고 자기 몸을 성전 꼭대기에서 내어던진다는 것은 광야에서 불평하는 히브리인들의 처신과 근본적으로 다를 게 없다는 것을 분명히 시사하시는 것이다.

언뜻 보면 이것은 이해할 수 없을 것처럼 보인다. 왜냐하면 예수께서 그런

일을 행하실 경우 그의 자세를 이스라엘 사람들이 맛사에서 행동으로 보여
준 마음의 자세와는 정반대되는 것으로 해석할 수도 있을 것이기 때문이다.
사탄이 명령한 그런 행동을 하기 위해서는 분명 어느 정도의 신뢰가 있어야
했을 것이니 말이다. 그러나 순간적으로 믿음에다 내던지는 것처럼 보이지
만 사실 그런 식의 모험심은 오랜 믿음의 삶이 위축된 데에서 생겨나는 것이
다. 주님이 그렇게 처신하셨더라면, 그 이후의 사역에서도 하나님께서 그를
보호하시리라는 한결같은 신뢰를 언제나 새롭게 가지시는 것이 아니라, 이
한 번의 큰 실험을 기억하면서 사역을 이어가셨을 것이고, 결국 더 이상 신
뢰한다는 것이 쓸데없는 것이 되어 버렸을 것이다. 주님이 그렇게 처신하셨
다면, 그것은 하나님을 과연 의지할 수 있는가를 실험하는 불경스런 처사였
을 것이다. 그리고 후에 자신의 안전에 대한 감각도 하나님의 약속에 근거하
지 않고, 자기 자신이 실험으로 얻은 확증에 근거했을 것이다. 그러므로 여
기서도 주님의 답변은 정면으로 그 시험의 핵심을 찌르는 것이었다: "여호와
너의 하나님과 더불어 실험을 하려 하지 말라." 이 둘째 시험은 첫째 시험과
그 적용되는 방면이 함께 병행된다. 첫째 시험은 굶주려 죽는 일로부터의 안
전에 관한 문제였고, 둘째 시험은 외부적인 위험으로부터 보호받는 문제에
관한 것이었다.

신명기 6:13

이 셋째 시험은 앞의 시험들과 두 가지 점에서 다르다. 첫째로, 앞의 두 시
험에서는 요구하는 행동의 죄악성이 아주 교묘하게 위장되었고 또한 그 행
동도 메시야가 정당하게 행할 수 있는 영역 내에 있는 것으로 제시되었으나,
여기서는 노골적인 죄악된 행동을 요구하고 있다는 점이다. 그야말로 죄악
된 사탄 숭배의 행위를 요구하고 있는 것이다. 그리고 둘째로, 앞의 두 시험
에서는 사탄이 전혀 사심 없는 방관자의 입장을 취하면서 예수님께 예수님
자신의 유익을 위하여 이런저런 것을 하라고 부추겼으나, 여기서 비로소 처
음으로 사탄 자신의 이익을 추구하는 면이 나타나고 있다. 이 두 가지 점으
로 볼 때에, 이 셋째 시험은 앞의 두 시험보다 덜 교묘하다 하겠다. 이미 두
차례의 주님의 반격을 받은 마당에, 사탄이 어떻게 새삼스레 자신의 계교가

성공하리라는 희망을 가질 수 있었는가 하는 것은 하나의 미스테리로 남아 있다. 그러나 심리적인 견지에서는 다시 시험을 시도한다는 것이 어리석은 것처럼 보이지만, 이 셋째 시험은 애초부터 사탄이 품고 있었던 궁극적인 의도를 전면에 드러내는 것이었다는 점에서 더 근본적인 성격을 띠는 것이었다는 것을 인식해야 할 것이다. 문제는 하나님이 과연 하나님이시냐 아니면 사탄이 하나님이냐 하는 것이었고, 또한 메시야가 하나님의 메시야냐 아니면 사탄의 메시야냐 하는 것이었다. 사탄은 이처럼 더 깊은 것을 배경에 놓고서 "만일 내게 엎드려 경배하면"이라고 단서를 붙이고 또한 나라의 영광을 선물로 주겠다는 약속을 하고 있는 것이다. 만일 주께서 그에게 엎드려 경배하셨다면 그것은 그냥 죄악된 행동으로 그치는 문제가 아니었을 것이다. 그것은 예수님의 편에서 충성의 대상을 하나님으로부터 사탄에게로 옮기는 것이었을 것이다. 그렇기 때문에 우리 주님은 한 마디로 사탄을 물리치시고("사탄아 물러가라" — 혹은, "사탄아 내 뒤로 떠나가라"), 이어서 모든 우상 숭배를 근본적으로 금지하고 있는 신명기 6:13에 호소하시는 것이다.

　사탄이 이 세 번째 시도에서 그렇게 극도로 악한 죄를 노골적으로 요구한 것이 치명적인 판단 착오였기는 하지만, 그럼에도 불구하고 사탄의 처신에 대해 어느 정도라도 이해할 수 있도록 만들어 주는 요인들이 몇 가지 있다. 그것들은 다음과 같다:

　(1) 사탄은 갑작스러운 공격의 효과를 계산했던 것 같다. 앞의 두 시험에서는 예수님으로 하여금 심사숙고하도록 요구 사항을 제시했었으나, 여기서는 순간적으로 빠질 수 있도록 매력적이고 환상적인 것을 그에게 제시하고 있는 것이다.

　(2) 사탄은 앞의 답변들에서 드러나는 대로 순종과 섬김의 본능이 예수님께 깊이 박혀 있음을 보고 그것에 호소하는 것이다. 이는 그런 종교적인 본능이 방해받지 않고 드러날 수 있는 여지만 있으면 섬김의 대상이 누구든 혹은 무엇이든 하등 문제될 것이 없는 일종의 종교적 굴종의 자세(religious subjectiveness)에로 그를 끌어들이고자 하는 시도인 것으로 보인다. 바로 이러한 종교적 굴종의 자세에서부터, 하나님이 아니라 사람이 전 과정을 지배

하는 유사 종교가 생겨나는 것은 물론이다. 종교란 그저 무턱대고 경배하고 섬기는 것이 아니다. 그것은 참되신 하나님을, 또한 그의 명확한 계시에 의거하여, 경배하고 섬기는 것이다.

이런 사실에 비추어 볼 때에 신명기에서 인용한 "주 너의 하나님께 경배하고 다만 그를 섬기라"는 말씀에는 깊은 의미가 있다. 이방 종교에는 언제나 이러한 객관적인 결속 관계로부터 자신을 해방시키려는 시도가 그 밑바닥에 있는 것이다. 사실 그것을 "종교"라 부르는 것이나, 혹은 복수형으로 "종교들"을 논한다는 것 자체가 그릇된 것이다. "거짓 종교들"이 존재하는 것은 오로지, 종교(참된 종교 — 역자주)를 필요로 하는 것이 인간의 영혼 속에 주관적으로 고유하게 있다는 사실 때문인 것이다.

시험받을 가능성과 죄 지을 가능성

주님의 시험에 대해 우리가 취하는 견해가 그 사건에 얽힌 모든 미스테리들을 다 해결하는 것은 결코 아니지만, 희미한 문제에 대해서 어느 정도 빛을 던져주기는 할 것이다. 여기서 두 가지 문제점들을 접하게 된다. 그 하나는 예수님이 과연 시험을 받으실 수 있느냐 하는 것이요, 또 하나는 그가 죄를 지으실 수 있느냐 하는 문제다. 우선 "과연 그가 시험받을 수 있는가?"라는 문제를 생각해 보고, 그 다음, "시험이 주어질 때에 과연 그가 죄를 지으실 수 있는가?"라는 문제를 생각해 보기로 하자. 어떤 의미에서는 첫 번째 문제가 두 번째 문제를 대신하는 것이 분명하다. 어떤 사람이 무언가로 유혹을 받을 소지가 있다면, 그 사람이 불완전하다는 의미가 거기에 개입되기 때문이다. 절대적으로 선한 상태라면 죄와 전연 무관한 상태일 것이다. 하나님께서 언제나 소유하고 계시며 또한 성도들이 하늘에서 최종적으로 이르게 될 그런 상태처럼 말이다. 사실상 첫째 아담에게도 둘째 아담에게도 시험이 들어온 것을 보게 된다. 그러나 시험이 들어왔다고 해서 반드시 거기에 죄가 있다고는 할 수 없는 것이다.

문제의 해결은 다음과 같은 사실에 있다. 곧, 그들에게 요구된 행동 그 자체는 본래 무죄하며 죄악된 것이 아니었으나 하나님께서 그 행동을 적극적으로 금지하신 사실 때문에 죄악된 것이 되었다는 것이다. 그 행동이 본래 무죄한 것이므로, 하나님의 금지 명령을 기억하고 그것으로 문제를 삼지 않는 한 그런 행동이 얼마든지 사람의 마음에 들어와 생각이나 욕망의 대상이 될 수 있었던 것이다. 만일 "시험받을 가능성"이 그저 그 자체로서는 무죄한 어떤 행동에 대해 마음을 열어놓는 것을 뜻하는 것일 뿐이라면, 이것으로 난제가 제거될 것 같아 보인다. 그러나 이에 대해서, 이것은 시험을 그저 심리적인 관점에서만 접근하는 것이요 사실상 실제의 시험 그 자체의 이 쪽 면에만 관심을 두는 것이라는 반론이 상당히 무게 있게 제기될 수 있을 것이다. 선택을 시행하는 사람의 마음 앞에 명확한 두 가지 길이 제시될 때에 — 어느 쪽을 택할 것인가? 이 행동이 무죄하니 이를 취할까? 아니면 하나님께서 금하셨으니 이 행동을 거부할까? 하는 기로에 서게 될 때에 — 비로소 시험이 시작된다 할 것이다.

바로 이 점에서 문제가 아주 예리하게 되살아난다. 무죄한 사람이라면 어떻게 그 마음에 단 한 순간이라도 하나님의 뜻에 순종하기보다는 그 행동을 취하겠다는 생각이 떠오를 수가 있단 말인가? 무죄한 존재의 성향은 언제나 하나님을 향해 있고 또한 하나님을 사랑하기 때문에 불순종이란 생각조차 하지 않는 법이라는 것을 기억해야 하니 말이다. 과연 그 어떠한 심리적 요인이 그런 성향을 극복하고 역전(逆轉)시킬 수 있다고 생각할 수 있겠는가? 이것은 이미 우리의 첫 조상의 경우에서 접했던 문제다. 그러나 예수님의 경우에는 이보다 더 어려운 면이 있다. 예수님은 아담과는 여러 면에서 다른 분이시며, 무엇보다 죄를 거부하도록 만드는 반작용의 요인들이 훨씬 더 엄청나며 따라서 지금 우리가 논하고 있는 이 문제의 해결이 더욱 불가능해 보이는 것이다.

예수님은 아담처럼 무죄한 상태이기만 하신 것이 아니라, 성령께서 그에게 충만히 거하셨고 또한 그의 인도하심을 받으셨다. 그리고 나중의 신약의 가르침을 받아들이면 그는 하나님의 아들의 위격(位格: Person)이 인성(人性)을 취하고 계신 것이었다. 그러므로 그 문제를 이런 형편에다 집어넣게 되면, 애초부터 부정적인 답변이 결정되어버릴 것이다. 그는 시험받으실 수도 없고 죄를 지으실 수도 없었다고 말이다. 그러므로 여기서 구주의 시험받으실 가능성과, 또한 그의 죄 지으실 가능성과 관련되는 이중적인 미스테리가 한 뿌리에서 나오는 것으로 나타나는데, 우리로서는 이 미스테리에 대해 도무지 빛을 밝혀 줄 수 없다는 것을 고백할 수밖에 없는 것이다.

또한 예수님은 참된 인성을 지니셨으므로 그가 시험받으실 수 있고 죄를 지으실 수 있었다는 것은 물론이라는 식의 손쉬운 해결책이 제시되기도 하는데, 우리는 이런 것에 휩쓸려서는 안 될 것이다. 이런 해결책도 어떤 점에서 일리는 있을 것이다. 그의 신성이 시험받을 수도 없고 죄를 지을 수도 없다는 것은 우리가 절대적으로 확실히 알고 있는 일이다. 그런데 그리스도의 인성은 그 이론적이며 형이상학적인 불가능성을 함께 소유하지 못했다. 그러나 이론적이며 형이상학적인 가능성은 그저 시험받고 죄를 짓는 일에 대한 하나의 이론적이며 형이상학적인 개연성(蓋然性)을 제기하는 것뿐이다. 이 문제를 제기할 때에 우리가 추구하는 바는 이런 것과는 다르다. 곧, 진짜 시험과 죄가 들어오는 것을 과연 심리적으로 윤리적으로 종교적으로 생각할 수 있느냐 하는 것이다. 예수님의 인성에 호소하는 것으로는 아무것도 얻을 것이 없다. 이에 대해 생각을 바로 갖기 위해서는, 높아지신 상태의 예수님은 — 또한 하늘의 성도들도 마찬가지로 — 인성을 소유하고 계시지만 그러면서도 죄를 지을 수가 없는 상태이시라는 점을 기억하는 것만으로도 족할 것이다.

이 사건에 대한 가장 대중적인 현대적 해석은 위에서 개관한 것보다도 예수님의 무죄성을 견지하는 데 훨씬 더 큰 난제를 초래한다. 그 해석은 메시야에 대한 유대교의 왜곡된 관념의 유혹에 그 시험의 본질이 있다고 보는데, 그 왜곡된 관념 자체가 무죄한 것이 아니었기 때문이다. 만일 예수께서 그 왜곡된 관념의 유혹을 느끼셨고 그리하여 그것에 대해 싸우셔야 했다면, 이것은 곧 예수께서 무언가 그릇된 것을 향한 꾐이 자기 자신 속에서 힘을 발휘하는 것에 저항하셔야 했다는 뜻이 될 것이다. 곧, 그 자체로서 악한 어떤 생각이 그의 영혼 속에 주입된 것이 될 것이다. 그러나 셋째 시험의 가정적인 부분(즉, "만일 내게 엎드려 경배하면" — 역자주)에 대해서 만큼은 이 해석을 피할 수가 없다는 논지가 제시되어왔다. 그러나 여기서 예수님에게 호소한 것은 그런 가정이 아니었다. 그에게 호소하기 위해 제시된 것은 만국(萬國)을 다스리는 통치권이었다. 그리고 그 통치권 자체는 죄악된 것이 아니었다. 오히려 그것은 메시야에게 명확히 약속된 것이다(참조. 시 2:8; 9편; 계 11:15).

이 대중적인 견해에 대한 또 하나의 반론은, 예수께서 사탄에게 행한 답변들을 그 진정한 구약의 의미에 따라 해석하면 그 답변들에서 현대의 견해가 이해하는 대로의 사탄의 제의에 대한 적절한 반박을 찾을 수가 없다는 것이다. 사람이 떡으로만 살 것이 아니라는 말씀은 메시야의 권능을 이기적인 목적을 위해 유용하는 문제와는 아무런 관계가 없다. 또한 대중의 찬양을 받으라는 제안도 하나님을 시험하지 말라는 금지 명령과는 본질적으로 아무런 상관이 없는 것이다. 다만 셋째 시험에서만은 구약의 인용이 사탄의 제안과 더 잘 맞는다.

사탄이 취하여 실행에 옮긴 시험 계획을 보면, 각 부분이 다 똑같이 교묘하지는 않으나, 당면 문제에 대해 상당히 깊은 통찰이 있었음이 드러나며, 또한 예수님을 정복하고자 하는 — 그것도 어떤 부속적인 점이 아니라 구속의 계획의 성공 여부가 달려 있는 중심적이고도 핵심적인 점에서 그를 정복하고자 하는 — 전략적인 열망도 드러난다. 사탄은 이 핵심적인 점이, 승리와 영광에 이르는 유일한 길로서 낮아지심과 고난이라는 원리를 충실히 따르고자 하는 예수님의 절대적이며 단호한 의지에 있음을 잘 알고 있었다. 사탄은 하나님과 그리스도의 역사를 바로 그 중심에서 뒤집어 엎고자 시도함으로써 지극히 못된 만족을 얻은 것이 틀림없다. 그 어떠한 죄를 범하셨더라도 예수님은 그의 메시야로서의 임무를 행할 수 있는 자격을 상실하셨을 것이다. 그러나 이 시험에서 사탄이 제시한 죄를 범했다면, 그것은 바로 메시야로서의 임무의 중심과 본질을 거스르는 죄가 되었을 것이다.

제 5 장
예수님의 공적 사역의 계시

1. 그리스도의 계시하시는 기능의 다양한 면들

예수께서 전하신 계시를 생각할 때에 우리는 주님의 지상 생애와 사역에만 제한시키는 습관이 있다. 그러나 이것은 적절한 생각이 아니다. 왜냐하면 이는 예수께서 세상에 나시기 전부터 이미 존재하셨으며(그의 선재하심[先在: pre-existence]) 또한 이 땅에서 떠나신 이후에도 계속해서 존재하신다는 사실(그의 후재하심[後在: post-existence])을 생각에서 제외시키는 것이요, 또한 예수님의 지상 생애의 앞 뒤를 둘러싸고 있는 이 두 상태가 신적 계시 전체의 커다란 체제와 밀접한 관계 속에 있다는 것을 망각하는 것이기 때문이다.

지상 생애 동안 하나님을 계시하시는 예수님의 기능은 계시의 다른 기관들(organs) 및 시기들과 특별히 조화를 이루도록 맞추어졌으며, 그리하여 그의 지상 생애의 앞 뒤를 둘러싸는 그 두 상태들에는 없는 특정한 제한 사항들이 거기에 부과되었다. 지상 생애 동안 그는 여러 계시자들 가운데 한 계시자가 되셨다. 이를테면 계시를 전달하는 기관들의 사슬 속에서 하나의 연결고리가 되신 것이라 하겠다. 하나님의 진리 중 계시로 전해져야 할 모든 내용을 그가 홀로 다 전달하셔서, 그의 앞에 전해진 내용이나 그의 이후에 전해질 내용 모두를 쓸데없는 것으로 만들고자 하신 것이 아니었다. 그는 구약이 그보다 앞서서 전한 내용을 전제하셨고, 또한 그의 이후에 신약 계시의 기관들이 그가 장차 행하실 역사에 대해 전하게 될 진리의 내용도 인정하셨으며, 그리하여 전체의 계시 중에서 자신의 몫을 담당하신 것이다. 이런 의미에서 그를 선지자로, 또한 사도로 불러 마땅할 것이다. 다만 이 사실을 기억하는 중에 필요한 것은, 예수님께서 이런 점에서 스스로 자신에게 부과하셨던 그 제한 사항들이란 주관적인 것이 아니라 객관적인 것이었다는 점을 덧붙이는 일이다. 그런 제한 사항들이 있었던 것은 지식이 부적절했기 때문이 아니라, 그를 향하여 나아가고 또한 그에게서부터 뻗어가는 하나의 체제 속에 그 자신의 기능을 가두어 놓으신 때문이었던 것이다. 그가 자신 속에 신적 진리의 충만한 것을 소유하고 계셨고 따라서 그의 주관성을 통해서 그것을 밝히 비추어주실 수 있었으나, 그는 그렇게 하지 않으셨고, 자신이 정상(頂上)이시요 중심이 되시는 구속의 과정에다 — 그 과정에는 준비와 후속 조치 모두가 필요했다 — 자기 자신을 맞추신 것이다.

이렇게 정리하고 보면, 우리 주님의 지상 사역에 고유하게 작용했던 그 내용적인 한계성이라는 관념은, 케노시스 이론(the theory of Kenosis)이 그에게 있었던 것으로 상정하는 그런 제한성들과는 아무런 관계가 없다는 것이 드러날 것이다. 케노시스 이론이 상정하는 제한성은 우리 주님이 전지하심과 전능하심 등의 초월적인 속성들을 비우셨다거나 혹은 사용을 삼가신 데에서 비롯된 것으로 주관적인 성격을 띠는 것이며, 이런 의미로 보면 결국 주님의 가르침에 실수들이 있을 수도 있게 되며 또한 그의 능력도 전능하심에는 못미치는 것이 되어 버리는 것이다. 그러나 우리의 견해로는 그의 신성에 아무런 변화도 일어나지 않았고, 그의 인성 역시 그 어떤 점에서도 계시의 사역을 담당하기에 결격 사유가 생긴 것이 결코 아니었다. 그가 행하도록 보내심을 받은 일이 제한적인 것이긴 했으나, 그 일에서 주님은 자신이 충만히 신실하게 행하실 수 있는 완전하고도 완벽한 일을 행하신 것이다.

그리스도의 계시의 네 가지 구분

그러나, 예수님이 구약 시대와 그의 승천 이후의 시간에 담당하신 계시 기능만으로는 그가 행하신 계시의 임무 전체를 완성하는 것이 아니었고, 거기에 반드시 그의 공적 사역이 함께 있어야만 된다. 이 모든 것이 구속의 영역에 속하며, 또한 자연에서 하나님을 아는 지식을 전달하시는 그의 사역도 그것과 병행되도록 놓아야 하기 때문이다. 하나님에 관하여 계시되는 모든 내용이 예수님으로 말미암아 자연을 통해서 사람의 마음에 전달되는 것이다. 그리고 우리는 이 일을, 구약에서의 그의 활동이 시작되자마자, 혹은 그의 성육신이 일어나자마자 중지되는 그런 순전히 예비적인 사역으로만 생각해서는 안 된다. 그 사역은 그 위에 부과되어 있는 모든 구속 계시와 함께 연결되어 있는 것으로, 지금도 계속되고 있고 또한 영원히 계속될 것이다.

이것들을 순서대로 열거하면, 그리스도께서 행하신 계시를 네 가지로 구분하게 된다:

(1) 자연 계시, 혹은 일반 계시 : 이는 창조로부터 영원토록 앞을 향하여 계속된다.

(2) 구약 경륜 하에서의 계시 : 이는 죄와 구속의 등장에서부터 성육신까지 계속된다.

(3) 그리스도의 지상에서의 공적 사역 동안의 하나님에 관한 계시 : 이는 탄생에서부터 그의 부활과 승천까지 계속된다.

(4) 그가 그의 택하신 종들을 통해서 전하시는 계시 : 이는 승천에서부터 마지막 영감된 증인의 사망시까지 이어지는 것으로 성령의 무오한 인도하심 아래에서 전해진다.

우리는 요한복음 서언에 이 네 가지 기능들이 몇 가지로 언급되어 있는 것을 보게 된다. 대개는 요한복음 기자가 여기서 그 기능들을 그리스도께 주어진 **로고스**라는 이름 아래 포괄하고 있다고 이해한다. 로고스는 이성(理性)과 말씀 모두를 의미하는데, 이는 생각하는 과정과 말하는 과정이 서로 밀접하게 관계를 맺고 있어서 생각하는 것은 일종의 내적인 말씀이고, 말하는 것은 일종의 외적인 생각이라는 식의 순전한 헬라적 관념에 힘입은 바 크다. 그러므로 **로고스**는 하나님의 내적인 마음을 외적으로 드러내시는 계시자인 것이다. 몇몇 사변적인 신학자들은, 삼위일체의 제2위가 이를테면 제1위의 반대편이요 다른 쪽이라는 것에 근거하여, **로고스**라는 관념은 외적인 말하는 과정과는 관계가 없고 오로지 신격의 존재의 내적인 면을 묘사할 뿐이라고 생각한다. 이 문제는 한 쪽으로 접어두고 세상에 전달되는 계시의 영역에만 제한시켜서 생각해 보면, 그 **로고스**라는 이름이 계시의 어느 부분에만 관계하느냐, 아니면 그 계시의 과정을 이루는 각 부분에 포괄적으로 관계하느냐 하는 의문이 제기된다.

한때는 하나님의 구속 계시와 대조를 이루는 자연 계시의 범주 내에 **로고스**라는 용어를 한정시켜 이해하려는 경향이 있었다. 이 견해대로 보면 신약의 구속 계시뿐 아니라 구약의 구속 계시까지도 **로고스**와 전혀 상관이 없는 것이 된다. 그리고 하나님의 아들이 이스라엘에게 나타나신 것이나 혹은 성육신 이후 교회에게 나타나신 것이나, **로고스**로서 나타나신 것이 아닌 것이 되어 버린다. 물론 그가 구속적인 계시자의 임무를 수행하신다는 것을 인정하기는 하지만 그것은 다른 칭호들로 부르는 것이요, 그의 **로고스**로서의 계시 사역은 어디까지나 창조 이후부터 계속해서 하나님에 대한 자연적인 지식을 전달하는 데에 있다고 보는 것이다.

그러나 이 견해는 설득력이 없다. 요한복음 서언의 요점이 바로 자연 계시와 구속 계시를 서로 연결시키는 데 있는 것으로 보이기 때문이다. 그러나 잔(Zahn)이 요한복음을 해석하는 것처럼 **로고스**라는 이름을 성육신하신 주님과만 전적으로 관련짓고 그리하여 예수께서 이 땅에서 전하신 구속 계시와만 관련짓는 견해도 있는데, 이 견해 역시 이 점을 보지 못하는 것이다. 잔에 의하면, 예수님은 성육신하기까지는 아직 **로고스** 혹은 말씀이 되지 않으셨다고 한다. 이 견해는 특히 14절에 나타나는 진술에서 큰 난제에 봉착하게 된다.

또한 **로고스**가 자연 계시와 구속 계시 모두를 포괄한다고 주장하는 이들 가운데서도, 과연 요한복음 기자가 구약을 별도의 단계로 특별히 지칭하는지 그렇지 않은지에 대해 견해 차이가 있다. 이 문제는 11절의 주해에 영향을 미친다. 곧, "자기"(his own)가 거기서 일반적인 사람들을 의미하는지, 즉 창조를 통해서 "그의 것"이 된 보통 사람들을 의미하는지, 아니면 이스라엘 민족을 의미하는지가 이로써 영향을 받게 되는 것이다. 전자의 해석을 취하면 본문은 성육신하신 구속자를 세상이 대대적으로 거부했다는 뜻이 되며, 후자의 해석을 취하면 성육신하신 구속자를 이스라엘 백성이 거부했다는 뜻이 되는 것이다.

요한복음 서언을 면밀히 주해해 보면, 다음의 단계들이 요한이 말씀하는 로고스의 사역의 부분에 속한다는 결론에 이르게 된다.

(1) 첫째로, 자연을 통하여 하나님에 대한 지식을 인류에게 전달하는 단계. 이런 기능은 **로고스**가 육체가 되셨을 때에 중지된 기능이 결코 아니고, 세상이 그것을 필요로 하는 한 태초로부터 마지막 종말에 이르기까지, 그가 성육신하셔서 행하신 구속의 활동과 병행하여 계속되는 것이다.

(2) 둘째로, 구약의 하나님의 백성들에게 주어진 구속 계시가 있다. 물론 아직 성육신하지 않으신 그리스도께서 전하셨으나 이것은 구속에 관한 것이다. 그러므로 **로고스**가 계시를 전하신 그 상태에 대해서는, 태초로부터 그가 계셨던 상태와 구약 시대에 그가 계셨던 상태가 아직 서로 아무런 차이가 없었다.

(3) 셋째로, 말씀이 육신이 되셨을 때에 그 **로고스**의 기능이 절정에 달하여, 이 땅에서 사역하시던 낮아지심의 상태 동안에나, 혹은 부활 이후 그가 소유하신 높아지심의 상태 — 지금도 그는 이 상태에서 하늘로부터 구속 계시에 관여하신다 — 동안에나, 그는 이 성육신하신 상태에서 하나님의 구속 사역에 대한 충만한 해석을 제시하는 것이다.

복음서에 나타난 예수님의 계시 사역

여기서, 위에서 마지막으로 언급된 예수님의 계시 사역의 단계를, 곧 그가 이 땅에서 행하셨고 복음서에 기록되고 묘사되어 있는 단계를, 살펴보기로 하자. 그러나 그의 계시 사역의 양상은 결코 한결같은 것이 아니다. 이를 올바로 이해하기 위해서는, 그저 예수님이 이 땅에서 하나님을 드러내시는 계시자이셨다는 대략적인 사실 속에서만 헤매고 있어서는 안 되고, 몇 가지 특정한 사실들을 구별해야만 할 것이다. 복음서는 이 일이 일어난 두 가지 면 혹은 방식을 말씀하고 있다. 예수님은 한 편으로 자신의 신분을 통해서 (through what he was) 하나님을 드러내셨다. 그의 본성, 그의 성품이 하나님을 계시하는 역할을 했는데, 이는 궁극적으로 그가 본성적으로 신적인 분이시요 그가 하나님이심을 상정하는 것이다. 그리고 다른 한 편으로 예수님은 하나님께로부터 받으신 말씀을 전하심으로써, 그가 발설하신 말씀들을 통해서, 하나님을 계시하기도 하셨다.

이 두 가지 양상이 서로 예리하게 구별되는 것이 아니라는 것은 두말할 필요도 없다. 성품을 통한 계시는 말씀이 수반되지 않은 벙어리 같은 방식이 결코 아니었으며, 언어를 통한 계시 역시 성품을 — 먼저는 화자이신 예수님 자신의 성품을, 그리고 그 다음으로는 그가 거론하시는 하나님의 성품을 — 드러내는 면이 적지 않았던 것이다. 그러므로, 말씀 계시의 사상이 있느냐 없느냐 하는 것이 아니라, 성품을 통한 계시의 사상이 두드러지느냐 하는 것이 이 두 양상을 서로 구별시켜 주는 것이라 하겠다.

요한복음에서는 성품을 통한 계시의 사상이 독특하게 두드러진다. 공관복음에서도 이것이 이따금씩 나타나지만, 거기서는 주로 하나님에 관한 직접적인 말씀을 통한 계시의 사상이 나타난다. 마태복음 11:27이 공관복음에 나타나는 바 하나님과 방불하신 모습(God-likeness)을 통하여 하나님을 드러내시는 사상의 한 가지 실례가 된다. 이 때문에, 또한 이것이 공관복음에 아주 희귀하기 때문에, 이를 가리켜 "요한의 **로기온**"(the Johannine logion)이라 불러왔다. 이렇게 구별된 두 양상 하나하나마다 독특한 점들이 이어진다. 요한복음은 성품을 드러내는 사상이 전면에 부각되기 때문에 계시의 대상이 인격성을 띠게 된다. 예수께서 계시하시는 것이 하나님에 관한 이런저런 일이 아니라, 바로 하나님 혹은 아버지 자신인 것이다. 그러나 공관복음에서는 하나님의 나라, 의(義) 등, 객관적으로 제시되는 것들이 더 두드러지게 나타난다. 그렇다고 해서, 잘 알려져 있는 현대적 유행을 좇아서 종교와는 전연 무관한 것이 되어 버릴 정도로, 그것들이 하나님과 전혀 동떨어지게 나타나는 것은 결코 아니지만 말이다.

더 나아가서 요한복음에서는 계시되는 내용이 하나님이라는 대상에 집중되기 때문에, 하늘에서의 예수님의 선재(先在)하심을 크게 강조한다. 선재하심을 통하여 예수님은 자신이 보여주셔야 할 분을 — 즉, 하나님을 — 보여주실 수 있는 탁월한 자격을 갖추셨다. 왜냐하면 하늘에서 그가 바라보신 주 대상이 바로 하나님이셨기 때문이다(참조. 1:51; 3:2; 5:30; 8:38). 이 가운데 몇몇 본문들에서는 선재하심 이외에도, 하나님과의 끊임없는 공존(共存)의 사상이, 심지어 그의 지상 생애 동안에도, 계시를 위한 지식의 근원으로 표현되고 있는 것이다.

또한 요한의 계시 개념에는 강한 구원론적 요소가 담겨 있다. 계시는 공관복음에서 손쉽게 볼 수 있는 것처럼, 그저 구원의 전제 조건만이 아니다. 계시는 사람으로 하여금 그리스도 안에서 하나님과 직접 대면하게 하기 때문에, 그 자체의 고유한 역사를 통해서 변화시키고 깨끗하게 하는 효과를 산출하는 것이다(8:32; 15:3). 하나님의 속성들과 능력들이 예수님 안에서 성육신했다는 사실이 인격성이 집중되는 형태로 제시되고 있는 것이 바로 이런 사상의 조류와 잘 어울린다. 예수님이 인격으로 나타나신 "생명"이시요, "빛"이시요, "진리"시라는 것이다.

요한복음에 나타나는 이런 복잡한 특징적인 사상들과는 대조적으로, 공관복음에서는 예수께서 전하신 계시의 가장 근접하는 근원으로서 성령을 거듭거듭 제시하고 있다. 요한복음에서도 물론 성령을 언급하기는 하나, 공관복음과 같은 맥락에서 그처럼 두드러지게 언급하지는 않는다. 세례 요한은 세례를 직접적으로 기록하지는 않으나, 세례를 예수님에게 성령을 다른 이들에게 베푸실 수 있는 자격을 부여하는 것으로 말씀하고 있다(1:33). 그러나 이것은 성령을 통하여 계시하신다는 사상과는 전연 다르다. 예수님의 신성을 강조하기 때문에 이 점을 언급할 필요가 없어진 것이다. 예수님의 말씀들을 "영이요 생명"으로 특징적으로 규정하는 예가 단 한 번 나타나기는 한다(6:63). 그러나 전반적으로 볼 때에, 요한복음에서는 성령이 미래에 베풀어질 선물로, 예수께서 떠나가신 후에 임하셔서 예수님께로부터 제자들에게 계시를 전달하는 수단으로 역사하실 분으로 제시되는 것이다(16:13).

2. 발전의 문제[1]

이제 우리는 우리 주님의 공적 사역을 살펴볼 위치에 도달했는데, 여기서 우리는 한 가지 문제를 대면하게 된다. 곧, 예수님의 가르침에 과연 발전이

1. G. Vos, *The Self-Disclosure of Jesus* (1926) (edited and re-written by J. G. Vos, 1954)를 참조하라.

나타나느냐 하는 것이 그것이다. 문제를 명확히 하기 위해서는 우선 예수님의 생각의 주관적인 발전과 객관적인 발전을 서로 구별해야 할 것이다. 곧, 사역을 행하시는 동안 그가 진보하심에 따라서 진리에 대한 지식과 통찰이 자라난 그런 면과, 또한 사실들과 가르침들을 제시하는 것이 때에 따라 진보를 보여온 면을 서로 구별해야 한다는 것이다.

원리적으로 말하자면, 심지어 주관적인 발전에 대해서도 반론을 제기할 수가 없다. 예수님은 참된 인성을 지니셨고, 인성이란 당연히 발전에 종속되는 것이기 때문이다. 그러나 이 말은, 그 어떠한 조건 아래서도 발전이 없이는 존재할 수가 없다는 말과는 다른 것이다. 현대인의 생각이 진화(進化)의 관념에 사로잡혀 있고 그것에 크게 매료되어 있으므로, 구체적인 증거를 살펴보지도 않고 무턱대고 예수님의 생각에 점진적으로 지식을 얻어가는 면이 있다는 식으로 주장하는 경우가 비일비재하다. 예수님의 가르치신 내용에 오류가 없다는 것을 견지하는 이상, 사실상 이런 주장에는 전혀 증거가 없다. 우리 주님의 생애의 그 어느 시점에서도 새로운 사상의 원리나 실체가 유입된 흔적이 나타나지 않는다. 기존의 사고와 다음에 이어지는 사고 사이의 균열도 전혀 찾아볼 수 없다. 가이사랴 빌립보에서의 사건들을 그런 식으로 구성하여 제시하는 경우가 왕왕 있었으나, 후에 지적하게 되겠지만 여기서도 예수님의 생각이 진보되었다는 증거는 전혀 없으며, 심지어 제자들의 생각에 전혀 새로운 어떤 사상이 주입되었다는 증거도 나타나지 않는다. 이 에피소드의 요점은 그 전에는 전혀 모르던 어떤 일에 대한 하나의 고백이 행해졌다는 것이 아닌 것이다.

그러나, 특별히 여기서는 아니더라도 다른 곳들에서는 객관적인 가르침에서 진보가 나타난다. 제자들의 깨닫는 능력에서 진보가 나타난다. 처음에는 그런 능력이 별로 없다가 점점 나아지는 면이 보이는 것이다. 그리고 우리 주님의 공적 사역의 상황이 펼쳐지는 데에서도 이런 진보가 나타난다. 그리고 인간적으로 말하면, 주님의 대적들의 반대가 그런 진보가 나타나게 한 주요 결정 요인 가운데 하나였다.

그러므로 우리의 입장은, 주관적인 발전은 허용되기는 하나 실제로 입증되지는 않으며, 주님의 가르침의 객관적인 발전은 필연적이요 또한 입증이

가능하다는 것이다. 그러나 오해를 막기 위해서는, 여기에다 좀 더 명확한 진술을 덧붙일 필요가 있을 것이다. 가령 주관적인 발전이 실제로 발견되었다 해도, 우리로서는 그런 발전이 우리가 얼마든지 상상할 수 있는 그런 종류의 발전일 것이라는 식으로 간주해 버릴 수는 없는 것이다. 오류로부터 진리에로 나아가는 발전과, 또한 진리에 대한 부분적인 깨달음에서 좀 더 포괄적이며 적절한 깨달음에로 나아가는 발전을 반드시 구별해야 한다. 전자는 예수님의 가르침의 무오성과 도무지 조화를 이룰 수가 없으나, 후자는 그것과 완전히 조화될 수도 있는 것이다.

그런데 예수님의 생애와 가르침에 대한 현대의 논의들을 고찰해 보면, 사실상 예수님에게서 나타나는 바 진리에 대한 주관적인 통찰의 발전이 다름 아닌 이런 종류의 발전이라고 — 즉, 그가 오류로부터 발전하여 오류를 제거하는 데에 이르렀다고 — 주장하는 예가 많다. 그리고 그것도 상대적으로 중요성이 덜한 역사나 비판의 문제 같은 것에 대해서만 이런 주장이 제기되는 것이 아니다. 이런 문제들은 오늘날 교정의 필요가 전혀 없을 정도로 너무도 하찮은 것으로 취급되고 있다. 예수님이 그런 문제들에서 그의 시대의 일반적인 견해들을 그대로 지니고 계셨고 그의 평생에 그런 견해들에서 한 발자국도 더 진보하지 않으셨다는 식의 주장들이 쉽게 제기되는 것이다. 그러나 여기서 더 나아가서 예수님의 가르침의 가장 중점적이며 가장 비중 있는 주제들에서, 오류로부터 발전하여 오류를 제거하는 쪽으로 선회한 사실이 나타난다고들 주장한다. 하나님의 나라나 그의 메시야 직분, 그리고 그의 죽으심의 필연성이나 의미 등의 문제들에 대해서, 우리 주님의 확신들이 여러 시점들마다 달리 나타날 뿐 아니라 그 확신들이 서로 모순된다는 것을 믿으라고 요구하는 것이다. 그러나 이런 신념을 주장하는 자들은 분명한 증거를 제시하는 노력을 기울이지 않는 것이 보통이다. 그저 그것을 지당한 것으로 손쉽게 단정지어 버리는 것이다.

그렇게 하면, 예수님의 위격 속에 신성이 있다는 것도, 그의 인성이 무오하다는 것도, 원칙상 폐기되어 버린다는 것은 지적할 필요조차 없는 사실이다. 그렇게 되면 예수님은 모든 뛰어난 교사들과 똑같은 일개 교사가 되어 버린다. 그런 가정 하에서는 그는 선지자일 수도 없다. 왜냐하면 일반적으로나 예수님의 생각에서나 선지자 직분은 무오함과 결부되기 때문이다. 그런 분위기에서는 메시야 직분에 대한 의식도 예수님에게 있었을 리가 없어진다. 세례 요한이 모든 선지자보다 더 큰 자였다면, 하물며 계시의 의식을 지닌 예수님이야 얼마나 더 자기 자신을 언제나 절대적으로 하나님을 대변할 정도로 안정과 신뢰성의 정상(頂上)에 계신 것으로 생각하셨겠는가?(그런데 그런 안정과 신뢰성이 그에게 없으니, 메시야 직분에 대한 의식도 그에게 있었을 리가 없다는 것이다 — 역자주.)

위에서 논한 모든 내용은 오로지 예수님의 공적 사역에만 관계된 것들이다. 예수님의 생애 중 이 부분에 대한 기록밖에는 없기 때문이다. 공적 사역 이전의 주님의 사사로운 삶에는 분명 정신적이며 윤리적 종교적 발전이 있었을 것이 틀림 없다. 이에 대해 우리가 갖고 있는 정보는 극히 희미하며, 누가복음 2:49-52의 진술에서 나타나는 것이 전부다. 그 이외의 모든 내용은 비밀 속에 싸여 있다. 그러므로 그렇게 희미한 토대 위에다 흔히 "예수의 전기(傳記)" 혹은 다소 온건한 언어로 "예수의 생애"라 불려온 그것을 건설해 놓기 위해서는, 굉장한 역사 비평적 자기 확신이 필요할 것이다.

3. 예수님의 가르침의 방법론

허용 가능한 발전의 문제는 가르침의 방법론의 문제와 직결된다. 상황의 발전에 따라 적응해 가고 변화해 가는 면이 다른 어느 것보다도 방법론에서 가장 분명하게 나타나기 때문이다. 예수님의 가르치시는 방법론이 특별한 성격을 취한다는 것은 분명하다. 그러나 그 독특성을 좀 더 쉽게 볼 수 있으려면, 오히려 부정적인 형태로 질문을 제기하는 것이 나을 것이다: 주님이 채용하신 방법론에서 어떠한 특질의 부재(不在)가 가장 선명하게 눈에 띄는가?

주님의 방법론에 나타나지 않는 특질은 바로 진리를 교리적으로 일관성 있게 체계화시켜서 제시하는 것이다. 이 점은 바울의 가르침과 비교해 보면 가장 잘 드러날 것이다. 바울의 가르침은 물론 과도하게 신학적이지 않으면서도 우리 주님의 가르침보다는 훨씬 더 교리적인 체계에 근접하는 것이다. 뿐만 아니라 예수님 당시의 유대교의 가르침도 그의 가르침보다는 훨씬 더 체계적인 성격을 지니고 있었다. 율법 체계에는 철저한 한계성이 드리워져 있었고, 유대교의 가르침은 그 한계 내에서만 이루어졌으나, 그럼에도 불구하고 신학적인 견지에서 볼 때에 그것은 얄팍한 것으로, 바울의 가르침이 의심을 받았던 것보다 훨씬 더 지독한 모순을 내포하고 있었던 것이다. 반면에 예수님의 가르침은 전체로 묶어 놓고 보아도, 어떤 주제에 대한 정의(定義)에 근접하는 것은 실제로 아무것도 없다. 심지어 하나님의 나라에 관한 그의 가르침에서조차도, 바울에게서는 몇 차례 정의에 가까운 가르침을 볼 수 있으나, 예수님의 가르침에는 그런 것이 전혀 없는 것이다.

　그런데 이처럼 이론적인 요소가 나타나지 않는 반면에, 예증을 위하여 원리들을 구체적이고도 상상적인 방식으로 다루는 요소가 이를 보상해 주고 있다. 언어학자들은 말하기를, 모든 언어에는 이처럼 구체적이고도 물리적인 배경이 있으므로 실제로 영적인 것이나 영적인 과정 중에 본래 물질적인 것을 통해서 표현되지 않았던 것은 하나도 없다고 한다. 우리가 더 이상 인식하지 않기 때문에 잘 드러나지 않을 뿐이지, 사실 아무리 간단한 것도 비유적인 표상을 통하지 않고서는 거명하거나 논할 수가 없다고 한다. 언어가 자기 자신의 본래의 기원을 망각하고서, 점점 영적인 세계의 수준에까지 올라갔다는 것이다. 그러나 비유적인 방식의 표현법을 의식적으로 채용하는 것은 이것과는 좀 다르다. 그것은 의도적인 성격을 띠기 때문이다. 그런 표현법은 눈에 보이는 자연 세계의 것들을 눈에 보이지 않는 영적 세계의 것들에 비유한다. 이처럼 의식적으로 비유하는 화법(話法)에는 몇 가지 형식들이 있는데, 수사학이 바로 이것들을 구별하는 역할을 담당한다. 그러나 여기서 우리는 전문적인 분류를 그대로 준수하는 것이 아니라, 다만 우리 주님의 강화에서 사용되는 여러 형식들이 어떤 것들인지를 살펴보는 것으로 족할 것이다. 복음서를 해명하면서 우리는 흔히 이런 형식들을 총괄하여 "비유들"로 분류한다. 그러나 이 "비유"라는 명칭은 그 가운데 어느 한 형식에만 제한하여 사용하는 것이 더 나을 것이다.

직유와 은유

이 가운데 가장 단순한 형식은 우리나 몇몇 책들이 직유(直喩: simile)와 은유(隱喩: metaphor)라 부르는 그것들이다. 이것들은 한 가지 사물이나 사람을 다른 영역에 속한 사물이나 사람에 비유하는 것이다. 그러나 직유는 그비교를 명확하게 하는 반면에, 은유는 그 비유하려는 사물을 그 비유하는 표상의 이름을 사용하여 곧바로 지칭하여 그 비교를 직접 드러나지 않게 하는점에서 서로 다르다. "헤롯은 여우와 같다"는 직유법이며, "가서 저 여우에게 말하라"는 은유법이다. 이처럼 단순한 사물을 단순한 사물에 비하는 예는복음서에 희귀하다. 비유를 통한 비교법은 다음과 같은 특징을 지닌다. 곧,단순한 사물들을 다른 단순한 사물과 비교하는 것이 아니라, 특정한 내용물들 사이의 어떤 관계를 다른 내용물들 사이의 어떤 관계와 비교한다는 것이다. 곧, A가 B와 관계되듯이, C가 D와 관계된다는 식이다. 무화과나무에서제자들이 교훈을 받은 것처럼 우리도 그것에게서 비유를 배울 수가 있다. 그가지들이 연하여지면(A) 여름이 가까운 것처럼(B), 종말의 징후들이 나타나면(C) 세상의 마지막이 가까이 오고 있는 것이다(D). 여기서 (A)를 (B)에 비하는 것도 아니고, (C)를 (D)에 비하는 것도 아니라는 점을 조심해서 새겨야 한다. 이런 유의 비교법들은 제한적인 의미의 비유들에 속한다. 그러나 그것들을 구별하기 위해서 우리는 그것들을 직유라 부를 것이다. 왜냐하면 그것들모두가 계속 반복되는 자연의 과정들과 또한 구속의 세계의 과정들 사이의유사성에 주의를 기울일 것을 요청하기 때문이다.

본래의 비유

비유들 가운데 두 번째 그룹은 본래적 비유(parables proper)라는 명칭으로부른다. 왜냐하면 "비유"라는 명칭이 지닌 비교의 성격들이 흔히 이 그룹과결부되어왔기 때문이다. 이것은 직유와 은유와는 달라서 이야기의 형식으로되어 있고, "옛날에"라든가 "씨 뿌리는 자가 씨를 뿌리러 나갔는데" 등으로서두를 시작한다. 여기서나 직유와 은유에서나 모두 비교의 과정이 계속해서 반복되지만, 수사적(修辭的)인 효과로 볼 때에 이를 하나의 단일 사건으로취급하는 것이다. 이렇게 하여 이야기의 성격이 부여되고, 결국 이 본래적 비유는 고대 문헌에서 "우화"(寓話: fables)로 불려지는 가공(架空)의 이야기처럼 되는 것이다. 차이점이 있다면, 이방 세계의 우화들은 동물들을 인격화하여 소개한다는 점이다. 우리 주님의 비유들에서는 동물들이 역할을 하는경우는 거의 없고, 대부분 식물계에서 취한 것들이다. 그러나 마태복음23:37; 누가복음 13:34을 참조하라. 더 나아가서, 이방 세계의 우화에 나타나는 동물들은 동물답지 않게 부자연스럽게 행동한다. 사람을 대신하여 사용되기 때문에 그 본성을 아예 잊어버릴 수밖에 없고, 끝까지 그런 부자연스런역할을 담당하는 것이다. 그리하여 사람처럼 말하고 행동하는 동물들에게서는 진지하면서도 우스꽝스런 모습을 보게 된다. 그러나 이 마지막에 언급된특징은 예수님의 비유적 가르침은 물론 일반적인 가르침에서도 전혀 나타나지 않는다. 여기저기서 풍자(irony)가 나타나지만 그것을 희극(comedy)과 혼동해서는 안 되는 것이다.

특례적 비유

소위 비유에 속하는 세 번째 그룹은 특례적 비유(specialization-parables)라 부를 수 있을 것이다. 이런 명칭을 사용하는 것은, 이것이 엄밀한 의미에서 비유의 자료보다 더 넓은 영역에서 우리 주님이 사용하신 바 특례(特例)를통한 가르침의 원리를 채용하기 때문이다. 특례를 통한 교육법이란 어떤 교훈이나 원리를 제시할 때에 이론적으로 그것을 설명하는 것이 아니라 그것이 시행되는 한 가지 실례를 제시하는 것이라 하겠다. 예컨대, 산상수훈에서주님은 의(義)와 죄의 내적인 성격을 가르치실 때에, 간음, 살인 등의 여러 경우들을 특례로 사용하심으로써 그것을 생생하게 실례로 제시하셨다. 그리고좀 더 후에 가서는, 전도 여행에서 무엇을 갖고 가야 하며 무엇을 남겨 두어야 하는지에 대한 교훈이 나타나는데(마 10장), 이것도 이와 비슷한 교육법이라 하겠다.

그런데 이 특례를 통한 방법이 단도직입적으로 사용되지 않고 비유의 형식으로 사용될 수도 있는데, 이 경우가 특례적 비유에 해당될 것이다. 이에대한 명확한 실례는 바리새인과 세리의 비유다. 여기서는 자연의 영역에서한 가지 요점을 취하고, 영적인 영역에서 또 한 가지 요점을 취하는 식이 아니다. 두 가지 모두 동일한 영적인 영역에 속하며, 있어서는 안 될 자세와 있어야 할 자세를 모형으로 제시함으로써 그 의도하는 교훈이 마음에 와 닿도록 만드는 것이다. 이 특례적 비유는 가공의 이야기 형식을 빌려서 사용한다는 점에서 ― "옛날에 바리새인과 세리가 성전에 올라갔는데"라는 식으로 이야기를 시작한다 ― 본래적 비유와 공통점이 있다.

알레고리

예수께서 과연 이런 비유적인 교육법 외에 "알레고리"(allegory: 혹은 풍유[諷諭])라 불리는 방법도 사용하셨는가 하는 문제가 제기되었다. 실질적인 목적을 위해서 우리는 알레고리를, 한 가지 중심 되는 비교점만을 제시하는 것이 아니라 그 한 가지 비교점 주위에 두 과정이 나란히 병행되도록 지극히 구체적인 여러 비교점들을 의도적으로 잘 짜맞추어 놓은 하나의 이야기라 부를 수 있을 것이다. 살펴보지도 않고 무턱대고 주님이 이 방법을 사용하지 않으셨다고 말할 수는 없다. 구약에도 아주 충격적인 실례들이 나타난다. 고대의 스토아 철학에서도 이 방법이 사용되었다. 또한 알렉산드리아의 유대인 필로(Philo)의 사색에서도 이것이 나타나고, 중세기의 신학에서도 나타난다. 그리고 가장 최근에 들어서까지 온갖 종류의 신비적인 의미를 전달하는 데에 사용되어왔다. 이렇게 시대마다 이어져온 알레고리의 흐름들에는, 어떤 사상의 근저에 본질상 그것과는 전혀 맞지 않는 일련의 관념들을 집어넣는 표면적인 목적이 있었다. 그 전통이 너무나 성행하였으므로, 심지어 로마 교회에서조차도 *Theologia parabolica non est argumentativa*(비유에 근거한 논지는 신학 논의에 사용해서는 안 된다)라는 원칙을 세워서 그것을 금지해야 했을 정도였다. 어떤 사상들을 좀 더 명확히 다듬는 데에는 도움이 될 수 있으나, 철저한 신학적 사유에는 합당치 못하다는 것이었다.

그러나, 만일 우리 주님의 가르침을 재생하는 데에서 비유적인 추론을 완전히 제거해야 한다면, 도대체 주님의 가르침의 기본 내용을 찾아낼 수 있을 만큼 비유가 아닌 자료가 충분히 남아 있을지가 매우 의심스러워진다. 그러므로 모든 비유들을 신학적 무용(無用)에 굴복시키도록 만드는 것이 아니라, 비유적인 자료를 안전하게 사용할 수 있는 원칙들을 조심스럽게 확보하는 것이 필요한 것이다. 현대에 들어와서 이런 목적을 위하여 한 가지 큰 원칙이 작성되었다. 그것은 곧, 모든 비유에서 오로지 한 가지의 중심적인 비교점만을 인정하는 것이다. 그리고 그 이외에, 독창적인 본문 주해를 통해서이 중심적인 비교점 주위에 얽혀 있는 것으로 제시되는 갖가지 사항들은 그 비유의 정당한 범위 바깥에 있는 것이요 따라서 비유를 제시하신 주님의 의도에 맞는 합당한 권위를 갖지 못하는 것이며, 주님의 견지에서는 순전히 우연적인 것일 뿐으로 보는 것이다. 바이스(B. Weiss)는 복음서 주석에서 이 원칙을 지극히 엄격하게 강조하였다. 그리고 율리허(Julicher)는 비유에 관한 그의 고전적인 저서에서 여기서 한 걸음 더 나아간다. 그는 알레고리의 요소가 나타난다는 점이야말로 그것들이 나타나는 그 부분이 위작(僞作)임을 입증해주는 틀림 없는 기준이라고 보았고, 그리하여 성경 본문에서 상당한 자료들을 본래 예수님과는 상관 없는 것으로 삭제시키기에 이른 것이다.

이처럼 결벽스런 입장은 예수님의 가르침의 전반적인 주조(主調)와 어울리지 않는다. 우리가 관찰할 수 있는 한, 예수님은 수사적인 형식의 문제에 대해 독자적인 관심을 가지신 적이 없었다. 그 형식이 탁월하여 빛을 발한다면 그것은 주님이 의식적으로 그렇게 의도하셨기 때문이 아니라 그저 예수님의 마음에 있는 진리와 모든 것들이 본래 그렇게 아름답게 보이기 때문인 것이다. 더욱이 복음서에는, 오로지 알레고리의 방식을 통해서만 비유적인 구조 속에 집어넣을 수 있는 그런 어떤 진리의 원리를 가르치는 일이 시급하여 그 때문에 형식의 순수성이 희생되어 버리는 경우들이 나타나기도 한다(막 2:19, 20; 마 22:2-14; 참조. 눅 14:16-24). 그런가 하면, 알레고리의 수사법 자체에 대한 반감 때문이 아니라 그것들이 비유에서 추구하는 단일한 목적에서 벗어난다는 유일한 이유 때문에, 알레고리의 가능성들을 비유에서 의도적으로 파괴시키는 경우들도 있다. 이 점은 "불의한 재판관 비유", "불의한 청지기 비유", 또한 "슬기로운 처녀와 미련한 처녀 비유" 등에서 명확히 볼 수 있다.

물론, 수사적으로 볼 때에 알레고리는 비유보다 수준이 낮다. 왜냐하면 일어나는 사건들의 이야기를 두 가지 서로 다른 영역에 속하는 두 가지 평행을 이루는 선을 따라 작성하되, 한 쪽의 내용들 하나 하나가 다른 쪽의 내용들과 자연스럽게 상응하도록 만든다는 것이 지극히 어려운 일이기 때문이다. 그렇기 때문에 알레고리에는 언제나 부자연스러움이 수반되기 마련이다. 양쪽의 일들이 미리 잘 조화를 이루는 방식으로 정리되어 있는 경우가 아니고서는, 알레고리를 만들기 위해서는 자료를 조심스럽게 작성하고 정리하는 긴 작업이 필요하다. 탕자의 비유에 나타나는 아버지의 활동에서 보듯이, 그것을 만들어내는 자의 생각 속에 그 두 영역이 서로 특별하게 맞아떨어지게끔 이미 구상이 되어 있어야 하는 것이다. 보통의 알레고리에 불가피하게 나타나는 부자연스러움에 대해서는 에스겔 17장을 참조하라. 그러나 우리 주님의 비유적인 가르침의 경우에는 그것들이 미리 생각하신 것이 아닌 즉각적인 발언이라는 모든 징후들이 다 나타나는 것이다.

비유적 가르침의 원리

다음으로 비유적 가르침의 원리를 살펴보기로 하자. 비유적 가르침의 한 가지 목적은 두말할 필요도 없이 진리를 구체적인 형식으로 표현함으로써 더욱 생생하게 와 닿게 하는 것이었다. 그러나 이 목적은 예수님의 그 많은 말씀 중 어디에도 진술되어 있지 않다. 그러므로 우리는 예수님 당시에 다른 이들이, 예컨대 유대인 교사들이, 이런 형식을 사용한 일반적인 용도가 그랬다는 사실에서 이를 추정할 수밖에는 없는 것이다.

비유로 말씀하신 일들에서 관찰할 수 있는 또 하나의 목적은 편견을 미연에 방지하는 것이었다. 어떤 원리를 이론적으로 제시하면 그 주제에 대해 침착하게 심사숙고하기도 전에 편견이 먼저 끼어들어서 반감을 조장하기가 쉽다. 그러나 그것을 비유의 형식으로 제시하게 되면 그것이 순진하게 보이게 되고, 그리하여 그 비유적인 내용들을 쉽게 받아들이게 되며, 그렇게 받아들이면 그 비유의 겉과 속에서 제시되는 교훈을 생각하게 되어 쉽게 사라지지 않는 것이다.

비유적 가르침의 세 번째 목적은, 사실 현대인에게는 훨씬 더 이상스럽게 보이겠지만, 예수께서 마태복음 13:13-16, 마가복음 4:11-12, 누가복음 8:10에서 말씀하신 그것이다. 이 진술에 따르면, 비유적 가르침의 목적은 진리를 감추어 놓음으로써 그 진리를 받을 가치가 없는 자들에게 그것이 선명하게 드러나 혹 유익을 주는 일이 없도록 하는 데 있다. "보아도 보지 못하며"(마태, 누가), "보기는 보아도 알지 못하며"(마가) 등에서 나타나는 차이를 주목해야 할 것이다.

수사적 관점을 떠나서, 신학적인 관점에서도 주님이 비유들을 사용하신 원리를 살펴볼 수가 있다. 예수께서 말씀하는 비유들이 깊은 원리나 법칙에 근거한 것이 아니라 그저 교훈을 주기 위해 창안해낸 것들 이상 아무것도 아니라는 식으로 생각한다면, 그것은 잘못일 것이다. 차라리 비유들을 영적으로 발견해낸 것들이라 부르는 것이 더 옳을 것이다. 왜냐하면 우주는 자연계와 영계로 이루어져 있고, 그리하여 비유들이 창조 세계의 그 두 가지 층이 서로 병행한다는 사실에 근거를 두기 때문이다. "자연계에 나타난 영적 법칙"의 원리에 근거하여 자연적인 것들과 자연적인 과정들이 마치 거울처럼 초자연적인 것들을 반영하고 있으므로, 예수님이 구태여 예증들을 만들어낼 필요가 없었던 것이다. 주님으로서는 창조 때로부터 감추어진 상태에 있던 것들에다 주의를 기울이도록 하기만 하면 되었던 것이다. 마태복음에 나타난 시편 78:2의 인용구(마 13:35)의 의미가 바로 그것인 것 같다. 주님의 비유에서 드러나는 대로 예수님이 자연계와 경제 생활 전체를 아우르는 놀라운 식견을 갖고 계셨던 것은 다음의 사실로 설명할 수 있을 것이다. 그는 이 세계와 그 모든 만물들을 존재하게 하신 신적인 중보자셨고, 또한 구속의 질서를 이루고 세우는 일에 있어서도 신적인 중보자이셨기 때문에 그것은 전혀 놀랄 것이 아닌 것이다.

이 사실이 하나의 폭넓은 토대로서 공관복음에 나타나는 모든 비유들 이면에 깔려 있다. 요한복음에서는 비유를 통한 가르침이 다소 뒤로 물러나 있다. 요한복음에 나타나는 비유의 실례들은 3:8, 11:9-10, 12:24, 13:10, 16:21 등이다. 그러나 바로 요한복음에서 우주의 이중적 구조와 이중적인 층 구별의 신학적 원리가 명확하게 나타나는 것이다. 예수님과 요한복음 기자의 가르침을 지배하는 큰 대조점들이 "땅"(그 반대는 "하늘"), "세상"(그 반대는 "이 세상이 아님"), "땅의 것"(그 반대는 "하늘의 것"), "아래의 것"(그 반대는 "위의 것") 등의 용어들에서 표현되는 것이다. 이 근본적인 대조점들 가운데서 하늘의 것들이 생각과 탁월성에서 앞서는 그런 관계가 지배하는 것을 보게 된다. 이를테면 그것들이 원본(the original)이요, 그것과 대조되는 것들이 복사본들(copies)이라 할 것이다. 실질적으로 말하자면, 모든 종교적인 경향과 수고가 지향하는 영역이 더 높은 영역이다. 그렇기 때문에 예수님의 복음과 그의 위격의 "초자연성"이 복음의 "초자연성"을 결정짓는 것으로 요한복음에서 가장 예리하게 표현되는 것이다. 윤리와 종교의 문제에 관한 한 요한복음이야말로 성경 중에서 가장 뛰어난 반진화론적 문서(anti-evolutionistic document)라 부를 수 있을 것이다(8:23).

요한복음에 나타난 "참된"과 "참됨"

높은 것들과 낮은 것들 사이의 차이는, 마치 낮은 것들보다는 높은 것들 속에 존재의 실체가 더 많다는 식으로 플라톤적으로 이해할 것이 아니다. 둘 다 똑같이 실재하는 것들이다. 그 차이는 그 질에 있는 것이다. 이를 대조하는 것으로 요한복음에서 사용되는 전문 용어는 바로 **알레떼이아**, 곧 "참됨"(혹은 "진리", truth)이다. 초월 세계의 것들은 "참된 것들"의 질(質)을 지니고 있다. 이와 관련되는 "참된"(true)이란 말은 "실체와 정확히 일치하다"라는 일상적인 의미와는 다르다. 왜냐하면 "참됨"을 그런 의미로 보면 그것은 인간의 마음속에 주관적으로 존재하는 어떤 것이 되어버리기 때문이다. 그런 "일치"란 오로지 마음속에만 존재할 수 있을 뿐이니 말이다. 이처럼 요한이 사용하는 특별한 의미의 "참된 것들"은 본래부터 그 자체 속에 "참됨"을 하나의 객관적 특징으로 갖고 있는 것이다. 이것들은 생래적으로(生來的: intrinsically) 참된 것들이다. 그것들 속에 내재하는 그 생래적인 참됨이란 바로 그것들이 초월적인 하늘의 영역의 일부로서 지니고 있는 특별한 성격인 것이다.

이러한 용법은 예수님의 강화들에도 나타나고, 또한 요한복음 기자가 그것들에 대해 생각하는 부분에서도 나타난다. **로고스**는 "참된 빛"이다. 즉, 세상의 다른 모든 빛들이 그 복사물들이요 파생물들에 지나지 않는 그 빛된 질(質)의 화신(化身)이다(1:9). 이와 똑같은 원리에서 예수님은 자기 자신을 "참된 떡", "참된 포도나무"라 부르신다(6:32, 33; 15:1). 이 진술들에서 사용되는 형용사는 일상적인 형태인 **알레떼스**가 아니라 더 강한 형태인 **알레띠노**

스다. 이를테면 초월적인 영역 전체가 "알레띠니티들"(alethinities)로 (즉, "참된 질들"로 — 역자주) 이루어져 있다고도 할 수 있을 것이다. 이 하늘의 "참됨"이, 이를테면, 하늘의 **로고스** 속에 집약되어 있다는 것을 관찰하면, 이 개념의 객관성이 그야말로 분명하게 드러나게 된다. 그는 "참됨" 혹은 "진리"이시다. 그가 틀림없으시고 신뢰성이 있으시기 때문이 아니라, 단순히 그가 그 자신 속에 하늘의 실체를 지니고 계시기 때문이다. 이런 사상의 정의에 가까운 것을 "참된 떡"과 관련해서 볼 수 있다: "내 아버지께서 너희에게 하늘로부터 참된 떡을 주시나니, 하나님의 떡은 바로 하늘에서 내려오사 세상에 생명을 주시는 그분이시니라"(6:32, 33. 한글 개역 개정판은 마지막 부분을 "하늘에서 내려 세상에 생명을 주는 것이니라"로 번역함 — 역자주). **알레띠노스**라는 형용사를 심지어 하나님 자신에게도 붙일 수 있다(17:3). 그는 스스로 본질적인 신격의 실체를 지니신 유일하신 하나님이신 것이다.

이처럼 "참됨"이라는 특수한 의미 외에도, 요한복음에는 "참되다"(veracious, 즉 "진실하다"라는 뜻 — 역자주)라는 일상적인 의미의 단어도 나타난다(3:33). 또한 구약적인 색채를 띤 용법으로, "참된"과 비슷한 "도덕적으로 선한"이라는 의미의 단어도 나타나는데, 여기서는 "악을 행하는 것"과 "진리를 행하는 것"이 서로 반대되는 것으로 나타난다(3:20, 21).

요한복음서에는, 지금까지 살펴본 "참됨"(혹은, "진리")이라는 특별한 개념에 대해 무지하거나 혹은 그것을 무시하다가 흔히 잘못 오해하는 구절들이 있다. 1:17은 "율법은 모세로 말미암아 주어진 것이요 은혜와 진리는 예수 그리스도로 말미암아 온 것이라"고 말씀하는데, 이에 근거하여 율법에는 진리가 포함되어 있지 않았다는 식으로 그릇되게 유추하기가 쉽다. 그러나 이 구절의 의미는 다만 율법은 아직 그리스도 안에 있는 하늘의 실체 — 이것이 "진리"이다 — 를 충만히 드러내지 않았다는 뜻이다. 율법에 그 그림자들과 모형들이 포함되어 있었으나, 아직 그 원형(原型)이 되는 계시는 거기에 없었다는 것이다. 여기서 "참되지 않다"란 "거짓되다"와 유사한 의미가 아니다. 그것을 "거짓되다"라는 의미로 본다면, 그것은 영지주의적인 관념을 반영하는 것이요, 본문의 "모세를 통하여(through Moses)"("모세에 의하여"

[by Moses]가 아님. 한글 개역 개정판은 "모세로 말미암아"로 번역함 — 역자주)라는 문구를 볼 때에 전혀 타당성이 없는 해석일 뿐이다. 모세의 중보를 통하여 하나님에 의하여 율법이 주어졌다는 사실을 전제하는 것이다. 그 진술에 나타나는 "예수 그리스도에 의하여 온 것이라"에서는 " … 에 의하여"(by)라는 전치사가 사용되고 있다(한글 개역 개정판은 "예수 그리스도로 말미암아 온 것이라"로 번역함 — 역자주).

4:23에 아버지께 "영과 진리로" 예배하는 문제에 대한 논지가 나타나는데, 이는 예배와 관련되는 진실성을 지칭하는 것이 아니다. 아마도 예수께서는 유대인의 예배나 사마리아인의 예배나 진실성이 없다는 의도로 그런 말씀을 하지 않으셨을 것이기 때문이다. 이 말씀은 장소와 시간과 의식 등 모형적 형식들에 제한을 받지 않는 그런 예배를 말씀하는 것이다. 이런 것들이 차지하던 그 자리를, 영이신 하나님의 천상적(天上的)인 원본(原本)과, 그림자가 배제된 형식으로(in an unshadowy form) 직접 교감하는 그런 예배가 차지하게 될 것이라는 것이다. 예루살렘에서 행해지는 유대인들의 예배와 사마리아인들의 예배가 이 모형적인 장소성이라는 한 가지 점에서 동일 선상에 있는 것으로 말씀하지만, 그 두 가지 예배가 다른 모든 점에서도 동일 선상에 있다는 의미는 아니다. 예수께서는 그 여인에게 이렇게 말씀하시기 때문이다: "너희는 알지 못하는 것을 예배하고 우리(예수님 자신을 포함한 유대인들)는 아는 것을 예배하노니 이는 구원이 유대인에게서 남이라"(22절).

또한 14:6에서도 "내가 곧 길이요 진리요 생명이니"라고 말씀하는데, 여기서 "진리"란 하늘의 실체와 동일한 의미다. 문제는 하늘에 이르는 길에 대한 것이었다. 예수께서는 도마에게 자기 자신이 그 길이시라고 말씀하신다. 그 다음에 이어지는 "진리"와 "생명"이라는 두 개념은 그 "길"을 해명하는 것이다. 예수님이 하늘에 이르는 길이신데, 이는 그의 안에 하늘의 본체가 실재하며, 좀 더 구체적으로 말해서, 하늘의 생명이 그의 안에 실재하기 때문이라는 것이다. 그러므로, 도마가 제기한 문제의 해답은 바로 예수님과 접촉하는 데에 있는 것이다: "나로 말미암지 않고는 아버지께로 올 자가 없느니라."

요한복음 이외에는 이 "참된 실체들"이라는 특유의 의미가 주로 히브리서의 모형론적 체계 속에서 나타난다. 8:2의 "참 장막에서 섬기는 이"를 참조하라. 또한 요한복음 이외의 복음서에서는 누가복음 16:11에 단 한 번 이런 것이 나타난다: "누가 참된 것(참된 재물)으로 너희에게 맡기겠느냐?"

4. 구약의 책들에 대한 예수님의 태도

예수님 자신의 내면적인 관점에 근거하여 구약에 대한 그의 태도와 관계를 이해하는 것은 지극히 중요한 일이다. 이와 관련해서, 주님이 그 당시에 존재하던 성경 책들의 진실성과 가치에 대해 하신 증언을 최우선으로 강조해서는 안 될 것이다. 그 점이 물론 변증적인 면에서는 큰 가치가 있지만, 예수님만 그런 입장을 취하신 것이 아니기 때문이다. 유대인이든 그리스도인이든, 정통적인 사람은 누구나 그와 동일한 입장을 취하였다. 성경을 대하는 문제에 있어서 예수님은 정통 중에서도 가장 정통주의자였던 것이다. 이 문제에서 그가 좀 느슨하고도 자유로운 태도를 취하였다고 보기도 하나, 이제 살펴보게 되겠지만, 이는 분별력이 없는 데에서 기인하는 것이다. 때때로 절반쯤은 경멸하는 투로 "책의 종교"(Bible-religion)라 부르는 그것이 바로 주님의 경건의 특징이었던 것이다. 그러나 그의 의식 속에는 성경의 책들에 대하여, 바울이나 기타 신약의 다른 교사들이나 계시의 기관들이 전혀 공유하지 못했던, 오로지 주님만이 홀로 갖고 계셨던 그런 특별한 요소가 있었다. 예수님은 구약으로부터 많은 자료를 추출하여 사용하셨고 또한 그의 모든 가르침이 구약과 철저히 일치한다는 것을 분명히 인식하고 계셨을 뿐 아니라, 그것을 훨씬 초월하는 하나의 확신을 갖고 계셨는데, 이는 그 어떤 그리스도인이라도 결코 주님과 공유하고 있다고 말할 수 없는 그런 것이었다.

바로, 예수님은 구약 역사의 움직임 전체를 하나님께서 인도하시고 감동하신 역사로서 자기 자신에게서 그 목표에 도달한 것으로 보셨고, 따라서 예수님 자신의 역사적 등장과 사역이 제거되면 구약 자체도 그 목적과 의미를 잃어버리는 것으로 여기셨다는 것이다. 이런 말은 다른 사람은 어느 누구도 할 수 없는 것이었다. 예수님이야말로 친히 구약의 확증이시요 완성이셨으며, 이러한 사실이 종교의 세계에서의 자기 자신에 대한 그의 해석의 한 가지 토대가 되었다. 동시에 이것은 그가 구약 종교에 대해 실재적인 견해를 지니셨음을 보여주는 증거이기도 하다. 구약의 종교도, 주님 자신의 종교도, 순전하고도 단순한 자연 종교가 아니었고, 비록 희미해지긴 했으나 그 이전에 있었던 자연적인 신(神)지식에 근거한 사실적인 구속의 역사(役事)들이 개입되어온 그런 종교였던 것이다. 예수님의 중심적인 종교를 자연에 대한 종교적 사랑의 일종으로 해석한다면, 그것은 루소(Jean-Jacques Rousseau: 1712-1778)나 르낭(Joseph E. Renan: 1823-1892)식의 종교일수는 있으나, 구약식의 종교도, 예수님식의 종교도 아닌 것이다.

"책의 종교"

우리 주님의 종교가 어느 정도나 "책의 종교"(religion of the Book), 즉 한 권의 책의 내용에 속하며 또한 한 권의 책의 언어에 속한 종교였는가 하는 것은 다음과 같이 몇 가지로 입증할 수 있다.

(1) 그의 강론은 구약의 책들에서 빌려온 어휘들과 문구들과 표현 양식들로 가득 차 있다. 이것들은 공식적인 성격을 띠지 않기 때문에 의도적인 인용문들로까지는 부를 수 없으면서도, 그 기원이 성경에 있는 것이 표면에 나타나는 경우가 허다하다. 불신앙적인 사람들을 "악하고 음란한 세대"(마 12:39; 16:4)로 묘사하는 것이 이 한 가지 실례라 할 것이다. 또한 의식적으로 구약을 인용하는 예도 무수하게 많다. 이에 대해서는 두 가지 특이점이 있다. 우선, 우리 주님의 가르침이 최고조에 달할 때에 그것들이 흔하게 나타난다는 점이다. 높이 올라갈수록, 구약의 사상과 언어의 세계에 더 가까이 나아가는 것이다. 산상수훈의 팔복이 이에 대한 실례를 제공해 준다. 개별적인 복(福)들을 시편 17:15, 25:13, 37:9, 73:1 등과, 또한 빈곤의 개념을 종교적인 의미로 제시하는 시편의 여러 구절들과 비교해 보라(참조. 사 57:15; 61:3). 주님의 의식적인 구약 인용에서 나타나는 또 한 가지 특이점은, 예수님이 생애 최고의 위기들을 만나실 때에 그것들을 사용하신다는 점이다. 겟세마네에서는 시편 42:6, 11; 43:5을 인용하시며, 십자가상에서는 시편 22:1; 31:5의 언어로 기도하시는 것이다.

(2) 예수님은 구약의 책들을 "신앙과 실천의 법칙"으로 대하신다. 전통을 고집하는 바리새인들을 향한 그의 가장 준엄한 책망은 그들이 전통을 고수하기 위하여 하나님의 명령을 무시한다는 것이었다. 그리고 사두개인들을 향하여서는, 그들이 부활을 부인하는 것이 구약 성경을 모르는 데에서 나오는 것이라고 선포하신다. 바리새인들과의 안식일 논쟁에서 그는 호세아서에 나타나는 바 "나는 인애를 원하고 제사를 원하지 아니한다"(6:6)는 신적인 선언에 호소하신다. 그는 태초에 혼인이 시작된 경위를 기록한 창세기의 기사에 근거하여, 혼인을 깨뜨려서는 안 된다는 원칙을 제시하신다.

(3) 예수님은 자기 자신의 메시야적 성격과 사역을, 그것들에게서 구약의 예언이 성취되었음을 지적하심으로써 확증하신다(막 9:12; 12:10; 14:21, 27, 49; 눅 4:17–19; 23:37; 24:25–27; 요 3:14; 5:46).

이 가운데 몇 구절들에서는 "반드시 … 야 한다"(must)는 뜻의 데이라는 단어가 사용된다. 이것은 성경의 성취의 필연성을 부각시키는 것이다. 그러나, 성경이 하나님의 생각과 뜻의 표현이므로, 그 성취의 필연성이란 궁극적으로 하나님의 생각과 뜻에게서 비롯되는 것임은 물론이다. 이런 점에서 예수님은 구약의 예언을 문자적으로 기계적으로 다룬다는 낙인이 찍힌 자들과 본질적으로 다른 점이 없으시다. 그는 놀라운 효과를 가져올 경우에는 문자에 호소하는 것을 마다하시지 않는 것이다. 그러나 동시에 그에게 있어서 구약은 하나님의 진리와 뜻의 유기적인 표현이었다. 성경의 법칙들의 적용 가능성을 가늠하실 때에 그는 계시의 점진적 발전이라는 큰 정황을 염두에 두셨다. 그가 새로운 상황을 고대의 계시와 관련시키기 위해 사용하신 방법은 알레고리가 아니었다. 그의 해석학은 단순하고도 명약관화(明若觀火)한 것이었다. 오늘날 복음의 가르침에서 내적으로 이탈해 있으면서도 주님의 고귀한 이름을 이용하여 전혀 이질적인 자기들의 입장을 뒷받침하려 하는 자들의 부류 중에서, 주님의 말씀을 알레고리식으로 이해하는 위험이 나타나는 것이다. "자유주의적"인 설교들이 알레고리화시키는 죄를 범하는 비율이, 알레고리식의 해석학을 수단으로 진리를 더 효과적으로 전하고자 애쓰는 자들의 경우보다 훨씬 더 높다. 복음을 위하여 범한 실수는 오류를 전하는 잘못보다는 덜 악한 것이다. 하지만 여전히 실수는 실수인 것이다.

　마지막으로, 주님은 구약 성경에 대한 무수한 호소에서 자신이 성경을 하나의 열린 책으로, 백성을 위한 책으로 삼는 자들 가운데 주역(主役)이 되신다는 것을 보여주셨다. 사실상 주님의 생애 동안, 율법주의와 전통지상주의의 조류로 인하여 성경을 주로 학식자들을 위한 책으로 만드는 경향이 이미 팽배해 있었다. 우리 주님은 일반 백성을 "율법을 알지 못하는"(요 7:49) 자들로 여기지 않으셨던 것이다.

　(4) 위에서 언급한 내용들은 모두 간접적인 것들로, 그가 구약 성경을 사용하시는 용도를 관찰함으로써 얻어진 것들이지만, 그 이외에 성경의 성격과 기원에 관한 그의 명확한 강론들을 통해서 직접적으로 나타나는 것도 있다. 부자와 나사로의 비유에서 주님은 모세와 선지자들이 죽은 자 가운데서 살아나거나 음부로부터 돌아온 자 만큼이나 명확하고도 이론의 여지가 없는 초자연적 성격을 지니고 있음을 암시하신다(눅 16:29-31). 요한복음 5:37-39에서는 유대인들이 성경에서 영생을 찾지 못하고 있음을 책망하시면서, 그 이유가 그들이 성경을 읽되 그 성경이 주님에게서 성취된다는 관점으로 읽지 않기 때문이라고 하신다. 요한복음 10:35에서도 성경을 폐하지 못한다는 사실을 분명히 확언하신다. 다른 사람들에게서는 물론 주님에게서도 나타나는 성경에 근거한 이 모든 논지들의 밑바탕이 되는 전제는, 하나님의 말씀이 주님께로부터 폐기될 수 없는 특성을 부여받았다는 사실에 있다. 이 점을 믿지 않는다는 것은 곧 하나님께서 확실한 것으로 선언하신 것을 폐기하려고 시도하는 것과 마찬가지인 것이다.

　(5) 이와 관련하여 웅변적으로 드러나는 사실은, 그의 반대자들이 예수님의 이단성을 입증하기 위해 자료를 끌어모으는 데에 혈안이 되어 있었으면서도 구약 성경에 대한 그의 태도에 대해서는 단 한 번도 의심을 한 적이 없다는 점이다.

비평적인 몇몇 주장들에 대한 반박

　앞에서 제시한 자료들이 분명 결정적인데도 불구하고, 요한복음서의 특정한 진술들을 요한복음의 반(半)영지주의적(semi-Gnosticizing) 성격을 입증하는 증거로 해석하여, 결국 앞에서 제시한 자료들에 대해서도 의혹을 제기하는 예가 있었다. 위에서 전거로 제시한 진술들이 예수님의 진정한 진술들이라는 것을 스스로 믿지 않고 이런 의문을 제기하는 자들과는 논쟁을 벌일 필요조차 없을 것이다. 그러나 요한복음의 진정성을 믿는 사람들을 위해서, 그 문제 되는 구절들에 대해 간략하게 다루는 것이 좋을 것이라 여겨진다.

요한복음 서언에서는 1:17이 문제 있는 것으로 제시된다. 여기서 구약 성경을 거짓된 것으로 본다는 비판이 있으나, 그런 비판을 제기하는 것은 오로지 앞에서 논한 바 있는 "진리" 혹은 "참됨"이라는 단어의 특수한 의미를 간과했기 때문인 것이다. 이는 예수님의 말씀이 예루살렘에서 행하는 예배의 "참됨"을 부인한다는 논지의 경우도 마찬가지다. 그 예배가 "참됨"이 없는 것은, 그것이 거짓된 것이기 때문이 아니라 그것이 모형적인 것으로 아직도 하나의 장소에 매여 있기 때문인 것이다. 또한 예수님 앞에 온 자들은 모두 도둑이요 강도였다는 10:8의 진술도, 구약의 밑바탕에 거대한 거짓의 체계가 깔려 있다는 영지주의적 사고를 반영하는 것으로 해석되어왔다. 그러나 이 진술은 십중팔구 그를 반대하는 국가 지도자들을 지칭하거나 아니면 그보다 앞서서 메시야임을 자처했던 거짓된 자들을 지칭하는 것일 것이다.

예수께서 구약 성경의 권위를 받아들이셨음을 부인하는 또 하나의 근거를, 예수께서 구약 경륜에 속한 특정한 제도들이 폐기되었음을 — 혹은 최소한 완성시켜야 할 것임을 — 선포하시는 발언들에서 찾는다. 예수님의 제자들과 바리새인들과 세례 요한의 제자들 사이에 제기된 금식에 관한 문제는 여기에 해당될 수가 없다. 왜냐하면 속죄일 이외에는 구약에서 금식을 규정한 적이 없으며, 또한 예수님께 문의한 금식의 문제는 그보다 훨씬 폭이 넓은 시행을 지칭한 것이 분명하기 때문이다.

그러나 여기서 주목할 만한 사실은, 헌 의복과 새 포도주에 관한 두 가지 비유에서 예수께서는 그 문제 전체를 더 폭넓은 기초 위에 세우셔서, 그것을 구약이 신약과 비교될 때에 과연 전반적인 종교적 형식들이 타당한가 하는 문제로 삼으신다는 점이다(막 2:21, 22). 마가복음 7:14-19은 사람을 더럽게 하는 것이 무엇인가에 대해 말씀하면서, 그 법칙을 외형적인 것에서 내면적인 것으로 바꾸어 놓고, 그리하여 사실상 의식적인 정결을 위하여 제시된 모세의 규례들을 폐기시키고 있다. "모든 음식물은 깨끗하다"라는 문구가 바로 그런 의미일 것이다. 더 나아가서 우리 주님은 하나님 나라에서 유월절이 성취될 것을 말씀하신다(눅 22:16).

이와 관련하여 주께서 "완전하게 하려"고 오셨다는 산상수훈의 말씀도 인용할 수 있을 것이다(마 5:17). 금방 다루게 되겠지만, 이에 대한 모든 논의는 "완전하게 하다"(to fulfil)라는 동사가 어떤 의미인가에 달려 있다. 어떤 경우에도 예수님은 구약의 생활 양식을 마치 그 당시에도 잘못되었던 것이었던 것처럼 비판하지 않으셨다. 다만 그 생활 양식이 새로이 다가오는 시대에 부적절하여 대체되었다고 말씀하셨을 뿐이다. 여기서 관찰해야 할 중요한 사실은 예수께서는 그 폐기된 생활 양식을 비판하셨으나, 그 어느 곳에서도 그것들이 하나님께서 제정하신 것이 아니라는 것을 근거로 비판하신 적은 없다는 점이다. 만일 주께서 그것들을 제쳐두신 진짜 근거가 거기에 있었다면, 그 근거에 의한 비판이 있었던 것이 당연했을 것이다. 그는 전통적인 율법의 고착화 현상을 하나님께서 심으시지 않은 것으로 보시고(마 15:13) 가차 없이 철저히 배격하셨기 때문이다. 시종일관 하나님께서 친히 모세를 통하여 이 생명의 규범들을 주셨다는 것이 전제되고 있다. 이 규범들이 하나님께로부터 기원되었다는 특질을 구약의 각 부분과 함께 공유한다는 것이다.

그러나, 하나님께서 계시를 통하여 하나의 율법을 주셨다고 해서 그 때문에 그것이 영원토록(in perpetuum) 효력을 발생해야 했던 것은 아니었다. 유일한 문제는 신정통치에서의 생활 양식을 규정하는 문제에서 과연 누가 합당한 권위를 가지는가 하는 것이었고, 예수님께서는 분명 바로 이 점과 관련하여 자신의 메시야적 권위를 고려하고 계셨던 것이다. 그렇기 때문에 그는 산상수훈에서조차도 몇 가지 삶의 윤리적 사회적 규범들을 제시하시면서 "나는 너희에게 이르노니"라는 강한 언사를 도입하신 것이다. 문제는 바로 그렇게 말씀하시는 "나"가 누구냐 하는 문제인 것이다.

그러나, 우리는 예수께서 이러한 변화와 발전의 일반적인 프로그램에서 한 번도 계시 속에 당연히 존재하는 연속성을 간과하시는 적이 없다는 점을 주목해야 한다. 순전히 새 것이 새 것이라는 이유로 옛 것이 새 것에게 무참하게 희생되는 것이 아니다. 옛 것이 그 속에 새 것의 씨앗을 담고 있었다는 관념이 항상 있는 것이다. 그렇기 때문에, 구약을 혁명적으로 완전히 폐기해

버리는 일은 언어도단인 것이다. 주께서 이 두 경륜 사이의 이러한 동일성을 그대로 인정하신다는 가장 선명한 증거를 요한복음 2:19-21에서 볼 수 있다. 여기서 예수님은 유대인들이 성전을 헐어버리면 다시 그의 부활하신 몸에서 그것이 일으켜질 것임을 선언하신다. 전자가 구약 경륜의 상징이었듯이, 후자는 신약 경륜의 본질적인 중심이다. 그러나 둘 사이의 동일성은 그대로 유지되는 것이다.

산상수훈의 진술 가운데 예수께서 오신 것이 율법을 폐하기 위함이 아니라 완전하게 하기 위함이라는 말씀도 이러한 연속성의 원리에 근거하여 해석해야 할 것이다. "완전하게 하다"를 "더 완전한 것으로 만들다"의 의미로 보든, 혹은 "실행에 옮기다"의 의미로 보든, 연속성의 원리는 반드시 지켜지는 것이다. 여기서 전자의 의미로 보아야 한다는 주장이 제기되었다. "완전하게 하다"란 "파괴하다"의 반대이므로, 이는 오로지 더 완전한 것으로 만드는 것을 의미할 수밖에는 없다는 것이다. 그러나 이 주장에 대해서, "파괴하다"는 사실 "실행에 옮기다"의 반대일 수 있다는, 다시 말해서 복종하지 않는 것이 파괴하는 것과 동일한 의미일 수 있다 — 복종하지 않는 자가 지도자의 위치에 있을 때에 그 사람의 지위 때문에 그것이 하나의 모범으로 작용할 경우에는 그렇다 — 는 반론이 제기된다. 이러한 용법이 상당히 일리가 있다는 것은 갈라디아 2:18에서 나타난다. 거기서는 **카탈루에인**이라는 동일한 단어를 베드로의 경우에 사용하고 있는데, 이는 그가 율법을 완전하게 만들지 못했다는 뜻이 아니라, 그가 율법을 일관성 있게 준수하지 못함으로써 나쁜 모범을 세웠다는 뜻이다. "완전하게 하다"라는 용어가 선지자들에게 사용될 경우에는 자연히 "현실로 이루어지게 하다"(carrying into reality)라는 뜻을 지니게 될 것이고, 누구도 그것을 "개선시키다"라는 뜻으로 보지 않을 것이다. 사실 선지자들을 개선시킨다는 관념은 전적으로 예수님의 뜻과는 무관한 것이었다.

그런데 마태복음 5:17-18의 "완전하게 하다"의 의미와 관련해서도, 여기서 율법을 선지자와 서로 분리시킬 수가 없다. 왜냐하면 이 절에서 우리가 다루는 것은 구약 전체를 포괄하는 "율법과 선지자"라는 일반적인 문구가 아니기 때문이다. 만일 그런 의미라면, 구약을 "개선시키다"라는 번역도 최

소한 가능하기는 할 것이다. 그러나 "율법"과 "선지자" 사이의 "이나"(or)
라는 접속사 때문에 이런 해석은 불가능하다. 이 문장을 엄밀하게 번역하자
면, "내가 율법이나 혹은 선지자나 폐하기 위해 온 줄로 생각하지 말라. 나는
율법과 선지자 모두를 성취하러 왔노라" 정도가 될 것이다. 이렇게 보면, 여
기서 율법을 개선시킨다는 관념은 전혀 합당치 않은 것이 드러날 것이다.

예수께서 그 광범위한 구약의 제도들에 대해 보이신 태도에서 예수님의
자의식(self-consciousness)이 선명하게 드러난다. 이미 살펴본 대로, 그는 구
약의 책들의 내용 전체가 하나님께로부터 온 계시임을 인정하셨다. 그러나
그러면서도 그는 전혀 주저 없이 전면적으로 종교의 실천 문제를 재구성하
신다. 그가 그렇게 하실 수 있었던 것은 그 자신이 계시의 영역에서, 또한 이
스라엘 종교를 재조직하는 영역에서 하나님과 동등한 권위를 지니신다는 의
식이 그에게 있었기 때문이었다. 이와 관련하여 우리는, 그가 오셔서 개시(開
始)하신 그것은 바로 종말의 상태요, 그는 메시야로서 그 상태에 대해 완전한
치리권을 지니셨다는 점을 유념해야 한다. 더 흥미 있는 사실은 그가 그 문
제에 대해 논지를 제시하시지 않고 자신의 최고의 권위로 그 문제를 확정지
으셨다는 점이다. 바울은 구약의 율법 구조를 극복하기 위하여 구약 성경 자
체에 근거하여 애써 수고하며 논증하여야만 했다. 그러나 예수님은 진리의
영역에서 주권(主權)을 지니신 분으로서 말씀하시는 것이다. 그 자신이 바로
진리가 속해 있는 실체의 세계를 통치하시는 왕이시기 때문이다.

5. 예수님의 신론(神論)

과연 예수께서 하나님에 대해 새로운 가르침을 제시하셨는가? 그가 과연
구약의 하나님과는 다른 하나님을 전하셨는가? 하는 질문이 흔히 제기된다.
만일 그것이 사실이라면, 그는 새로운 종교를 제시하신 것이 될 것이다. 왜
냐하면 하나님의 문제와 종교의 문제는 서로 불가분리의 관계에 있기 때문이
다. 적절한 분별이 없어서 이 문제에 대해 생각의 혼란이 일고 있다. 예수
님은 참된 계시자셨다. 그리고 성경적인 관점에서 볼 때에 모든 계시는 궁극

적으로 하나님이 그 대상이므로, 예수께서 하나님에 관한 교의에 무언가 제시하신 바가 있었던 것이 불가피해진다. 그러나 그렇다 할지라도 예수님의 "신론"이 새로운 것이었다는 단언은 논란의 여지가 있는 것이다.

그런데 불행하게도, 그러한 관념이 수많은 경우들에서 전연 다른 의미로 오해되고 있는 실정이다. 곧, 이 분야에서의 예수님의 가르침은 내용을 확충하거나 좀 더 분명히 해명하는 의미에서 새로운 것이 아니라, 기존에 믿던 바를 거부하고 교정시킨다는 의미에서 새로운 것이라고 보는 것이다. 구약 성경에는 하나님의 본성에 대하여 상당히 그릇된 관념들이 포함되어 있다고 말한다. 특히 구약에 나타나는 바 하나님의 윤리적 본성과 관련되는 개념들은 여호와의 절대적 권능과 그의 전제적인 변덕에 대한 믿음과 상충되며, 심지어 그의 본성에 대해 육체적인 껍데기의 표현들을 사용하는 것과도 상충된다고 한다. 그러나 계시의 실재성과 일관성을 믿는 사람으로서는, 예수께서 그런 식의 구약의 하나님의 교의를 새롭게 갱신시키셨다고 볼 수가 없음이 분명한 것이다.

그러나 또 한 가지 분명한 사실은, 그런 견해를 갖게 된 것이 구약의 신론에 대해 예수님 자신에게 문의한 것이 아니라 구약의 교의와 예수님의 가르침을 비교하여 조사한 결과에서 나온 것이라는 점이다. 결국에 가서 예수님 자신의 견해를 수정하도록 만드는 그런 방법을 취한 것이다. 물론 비교 종교학에서는 그런 방법론을 금할 수 없겠지만, 성경 신학의 방법은 그런 것이 아니다. 우리가 관심을 갖는 것은 하나님의 본성에 대한 구약 성경의 가르침이 예수님께 어떻게 보였을까 하는 것이다. 다른 주제들에서도 마찬가지겠지만, 이 주제에서도 우리는 예수님의 생각 속에서 바라보도록 힘써야 하는 것이다. 또한 하나님에 관한 당시의 유행하는 관념들에 대한 비판을 담은 예수님의 발언 하나 하나를 여호와의 본성에 관한 구약의 교의를 비판하는 것과 동등한 것으로 간주해서도 안 될 것이다. 구약 성경과 유대교를 서로 동일한 것으로 보아서는 안 되는 것이다. 유대교에 대해서는 주께서 그릇된 것을 지적하신 경우가 많다. 그러나 구약 성경에 대해서도 그렇게 하셨다는 주장을 제기하려면 반드시 구체적인 증거를 제시해야만 하는 것이다.

증거를 살펴보면, 예수님께서 구약 성경을 비판하신 예가 전혀 없다는 것이 충족히 입증된다. 더욱이, 그가 구약의 신적 기원을 믿으셨다는 것도 이를 입증해 주는 단서가 된다. 만일 구약의 책들이 하나님께로부터 온 것인데도 거기에 하나님에 대한 부적절한 견해가 담겨 있다면, 하나님께서 친히 구약에서 자기 자신을 잘못 제시하신 것이 된다. 이것은 침묵과 간접 증거에 근거한 것이지만, 적극적인 진술들도 없지 않다. 서기관들에게서 율법 중에 첫째 가는 계명이 무엇이냐는 질문을 받으셨을 때에, 예수님은 신명기 6:4, 5에 근거하여 율법의 의미를 정리하셨고, 완전한 신앙을 정리해 주는 말씀을 인용하실 뿐 아니라, 신명기에서처럼 "이스라엘아 들으라 주 곧 우리 하나님은 유일한 주시라"(혹은 히브리어의 다른 번역에 의하면, "여호와는 우리 하나님이시요 여호와는 한 분이시라")라는 하나님에 대한 묘사를 서두에 붙이셨다(막 12:29). 여기 나타나는 사상의 전후 관계에서 볼 때에, 여기서 제시되는 여호와의 관념이 계명들에서 표현되는 이상적인 종교를 그 위에 세우기에 합당하다는 것이 시사되고 있음이 드러난다(마 22:37-38; 막 12:29-30; 눅 10:27).

사두개인들과의 논쟁에서 예수님은 아브라함과 이삭과 야곱의 하나님을 자신의 하나님으로 인정하셨다(눅 20:37). 이러한 주님의 논지는 연대기적인 성격을 띠는 것이 아니다. 곧, 모세의 시대에도 여전히 하나님께서 자신을 이 족장들의 하나님이라 부르셨다는 사실 — 또한 이는 모세의 시대에 그 족장들이, 최소한 그 영혼들은, 아직 살아 있었다는 것을 암시하는 것이다 — 에 근거를 두는 논지가 아니었다는 말이다. 주님의 논지를 그런 연대기적인 의미로 이해하면, 예수님과 사두개인들 사이의 논쟁점이 해결되지도 않을 뿐더러, 그저 모세의 시대에 족장들이 여전히 영혼의 불멸성을 소유하고 있었다는 것밖에는 아무것도 입증해 주지 못하게 될 것이다. 주님의 논지의 핵심은 " … 의 하나님"이라는 문구의 함축적인 의미에 있는 것이다. 여호와를 어떤 사람과 연관지어 공언한다는 것은 여호와와 그 사람 사이에 친밀한 교제의 결속 관계가 있음을 상정하는 것이며, 따라서 하나님께서 그 사람을 죽음 — 심지어 육체적인 죽음까지도 — 에 내어버려 두신다는 것은, 이를테면, 그의 존귀를 더럽히는 것으로서 결코 있을 수 없는 일이 되며, 그리하여 하나님께서 그들의 하나님이라 친히 일컬으시는 그 사람들을 모두 부활하게 하신다는 사상이 이어지는 것이다. 예수께서도 친히 38절에서 이 의미를 그렇게 설명하신다: "하나님은 죽은 자의 하나님이 아니요 살아 있는 자의 하나님이시라." 하나님의 본성이 그러하시기 때문에, 종교적으로 그에게 속하는 자들에게서 영생과 궁극적인 몸의 부활을 확실히 기대할 수가 있다는 말씀인 것이다.

또한, 예수께서는 하나님에 대한 그의 관념을 구약의 하나님의 관념과 동일한 것으로 제시하시면서, 구약에서 자기 자신에게 유리한 것만을 고집스럽게 붙잡으시고 나머지 모든 내용들은 별로 중요치 않은 것으로 제쳐두셨다는 주장도 제기된 바 있다. 그가 무의식적으로 그렇게 하셨는가 하는 문제는 물론 이쪽도 저쪽도 증명되지 않는 문제다. 왜냐하면 그것은 그의 의식 내에서 이루어진 과정에 관계되는 것이기 때문이다. 그러나 반면에, 그가 문제를 분명히 의식하고서 그처럼 편파적인 의견을 가지셨다는 것은 타당성이 없다. 왜냐하면 그는 구약 성경 전체를 하나님의 말씀으로 분명히 받아들이셨기 때문이다. 구약의 가르침 중에 상당 부분을, 그것도 하나님의 본성과 같은 중심적인 주제에 관한 내용을, 거부해야 할 필요성을 느끼셨다면, 예수님으로서는 구약 성경을 그렇게 하나님의 말씀으로 높이 받드는 자세를 결코 유지하실 수가 없었을 것이다.

하나님의 아버지 되심에 관한 예수님의 가르침

대개 우리 주님의 신론의 중심이 하나님의 아버지 되심에 대한 그의 가르침에 있는 것으로 본다. 사실상 그것이 차지하는 중요한 위치를 볼 때에 이것은 매우 옳은 것이라 하겠다. 그러나 애초부터 경계해 두어야 할 것이 있다. 곧, 이 사실과 밀착되어 제시되는 특정한 오해들과 잘못된 추리들이 그것인데, 이는 주로 예수께서 절대적으로 독창적으로 그런 관념을 가지셨다는 사실에 관한 것들이다. 독창성의 문제에 대해서는, 구약을 망각해서도 안 되고, 유대교의 사상 체계도 완전히 다 잊어서는 안 된다. 물론 구체적인 색채는 서로 달랐지만, 구약에서나 유대교에서나 그 관념이 잘 알려져 있었다. 구약은 여호와의 아버지 되심을 서술하고 있다(출 4:22; 신 1:31; 8:5; 32:6; 사 1:2; 63:16; 렘 3:19; 호 11:1; 말 1:6). 그러나 이처럼 구약과 예수님의 가르침 사이에 연속성이 있다는 이런 주장에 반대하여, 예수께서는 구약에 나타나는 것과는 전연 다른 관념을 그 이름과 결합시키셨으므로 그 연관성은 그저 형식적인 것에 지나지 않는다는 주장이 제기된다. 예수님과 구약의 관념의 차이점으로 다음 세 가지가 강조된다:

(1) 첫째로, 구약에서는 아버지 되심이 오로지 여호와만의 행위를 묘사하는 것이라고 한다. 그는 마치 아버지가 아들을 대하듯이 그렇게 이스라엘을 대하신다. 그러나 하나님의 본성을 내면적인 면에서의 아버지의 사랑으로 묘사하지는 않는다고 한다.

(2) 둘째로, 구약에 나타나는 관념은 그 범위가 오로지 이스라엘로만 한정되며, 집단적인 자격으로서만 그들에게 적용되며 이스라엘 사람 개개인에게 적용되지는 않는다고 한다.

(3) 셋째로, 구약에서는 하나님의 아버지 되심, 혹은 하나님의 사랑이 그의 다른 속성들 — 하나님의 사랑과 전혀 다를 뿐 아니라 정면으로 반대되기까지 하는 속성들 — 과 더불어 제시되는 반면에, 예수님의 가르침에서는 하나님이 사랑의 아버지 되심이 하나님의 성품의 유일한 면으로 나타난다. 곧, 하나님은 오로지 사랑이실 뿐으로 나타난다는 것이다.

이 세 가지 주장들에 대해 다음과 같이 간략하게 답변할 수 있을 것이다.

(1) 첫 번째 주장은 구약에서는 하나님에 대한 묘사가 외형적인 데에서 내면적인 데에로 나아가지만 신약에서는 그 반대의 움직임이 어느 정도 나타난다는 올바른 관찰에 근거하는 것이다. 이런 현상이 나타나는 것은 계시 과정의 일반적인 움직임이 그러하기 때문이다. 그러나 구약은 하나님의 성품에 대한 묘사에서 외형적인 것에만 제한을 두지 않는다. 출애굽기 34:6, 7 같은 본문은 신약에 나타나는 것과 똑같이 성격을 묘사하는 것에 가까운 것이다. 그리고 반면에, 하나님의 사랑을 포함하여 예수님의 가르침 중에 많은 부분이 행동을 통하여 구체적으로 표현된다. "하나님은 사랑이시라"와 같은 추상적인 진술은 요한서신처럼 후기에 가서 나오는 것이다. 예수님은 그 관념을 주로 비유에서 말씀하신다.

(2) 예수께서 창조에 근거하여 하나님의 아버지 되심의 범위를 모든 개개인에게로 절대적으로 확대시키신다는 주장은 예수님의 사상에 대한 그릇된

해석에 근거하는 것이다. 하나님의 아버지 되심과 또한 그것과 관계되는 아들 됨의 관념은 모두 구속적인 것들이다. 이에 대한 가장 좋은 증거는 그것들이 이따금씩 종말에 적용된다는 사실에 있다. 종말은 단순히 구속을 완성하는 것이기 때문이다(참조. 마 5:9; 13:43; 눅 20:36). 하나님의 아버지 되심의 관념이 하나님 나라의 구성원들에게 속한다는 점은 또한 "아버지"라는 단어에다 "너희"와 "그들의" 등의 소유격 대명사가 정규적으로 덧붙여진다는 사실에서 추정할 수 있다(참조. 특히 마 6:32). 이 대명사들이 없는 곳에서는 단순한 정관사가 사용된다. 그리하여 "그 아버지"(the Father)는 일반적인 하나님의 자녀들과 상관되는 것이 아니라 특별히 "그 아들"(the Son)이신 예수님과 상관된다(마 11:27; 28:19; 막 12:32).

요한복음에서는 "아버지"가 제자들과 관계하여 나타나는 예가 적지 않은 것이 사실이다. 그러나 이 복음서에서는 처음부터 끝까지 예수께서 제자들을 하나님과 자신의 (종교적인) 관계 속으로 이끌어가신다는 사상이 두드러진다. 그러므로 적절히 풀어서 이해하자면, 요한복음의 "아버지"는 곧 "내 아버지이시요 또한 나를 통하여 너희의 아버지가 되시는 그분"을 뜻하는 것이다. 그리고 요한복음에는 예수님의 유대인 대적들이 하나님의 아들들이라는 것을 분명하게 부인하는 예도 나타난다(8:42). 아들이라는 관념이 이처럼 제한적으로 사용되므로, 아버지시라는 관념 역시 제한적으로 사용되는 것이다.

사람에 대해서는 그들이 하나님의 자녀가 된다는 언급이 나타나나, 하나님이 아버지가 되신다는 언급은 한 번도 나타나지 않는다는 주장도 제기된 바 있다. 그러나 엄밀히 말하면 이것은 사실이 아니다. 생명을 부여하시고 아들로 입양하시는 등 아버지의 행위들을 하나님께서 행하시는 것으로 서술하고 있는데, 이는 그가 모든 진정한 의미에서 신자들에게 아버지가 되신다는 것을 시사하기 때문이다. 예수님의 가르침에서 과연 하나님의 사랑을 모든 사람들에게 해당되는 것으로 제시하느냐 하는 문제는 이것과는 전혀 다른 문제다. 이에 대해 긍정적으로 답변한다면, 일반적인 사랑과 아버지로서의 사랑을 서로 명확히 구별할 필요가 있을 것이고, 여기서 후자는 하나님 나라의 구성원들에 대한 사랑을 지칭하는 것으로 보아야 할 것이다. 구약에

서는 아버지 되심과 사랑 모두가 택한 백성들에게만 해당되는 것으로 나타
난다. 출애굽기 4:22에서는 다른 민족들도 아들이라는 것이 암시되어 있다고
주장한다. 이스라엘을 가리켜 하나님의 "장자"(長子)라 부르는데, 이는 다른
민족들은 "장자"는 아니나 여전히 그 다음 등급에 속한 아들들인 것은 사실
임을 암시한다는 것이다. 그러나 이런 논지는 하나의 비유적인 표현에서 너
무 지나친 것을 이끌어내는 것이다. 다른 민족들이 아들들이었다는 사상이
거기에 들어 있었다면 그것은 바로에게 행해진 요구와는 아무런 관계도 없
는 것이었을 것이다. 이 구절의 의미는 단순히 장자가 그 아버지에게 고귀하
듯이 이스라엘도 그렇게 여호와께 고귀한 존재라는 것이다.

하나님 나라의 구성원에 대한 언급이 전혀 없이 그냥 하나님의 아버지 되
심만 언급하는 것이 예수님의 가르침의 여러 곳에서 나타나는데, 자세히 살
펴보면 이것도 그런 사상을 드러내는 것이 아니다. 마태복음 5:45에서 예수
님은 원수를 사랑하라고 명령하시면서, 하나님께서 그의 태양을 악한 자와
선한 자에게 비추시고 그의 비를 의로운 자와 불의한 자에게 똑같이 내리게
하신다는 사실을 상기시키심으로 그 명령을 강화시키신다. 그러나 그 논지
는 하나님이 선한 자와 악한 자, 그리고 의로운 자와 불의한 자 모두의 아버
지이시라는 관념에 근거한 것이 아니라, 하나님이 제자들의 아버지이시라는
원리에 근거한 것이다. 그러므로 도덕적 종교적 탁월함과는 전연 상관 없이
사람들에게 그렇게 선하심과 자비하심을 보이시는 아버지의 성격을 그대로
본받아야 한다는 것이다. 아버지 되심의 관념을 여기서 소개하시는 유일한
목적은 오로지 제자들로 하여금 그런 하나님의 성격을 그대로 본받도록 만
들기 위함인 것이다. 그렇기 때문에 "그들의 아버지"가 아니라 "너희 아버
지"께서 태양과 비를 주신다고 말씀하는 것이다. 마태복음 6:26도 비슷한 방
식으로 하늘의 새들을 향하신 하나님의 선하심에 대해 말씀하는데, 여기서
도 예수님은 하나님을 가리켜 "너희 하늘 아버지"라고 부르신다. 이 경우에
서도 본문이 하나님을 새들과 아버지로서의 관계를 가지시는 것을 묘사하는
것이 아니다. 다만 하나님의 완전한 선하심과 자비하심을 묘사하는 것이요,
이 사실에 근거하여 제자들이 하나님께서 공급하신다는 확신을 더욱 강화시
킬 수 있도록 하기 위한 것이다. 제자들은 하나님과의 관계에서 그저 새들과

같은 처지가 아니라, 그의 자녀들인 것이다. 여기서도 "너희"라는 대명사가 사용되는 것을 주목하라.

탕자의 비유는 완전한 외인들에 대한 하나님의 관계가 아니라, 구속의 아들들의 영역 바깥에서 방황하고 있던 세리들과 죄인들에 대한 관계를 예증하는 것으로, 그들이 그런 처지에 있으나 하나님이 그들의 아버지가 되신다는 사실이 손상되는 것이 아님을 보여주는 것이었다. 반면에 수로보니게 여인의 경우는 큰 믿음을 통해서 영적인 자격을 소유하고 있음을 입증했음에도 불구하고 우리 주님은 주인의 식탁에서 떨어지는 부스러기를 논하심으로써 이스라엘에게 우선적인 특권이 있음을 강변하셨다. 하나님의 아버지 되심의 관념을 구속적인 영역으로부터 죄악된 상태의 자연 종교의 영역에까지 무분별하게 확대시키는 것은, 더 넓은 범위에 대해 감정적인 호소력을 발휘하는 이점이 있는 것 같아 보이나, 사실은 그 관념 자체 속에 담겨진 내용의 상당 부분을 상실하는 것이다. 모든 사람들에게 그들이 하나님의 자녀들이라고 말할 수도 있겠으나, 그렇게 되면 구속의 영역에 속하는 자들에게 하나님의 자녀들이라 말할 때에 담겨지는 내용의 상당 부분이 상실되고 마는 것이다.

전술한 점에서 하나님의 아버지 되심의 관념이 원칙상 구약의 기조에서 벗어나지 않고 여전히 전처럼 하나님의 백성에게 한정되는 것이라 해도, 그 범위는 크게 넓어진다. 왜냐하면 하나님의 백성의 범위 자체가 크게 확대되기 때문이다. 전에는 그 범위가 민족적인 성격을 지녔으나, 이제는 윤리적 종교적 성격을 띠는 것이다. 그리고 이와 함께 불가피하게 개개인에게 이 관념을 적용시키는 쪽으로 변화가 진행된다. 구약에서는 개개인이 아니라 민족이 "하나님의 아들"이라는 이름을 지니는데, 예수님께서는 제자들 하나하나를 "하나님의 아들"이라 부르시는 것이다. 그러나 이에 대한 구약의 근거가 전혀 없지는 않다. 메시야는 여호와와 처음부터 전적으로 개인적인 관계를 유지하며, 그 다음에 그 관계를 백성들에게 연결시킨다(참조. 시 2:7). 시편 89:26에서는 그가 심지어 여호와께 "나의 아버지"라고 부르짖는 것으로 묘사되는데, 이는 구약에서 독특한 경우다. 왜냐하면 하나님을 아버지로 부르는 다른 모든 간구들의 경우는 이스라엘 회중이 행하는 것이기 때문이다(사 64:8). 호세아 1-3장에는 "하나님의 자녀"(children of God)라는 복수형이 나타난다(1:10; 참조. 11:1, "내가 내 아들을 애굽에서 불러내었거늘"). "이스라엘의 자손"(children of Israel)에서는 구태여 복수형을 강조할 이유가 없다. "이스라엘의 자손"은 이스라엘 민족을 지칭하는 일반적인 명칭이었기 때문이다.

여기서 기억할 것은 하나님의 아버지 되심이 그 범위만 확대된 것이 아니라, 그 범위가 확대됨으로써 아버지 되심이라는 관념 그 자체도 더욱 심오하게, 또한 개개인에게 적용되어, 이해되게 되었다는 점이다. 왕권의 관념과 아버지의 관념의 실질적인 용도의 차이가 바로 여기에 있다. 아버지의 관념은 기도에서 아뢸 때에 사용되는데, 이는 지극히 개인적인 것이다. 반면에 왕에게 아뢰는 경우에는 왕의 주권을 인식하는 것이 주류를 이루는 것이다. 그러나 이 두 관념을 서로 완전히 명확하게 구분할 수는 없다. 왜냐하면 고대의 성경적인 의식에 있어서는 아버지 되심이라는 개념에 우리가 느끼는 것보다 ― 오늘날 우리는 "아버지의 지배"에 대해 반감을 갖는 경향이 있다 ― 강력한 권위의 요소가 담겨 있었고, 반면에 왕권의 개념에는 우리가 생각하는 것보다 자비의 요소가 더 밀접하게 개입되어 있었기 때문이다. 비유에서는 왕이 잔치를 열기도 한다. 아버지의 권위에 대해서는 말라기 1:6을 참조할 수 있을 것이다. 더 나아가서, 메시야 직분이 개인에게 적용된 배경이 있으므로 이는 필연적으로 아버지 되심을 신자들 개개인에게 적용시키는 효과를 가져오게 된다는 것도 기억해야 할 것이다. 신약에서는, 특히 요한복음에서, 메시야의 추종자들의 지위를 메시야 자신의 지위와 연합시키는 사상이 친숙하게 나타나기 때문이다.

하나님의 위엄과 위대하심에 대한 예수님의 강조

우리 주님의 가르침에서는 하나님의 아버지 되심과 사랑에서 표현되는 바 그의 자비로우신 면 다음으로, 신적 본성의 초월적인 면도 강하게 나타난다. 이것은 하나님의 위엄과 위대하심으로서, 보통 비공유적(非共有的) 속성이라는 명칭으로 정리된다. 이 면은 다른 면만큼 강조되지 않을 수도 있다. 왜냐하면 유대교의 이신론적 경향에 의존하여 필요 이상으로 이 면을 강조해왔

을 수도 있기 때문이다. 그럼에도 불구하고 이 면은 종교의 필수적인 요소로
서 충만한 힘을 지니고 나타나는 것이다. 예수께서는 심지어 하나님께 지극
히 가까이 나아가는 가운데서도 그분이 하나님이시라는 사실을 반드시 기억
해야 한다는 것을 가르치신다. 하나님을 아버지라 부를 때에도, 기도하는 자
는 반드시 "하늘의" 혹은 "하늘에 계신"이라는 접두어를 붙여서 불러야 한
다고 하신다. 또한 주님 가르치신 기도에서 그 다음에 이어지는 첫 번째 간
구는 바로 "이름이 거룩히 여김을 받으시오며"인데, 이 역시 동일한 사상을
담고 있는 것이다.

한 쪽으로 치우치는 것을 막으려면, 하나님의 사랑과 또한 하나님의 하늘
의 위엄이라는 이 두 가지 요소를 함께 마음에 품고 있어야 한다. 또한 그 둘
이 서로 교류하는 것으로 여겨야 한다. 하나님의 위엄과 위대하심이 하나님
의 사랑에 특별한 성격을 부여하는 것이다. 사람에게서 나오고 사람을 향하
여 나아가는 사랑은 하나님과 사람 사이에서 오가는 사랑과는 다른 것이다.
소위 신앙이라 부르는 현대의 정서 가운데 많은 것이 결국 신앙이 아닌 것이
되어 버렸는데, 이는 그것이 사람 사이의 친근하고도 자애로운 관계의 수준
으로 전락해 버렸기 때문이다. 그런 수준에서는 기껏해야 한 쪽이 다른 쪽보
다 더 영향을 줄 수 있는 정도밖에는 아무것도 기대할 것이 없다. 그러나 신
앙이란 하나님을 향해서 호감을 갖는 정도와는 다른 것이다.

하나님의 본성의 이 두 가지 면이 서로 교류하는 또 하나의 예는 하나님의
위대하심과 전능하심에 대한 의식이 있어야만 비로소 그의 자비로우신 면이
사람에게 도움과 구원의 근원이 될 수 있다는 점에서 볼 수 있다. 다른 모든
것을 제외시킬 정도로 하나님의 사랑만을 지나치게 강조한 나머지, 구원의
모든 문제에 대해 하나님께 의지하는 일이 실제로 완전히 사라져버리기까지
하는 경우도 있다. 만일 하나님께서 우리를 향하여 그의 사랑의 모든 충만함
을 베푸신다는 확신을 주시면서도, 우리에게 소위 그의 본성의 초월적인 혹
은 형이상학적인 면에 대해서 알려주시지도 않고 확신시켜주시지도 않고,
오히려 원칙적으로 회의를 갖게 만드신다면, 그런 하나님은 우리에게는 극
단적으로 말해서 인간의 아버지나 어머니 이상의 존재가 될 수 없을 것이다.
다시 말해서 우리의 필요의 관점에서 볼 때에 그는 전혀 하나님이 아닐 것이

다.

하나님의 보응하시는 의

하나님의 아버지 되심과 그의 초월적인 위엄 이외에도 하나님의 본성의 세 번째 면을 살펴보아야 한다. 이것을 가리켜 보응하시는 의(retributive righteousness)라 부를 수 있을 것이다. 이것은 결코 신적 성품에서 소홀히 다룰 수 있는 요소가 아니다. 예수께서 하나님에 대해 제시하신 사상을 다루면서 이를 무시해 버리는 자들은 그 사용하는 자료 자체가 지극히 불충분한 것이다. 물론 어떤 이들의 주장처럼 만일 이 보응하시는 의가 예수님의 의식 속에서 하나님의 사랑에서부터 연역해 낸 것으로 간주할 수 있다면, 그렇지 않을 수도 있을 것이다. 그러나 그런 연역에 대한 증거도 전혀 없을 뿐더러, 그 두 개념들(즉, 보응하시는 의와 사랑 — 역자주)의 본질을 보아도 어느 한쪽으로부터 다른 한 쪽에로 연역된다는 것은 도저히 생각조차 할 수 없는 것이다. 분명히 말하지만, 보응의 자비로운 면에 대해서는, 이것이 제자들에 대한 하나님의 사랑으로부터 비롯된 것일 수 있고, 따라서 하나님의 아버지 되심의 효력들 속에 포함될 수도 있을 것이다. 앞으로 살펴보게 되겠지만, 하나님 나라에서의 상급(賞給)의 교의가 바로 그 원리에 기초하고 있는 것이다.

그러나 보응의 원리의 형벌적인 면은 경우가 전혀 다르다. 만일 예수께서 그저 일시적인 형벌에 대해서만 말씀하시고, 악인이 심판에서 처할 상태에 한계가 있을 것임을 암시하셨다면, 이 경우에 형벌적인 보응을 징계에 근거하여 해석함으로써 그것을 하나님의 아버지로서의 사랑에서 샘솟아 나오는 것으로 간주할 수도 있을 것이다. 그러나 사실은 그와 정반대다. 이 주제에 대한 예수님의 가르침은 전혀 다른 방향에 있다. 그의 말씀에서 분명하게 증거를 찾을 수 있는 것은 징계를 위한 형벌이 아니라 앙갚음을 위한 형벌인 것이다. 영원한 형벌이 어떻게 사랑의 표현일 수 있겠는가? 그 벌을 당하는 자들에 대한 사랑의 표현일 수가 없다는 것은 너무도 당연한 사실이다. 이런 사실을 시인하지 않을 방법이 없다. 다만 이 문제의 교의가 예수님이 본래부터 마음 중심에서 가지셨던 확신에 속한 것이 아니라고 보며, 오랜 세월 동

안 이러한 보응의 쓴 뿌리가 유대교 속에 깊이 자리잡고 있었는데 이 교의는
사실상 그러한 과거의 잔재에 불과하다는 식으로 가정하지 않는 한 말이다.
그러나 이것 역시 편견이 없이 바라볼 때에, 사실과는 어긋나는 것이다. 주
께서 그 보응의 관념을 그저 형식적으로 사용하신 흔적은 그 어디에도 나타
나지 않는다. 오히려 반대로, 이 주제를 다루실 때에 주님은 그 자신의 깊은
확신에서 우러나온 것임이 드러나는 지극히 엄숙한 언어를 사용하시는 것이
다(마 18:6; 막 9:42; 눅 17:2). 여기서 특히 주님을 배반한 유다에 대한 말씀
을 주목할 필요가 있다(마 26:24; 막 14:21).

　여기서 우리가 제시할 수 있는 것은 예수님의 신론에 나타나는 두 가지 원
리들밖에는 없다. 그 원리들은 그 중 하나가 다른 하나로 연역될 수 있는 것
이 결코 아니다. 그러나 엄밀한 철학적인 의미에서 이것을 이원론(二元論)이
라 부를 수는 없다. 그렇게 부르려면, 사랑이 논리적으로 의(義)를 배제한다
는 것이, 혹은 의가 논리적으로 사랑을 배제한다는 것이 반드시 입증되어야
만 할 것이다. 예수님이 그리시는 바 하나님의 내면적인 삶의 모습은 추상적
인 획일성의 모습이 아니라, 여러 가지 동인(動因)을 허용하는 지극한 풍성함
과 다중성(多重性: multiformity)의 모습인 것이다.

　모든 사실들을 고려할 때에, 양에 있어서나 강조에 있어서 하나님의 사랑
쪽이 무게가 있다는 것을 인정해야 할 것이다. 그러나 그렇더라도 이런 현상
을 악용하여 예수님의 메시지에 담긴 내용 전체를 한 가지 사랑만을 전하는
것으로 간주해 버려서는 안 되고, 이 현상을 역사적으로도 해명해야 할 것이
다. 역사적인 원인은 어렵지 않게 찾을 수 있다. 유대교에서는 하나님의 사
랑의 원리가 점점 쇠퇴하고 그 대신 보응의 원리가 득세하였었다. 하나님을
상업적인 수준에로 전락시켜서, 그를 정확한 보복(quid pro quo)에 근거하여
사람을 처리하시는 자로 만들어 버린 것이다. 이런 처지에 대한 반동으로,
하나님께서 사람들에게 인격적이며 애정어린 관심을 갖고 계시며, 또한 하
나님께서는 사람의 책임을 엄밀하게 물으시는 것 못지않게 자기 자신까지도
사람에게 주시는 분이시라는 반대의 교의를 강조함으로써, 종교를 하나의
사랑의 문제로 만들어야 할 필요가 있었던 것이다. 그리하여 예수님은 하나
님의 성품 가운데 그 당시 사람들의 의식 속에서 사라지고 있었던 면을 강조

하여 제시하신 것이다.

만일 복음 전체를 오로지 사랑으로만 압축시킨다면, 그것은 이 방법론을 정말로 형편없이 적용시키는 것일 것이다. 현시대에 와서는 무분별한 사랑이라는 애매한 관념으로 가득 차 있고 형벌을 통한 보응은 천대를 받고 있는 분위기이므로, 오로지 하나님의 사랑만을 논하고 그 나머지 모든 것들은 다 희석시켜 버린다면, 그것은 결코 예수님의 모범을 따르는 것이 아닌 것이다. 우리는 현시대의 종교의 부패로 인하여 제대로 다루지 못해온 교의들을 강조해야 할 것이며, 그러면서도 다른 쪽을 무시해 버리지 않도록 주의해야 할 것이다. 그렇게 해야만 예수님의 마음을 신실하게 재생할 수 있는 것이다.

6. 하나님 나라에 관한 예수님의 가르침 [2)]

1. 외형적인 문제들

구약에서의 하나님 나라

공관복음에 의하면 예수님께서 공적 사역 초두에 행하신 최초의 메시지는 바로 "하나님 나라"에 관한 것이었다. 그것은 예수님 이전에 세례 요한이 전했던 메시지였는데, 특히 세례 요한의 안목과 잘 맞아떨어지는 것이었다. 하나님 나라에 대한 선포 앞에 "회개하라"라는 선포가 나타나는데, 이는 그 다가올 하나님 나라를 도입시키는 심판을 지적하는 것이다. 그러므로 그 메시지는 전적으로 종말론적인 메시지요, 그것이 말씀하는 하나님 나라는 종말론적 상태다. 세례 요한은 하나님 나라라는 문구를 이미 듣는 사람들이 친숙하게 알고 있는 것으로 간주하고 사용한다. 그러나 그 문구는 구약에서 빌려온 문구는 아니다. 그 관념이 구약에 나타나는 것은 사실이지만, 그 문구 자체는 아직 나타나지 않는 것이다. 아마도 그것이 유대적 출처에서 기원했을

---

2. G. Vos, *The Teaching of Jesus Concerning the Kingdom of God and the Church* (New York, 1903)를 참조하라.

것이다. 그러나 정확히 얼마나 오래 되었는지는 알 길이 없다.

이 문구는 공관복음에는 두드러지게 나타나나, 요한복음에는 거의 나타나지 않는다. 18:36(이는 하나님 나라보다는 예수님의 나라를 지칭하는 것이다)을 제외하면, 유일하게 3:3, 5에서만 나타난다. 이런 현상은 요한복음의 그리스도론적 구조 때문이다. 요한복음은 예수께서 제시하시는 내용을 "생명", "빛", "진리", "은혜" 등 그의 위격의 구성 요소들과 결부시켜 표현하는 것이다. 이 가운데 가장 두드러지는 것은 "생명"이다. 한 구절에서는 "생명"과 "하나님 나라"가 같은 것이라는 것이 표면 위로 드러난다. 그 나라에 들어간다는 비유적인 표상이 "생명"에 들어간다는 개념 — 곧, "나는 것", 혹은 "출생" — 과 동일한 의미로 나타나기 때문이다. 마가복음 10:17에서도 그 둘의 의미가 동일하다는 사실이 나타난다. 요한복음에서는 "생명"이 양면성을 띠지만, 여기서는 그것이 종말론적인 상태의 생명을 뜻한다는 것이 더 분명하게 나타나기 때문이다(한글 개역 개정판은 "영생"으로 번역함 — 역자주). 이 둘이 동일하다는 사실은 누가복음 4:19, 23의 "여호와의 받으실 만한 해를 전파하게 하려 하심이라"(한글 개역 개정판은 "주의 은혜의 해를 전파하게 하려 하심이라"로 번역함 — 역자주)에서 나타나는데, 이는 곧 희년(禧年)을 전파하는 것을 뜻한다. 마태복음이나 마가복음과는 달리 누가복음은 주님이 최초로 선포하신 주제로서 "하나님 나라"를 거명하지 않는다.

구약에서는 후에 하나님 나라라 불려질 그것이 본질상 두 가지 다른 개념들과 결부되어 나타난다. 그것은 창조를 통해서 세워졌고 또한 우주에 대한 섭리를 통해서 확대되는 하나님의 통치를 지칭한다. 이것은 특별히 구속적인 나라의 개념은 아니다(참조. 시 103:19). 그러나 이것 외에 특별히 구속적인 나라의 개념을 갖는 것이 있는데, 이를 보통 "신정통치"(the theocracy)라 부른다. 구속적인 나라에 대한 최초의 명확한 언급은 출애굽 시대인 출애굽기 19:6에 나타나는데, 거기서 여호와께서는 그 백성들이 그의 율법을 복종하면 그들이 그에게 "제사장 나라"가 되리라고 약속하신다. 이 약속은 가까운 장래에 율법이 반포될 때에 이루어질 것을 말씀하는 것이다. 이는 현재적 나라(a present kingdom)를 구약의 관점에서 말씀하는 것이다. 그러나 구약은 그 나라를 미래의 실체로서도 말씀한다. 이미 소유하고 있는 것을 미래에 올 것으로 바라보아야 하며, 그것도 상대적으로 발전되어 갈 것을 바라보는 것이 아니라 절대적인 의미에서 새로이 창조되는 것으로 바라보아야 한다는 것은 이상스럽게 들릴 수도 있을 것이다. 이처럼 모순인 듯 보이는 현상에 대해서는 세 가지 방향으로 해명할 수 있을 것이다.

(1) 첫째로, 구약에서 "나라"를 뜻하는 몇 가지 단어들이 갖고 있는 지배적인 추상적 의미를 생각해야 한다. "나라"를 "왕권"(王權: kingship)으로 대치한 다음, 그 왕권의 지도 아래 있는 백성들에게 그 왕권이 구원의 위대한 역사(役事)를 행하는 것을 의미한다는 점을 기억하면, 여호와의 나라에 미래적인 면이 있을 수도 있다는 것을 더 쉽게 이해할 수 있을 것이다. 곧, 여호와께서 지금까지 알던 것과는 다른 전혀 새로운 의미로 그 자신을 이스라엘의 구원자요 통치자로 세우실 것이라는 사상이 여호와의 나라라는 개념에 들어 있다는 것이다. 사울과 다윗이 그 왕권을 얻은 것이다. 그러나, 세월이 경과함에 따라 여호와께서 미래에 크게 자기를 드러내시겠다는 사상에 종말론적 소망의 내용이 결합되지 않는 이상, 이것은 그저 기존의 나라를 강화시키는 것 이상 아무 의미가 없게 될 수도 있다. 그런 종말론적 소망과 결부되는 하나의 새로운 나라의 출현은 실질적으로 하나의 새로운 나라가 되는 것이다.

(2) 둘째로, 이스라엘 역사상 신정 왕국이 실제로 완전히 폐기된 적은 없으나 하나님의 나라를 완전히 새롭게(de novo) 들여온다고 말하는 것이 합당할 만큼 그 왕국이 전면적으로 능력을 상실해 버린 시기가 여러 번 있었다. 바벨론 포로기가 좋은 실례가 된다. 여기서 귀환의 소망이 다시는 과거의 순전하고 단순한 상태에로의 귀환에 대한 소망으로 남아 있지 않고, 거기에 종말론적으로 생각하는 다가올 세계 전체의 실현에 대한 소망이 담겨진다. 그러므로 그 나라의 회복이 아니라 그 나라의 도래(到來)라고 하는 것이 더 적절한 묘사라 할 것이다.

(3) 셋째로, 메시야에 대한 예언도 이와 비슷한 화법을 취하였다. 장차 오실 것으로 기대되는 메시야적인 왕이 언제나 궁극적인 왕이신 여호와의 완전하고도 이상적인 대표자이시라는 것이다. 그러나 왕이신 여호와께서 그의 대리통치자인 그 메시야적 왕으로 완전하고도 이상적으로 대표되실 때에는,

그 메시야적 왕께서 동시에 종말론적 소망 전체를 실현시키실 것이며 그렇
게 되면 장차 하나님 나라가 임한다는 표현이 전혀 이상스러워 보이지 않게
될 것이다.

예수께서는 친히 이러한 구약의 종말론적인 화법을 채용하신다. 그가 가
까웠다고 선언하시는 그 나라는 바로 구약의 안목에서는 미래에 있는 나라
였다. 주님 당시에 아직도 유대인의 신정통치가 존재하고 있었으나, 그는 그
것을 가리켜 한 번도 "하나님 나라"로 지칭하신 적이 없을 만큼 종말론적인
성향을 지니고 계셨던 것이다. 심지어 마태복음 8:12과 21:43조차도 그런 식
으로 이해할 필요가 없다. 이 미래의 — 구약의 관점에서 볼 때에 — 나라에
대해서 그는 처음에는 여러 부분들이나 단계들에 대한 구분이 전혀 없이 전
체로 말씀하신다. 그러나 그의 사역이 진행되면서, 구약에서 말씀하는 그 미
래의 것 자체가 두 가지 다른 면 혹은 단계로 나뉘어진다. 그는 구약에서 말
씀하는 그 미래의 것을 현재로 만드는 과정 속에 계시면서도, 또 다른 의미
에서는 그것을 심지어 그 자신의 관점에서도 여전히 미래에 남아 있는 것으
로 말씀하시는 것이다. 결국 구약에서 보았던 현상이 다시 반복된다. 곧, 현
재적인 나라와 미래적인 나라가 있는 것이다. 그러나 구약에서 말씀하는 그
미래의 종말론적인 나라를 다시 둘로 구분함으로써 그 두 가지 나라를 제시
하시는 것이다.

그 나라에 대한 예수님의 가르침은 구약의 가르침과 이런 관계를 갖는다.
예수님의 가르침과 그 당시의 유대인들의 사상 사이에는 이런 유사점이 전
혀 나타나지 않는다. 유대교에서는 그 종교에 오류가 전반적으로 퍼져 있었
으므로, 나라의 관념도 오류에서 벗어날 수가 없었다. 유대교는 율법의 종교
였다. 그러므로 나라의 관념도, 현재 상태에서 이를 수 있는 것보다 더 완전
하게 율법적인 원리가 강화되는 것을 의미하게 되었다. 그러나 원리에 있어
서는 차이가 있을 수 없었다. 그 나라는 심지어 미래의 완성의 상태에서도,
예수님이 가르치신 것보다 새로운 면이 덜할 수밖에 없었다. 예수님은 그 나
라의 내용을 전에 없던 놀라운 은혜의 구체적인 역사들로 가득 채우셨던 것
이다. 더욱이, 유대인에게는 그 나라는 본질상 특정주의적인 것으로
(particularistic. 즉, 이스라엘 민족에게만 해당되는 것으로 — 역자주) 남아

있었다. 물론 이방인을 유대교에로 개종시키는 일이 있었으나, 유대교의 혜택들에 참여하기 위해서는 이방인이 먼저 할례를 통해서 유대인이 되어야 한다는 사실은 없어지지 않고 그대로 남아 있었던 것이다. 또한 그 나라에 대한 유대인의 소망은 정치적이며 민족적인 성격을 띠는 것이었으나, 예수님의 가르침에 나타난 그 나라는 보편주의(universalism) 쪽으로 나아가는 경향이 있었다. 마지막으로, 유대인들의 종말론에는 감각주의(sensualism)가 상당 부분 혼합되어 있었다. 이 점에 있어서는 (예수님의 가르침과 유대교의 관념 사이의) 차이를 가늠하기가 더 힘들다. 그 차이는 주로, 유대인들에게는 문자적인 감각주의에 속하는 것이 예수님에게는 그의 비유적인 사고의 틀의 한 가지 실례였다는 데 있었다 할 것이다. 예수님의 가르침에서는 하늘의 복락들이 그 충만한 실재성을 유지하면서도 그보다 더 높은 영적인 세계에 속하는 면도 똑같이 나타나며, 심지어 육체까지도 그 세계의 한 부분으로서 일정한 위치를 차지하게 될 것으로 드러나는 것이다.

복음서에서의 하나님 나라

복음서에서는 "나라"를 뜻하는 말로 **바실레이아**가 "하나님" 혹은 "하늘"의 소유격과 더불어 사용되는데, 이는 두 가지로 번역될 수 있다. 추상적인 용법으로 쓰일 경우는 이것이 왕적인 통치의 시행을 의미한다. 그리고 이것과 더불어 구체적인 용법도 나타나는데, 이 경우에는 나라라 불리는 하나의 조직체를 구성하는 데에 소용되는 모든 것들을 지칭한다. 좀 더 상세히 말하면, 하나의 나라를 구성하는 데에 구체적으로 소용되는 것들은 세 가지 종류다. 영토를 가리켜 나라라 부를 수도 있고, 신민(臣民)들 전체를 가리켜서 나라라 부를 수도 있고, 혹은 권리, 혜택, 재물들이 포함된 것을 가리켜 나라라 부를 수도 있다. 여기서 의문이 생긴다. 하나님 나라를 논하실 때에 예수님은 그것을 추상적인 의미로 말씀하셨을까, 아니면 구체적인 의미로 말씀하셨을까? 하나님의 통치를 말씀하셨을까, 아니면 그 통치를 받는 구체적인 사람들을 말씀하셨을까, 아니면 그 통치를 통하여 나타나는 현실적인 결과들을 말씀하셨을까? 하는 것이다.

무엇보다 구약의 용법에 근거하여 이 질문에 답하는 것이 자연스러울 것이다. 구약에서는 나라의 관념이 여호와를 지칭하며, 따라서 추상적인 의미 밖에는 모른다. 단, 위에서 살펴본 바 있는 출애굽기 19:6은 유일한 예외다. **맘라카**라는 단어는 주로 구체적인 의미로 쓰이고, 또한 그런 의미로 이방 나라들에 대해 사용되는 경우도 적지 않으나, 이 단어는 동일한 방식으로 하나님 나라에 대해 적용되지 않는다(그 출애굽기의 구절은 예외다). 그 외에 **말 쿳**과 **멜루카**는 대개의 경우 추상적인 의미로 쓰이고, 그런 의미로 여호와의 나라에 자유로이 적용된다.

예수께서 구약과 친숙하게 접촉하신 사실로 판단할 때에, 우리는 예수께도 "왕권"이라는 추상적인 관념이 출발점이 되었을 것이라고 추정해도 무방할 것이다. 그러나 이런 용법이 명약관화하게 확인되는 경우들이 결코 많지 않다. 마태복음 12:25, 25에서는 분쟁의 원리에 근거하여 이런 의미를 확정할 수가 있다. 물론 "동네나 집"이라는 표현들에 비추어 "나라"의 의미도 달리 볼 수도 있겠으나, 거기서는 사탄의 나라가 그의 권위나 그의 통치를 뜻하는 것으로 나타나는 것이다. 마태복음 16:28의 "인자가 그 **바실레이아**를 가지고 오는 것"에서도 역시 추상적인 의미로 이해할 수밖에 없을 것 같다. 추상적인 의미가 나타나는 경우가 적은 것은 어쩌면 구체적인 의미인지 추상적인 의미인지를 분간할 수가 없는 경우들이 상당히 많기 때문일 수도 있을 것이다.

"하나님 나라"에 "임하다", "나타나다", 혹은 "가까웠다" 등의 수식어들이 함께 붙여지기도 하는데 이 말씀들의 경우 — 물론 구체적인 의미도 절대로 배제되지 않으나 — 전체적으로 추상적인 의미가 더 적합할 것 같다. 그러나 이런 말씀들과 더불어, 눈으로 보도록 구체적인 의미를 요구하는 묘사들이 나타나는 말씀들이 더 많이 나타난다. 하나님 나라에로 "불러 들이다", "들어가다", 하나님 나라를 "영접하다", "기업으로 물려받다", 혹은 하나님 나라에서 "내어쫓기다" 등의 묘사들이 그것이다. 이런 언어는 배경이 공간적이며, 따라서 구체적인 의미인 것이다. 또한 구약의 경우에는 추상적인 의미가 지배적이던 것이 예수님에게 와서 이렇게 구체적인 의미가 더 많이 나타나게 된 경위도 설명하기가 어렵지 않다. 무게의 중심이 율법에서부터 은혜로 옮겨짐으로써 자연스럽게 이런 현상이 생긴 것이다. 우리의 종교적 상상력을 뚜렷한 구속의 실체들로 가득 채우면, 그 실체들 자체가 곧바로 하나로 합쳐져서 하나의 구체적인 조직체 혹은 삶의 환경의 구조물을 형성하게 된다. 이를테면, 하나님 나라가 구체화하는 것이다. 예수께서 은혜의 복음을 전파하실 때에 그에게 바로 이런 일이 일어났다. 그리고 나중에 가서 그가 나라의 개념을 교회의 개념으로 집약시키시는 데에서 이것이 확증되는 것을 보게 되는 것이다.

마태복음에서는 "하나님 나라"라는 문구와 더불어 "천국"(혹은 "하늘 나라")이라는 문구가 나타난다. "천국"은 마태복음 이외에는 요한복음 3:3, 5의 불분명한 사본의 읽기를 제외하고는 그 어디에서도 나타나지 않는다. 그러나 마태복음에는 "천국"만 나타나는 것이 아니라, "하나님 나라"도 나타난다(6:33; 12:28; 19:24; 21:31). "천국"이라는 표현과 유사한 "하늘에 계신 아버지"(Father in Heaven)라는 용어도 마태복음에만(마가복음 10:25은 유일한 예외다) 독특하게 나타난다. 누가복음도 단 한 번 그와 비슷하게 "하늘 아버지"(Father from Heaven)라는 호칭을 사용한다(11:2. 한글 개역 개정판은 그냥 "아버지"로 번역함 — 역자주). 마태복음에서 "하나님 나라"가 사용되는 본문들 중에서 주변의 문맥이 그런 용례를 해명해 주는 경우는 단 한 번 나타나며(12:28), 그 이외의 경우들에서는 표현을 달리 사용한 이유를 분간할 길이 없다. 또한 아무런 한정어가 없이 그냥 "그 나라"로만 표현하는 경우도 마태복음에서만 독특하게 나타난다. 이것은 마치 오늘날 우리들이 구어체로 이야기하는 "나라"와 거의 흡사하게 들린다. 마지막으로, 신약의 나머지 부분에서는 "하나님 나라"라는 표현만 사용되고 있다는 점을 주목하라. 예컨대, 로마서, 고린도전서, 갈라디아서, 데살로니가전서, 데살로니가후서, 디모데후서 등에서 그 표현이 나타난다.

"천국", 혹은 "하늘 나라"

우리에게는 다소 미스테리에 싸인 것 같은 이 "천국"이라는 용어가 과연 무슨 의미인가 하는 의문이 생긴다. 여기서 소유격인 "천" 혹은 "하늘의"(of Heaven)를 기원(起源)의 소유격 혹은 질(質)의 소유격으로 이해하여, 그 나라를 지상적인 나라들과 구별짓는 것으로 설명하여왔다. 그러나 이런 설명은 지극히 당연한 것으로서, 특별히 유념해야 할 무슨 명확한 역사적 정황이 없는 상태에서는 구태여 확언할 필요조차 없는 것이다. 바이스(B. Weiss)는 "천국"이 실제로 이런 의미였다고 주장한다. 장차 올 나라의 중심이 팔레스타인에 있으리라는 기대를 대대로 가져왔으나 예루살렘의 패망으로 인하여 이것이 유지될 수 없게 되자, 그때부터 중심이 하늘에 위치할 수밖에 없게 되었다는 추리가 제시되었다는 것이다. 그러나 이 이론은 설득력이 없다. 이것은 예수님과 "천국" 사이의 모든 연관성을 끊어놓는 것이다. 예루살렘이 패망하였다 해서 그것이 종말론적인 발전에 아무런 역할도 할 수 없게 되었다는 것이 자명해지지는 않았을 것이다. 예루살렘의 패망 이후에도 유대인들은 오랜 동안 ― 심지어 오늘날까지도 ― 그 거룩한 도성의 재건을 기대해오고 있으며, 또한 마태가 만일 정말로 그 나라의 지상적인 중심을 시온으로 보기를 고수했다면 십중팔구 그는 동일한 방식으로 자신의 종말론적 소망을 역사적인 사실들과 조화시키려 했을 것이다. 이 이론은 또한 마태가 "하나님 나라"보다는 "천국"을 사용하는 데에 일관성이 없다는 점을 설명하지 않고 그냥 남겨둔다.

지금까지 이 문구에 대하여 제시된 가장 좋은 설명은 쉬러(Schurer) 등이 제의한 것이다. 이 견해에 따르면, "천국"이란 문구를 사용한 것은 하나님의 이름을 쓸 자리에 "하늘"을 비롯하여 다른 대체적인 용어들을 사용한 유대인의 관습에 기인한 것이라고 한다. 갖가지 형태의 하나님의 이름이 회피해야 할 대상이 되었기 때문이라는 것이다. 이렇게 보면 "하늘"이란 단순히 "하나님"을 지칭하는 하나의 완곡어법일 뿐이다. 신약의 다른 문맥들에서도 이런 용법의 자취들이 나타난다. 탕자는 그의 육신의 아버지에게 말하기를, "내가 하늘과 아버지께 죄를 얻었사오니"라고 하는데, 여기서 "하늘"이란 육신의 아버지와 함께 병행구를 이루는 것으로 "하나님" 이외에 다른 뜻일 수가 없는 것이다. 예수께서는 그를 비판하는 자들에게 "요한의 세례가 어디로서냐? 하늘로서냐, 사람에게서냐?"라는 질문을 제기하셨는데, 이 역시 동일한 원리로 설명해야 할 것이다.

그러나, 이 견해를 취한다고 해서, 반드시 예수님께서 유대인들에게 유행되어온 관습의 배경이 되는 것과 똑같은 미신적인 동기에서 "하나님"을 "하늘"로 대치하여 사용하셨다고 결론지을 필요는 없다. 유대인들의 결벽증적인 행위는 원칙상 이신론적인 것이었다. 하나님이 피조 세계와 접촉하여 더럽혀지는 일이 없도록 막아야 한다는 생각을 불러일으킨 그런 느낌이 여기서 심지어 하나님의 이름에까지 적용된 것이었다. 그러나 이처럼 하나님의 이름의 사용을 회피한 유대인들의 관습에는 칭찬할 만한 종교적 헌신의 요소도 있었다. 하나님이 세상을 초월하여 높이 계시다는 정당한 사고가 이 관습으로 표현되었던 것이다. 예수님께서는 그런 칭송할 만한 동기에서 그런 느낌을 함께 지니셨으나, 하나님의 다른 이름들을 제거하는 데에까지 나아가시지는 않았다. 사실상 그는 유대인들의 이신론에 대해 분명한 반감을 지니셨고, 또한 하나님과 사람 사이의 긴밀한 교류를 강조하기를 바라셨으므로, 정반대의 방향으로 나아가신 것이다.

어쩌면 유대인들에게조차도, "하늘"이 단순히 "하나님"을 대신하는 용어인 것만은 아니었고, 그 나름대로 특별한 의미가 있었던 것 같다. 그 중 하나는 초자연적인 것을 연상시키는 것이었다. "하나님께서 어떤 일을 행하셨다"라는 말은 "하늘이 어떤 일을 행했다"는 말과 의미상으로 미묘한 차이가 있다. 하나님은 모든 일을 다 행하시지만, 하늘이 행하는 일은 초자연적으로 행해지는 것이다. "하늘에 계신 내 아버지" 역시 동일한 의미를 연상케 할 수 있는 것이다(마 16:17).

만일 이런 식으로 "하늘"을 하나님의 이름을 대신하는 것으로 본다면, "하늘의 나라"라는 문구에서도 "하늘"이 직접 "나라"를 꾸며주지 않는다는 것을 보아야 할 것이다. "하늘의 나라"란 "하늘"이라 불릴 수 있는 그분의 나라를 뜻하는 것이다. 그러나, "하늘"이 위엄이나 초자연성, 완전성 등의 특별한 의미를 지닌 이상, 이 의미들이 이 하나님께 속한 나라라는 개념을 채색하게 되는 것이 불가피해질 것이다.

"하나님 나라"에 대한 현대의 이론들

구약의 관점에서 — 심지어 세례 요한의 관점에서도 — 볼 때에 분리되지 않은 한 단위였던 하나님 나라가, 예수님에게 와서는 두 국면 혹은 두 단계로 나뉘어 현재적 나라와 종말적 나라로 분리된다는 것은 위에서 이미 진술한 바 있다. 오랜 동안 지배해왔고 지금도 지배하고 있는 견해는, 예수께서 그의 사역의 수고를 통하여 그 나라를 이 땅에서 실현하기 시작하셨다는 것이요, 그 나라의 실현이 하나의 점진적인 과정이라는 것이요, 예수님 이후 그의 추종자들이 바쳤고 오늘날 우리들도 바쳐오고 있는 그 나라를 위한 수고는 실제로 나라를 이루는 수고라는 것이요, 또한 이런 수고가 역사의 시대들을 통하여 계속되다가 하나님께서 이 세상 질서의 종결을 위하여 정하신 시점에 이르면 세계를 변화시키는 큰 격변을 통하여 그 종말의 나라의 상태가 도래할 것이라는 것이다.

전천년적으로 예언과 역사를 구성하기를 선호하는 자들은 이 두 단계 사이에 제3의 중간 단계를 더 삽입시킨다. 그러나 여기서 우리가 관심을 갖는 것은 이것이 아니다. 하나님 나라의 현재의 점진적인 실현 과정과, 또한 미래의 격변을 통한 하나님 나라의 실현에 대해 관심을 집중시키고 보면, 이 둘 중 전자의 것이 예수님의 사상의 본질적인 요소였다는 것이 최근 들어서 부인되었다는 것을 알게 된다. 편의상 이 견해를 주장하는 자들을 극단적 종말론자들(ultra-eschatologists)이라 부르기로 하자. 이들의 견해와 과거의 견해의 차이는 하나님 나라의 실현이 종말에 이루어지느냐에 있는 것이 아니다. 이에 대해서는 두 견해 모두 의견이 일치한다. 그러나 그 종말의 일에 앞서서 일어나는 일에 관한 예수님의 견해에 대해서 서로 의견을 달리하는 것이다.

극단적 종말론자들은 예수님의 마음에 예비적인 나라, 점진적인 나라라는 관념이 존재했다는 것 자체를 전면적으로 부인한다. 그들은 예수님의 사상을 다음과 같은 방식으로 재구성한다: 그가 보기에 그 자신의 사역은 순전히 예비적인 성격을 지닌 것이어서 본질상 세례 요한의 사역과 다른 점이 없었다고 한다. 그의 임무는 하나님 나라를 세우는 것이 아니었으며, 이는 그에게 메시야로서의 의식이 있었다는 것을 부인하는 것을 암시한다. 나라를 세우는 일은 전적으로 하나님이 하실 일이었고, 정해진 순간에 단번에 그 나라가 완전한 모습으로 나타나고 그와 함께 현 세상에 종말이 오고 다른 영원한 질서가 시작된다는 것이다. 예수께서는 이 일이 그의 지상 생애 동안에 일어날 것으로, 혹은 그 일이 일어나기 전에 자신이 죽는다면 최소한 그 세대들이 살아 있는 동안에는 일어날 것으로 기대하셨다는 것이다.

이러한 현대적인 견해는 그 파급 효과가 매우 심각하다. 이는 예수님의 무오성(無誤性)을 폐기시켜버리는 것이다. 왜냐하면 그가 제시하신 계획에 따라서 일들이 발생하지 않았기 때문이다. 또한 예수님의 가르침에서 강조점을 현재적이며 영적인 것에서 외형적이며 종말론적인 것으로 옮겨가서, 전자를 후자의 수단으로 전락시키며, 예수께서는 오로지 후자만이 "하나님 나라"라는 이름에 합당한 것으로 보셨다는 식으로 주장한다. 뿐만 아니라, 예수님의 마음속에 진정 현재적 하나님 나라의 개념이 존재했다손 치더라도, 현 세상의 도덕성의 중요성을 극소화시키는 경향을 갖는다. 마지막으로, 이런 급진적인 탈세계적인 환상적 사색들에 골몰해 있는 사람이 균형 잡힌 조화로운 정신적 기질을 소유했을 리가 없다는 논리에 근거하여, 예수님의 정신적 평정 상태에 대해 의혹을 불러일으키고, 그리하여 예수님을 정신 의학적 조사의 대상으로 만들어 버리는 경향이 있다.

이 이론이 부인하는 모든 점들에 대해서는 우리는 이 이론과 견해를 달리해야 한다. 그러나 이 견해와 우리가 의견이 일치하는 점들에 대해서는, 이 이론에도 어느 정도 인정할 만한 점이 있다는 것을 부인할 수 없을 것이다. 왜냐하면 구체적인 종말론의 문제를 절대적으로 필수적인 것으로 보아 그것에 관심을 기울였기 때문이다. 개혁과 중생의 과정들이 초자연적인 역사로 말미암아 꾸준히 진보되어 나가서 세월이 흐르는 중에 이 세계가 하나의 이상적인 완전한 상태에 이르게 될 것이므로 더 이상의 급진적인 위기 같은 것은 필요가 없다는 식의 기독교적 안목을 접하게 되는 때가 종종 있다. 초자연적인 것에 대한 반감 같은 것이 작용하여, 초자연적인 것이 밀집되어 있는 종말론을 부인하도록 만드는 경우가 비일비재한 것이다.

우리는 이런 현상에 대응하여, 급작스런 종말론이 기독교의 체계에 고유한 요소임을 유념하는 것이 항상 필요한 것이다. 급작스런 종말론은 기독교 체계의 후원 아래 마련된 것이고, 그 체계 아래에서 났으며, 또한 궁극적으로는 그 체계를 받아들이는가 부인하는가에 따라서 서기도 하고 무너지기도 하는 것이다. 이것이 바로 종말론인 것이다. 몇 가지 요인들을 간단히 살펴보기만 해도 그런 종말론이 얼마나 필수적인가를 충분히 알 수 있을 것이다.

지극히 강렬한 선교의 열정으로 그 점진적인 과정을 끈질기게 적용시켜서 세상의 모든 사람 하나하나를 다 회심시키는 것이 가능하다 할지라도, 그 때문에 역사 속에서 이미 지나가 버려서 은혜의 방도들이 전혀 미칠 수 없는 과거의 세대들이 회심하게 될 수는 없는 것이다. 또한 이 점은 무시해 버린다 해도, 완전주의(perfectionism)의 가르침에서 피난처를 찾지 않는 이상, 모든 개개인이 회심한다고 해서 그들이 완전히 무죄한 사람들이 되는 것은 아니다. 그러므로 모든 시대의 모든 사람들의 총체(總體)가 완전한 세계의 일원이 되려면, 놀라운 구원론적 윤리적 변화가 그들에게 필요할 것인데, 이러한 변화야말로 종말론이라는 명칭으로 불러 마땅한 것이다. 그러나 완전한 세계의 질서의 확립을 위하여 필수적인 요인들이 이것으로 그치는 것이 아니다. 현 세계의 물리적 상태에는 인간의 육체적 약점과 결점들을 포함하여 비정상적인 것들이 무수하게 많이 있기 때문에, 이런 상태에서는 그런 완전한 상태가 존속한다는 것이 불가능한 일일 것이다. 그러므로 종말론에는 또 한 가지 요소로서 몸의 부활을 포함한 물리적 우주의 변화의 필수성이 제기되는 것이다.

문제의 본질을 너무도 부적절하게 인식하기 때문에, 이런 기본적인 구속적 변화들을 가져오기 위해서 필요한 것은 바로 전천년주의(pre-millenarianism)라는 착각이 생겨난 것이다. 그러나 전천년주의는 그저 종말론의 한 종류에 지나지 않는다. 전천년주의가 아니면 아무것도 아니라는 식의 사고는 정상적인 비율을 완전히 깨어버리는 것이요, 전체의 체계에 속한 하나의 특별한 부분에 지나지 않는 것을 마치 유일한 체계인양 정당하지 못하게 사용하는 처사인 것이다. 종말론의 전체의 체계가 지금껏 더 오래 인정을 받아온 것이요, 전천년주의의 체계가 기독교 종말론이라는 이름에 합당하게 되기 위해서는 반드시 그 전체의 체계와 걸맞아야만 하는 것이다. 그러나 그럼에도 불구하고 전천년주의의 체계가 사람들에게 봉사하는 면도 있다. 세상이 그 궁극적인 목적지로 나아가기 위해서는 일련의 초자연적인 역사들이 필요하다는 것을 상기시켜 주는 것이다. 문제는, 특정한 타입의 후천년주의(post-millenarianism)가 종말론의 여지를 지나치게 적게 남겨둔다면, 전천년주의의 체계들은 지나치게 종말론 일색으로 만든다는 데 있다.

영적인 나라가 점차 발전하여 자동적으로 최종적 상태에 들어간다고 기대할 수는 없다. 그러나 이 두 상태 사이에는 하나의 고정된 연관성이 있다. 곧, 영적인 나라가 어느 시점(이것이 언제인지는 오로지 하나님만이 아신다)에 도달하면 최종적 상태가 갑자기 거기에 개입하게 되는 것이다. 이 원리에 대한 가장 좋은 확증은 사람이 모르는 사이에 자라나는 씨의 비유에서 나타난다. 사람이 밤낮 자고 깨고 하는 중에 씨가 나서 자라되 어떻게 그리 되는지를 사람이 모른다. 그러나 열매가 익으면 낫을 대니 이는 추수 때가 이르렀기 때문이라고 한다(막 4:26-29). 열매가 익는다는 조건이 추수의 때를 결정 지으나, 열매가 자기 자신을 추수할 수는 없다. 추수를 위해서는 반드시 낫이 개입되어야만 하는 것이다(참조. 마 13:39-31, 47-50). 이 낫이 개입한다는 표상은 그 비유에다 알레고리식으로 집어넣은 것이 아니고, 비유의 구조 자체 속에 본래부터 내재하고 있는 것이라는 점을 유의해야 할 것이다.

하나님 나라의 양면성

그 다음에는 하나님 나라에 대한 예수님의 사고가 양면성(兩面性)을 띠었거나, 혹은 양면성을 띠게 되었다는 견해에 대해서 예수님 자신의 말씀들에 나타나는 증거를 살펴보아야 할 것이다. 양면성을 띤다는 것은 곧, 첫째로 현재적이며 내적이고 영적인 발전의 관념이 있고, 둘째로 격변을 통한 최종적 마무리의 관념이 있다는 것이다. 복음서에 이 두 관념들이 나란히 함께 나타난다는 것은 누구도, 심지어 극단적 종말론자들까지도 부인하지 않는다. 이것은 구태여 논지를 제시하여 증명할 필요도 없는 사실이다. 그러나, 예수께서는 본래 순수한 종말론적 관념을 가르치셨으나, 후대에 사람들이 그것을 수정하여 아직 이르지 않은 종말의 존재 상태의 관념을 거기에 삽입시켜 놓은 것으로 보인다는 주장이 제기되고 있다. 처음에는 예수님이나 그의 첫 추종자들이나, 종말적인 증상들이 충만히 나타나 있어서 그 나라가 가까웠다고 믿었다고 한다. 그런데 그 나라의 도래가 지연되자, 예수님의 말씀들을 무시해버릴 수도 없고 하여 하나의 타협이 행해져서, 결국 그 나라가 과연 임하였고 실재하지만 다만 교회의 형태로 임하였고 실재하는 것뿐이라는 식으로 믿게 되었다고 한다. 그리하여 교회, 즉 하나님 나라(a Church-

Kingdom)라는 사상이 복음서에 등장하였다는 것이다. 이것은 결코 예수님의 사상을 반영하는 것이 아니고, 오로지 후대에 그것을 변형시킨 것이요, 역사적 발전 과정 때문에 어쩔 수 없이 생겨난 것이라고 한다. 그러나, 복음서의 자료를 살펴보게 되면, 거기에 있는 말씀들 중에는 진정 예수님이 하신 말씀이라는 표시가 너무도 분명하게 표면에 드러나 있어서 그런 식의 제이차적 기원을 도저히 허용할 수 없는 것들도 있다는 점을 유의해야 할 것이다.

종말론 사상의 진정성에 대해서는 모두 견해가 일치하므로, 구태여 성경 본문들을 논의할 필요가 없을 것이다. 몇몇 본문들을(마 8:11; 13:43; 막 14:25; 눅 13:28, 29; 22:16 등) 그저 슬쩍 살펴보는 것만으로 충분할 것이다. 예수님은 특히 "나라"라는 용어를 이 완성된 의미로 사용하셔서 자신의 미래의 영광을 지칭하기도 하신다(마 19:12; 20:21; 눅 23:42). 사실 복음서에 나타나는 용어들 중에 종말론적 용어임이 분명한 다른 용어들과 동일한 의미로 사용되는 것들도 있다. 예를 들면, "오는 에온(세상, 시대)" 등이 그것이다(마 12:32; 19:28; 막 10:30; 눅 18:30). 여기서 특별히 주목해야 할 것은, 이 말씀들 중 어떤 것들에서는 "그 나라의 완성"이라는 식의 문구가 나타나지 않고 그저 그 나라가 임한다는 단순한 확언이 나타난다는 점이다. 이러한 사실은 예수님의 용법에서 "나라"란 처음에는 그 최종적인 나라를 의미했으며, 또한 그 나라가 임한다는 것은 그 나라가 진실로 임한다는 것을 의미했다는 것을 입증해 준다 할 것이다.

하나님 나라의 다른 면에 대한 증거를 살펴볼 때에는, 다음 두 가지 점을 염두에 두어야 할 것이다: (1) 말씀하는 바 그 나라가 화자(話者)의 시점에서 현재적인 것인가? (2) 그 나라가 내적이며 영적인 실체들에 있는 것으로 언급되는가? 본문들을 빨리 살펴보기로 하자. 마태복음 12:28은 누가복음 11:20과 일치한다. 여기서 예수님은 성령으로 귀신을 내어쫓는 것이 그 나라가 임하였음을 의미한다는 것을 말씀하신다. 이 말씀의 밑바탕에 깔린 원리는 바로 영의 세계에는 중립적인 영역이란 없다는 것이다. 귀신이 떠나가면, 하나님의 성령이 들어오신다는 것이다. 여기서 "임하였느니라"를 "가까이 왔느니라"로 이해해도 이 진술의 무게가 사라지지 않는다. 그러나 그렇다고 해서 "갑자기 임하였느니라"라는 의미를 억지로 끌어다 붙여서는 안 된다. 고전 헬라어에서는 **프따네인**이란 동사에 그런 의미가 내포되어 있으나, 후대의 헬라어에서도 반드시 그런 것은 아니기 때문이다. 그러므로 이 본문은 귀신을 내어쫓음으로써 현재적 나라가 실현되었음을 가르치기는 하지만, 그렇게 실현된 그 나라의 성격에 대해서는 아무런 빛도 비추어주지 않는 것이다.

그 다음 살펴볼 본문은 누가복음 17:21이다: "하나님의 나라는 너희 안에 있느니라." 여기 사용된 전치사 **엔토스**는 두 가지 의미를 지닌다. " … 의 가운데"(in the midst of)와, " … 의 안에"(within, 혹은 "내부에")가 그것이다. 이 본문에서는 보통 후자의 의미로 번역된다. 이는 그 나라의 현재적 존재와 영적 성격 모두를 나타내는 것이다. 그러나 우리 주님이 바리새인들에게 그 나라가 그들 안에 있다는 말씀을 하셨을 리가 없으며, 또한 이런 의미로 보면 그 나라가 "언제" 임하느냐는 질문에 대해 예수님이 아무런 답변을 하지 않으신 것이 된다는 반론이 제기되었다. 이 두 가지 논지 중 어느 하나도 결정적인 것이 못된다. "너희 안에"라는 말을 정확히 그 말을 듣는 그 사람들 속을 의미하는 것으로 볼 필요는 없다. 그런 화법에서 나타나는 대명사는 포괄적인 의미를 지닌다. 그렇게 보면 "사람들 속에"와 같은 의미가 될 것이다. 두 번째 논지에 대해서는 예수님께서는 어떤 질문을 한 영역에서 다른 영역으로 옮기시는 예가 왕왕 있다는 것을 보게 된다. 여기서도 주님은 그렇게 하셨을 수도 있다. "언제"보다는 "어디에"가 훨씬 더 중요한 문제라는 것을 알리시기 위하여 그렇게 하셨을지도 모를 일이다. "너희 안에"를 지지하여서는 다음의 점들을 제시할 수 있을 것이다. 누가복음의 경우 " … 의 가운데"라는 뜻을 전달할 때에는 언제나 **엔 메소**라는 또 다른 전치사구를 사용한다. 그러므로, 여기 나타난 **엔토스**를 그런 의미로 본다면, 이 본문이 누가복음에서 **엔토스**가 그런 의미로 사용되는 유일한 예가 될 것이다. 반대로, "내부에"라는 관념을 강조할 때에는 **엔토스**가 사용된다. 비단 누가복음뿐 아니라 칠십인역에서도 그렇다. 또한 " … 의 가운데"라는 의미를 뒷받침하기 위해 인용되는 구절들은 모두 헬레니즘 시대의 헬라어가 아니라 고전 헬라어에서 취한 것들이다. 그러므로 여기서 전치사 **엔토스**를 "내부에"라는 의미를 부여하는 것이 정당한 것이다.

셋째로는, 서로 병행되는 마태복음 11:12과 누가복음 16:16을 살펴보기로 하자. 여기서 예수님은 세례 요한의 때부터 하나님 나라가 침노를 당하고 있고 또한 침노하는 자들이 강제로 그 나라를 빼앗는다고 선포하신다. 이 비유적인 말씀의 정확한 의미가 무엇이든 간에, 분명한 것은 이 말씀이 요한의 때부터 그 나라가 실존한다는 것을 묘사한다는 점이다. 누가복음의 병행 구절에서도 동일한 관념을 그 나라가 "전파된다"는 — 즉, 복음(an evangel)의 대상물이 된다는 — 표현을 사용하여 제시한다. 복음은 보통 현재의 것이라는 의미를 갖는데, 여기서는 더욱더 그러하다. 왜냐하면 "율법과 선지자는 요한의 때까지"이기 때문이다. 예언하는 일과 모형으로 예표하는 일이 종결되고 성취를 선포하는 일이 이러진다는 것이다. 더욱이 마태복음 11:11, 누가복음 7:28도 비슷한 의미를 지닌다. 우리 주님은 요한 자신이 그 나라 안에 있다는 것을 부인하심으로써, 그 나라 안에 있는 그것이 요한의 때에는 하나의 가능성일 뿐이었다는 것을 암시하신다. 세례 요한이 그 나라 안에 있지 못한 것은 오로지 그 자신의 특유의 위치 때문이었던 것이다.

넷째로는 하나님 나라의 비유들을 들 수 있을 것이다(마 13장, 막 4장, 눅 8장). 여기서는 그 나라의 현재적 실재성과 영적 본질 모두가 명확히 묘사되고 있다. 극단적 종말론자들은 이 비유들에 나타나는 증거의 힘을 부인한다. 그들은 교회를 하나님 나라의 언저리에 들여다 놓은 전통적인 수정자(修訂者)들의 손길을 바로 이 비유들에서 발견하기 때문이다. 그들의 주장은 이 비유들 자체가 아니라 거기에 덧붙여진 해석들에서 종말론을 희석시키는(de-eschatologizing) 이런 특징들이 드러난다는 것이다. 또한 현재적 실재의 관념의 흔적들을 완전히 제거하기가 힘든 곳에서는, 그들은 비유의 주제를 바꾸어 "복음 전파는 이와 같으니" 등으로 읽을 것을 애써 주장한다. 그러나 현재적 실재를 나타내는 것들은 특정한 비유들에 대한 해석에만 나타나는 것이 아니라 비유들 전체에 흩어져 있으며, 또한 비유를 도입하는 문구들을 바꾸어 읽는 문제에 대해서는, 몇몇 경우들에서는 그 문구들이 지극히 관용적인 성격을 띠므로 그렇게 바꾸어 읽을 수가 없는 것이다(참조. 막 4:11; 눅 13:18).

본문의 증거를 희석시키는 또 다른 방법은 좀 더 주해적인 성격을 띤다.

곧, 예수께서 분명히 말씀하신 바 하나님 나라가 현재 임재해 있다는 것을, 그 나라의 전조(前兆)가 되는 징후들이 있다는 뜻으로나 그 나라의 처음의 미미한 시작이라는 뜻으로 축소시켜 버리는 것이다. 그리고 하나님 나라의 현재적 임재에 대한 증거로 무수하게 인용되어온 몇몇 비유들의 경우에는 그 의미 전체를 아예 바꾸어서, 처음의 미미한 징조들과 그 후에 다가오는 굉장한 것들, 그리고 마지막 종말에 올 어마어마한 일들을 서로 대조하는 데에 요점이 있는 것으로 만들어 버린다. 물론 이런 해석에서도 원칙적으로 어느 정도의 점진성은 인정하고 있다 할 것이다. 그러나 비유들은, 특히 식물계에서 취한 것들은, 그 마지막 종말에 있을 사건들의 그 폭발적인 성격을 묘사하는 것으로는 적절치 않아 보이는 것이다. 다섯째로, 누가복음 18:17의 경우에는 "하나님의 나라를 어린아이와 같이 받아들이는 것"과 "그 나라에 들어가는 것"을 서로 명확하게 구별하고 있는 것 같다. 이 두 가지 표현들은 하나님 나라의 두 가지 면들 — 즉, 점진적이며 영적인 면과 또한 최종적인 면 — 을 묘사하는 것으로 절묘하게 어울려 보이는 것이다.

여섯째로, 마태복음 6:33은 하나님 나라를 구하는 것과 양식과 의복 등 이 땅의 것들을 그 나라에("그 나라를 구하는 일"이 아니라) 덧붙여질 것들로 서로 나란히 제시한다. 누가복음 4:18-21은 "여호와의 은혜의 해"의 내용이 예수님의 활동을 통해서 실현되고 있는 것으로 말씀한다: "이 글이 오늘 너희 귀에 응하였느니라." 더 나아가 마태복음 9:15, 마가복음 2:19은 제자들이 금식하는 일이 합당치 않을 정도로 그 나라의 기쁨이 현재에 실재하고 있는 것으로 말씀한다. 마지막으로 마태복음 13:16, 누가복음 10:23에 따르면, 예수께서는 제자들을 돌아 보시며, 많은 선지자와 왕들이 보고자 했어도 보지 못한 것들을 그들이 보고 들으니 그들이야말로 복되다고 말씀하신다.

구별을 좀 더 분명히 하기 위해서, 하나님 나라의 이 두 가지 면들 사이의 차이를 간략하게 정리하기로 하자. 그 차이는 다음과 같다:

(1) 현재적 하나님 나라는 점진적으로 임하나, 최종적 하나님 나라는 격변을 통하여 갑작스럽게 임한다.

(2) 현재적 하나님 나라는 주로 눈으로 볼 수 없는 내적인 영역에 임하나, 최종적 하나님 나라는 전세계적으로 눈에 드러나는 형태로 임한다.

(3) 현재적 하나님 나라는 마지막 종말의 시점에 이르기까지 불완전한 상태로 남아 있다. 그러나 최종적 하나님 나라는 불완전한 점들이 전혀 없을 것이고, 현재적 하나님 나라를 이루는 영적인 과정들 속에 남아 있는 불완전한 것들이 완전해질 것은 물론 그 최종적 하나님 나라가 더해 줄 새로운 요소들도 완전한 것들일 것이다.

현재적 영적 하나님 나라의 관념을 강조하다 보니 그 개념 자체가 상당한 오해를 받기에 이르렀다. 곧, 그 나라가 임하는 과정을 자연적인 것으로 이해하게 되어 버린 것이다. 특히 식물계에서 취한 비유들에 대한 이해에서 이런 경향이 심하게 나타났다. 그러나 이 비유들의 요점은 그 발전 과정이 자연적이라는 데 있는 것이 아니다. 그 요점은 그 발전이 점진적이라는 것일 뿐이다. 그리고 점진성과 초자연성은 서로 배타적이 아니다. 그 나라를 이루는 움직임의 첫 단계도 세상의 종말에 있을 사건들과 똑같이 초자연적이다. 다만 그 초자연성이 똑같이 두드러지지 않을 뿐이다. 하나님 나라와 관련한 내용물들을 지나치게 윤리적 사고와 과정들에게만 제한시키는 것도 이러한 오해에서 비롯되는 한 현상이다. 리츨 학파는 하나님 나라를 거의 오로지 사랑의 원리에 근거하여 서로 교류하는 사람들의 사회 정도로만 이해하였다. 이런 이해 자체가 잘못된 것은 아니지만, 하나님 나라를 그런 식으로 정의하는 것은 철저한 오해다. 왜냐하면 그런 정의는 하나님 나라의 관념을 비종교화시키며 더 나아가서 전적으로 하나님의 역사하심으로 이루어지는 그 나라의 실현을 사람의 활동에 의한 것으로 바꾸어 버리기 때문이다. 이 견해에 따르면 사람이 그 나라를 실현시키는 것이다. 그러나 예수님의 가르침에 따르면, 그 반대가 참이다. 주님은 자기 자신을 그 나라를 실현하는 자로 묘사하신 적이 없을 정도로, 그 일이 하나님께서 이루시는 것임을 인식하신 것이다. 이런 두 가지 오류는 모두 하나님 나라의 내용도, 또한 윤리적인 것도, 똑같이 특별히 종교적 성격을 띤다는 설명을 통해서 함께 교정될 수 있다. 죄 사함, 하나님과의 교제, 하나님의 아들 됨, 영생 등이나, 오늘날 절반쯤 기독교적인 의미로 "봉사"라 부르는 것과 결부되는 사람들의 활동들이나 모두 그 나라의 참된 요소들인 것이다.

2. 하나님 나라의 본질

외형적인 문제들을 논의했으니, 이제는 다음의 문제와 대면하게 된다. 곧, 우리 주님은 무슨 이유로 자신이 오셔서 선포하시고 도입하시는 그 새로운 사물의 질서를 "하나님 나라"라는 명칭으로 부르게 되셨을까? 라는 것이다. 종교적 실체를 나타내고자 하셨다면, 다른 이름들도 얼마든지 생각하셨을 수 있다. 이 문제를 구약에 근거해서 설명할 수도 없다. 거기에는 그 이름 자체가 나타나지 않기 때문이다. 적응의 원리에 따라서 우리 주님 당시의 용법에 근거해 보아도 별 도움을 얻을 수가 없다. 그 당시 유대인들에게는 "하나님 나라"가 종말론적인 소망의 내용을 지칭하는 것으로 가장 비근하게 사용된 용어가 아니었기 때문이다. "하나님 나라"보다는 "오는 세상" 혹은 "오는 시대" 등의 용어들이 더 흔하게 사용되었다. 어쩌면 이신론적으로 기울어진 유대교의 의식에서는 그 소망을 하나님께 초점을 맞추어 생각하기보다는 오히려 그때에 이스라엘이 어떻게 되겠는가를 생각하는 데에 더 많은 관심을 두었기 때문일 것이다.

바로 여기서 우리 주님이 "하나님 나라"라는 명칭을 선호하신 진정한 의미를 발견하게 된다. 곧, 주님이 "하나님 나라"라는 명칭을 선호하신 것은 바로 그의 하나님 중심의 사고 방식에서 비롯된 것이다. 다시 말해서, 그것은 처음부터 끝까지 철저하게 종교적인 개념이라는 것이다. 우리 주님께서 그 용어를 사용하신 의도는, 그 용어가 종교의 영역 내에 남아 있으면서도 하나님을 덜 집착하도록 될 수 있는 기회를 주지 않을까 하는 절반쯤 의식적인 느낌과는 정확히 반대되는 것이었다. 예수님에게 있어서 그 용어는 (다른 누구의 나라도 아닌 바로) "하나님의 나라"를 뜻한다. 그러나 오늘날 그것을 "(하나님의) 나라" 정도의 뜻으로 보는 사람들이 적지 않다. 그러므로 예수님에게 있어서 그 나라는 현대인들이 느끼는 것보다 훨씬 덜 이상적이며, 훨씬 더 현실적인 것이었다. "하나님 나라"는 그가 나아가셔야 할 종착지도, 그의 추상적인 통치권 — 그의 주권 — 도 아니다. 그것은 그의 통치의 현실적인 실현인 것이다. 이런 의미에서, 그리고 오직 이런 의미에서만, 그 나라가 임할 수 있다. 하나님은 태초부터 그의 주권을 소유하고 계시며, 따라서 그 주권이 새삼스레 "임할" 수가 없는 것이다. 그 명칭을 "하나님의 주권" 으로 대치함으로써 일반적인 이해에 더 가깝게 만들려는 시도가 있으나, 이 것은 잘못된 방향으로 나아가는 것이다. 왜냐하면 주권이란 오로지 "법적 인"(de jure) 것이며, 항상 "현실적인"(de facto) 것은 아니기 때문이며, 또한 주권은 하나의 추상적인 개념이므로 추상적인 나라와 구체적인 나라의 상호 구별을 표현할 길이 없기 때문이기도 하다.

그러므로 "하나님의 나라"란 하나님의 영광을 위한 하나님의 지상권(至上 權: supremacy)의 실질적인 시행을 의미한다. 마태복음 6:10, 33, 마가복음 12:34 등의 본문들이 이 중심적인 사상을 드러내 준다(참조. 고전 15:28).

종교의 이상적 상태를 구성하는 이 하나님의 지상권은 몇 갈래로 나뉘어 나타난다. 우선, 이론적으로만 생각하면, 이것은 하나님의 손길에서 나오며 또한 모아지는 여러 다발의 광선이나 행동에 비할 수 있을 것이다. 그러나 이것은 잠정적일 뿐이다. 그 목표는 하나님의 지상권의 이런 모든 시행들이 하나의 왕적인 체제 속에서 하나로 조직되는 데에 있는 것이다. 하나님의 지 상권이 이러한 최종의 목표를 향하여 시행되는 세 가지 주된 영역이 있는데, 권세의 영역, 의의 영역, 그리고 복락의 영역이 그것이다. 이것들을 하나씩 차례로 논의하기로 하자.

권세의 영역에서의 하나님의 지상권

권세(power)의 요소는 구약에 나타나는 여호와의 나라의 관념에서도 이미 두드러진다. 복음서에서는 주님 가르치신 기도의 마지막 부분에서 그것을 접하게 된다. 거기서 "권세"가 그 나라를 구성하는 첫째 요건으로 나타나는 것이다: "나라가, [심지어] 권세와 영광이 … 있사옵나이다." 누가복음에는 이 마지막의 영광송이 나타나지 않고, 마태복음의 경우에도 몇몇 신빙성 있 는 사본에는 나타나지 않으나, 이 영광송은 이 고대의 기도를 사용하는 자들 이 과연 이 하나님 나라의 관념과 더불어 무엇을 연상했느냐 하는 것을 보여 주는 중요한 증거인 것이다. 마태복음 12:28에 의하면, 귀신을 내어쫓는 것 이 메시야의 주권을 드러내는 것임은 물론 그에 못지않게 신적인 나라의 권 세를 드러내는 것이기도 하다(참조. 눅 11:20, "하나님의 손").

또한 일반적인 이적들도 이와 마찬가지로 이런 관점에서 설명할 수 있다. 예수님의 신빙성을 입증하는 것이요 또한 그의 은혜의 자비로운 행위들이기도 하지만, 그것들은 주로 "시대의 표적들"이다. 즉, 그 나라가 가까웠다거나 임하였다는 것을 입증해 주는 표적들이라는 것이다. 하늘의 징조들이 내일의 날씨를 보여주는 표적들이 되듯이 말이다. 이적들은 종말론적 나라에 관한 것들을 예언하는 것이요 그 영적인 성격을 상징하는 것이다. 마가복음 2:9에서는 현재를 지시하지만, 전체적으로 볼 때에 이적들은 마지막에 있을 그 결정적인 위기를 지향하는 것이다.

하나님 나라를 실현시키는 권세는 성령과 결부되어 있다. 성령께서 예수님에게 말씀과 사역을 위한 자격을 부여하신 일에 대해서는 이미 앞에서 언급한 바 있다. 성령께서 윤리적 종교적 영역에 나타나는 효과들과 직접적으로 결부되시는 일은 복음서의 가르침에서는 자주 나타나지는 않는다(참조. 눅 11:13). 이 부분의 기독교 교의를 제시하는 일은 성령께서 실제로 부어지신 이후 바울에게 맡겨진 임무였다. 예수님에게 있어서 성령은 계시와 이적의 주재자이시며, 요한복음에서 그가 예수께서 떠나신 이후 그를 대신할 자로 약속되는 곳에서도 그는 여전히 그런 분으로 남아 계신다. 구약에서부터 바울에 이르기까지 성령론이 발전되어 가는 중간에 예수께서 취하신 위치는 대략 다음과 같이 정리할 수 있을 것이다. 구약에서는 성령이 신정적 은사의 영으로서 선지자들과 제사장들과 왕들을 그 직분에 합당하도록 구비시키시는 분이시다. 예수께서는 이 신정적 은사의 영을 충만히 받으셨고, 또한 그 영을 충만히 소유하시고서 그를 따르는 자들에게 베풀어 주신다. 처음에는 부분적으로 베푸시고 약속을 통해서 베푸시며, 나중에는 오순절의 역사를 통해서 더 충만히 베풀어 주시는 것이다.

그런데 그가 베푸시는 성령은 예수님 자신의 외형적인 소유이실 뿐 아니라, 부활을 통해서 성령께서 그의 높아지신 본성 속으로 완전히 하나가 되셨으므로, 그가 성령을 주실 때에는 자기 자신의 것을 주시는 것이요, 또한 그와 성령 사이에 이루어지며, 성령을 통하여 신자들과의 사이에 이루어지는 연합이 하나의 유기적이며 신비로운 연합의 성격을 얻게 되어, 결국 성령 안에 있는 것이 그리스도 안에 있는 것이 되는 것이다. 그리고 더 나아가서, 그

리스도의 삶 전체가 바울에게는 그리스도와의 교제의 삶이 되며, 그리하여
그 삶은 필연적으로 성령 안에서 살며 또한 그 모든 단계와 활동들에서 성령
의 감동하심을 받는 삶이 되는 것이다.

이처럼 전적으로 성령 충만한 삶의 경험에 접근하는 또 하나의 길은, 종말
론적 상태를 성령께서 지배적인 요소가 되시고 특징적인 요인이 되시는 그
런 상태로 보는 것이다. 이 땅의 삶은 그 종말론적 상태를 진정으로 기대하
는 것이요, 그 종말론적 상태의 첫 열매요 보증이요 인(印)이므로, 종말론적
상태에서 있을 성령의 구비하심과 성령의 영향력은 자연히 이 땅의 삶에서
도 동등하게 역사되는 것이다.

하나님 나라의 권세와 관련되는 믿음

권세로서의 하나님 나라에 믿음이 함께 연관되어 나타난다. 그 상호 관계
는 완전한 것이 아니다. 왜냐하면 믿음은 신적 권세에 못지않게 신적 은혜와
도 뚜렷한 관계를 갖기 때문이다. 요한복음을 제외한 나머지 복음서에서는
믿음이 대개 이적의 문맥 속에서 나타나므로, 이적들이 무엇인가 하는 것에
밀접하게 근거하여 연구해야 할 것이다. 이를테면 믿음이란 객관적인 이적
의 사실에 상응하는 주관적인 요소인 것이다. 그러므로 우리가 물어야 할 질
문은 이적들 속에 어떤 특성이 내재하고 있기에 그것들이 믿음이 발휘되도
록 만드는가 하는 것이다. 여기서 두 가지를 생각하게 된다.

첫째로, 이적들은 자비로운 구원의 행위들로서 신적 은혜를 드러내며 그
수혜자들에게 신뢰의 상태를 유발시키는 결과를 가져오는 것이다. 그러나
이것이 중요하기는 하나, 이것이 주안점이 되어서는 안 된다. 이적들이 자비
로운 것이지만, 하나님의 역사의 다른 면들도 이런 성격을 띠기 때문이다.
이적에게 독특한 것은 하나님의 절대적인 초자연적 권능을 확증하는 것이
다. 이적의 동력인(動力因)은 사람이 아무것도 공헌할 수 없는 것이다. 왜냐
하면 하나님의 직접적인 초자연적 에너지가 발휘되는 데에 전적으로 의존하
여 발생하기 때문이다. 그렇기 때문에 "말씀"으로, 즉 전능의 말씀으로, 그
저 말씀으로만, 이적이 이루어진다는 것이 강조되는 것이다(마 8:8, 16). 믿음
과 하나님의 전능하심의 관계가 마가복음 9:17-14의 에피소드에서 충격적

으로 나타나고 있다. 여기서 예수께서는 귀신 들린 자의 아버지의 "무엇을 하실 수 있거든"이라는 말을 책망하시면서 "할 수 있거든이 무슨 말이냐?" 라고 대답하심으로써, 하나님의 전능하심의 문제가 거기에 걸려 있으므로 권능의 적절성 여부를 논하는 것이 애초부터 있어서는 안 된다는 것을 선언 하신 것이다. 하나님 앞에서는 "하실 수 있거든"이란 있을 수가 없는 것이 다.

이렇게 하나님의 전능하심과 은혜에 의지하는 데에 믿음의 종교적 근거가 있다. 믿음이란 사람 편에서 그 나라의 구원의 역사가 오로지 하나님의 역사 임을 실질적으로(순전히 이론적으로가 아니라) 인정하는 것이다. 믿음은 마 술적인 강압에 의한 것으로 보아서는 안 되며, 결과를 이루는 데에 사람 편 에서 일방적으로 무언가 공헌하는 것으로 보아서는 더더욱 안 된다. 만일 그 렇게 보는 것이 옳다면, 믿음 자체가 그 속에 이율배반(二律背反)을 담고 있 는 것이 될 것이다. 한 편으로는 하나님이 홀로 일하셔야 한다는 것을 인정 하면서도, 다른 한 편으로는 인간이 최소한 예비적인 조건 정도는 마련해야 한다고 주장하니 말이다. 믿음이 없을 경우에는 예수님이 아무런 이적도 행 하실 수 없었다고도 하고, 하늘에서 오는 표적 이상 아무것도 그가 주실 수 없었다고도 말한다. 그러나 그러면서도 동시에 이적들이 믿음을 불러일으키 기 위한 것이라고도 말하는 것이다. 이런 이율배반을 해결하는 길은 두 종류 의 불신앙을 서로 구별하는 데 있다. 믿음이 없어서 그로 인하여 하나님의 구원하시는 역사에 대한 뿌리깊은 불신이 있는 상태에서는, 그저 이적을 행 하는 것만으로는 믿음을 유발시키는 역할을 할 수 없었다. 그것이 무언가 초 자연적인 능력이 존재한다는 것을 납득시킬 수는 있었겠지만, 그 능력의 존 재를 하나님께나 예수님께 관련시키지 않고 오히려 귀신의 역사와 관련시키 는 것이다(마 12:24). 그런 경우, 예수님은 이적을 행하지 않으셨다. 참되고 온전한 믿음이 생겨나지 않을 것이기 때문이었다. 그러나 단순히 증거가 없 다는 것이 문제인 경우에는, 이적이 믿음을 유발시키는 합당한 역할을 담당 할 수가 있었다. 귀신의 문제에 대해서 예수께서 하신 말씀은 일반적인 구원 의 이적에도 똑같이 적용된다(마 19:26). 그런 일들은 오로지 하나님께만 가 능한 일이다. 이렇듯 믿음이 하나님의 역사이므로, 예수께서는 그 믿음을 잃어버릴 위험에 있는 자를 위하여 기도하셨던 것이다(눅 22:31, 32; 막 9:24).

믿음이 하나님의 역사라는 원리에서 볼 때에, 믿음이란 사람이 임의적으로 원한다고 해서 얻어지고 또한 갖기를 거부한다고 해서 생기지 않는 그런 것이 아니다. 믿음 이면에는 동기 부여가 있는 법이다. 또한 믿음을 하나의 비이성적인 신비로운 충동이 솟구쳐 오르는 것으로 설명할 수도 없다. 그런 충동에는 이성적인 동기가 필요 없을 것이다. 믿음은 지식을 전제로 한다. 왜냐하면 믿음은 사람이든 사물이든 정신 작용으로 채워지는 것을 필요로 하기 때문이다. 그러므로, 예수를 전하되 신조(信條: creed)는 필요 없고 그를 전하기만 하면 된다는 현대적 사고 전체는 신학적으로나 성경적으로만이 아니라, 심리적으로도 그 자체가 불가능한 것이다. 사실 지식이 믿음과 이렇듯 하나로 엮어져 있기 때문에, 과연 지식을 믿음의 구성 요소로서가 아니고 전제 조건으로 보는 것이 족한 일인가 하는 의문이 생길 정도다.

예수께서 여러 이름들을 수단으로 사람들에게 자신을 드러내시기를 원하셨을 것인데, 바로 그 이름들이 신조와 교리의 핵심이다. 만일 이것을 삭제해 버리는 것이 가능하다면, 그 메시지는 순전히 마술로 바뀌어 버릴 것이다. 그러나 심지어 마술조차도 무언가 이름 같은 소리를 요하며, 따라서 신조가 없는 설교가 그와 같다는 식으로 묘사할 수는 없을 것이다. 이런 식의 전도 프로그램이 유행하게 된 것은, 불행하게도 "신조"라는 용어에 대한 그릇된 이해 때문이었다. 신조를 마치 믿는 내용의 신학적인 구조를 미세하게 정리해 놓은 것을 뜻하는 것처럼 여겼던 것이다. 신조란 그런 것을 뜻하는 것이 아니다. 그러나 믿음이 기능을 발휘하기 시작할 수 있으려면 머리로 어떤 내용을 인정하고 받아들이는 것이 있어야 하며, 거기에는 지식이 포함되는 것이다(마 8:10; 눅 7:9). 이 지식은 짧은 기간이나 긴 기간에 걸쳐서 얻어지는 무수한 인상들에게서 서서히, 거의 알아채지 못하는 방식으로, 모아진 것일 수도 있다. 그러나 인식론적으로 볼 때에 그것은 다른 모든 종류의 정신적 행위와 다르지 않다. 분명히 단언하건대, 그저 지식만으로는 참되고 온전한 믿음과 동일한 것이 아니다. 그 지식이 발전하여 신뢰(trust)에까지 이르러야만, 그것이 믿음이라는 이름에 합당하게 되는 것이다.

믿음이 영혼의 인식 작용과 얼마나 밀접하게 연관되어 있는가 하는 것은 불신앙의 원인들에 대한 우리 주님의 진술에서 가장 잘 드러난다. 불신앙의 원인이 정보를 제공하는 지식이 없는 데에 있는 것이 아닌 이상, 어떤 경우에는 "실족하는 것"(being offended)이 그 원인일 수도 있다. 이 용어는 헬라어로 **스칸달리제스타이**이다. **스칸달론**이란 짐승을 잡기 위하여 덫에다 미끼를 둘 때에 그 미끼를 고정시키는 나무 조각을 가리킨다. 은유적으로 믿음과 관련지어 말하자면, 거침돌(offence, 혹은 실족케 하는 것)은 불신앙에 빠지도록 하는 유혹이다. 이 표현의 독특한 특징은 예수께서 그 "거침돌"을 자기 속에 놓으셨다는 것이다. 그의 위격과 주장들과 활동과 이상들 속에 무언가 그의 반대자들에게 불신앙의 계기가 되는 것이 있다는 것이다. 그 이유는 이런 모든 점들에서 그가 유대인들이 자기들의 메시야의 모습과 행위들에 대해 기대한 것과는 정반대였다는 데 있다. 그들은 메시야에 대해서, 또한 메시야가 중심이 될 다가올 시대에 대해서 자기들 나름대로의 선입관과 편견들을 갖고 있었다. 그러나 이런 선입관들과 편견들은 그들의 내적 마음의 상태와 결코 분리된 것이 아니었고, 따라서 무죄한 것이라 할 수 없었다. 그러므로, 밑바닥까지 분석해 들어가 보면, 그 거침돌은 그들의 본성에서 발생한 것이요, 따라서 그것으로 인하여 생겨나는 불신앙은 결국 그들의 부패한 마음의 상태의 결과였던 것이다.

믿음의 행위를 묘사하는 데에 사용되는 동사의 구문에서 믿음의 행위의 심리가 드러난다. 그 동사는 **피스튜에인**이고, 형용사는 **피스토스**로서 "믿어지는", "믿을 만한" 등의 수동적 의미를 지닌다. 그러나 복음서에는 이것이 오로지 **아피스토스**의 부정적인 형태로만 나타난다. **올리고피스토스**는 "믿음이 적은"이란 뜻으로, 믿음이 결핍된 상태를 가리키는 것이 아니라 목적을 이루기에 충족한 정도에 이르지 못한 상태를 가리킨다. 이 단어에 붙여서 사용되는 전치사들 중에서 **엔**이 가장 의미가 약한 것 같다. 현대인에게도, 고전시대의 헬라인에게나 헬레니즘 시대의 헬라인에게도, 본래부터 있던 지적 의미를 지닌 구문법이 아니기 때문이다. 어쩌면 그것이 히브리어 알파벳으로 "안에"를 뜻하는 전치사인 **베트**에서 유래한 것일 수도 있는데, **베트**는 그 나름대로 관용적이며 국지적인 의미를 지녔었다. 전치사 **에이스**는 물론 목적격과 더불어 사용되는데, 그 의미는 정신적 투사(投射)의 의미일 수도 ─ 즉,

믿음의 대상을 "향하여" — 있고 혹은 그 대상 속으로 들어가는 장소적 의미일 수도 — 즉, "그리스도 속으로 믿음을 시행하다" — 있을 것이다. 후자의 의미라면 이는 공관복음보다는 오히려 요한과 바울의 관념일 것이다. 에피는 두 가지 구문이 있는데, 하나는 여격과 함께 쓰이는 것이고, 또 하나는 목적격과 함께 쓰이는 것이다. 여격과 함께 쓰이는 경우에는 " … 에 근거하여" 믿는다는 관념을 표현하는 것이다(엔의 경우에도 어느 정도 이런 의미가 포함되어 있다). 이를테면, 증거로부터 믿음이 생겨난다는 것이다. 그리고 목적격과 함께 쓰이는 경우는, 다만 믿는 자의 마음이 믿음의 대상을 향하여 위로 투사된다는 특별한 의미가 거기에 덧붙여진다는 점만 다를 뿐, 에이스의 구문과 매우 흡사하다.

요한복음에서 사용되는 "믿음"

믿음에 대한 요한의 가르침은 몇 가지 두드러진 특징들을 지니고 있다. 그것들을 간단히 열거하자면 다음과 같다:

(1) 예수께서 하나님의 복제(duplicate)시라는 사상에 근거하여, 믿음이 시종일관 예수님에 관한 것으로, 또한 하나님에게 관한 것으로 제시된다. 공관복음에서는 예수께서 믿음의 인격적인 대상으로서는 언급되지 않는다. 단, 마태복음 18:6과 마가복음 9:42(본문이 다소 불확실함)은 예외다. 이런 사실에 근거하여 예수께서는 스스로 믿음의 대상으로나 구원의 한 요인으로 생각하신 일이 없다는 식의 그릇된 추론이 제기되었다. 그러나 하나님이 믿음의 대상으로 명확히 언급되는 곳도 오로지 한 구절(막 11:22)밖에는 없다는 사실에서 그런 추론의 부당성이 분명히 드러난다. 통계 수치는 전혀 문제될 것이 없는 것이다. 요한복음 14:1(이는 명령법으로 번역하는 것이 더 적절할 것이다)의 경우에는, 제자들이 고난이라는 비극적인 경험을 당하여 그리스도를 믿는 믿음을 잃어버릴 위험에 있을 수도 있으므로, 아버지를 믿는 믿음을 강하게 견지함으로써 그리스도를 믿는 믿음을 회복시켜야 한다는 뜻이 거기에 함축되어 있는 것으로 보인다. 예수님께 치유를 받았던 자들이 그를 향하여 신뢰의 자세를 발전시키지 않았다는 것은 심리적으로 있을 수 없는 일임은 물론이다.

(2) 믿음이 예수님과 신자 사이의 계속적이며 습관적인 관계의 성격이 더 짙다. 반면에 공관복음에서는 믿음이 대개 이적들이 행해진 자들의 편에서 행하는 하나의 순간적인 행위로 나타난다. 그러나 여기서도 예수께서는 믿음이 과거에 행한 일을 다시 하게 될 것이라는 사실에 주의하도록 만드신다. "네 믿음이 너를 온전케 하였느니라." 폭풍 속에서 예수님은 제자들이 그가 함께 계시다는 것이 계속적인 안전을 보장해 주는 것으로 여기지 못한 것에 대해서 그들을 꾸짖으신다. 또한 믿음이 "적다"는 표현에서는, 후에 바울이 충실히 해명하게 되는 바 믿음을 하나의 지속적인 습관으로 보는 사상의 초기 단계를 보게 된다. 그리하여 믿음이 종교적 삶 전체를 그 필수적인 근거로 포괄하기 시작하는 것이다.

(3) 미래의 것을 미리 예상함으로써 믿음은 영광을 입으신 예수님을 붙잡는다. 미래에 작용할 것과 동일한 효과들을 현재에 이루는 것이다. 예수님은 생명의 떡**이시다.** 죄를 사하는 권세가 **지금** 그에게 주어져 있는 것이다.

(4) 믿음과 지식 사이에는 지극히 밀접한 연관이 있다. 이것은 구원 과정에 대한 어떤 철학적인, 특히 영지주의적인, 관념에 근거하는 것이 아니다. 여기서 지식이란 알고 친숙하게 지내는 하나의 실질적인 지식이요, 헬라적이라기보다는 셈적인 성격을 지닌 지식으로서, 목자가 양을 알고 양이 목자의 음성을 안다는 말씀에서 가리키는 것과 같은 것이다. 믿는 것과 아는 것 이외에도 친밀하면서도 강렬한 종교적 의식을 묘사하는 세 번째 용어가 있으니, 곧, "바라보다", "응시하다"(테오레인)가 그것이다. 이 몇 가지 용어들이 그 종교적 의식의 행위의 주체들과 그 대상들에게 적용되는 것을 보면 매우 흥미롭다. 예수께서 아버지와 관계하시는 데에서는 "믿다"라는 동사가 한 번도 나타나지 않는다. 그 관계가 그 동사로 표현하기에는 너무나 직접적이고 긴밀하기 때문일 것이다. 아버지께서는 "아들을 아시고" 아들도 "아버지를 안다"고 말씀한다. 그리스도와 제자들의 관계에서는 "믿다", "알다", "바라보다" 등 세 가지 모두 나타난다. 그리고 성령에 대해서는 그를 "바라보다", "알다"는 나타나지만, 그를 "믿다"는 나타나지 않는다.

(5) 불신앙과 그 근원 사이의 연관에 대한 가르침이 공관복음에서보다는 요한복음에서 더 분명히 제시된다. 불신앙이란 하나님을 향한 근본적으로

잘못된 사람의 본성적 태도에서 샘솟아 나오는 것이다. 심지어 이런 태도를 "미움"이라는 말로 표현하는 것조차도 마다하지 않는다. 불신앙을 가리켜 "그 죄"(정관사를 붙임 — 역자주)라 부르지만, 이는 사람들이 때때로 상상하는 것처럼, 마치 복음의 지배 아래에서는 다른 모든 죄들이 무시되고 오로지 믿음과 불신앙만이 결정적인 요인이 되는 전혀 새로운 기록이 시작된다는 식의 의미가 아니다. 오히려 "그 죄"라는 문구의 밑바탕에는, 하나님을 대적하여 그에게로부터 돌아서는 죄의 깊은 고유한 성격이 불신앙 속에서 드러난다는 인식이 깔려 있는 것이다.

(6) 믿음의 근원들에 대해서는 다음과 같이 네 가지로 묘사되고 있다:

㉮ 믿음은 행실의 과정의 결과다. 진리를 행하며 진리 안에 행하는 자들이 믿는다.

㉯ 더 거슬러 올라가면, 믿음은 하나님께서 일으키시는 올바른 영적 인식의 결과다. 아버지께로부터 배웠거나 혹은 들은 자들이 믿는다.

㉰ 거기서 더 거슬러 올라가면, 믿음은 진리 안에 있다고 묘사되는 그런 존재 상태의 결과다.

㉱ 마지막으로, 궁극적인 근원에까지 거슬러 올라가면, 믿는 자들은 바로 주권적 선택의 원리에 따라 아버지께로부터 아들에게 주어진 자들, 혹은 아버지께서 아들에게 이끄신 자들이다.

이 갖가지 용어들이 너무도 강하여, 요한복음이 — 구원을 받을 수 없는 자들과 구원이 필요 없는 자들을 서로 구별한 — 영지주의(靈知主義: Gnosticism) 이단에 오염되어 있다는 논지가 제기되기까지 했다. 그러나 이 복음서는 그 이면에 구약을 인정하는 충실하고도 강력한 자세가 깔려 있다. 요한복음에서 나타나는 예수님에 대한 자세는, 바로 진리에 대한 구약의 자세를 근거로 설명할 수 있는 것이다.

의의 영역에서의 하나님의 지상권

두 번째로, 예수께서 제시하시는 바 하나님 나라에서의 하나님의 지상권은 의(義)의 영역에서 시행된다. 무엇보다도 우선적으로 필요한 일은, 구약과 신약 모두에서 공통적으로 나타나는 "의"라는 성경적 개념을 명확히 정리하는 일이다. 그런데, 우리가 성경을 익히 잘 알고 있다고는 하지만, 법적인 전통에 근거하여 발전되어온 이 단어의 일상적인 용법 때문에 이 개념을 올바로 이해하는 데에 방해를 받게 된다. 법적인 전통의 견지에서 보면, 의(right)란 공평한(equitable) 것이다. 이 개념은 사람과 사람이 서로 권리들을 제한시키는 것을 기반으로 하는 것이다. 그러므로 하나님은 여기에 개입되지 않는다. 다만, 인간 상호 간에 지켜져야 할 일을 수호하고 지키는 분으로서 간접적으로만 거기에 개입되는 것이 전부인 것이다. 밑바닥을 보면, 이것이 이교적 개념인 것은 물론이다.

성경에 의하면, "의"란 하나님과 일치하고 그를 기쁘시게 하며, 그를 위해 존재하는 것으로, 오로지 하나님만이 그것을 판단하실 수가 있다. 누구보다도 하나님이 거기에 관여하시는 분이신 것이다. 위에서 언급한 세 가지 관계들(즉, 권세, 의, 복락의 영역들을 지칭함 — 역자주)에서 하나님을 고려하지 않고서는, 실제로 의란 존재할 수가 없는 것이다. 본래적으로 생각할 때에 결과들과 관련하여 선하거나 악한 것은 있을 수 있을 것이다. 그러나 그런 처지에서 의를 논하는 것은 아무런 의미가 없는 것이다. 그리고 이처럼 하나님과 상관되는 의(義)는 결코 신앙적 삶의 작은 일부분이 아니다. 윤리적으로 생각할 때에, 그것은 하나님과의 관계 전체를 다 포괄한다. 그러므로 의롭다는 것은 곧 참된 신앙을 소유하며 실천한다는 의미를 갖게 된다. 곧, 의가 경건과 동일한 의미가 되는 것이다. 의에 대한 우리 주님의 가르침이 시종일관 이런 성격을 취한다. 의란 그 근원이신 하나님께로부터 오는 것이요, 그 목적이신 하나님을 위해 존재하는 것이요, 또한 궁극적인 판결자이신 하나님께 종속하는 것이다.

그러나 이러한 성경적인 의의 관념은 하나님 나라라는 성경적 관념과 지극히 밀접한 관련을 맺고 있다. 미국의 정치 체제에는 통치권과 사법권 사이에 그런 긴밀한 연합 같은 것은 없다. 입법 기능과 시행 기능이 각기 별도의 기관들에게 위임되어 있는 것이다. 그러나 고대의 셈족의 의식에서는 왕이 실질적인 입법자요 또한 율법을 시행하는 자다(참조. 시 72편; 사 33:22). 왕은 우리가 상상할 수 있는 정도보다 훨씬 더 정치의 중심이다. 국가와 신민(臣民)들이 바로 그를 위해 존재하는 것이다. 현대의 개인주의 같은 것은 없었다. 루이 14세의 "짐이 곧 국가다"라는 경박스럽고도 교만한 발언이 그 사상을 가장 가깝게 표현하는 것이라 하겠다. 우리의 관점에서 보면 이것은 결코 좋은 정치일 수가 없다. 그러나 신앙에 있어서는 이것이 허용될 뿐 아니라, 이것이 참된 신앙적 사상을 세울 수 있는 유일한 원리이며, 성경 계시도 이러한 전제적이며 왕 중심의 국가 질서를 사용하여 의의 영역에서의 하나님 나라에 관한 교의를 세우고 있는 것이다.

그러면 이 주제에 대한 우리 주님의 가르침에서 이런 사상이 나타나는 것을 추적해 보기로 하자. 가장 편리한 방법은 주님이 하나님 나라와 의에 대해 가르치신 상호 간의 밀접한 동일성과 연관성을 규명하는 것일 것이다. 이렇게 하면 예수께서 가지셨던 의 개념의 하나님 중심적인 성격이 본질상 다름이 아니라 바로 그가 가르치신 하나님 중심의 나라 개념인 것으로 나타날 것이기 때문이다. 이러한 사실은 다음 세 가지 방향에서 관찰할 수 있다.

(1) 주님은 하나님의 나라(왕권)를 의(義)와 동일한 것으로 가르치신다. 이 둘은 서로 겹치며, 서로가 서로의 안에 존재한다. 왜냐하면 의를 행하는 것이란 결국 하나님의 왕권을 실질적으로 인식하고 증진시키는 것이기 때문이다. 이에 대한 가장 좋은 실례는 주님 가르치신 기도의 두 가지 간구에서 볼 수 있다. "나라가 임하옵시며" 다음에 "뜻이 이루어지이다"가 나타난다. 여기서 "임하는 것"과 "이루는 것"(행하는 것)은 십중팔구 모두 서방의 주해에서처럼 종말론적인 의미로 이해해야 할 것이다.

(2) 의가 그 나라의 결과로 나타난다. 곧, 하나님의 새로운 통치가 그 구성원들에게 값없이 베풀어주는 여러 선물들 가운데 하나라는 것이다. 구약에서도 이미 이 새로운 종류의 의를 미리 예견한 바 있다. 예레미야는 여호와께서 그의 율법을 백성들의 마음에 기록하실 것이라고 약속하며, 에스겔은 여호와께서 그들로 하여금 그의 율례를 행하게 하실 것이라고 예언한다. 마태복음 5:6에 나타나는 예수님의 가르침에 따르면, 이러한 의에 참여하는 자들이 그 의에 대해 수용적 자세를 유지한다. 바울의 가르침에 따르면, 의란 그리스도인의 삶 속에 주어지는 하나의 중심을 이루는 큰 선물로서 다른 모든 것이 그것에 근거를 두는 것인데, 예수님의 가르침을 이러한 바울의 사상들과 결부시켜서 이해하기가 쉬우나, 그런 것은 시대착오적인 처사인 것이

다. 사실상 바리새인과 세례의 비유가 그렇게 하도록 만든다. 바리새인이 아니라 세리가 의롭다 하심을 받고 집으로 돌아갔다고 한다. 세리가 개인적으로 무슨 의를 소유했다고 고백했기 때문도 아니요, 바리새인이 스스로 의를 많이 소유하고 있다고 의식하고 있었기 때문에 거부를 당한 것도 아니다. 사실상 바울의 가르침과 예수님의 가르침의 원리가 서로 동일한 것으로 나타난다. 그런데 두 가지 면에서 차이가 있다. 예수님은 그 의라는 선물 전체를 전혀 구별하지 않고 하나의 단위로 보시는 반면에, 바울은 전가(轉嫁: imputation)를 통해서 우리 것이 되는 객관적인 의와 또한 성령의 역사하심을 통해서 우리 것이 되는 주관적인 의를 구별하기를 배운 것이다. 그러나 밑바닥에서 보면 이 둘 모두 하나님의 선물이요, 바울에 의하면 주관적인 의가 객관적인 의의 열매인 것이다. 둘째로 용어 사용에서 차이가 나타난다. 바울이 "의롭다 하심"(칭의)이라 부르는 것을, 예수님은 하나님 나라에 들어가는 것으로, 혹은 하나님의 자녀가 되는 것으로 부르신다. 그리고 바울에게서는 의가 주로 객관적인 지위(地位: status)로 나타나는데 반해서, 예수님에게서는 주로 주관적인 상태(condition)로 나타나는 것이다.

(3) 둘 사이의 전후 순서가 바뀌어, 의가 먼저 오고 하나님 나라가 그것에 이어지는 상급으로 그 다음에 온다. 물론, 이것은 종말론적인 나라에 관한 것으로 이해하여, 그 나라를 이 세상의 삶에서 의를 실천하는 것에 대한 하나의 보상으로 약속되는 것으로 보아야 할 것이다. 이것은 외견상 유대교의 입장과 가장 근접하며, 따라서 우리 주님의 사상에 유대교의 자기 의(義)에 대한 관념의 잔재가 남아 있다는 비판이 적지 않게 제기되었다. 그러나 이런 현상에 놀랄 필요가 없다. 마태복음 6:5, 6에서는 기도를 적절히 행하는 일에 대해서조차도 상급이 제시되기 때문이다. 이런 유의 말씀들을 예수님의 전반적인 종교적 사고와 일치하지 않는 것으로 보아 제거하고자 하는 시도들이 있어왔다. 그러나 아무리 그렇게 해도 전혀 도움이 안 된다. 왜냐하면 그런 관념이 우리 주님의 실천적인 교훈들과 너무도 깊이 얽혀 있는 것으로 나타나기 때문이다. 하나님 나라에서 행하는 모든 수고를 밭고랑과 포도원에서 행하는 수고로 묘사하시므로, 그 문제를 흠으로 간주하게 되면 예수님의 가르침의 커다란 기조가 망가져버리고 말 것이다.

이 문제를 명확히 하기 위해서는, 우선 우리부터 현대적 관념을 제거하고서, 윤리적 관계에서 상급을 생각한다는 것은 그 윤리의 신성함에 비추어 전혀 합당치 않은 것이라는 식의 생각을 버려야 할 것이다. 이런 생각은 궁극적으로 윤리의 자율성(自律性)의 철학 혹은 윤리를 신격화(神格化)시키는 철학에 기초한 견해이며, 그 뒤에는 불편부당한 자유 의지라는 원리가 자리잡고 있는 것이다. 사람은 마치 공로를 세운다는 관념에 대해서는 전혀 관심이 없기라도 한 것처럼, 하나님께서 베푸시는 상급을 비웃을 여유를 가질 만큼 자율적인 존재는 아니다. 만일 그런 것이 사람의 정상적인 윤리적 태도라면, 윤리에 있어서는 사람이 하나님과 같이 되어 버릴 것이다. 그러나 예수님 자신에 대해서도, 그가 상급의 관념에 이끌리셨으며 그 관념에 의해 유지되셨으며, 바로 그것에 의해서 그의 사역의 결과가 결정되었다고 말씀하는 것이다(히 12:2).

여기서 좀 더 고려해야 할 한 가지 중요한 사항이 있는데, 약속되는 상급의 본질이 그것을 베푸는 조건으로 제시되는 행실보다 원칙상 더 낮고 덜 고귀한가 하는 것이 그것이다. 유대교에서는 이것이 실제로 문제가 된다. 그러나 예수님의 가르침에서는 그 반대다. 팔복에서 각 복마다 함께 붙여져 있는 문구들을 살펴보라. 또한 이런 변두리에 속한 상급의 매력이 과연 하나님 자신을 소유하고 누리는 최고의 상급을 배제시키는 쪽으로 작용하는가 하는 문제도 중요한데, 이 점에 대해서도 다시 팔복의 내용들을 살펴볼 수 있을 것이다. 유대교는 상급의 교의를 상업적인 거래의(따라서 "자기 의"의) 기초 위에다 세워놓는다. 사람이 지불한 만큼 다시 돌려받는다는 식이었다. 그러나 이러한 주고 받기 식의 원리는 신앙적 관계를 파괴시키는 것이다. 더 나아가서 유대교에서는 이 원리를 상급과 보응적인 형벌 모두에 동등하게 적용시켰다. 그러나 예수님의 가르침에는 그런 흔적이 전혀 나타나지 않는다. 예수님은 죄에 대한 형벌의 관념이 하나님의 윤리적 본성과 불가분리의 것임을 가르치시지만, 하나님이 그와 동일한 원리의 힘에 따라서 선한 행위에 대해 똑같이 보상하셔야 한다는 것은 그 어디에서도 가르치신 바가 없다. 오히려 반대로, 종들은 그들에게 요구되는 모든 일을 다 행했다 할지라도 여전히 무익한 종들이라고 하셨다(이는 그들이 아무 짝에도 쓸모 없는 종들이라

는 말과는 다른 것이다). 예수님의 사상은, 하나님을 충실히 섬겼다고 해서
그 때문에 어떤 상급을 받을 자격이 고유하게 주어지는 것이 아니라는 것이
다. 그리고 상급이 필연적인 것이 아니므로 그것이 정확한 동가(同價)일 수도
없다. 짧은 시간 동안 일한 자들이나 오랜 시간 일한 자들이 동일한 임금을
받는 것이다. 경제적 평등의 기준에서 보면, 이처럼 불공평한 것이 없을 것
이다. 그러나 하나님이 주권적으로 적용시키시는 의의 기준에서 보면, 이것
이야말로 그 중요한 원리를 밝히 드러내는 것이다.

유대인들의 윤리에 대한 우리 주님의 비판

이제는 유대인들의 윤리에 대한 우리 주님의 비판을 간략하게 개관해 보
기로 하자. 이 문제는 복음서에서 상당한 분량을 차지한다. 유대인들의 윤리
는 두 가지 근본적인 결함을 지니고 있었다. 곧, 이신론에로 기우는 경향이
있었고, 자기 중심적 사고에 오염되어 있었다는 것이 그것이다. 이 두 가지
주요 결함에서 다음과 같은 심각한 과오들이 초래되었다.

(1) 외형주의(externalism). 하나님이 중심을 살피신다는 생각으로 율법을
준수한 것이 아니었다. 살아계신 하나님을 섬기는 것 대신 율법을 섬기는 것
으로 대치해 버린 것이다(갈 2:18-21).

(2) 잘 조직된 상태에서 철저히 와해된 상태에 이르도록 율법을 깨뜨려 버
림. 큰 원리들을 구별하지 않았고, 또한 그 큰 원리들에 비추어 작은 문제들
을 판단하지도 않았다. 오히려 매 계명 하나하나를 하나의 결의론(決疑論:
casuistry)의 수준으로 축소시켜 버렸다. 예수님은 이에 반하여 큰 계명과 작
은 계명을 구별하셨고, 반드시 행해야 할 일들과 행하지 않고 내버려 두어서
는 안 되는 일들을 잘 알고 계셨다.

(3) 유대교의 율법 행위의 큰 특징을 이루는 부정주의(negatvism)도 동일
한 근원에서 나온 것이다. 주 관심사가 율법의 적극적인 목적을 이루는 것에
있는 것이 아니라, 율법을 지키지 않을 경우에 초래될 재난을 염려하여 부정
적으로 그것들을 회피하는 데에 있었다. 그리하여 체계 자체가 회피의 체계
로 전락해 버렸다.

(4) 예수께서 그렇게 혹독하게 비판하신 "자기 의"도 동일한 뿌리에서 자

라난 것이다. 하나님께서 도덕적인 과정을 살피시는 분으로 인정하지 않으면, 사람이 볼 수 있는 정도에서만 율법을 표면적으로 지키고서도 율법의 본질을 준수했다고 믿기가 상대적으로 쉬워지는 것이다.

(5) 마지막으로, 이처럼 율법을 준수했다는 착각으로부터 외식(外飾)의 과오가 생겨난다. 여기서 외식이란 마음과 표면적인 삶이 일치하지 않는 객관적인 종류의 외식을 의미한다. 그 외에도 외식하는 자의 편에서 자신의 외식을 인식하지 못하는 경우도 있는데, 우리는 이를 주관적 외식이라 부른다.

회개

하나님 나라의 의에 대한 우리 주님의 가르침은 회개에 대한 그의 가르침과 연관을 맺고 있다. 믿음에 대한 그의 가르침이 하나님 나라의 권세의 면과 관계되는 것처럼, 회개에 대한 가르침은 그 나라의 의의 면과 관계되는 것이다. 그리하여 복음서에 나타나는 주님의 선포가 회개와 믿음 모두에 대한 요구로 시작한다. 복음을 제시하는 배경으로서 언제나 죄가 전제되고 있다는 항구적인 증거가 여기서 나타나는 것이다. 하나님 나라에 참여하기 위해서는 반드시 회개가 필수적이지만, 그것이 공로를 세우는 의미를 지니는 것은 아니다. 어떤 사람이 예복을 입지 않은 것 때문에 잔치에서 내어쫓겼는데, 그것은 그 사람의 상태가 그 잔치에 적절치 못했기 때문이지, 그 자신이 잔치에 참석할 자격이 없었기 때문이 아니었다. 모든 하객들이 거리와 골목에서 데려온 자들이었던 것이다(마 22:11-13).

신학적으로 회개라 부르는 것으로 묘사되는 마음의 상태는 복음서에서 그것을 의미하는 것으로 사용되는 헬라어 단어들에서 가장 잘 나타난다. 그러나 그 단어들이 이미 고정관념화 되어서 더 이상 본래의 의미를 지니지 않을 수도 있을 가능성을 반드시 염두에 두어야 하는 것은 물론이다. 그 단어들은 다음과 같다:

(1) **메타멜레스타이**: 문자적으로 "뒷 근심"(after-sorrow)이라는 뜻이다. 이 단어는 과거의 행동이나 처신에 대한 후회의 감정적 요소를 지칭한다. 감정적인 의미 때문에 종종 이 단어를 회개를 하나의 표면적인 경험으로 묘사하는 것으로 여기기도 한다. 그러나 이것은 부정확한 것이다. 그 경험이 표

면적일 수도 있으나 동시에 심오한 것일 수도 있고, 심오할 경우에는 바울이 "하나님의 뜻대로 하는 근심"이라 부르는 것처럼 좋은 의미일 수도 있고, 유다가 "스스로 뉘우쳤다"고 말할 때처럼 나쁜 의미일 수도 있다. 나쁜 의미로는 "회한"(悔恨)이라 부르는 그것을 묘사하는데, 이는 문자적으로는 영혼이 자기 자신에게 하는 "험담"이다. 이 단어의 명사형은 메타멜레이아다.

(2) 메타노에인: 누스의 변화 혹은 역전(逆轉)을 뜻한다. 누스는 좁은 의미의 정신을 뜻하는 것이 아니고, 의지와 감정을 포함한 의식적인 삶 전체를 뜻한다. 메타멜레스타이와는 달리 이 단어에서 전치사 메타는 시간적인 의미의 " … 후에"(after)가 아니라, 은유적인 의미의 " … 주위의"(round about)를 뜻한다. 이 동사의 명사형은 메타노이아다. 이 단어는 언제나 구원 얻는 회개를 지칭하는 의미로 사용되는데, 다른 곳에서 "후회할 것이 없는 회개"라 불리는 것이 바로 이것이다(고후 7:10).

(3) 에피스트레페스타이: "자기 자신을 돌이키다"라는 뜻이다. 이 단어는 앞의 두 단어들처럼 마음의 내적 상태가 과거를 반영하는 것이나 혹은 내적인 마음의 변화로 정반대의 상태로 돌아서는 것을 묘사하는 것이 아니라, 의지가 새로운 반대의 목표를 향하여 돌아서는 것을 묘사하는 것이다. 엄밀히 말해서, 이 단어는 "회개"보다는 "회심"과 일치한다 하겠다.

이교에서 회개라 부르는 경험과 구별되는 성경적 회개의 특별한 성격은 무엇보다 마음의 돌아섬이 포괄성을 띤다는 점에 있다. 회개란 "뒷 근심"이요, 의식의 역전이요, 윤리적 종교적 삶의 내용 전체가 정반대의 목표 쪽으로 방향을 바꾸는 것이다. 그러나 불신자들에게서는 그저 이런저런 행동이나 처신에서만 회개가 발생한다. 이런 차이가 생기는 것은 불신자들 쪽에서는 죄에 대한 포괄적인 인식이 없기 때문이다. "죄"에 대한 포괄적인 인식이 없으면, 진정한 회개도 있을 수 없고, 그런 생각조차도 일어나지 않는 법이다.

둘째로, 앞에서 다룬 내용의 필연적인 귀결로서, 회개라는 요구가 모든 사람에게 주어진다는 점이다. 제자들이 예수님과 연결되었으나, 그렇다고 할지라도 그들은 "너희가 악할지라도"(눅 11:13)라는 말씀에 여전히 해당되는 것이다. 회개가 모든 족속에게 전파되어야 한다(눅 24:47). 예수께서는 때

때로 자신이 전파할 소명을 느끼시는 부류의 사람들과 또한 회개가 필요 없
는 더 큰 부류의 사람들을 서로 구별하시고 후자를 "의인"이라고 부르시는
것처럼 보이기도 한다. 그러나 예수께서 "의인"으로 부르시는 것은 그 사람
들이 자기들 스스로 의롭다고 여겨 자칭 "의인"이라 부르는 것을 그대로 취
하여 부르시는 것으로 이해해야 한다(막 2:17).

　이보다 더 특별한 것은 회개의 하나님 중심적인 성격이다. 회개가 발생하
는 출발점은 언제나 하나님과의 관계 속에 있는 것으로 제시된다. 그 관념
자체가 세속적 윤리적이 아니고 종교적인 것이다. 회개를 필연적인 것으로
만들어 주는 이 처지를 가리키는 전문 용어가 바로 "잃어버려진" 상태인데,
이는 하나님과의 정상적인 관계 속에 있지 못하다는 뜻이다. 회개해야 할 사
람들은 마치 잃어버린 양들이나 잃어버린 동전과 같다. 근본적으로 탕자의
죄는 아버지의 집을 떠났다는 것에 있다. 마찬가지로, 회개하는 사람의 의식
이 초점을 맞추는 중심 되는 대상이 바로 하나님이시다. 후회의 경험의 전면
에 드러나는 것이 바로 하나님께 대해 저지른 잘못인 것이다.

　마지막으로, 회개로 말미암아 생겨나는 새로운 삶의 방향은 모든 욕망과
목적과 함께 그 삶 전체를 절대적으로 오직 하나님께 굴복시키는 것으로 설
명할 수 있다. 이와 관련하여 복음서에 인간적인 관심사들과 심지어 지극히
신성한 유대 관계도, 아니 목숨 자체까지도 모두 포기하고 일편단심으로 하
나님께만 헌신할 것을 가르치는 극단적인 것처럼 보이는 말씀들이 많이 나
타난다. 그런 진술들은 순전히 역설적인 의미로 이해할 것들이 아니다. 그러
나, 예수님 자신이 그 진술들에 일정한 의무의 범위를 제시하고 계신다. 우
리 주님은, "만일 네 손이, 네 발이, 네 눈이 너로 실족케 하거든 끊어 버리
라"고 말씀하신다. 곧, 이런 자연적인 것들이 하나님을 향한 전심의 헌신에
서 떨어지는 계기가 될 때에만 그것들과의 관계를 절대적으로 단절하라고
요구하시는 것이다. 그러나 그렇다고 해서 그런 일들을 보편적으로 굴복시
키는 어떤 이론적인 규칙 같은 것을 세울 수는 없다. 참된 신앙을 위하여 포
기해야 하는 것은 하나님 이외의 다른 어떤 것에 대한 속 마음의 의사종교적
(疑似宗敎的)인 애착인 것이다. 그리고 반대로, 외형적인 것들을 굴복시킬 필
요가 전혀 없다는 식의 가벼운 변명도 지나치게 자주 제기해서는 안 된다.

왜냐하면 어떤 상황에서는 이 외형적인 굴복이야말로 하나님 나라가 요구하는 바 영혼의 내적인 상태를 올바르게 하는 데 필요한 바로 그것일 수도 있기 때문이다.

복락의 영역에서의 하나님의 지상권

셋째로, 하나님 나라는 복락의 영역(the sphere of blessedness)에서의 하나님의 지상권이다. 하나님의 왕권과 복락의 관계는 부분적으로는 일반적인 종말론적 성격을 띠고, 부분적으로는 하나님 나라와 관계되는 특별한 종말론과 결부되는 성격을 띤다. 최후의 완전한 질서가 또한 최고의 복락의 상태를 가져오는 질서가 될 것이라는 것이 종말론적 관념 속에 내재해 있는 것이다. 왕권의 시각에서는, 동방에서는 왕의 직분이 그 나라의 신민들에게 복락을 베풀기 위해 존재하는 것이라는 일상적인 믿음과 기대가 그 직분 자체와 결부되어 있었다는 점을 기억해야 할 것이다. 최후의 상태에 개입되는 복락의 사상은 차별 없이 하나님의 아버지 되심에서도, 하나님의 왕권에서도 비롯될 수 있다. 심지어 그 종말의 하나님 나라 전체까지도 이렇게 해서 아버지 되시는 하나님께로부터 제자들에게 베풀어지는 하나의 선물로 설명될 수 있는 것이다(눅 12:32). 그 나라에 복락이 있기 때문에 그 나라를 보화나 값진 진주 등으로 표현한다. 그리고 보화든 진주든 그것을 발견한 사람이 그 탐나는 물건을 소유하기 위해 모든 소유를 다 팔았다는 사실이 분명하게 진술되고 있는데, 이는 물론 그 나라가 다른 모든 가치들을 다 합친 것보다 더 귀하다는 것을 뜻하는 것이다.

그 나라로 말미암아 — 또한 그 나라와 함께 — 베풀어지는 복락은 소극적인 복락과 적극적인 복락으로 분류할 수 있다. 여기에는 세 가지 주된 개념이 있는데, 구원의 복락, 아들 됨의 복락, 그리고 생명의 복락이 그것이다. 구원의 복락은 본질상 소극적이며 적극적인 면을 다 포괄하며, 때에 따라서 둘 중의 하나가 강조된다. 생명의 복락은 적극적인 것이요, 아들 됨의 복락 역시 마찬가지다.

하나님 나라와 교회

이제 한 가지 남은 주제는 하나님 나라가 교회의 형태로 조직화 되는 것에 관한 것이다. 하나님 나라라는 주제에 대한 우리 주님의 객관적인 가르침에 발전이 있다는 한 가지 분명한 증거가 여기서 발견된다. 가이사랴 빌립보 사건은 두 가지 점에서 첨부나 발전을 보여준다. 곧, 하나님 나라에 외형적인 조직체를 부여하는 것과 또한 성령의 새로운 역동적인 역사하심을 부여하는 것이 그것이다. 하나님 나라를 지지하느라 교회를 경시하는 자들이 어느 시대에나 있었다. 그런 태도를 갖는 데에는 다양한 이유들이 있다. 때로는 "반(反) 분리주의"(anti-sectarianism)가 작용하고, 그리하여 그 용어 자체의 혐오스러움이 복음적 가르침의 진실성을 파괴시키기도 한다. 또 어느 때에는 전천년주의가 작용하여, 하나님 나라의 상태를 그 최후의 시기에까지 미루어 놓고 결국 하나님 나라와 교회를 분리시키는 데에 관심을 갖게 되기도 한다. 다른 쪽에서는, 하나님 나라를 모든 면에서 무차별하게 교회와 동일시할 것을 지나치게 주장하기도 한다. 예를 들어서, 로마 교회는 가시적인 교회가 과학이나 예술 등 삶의 모든 면들을 그 권세와 치리 아래 끌어 넣는다.

때로는 신학자들이 소위 가시적(可視的: visible) 교회와 불가시적(不可視的: invisible) 교회를 서로 구별하면서, 후자를 하나님 나라와 동일시하고 전자를 그 나라에서 배제시키려 애쓰기도 한다. 그리고 때로는 여기서 더 나아가, 교회는 오로지 목적을 위한 하나의 수단에 지나지 않는 것으로 보고 하나님 나라는 최고 선(*summum bonum*)이요 목적 그 자체로 간주하기도 한다. 위에서 언급한 반 분리주의의 동기가 그런 자세와 결탁하기가 쉽다. 왜냐하면 목적이 아니라 수단으로 여겨지는 것들에 대해서는 경시하는 자세가 쉽게 생겨나기 때문이다.

마태복음 16:18-20의 단락을 면밀히 연구해 보면, 이런 다양한 입장들이 가치를 지닌다면 과연 어떤 가치를 지닐까 하는 의문이 해결될 것이다. 첫째로, 여기서는 교회와 하나님 나라가 분리된 기관들로 나타나지 않는다는 것을 보게 된다. 우리 주님이 교회를 논하시고 그 나라를 논하시면서 사용하시는 표상이 이 둘을 밀접하게 연합시켜 주는 것이다. 예수님이 그리스도이시며 하나님의 아들이심을 고백하는 베드로에 대해서, 그는 가까운 장래에 교회를 세우시겠다고 약속하신다. 여기서 주님은 건축의 표상을 사용하여 말씀하신다(18절). 그러나 19절에서는 여전히 동일한 건축의 표상을 사용하시면서도, 베드로에게 이 건축물이 완성될 때에 그것을 운영하는 열쇠를 약속하신다. 그렇다면 교회와 하나님 나라가 원리상 하나라는 것이 의심의 여지없는 사실이며, 따라서 위에서 열거한 모든 구분점들이 이 피할 수 없는 본문 주해의 단순한 논리 앞에서 무너져내리고 만다. 최소한 다음과 같은 정도는 분명하다. 곧, 교회가 하나님 나라 안에 포함된다는 것과, 또한 하나님 나라가 구별된다는 상상에 근거하여 그 나라를 높이고자 교회의 책망을 회피하려는 처사는 어리석인 일이라는 것이다. 이것은 교회 곧 하나님 나라의 영역을 — 예를 들어서 불가시적 교회를 — 분리시키는 것으로 그치지 않고, 가시적 교회에까지도 확대되어 그것도 분리시키고야 마는 것이다. 왜냐하면 운영을 위한 "열쇠"와 매고 푸는 기능을 논하는 일은 오로지 가시적 교회에 대해서만 적용되는 일이기 때문이다.

또한 예수께서 "내 교회"라고 말씀하시는 점도 주목해야 할 것이다. 이 말씀은 그때까지 교회가 존재하지 않았다는 뜻이 아니다. "내 교회"란 메시야의 교회에게 자리를 내주기 위해 이제 종결된 구약의 교회 조직체와 대비시키는 의미로 이해해야 한다. 그가 선언하신 교회에 대한 가르침과 또한 그것과 얽혀 있는 바 자신의 고난과 죽으심에 대한 예언이 서로 내적으로 이렇게 연결되는 것이다. 구약 교회는 그를 거부하였고, 그리하여 그 스스로 폐기된 것이다. 미래를 말씀하시는 것은, 그가 높아지시기까지는 새로운 역동적인 역사가 교회 속에 들어올 수가 없었기 때문이다.

18절에 나타나는 "음부의 대문(大門)"(한글 개역 개정판 난외주를 보라 — 역자주)에 대한 진술이 이러한 역동적인 역사를 지칭하는 것 같다. 최소한 이 표상에 대한 한 가지 해석에 근거하면 그렇게 보인다. 그 해석에 따르면, 하데스(음부)는 수많은 군사들이 밀려나오는 하나의 성채(城砦: citadel)로 묘사되며, 그것과 상대하는 표상을 제시하여 이해해야 하는데, 바로 하나님 나라의 성채라는 표상이 그것이라고 한다. 죽음의 권세를 무찌르는 권세가 거기로부터 나온다는 것이다. 이 밑바닥에 깔려 있는 사상은 아마도 예수께서 그의 부활을 통하여 성령으로 말미암아 도저히 정복할 수 없는 생명을 그의 교회에 가득 채우셔서 죽음이 교회로 말미암아 완전히 정복되게 하실 것이라는 것일 것이다(참조. 계 1:18). 또 다른 해석은 "음부의 대문"을 비유적인 표현으로 이해하여, 사람이 생각할 수 있는 가장 강력한 구조물을 묘사한 것으로 보는 것이다. 이 대문에서는 그 누구도 피한 자가 없었기 때문이라는 것이다. 이를 교회에 적용시키면, 그 표상은 존재하는 것 중 가장 강력한 구조물이 바로 교회라는 의미가 될 것이고, 베드로를 반석으로 묘사하는 것에 그저 보조적으로 덧붙여진 것이 될 것이다. 고귀하고 비중 있는 관념들이 제시되는 주변의 문맥에서 볼 때에 전자의 견해가 더 합당할 것이다.

교회를 건물의 표상으로 묘사하는 것 외에, 우리 주님의 다른 말씀들도 교회와 하나님 나라의 긴밀한 연관성을 세우는 것으로 가끔 인용된다. 예수님은 그의 지상 생애의 마지막 시기에 하신 몇 가지 진술 가운데서, 자신이 오실 것을 말씀하시고, 또한 그 나라가 임하는 일이 매우 가까웠다는 것도 말씀하신다. 그의 언사로 볼 때에, 이는 하나님 나라가 종말에 임하는 일이 가까웠고 또한 그 일이 강력하게 진행될 것임을 뜻하는 것일 수 있다. 그렇다면, 이는 그가 이 세상에서 교회가 기나긴 세월 동안 존재할 것을 예상하지 않으셨고, 그 자신이 오실 것과 또한 그 나라의 완성을 가까운 장래에 실현될 것으로 바라보셨다는 뜻이 될 수밖에 없을 것이다. 그렇다면 이것은 결국 종말에 대한 소망이라는 이 중심적인 주제에 대해서 그가 오류의 가능성을 지니셨던 것이 될 것이다. 반면에, 특히 요한복음의 마지막 강화들에 나타나는 몇몇 말씀들에서는 주님 자신이 눈에 보이지 않는 형태로 제자들을 위하여 임하시리라는 것이 절반쯤 종말론적인 색채를 띤 언어로 제시되고 있다. 만일 종말에 있을 강림과는 분명히 구별되게끔 주님 자신이 그런 식으로 임하실 것을 예상하셨다는 것이 과연 가능하다면 — 이것은 요한복음의 가르침에서 절대로 빠뜨릴 수 없는 요소다 — 이 동일한 관념을 교회로서의 하나님 나라(Kingdom-Church) 관념에 적용시킨다 해도 이에 대해서 원칙적으로 아무런 반대도 할 수 없을 것이다.

결론적으로, 마태복음의 그 단락은 신약의 다른 어떤 본문과 마찬가지로 교회를 그저 선전의 도구로나 선교 기관으로나 혹은 구성원들이 본질적인 관계 속에서 지향하는 어떤 목표로 보는 식의 교회관을 거의 장려하지 않는다는 점을 주목해야 할 것이다. 물론 부분적으로는 교회가 여전히 선전의 도구이기도 하고 선교 기관이기도 하다. 그러나 이런 목표들이 교회가 존재하는 목적의 전부라는 말은 결코 참된 것이 아니다. 어떤 사물을 끝없이 반복하여 자기를 재생시키기 위한 하나의 도구로만 바라본다는 것은 그 자체로도 도저히 희망이 없는 생각이다. 현재 존재하고 있는 것을 영속화시키거나 확장시키기 위해 다른 것들을 만들어내거나 혹은 다른 것들의 조직체를 만들어내는 것이라면, 그리고 그런 과정이 종결되는 시점이 정해져 있지 않다면, 대체 그것이 존재할 이유가 무엇이란 말인가? 이런 견해 전체는 성경적 종교의 종말론적 배경을 사실상 부인하는 것이다. 교회는 종말을 향한 움직임의 표적뿐 아니라 최종적인 완성과 안식의 표적 속에서 나서 그 속에 서 있는 것이다. 교회는 단순히 무엇을 행하는 것만이 아니라 열매 맺는 것에 있다. 그리고 이처럼 열매 맺는 일은 미래에만 관계된 것이 아니다. 그 일은 현재의 삶의 가장 복된 부분이기도 하다. 그리고 교회 그 자체가 목적이라는 가장 좋은 증거는 교회가 종말의 세계에 포함되는 데 있다. 그 종말의 세계는 목표로 지향하는 것들의 세계가 아니라, 이미 이룬 것들의 세계이기 때문이다.

🔵 독자 여러분들께 알립니다!
'CH북스'는 기존 '크리스천다이제스트'의 영문명 앞 2글자와
도서를 의미하는 '북스'를 결합한 출판사의 새로운 이름입니다.

성경신학

1판 1쇄 발행 2005년 3월 30일
2판 1쇄 발행 2017년 8월 14일
2판 3쇄 발행 2024년 8월 1일

지은이 게할더스 보스
옮긴이 원광연
발행인 박명곤   **CEO** 박지성   **CFO** 김영은
기획편집1팀 채대광, 김준원, 이승미, 이상지
기획편집2팀 박일귀, 이은빈, 강민형, 이지은, 박고은
디자인팀 구경표, 임지선
마케팅팀 임우열, 김은지, 전상미, 이호, 최고은

펴낸곳 (주)현대지성
출판등록 제406-2014-000124호
전화 070-7791-2136   **팩스** 0303-3444-2136
주소 서울시 강서구 마곡중앙6로 40, 장흥빌딩 10층
홈페이지 www.hdjisung.com   **이메일** support@hdjisung.com
제작처 영신사

Ⓒ CH북스 2017

"크리스천의 영적 성장을 돕는 고전"
세계기독교고전 목록